國家“雙一流”擬建設學科“南京大學中國語言文學藝術”資助項目

江蘇高校優勢學科建設工程“南京大學中國語言文學”資助項目

江蘇省 2011 協同創新中心“中國文學與東亞文明”資助項目

第十七輯 ｜ 張伯偉 編

域外漢籍研究集刊

中華書局
北京
2018

圖書在版編目（CIP）數據

域外漢籍研究集刊.第 17 輯/張伯偉編. —北京：中華書局，
2018.8
ISBN 978-7-101-13313-4

Ⅰ.域…　Ⅱ.張…　Ⅲ.漢學-研究-國外-叢刊
Ⅳ.K207.8-55

中國版本圖書館 CIP 數據核字（2018）第 137639 號

書　　　名	域外漢籍研究集刊　第十七輯
編　　　者	張伯偉
責任編輯	俞國林　潘素雅
出版發行	中華書局
	（北京市豐臺區太平橋西里 38 號　100073）
	http://www.zhbc.com.cn
	E-mail:zhbc@zhbc.com.cn
印　　　刷	北京市白帆印務有限公司
版　　　次	2018 年 8 月北京第 1 版
	2018 年 8 月北京第 1 次印刷
規　　　格	開本/710×1000 毫米　1/16
	印張 31¾　插頁 2　字數 440 千字
印　　　數	1-800 册
國際書號	ISBN 978-7-101-13313-4
定　　　價	128.00 元

目　次

日本漢籍研究

域外漢籍研究集刊　第十七輯
2018 年　頁 3—31

平安時代句題詩所引中國五言詩及其價值 *

文艷蓉

　　中國詩歌在日本的流傳由來已久,《詩經》早於 5 世紀就已被日本文獻引用,而後《楚辭》、《文選》傳入日本,五言詩也隨之流傳。日本正倉院文書和平城京木簡中載録《太宗文皇帝集》、《許敬宗集》、《王勃集》、《駱賓王集》等初唐詩集。《日本國見在書目録》收録衆多中國詩人詩集目録。平安文人還編録一些漢詩與和漢詩歌選集,如《千載佳句》,專收七言詩秀句,《和漢朗詠集》、《新撰朗詠集》,多收録中國七言詩。而此時還出現了一種對中國詩歌受容的重要方式——句題詩,它主要引用我國五言詩句爲詩題創作漢詩,其所引五言詩數量較多,本文將之輯録,共得 210 句詩,堪與前面三書形成互補,交相輝映,對我國詩歌域外流傳研究具有重要的參考價值。

一　平安朝句題詩的産生與發展

　　句題詩,是指日本漢詩中以佳句爲題之詩。這些佳句源于我國經、史、子、集等書中的短小句子或是古詩。成書於天慶二年(939)的《作文大體》載:"唐家詩隨物言志,曾無句題。我朝又貞觀(859—877)以往多以如此。

---

* 本文爲國家社科基金項目《唐詩在日本平安時代的傳播與受容研究》(項目編號:17BZW091)中期成果之一。

而中古以來好句題。句題者五言七言詩中,取叶時宜句。又出新題也。"①便直接把句題理解爲以符合時宜的五七言詩句爲題。然而認爲我國没有句題詩,却未必準確,句題詩並非日本文人獨創,而是源於我國的賦得體詩。

賦得體詩始於梁陳時期,以詠物、詠史和賦古人詩句爲主,句題詩即來源於後者。以古詩爲題的賦詩始於梁代沈約,《四庫全書總目·集部·須溪四景詩集提要》云:"考晉宋以前,無以古人詩句爲題者。沈約始有《江籬生幽渚》詩,以陸機《塘上行》句爲題,是齊梁以後例也。"②後有梁元帝《賦得蘭澤多芳草詩》以《古詩十九首》之《涉江采芙蓉》詩句爲題。至陳代,興起以古人詩句爲題分賦宴會詩人之風。唐以後,此風在宫廷詩中愈盛,如唐太宗《賦秋日懸清光賜房玄齡》,詩句題源於江淹詩《望荆山》,後來還成爲科舉考試内容,陶拱、王維省試詩即爲《秋日懸清光》。貞元十年,陳九流、張彙、范傳正、陳通方、柳道倫等十人省試詩題爲陶淵明《擬古詩》中"春風扇微和"。白居易收録在卷三十八詩賦類的《窗中列遠岫》、《玉水記方流》也是其應試作品,前者源自謝朓的《郡内高齋閑望答吕法曹》,後者源自顔延之的《贈王太常》。正如《四庫全書總目·集部·須溪四景詩集提要》所載:"沿及唐宋科舉,始專以古句命題。其程式之作,唐莫詳於《文苑英華》,宋莫詳於《萬寶詩山》,大抵以刻畫爲工,轉相效仿。"③又據池潔《唐人應試詩題與唐代詩歌審美取向》統計:"在此 306 個唐人應試詩題中,出典於前代詩歌的共 42 個,占全部詩題的 13.7％。"④大致可見唐代以詩句爲科考試題的情況。

日本的句題古詩始於《凌雲集》(編於 814 年)載録嵯峨天皇《重陽節神泉苑同賦三秋大有年題中取韻尤韻成篇》,其所賦詩句源於王維詩《奉和聖制重陽節宰臣及群官上壽應制》,從題目中所云"同賦"來看,當時應該還有其他人賦詩,惜未流傳。之後,編於 818 年的《文華秀麗集》有菅原清公《賦得絡緯無機應制一首》,源於庾信《奉和賜曹美人》"絡緯無機織","織"字疑

①佚名《作文大體》,《群書類從》第 9 輯,續群書類從完成會,1992 年,頁 362。
②永瑢、紀昀等《四庫全書總目》,中華書局,1965 年,頁 1410。
③永瑢、紀昀等《四庫全書總目》,頁 1410。
④池潔《唐人應試詩題與唐代詩歌審美取向》,載《文學評論》,2007 年第 5 期,頁 149。

佚。另載錄嵯峨天皇《賦得隴頭秋月明一首》及小野岑守《奉先韻》，二詩爲五言八句。所賦詩句源於楊師道的《隴頭水》。《經國集》（827）載錄豐前王、小野篁（802—853）、藤原令緒、治穎長等四人所作的《五言奉試賦得隴頭秋月明一首》，可見此詩還被列爲當時的科考詩題，詩歌爲五言十二句。句題詩初始多引用唐詩作品。

從目前存留下來的 9 世紀活動的詩人來看，島田忠臣的《重陽日侍宴同賦黃菊殘花欲待誰應制》《七言，三日同賦花時天似醉應制一首》、菅原道真《七言，三日同賦花時天似醉應制一首》《九日侍宴，同賦菊散一叢金，應制》《重陽後朝，同賦秋雁櫓聲來應制》等詩所選詩句依然多爲唐詩，但此時唐詩之外作品增多，如菅原道真《北堂文選竟宴各詠史句得乘月弄潺湲》、大江澄明《北堂文選竟宴各詠句探得披雲臥石門》、菅原文時（899—981）《七言，北堂文選竟宴各詠句得遠念賢士風》，皆從《文選》中選錄古詩爲題。之後，句題詩選用詩歌沒有時代限制，但總體説來，平安時代的句題古詩大多以唐詩爲主，唐前唐後比例都相對小些。

句題古詩初始多源于其時興盛的皇室宴會與省試詩題，而後從皇家宴會開始向王公大臣宴會及私家宴會、各類詩會發展。上面提到島田忠臣、菅原道真等人的句題詩便多爲應制詩。皇家內宴詩一直占據主要地位，尤其是在嵯峨天皇、醍醐天皇、村上天皇統治時期。另還有王公大臣舉辦宴會的應教詩，如大江匡衡《七言，歲暮于藤少侯書齋守庚申同賦明月照積雪各分一字應教一首》《七言，五月五日陪內相府池亭同賦雲峰入夏池應教詩一首》《暮秋陪中書大王書齋同賦風景一家秋，應教》，橘正通《春夜陪第七親王書齋同賦梅近夜香多應教》，源順《七月三日陪第七親王讀書閣同賦弓勢月初三應教》等詩。平安時代有些省試詩以我國古詩爲句題，如《五言奉試賦得隴頭秋月明一首》，《江談抄》卷四記載的大江如鏡《省試昊天降豐澤》、菅原在躬《省試山明望松雪》等。另外，還有句題詩句來源於我國盛中唐時期的省試詩，如島田忠臣五言六韻詩《省試賦得珠還合浦》及七絶《省試珠還合浦詩》，菅原道真詩《重陽侍宴同賦秋日懸清光應制》《早春侍宴仁壽殿同賦春雪映早梅應制》，《泥之草再新》中《七言，歲暮侍宴同賦積雪爲小山應制序》等等，多見於《文苑英華》所選的省試詩中。

私人宴會上也創作句題詩，如菅原道真《同諸小兒旅館庚申夜賦靜室寒燈明之詩》、紀長谷雄《八月十五夜陪菅師匠望月亭同賦桂生三五夕》、

《八月十五夜同賦天高秋月明》等。島田忠臣還有一首詩直接題名爲《密竹有清陰》，所引詩句爲元稹的《遣晝》，爲七言四句詩，詩云："世事探湯焦爛期，恨來曾入竹陰遲。曠然懷裏何相似，簟袵無塵櫛沐時。"①是脱離宴會的獨立抒情之作。這類作品雖在句題詩中較少，也是詩人們有益的嘗試。到平安中期以後，還出現了一種鬥詩游戲，稱之爲詩合或鬥詩，雙方按一定的團隊擺陣作詩，最後判定勝負。如《殿上詩合》、《天德三年八月十六日鬥詩行事略記》、《資實長兼兩卿百番詩合》等等，常以中國詩句爲詩題，騁才競技。

二　平安朝句題詩所引中國五言詩

平安朝句題詩來源有三言、四言、五言、六言、七言句，但主要以五言詩爲主②。句題詩集大成者《類聚句題抄》幾乎全選五言句題。究其原因，大概是五言詩句式豐富，更適合在詩歌中表達豐富的内涵。而句題詩在 10 世紀後慢慢形成創作模式，即需在首聯中嵌入詩題所有字，七言詩顯然字數過多，一聯之中難以承載，五言便成爲最佳句型。金子彦二郎先生《平安時代文學與白氏文集——句題和歌千載佳句篇》曾收錄平安朝各類句題詩的出典③，但所收中國五言句題詩有不少遺漏。如《日本紀略》收五言詩 14 句，筆者收集 35 句，《類聚句題抄》中關於白居易以外的作品僅收 13 句，筆者收集 42 句。其他文獻亦多如此。本文在其研究基礎上，專收五言詩，以與《千載佳句》等專收七言詩選集相互呼應。收錄標準也較其嚴格，金子彦二郎先生收錄五言詩有不少三字相似或句型結構相似即判爲出典，本文收錄五言句題中四字以上相同者。

---

① 小島憲之監修《田氏家集注》下册，和泉書院，1991 年，頁 134。
② 《作文大體》雖提及五七言詩，但七言實際上極少，筆者所見不過島田忠臣《重陽日侍宴同賦黄菊殘花欲待誰應制》，源於劉禹錫之詩；菅原道真《詩友會飲同賦鶯聲誘引來花下》、慶滋保胤《蛬思蟬聲滿耳秋》、藤原輔尹《醉時心勝醒時心》、源順《三月盡日游五覺院同賦紫藤花落鳥關關》，四句皆源於白居易之詩。
③ 金子彦二郎《平安時代文學與白氏文集——句題和歌·千載佳句研究篇》，培風館，1955 年，頁 559—583。

　　本文所收句題古詩主要從平安時代漢詩文總集、家集和選集及史籍中查找，涉及作品有《三代實録》（實録，按：書後括號皆爲表中簡稱）、《日本紀略》（紀略）、《敕撰三集》（凌雲、經國、文華）、《田氏家集》（田集）、《菅家文草・後集》（菅集）、《江吏部集》（江集）、《御堂關白記》（關白記）、《本朝麗藻》（麗藻）、《本朝文粹》（文粹）、《本朝續文粹》（續文粹）、《扶桑集》（扶桑）、《和漢朗詠集》（朗詠）、《新撰朗詠集》（新朗）、《江談抄》（江談）、《殿上詩合》（殿合）、《天德三年八月十六日鬪詩行事略記》（鬪詩）、《善秀才宅詩合》（善合）、《法性寺關白御集》（關白）、《泥之草再新》（泥之草）、《資實長兼兩卿百番詩合》（資合）、《中右記部類紙背漢詩集》（未收）、《日本詩紀》（詩紀）等等。除此之外，還有一部書成爲重要參考，即《類聚句題抄》。

　　《類聚句題抄》又名《類聚古詩》，編著人不詳，大約編于平安時代晚期。《續群書類從》本的奧書載：“此書原本未詳其所出。且蠹害殊甚，恐不耐久。故今新寫之，名《類題古詩》，除其原本而別藏焉。彰考館藏。文化己巳之夏，以水户之本書寫之了。”①《通憲入道藏書目録》記《句題詩抄下帙》、《類聚句題抄第十》等書名，《本朝書籍目録》裏見《句題抄二十卷》、《續類聚句題抄三十卷》。故市河寬齋（1749—1820）《日本詩紀》卷末的詩家書目，將此書作爲句題的佳句選載録：“《類題古詩》一卷，此編未詳何書斷簡，後人且題以《類題古詩》，竊疑《類聚句題抄》之敗策。”②

　　《類聚句題抄》收集平安時代島田忠臣、菅原道真、大江匡衡、大江以言、善滋爲政等 75 位詩人創作的句題詩，另有 9 首詩作者不詳。共收録 446 首詩，重出 37 首，佚題詩共 193 首。去掉重出的，共存 216 題。詩題除《對雨戀月》外，皆爲五言詩句。在這 215 題詩歌中考出中國詩人 85 篇 81 題詩句。本書所收除極少數平安初期作家如島田忠臣、菅原道真外，大多是活躍在村上朝全後一條朝時期的詩人，與《扶桑集》詩人近一半重合，和《本朝麗藻》大多數詩人相重合。但重複的句題詩並不多。以下分列《類聚句題抄》及其他書籍所引中國五言詩。漢詩多引自群書類從本。句題詩題中包括原詩句者以下劃橫綫標出，與原詩句有差異者以下劃曲綫標出，以便觀覽。

①轉引自本間洋一《類聚句題抄全注釋》，和泉書院，2010 年，頁 42。
②市河寬齋《日本詩紀》，國書刊行會，1911 年，頁 470。

1.作品集與史籍句題所引五言詩

序號	詩題	作者	詩歌來源及卷數	所引詩句作者及詩題	所引詩句出處及卷數
1	重陽節神泉苑同賦三秋大有年，題中取韻，大韻成篇	嵯峨天皇	凌雲	王維 奉和聖製重陽節宰臣及群官上壽應制	王摩詰文集 4
2	賦得隴頭秋月明一首 奉和先韻 五言，奉試賦得隴頭秋月明一首	嵯峨天皇 小野岑守 豐前王 小野篁 藤原令緒 治穎長	文華下 經國 13	楊師道 隴頭水	文苑英華 198
3	賦得絡緯無機應制一首（疑佚"織"字）	菅原清公	文華下	庾信 奉和賜曹美人：絡緯無機織	庾子山集 4
4	密竹有清陰	島田忠臣	田集下	元稹 遣書	元氏長慶集 6
5	早春侍内宴同賦無物不逢春應制	島田忠臣 菅原道真	田集上 菅集 1	李遠 剪綵：無歲不逢春	全唐詩 519
6	五言，夏夜對渤海客同賦月華臨凈夜詩	島田忠臣 菅原道真	田集中 菅集 2	沈約 應王中丞思遠詠月詩 姚合 賦月華臨靜夜	藝文類聚 1 文選 30 姚少監詩集 6
7	七言，三日同賦花時天似醉應制一首 三月三日同賦花時天似醉應制並序	島田忠臣 菅原道真	田集下 菅集 5	劉禹錫 曲江春望	劉夢得外集 1

續表

序號	詩題	作者	詩歌來源及卷數	所引詩句作者及詩題	所引詩句出處及卷數
8	早春侍宴仁壽殿同賦春雪映早梅應制	菅原道真	菅集 1	庚敬休 賦得春雪映早梅 元稹 賦得春雪映早梅	文苑英華 182 元氏長慶集 14
10	同諸小兒旅館庚申夜賦靜室寒燈明之詩	菅原道真	菅集 3	劉禹錫寄兵部韓侍郎中書白舍人二公	劉夢得外集 1
11	重陽侍宴同賦秋日懸清光應制	菅原道真	菅集 5 紀略前篇 20	江淹 望荆山 唐太宗 賦秋日懸清光賜房玄齡 陶拱 賦得秋日懸清光	江文通集 4 藝文類聚 7 全唐詩 27 文苑英華 181
12	九日侍宴同賦菊散一叢金應制	菅原道真	菅集 6 江談抄 4 紀略後篇 1	唐太宗　秋日二首	文苑英華 158
13	北堂文選竟宴各詠史句得乘月弄潺湲	菅原道真	菅集 6	謝靈運 入華子崗是麻源第三谷	文選 26 藝文類聚 6
14	早春內宴侍清涼殿同賦草樹暗迎春應制 草樹暗迎春	菅原道真 紀長谷雄	菅集 6 紀略後篇 1 朗詠上	張嗣初 春色滿皇州	文苑英華 181
15	夜月似秋霜	具平親王	作文大體	簡文帝 玄圃納涼	藝文類聚 5
16	樵隱俱在山	清原仲山	扶桑 7	謝靈運 田南樹園激流植援一首	文選 30

續表

序號	詩題	作者	詩歌來源及卷數	所引詩句作者及詩題	所引詩句出處及卷數
17	北堂文選竟宴各詠句探得披雲卧石門	大江澄明	扶桑 7	謝靈運 石門新營所住四面高山廻溪石瀨茂林修竹詩	文選 30
18	文選竟宴詠句賦卷帙奉盧弓	清原滋藤	扶桑 9	鮑照 擬古三首	文選 31
19	螢飛白露間	菅原文時 橘直幹	天德闕詩	朱慶餘 和劉補闕秋園寓興之什十首其四	全唐詩 514
20	柳絮飄春雪	篤信 如正	善合	梁元帝 登江州百花亭懷荆楚	全唐詩 14
21	詩客見過同賦掃庭花自落各分一字 暮春宴菅尚書亭同賦掃庭花自落各一字 暮春於右尚書省中丞亭同賦閑庭花自落	菅原道真 島田忠臣 大江以言	菅集 5 田集下 麗藻上	丁仙芝 長寧公主舊山池:庭閑花自落	全唐詩 14
22	三月三日侍宴同賦間柳發紅桃應制	藤原伊周	麗藻上	王維 春園即事	王摩詰文集 6
23	遥山斂暮煙	具平親王 大江以言	麗藻下 類聚 朗詠下 麗藻下	王勃 秋日別王長史:山光斂暮煙	王子安集 3

序號	詩題	作者	詩歌來源及卷數	所引詩句作者及詩題	所引詩句出處及卷數
24	夏日同賦未飽風月思	藤原伊周 藤原賴通 源則忠 大江以言 藤原爲時	麗藻下 類聚、新朗下 （藤原伊周）	元積 苦雨	元氏長慶集 2
25	七言，歲暮於藤少侯書齋守庚申同賦明月照積雪各分一字應教一首	大江匡衡	江集上	謝靈運 歲暮	藝文類聚 3
26	暮秋左相府東三條第守庚申同賦池水浮明月詩	大江匡衡	江集上	梁元帝 寒閨	玉臺新詠 7 藝文類聚 32
27	七言，五月五日陪内相府池亭同賦雲峰入夏池應教詩一首	大江匡衡	江集上	庾肩吾 侍宴餞湘州刺史張纘	藝文類聚 29
28	早夏同賦芳樹垂綠葉應制一首	大江匡衡	江集下	阮籍 詠懷	文選 23
29	微雨自東來	慶滋保胤	朗詠上 詩紀 29	陶淵明 讀山海經：微雨從東來	陶淵明集 4
30	初冬於長樂寺同賦落葉山中路	高岳相如	朗詠上 文粹 10	杜荀鶴 入關歷陽道中却寄舍弟	唐風集上
31	暮春侍宴冷泉院池亭同賦花光水上浮應制	菅原文時	朗詠上 文粹 10 紀略後篇 4	沈約 天淵水鳥應詔賦	藝文類聚 90
32	垂楊拂綠水	菅原文時	朗詠上 類聚	李白 折楊柳	樂府詩集 22 李太白集 6

序號	詩題	作者	詩歌來源及卷數	所引詩句作者及詩題	所引詩句出處及卷數
33	落花亂舞衣	大江維時等	朗詠下紀略後篇3	盧照鄰 折楊柳：風花亂舞衣（一作落）	樂府詩集22全唐詩18
34	八月十五夜陪菅師匠望月亭同賦桂生三五夕	紀長谷雄	文粹8	李嶠 月	百二十詠詩注上
35	八月十五夜同賦天高秋月明	紀長谷雄紀齊名	文粹8類聚	謝靈運 初去郡	文選26
36	八月十五夜侍亭子院同賦月影滿秋池應太上法皇制	菅原淳茂	文粹8	姚系 古離別：明月滿秋池	御覽詩文苑英華202樂府詩集72
37	早春於獎學院同賦春生霧色中各分一字	源順	文粹8	元稹 生春二十首	元氏長慶集15
38	春日同賦隔花遥勸酒應太上皇制	菅原輔昭	文粹10類聚	庾信 結客少年場行	庾子山集5文苑英華195
39	春夜陪第七親王書齋同賦梅近夜香多應教	橘正通慶滋保胤	文粹10類聚紀略後篇6	文粹10：古詩曰：梅近夜香多，誠哉此語。	未詳
40	三月三日於西宮池亭同賦花開已匝樹應教	源順	文粹10	沈約 三月三日率爾成篇一首：開花已匝樹	文選30
41	省試昊天降豐澤	大江如鏡	江談抄4紀略後篇3	王仲宣 公宴詩一首	文選20
42	省試山明望松雪	菅原在躬菅名明	江談抄4類聚	顏延年 贈王太常	文選26

序號	詩題	作者	詩歌來源及卷數	所引詩句作者及詩題	所引詩句出處及卷數
43	漫漫秋夜長	中原長國	新朗上 詩紀 47	魏文帝 雜詩二首其一	文選 29
44	擣衣明月中	菅原在良	新朗上	庾信 詠畫屏風詩二十四首：擣衣明月下	庾子山集 4 藝文類聚 67
45	行雲思故山	菅原庶幾	新朗下 類聚	張協 雜詩十首	文選 29 藝文類聚 27
46	寒夜撫鳴琴	村上天皇	新朗下	陸機 擬東城一何高：閒夜撫鳴琴	文選 30
47	花氣酒中新	藤原篤茂	新朗下	顏真卿 登峴山觀李左相石樽聯句：花氣酒中馥	顏魯公集 15
48	寂寞無人聲	慶滋保胤	新朗下	孟雲卿 鄴中懷古：寂寞無人住	文苑英華 308
49	爽籟驚幽律	不詳	紀略後篇 1	殷仲文 南州桓公九井作	文選 22
50	春生曉禁中	不詳	紀略後篇 1	元稹 生春二十首	元氏長慶集 15
51	露重菊花鮮	不詳	紀略後篇 1	張正見 御幸樂游苑侍宴	文苑英華 169
52	春生梅樹中	不詳	紀略後篇 1	元稹 生春二十首：春生梅援中	元氏長慶集 15
53	春風散管弦	不詳	紀略後篇 1	姚合 揚州春詞	姚少監詩集 6

續表

序號	詩題	作者	詩歌來源及卷數	所引詩句作者及詩題	所引詩句出處及卷數
54	木落洞庭波	不詳	紀略後篇 1	許渾 送前緱氏韋明府南游	丁卯詩集下
55	花柳遇時春	不詳	紀略後篇 2	王勃 林泉獨飲	王子安集 3
56	花樹雪雲深	不詳	紀略後篇 2	宋之問 上陽宫侍宴應制得林字：庭樹雪雲深	文苑英華 169
57	寒輕菊吐滋	不詳	紀略後篇 4	唐太宗 初秋夜坐	文苑英華 172
58	風驚織女秋	村上天皇	紀略後篇 4	張正見 賦得秋河曙耿耿	初學記 1
59	寒花低岸菊	不詳	紀略後篇 4	賀敱 奉和九日	文苑英華 173
60	織女渡天河	不詳	紀略後篇 4	劉禹錫 聽舊宫中樂人穆氏唱歌：曾隨織女渡天河	劉賓客文集 25
61	秋色寄高樹	不詳	紀略後篇 4	許渾 紫藤	丁卯詩集補遺
62	風來花自舞	不詳	紀略後篇 4	宋之問 立春日侍宴内出剪綵花應制	文苑英華 169
63	鶯啼宫柳深	不詳	紀略後篇 6	李頎 題少府監李承山池 "宫"全唐詩作 "官"	御定佩文齋詠物詩選 122 全唐詩 134
64	春寒花未開	藤原忠通	關白	李昭圯 過虹縣有作	樂静集 3
65	江山如故人	藤原長兼	資合	王安石 金山寺	臨川文集 15

序號	詩題	作者	詩歌來源及卷數	所引詩句作者及詩題	所引詩句出處及卷數
66	愁人夜不眠	藤原長兼	資合	胡仲參 閩中詞	竹莊小稿
67	春風扇微和	紀長谷雄	和漢兼作集春部上 紀略後篇 1	陶淵明 擬古其七	文選 30 文苑英華 183
68	七言,歲暮侍宴同賦積雪爲小山應制序	藤原有綱	泥之草再新	劉眘虛 省試積雪爲小山一首	文苑英華 187
69	松竹不知秋	藤原教家	泥之草再新	梅堯臣 歐陽寺丞桐城宰	宛陵集 3
70	夏雲多奇峰	都在中	詩紀 24	顧愷之 四時（金子彥二郎誤爲陶潛）	藝文類聚 3
71	山水有清音	源當方	詩紀 24	左思 招隱詩	文選 22
72	海水不揚波	直幹王	詩紀 24	李沛 海水不揚波	文苑英華 183
73	波澄鶴影深	慶滋保胤	詩紀 29	許渾 晚泊七里灘:波澄雁影深	丁卯詩集下
74	九日侍宴,賦菊暖花未開應制 菊叢花未開	島田忠臣 大江匡衡	田集上 江集下	以下皆爲白居易詩句 九日登巴臺	以下皆源自《白氏文集》（先詩後筆本） 11
75	賦得春深道士家	菅原道真	菅集 2	和春深二十首:春深隱士家	26
76	早春内宴侍仁壽殿同賦春娃無氣力應制一首並序	菅原道真	菅集 2 朗詠下	洛中春游呈諸親友	31

序號	詩題	作者	詩歌來源及卷數	所引詩句作者及詩題	所引詩句出處及卷數
77	重陽後朝同賦秋雁櫓聲來應制	菅原道真	菅集5 紀略後篇1	河亭晴望	24
78	落花無數雪	不詳	三代實録	殘春詠懷贈楊暮巢侍郎:落花無限雪	33
79	七言,暮春於白河同賦春色無邊畔詩一首	源孝道	麗藻上	和望曉	22
81	四月未全熱	藤原賴通	麗藻上	游溢水	7
82	左右好風來	藤原道長 橘爲義	麗藻土	雜興三首	1
83	早秋賦秋從簟上生	具平親王	麗藻上	夜坐	14
84	唯以酒爲家	具平親王	麗藻下 新朗上	憶微之傷仲遠	16
05	門閑無謁客	藤原爲時 菅原定義	麗藻下 泥之草再新	與僧智如夜話	25
86	寒近醉人消	大江以言	麗藻下	西樓喜雪命宴:寒近醉人銷	24
87	書中有往事	一條天皇	麗藻下	閒坐看書貽諸少年:書中見往事	36
88	閑中日月長	大江以言	麗藻下 江談抄4 朗詠下	奉和裴令公新成午橋莊綠野堂即事	33

序號	詩題	作者	詩歌來源及卷數	所引詩句作者及詩題	所引詩句出處及卷數
89	七言，夏日陪藤亞相城北山莊同賦淡交唯對水詩一首	大江匡衡	江集上 類聚	問秋光	22
90	暮秋陪中書大王書齋同賦風景一家秋應教	大江匡衡	江集上	履道新居二十韻	23
91	七言，三月三日夜於員外藤納言文亭守庚申同賦桃浦落舠花	大江匡衡	江集下	和春深二十首其十二	26
92	暮春於右大丞亭子同賦逢花傾一杯詩	大江匡衡 慶滋保胤	江集下 文粹10 新朗上	寄皇甫七	23
93	春日於備州前大守風亭同賦鶯留花下立	大江匡衡	江集下	春暖	35
94	三月三日同賦殘鶯兩三聲	大江匡衡	江集下	獨游玉泉寺：殘鶯三兩聲	28
95	滋綠草心長	藤原資仲 藤原師家 藤原師基 藤原憲房 藤原季綱	殿合	酬鄭侍御多雨春空過詩三十韻	26
96	暮春游覽同賦逐處花皆好	紀齊名	朗詠上 文粹10 新朗上	櫻桃花下歎白髮	16
97	風疏砧杵鳴	藤原篤茂	朗詠上	八月三日夜作	33
98	花少鶯亦稀	源相規	朗詠上	登村東古塚	10

續表

序號	詩題	作者	詩歌來源及卷數	所引詩句作者及詩題	所引詩句出處及卷數
99	於菅師匠舊亭賦一葉落庭時	慶滋保胤	朗詠上	新秋	18
100	山榴豔似火	源順	朗詠上	早夏游宴	29
101	四月有餘春	源相規	朗詠上	題天竺南院贈閒元旻清四上人	30
102	柳影繁初合	具平親王慶滋保胤	朗詠上新朗上	春末夏初閒游江郭二首其二	16
103	秋氣颯然新	源英明	朗詠上類聚	雨後秋涼	34
104	停杯看柳色	醍醐天皇江納言紀在昌等	朗詠上紀略後篇1類聚	風雨中尋李十一因題船上	16
105	暖寒從飲酒	大江匡衡	朗詠下	老去	32
106	清風何處隱	慶滋保胤	朗詠下江談4	月夜登閣避暑	1
107	北風利如劍	藤原行葛	朗詠下	村居苦寒	1
108	晴添草樹光	大江朝綱	朗詠下紀略後篇1類聚	又和令公新開龍泉晉水二池：晴添樹木光	31
109	林開霧半收	菅原文時大江維時	鬥詩	重修香山寺畢題二十二韻以紀之	34
110	松江落葉波	源順橘直幹	鬥詩	松江亭攜樂觀漁宴宿	24
111	與月有秋期	橘直幹	鬥詩江談4	對琴待月	26

序號	詩題	作者	詩歌來源及卷數	所引詩句作者及詩題	所引詩句出處及卷數
112	七月三日陪第七親王讀書閣同賦弓勢月初三應教	源順	文粹 8	秋思	26
113	八月十五夜於文章院對月同賦清光千里同	都在中	文粹 8 新朗上	答夢得八月十五夜玩月見寄	31
114	早春同賦春生逐地形	慶滋保胤	文粹 8	早春即事	33
115	冬日陪藤相公亭子同賦消酒雪中天各分一字 消酒雪中天	藤原篤茂 菅原斯宣	文粹 8 江談 4	東都冬日會諸同年宴鄭家林亭：銷酒雪中天	13
116	夏日於左親衛源相公河陽別座同賦何處堪避暑	慶滋保胤	文粹 8	何處堪避暑	30
117	初冬於棲霞寺同賦霜葉滿林紅應兼明親王教 霜葉滿林紅	源順 菅原文時	文粹 10 紀略後篇 4 新朗上	秋雨夜眠：霜葉滿階紅	33
118	初冬陪菅丞相廟同賦籬菊有殘花	源相規	文粹 11 紀略後篇 1	效陶潛體詩十六首並序	5
119	火是臘天春	菅原輔昭	江談 4 朗詠上	對火玩雪	22
120	正月漏叙位之年內宴雪盡草芽生	未詳	江談 4 紀略後篇 1	早春獨游曲江	13

序號	詩題	作者	詩歌來源及卷數	所引詩句作者及詩題	所引詩句出處及卷數
121	但喜煩暑退	大江以言	新朗上	立秋夕涼風忽至炎暑稍消即事詠懷寄汴州節度使李二十尚書	36
122	蟋蟀近牀聲	大江以言	新朗上	夜坐	14
123	愛火兼憐雪	源順	新朗上	對火翫雪	22
124	霜園紅葉多	貝平親王	新朗上	司馬宅	10
125	秋露草花香	慶滋保胤	新朗上	逢張十八員外籍	20
126	樹是鶯朋友	大江以言	新朗上	春池閒汎：樹集鶯朋友	36
127	林香雨落梅	村上天皇	新朗上	留題天竺靈隱兩寺	23
128	雨餘蟬聲歇	慶滋保胤	新朗上	秋池二首	22
129	天秋無片雲	慶滋保胤 大江以言	新朗下	效陶潛體詩十六首	5
130	秋景屬閒人	源經信	新朗下	題報恩寺	24
131	水岸涼風至	紀齊名	新朗下	張常侍池涼夜閒讌贈諸公	29
132	江山此地深	藤原惟成	新朗下	陰雨	18
133	何處春光到	不詳	紀略後篇4	何處春先到	27
134	窗下有滿風	不詳	紀略後篇4	銷暑：窗下有清風	28

續表

序號	詩題	作者	詩歌來源及卷數	所引詩句作者及詩題	所引詩句出處及卷數
135	春樹花殊顆	不詳	紀略後篇4	洛中春游呈諸親友：春樹花珠顆	31
136	五月水聲寒	不詳	紀略後篇4	奉酬侍中夏中雨後游城南莊見示八韻	32
137	留春春不駐	村上天皇	紀略後篇4	落花	21
138	天高浄如水	藤原道長	關白記 寬弘七年九月六日	酬集賢劉郎中對月見寄兼懷元浙東	22
139	江山屬一家	藤原行成等十餘人	關白記 長和二年十月六日	同夢得寄賀東西川二楊尚書	33
140	長安盈尺雪	藤原長兼	資合	早朝賀雪寄陳山人	9
141	高士慕神仙	藤原長兼	資合	歸田三首其一	6

2.《類聚句題抄》句題詩所引中國詩歌

序號	所引詩句	漢詩作者或出處	所引詩句作者及詩題	所引詩句出處及卷數
142	日短苦夜長	藤原最貞	古詩十九首：晝短苦夜長	文選29
143	遠思賢士風	菅原文時	盧子諒 贈崔温一首：遠念賢士風	文選25
144	秋菊有佳色	源英明	陶淵明 飲酒二十首其七	文選30 藝文類聚65
145	白雲抱幽石	紀在昌	謝靈運 過始寧墅	文選26

序號	所引詩句	漢詩作者或出處	所引詩句作者及詩題	所引詩句出處及卷數
146	雲中弁江樹	橘在列	謝朓 之宣城出新林浦向板橋一首	文選 27
147	天寒隴水急	源英明	蕭子暉 隴頭水	顔氏家訓上
148	花裏寄春情	橘正通	王融 詠琵琶	玉臺新詠 4
149	臨池愛水涼	源爲憲	劉孝威 奉和逐涼詩	藝文類聚 5 玉臺新詠 8
150	雪裏覓梅花	村上天皇	簡文帝 雪裏覓梅花	初學記 28
151	風輕花落遲	源順	簡文帝 折楊柳	玉臺新詠 7
152	荷香帶風遠	橘正通	梁元帝 賦得涉江采芙蓉	初學記 27
153	春心遠近同	藤雅材	朱超道 奉和登百花亭懷荊楚	古詩紀 103 文苑英華 315
154	高花出迥樓	一條天皇	庾信 詠畫屏風詩二十四首	庾子山集 4
155	挑燈更對花	橘正通	盧詢 中婦織流黄：挑燈更惜花	樂府詩集 35
156	花樹數重開	橘正通	周宗懍 春望	初學記 3
157	高天澄遠色	村上天皇	薛道衡 夏晚	初學記 3
158	燈疑明月夜	大江以言	李嶠 雪：地疑明月夜	百二十詠詩注上
159	瀑水含秋氣	源爲憲	盧照鄰 和夏日幽莊	盧昇之集 3 文苑英華 319
160	花繁鳥度遲	源順	盧照鄰 山行寄劉李二參軍	盧昇之集 3 文苑英華 249
161	霧晴山望迴 霧明山望迴	源明理 大江以言	駱賓王 送吳七游蜀：霧銷山望迴	駱丞集 4

序號	所引詩句	漢詩作者或出處	所引詩句作者及詩題	所引詩句出處及卷數
162	秋聲多在山	菅原惟肖 貝平親王 新朗卷下（貝平親王）	崔署 潁陽東溪懷古	河嶽英靈集下
163	秋意在山水	一條天皇	孟浩然 聽鄭五愔彈琴：余意在山水	孟浩然集1
164	載酒訪幽人	高丘五常 菅原庶幾（新朗卷下）	孟浩然 九日	孟浩然集3
165	花伴玉樓人	紀長谷雄 紀略後篇卷一	孟浩然 長安早春	孟浩然集2
166	□□不如蟬	慶滋保胤	司空曙 江園書事寄盧綸：凡鳥不如蟬	文苑英華254
167	遠山重疊見	紀齊名	皇甫冉 酬裴補闕中天寺見寄	中興間氣集上
168	梅柳待陽春	紀齊名	元積 詠廿四氣詩・大寒十二月中	敦煌斯3880
169	晴螢穿竹見	一條天皇	元積 遣行十首其三：暗螢穿竹見	元氏長慶集15
170	望月遠情多	具平親王（新朗卷上）	許渾 贈高處士：望山多遠情	丁卯詩集下
171	林晚鳥爭樹	具平親王	許渾 獻白尹	丁卯詩集下
172	草木動秋聲 木葉有秋聲	村上天皇 大江朝綱	劉言史 立秋：木葉動秋聲	歲時雜詠23
173	落葉動秋聲	菅原庶幾	無名氏 寒葭凝露色，落葉動秋聲	全唐詩續拾60

續表

序號	所引詩句	漢詩作者或出處	所引詩句作者及詩題	所引詩句出處及卷數
174	掬水皆花氣	佚名	方干 山中寄吳磻十韻	玄英集 3
175	秋光處處同	一條天皇	釋文珦 旅中秋晚	潛山集 6
176	秋聲脆管弦	菅原文時 大江維時 江談抄 卷 4	以下皆爲白居易詩句 小曲新詞二首其一	以下皆源自《白氏文集》 18
177	冰融水放光	慶滋保胤	池上早春即事招夢得	33
178	草木凝秋色	三統理平 紀略後篇卷 1	客路感秋寄明準上人	9
179	遠草初含色	菅原庶幾	早春題少室東巖	33
180	雨添山氣色	村上天皇 三善爲政	閑園獨賞	32
181	宮槐有秋意	一條天皇	翰林院中感秋懷王質夫	9
182	鄉思繞關河	大江以言	晚秋有懷鄭中舊隱	14
183	褰簾待月出	大江以言	郡樓夜宴留客	20
184	尋花信馬行	菅原庶幾	且游:尋花信馬頭	31
185	一醉外何求	具平親王	想東游五十韻	27
186	偶得幽閑境	源順	玩新庭樹因詠所懷	8
187	閑中得詩境	一條天皇	秋池二首其二	22
188	唯因酒得仙 只因酒得仙	具平親王 紀齊名	醉後重贈晦叔:俱因酒得仙	28
189	床下見魚游	橘正通	府西池北新葺水齋即事招賓偶題十六韻	28
190	坐看新落葉	大江以言	寄遠	19

序號	所引詩句	漢詩作者或出處	所引詩句作者及詩題	所引詩句出處及卷數
191	看山盡日坐	具平親王	閑居	6
192	望春花景暖	一條天皇	渭村退居寄禮部崔侍郎翰林錢舍人詩一百韻	15
193	新蟬禁中聞	大江以言	翰林院中感秋懷王質夫	9
194	經霜識松貞	源爲憲	和答詩十首·和思歸樂	2
195	閑光覺日長	島田忠臣	池上早春即事招夢得	33
196	可惜春風老	源英明	清明日觀妓舞聽客詩	20
197	惜花不掃地	慶滋保胤	日長	22
198	醉惜年華晚	菅原宣義	叙德書情四十韻上宣歙崔中丞	13
199	窗深秋對山	菅原雅規	和鄭方及第後秋歸洛下閑居:窗深朝對山	13
200	醉中對紅葉	橘直幹	醉中對紅葉	17
201	雨霽山河清	藤原雅材	客路感懷寄明淮上人	9
202	夜短朝餘睡	紀齊名	日長	22
203	舊游安在哉	源爲憲	憶舊游	21
204	采筍出林遲	具平親王	閑游:看筍出林遲	16
205	灘聲秋更急	慶滋保胤	陰雨	18
206	叢香近菊籬	大江維時	自題小草亭	33
207	雲低與水和	橘正通	霖雨苦多江湖暴漲塊然獨望因題北亭	16
208	鶴唳無凡聲	大江以言	北亭臥	21

序號	所引詩句	漢詩作者或出處	所引詩句作者及詩題	所引詩句出處及卷數
209	早涼秋尚嫩	菅原雅規	秋涼閑臥	29
210	南枝暖待鶯	橘正通	江州赴忠州至江陵以來舟中示舍弟五十韻	17

　　以上句題詩共收中國詩句 210 題，第一表收録詩句按作品集編録，先排他詩再序白詩。《類聚句題抄》所收詩人時代比較集中，亦先排他詩再序白詩，白詩之外按所引詩歌作者時代先後排列。《類聚句題抄》中作家與《本朝麗藻》高度重合，但句題詩重複並不多，可見其編者還參考了其他作品。《類聚句題抄》與作品集相同者僅 11 句，在作品集中標出。

三　平安朝句題詩所引中國詩歌的價值

　　筆者雖未能完全將平安時代存世句題詩中所引中國五言詩網羅殆盡，但搜集至 210 題，應亦無大的遺漏。這些源於中國五言詩的句題詩，可以爲我們研究中國詩歌與日本平安文學之關係提供重要參考。

　　1.再現我國詩歌在日本平安時代的流傳

　　文中句題詩來源詩句的作者情況如下：白居易 103 首，元稹 8 首、謝靈運 6 首，許渾 5 首、庾信 4 首，陶淵明、梁元帝、簡文帝、沈約、盧照鄰、王維、孟浩然、劉禹錫 8 人各 3 首，張正見、唐太宗、李嶠、王勃、宋之問、姚合等 6 人各 2 首，存 1 首者如下：魏文帝、陸雲、王粲、阮籍、張協、陸機、左思、殷仲文、顧愷之、盧子諒、顏延年、謝朓、鮑照、江淹、庾肩吾、蕭子暉、王融、劉孝威、朱超道、周宗懔、盧詢、薛道衡、楊師道、賀敱、駱賓王、包融、崔署、李白、李頎、孟云卿、顏真卿、劉長卿、司空曙、皇甫冉、庾敬休、劉眘虛、張嗣初、姚系、劉言史、朱慶餘、李沛、杜荀鶴、方干、梅堯臣、王安石、李昭玘、釋文珦、胡仲參等 48 人，另有古詩十九首 1 句及佚名古詩 1 句，涉及漢魏晉至宋代知名詩人 68 名。其中魏晉南北朝及隋代詩人 30 名，唐五代詩人 33 名，宋代詩人 5 名。我們可以從中一窺中國詩歌在日本平安時代的流傳情況。

　　首先，關於唐前詩歌在日本平安時代的流傳。從《日本國見在書目録》來看，唐前的文集流傳較少，與本文相關的僅有《陶潛集》、《阮嗣宗集》、《謝吏部集》、《庾信集》等別集。從句題詩所引唐以前詩歌可以看到，編于梁朝之前的詩歌大多能在《文選》裏找到，即使阮籍、謝朓、陶淵明這樣有文集流入日本的詩人，句題詩也多選録在《文選》中，可知梁前詩歌流傳極可能有賴於《文選》。這一點還可以從平安時期多次舉辦的北堂《文選》竟宴活動得到側面證明。菅原道真《北堂文選竟宴各詠史、句得乘月弄潺湲》小序載："仁壽（851—854）年中，文選竟宴，先君詠句，得‘樵隱俱在山’古調，多叙所懷。予今習先君體，寄詩言志，來者語之。"①道真之父參加《文選》競宴，道真之孫菅原文時（899—981）有詩《七言，北堂文選竟宴各詠句得遠念賢士風》，大江澄明也有《北堂文選竟宴各詠句探得披雲卧石門》，清原滋藤《文選竟宴詠句賦卷帙奉盧弓》，可見《文選》竟宴是平安時期經常舉辦的一項重要詩會。《白氏文集》盛行的同時，《文選》也仍然非常流行。而《文選》之後的詩句則多被選録在《玉臺新詠》、《藝文類聚》、《初學記》等總集與類書中，極可能梁陳隋詩歌主要依靠它們在日本流傳。

　　其次，關於唐代詩歌的流傳情況。先看平安時代最受歡迎的白居易。《敕撰三集》中所引並没有白居易的作品。號稱"坐吟卧詠玩詩媒，除却白家余不能"（《吟白舍人詩》）②的島田忠臣存世作品，僅有 6 首可考出處的句題詩，也不過 1 首出自白居易。深受白居易影響的菅原道真詩集《菅家文草》（900）可考的句題詩大約有 15 句，其中 5 句來自白詩。10 世紀後，白詩被引用的數量明顯增加，開始佔據主要地位。如大江匡衡（952—1012）《江吏部集》，可考證源頭的 11 首句題詩中，有 7 首來源於白詩。高階積善（1004—1011）撰成於寬弘（1004—1013）年間的《本朝麗藻》，可考的 12 句中，就有 8 句是白詩。藤原明衡於後冷泉天皇康平年間（1058—1065）編成的《本朝文粹》亦是如此，其可考的句題詩一共 19 首，其中 10 首源於白詩。去除不屬此時代的紀長谷雄（845—912）引用李嶠和謝靈運的兩首詩，白詩佔據近三分之二。成立於長治嘉承年間的（1104—1108 年）大江匡房講授、

---

①川口久雄校注《菅家文草　菅家後集》，岩波書店，1966 年，頁 447。
②小島憲之監修《田氏家集注》，和泉書院，1991 年，頁 229。

藤原實兼記録的《江談抄》，可考者 9 首，6 首爲白詩。由此可知，白居易詩歌在日本最流行的巔峰時期應該是 10 世紀到 11 世紀期間。另一方面，從總數來講，作品集中共 141 題，白居易占 68 題。《類聚句題抄》所引白居易詩句共 39 題，其他詩歌加起來才 42 題。這和大江維時（888—963）編纂的唐詩秀句集《千載佳句》，1013 年前後藤原公任編纂的《和漢朗詠集》收録的白詩比例基本是一致的。

　　本文句題詩所涉唐人 33 名，與《千載佳句》重合者約 15 名，《千載佳句》未收詩人有唐太宗、李嶠、賀敳、盧照鄰、王勃、包融、孟浩然、崔署、孟云卿、顔真卿、司空曙、姚合、庚敬休、張嗣初、姚系、劉眘虚、劉言史、李沛等 18 人。與《和漢朗詠集》相重合者僅白居易、元稹、王維、杜荀鶴、許渾、劉禹錫等詩作在日本流傳較廣的 6 人。此外，紀齊名《梅柳待陽春》源於元稹《詠廿四氣詩·大寒十二月中》，此詩傳世文獻已佚不傳，而在敦煌文獻伯二六二四卷和斯三八八〇卷中載録，作者有兩説。紀齊名對此詩的引録可知《詠廿四氣詩》曾在日本流傳，從元稹詩歌在日本的廣泛流傳來講，亦可間接證明此組詩可能爲元稹所作。

　　宋代的詩句雖然目前只考出五句，但仍然説明平安中晚期詩人以唐詩爲主要受容對象的同時，依然密切關注我國詩歌發展。藤原忠通（1097—1164）《法性寺關白御集》"春寒花未開"，源自李昭玘《過虹縣有作》，李昭玘生平不詳，《宋史》卷三四七稱其"少與晁補之齊名，爲蘇軾所知。……靖康初（1126—1127），復以起居舍人召，而已卒。"①藤原忠通與李昭玘所處時代有重合之處，年齡相差並不大，這爲我們探究宋代與日本平安晚期文學的交流提供重要信息。《泥之草再新》中藤原教家的《松竹不知秋》出自梅堯臣（1002—1060）《歐陽寺丞桐城宰》。《資實長兼兩卿百番詩合》中藤原長兼"江山如故人"源於王安石《金山寺》，考《通憲入道藏書目録》（1106—1159）中有記載"臨川先生詩一部五帖"②，是王安石作品在日本流傳的明證，可與此詩句互證。《資實長兼兩卿百番詩合》中還有詩句"愁人夜不眠"，出自宋末詩人胡仲參《閨中詞》，宋陳起編《江湖小集》卷 14《竹莊小稿》收録此詩。詩合中藤原資實生卒年爲 1162 至 1223，藤原長兼生卒年不詳，

---

① 脱脱《宋史》，中華書局，1997 年，頁 10998。
② 藤原通憲《通憲入道藏書目録》，《日本書目大成》第一卷，汲古書院，1979 年，頁 50。

約卒於 1214 以後。胡仲参的生卒年亦不詳，只知約宋度宗咸淳初前後在世。這句詩的流傳爲我們重新審視胡仲参生平及陳起《江湖小集》的編定時間，提供了重要的佐證。

2.輯佚校勘中國詩歌的可能

日本平安時代的句題詩非常多，在這 210 題中國五言詩句中，有三十餘篇存在語序顛倒、一字之異的情況，出現這種情況原因比較複雜，有部分可能是有意的更改，如後中書王《唯因酒得仙》、紀齊名《只因酒得仙》，源于白詩《醉後重贈晦叔》"俱因酒得仙"，又如村上御製《草木動秋聲》、大江朝綱《木葉有秋聲》，源于劉言史《立秋》"木葉動秋聲"，雖有更改意義却無其變化。也有更改後意境不同之作，如島田忠臣、菅原道真都曾創作的《早春侍內宴同賦無物不逢春應制》，源于李遠《剪綵》的"願君千萬歲，無歲不逢春"，李詩是對相親之人美好的祝願，句題詩則是對萬物逢春的歌頌。有些可能是文本流傳的錯訛與誤差情況。如大江匡衡《三月三日，同賦殘鶯兩三聲》源於白居易《獨游玉泉寺》"殘鶯三兩聲"是典型的錯訛，兩字一顛倒，全不合律詩平仄了。另有沈約"開花已匝樹"顛倒爲"花開已匝樹"等等。菅原雅規《窗深秋對山》源於白居易《和鄭方及第後秋歸洛下閑居》"窗深朝對山"，亦有錯訛之嫌。《日本紀略》後篇卷四所載"窗下有滿風"，白居易原句爲"窗下有清風"，同卷"春樹花殊顆"，原詩爲"春樹花珠顆"，當皆爲形近而訛誤。此類還有"春生梅樹中"，樹當爲"援"誤，等等。

有些個別字句的差異，可能是其源於版本的不同。如《和漢朗詠集》卷下大江維時《落花亂舞衣》詩源于盧照鄰《折楊柳》詩，《全唐詩》卷二二就載"風，一作落。"《日本紀略》後篇卷六載的李頎詩句"鶯啼宮柳深"的"宮"字，《御定佩文齋詠物詩選》卷 122 作"宮"，《全唐詩》作"官"。這種版本差異有時可以爲我們校勘詩句提供參考，如島田忠臣《閑光覺日長》源于白居易《池上早春即事招夢得》，諸大集本皆作"老更驚年改，閑先覺日長"，"閑先"令人難解，若按島田忠臣所引的"閑光"，則此句釋義瞬間明朗。又如後中書王的《采筍出林遲》，白居易《閑游》詩作"尋泉上山遠，看筍出林遲"。"采"與"看"形近，二者必有一誤，既是出林遲，似乎"采"字所花時間長些，更爲妥帖。

由於句題詩在題目或詩序中，基本上不注明詩歌出處，給我們查找句題詩淵源造成了很大的困難。考證詳贍如本間洋一的《類聚句題抄全注釋》，亦有多句未能找到，如源爲憲《瀑水含秋氣》，出自盧照鄰《和夏日幽莊》；寬弘御製《秋意在山水》出典自孟浩然《聽鄭五愔彈琴》"余意在山水"，具平親王《望月遠情多》出於許渾《贈高處士》"望山多遠情"；紀齊名《梅柳待陽春》源於元稹《詠廿四氣詩·大寒十二月中》；寬弘御製《晴螢穿竹見》出自元稹《遣行十首》"暗螢穿竹見"，大江以言《霧晴山望迴》出自駱賓王《送吳七游蜀》"霧銷山望迴"，具平親王《遥山斂暮煙》源于王勃《秋日別王長史》"野色籠寒霧，山光斂暮煙"。皆可據此補正之。

　　然而，那些未能找到出處的句題詩就不是源於中國詩歌嗎？恐怕不盡然。蔣義喬《從古句題到新句題》認爲平安中後期"句題的選用從平安前期的引經據典過渡到了後期的自主改寫。當然，所謂'自製'並非單純的個性化創作。筆者認爲，改寫唐詩佳句是平安朝時人自製句題時最常用的方式，具體可分爲置換、整合、截取等方法。"①雖如其所說，存在一部分改寫的古詩句題，但不能排除裏面存在不少佚詩的可能。首先，從《類聚句題抄》所收詩歌來説，215 題詩歌中考出中國古代詩人的 81 題 85 篇詩句，占40％，我們完全可以懷疑其他詩歌當中存在佚詩，隨便舉些例子，即能感受到詩句濃厚的中國詩歌味道，如菅原淳茂《菊潭水自香》、菅原文時《花寒菊點叢》、大江以言《夜闌不辨色》、《秋雁數行書》等等。

　　其次，《類聚句題抄》原稱《類聚古詩》，因《日本詩紀》作者疑而改稱。如稱古詩，則更可能皆源於中國古詩。平安時代多稱中國詩爲古詩，如菅原道真《北堂文選竟宴各詠史、句得乘月弄潺湲》云："《文選》三十卷，古詩一五言。"稱《文選》古詩，其《詠樂天北窗三友詩》："身多忌諱無新意，口有文章摘古詩。古詩何處閑抄出，官舍三間白茅茨。"②古詩指白居易詩歌。又菅原在良《畫障子詠三首》其二序云："對深爐而煖醇酒，望前峰而詠古詩。"詩云："獨斟玉盞青田酒，閑詠香爐白氏詩。"③亦將白詩呼爲古詩。橘正通《春夜陪第七親王書齋同賦梅近夜香多應教》序云："古詩曰：'梅近夜

香多.'誠哉此語."①亦是如此。

　　另外,《天德三年八月十六日鬥詩行事略記》的十事御題中,《與月有秋期》、《螢飛白露間》、《林開霧半收》、《松江落葉波》、《秋聲脆管弦》等詩皆如表中所載,出自白居易與朱慶餘之詩,則剩下五首《蘭氣入輕風》、《暝雲胡雁遠》、《秋光變山水》、《蛩聲入夜催》、《綴草露垂珠》等五句詩題,也完全可能源於中國詩歌。正如其後記云:"然則左右之詩,或真或行,垂露之文,向日彌耀;秋風之體,映燈猶遺。可謂乾坤一物在於斯人。遠稽唐家,近訪我朝。初自彼會昌好文之時,至於元和抽藻之世,雖馳淫放之思,未有鬥詩之游。仍爲後代,聊以記之。"②如果這個猜測成立的話,我們將可以從句題詩中輯出不少佚失之詩,尤其是平安早期尚未出現自製詩題之前的句題詩,諸如島田忠臣《雜言,九日林亭賦得山亭明月秋應太上天皇制一首》,菅原道真詩《賦葉落庭柯空》、《重陽節侍宴同賦天浄識賓鴻應制》、《早春內宴侍清涼殿同賦春先梅柳知應制》等等。

　　　　　　　　　　　　　（作者單位:徐州工程學院人文學院）

①藤原明衡《本朝文粹》,《國史大系》第二十九卷下,吉川弘文館,1965 年,頁 246。
②佚名《天德三年八月十六日鬥詩行事略記》,《群書類從》第 9 輯,續群書類從完成會,
　　1992 年,頁 286。

域外漢籍研究集刊　第十七輯
2018 年　頁 33—43

日本中古時期詩格文獻考

張宇超

在中國傳入日本的詩格書籍影響之下，日本人開始自己編撰詩格以指導本國人漢詩文的寫作。日本漢詩學主要是受到唐人詩格的影響而逐步發展起來，具有詩格化、初學化的特點①。日本詩格著述不僅在詩學規範形成時的平安時代廣泛流傳，即便在形成之後的鐮倉室町時代、江户時代也都同樣盛行。就大正九年(1920)至十一年間池田胤編輯的《日本詩話叢書》十卷 63 種而言，其中除了鐮倉時代虎關師錬所著《濟北詩話》一種以外，主要都集中在江户時代。鑒於此，本文主要彙集平安時代和鐮倉室町時代的詩格類著述，以期展現更爲完整的日本漢詩學面貌。

一　見存

(一)《作文大體》

一卷。大概編成於平安時代中期，現存有鐮倉時代抄本。《作文大體》自成書以來在日本流傳甚廣，傳本繁多，又多有增補。各種傳本中現多爲此名，從其内容來看當爲《文筆大體》，即是關於文(詩歌)與筆(散文)的漢詩文寫作指導書。在其諸多傳本中，一直以來，學界均視東山御文庫本爲保存最古的善本，而觀智院本僅存前部分。但觀智院本中的部分爲多種傳本繼承，可知其爲《作文大體》的基本部分，反而東山御文庫本則有增補和重複之處。觀智院本現存天理圖書館，爲國家"重要文化財"，1934 年曾由

---

① 張伯偉師《中國古代文學批評方法研究》，中華書局，2002 年，頁 522—523。

貴重圖書影本刊行會影印刊行，其後 1984 年再度收入《天理圖書館善本叢書》和書之部第五七卷《平安詩文殘篇》中。卷末識語曰："寶永元年(1704)仲秋上旬令加修復者也。僧正杲快。"内容包括五部分：一、序。二、十則，即按題、五言詩、七言詩、句名、詩病、字對、調聲、翻音、用韻、俗説。三、筆大體。四、詩本體，即五言詩、七言詩、雜言詩。五、詩雜例。最後引用《文鏡秘府論》中南卷"論文意"與地卷"六義"中的兩條。書中既有受《文鏡秘府論》的影響，又有當時和歌論影響的痕迹。如第五部分"詩雜例"中有餘情幽玄體、破題體、似物體、題意仿佛體、結句述懷體、雙關體等，源自《文鏡秘府論》地卷形似體、質氣體、情理體等十體。《和歌體十種》中餘情體，《古今和歌集·真名序》中又有"幽玄"，"似物"則又在《俊賴髓腦》中有使用。

關於本書的作者，川口久雄認爲前部分爲源順(911—983)撰《詩大體》，後則是中御門右大臣藤原宗忠(1062—1141)增補《筆大體》①。此觀點可能是基於東山御文庫本而得出。但在成簣堂文庫本末有識語曰："嘉承三年(1108)初秋七夕閑居之暇，染筆書出之。是小僧某人，學問之道頗有骨法。仍爲令知文章，所書出也。雜句體其數甚多。然而僧俗可用，大概不可過斯歟。有愧外見，無及披露，努努。中御門右府撰。"東山本則爲："此筆者中御門右府御筆也。"其識語則在上述五部分内容之後，後尚有"諸句體"等。其實，諸句體又與觀智院本第三部分筆大體性質類似，大致可以判定藤原宗忠只是《作文大體》流傳過程中一個抄本的作者，並非該書最早的編撰者。

另外，江户時代所編《群書類從》卷一三七收錄此書。群書類從本流布較廣，最爲學界熟知，實則内容與觀智院本差距頗大，有較大幅度的增改。如論蜂腰病"五言七言共每句第二字與第四字，同平上去入是也，謂之二四不同矣。平聲不爲病，但上句云云。"把蜂腰病等同於近體詩的"二四不同"，與觀智院本大爲不同。今當以東寺觀智院本爲底本，校以東山御文庫本、真福寺本。

(二)《王澤不渴鈔》

兩卷。書名取自班固《兩都賦序》"昔成康没而頌聲寢，王澤竭而詩不作"而誤"竭"爲"渴"，其後沿襲使用。編成於鐮倉時代後期建治二年

---

①川口久雄《三訂平安朝日本漢文學史の研究》，明治書院，1990 年，第二十二章第五節。

（1276），全書採用對話體的方式，對後世的詩學書及詩歌創作影響很大。關於此書作者一般認爲是僧良季，因在《王澤不渴鈔》中云："此鈔者良季撰也。池之坊不斷光院住寺，仁王九十代後宇多院建治年中之撰也。"其内容在承繼《文鏡秘府論》的同時，也凸顯出自己的特徵。一是與當代符合當時詩壇的旨趣，二是與佛教疏離的立場。因此，前輩學者構建的《文鏡秘府論》在真言宗的傳承體系中，《王澤不渴鈔》作者的創作立場不免有些疏離。作者可能不是僧侶而是一般的在俗者，爲清原良季（1221—1291）的可能性更大。

　　就抄本而言，真福寺本最接近原本，但僅存上册。卷首序文完備，云："分之爲兩帖，題曰王澤不渴鈔，蓋是先作詩故也。"叡山文庫真如藏本保存完整，寫於室町時代末期。上卷末識語云："本云：于時福德元稔（1490）重光大渕獻衣更著下旬二二二日。于時慶長廿（1615）乙卯年閏六月下旬模寫之畢。筆者内供奉奝順。"此本不僅抄寫年代早且内容完備，較之刻本系統，多卷下末《春雪賦》《池蓮賦》兩篇，可能刻本系統所據祖本有脱落。就刻本而言，有成簀堂文庫（洒竹文庫舊藏）高野版，慶應義塾大學附屬研究所斯道文庫藏寬永年間異植字版①，及國立國會圖書館藏寬永十一年（1634）整版刻本。真福寺本、真如藏本與刻本之間未見明顯差異，僅有一處在真如藏本第十二頁，由此可見真福寺本與刻本的祖本大致相同。

　　本書繼承《作文大體》而來，用問答體的方式指導詩歌與文章的寫作，其中間或引用前人之作與己作。現可將其内容釐定如下。上卷詩，包括呂律大體、七言四韻之詩作法、按題詠吟之曲、四季句題詩作法、勒韻、古調詩、回文、離合等。下卷文，包括詩序、和歌序、願文、諷誦文等。

　　今當以真如藏本爲底本，參校真福寺本及國會圖書館藏寬永刻本。

（三）《文筆問答鈔》

　　室町時代真言宗學僧印融所撰漢詩文指南書。印融，生於永享七年（1435），卒於永正十六年（1519）。武州久保縣人。弱冠枝策，遍學南北，駐高野山，主無量光院。晚午束行，居武州烏山三會寺。著有《杣保隱遁鈔》二十卷、《釋論指南》十卷、《古筆拾遺鈔》六卷等。以上據《本朝高僧傳·紀

---

①日本文獻學術語，一般指在木活字版中將誤植之處用其他活字代替，而與原版産生異同，故云。整版則與之相反。

州高野山沙門印融傳》。《文筆問答鈔》現存的版本分爲抄本和刻本兩大系
統。抄本系統分爲上下兩卷，刻本系統分爲上中下三卷。抄本系統上卷爲
“作文之法”，下卷爲“雜筆之體”，即韻文（文）和散文（筆）兩類分而論之，尤
側重討論對句與四六文。故抄本系統可能保存原來的編排面貌。

　　《文筆問答鈔》的版本有如下幾種。抄本系統有：一、慶應義塾大學附
屬研究所斯道文庫藏本。兩卷兩册。卷上識語：永祿三年（1560）庚申神無
月中旬寫之畢。又右筆空賢三十八才。卷下識語：永祿肆年辛酉暮春中旬
有形繪任道理寫之了。右筆空賢五十（?）才。上卷末有“已下作文躰私書
入也”，可能其中的“文章有十二對”、“八病”、“平地同訓字”、“同訓兩音
字”、“句體事”等部分乃從《作文大體》中引用。二、前田育德會尊經閣文庫
藏本。兩卷一册。封面署名“無量光院玄仙”，末有識語曰：“天正十九年
（1591）潤（?）正月廿八日於南山修禪院染筆了。”三、高野山正智院藏本。
船津富彦認爲其寫於慶長年間（1596—1615）①。文本大概在印融在世時
書寫，後經過修改。四、石川縣立圖書館藏川口文庫本。兩卷一册。卷上
末識語：“已上二卷抄印融私抄，於時永祿拾丁卯六月十八日於西院養智院
寫了右筆，何阿闍梨賴旻賢榮生滅六七二歲春秋也。於時寬永五年申辰五
月十六日寫了阿州觀心寺菊藏院法印權大僧都宣海。”卷下末識語：“永祿
九年丙寅十月十七日於西院養智院書寫了，右筆賴旻賢榮口六七一才春秋
也。於時寬永五戊申曆五月廿二日法印權大僧都宣海寫也阿州觀心寺檜
尾山菊藏院也。”可見，此本乃觀心寺檜尾山菊藏院宣海於寬永五年（1628）
根據西院養智院賢榮永祿十年（1567）抄本的再抄。川口文庫本卷末另有
七言絕句《題富士山》一首及“作善甄録次第”，他本無。

　　刻本系統最早是延寶九年（1681）刻本。三卷三册。牌記：“延寶九辛
酉年仲夏穀旦攝津屋重兵衛刊。”内閣文庫藏有昌平坂學問所求版本②，其
牌記曰：“延寶九辛酉年仲夏穀旦文臺屋宇平求版”。此後又有大正七年
（1918）高野山無量光院翻刻延寶本。刻本系統與抄本系統差別較大，抄本
中間或夾雜日文，刻本則全無。如“詩頌不同事”論“詩”與“志”區別時，川

①船津富彦《續〈文筆問答鈔〉覺書—特に正智院本について—》，載《密教文化》五五，
　　1961年6月，頁41。
②日本文獻學術語，指從其他出版商處購得板木後再次印刷出版。

口文庫本作"詩字ココロサシト訓,志字ココロサシト訓,在言云詩,在心云志"。尊經閣文庫本大致相同,内閣文庫本則歸納改寫成漢文:"然則詩志兩字共訓志。"又刻本中的例詩也較抄本大爲不同,反映後世的不斷增改過程。

二　待訪

(一)《筆大體》

《石山寺緣起繪》①引慶滋保胤(933? —1002 年)奏狀謂有此書。川口久雄以爲此書乃高野山金剛三昧院藏《作文大體》甲本之一部分②。

(二)《言詩肝心抄》

一卷。寬政四年(1792)十二月柴野彥助、住吉内記奉幕府命赴京都、奈良各大寺社調查後,所著《寺社寶物展閱目録》卷二《高山寺外典目録》載③。查新近所編《高山寺經藏典籍目録》(1985 年)則無④,待考。傳濟暹作《弘法大師御作書目録》、聖賢撰《御作目録》、心覺撰《大師御作目録》等,都有《文筆肝心抄一卷》的記載,小西甚一推測可能即是《文筆眼心抄》⑤。"肝心"爲佛教經疏常用語。本書或與《文筆眼心抄》類似,但川口久雄以爲此書與《菁華抄》相類⑥。《寺社寶物展閱目録》中在本書之後又載《詩抄》一卷、《雜筆集》一卷,均屬秀句集一類,故不計入。

---

① 梅津次郎編《新修日本繪卷物全集》第 22 卷,角川書店,1979 年,頁 54。

② 川口久雄《三訂平安朝日本漢文學史の研究・上》,明治書院,1990 年,頁 69。

③ 京都大學藏本作五卷,幸田成友稱富岡鐵齋藏本亦爲五卷。九州大學萩野文庫本作四卷,有改裝痕迹,今據九州大學藏本。《寺社寶物展閱目録》被稱爲德川時代之國寶目録,關於此書的詳細考證可參看幸田成友《讀史餘録》,大岡山書店,1928 年,頁242—246,及竹治貞夫《柴野栗山の旅と作品》,載《德島大学国語国文学》第 7 號,1994 年,頁 1—10。另,同行書法家屋代弘賢所寫日記《道の幸》(内閣文庫藏寫本,三卷,日文)記載最爲詳盡。

④ 高山寺典籍文書綜合調查團編《高山寺經藏古目録》,高山寺資料叢書第 14 册,東京大學出版會,1985 年。

⑤ 小西甚一《文鏡秘府論考・研究編上》,大八洲出版,1948 年,頁 25—26。

⑥ 川口久雄《三訂平安朝日本漢文學史の研究・上》,前揭本,頁 62。

（三）《雜筆大體》

一卷。《寺社寶物展閱目録》卷二《高山寺外典目録》載，未見。此書可能爲《作文大體》後半部分。

（四）《詩髓腦》

一卷。《寺社寶物展閱目録》卷二《高山寺外典目録》載，未見。元兢《詩髓腦》在平安時代流傳廣泛，此書可能即爲元兢之作。川口久雄疑此書與源順《新撰詩髓腦》有關聯，未示緣由①。又，《日本國見在書目録》中“小學家”載有《注詩髓腦》一卷，可能是日本人所著。

（五）《文筆要鈔》

一卷。鎌倉時代《本朝書籍目録》“詩家類”載，未見。和田英松據《寺社寶物展閱目録》“高山寺”條載有《文筆要集》（一卷），“集”、“鈔”二字雖不同，疑爲同書②。九州大學藏《寺社寶物展閱目録》卷二《高山寺外典目録》作“朝筆要集一卷”，“文”或誤作爲“朝”，三者可能爲同一種書。

三　附考

以下第一種編撰時間未定，第二種性質與詩格相似，故一併納入附考。

（一）《作分略集》

一卷。高野山三寶院藏，現存高野山大學圖書館。元和三年（1617）抄本，外題“印融記”，内題“策彥ノ”（即“一作策彥”）。首爲“四六文章大略法”，述駢文隔句六種（輕、重、疎、密、平、雜），發句、傍句、送句、漫句、長句、緊句。次爲五言詩、七言詩調聲法，分平起、仄起兩類以圖例示之。以上爲詩、文作法，此後爲四書五經等儒學經典相關的漢文常識。末尾載《東福寺開山聖一國師百年忌》詩四首。當時日本禪家多以“四六”謂之駢文③，但印融《文筆問答鈔》、《秘鍵文筆抄》中並無“四六”一詞用法，而謂之“雜筆”。其中又云“宋朝儒學不原於晦庵不以爲學焉”，以朱子學作爲儒學根本，印

①川口久雄《三訂平安朝日本漢文學史の研究・上》，前揭本，頁68。
②和田英松《本朝書籍目録考證》，明治書院，1936年，頁416。
③大曾根章介《四六駢儷文の行方》，收入《王朝文學論考》，岩波書店，1994年，頁313—332。

融著作中沒有此類關於儒學的記述。故本書作者是印融的可能性較低,可能是内題所記臨濟宗僧人策彥周良(1501—1579)①。策彥周良有《策彥和尚四六圖》等書,也可見其中之關係。要之,此書與禪宗關係較大,而其書在高野山的流布又可見高野山與五山之間的學問交流,而並非如通常所言兩者學問疏遠。

(二)《文鳳鈔(抄)》

十卷,菅原爲長(保元三年 1158—寬元四年 1246)編撰。元久元年(1204)承菅原氏家業補任文章博士,歷任土御門、順德、後堀河、四條、後嵯峨等天皇侍讀。菅原輔正以來兩百餘年,菅原氏公卿輩出,爲長亦於建曆元年(1211)昇叙公卿。承久三年(1221)任大學頭、兼任式部大輔。著有《字鏡集》、《帝國系圖》等。《文鳳鈔》亦有題作《秘抄》者,主要彙集詩文創作相關的詞彙與故事,具有類書的性質。先於此書的和製類書《幼學指南鈔》全爲漢文,此書則爲和漢夾雜的訓讀漢文。大約成於建曆法元年(1211)至嘉禎元年(1235)間,此後數次增補,傳本甚多。現存較早的傳本有國立歷史民俗博物館藏高松宮本、真福寺弘安元年(1278)本等②。編於同時者,尚有藤原孝範(1158—1233)的《擲金抄》,實爲孝範所編《秀句抄》三卷之一部分③。爲長、孝範兩書性質約略相似,爲便於初學的漢詩文指南書。

(作者單位:上海大學文學院)

①大石有克《文筆問答鈔の版本について》,載古典研究會編《汲古》第 48 號,汲古書院,2005 年 12 月,頁 31—33。
②山崎誠《菅原爲長撰文鳳抄傳本考》,載《國文學考》第 86 號,1980 年 6 月,頁 20—32。
③佐藤道生《平安後期日本漢文學の研究》第十五章,笠間書院,2003 年,頁 281—300。

夫學同之道作文爲先若只誦經書

作文大躰　　并序

不習詩賦則寸諸上書廚子而如無益矣

大江朝綱述

雖四聲詳其義朝風月咏其深莫不

天理圖書館藏觀智院本《作文大體》

王澤不渴鈔上　序

岶東塔南谷　淨敎房

真如藏

夫聖君馭人也善教令而必成童蒙之身也非末
章而宣耶于孔重勸詩之言畫墻執夫可恥有於
因茲于盧同儒林攤舒布之聲逐尋文囿學總成
之韻雖然性素逢鈍末快此事仍特雖非悅月之
媒郷欲貽傳曰之志柳諸家爭汝病犯諸儒各造
格雖載多在車重何沫筆然而偷拔丟妙之篇還
迷蒙昧之意是故只貫迂裕之辭既聚指掌之談
幷採勢之意論對屬之妙專連今愚之閒布拾右

叡山文庫真如藏本《王澤不渴鈔》

文筆

文筆問荅鈔卷上　　　　　　印融記

問文筆名目如何　荅文者作文筆者雜筆也　問

其作文大躰如何　荅詩頌歌讃碑銘連句等作文

躰也　問其雜筆太躰如何　荅表白諷誦願文序

賦表序奏狀勅荅雜筆之躰也

○詩頌不同事

問先作文大躰中詩頌不同如何　荅約世間作之

云詩約出世作之云頌作躰不曆也　問云詩云頌

名言如何　荅詩者思趣發言云詩在心云志也故

文筆上

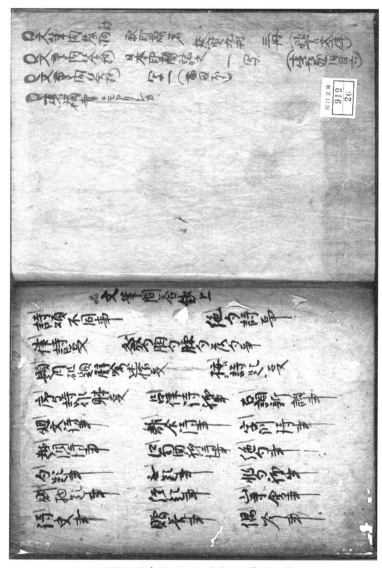

石川縣立圖書館川口文庫本《文筆問答鈔》

域外漢籍研究集刊　第十七輯
2018 年　頁 45—65

日僧無著道忠禪宗俗語詞訓釋方法考[*]

王長林

　　禪宗語言研究是禪宗文獻、禪學及禪史研究的基礎，而通俗鄙俚的俗語詞無疑是禪宗語言研究的一大障礙，其訓解難度絕非小可。國內學者蔣紹愚、袁賓、董志翹、雷漢卿、詹緒左、王閏吉等在學術實踐中，總結出了不少方法，對禪宗文獻詞彙研究提供了切實的指導。如果我們將目光觸及國外，就會發現禪學研究的重鎮——日本歷來有注解中國禪籍的傳統，有熱衷訓釋禪宗俗語詞的偏好。例如日本江户時代臨濟宗妙心寺住持無著道忠禪師(1653—1745)在其禪録注疏和禪語辭書彙纂之際，就已經運用了諸多考釋方法，考證了大批俗語詞，成績斐然。但遺憾的是，國內學界長久以來未予關注，未能充分認識這位東瀛學僧的學術成就，這很不利於禪宗語言研究走向深入。正如汪維輝所説："日本漢學界對中國歷代的文獻鑽研很深，成果極爲豐富，其中有許多精當的考訂，國內學界往往鮮有所知，導致重復研究甚至倒退，在今後的研究工作中應該引以爲戒。"[①]本文擬對道忠禪師禪宗俗語詞的訓釋方法作歸納總結，並舉例證之，以窺探其俗語訓釋成就之一斑，亦期望對禪宗文獻語言研究有所裨益。

---

[*] 項目基金：2017 年國家社科基金一般項目"日僧無著道忠中國禪籍語言研究論考"（17BYY023）。

[①] 汪維輝《〈大唐三藏取經詩話〉〈新雕大唐三藏法師取經記〉刊刻於南宋的文獻學證據及相關問題》，載《語言研究》，2010 年第 4 期。

一　審音辨字

由於禪録的記録者、傳抄者的文化水平、書寫習慣以及方言背景等諸多因素,禪録不乏訛字、俗字記録和音同(近)假借的現象,爲我們閱讀禪録帶來不少文字上的障礙。因此從事禪宗俗語詞研究必須首先清除文字障礙,審音辨字是基礎工作。識得正字,辨得本字,有些疑惑便涣然冰釋,道忠頗有發明之處。

【搯定】【掐定】

《虛堂録》卷三:"師云:'五祖當時一時落草,自謂土曠人稀。殊不知今日被慈峰老子搯定咽喉,直得無取氣處。'"

《虛堂録犁耕》(下稱《犁耕》)注曰:

搯定,把定也,塞斷五祖咽喉也。○忠曰:"《正字通》卯中曰:'搯,他刀切,音滔。《周書》師乃搯,注:拔兵刃以相擊刺也。'"又"掐"注曰:"苦甲切,音恰,爪刺也。"○忠曰:"'搯''掐'相似,今'掐'字親于此義。"(頁333①)

檢索發現,禪籍"搯定"凡四見,除《虛堂録》例之外,其餘如下:《物初和尚語録》:"傅大士咽喉,被顯慈一搯搯定了也,莫有轉身吐氣底麽?"《石溪和尚語録》卷中:"當初有箇向七寸上一搯搯定,看他一火落作麽生?"《增集續傳燈録》卷五《杭州净慈古田昰禪師》:"古人三寸咽喉,被靈山一搯搯定了也。"今按:四例"搯"均爲"掐"之訛,道忠所辨甚是。"掐定咽喉"禪籍類似的説法不少,有"把定咽喉""把斷咽喉""捏定咽喉""鎖定咽喉""塞斷咽喉""鎖斷咽喉""捏斷咽喉"等等,均指抓住關鍵、把斷要害,足可參證。"搯"與"掐"形近訛混,相沿已久,《説文·手部》:"搯,捾也,从手,舀聲。"段注:"《文選·長笛賦》'搯膚擗摽',李善引《國語》及韋注而云'苦洽反',殊誤。'苦洽切'當是'掐'字,从臽聲,爪刺也。下引《魏書·程昱傳》'昱於魏武前忿争,聲氣忿高,邊人掐之乃止',是則从臽之'掐',於'搯膚'毫不相涉

---

① 文章引道忠《虛堂録犁耕》《五家正宗贊助桀》《葛藤語箋》,爲禪文化研究所1990、1991、1992年影印本,引文後注明頁碼。《大慧普覺禪師書栲栳珠》和《禪林象器箋》爲筆者複印資料,引文不標頁碼。

也。韓子文‘搯擢胃腎’亦是用‘搯膚’字，《通俗文》：‘掐出曰搯，爪按曰掐。’‘搯’即‘搯’也，許不録‘掐’。”

【複子】【袱子】

《五燈會元》卷七《德山宣鑒禪師》：“挾複子上法堂，從西過東，從東過西，顧視方丈曰：‘有麽，有麽？’山坐次，殊不顧昕。……”

德山參溈山，所挾之“複子”當爲何物呢？《禪林象器箋》本條云：

忠曰：“複當作袱。《字彙》云：袱，房六切，音伏，包袱。又云：複，方六切，音幅，重也，《説文》重衣也。非今義。蓋二字音同，袱字訛作複也。《敕修清規・裝包》云：‘裝包之法，用青布袱二條。’布袱，即複子也。”

道忠認爲“複”本作“袱”，甚確，二字音近可通。上舉公案又見於《笑隱訢禪師語録》卷一，恰作“袱”字，可證。“袱子”禪籍亦多見用例，如《笑隱訢禪師語録》卷二：“行脚高士，出一叢林，入一保社，放下袱子，如放下一座須彌山，不肯造次。”《三宜盂禪師語録》卷五：“諸兄弟你豈不是正因出家，好心學道，及至挾袱子，擔鉢囊，上他門户，便見許多淆訛。”“袱子”即道忠所謂的“包袱”“布袱”之義，是古人遠行的隨身物件。“挾袱子，擔鉢囊”正是僧人行脚游方的寫照，而“高挂鉢囊，放下袱子”則又是僧人依止之義。僧人行脚，抵至禪院，需先掛搭（放置行李、包裹），後上堂參拜，引例中德山禪師“挾複子”上法堂，是目無尊長、不懼權威的表現，也是不禮貌的行爲，所以溈山纔“殊不顧昕”。

【掩彩】【厭彩】

《虚堂録》卷二：“僧云：‘許多施利歸常住，因甚全無些子功勞？’師云：‘莫來掩彩我。’”

《犁耕》云：“常住掩藏虚堂之光彩了也。”（頁272）《葛藤語箋》卷三“厭彩”條云：“厭彩，義同掩彩，掩却他威光也。”並引《康熙字典》：“厭，《正韻》與‘靨’同，與‘掩藏’之‘掩’同音。”（頁50）

按：禪籍“掩彩”爲正，字面義即掩藏光彩，如《爲霖道霈禪師餐香録》卷下：“晚來石鼓，掩彩娑婆。餘光掩映，松柏烟籠。”内典中也有較爲鬆散的表達形式，如《華嚴經行願品疏》卷一：“包性相之洪流，掩群經之光彩。”《五燈全書》卷一六〇《瑞安瑞雲介石芳禪師》：“寶劍在匣，誰敢犯其鋒芒；明珠在淵，自難掩夫光彩。”“遮掩光彩”引申有愚弄、糊弄義，如《死心悟新禪師語録》："恁麼行脚,掩彩殺人,鈍置殺人。""掩彩"與"鈍置"義同。又《列祖提綱録》卷一四："至舉話時,只舉一麻字,遞相印證,直是好笑,掩彩殺人。"《西山亮禪師語録》："便恁麼去,盡是雪上加霜,那堪更說見明星成正覺? 者般説話,掩彩兒孫。""掩彩殺人"即太捉弄人,"掩彩兒孫"即愚弄兒孫①。

二　鉤稽故訓

相對於古雅的文言詞語而言,俗語詞更貼近世人的實際生活,是重要的日常交際用語,流行於市井委巷、村頭田間,或新鮮奇特,或晦澀難解。因此對俗語詞的解釋也顯得尤爲必要,這在歷代的不同體裁的文獻中都有零碎的記録。道忠涉獵廣博,博覽群書,對這類材料的利用自然游刃有餘。他所徵引的故訓材料主要包歷代的中土古籍注疏、佛經音義、字書韻書、筆記小説及日本禪録注疏等,篇幅所限,我們重點談談後三種文獻。

(一)徵引辭書

中國古代語文辭書中有不少關於方言俗語的注音與釋義,是俗語詞考釋重要的工具書。道忠往往能從其間汲取可資利用的訓釋材料,例如:

【聾頭】

《五家正宗贊》卷一《南泉願禪師》："佛出世亦不去,聾頭庵主未免狐疑。飯飽後恣噇眠,靈利道者不知消息。"

《五家正宗贊助桀》(下稱《助桀》)"聾頭庵主"條注:

忠曰:"《字彙》曰:'聾,音敖,語不入也。'"○《正字通》未中曰:"聾,《埤蒼》:'聾牙,爲其不相聽也。'《唐(書)·元結傳》:'能學聾牙,保宗而全家,自號聾叟。'"②○忠曰:"此庵主不去不顧,是不聽從於人

---

① "掩彩"還可以作爲"死亡"的諱語,如《宗統編年》卷三一:"雖晚年謝迹名藍,投身絶壑,而蠅趨蟻附,奔輳愈殷。及夫慧日停輝,慈雲掩彩,四方聞訃,如喪所生。"

② 筆者按:唐·元結《自釋書》:"樊左右皆漁者,少長相戲,更曰聾叟。彼誚以聾者,爲其不相從聽,不相鉤加。"

也，故云‘聲頭’，‘頭’助字也。"①○《羅湖野録》上："台州護國元禪師……執侍圜悟，機辨逸發，圜悟操蜀語，目爲聲頭元侍者。"（頁114）

按：《説文·耳部》新附："聲，不聽也。"《言部》："謷，不省人言也。"段注："‘省’各本作‘肖’，今正。……《玉篇》‘謷’字下引《廣雅》‘不入人語也’，‘聲’即‘謷’之俗。《廣韻·六豪》曰：‘謷，不省人也。’奪‘言’字。《五肴》曰：‘謷，不肖也。’則依誤本《説文》而又少二字。《東方朔傳》‘聲謷謷’，亦正謂其不省人言耳。"可見，"聲"即"謷"之俗字，本義指不聽意見，倔彊固執。因此，禪籍"聲頭"本義確如道忠所釋，指不聽從意見之人，也即是特立獨行、個性卓穎之人，例如：

（1）上天堂，入地獄，擔鐵枷，喫鐵棒，總不爲分外。百千年後，築著聲頭，拳踢相應，鼻孔遼天，也怪山僧不得。（密庵和尚語録）卷一

（2）佛海云："販私鹽漢，將謂會盡佛法，元來是無佛處稱尊。當時撞著个聲頭，不消向道。"（《拈八方珠玉集》卷三）

（3）兜羅綿樣硬聲頭，河北風流老趙州。（《宗鑑法林》卷一六）

例（1）是密庵禪師告誡學人，如果不明自性，馳求佛法，後若遇見機鋒峻烈的禪師，被"拳脚相應"也莫要怪罪密庵。後三例"聲頭""惡聲頭"和"硬聲頭"也均指特立獨行的禪師。禪籍"聲頭"常附在禪師名號之後②，如：

（4）罰錢出院揚家醜，興化聲頭遇克賓。父子不傳真妙訣，棒頭敲出玉麒麟。（《禪宗頌古聯珠通集》卷二六）

（5）熙問曰："何來？"對曰："廬山。"曰："曾見萬聲頭否？"訴不語。（《南宋元明禪林僧寶傳》卷九）

（6）（道顔）與正聲頭結友南游，凡名緇宿衲無不扣見。（《嘉泰普燈録》卷一八《江州東林卍庵道顔禪師》）

例（4）"興化聲頭"即興化存獎禪師，例（5）"萬聲頭"是廬山一山萬禪師，《南宋元明禪林僧寶傳》卷八立傳。例（6）"正聲頭"不詳其人。

---

① 道忠雙行小字注云："《山谷（詩集）》九注：‘蜀人喜游樂，謂成都帥爲遨頭。’是‘游遨’之‘遨’也，與此義別。"道忠所言甚確，已經注意到俗語詞中音形相近但意義迥別的現象。

② 或可置於名號之前，如道忠所舉"聲頭元侍者"，還可後接"長老""漢"，如《密雲禪師語録》卷一二："我那時已作聲頭長老了。"《憨休禪師語録》卷一二："三搭不回天平，猶未是聲頭漢。"

【擽掇】

　　《虚堂録》卷六：“面目嚴冷很，氣如雲，擽掇翁木大，顛倒上樹。”

　　《葛藤語箋》本條先引逸堂禪師解説，曰：“擽掇，鼓弄之義。”又引字書釋義：

　　　　○《正字通》卯中曰：“擽，方言，撮安切，音平聲。俗謂誘人爲惡曰擽掇。”（頁65）

　　今按：《正字通》“誘人爲惡”也即“慫恿”之義①，“鼓弄”當爲“慫恿”之引申，禪籍多見，如《大慧普説》卷一：“準和尚偶病在假，施主入山。有箇侍者名曰權，擽掇他出來接施主。……須臾又被侍者擽掇教作遠迎狀去。”準和尚病假，却被權侍者提弄。《禪宗頌古聯珠通集》卷一四：“一棚戲舞渾家樂，鼓樂喧天恣擽掇。”“恣擽掇”即恣意鼓弄學人。又如《希叟紹曇禪師廣録》卷七：“五逆從前恨阿爺，幾思吞併老尸骸。無端更被人擽掇，憒憒扶鍬去活埋。”“被人擽掇”即被人鼓弄。

　　(二)參閲筆記

　　筆記，或稱“筆記小説”，内容雖顯駁雜，但其中有不少可供俗語詞研究利用的材料，劉堅《古代白話文獻簡述》就曾説過：“除了記述小説故事、瑣事逸聞以外，筆記小説裏還有考據辯證一類值得注意。作者所考訂的有故實，也有名物，甚至方言俗語，這對古代白話詞語的研究是很有用處的。”②道忠訓釋對歷代筆記小説中有關俗語訓解的條目，多有關注，例如，

【破落户】

　　　　《嘉泰普燈録》卷二五《黄龍死心新禪師》：“有一般破落户，長老馳書遠信，這邊討院住，那邊討院住，纔討得院子，便揀箇好日入院。”

　　《葛藤語箋》該條引《續説郛》卷一八《委巷叢談》曰：“撒潑無賴者謂之破落户。”（頁129）

　　按：禪籍“破落户”常指百無聊賴、無可事事之人，如《雪竇石奇禪師語録》卷三：“盡謂長老是甚麽善知識，定有多少奇特，殊不知是個三家村裏破落户，没意智的村僧。”《古雪哲禪師語録》卷二：“翠巖今日拈條斷貫索子，

---

① 近代漢語中“擽掇”詞義比較豐富，《漢語大詞典》列❶慫恿；❷催逼，催促；❸張羅，安排；❹幫助；❺古典戲曲樂器演奏術語五個義項。

② 載《語文研究》，1982年第1期，後收入《劉堅文集》，上海辭書出版社，2005年。

將者夥破落户一串穿來,頓向無陰陽地上。"《百愚禪師語録》卷一九:"窮禪和一囊徹底,破落户寸縷無存。"

【過頭杖】

　　《天聖廣燈録》卷二四《石門山慧徹禪師》:"問:'岸闊水深,請師舉棹。'師云:'手把過頭杖,逢春點異華。'"

《葛藤語箋》本條云:

　　○忠曰:"杖長,杖頭過人頭上,故言過頭杖。"

　　○《續酉陽雜組》四曰:"士大夫喪妻,往往杖竹甚長,謂之過頭杖。"(頁149)

按:"過頭杖"字面義即越過頭的手杖,道忠訓釋精切。禪人的拄杖語録中常言有六七尺長,折合成現今的長度單位約爲兩米①,可見"過頭"確如其實。例如《江正印禪師語録》卷下:"了得此心方穩坐,此心未了走西東。携過頭杖六七尺,行未識山千萬重。"《古尊宿語録》卷四五《寶峰雲庵真净禪師偈頌下中》:"菩提數珠一百八,栯檋拄杖六七尺。"《了庵和尚語録》卷六:"衲僧拄杖六七尺,敲風打雨驚天人。""過頭杖"又稱爲"過頭拄杖",如《三宜盂禪師語録》:"過頭拄杖,齊眉帽子,獨自行,喃喃語。"

【省數錢】【足陌錢】

　　《虚堂録》卷九:"吒喇竭節,地轉天回難辨別。不使松源省數錢,慣用衲僧鎖口訣。"卷十:"大慧下尊宿,尚多足陌。虎丘下子孫,尚多省數。足陌使之有限,省數用之無窮。"

《葛藤語箋》"省數錢"條云:

　　○《容齋三筆》四云:"用錢爲幣,本皆足陌。梁武帝時以鐵錢之故,商賈浸以姦詐自破。嶺以東八十爲百,名曰東錢。江郢以上,七十爲百,名曰西錢。京師以九十爲百,名曰長錢。大同元年詔通用足陌,詔下而人不從,錢陌益少。至於末年,遂以三十五爲百。唐之盛際,純用足錢。天祐中,以兵亂窘乏,始令以八十五爲百,後唐天成又減其五。漢乾祐中,王章爲三司使,復減三。皇朝因漢制,其輸官者,亦用

────────────

①宋代尺制不一,説法不盡相同,吴慧《宋元的度量衡》(載《中國社會經濟史研究》,1994年第1期)説:"由文獻和實物來看,太府尺長在31釐米餘,31.2可視爲標準長度,宋尺雖承唐舊制,而實際比唐大尺伸長了一釐米多。"

八十或八十五,然諸州私用,猶有隨俗至於四十八錢。太平興國二年始,詔民間緡錢定以七十七爲百。自是以來,天下承用公私出納皆然,故名省錢。"(頁152)

可見"省數錢"就是"不足一百當一百用的錢幣"①,又作"省百",宋·王應麟《困學紀聞·考史》:"唐末以八十爲陌,漢隱帝時,王章又減三錢,始有省陌之名。"而"足陌錢"也即是數額足夠一百的錢幣,"陌"即"百",又作"佰",《葛藤語箋》又引《夢溪筆談》卷四云:"今之數錢,百錢謂之'陌'者,借'陌'字用之,其實只是'百'字,如'什'與'伍'耳。"(頁152)

(三)披尋鈔注

日釋在禪籍鈔注之際,常常會向入唐僧或中土赴日禪僧請教禪宗語詞的疑難困惑,這些解說被記録在禪録鈔注之中,這是古代中日禪宗交流的文化見證,當然也是考釋禪宗俗語詞的彌足珍貴的資料,是道忠的重要參考。入唐僧由於主客觀因素所限,對中土俗話瞭解不深,見録的解說很有限,如《葛藤語箋》"攪過"條:

> 《碧巖》七曰:"以水攪過",《夾鈔》②七:"入唐僧云:'支那熱茶加水,云攪茶。'"(頁82)

這則材料確切地記録了"攪茶"這個俗語詞的含義。該詞沿用至今,但寫作"摻"③。

在日本禪籍鈔注中,最爲常見的當屬一山一寧(1247—1317)的解說。一山是元代臨濟宗楊岐派虎丘系禪僧,於正安元年(1299)曾奉命遠赴日本④,

---

① 參《漢語大詞典》"省數"條。
② 《夾鈔》即《碧巖録夾山鈔》。
③ "攪茶"的"攪"當是"混雜;攪和"義,唐已見用例,如劉禹錫《和汴州令狐相公到鎮改月偶書所懷二十二韻》:"旌旗遥一簇,烏履近相攪。"後世亦沿用。"攪"與"摻"通,《漢語大詞典》舉李大釗《嶺上的羊》詩:"看呵,嶺上的羊,白的摻着黑的。"朱自清《論老實話》:"有事實可也摻點兒謊,就有信的人。"
④ 需要說明的是,一山禪師赴日的初衷並非傳揚佛法,而是肩負政治任務。當時,元世宗恥於弘安四年(1281)入侵日本的失敗,於是選派名僧一山赴日勸降歸順。也正是出於這一原因,一山抵日後便被北條貞時拘留在伊豆的修善寺,後來受人舉薦纔得以釋放。詳參村上專精著,楊曾文譯、汪向榮校《日本佛教史綱》,商務印書館,1999年,頁178—184。

曾主持建長寺、圓覺寺和南禪寺等名刹。一山乃名宿大德，熟諳中土方言俗語，可以説是一部鮮活的唐宋俗語詞典。因此日本僧人經常向一山請教唐宋禪籍俗語詞，一山的解説被記録在日本禪籍鈔注中，道忠引以爲證，釋疑袪惑，兹舉一例：

【拔茄樹】

　　《虚堂録》卷二：“僧云：‘人人有箇生緣，如何是學人生緣？’師云：‘懶向人前拔茄樹，要去南川作化主。’”

禪籍“拔茄樹”僅此一例，考釋這般字面普通的一見之詞實屬不易，逸堂禪師就曾猜度道：“拔茄樹，未詳，蓋交世間謔浪笑舞之義乎？”（《犁耕》頁247）稍顯含混。但所幸一山有釋，《犁耕》引古鈔曰：

　　一山云：“唐土問禪問話僧謂拔茄樹。”二説唐土嘲諷人語也。（頁247）

結合二説可知，“拔茄樹”是中土對問禪問話僧的嘲諷。道忠結合一山的訓解，繼而考察茄樹的生長習性，引《酉陽雜俎》卷一九曰：“嶺南茄子宿根成樹，高五六尺，姚向曾爲南選使親見之。”晉·嵇含《南方草木狀》上曰：“茄樹交廣，草木經冬不衰，故蔬圃之中種茄，宿根有三五年者漸長，枝幹乃成大樹。每夏秋盛熱，則梯樹采之。五年後樹老子稀，即伐去，別栽嫩者。”《本草綱目》卷二八：“劉珣《嶺表録》云：‘交嶺茄樹經冬不凋，有二三年漸長大樹者，其實如瓜。’”茄樹宿根年久，“拔茄樹”義近刨根問底，禪籍用來轉喻“問禪問話”。道忠最後説道“拔茄樹”是“唐土俗話而已，有一山解，不可別求。”（頁246—247）足見道忠對一山觀點的信服。

　　除一山之外，日本高僧齊雲道棟禪師也熟悉中土方言俗語，道忠與齊雲還有直接的請益交流，如：

　　知道，齊雲告余曰：“知道，俗諺，但是知義，道字虚。”（《犁耕》頁73）

　　按：齊雲禪師所言甚當。“V＋道”在《祖堂集》中已多見，太田辰夫説《祖堂集》中“特殊的動詞接尾辭有‘道’，用於跟知覺、心理作用有關的動詞，《祖堂集》裏用了‘知道’‘信道’‘見道’‘聞道’‘願道’。”如“還知道襄陽節度使斬斫自由（？）摩？”“還聞道有道之君不納有智之臣？”①

---

① 參《漢語史通考》，重慶出版社，1991年，頁120—121。

一山、齊雲等人去古未遠，熟諳俗語，且精通禪理，他們的説法雖偶有疏誤，但總體來説，很有學術價值，應當引起研究者足夠的重視，無著道忠禪師已作出了很好的示範。

三　異文互參

就禪宗文獻而言，異文著實普遍，主要包括同一語録不同刻本中的異文和同一引文在不同語録中的異文，也包括相似語境中同義詞（近義詞）的替換現象。這些異文能够反映出禪師及語録抄寫者、刊刻者對詞義的解讀，互參比較頗能發明詞義，不失爲禪宗俗語詞考釋的重要方法。

【肯諾】【肯重】

《虚堂録》卷四：“疎山云：‘萬機休罷，猶有物在；千聖不携，亦從人得。何不道肯諾不得全？’……後問鏡清：‘肯重不得全，爾作麽生？’清云：‘全歸肯重。’”

前疎山對香巖説“肯諾不得全”，《犁耕》注云：“諾，《傳燈》《聯燈》作‘重’，《會元》十三作‘諾’。”後疎山又對鏡清説“肯重不得全”，《犁耕》又注云：“上‘肯諾’同《會元》，此‘肯重’同《傳燈》《聯燈》。”“肯諾”與“肯重”同出疎山之口，且有不同語録、燈録之間的異文，兩者其實本無區別，均爲同義並列複合詞，《犁耕》釋曰：“重，尊重自己；諾，許諾自己。共歸一義。”（頁498—499）甚爲確當。

【納筋角】【納皮角】

《虚堂録》卷二：“時有僧出云：‘和尚宰牛，因甚不納筋角？’”

《犁耕》發現“筋角”一詞在《聯燈會要》作“皮角”。（頁209）

今按：《聯燈會要》卷二七《潭州北禪智賢禪師》：“和尚宰牛，不納皮角。”可見，同爲智賢禪師歲除示衆的公案，虚堂和尚説成“納筋角”，而《聯燈會要》又寫作“納皮角”，足見二者詞義相同，因而“納筋角”也即是道忠《犁耕》所謂的“牛死納皮角於官”的意思。（頁209）《犁耕》再以内外典籍用例證之：

　　　　○忠曰：“《禪苑清規》四：‘莊主曰：忽若牛驢殁故，並須掘地深埋，早持皮角輸官，無使公司怪問。’”

　　　　○忠曰：“《澠水燕談》曰：‘國初，令民田七項，納牛皮角一張，角一對,筋四兩。建隆中令其納價錢一貫五百文,今税額中牛皮錢是也。'"

可見"納筋角"不僅反映了官府與寺廟,還包括官府與普通民衆之間的税務關係①。

【兩彩一賽】【一彩兩賽】

　　《臨濟録》:"後潙山問仰山:'黄檗入僧堂意作麽生? 仰山云:'兩彩一賽。'"《雲門廣録》卷下:"師見僧來,乃舉起拳作打勢,僧近前作受勢。師與一摑,無對。代云:'便出去。'又云:'一彩兩賽。'"

道忠認爲這兩個詞其實不别,《葛藤語箋》"兩彩一賽"條云:

　　○忠曰:"《博陸戲》曰:'彩戲,彩是骰子所點數目也,賽即骰子也。兩彩一賽者,兩個骰子彩數齊,則雖有兩彩同,但一賽也。'依此義,則一彩兩賽亦歸同義,謂雖有兩賽同,但一彩也。兩彩一賽者,同時擲;一賽兩彩者,兩度擲。"(頁 181)

今按:確如道忠所言,"兩彩一賽""一彩兩賽"當與博陸戲有關,兩詞均爲相同、巧合之義②,禪籍用例可證,如《續傳燈録》卷一五《隱静守儼禪師》:"云:'未審祖意教意是同是别?'師曰:'兩彩一賽。'""兩彩一賽"是説祖意與教意不别。《列祖提綱録》卷五:"上堂:'梨花恰紅,桃花恰白。老聃生,釋迦滅。分明兩彩一賽,論甚各年同月、你道同我道别?'""分明兩彩一賽"又是指桃梨紅白、釋聃生滅没有不同。又如《雪巖祖欽禪師語録》:"上堂:'佛法世法,一彩兩賽。行住坐卧、折旋俯仰、著衣喫飯、坐禪打眠,總是現前三昧。'""佛法世法,一彩兩賽"義即佛法與世法不别。《林野禪師語録·序》:"初一日,於天台通玄付二隱謐、自閒覺兩法嗣,先後勝因,一彩兩賽,若合符節。"這裏的"一彩兩賽"指的是林野禪師兩位法嗣受法若合一契、如出一轍。又《古林清茂禪師語録》卷一:"上堂:'好日多同,一彩兩賽,

① 兩宋南方如福建、浙江等地牧牛業十分興盛,因盛産牛,繳納牛皮、筋、角便成爲地方甚至朝廷重要的税收來源,據梁克家《淳熙三山方志》卷一七《歳貢》記載,僅福州每年就要向朝廷上貢黄牛皮 904 段 60 尺。參張顯運《宋代私營牧牛業述論》,載《農業考古》,2007 年第 6 期。

② 禪籍又有"兩口一舌",當與二詞同義,如《圓悟録》卷一九:"霧起龍吟,風生虎嘯。兩口一舌,異音同調。"《虚堂録》卷二:"盡謂潙仰父子,兩口一舌。殊不知,風竊虎威能偃草,水欺龍卧出前山。"

雲門扇子跨跳上三十三天,築著帝釋鼻孔。'""好日多同"與"一彩兩彩"表意一致。

四　排比歸納

蔣紹愚説:"近代漢語的口語詞很多,並非都能在字書、注釋、筆記裏找到詮釋。所以,考釋近代漢語詞語的基本方法還是排比歸納法。不僅如此,上自考釋上古漢語的詞語,下至編纂現代漢語詞典,排比歸納都是一個基本方法。"①排比歸納同樣是禪宗俗語詞考釋的基本方法,面對離奇詭譎、粗樸鄙野的禪宗話語,把出現某一俗語詞的若干内外典籍中的用例排比推勘,歸納用例中的詞義共性,進而確定其具體含義。排比歸納法在道忠禪宗俗語詞考釋中也比較常見,一般是先排列用例繼而總結詞義,也偶有先概括詞義再附列用例,略舉數例以觀:

【口頭聲色】

《葛藤語箋》排列禪籍用例②,如:

(1)衲僧家不求諸聖,不重已靈,眨上眉毛,早已蹉過,説甚麼口頭聲色?(《虚堂録》卷一)

(2)只認得他人口頭聲色,爾自己分上,並無悟入之期。弄到極處,終成話墮也。(同上,卷四)

(3)大溈秀云:可惜這僧,認他口頭聲色,殊不知自己光明,蓋天蓋地。(《聯燈會要》卷二《鵲巢道林禪師》)

(4)按牛頭喫草,更説什麼口頭聲色。(《碧巖録》九四則)

道忠總結云:"謂言句模樣也。"(頁169)所釋甚是確當。今按:"口頭聲色"禪籍又作"聲色言語",如《大慧録》卷一:"當晚小參:'大道只在目前,要且目前難覩,欲識大道真體,不離聲色言語。'"《撫州曹山本寂禪師語録》卷二:"如今一切聲色言語、階級地位,捨父逃逝。"也可作"言語聲色",如《撫州曹山本寂禪師語録》卷一:"一切言語聲色是非,總是往來異類。"《楚石梵琦禪師語録》卷一八:"只這言語聲色,非根非塵非識。"

---

①蔣紹愚《近代漢語研究概要》,北京大學出版社,2005年,頁290。

②無著道忠徵引文獻慣常省略求簡,爲了行文流暢,我們適當補充引文。

【埲八囉札】

《葛藤語箋》該條先引《古尊宿語録》和《希叟紹曇禪師語録》數則相關用例，如：

（1）雲門好則甚好，奇則甚奇，要且只説得老婆禪，若是白雲即不然。作麽生是聞聲悟道，見色明心？遂作打杖鼓勢云：“埲八囉扎。”（《古尊宿語録》卷二三《五祖演和尚語》）

（2）索寞芝峰，賞元宵節，佳賓到來，如何鋪設。能挑海底燈，細剪山頭月。橫按拄杖，打拍云：“東山瓦鼓歌。”卓拄杖云：“埲八刺札，不是知音向誰説。”（《希叟紹曇禪師語録》）

（3）彷彷彿彿，一似東山瓦鼓歌，腔調宛同，聲無高下，諸人要知格外鄉談麽？作長鼓勢云：“彭八刺拶，未在未在。”（同上）

（4）臨濟清凉樹，東山瓦鼓歌。就陰休歇小，接響聽聞多。死生根斷，棚八聲消。和骨和腔更換，何妨輥入葛藤窠。（同上）

道忠曰：“依右所引，可知歌唱聲。”（頁178）道忠根據用例中“打杖鼓”“打拍”“瓦鼓歌”“棚八聲”等字眼推斷“埲八囉札”是歌唱之聲，定無異議。禪録又記作“棚八囉扎”“珊八囉札”或“挷八囉札”，均爲歌聲的記音字。道忠末後並引《燕南記談》曰：“此歌舞時拍子辭也，復喇叭樂器也。”亦足資參證。

【明窗】

《虛堂録》卷二：“爾諸人向甚處插手？若無插手處，則孤負竺乾大士；若得箇插手處，莫待期滿，便請説看。何故？蓋老僧急欲明窗下安排。”

《犁耕》先統括其義：

明窗，或在方丈，如《傳燈録》石霜諸章，或在僧堂，如今所云。蓋僧堂之制大而復前後架屋堂內闇矣。故當前板、首座板頭、西堂板頭之上屋上開窗如今煙窗，故第一座板言明窗下。（頁215）

繼而徵引例證，云：

忠曰：“《聯燈》廿五佛日章曰：‘師到夾山……山云：冷灰裏一粒豆爆，乃勾維那明窗下安排著。’”（頁215）

至於“明窗”或在方丈，或在僧堂，也是道忠排比文例的發現。《禪林象器箋》本條云：

《諸祖偈頌·慈受箴規》①云："虚占案分，挂物明窗，不合律儀，叢林安許。"忠按：慈受所言，似明窗在壁。

又方丈有明窗，《傳燈録》石霜諸禪師章云："師居方丈，有僧在明窗外問：'咫尺之間，爲什麽不覩師顔？'師曰：'我道遍界不曾藏。'"忠曰："此亦明窗於壁開者也。"

"明窗"是僧堂優異之處，當弟子脱穎而出，禪師常會説"明窗下安排著"，也就是立爲首座的意思，《沙彌律儀毗尼日用合參》卷下《在房中住第十六》箋云："寮舍全備，乃成叢林，惟道德功行者居焉。古人一機相契，或著槽廠，或明窗下安排，或衆公舉司執其事。或住禪堂，或東廊下間住，其間抽爻换象，悉聽方丈裁之。"道忠云："安排者，排布座位也，請爲第一座也。"

【埋頭】

《大慧録》卷三○："而只以口頭説静，便要收殺，大似埋頭向東走，欲取西邊物，轉求轉遠，轉急轉遲，此輩名爲可憐愍者。"
《大慧普覺禪師書栲栳珠》（下稱《栲栳珠》）注云：

忠曰："埋頭，俗語，無辨別之義，以下所引書、語録可知也。"

○忠曰："《寒山詩》曰：'癡福暫時扶，埋頭作地獄。'又《寒山詩》曰：'見好埋頭愛，貪心過羅刹。'"

○忠曰："《圓悟心要》下《示禪者語》曰：'動是歷歲月不退不轉，埋頭向前，念兹在兹。'"

忠曰："《歸元直指》上《慈照宗主示念佛人發願偈序》曰：'埋頭過日，自失善利。'"

按："埋頭"本爲動賓結構，義低頭，例如《宏智廣録》卷一："若是大丈夫漢、剗剗底人，紹乃祖家風，入諸佛閫域，不肯將荒草埋頭，葛藤絆足。"又作"埋頭角"，如《爲霖道霈禪師餐香録》卷二："今觀青林尊宿，早年如是發心，如是見人，如是省發，如是言句，而深埋頭角，隱遁終身，潛修密煉，六十餘年如一日。"由"低頭"引申爲"不分辨"義②，道忠總結唐宋俗文獻用例，發

---

① 即《禪門諸祖師偈頌》卷二《慈受禪師示衆箴規》。

② 《寒山詩》"埋頭作地獄"項楚注："埋頭，形容專心致志，一股勁地。"參《寒山詩注》，中華書局，2010 年，頁 627。

掘出“埋頭”的俗義，很是確切。

五　語境求義

　　語境求義，顧名思義就是通過詞語出現的上下文語境推敲詞語的含義。嚴格地來講，語境求義法有不少缺陷，很容易因爲材料不全面、思維慣性等因素導致隨文解義或望文生義，致使釋義不够精當，或不具有概括性，不能够做到“揆之文本而協，驗之他卷而通”。但是我們發現，在道忠的禪籍研究著作中，尤其是禪録注疏中這一訓詁方法比較常用，隨文考釋了一批俗語詞，不乏精闢之説，值得我們關注。無著道忠語境求義主要分爲兩方面，一是據語境探求俗語詞的通俗詞義，所見甚夥，僅《犁耕》前十卷就有數十條，姑臚列如下：

　　　　接竹點月：事不相及也。(24)①草索子：用草搓底繩子。(27)公據立石：自官所賜憑據文，雕之石而立爲不朽公驗也。公據者，公憑之文也，寺自立石碑也。(31)滯貨不行：滯貨者，物久滯無買人也；不行者，此貨不轉賣也。(36)村田樂：村野雜樂也。(36)禪和：凡呼學者爲禪和，蓋“禪和尚”之省也。(52)不爭多：不爭多者，謂相似，無多分不同也。(56)寒温：禮話，敘氣候也。(61)橫點頭：許人則豎點頭，不許則橫點頭。(81)家事：鍋盆盌楪等家具也。(87)死急：極急切也。(93)無明火：無光明之火也，非煩惱無明之無明也。(101)一地裏：猶言盡大地也。(101)曲録：今言木屈曲然。(102)到底：徹底義。(109)房計：房中活計之器具也。(121)割己利人：分割己之所有以利益他人也。(123)冷笑：欺笑也。(129)嘴長毛瘦：嘴長亦言獸之飢瘦之形也。(131)没興：無意思也。(140)影草之流：認影草之流也，魚認影艸爲物聚於下也。(146)倒指：屈指也。(142)分違：分離違背也，言離别也。(153)道頭知尾：靈利之義。(157)一道：一列義。(190)三尺喙：今爲能言義。(191)置辦：措置排辦也。(141)火蛇：火勢蜿蜒如蛇也。(199)窮鬼子：貧窮小鬼子。(207)一絡索：猶言一段也，如繩索一絡結也。(236)靠倒：譬如大柱依附於小柱，則小柱爲之倒，此言靠倒也，小理爲大理所屈也。(243)氣鼓：蓋性激也。鼓激氣也。(260)反眼：舉頭顧視也。(262)劈腹剜心：盡情吐

---

① 臚列條目僅拾掇主要文字，略去“忠曰”等，括號内數字爲《犁耕》頁數，後文同。

露。(274) **太平戈矛**：無事生事。(278) **赤立**：赤體裸露而立也。(280) **一番子**：猶言一回也。(290) **兩口一舌**：其道一味。(306) **得得**：特地義。(327) **胡卜亂卜**：謂胡亂卜度而已。(328) **鐵板障退縫**：障者，屏風之類。鐵板障，以鐵造也。退縫者，退，縮退也；縫，鐵板之合處。二鐵之縫處退縮者，凍裂之狀也。(339) **州家**：州府之家舍也。(342) **錢出急家門**：急家者，事迫勢急之家也。事勢急迫則錢不可不出也。(345) **衡鑒不高**：見識低下也。(353) **腦門著地**：頭腦著地，敬請常侍致問。(370) **打春**：催耕作事也。(371) **數不足**：數不完。(386)

禪師在接引學人、普參説法的過程中爲了表達禪宗的理念、體現禪宗的旨趣會創造一批禪籍新詞，這些詞語不見於其他文獻，可視爲禪僧團體的行業術語，也屬於俗語詞的範疇。有些普通的俗語詞若進入宗門語境中便被賦予宗教色彩，超脱詞語的本義而具備了禪宗的理念主張，也即是通常所謂的禪林新義。禪林新詞以及俗語詞的禪林新義也是禪宗俗語詞研究的題中之義，道忠也措意頗多，《犁耕》隨文訓釋不少，再列前十卷部分條目如下：

葛藤：謂文字言説也。(32) **交頭結尾**：交明年之頭，結今年之尾，正是緊要時節也。(36) **隨分知羞**：知羞者，悟得端的，知從前羞也。謂悟了觀來枉用功，故慚愧也。隨分者，隨個個分上高下。(51) **老婆禪**：慈悲丁寧説理致也。(51) **眼上安眉**：眼上本有眉，今爲方安眉也。本來圓成，今以爲初成道也。(71) **面門**：教中多云口，今泛稱眼耳鼻等，不局口門也。(75) **東山暗號**：東山，五祖山也。法演機語，世稱暗號子。暗號，本軍中隱語之名，取之以比之也。(91) **白椎**：白者，告事也，猶言謹白大衆也。(91) **一片田地**：本分田地也。(130) **不惜眉毛**：不可説之法而説皆可爲謗法。謗法者眉鬚墮落，故宗師常以垂説爲不惜眉毛也。(134) **平展**：放行義，今則平常展演也。(159) **雲水家**：本謂徧參僧躡雲渡水也，今師自稱雲水家，謂身心如雲水也。(174) **五湖僧**：稱天下行脚僧。(191) **眼底紛紛**：弄光影底也。(231) **冒姓佃官田**：不迴光下自己功夫，往向外爲功夫也。冒姓者，請他人姓以爲己姓也。官田者，公田也，即本分田地。(274) **節文**：謂殺訛也，如木有節有文理也。(267) **鶻臭布衫**：鶻臭布衫謂知見解會也。(281) **棄細録大**：録者，收録也，非記録義。棄細謹而取大行也。細者，走作不走作；大者，悟明得力也。不局時日，不局行住，但以悟爲貴。(285) **名言**：

今但言句義。(340) **打破漆桶**：桶，無分曉。打破之謂大悟也。(354) **嗅土吹沙**：獸以鼻嗅土吹沙，能辨物而食，比宗師辨來機。(358) **十八高人**：蓋十八阿羅漢也。(382) **貴買賤賣**：凡爲宗師者，曾在學地時，千辛萬苦而得者箇道，及今每每逢人，不惜之容易説與焉，此即貴買賤賣也。(396) **平實田地**：本分平正真實之田地。(421) **結交頭**：年尾年頭相交結處，不可云舊，又不可云新，節角誵訛之處。(431)

無著道忠憑藉豐富的閲讀經驗和對禪宗俗語熟稔的語感，在禪録注疏之際隨文解釋了大量的禪宗俗語詞，爲我們發掘禪籍新詞新義提供了重要綫索。其中還有許多詞語尚未被學界採挹，相關禪宗詞語的論著或詞典闕而不録，很是遺憾。因此，充分地發掘這些訓釋材料對我們瞭解並真正讀懂禪宗語言裨益不菲，對於禪籍疑難詞考釋及禪宗語言詞典編纂的價值同樣也不容小覷。

六　方言參證

方言俗語淵集是唐宋禪宗文獻的典型特徵。禪籍中有些語詞雅詁舊解難以奏效，確切含義一時難以索解，若轉向方言中尋求綫索，則往往會收到出奇的效果，破解不少疑惑。正如清程瑶田《釋蟲小記》所説：“简册之陳言，固有存人口中之所亡；而其在人口中者，雖經數千百年，有非兵燹所能劫，易姓改物之所能變，則其能存簡册之所亡者，亦固不少。”這也即是郭在貽所説的那樣：“有些古代的俗語詞，在後來的書面語中消失了，但在某些方言詞彙中可能還活着。於是利用這些方言詞語，便能解決俗語詞研究中的一些難題。”①因而可以説，方言參證法是禪宗俗語詞乃至是近代漢語俗語詞考釋極爲重要的方法，而今這已成爲學界的共識。我們發現，方言參證法在道忠禪宗俗語詞訓釋中同樣運用得比較廣泛，字書韻書、筆記小説、文集詩集等歷代文獻中有關方言俗語的記載不時被徵引以探尋詞語的確切含義，難能可貴。

【師波】

《虚堂録》卷三：“衲僧家眼瞳瞳地坐在者裏，直饒向葭灰未動已

---

① 郭在貽《訓詁學》（修訂本），中華書局，2005 年，頁 117。

前，會得西川鄧師波，東山下左邊底也。"

《犁耕》引宋·葉寘《愛日齋叢抄》曰：

　　林謙之詩"驚起何波理殘夢"，自注述夢中所見何使君，<u>蜀人以波呼之</u>，猶丈人也。范氏《吳船録·記嘉洲王波渡》云："<u>蜀中稱尊老者爲波</u>，又有所謂天波、月波、日波、雷波者，皆尊之稱。"此王波蓋王老或王翁也。宋景文嘗辨之，謂當作"嶓"字。魯直貶涪州別駕，自號"涪嶓"，或其俗云。按：景文所記云<u>蜀人</u>，謂老爲嶓，音波，取嶓嶓黃髮義。

又引《山谷詩集》卷一三"石嶓嘗味面百摺"注："宋景文筆記曰：'蜀人謂老曰嶓，取嶓嶓黃髮義，嶓音婆。'"（頁 364）《葛藤語箋》"鄧師波"條云："西川鄧師波，稱五祖演①。……《補僧寶傳》：'五祖法演，綿州巴西鄧氏。'"（頁 124）

查《漢語方言大詞典》"波"條云："❶〈名〉對老人的敬稱；翁。古方言。清郝懿行《證俗文》卷十七：'宋范成大《吳船録》發嘉洲反行二十里至王波渡宿。蜀中稱尊老者爲波，祖及外租皆曰波，此王波蓋王老或王翁也。'❷〈名〉老弱的人。西南官話。四川成都。清張慎儀《方言別録》卷上之一：'《鑒誡録》注：蜀人呼老弱爲波。'"②可見，唐宋之際從綿州至嘉州③一帶均尊稱年老者爲"波"④。五祖法演和尚是川西綿州鄧氏人，禪林稱五祖爲"鄧師波"用的乃是四川方言。該詞又見於《劍關子益禪師語録》之《佛鑑和

---

① 筆者按：即蘄州五祖山法演禪師。

② 許寶華、宮田一郎《漢語方言大詞典》，中華書局，1999 年，頁 3665。

③ 即今四川省樂山市。

④ 宋祁筆記所認爲的"波"即"嶓"，"取嶓嶓黃髮義"，似不足據。溫美姬等發現在隋闍那崛多譯經中有"波波"，如《佛本行集經·大迦葉因緣品》卷四七："時，畢鉢羅耶那童子父母見其年漸長成，堪受世慾，如是知已，即告彼言：'耶那童子！我欲爲兒娉娶女子與兒爲侍。'作是語已，時畢鉢羅耶那童子，白父母言：'波波摩摩！我心不樂娶妻畜婦，我意願樂欲修梵行。'"上例中"波波摩摩"無疑指父母。"這種呼'父'爲'波'的語音，韻書沒有任何記載。辭書中'波'也沒有'父親'義。事實上，這是當時的長安方言現象。其出現於書面語與譯經譯者闍那崛多有關。"並認爲"稱'父'的'波'繼承了'父'的上古音"，"到了唐五代，'波'還保留在蜀方言中，其義則引申指老人。"（參溫美姬、溫昌衍《"爸""媽"讀音小考》，載《古漢語研究》，2005 年第 3 期。）可見，"波"爲父輩或老年人稱謂，唐宋使用範圍應該更爲廣泛。

尚》偈：

　　　雨過五峰，雲橫玉几。日面月面，只這便是。道是佛鑑，舌拄梵天。道非佛鑑，眉毛拖地。更言兩對君王、三奉詔旨，看來元是陰平界上雍師波，誰不識你？

　　希逸序云："劍關，名子益，劍州人。"劍關禪師乃川北劍州人氏，偈頌爲佛鑑和尚作，佛鑑即徑山師範禪師，也是四川人，《禪燈世譜》卷六："徑山師範，號無準，蜀之梓橦雍氏子，賜佛鑑師號。"《五燈嚴統》卷二一《臨安府徑山無準師範禪師》亦載云："劍州梓潼雍氏子，髫歲依陰平山道欽出家"。劍州子益是佛鑑禪師的川籍弟子①，稱佛鑑禪師爲"陰平界上雍師波"，"陰平界"爲其出家的地名，"雍"爲其姓，"師波"則是鄉談之尊稱，也能印證"師波"一詞宋代在蜀地比較常用。

【黃面老子】

　　《虛堂録》卷一："復舉文殊三處度夏公案。師云：‘迦葉當時性燥下得一槌，莫道文殊三處度夏，直饒黃面老子別有神通，也須腦門著地。’"

　　《犁耕》云："禪録往往稱釋迦、世尊言黃面老子，蓋面金色故。"（頁29）並引方言對"老子"的詞義予以解釋：

　　　○忠曰："《老學庵筆記》一曰：‘余在南鄭，見西陲俚俗謂父曰老子。雖年十七八，有子亦稱老子，乃悟西人所謂"大范老子"、"小范老子"，蓋尊之以爲父也。’"（頁29）

　　"南鄭"即今陝西省南鄭縣，陸游筆下的"西陲"也大體指今川北、陝南一帶②。"黃面老子"禪籍還可以説成"黃面老親""黃面老人""黃面老漢"和"黃面老兒"等，"老親""老人""老漢"及"老兒"都是對年老人的稱呼，《雲麓漫抄》卷三："今人呼父曰爹，語人則曰老兒，捐館曰先子，以‘兒’‘子’呼父習以爲常，不怪也。"

【大小】【大小大】

　　《五家正宗贊》卷一《德山見性禪師》："師一日齋遲，自托鉢過堂。

---

①《續燈正統目録》卷二二"臨濟宗‧大鑒下第二十一世‧徑山範禪師法嗣"列"劍關益禪師"。

②川北、陝南稱父親（或伯父）爲"老子"，至今沿用，筆者籍貫地（廣元市）方言可證。

時雪峰爲典座,曰:'鐘未鳴,鼓未響,托鉢甚處去?'師便歸方丈。峰舉似岩頭,頭曰:'大小德山未會末後句。'"

《助桀》注云:"《碧巖不二鈔》二曰:'《楞伽》曰:北方欲譏人,詞端必先言大小二字,於下有譏謗之語也。北人欲言人之長短,先言大小大的人,且意在汝是大大的人,却作這般瑣細小小的無伎倆事也。"道忠進一步對品評人用"大小"作出分析:"凡二字語有意在一字,非謗人云是非,急迫事云有緩急之類。今'大小'亦然,可言但大而言大小,無意於小字也。"(頁178)

禪録"大小"與"大小大"有"偌大,這麼大,那麼大"的意思①,"大小"確係偏義複詞,語義重心落在"大"上,而"大小"後再接"大",更加有强化的作用。正如道忠所引據的北方人的言表習慣那樣,"大小""大小大"作爲譏諷人的詞端,目的在於突出被譏諷人之"大",而實際做的却是"細瑣小小"的事,通過懸殊比對來達到諷刺的效果,是一種先揚後抑的修辭手法。禪籍多見其例,如《法演録》卷一:"師云:'大小大雲門大師,元來小膽。'"上句用三個"大"來修飾雲門禪師,但却"小膽",不免讓人失望。《碧巖録》卷七:"大小大巖頭、雪峰倒被箇喫飯禪和勘破。"巖頭、雪峰都是禪林碩德,却被一個小小的吃飯禪和勘破,有失水準。又如《古尊宿語録》卷二九《舒州龍門佛眼和尚語録》:"不見東山先師道,大小大祖師猶欠悟在。""大小大祖師"就是"大祖師",大祖師理應參悟透徹,但實際上却"猶欠悟在"。

七　結語

文章從六個方面總結了無著道忠禪宗俗語詞訓釋的主要方法,但在實際的訓解中,某些詞語的考釋往往會綜合運用多種方法,並無限定。需要補充的是,道忠禪宗俗語詞考釋方法其實遠不止上六種。如前賢時彦所推崇的"推求語源法",道忠不但充分加以利用,而且可謂取得顯著的成績。我們認爲"推求語源"是詞語考釋基礎上更進一步的工作,探源與考釋相關又有別,我們另撰文予以詳說。又如王念孫主張的"就古音以求古義,引申觸類,不限形體",也即後來所説的"因聲求義""即音求義""由音考義"的訓

---

① 參袁賓、康健《禪宗大詞典》"大小""大小大"條,崇文書局,2010年,頁80。

釋方法道忠也偶有使用①,但整體來看,道忠並未能自覺地運用這種方法,尤其對連綿詞多採取拆分求義、依字解義的情況,或有不當之處,這是道忠禪語訓釋的一個不足。總之,三百年前的日本學者已經熟稔地運用多種考釋方法來研究禪宗俗語詞,即使是以今日的學術水準來衡量,道忠訓釋方法也是足以爲今人所借鑒。科學有效的研究方法是道忠在俗語言領域取得巨大成就的保障,這也是當下禪宗文獻詞彙研究乃至白話文獻詞彙研究可資傳承並發揚的研究方法。

(作者單位:四川大學文學與新聞學院)

---

① 如《葛藤語箋》"央庠坐主"條就從古音的關係破解"央庠"的詞義,道忠曰:"檢韻書未見'央庠'字,義蓋'鞅掌'字也。""《韻會·養韻》'掌'注曰:'《詩》王事鞅掌,毛傳:鞅掌,失容也。箋:鞅,猶荷也;掌,謂捧之也。負荷捧持以趨走,言促遽也。正義云:促遽亦是失容。'"(頁160—161)

域外漢籍研究集刊　第十七輯
2018 年　頁 67—85

《朝鮮漂流日記》所見的近世
日朝人士交流[*]

陳小法

　　琉球王國中部的奄美群島中,有一面積爲 94.5 平方公里的珊瑚礁島嶼,名曰沖永良部島,它的左右是德之島和與論島。該島嶼自古隸屬琉球王國,但 1609 年日本薩摩藩入侵琉球後,遂淪爲殖民地。1690 年,薩摩得寸進尺,在沖永良部島設立代官所,開啟直轄之始。當十九世紀初的薩摩人言及該島嶼時,稱“島(沖永良部島)在薩摩南海三百里,藩之附庸琉球之屬也。(《朝鮮漂流日記》卷一)”也即沖永良部島雖屬琉球,然整個琉球業已臣服薩摩。本文所述就從這一小島開始。

　　日本文政二年(1819)六月十四日,在沖永良部島任正副代官的日高義柄、川上親詑、安田義方三人結束兩年半任期,率一行 25 人搭乘龜壽丸欲回故地薩摩。然途中遭遇風暴,歷經生死磨難,終於七月三日漂至朝鮮忠清道庇仁縣馬梁鎮安波浦。經當地各級官員層層盤查確認無誤後,七月二十六日離開漂著地,由朝鮮派船護送至釜山倭館(對馬島派駐朝鮮的機構)。一行幾經周折,於翌年(1820)正月七日登船前往對馬島,回到長崎並接受調查。而詳細記錄上述漂流過程的史料就是現存由安田義方執筆的《朝鮮漂流日記》(以下簡稱《日記》)。

---

* 本文爲國家社科基金項目“琉球的歷史歸屬與釣魚島問題研究”(項目編號:
　13BGJ011)、2018 年度浙江工商大學“國家社科基金重大招標培育項目”《東亞海域
　亂象的歷史追索與現實應對》中期成果之一。

一　版本與内容

《日記》分七册七卷，日本文化七年（1824）高木元敦稿本，神户大學附屬圖書館住田文庫藏。此記在日本的《國書總目録》也未見著録，係近年發現的有關漂流民的珍貴原始資料。

日本文政七年（1824）四月，即漂流事件發生 5 年、安田義方一行生還 4 年後，大阪人高木元敦機緣巧合而"傳餘燼之故紙"，並親自謄寫一部，再冠序於首、附跋在尾，釐爲七卷，傳存至今。由此看來，此書目前的體裁係高木元敦編輯而成。既然稱是"餘燼之故紙"，多大程度保留安田義方手稿原貌，則不得而知。但至少可以肯定的是，這部日記不會在文政三年（1820）正月七日登船去對馬島之際戛然而止，因爲第七卷末尾有如下一行字："朝鮮漂流日記卷之七終　前篇大尾。""大尾"的日語之意爲"結束"，即"前篇結束"，據此不難推測離開釜山後的經歷，當有"中篇"或"後篇"記之。

住田文庫藏本共七册，寬 27 釐米、高 19 釐米，五眼綫裝，紺色封面，題簽豎書"朝鮮漂流日記 壹"……"朝鮮漂流日記 陸"等，唯第七册作"朝鮮漂流日記 質"。這是因爲日語"質"的其中一個讀音與"七"相同之故吧。

首冠日人横塘有則《謄寫朝鮮漂流日記序》2 葉，次爲新納時升伯剛《書漂流日記後》3 葉。正文共 148 葉，無框界，人抵每半葉 11 行，每行 19 字，行書。通篇有朱筆句讀、墨筆校勘。

第七册卷尾有高木元敦跋語 1 葉半，署"浪速今梁高元敦"，時間爲"文政七年歲次甲申首复（疑爲"夏"之誤）"。

"浪速"乃大阪地名，日語讀作"なにわ"（naniwa），亦念"なみはや"（namihaya），漢字又寫作"浪花"、"浪華"等。現大阪市 24 區之一還有"浪速區"之名，"今梁"也有可能是"今橋"（imabashi）之異稱。

據云，當時安田義方任大阪邸監職，"浪速今梁"人高木元敦因而有幸讀到此《日記》，遂有餘燼救書之舉。

安田義方用漢文記録了整個漂流過程及異國經歷，自云"出永良部以來，於舟中聊效漢字，謾録紀行"，漂到朝鮮後"不得已而與異邦人筆談"（卷一本文），故《日記》内容出自安田義方手筆無誤。然而，時值日本閉關鎖國時代，幕府對外部信息封鎖極嚴，這部滿載異國信息的日記，被禁令"事不可洩……所録悉焚之"(《書漂流日記後》)。

此《日記》得以流傳,高木元敦的"火中搶書"自當居首功,而另一位值得稱道的是住田正一。住田正一(1893—1968),以編撰《海事史料叢書》著稱,1926 年他將約 6500 册藏書悉數捐給神户大學前身之神户高等商業學校,其中就包括這部天下孤本《朝鮮漂流日記》。神户大學的住田文庫就是爲紀念這位著名海運史專家而建立的。

此書雖名曰"日記",但記録的是漂流經歷,尤其抄録大量筆談對話,因此内容類乎漂流記而體裁接近筆談集。除此之外,書中配有彩色插圖 79 幅,即卷一 12 幅,卷二 6 幅,卷三 2 幅,卷四 6 幅,卷五 19 幅,卷六 15 幅,卷七 19 幅,内容包括山川、港口、船隻、人物、衣冠、器皿、文具、武器等。各卷皆於内題下注明起止月日,兹録如下:

卷一(六月十四日—七月五日)

卷二(七月六日—九日)

卷三(七月十日—十六日)

卷四(七月十七日—廿四日)

卷五(七月廿五日—廿六日)

卷六(七月廿七日—八月七日)

卷七(八月八日—翌年正月七日)

二　涉及人物

《日記》中登場的人物衆多,主要涉及中、日、朝、琉四國,當然中國人物都是"不在場者",如"泰伯"提到六次,"箕子"出現八次,孔、孟各一次;日本人物中也有四位非本次漂流民成員,他們分别是:

1.豐太閣:即豐臣秀吉,卷一"七月三日"提及。

2.竹下義岳:卷五"七月二十五日"提及,安田義方友人,畫家,字太寧,號青溪。

3.園田實賓:卷六"七月二十七日"提及,安田義方友人,字子德,詩人,弱年已殁。《日記》中載有其詩作《月夜聞琴》:"春城明月照花林,何處高樓彈玉琴。聽得幽人曲中意,更深山水響清音。"

4.邨行本:卷五"七月二十七日"提及,安田義方友人,字敏德,詩人。

《日記》中録有其詩一首：“少婦妝成情轉深，牡丹花下抱瑤琴。無端更向春城月，彈盡哀哀別鶴音。”

當然，真正的主角是在場的 25 名日、琉漂流民，以及與他們有交流接觸的多位朝鮮人。他們的身份如下：

(一)薩摩人(19 人)

本次漂流民中，來自薩摩藩的 19 人，他們分別是：

1.日高與一左衛門義炳：沖永良部島代官，時年 25 歲，善書。

2.川上彦十郎親詄：沖永良部島代官附役，28 歲。

3.安田義方：姓安田，名義方，字喜藤太，一字元方，堂號“拾翠亭”，自稱源氏後裔。30 歲，父親喜左衛門，弟弟喜次郎。五歲喪母，“雖然，有繼母存焉，猶生母也。有一男二女也”。(卷二)日本文化十四年(1817)正月赴沖永良部島任代官附役。《日記》中的圖畫出自安田義方之手，但據卷三與庇仁太守的對話可知，並未專門學過繪畫。

4.松元勘右衛門：船長，40 歲。

5.猶野仲助：船附，20 歲。

6.吉村善之丞：船員，號曰鍛練，19 歲。

7.正右衛門：50 歲，船老。

8.仙助：30 歲，秋月邑人。

9.莊次郎：18 歲，炊人。

10.長次郎：18 歲。

11.覺兵衛：35 歲。

12.長市：34 歲。

13.三四郎：42 歲，船夫。

14.利助：30 歲。

15.與兵衛：51 歲，山川邑人。

16.安太郎：31 歲，日高義柄從者。

17.五次右衛門：60 歲，日高義柄從者。

18.權左衛門：25 歲，安田義方從者。

19.平助：28 歲，川上親詄之僕。

上述日本人名中，有的姓名俱全，有的只記名而無姓，其中原因，借用安田對朝鮮官員的解釋如下：

日高、川上、安田及松元、猶野、吉村，姓也；與一左衞門、彦十郎、喜藤太及勘右衞門、仲助善之丞，即通名也，如言字也。義柄、親訣、義方即實名也，所謂名也。其他許多之人名，無姓，無實名，只通名已矣。以庶民之類，無姓無實名者，我日本通例也。（卷一）

(二)琉球人(6 人)

搭乘本次龜壽丸的 25 人中，其實還有 6 名身份不明的琉球人，他們分別是田儀名、次郎金、也麻、中里、麻坐、簑里。至於爲何會混有琉球人，他們的具體情況如何，在《日記》中一概沒有更多交代，不得而知。

(三)朝鮮人

25 名日琉混合漂流民的突然到訪，驚動了朝鮮各地官府和民衆，出於公務的職責所在和對異國人的好奇，主要有 33 名朝鮮人參與到本次漂流事件。他們是：

1.趙韓山：又稱"趙主簿"，字"明五"，京畿人，京譯官兼任問情官，庇仁太守的親族。

2.金始基：字"子由"，庇仁縣地方官。

3.李東馨：馬梁鎮僉使，三品官。

4.尹永圭：庇仁縣太守，三品官，時年 50 歲。

5.金達秀：庇仁縣人。

6.李宗吉：折衝將軍，三品官。

7.金基昉：庇仁縣地方官。

8.張天奎：庇仁縣地方官。

9.李膺祐：忠清道巡察使裨將。

10.曹蕢遠：士人，時年 24 歲。

11.趙澤：鎮江居士。

12.趙橆國：患者，以書問安田義方治病之法。

13.丘應賢：通過金基昉轉交日本人詩作一首。

14.丘應魯：通過金基昉轉交日本人詩作一首。

15.孫士人：庇仁縣人，贈詩文予安田義方。

16.曹喜遠：庇仁縣人，贈詩文予安田義方。

17.林時亨：士人。

18.金洪彦：金基昉之子，贈詩予安田義方。

19.曹継承：太守之侍童。

20.崔華男：公清道水軍虞侯。一作“李華男”，當誤。

21.朴泰茂：公清道舒川鎮萬户。

22.李秀聞：童子。

23.趙大永：嘉善大夫、同知中樞府事行古群山鎮水軍僉節制使。自稱“朝鮮國西溪明月主人”。

24.趙大永第五子：闕名，9歲。

25.宋欽載：舒川船夫。

26.金錫鼎：古群山人。

27.李東殷：官人。

28.李洛淳：水島文人。

29.朴國良：折衝將軍行水軍僉節制使。

30.吳子明：水軍萬户，智島人。

31.李德官：東萊府使、使僉知。

32.志田氏：對州士官。

33.朴惟清：東萊府使使僉知。

　　與安田義方一行有過接觸的朝鮮人還有很多，包括船員、奴隸、官員百姓、兒童等，因《日記》不留其名，所以無法在此一一列舉。

三　費解的漢語

　　薩摩藩船隻滯留朝鮮期間，雖然朝鮮方面也曾安排了通事，但基本不起作用，所以雙方的交流就用相互通用的漢文以筆談形式得以展開。但是，畢竟是兩個語言體系不同的國度，儘管使用漢語筆談基本能達意，但也存在不少的難解詞彙，加之雙方的知識背景存在較大差異，一方是普通的日本下級武士，而另一方大都是受過嚴格儒學熏陶的朝鮮官員，所以交流時而出現障礙也是情理之中。試看以下幾例：

（一）格軍

　　“格軍”一詞首先出現在卷一“七月三日”條的記載中，當時的朝鮮下官人對安田義方書曰：“貴舟格軍與我等並力行船，甚好。伏願完索及格軍急爲飭出若何？”因不懂“格軍”之意，所以安田義方只得書問曰：“格軍之二字未詳,乞再釋。”於是對方書答曰:“我國稱舟中之人曰格軍。”換言之,朝鮮語中的“格軍”乃船員之意。

(二)儞們

“儞們”一詞首先出現在卷一“七月四日”條中,原文爲:

> 韓人以我稱儞們也,余甚不憪之矣,故書以問曰:“儞們之字,我國所常不用,故不知其訓意、品第如何也? 乞詳記而見示爲好也。”彼書答曰:“儞們即對己之稱也,稱吾則曰吾們,稱君則曰儞們矣。”

上文的大致意思爲:日本人安田義方對朝鮮人士使用“儞們”一詞的意思吃不準,感到“不憪”(不快),所以問對方。朝方人士的回答是:稱呼自己爲“吾們”,稱呼對方爲“儞們”。

(三)緩

“緩”字首出於卷一“七月四日”條中。此日,庇仁太守送給日本人“乾魚二尾、燒酒二罐、大鰕二級、適乏代以烏魚五箇”,並附有書簡一封,信中有“緩賞味之也”之句。安田義方不懂意思,但礙於情面又不好意思直接討教,於是太守一走,安田就以書問金始基曰:“緩賞味之也,乞言於太守。”始基書曰:“緩字,徐徐飲之之意耶!”安田方才明白。

(四)生事

“生事”一詞首出在卷一“七月四日”條中。庇仁太守認爲對剛漂到的日本船隻首先要進行人、物的清點,他説:“通事之來不來間,先爲點檢,即我國法例也。若不爲,則兩主官生事。”於是,安田書曰:“‘兩主官生事’難解,乞詳。”太守書答曰:“生事云者,即獲罪於上司。然則不可不點檢,幸即許施也。”“生事”也即“得罪”之意。

(五)更代

“更代”一詞首次出現於卷一的“六月十四日”條中,在《日記》中共有八次之多,都出自日方人員之手,因此可知它是一個常用的日語詞彙。

七月五日,日朝雙方在筆談之際,朝方人員(問情官下人)書問曰:“前示中‘更代’二字,其義何也?”安田書答曰:“更代即前職之人,以公事及在聽之官舍,讓於後職之人,而後人代於前人之言,而前人即歸去,後人司其職之言也。”安田的解釋冗長費解,説白了“更代”就是更替之意。

(六)容疤

“容疤”一詞首出於卷二“七月六日”條中。朝鮮人張天奎曰:“船中諸人齊會,則書容疤。"安田不解其意,問曰:"容疤字,余未知之也,乞詳解釋。"天奎曰:"欲詳察容貌之意。"把"容疤"解釋爲"欲詳察容貌"乃是朝鮮語特有,中日兩國似乎都不如此使用。

以上六例只是筆談雙方不懂之詞彙。其實,就整篇《日記》來看,在本來就顯得生硬的漢語中又夾雜著較多的朝鮮語、日語單詞,甚至它們的語法,所以給解讀帶來了一定的難度,如果沒有日、朝雙語的背景,很難正確理解全文意思。

四　誰更好"男色"

日朝兩國人士的交流内容涉及很廣,甚至包括"男色"問題。

首先出現在七月八日。當天,日高義柄和庇仁太守用筆談在進行交流,突然日高書曰:"我國好男色,貴國如何?"不料太守對曰:"好色之心,人之所同。"對於好色,日朝彼此彼此也。關於此話題,以後還有兩次提及。

七月十七日,因太守身邊的四位侍童皆美色過人,安田義方就說:"美童可愛可愛。"不料太守説道:"顏雖美,屁尻不美。"安田不解地問:"顏美也,尻何不美? 太守之言,我甚爲不快也。"説完,兩人相對大笑。

七月二十五日,庇仁太守和崔華男來到日本船上。太守書曰:"三代官夜來平穩,可賀! 第束裝多貽惱擾,奉慮。虞侯公病尚未瘳,爲別尊等,今日强疾來會也。"太守對三位日方官員的安眠表示祝賀,而公清水軍虞侯崔華男雖患疾,猶要來與日人告別。安田答書曰:"二人平眠,但川上病患不休,勞傷追日而甚矣,我輩太悶慮也。且虞侯公病未瘳,强來爲別云,厚情。"安田表示,自己和日高休息的比較好,但川上的病情日漸見重,因而非常擔心。對崔華男抱病前來餞別表示感謝。誰料太守竟書曰:"川上之病,實悶念,其或亦好男色以此添損耶?"對於川上病情加重的原因,太守揶揄其乃"好男色"之故使然。對於日本歷史上好男色之習俗,太守應該有所知。如此對話,也可見太守幽默的一面。

五　身份不明的琉球人

明萬曆三十七年(1609)三月四日,覬覦琉球王國已久的日本薩摩藩島主島津家久（又名島津忠恒，1576—1638）在江户幕府的默許下，任命樺山久高①爲大將，平田增宗爲副將，領精兵三千，軍船一百餘艘，自九州島山川港出發入侵琉球。雖然以鄭炯爲首的琉球軍民進行了頑强的抵抗，但長年不修武備的琉球軍民與訓練有素的薩摩軍相抗，簡直就是以卵擊石。戰事的推進勢如破竹，四月一日登上琉球大島的薩摩軍，於四月五日就佔領了首里城②。進城的薩摩軍，大肆進行燒殺搶掠，金錢文物被洗劫一空。儘管之前制定有《琉球渡海之軍衆御法度之條條》，但最終幾乎淪爲一紙空文③。爲了減少進一步的傷亡，琉球國王尚寧無奈簽下投降書。

五月十七日，薩摩軍帶著人質琉球王尚寧、王子以及官員一百餘人開始回撤薩摩。六月二十三日，島津氏在薩摩會見了尚寧。次年五月，島津氏帶著尚寧，在駿府見了德川家康，在江户見了家康第三子德川秀忠。同年十二月返回薩摩藩。一六一一年九月，尚寧歸還琉球。自後，琉球王國的主權基本名存實亡。

對於薩摩入侵琉球這一事件，琉球史書《中山世鑒》稱之爲"己酉之亂"。但是，日本的名稱很多，主要有"征繩役""琉球進入""島津氏入琉球""慶長之役""薩琉之役""琉球征伐""琉球國御征伐""琉球入番衆主取"等，而我國至今還没有學術上的統一名稱，一般以"薩摩入侵（琉球）"或"慶長之役"④呼之。筆者認爲，如果參考略早發生在朝鮮半島上的"壬辰倭亂""丁酉再亂"等稱呼，不妨將薩摩對琉球的侵略稱之爲"己酉倭亂"。

經過二年多幽禁生活的煎熬，琉球國王尚寧終得歸國，"己酉倭亂"至此看似告一段落。其實，不但没有結束，而可以説是噩夢的開始。此後，薩摩藩不僅侵佔了琉球王國北方五島（大島、喜界島、德島、沖永良部島、與論島），而且還强迫琉球簽訂了旨在控制內政外交的《掟十五條》。

---

① 樺山久高（1558—1634）是日本戰國時代、江户幕府初期島津氏家臣。通稱大野權左衛門尉，琉球的《歷代寶案》中稱之爲"吳濟"。官位治部大輔、美濃守。日本海軍大將、日據時期臺灣首任總督樺山資紀就是其後代。
② 胡飛《鄭炯抵抗薩摩侵略的研究》，中國海洋大學 2014 年碩士學位論文。
③ 劉曉露《〈出兵琉球之軍衆法度條款〉研究》，載《蘭州教育學院學報》，2011 年第 6 期。
④ 徐斌《明清士大夫與琉球》，海洋出版社 2011 年版，頁 117—118。

　　但是,作爲琉球王國的宗主國明朝起初並不清楚"己酉倭亂"的詳情,雖然曾得到各種關於薩摩入侵琉球的情報,但信息本身的滯後加之琉球王國欲説還止的態度,使得明廷並沒有對此一事件進行深究。而一心想與明朝恢復封貢貿易的日本,通過上述事件徹底鉗制了琉球的對明貿易,目的基本達到。而爲了使這種"傀儡貿易"通暢進行,日琉兩國都煞費心機,盡量在明廷前面不致露餡。這在明清兩代琉球册封使的《使琉球録》中可得到佐證。尤其是日本,對當時涉及琉球王國的問題非常敏感,唯恐被中國識破隱情。當然,作爲當時明朝宗藩體系中的朝鮮,在處置琉球問題上,日本同樣持有高度戒心,以防泄露信息。

　　前面已經提到,這次漂流到朝鮮的 25 人中,其中有 6 人是琉球王國沖永良部島人。那麼,日高義柄、川上親訣、安田義方等人在朝鮮官員前面又是如何"處理"這些琉球人的呢?

(一)有意藏匿

　　七月三日,以日高義柄爲首的一行人員漂至朝鮮忠清道庇仁縣馬梁鎮安波浦,船上的人"且驚且疑,但欲救數日之渴,而不忌戎狄之國,落帆下錠,備弓砲,泛脚艇,設櫓棹,以候動靜。(卷一七月三日條)"文中稱朝鮮爲"戎狄之國",可見日人眼中的朝鮮地位。不久,馬梁鎮僉使李東馨、士人金始基等率人登船,雙方進行了簡單的筆談交流後,基本清楚了漂流船隻的情況。但是,日本人唯恐朝鮮人知道船上有琉球人而帶來麻煩,所以一開始就藏匿了六名琉球人。《日記》中作如下記載:

> 　舟中有琉人六人,即永良部島人也。曰田儀名、曰次郎金、曰也麻、曰中里、曰麻坐、曰簑里。(初韓舟之來,匿六人於船底。既而韓人滿船,六人匿。既移時,不敢欬嗽唾洟,伏不動,屈不伸。前水至時,聞他之飲,渴益迫,其辛苦可想也。)

　　當朝鮮人來到船上時,日本人就把六名琉球人藏到底倉,以免被朝鮮人發現。這些琉球人不要説是欬嗽唾洟了,就連身子都不敢動彈一下。

(二)改頭換面

　　朝鮮官人終於走了,"於是乎嚴閉船窗,而出琉人田儀名、也麻、麻坐,變其綰髻爲葆髮。次郎金者,素琉球童子也,變作本邦之童髻。中里、簑里者,猶在船底,而剃髭鬚,出爲葆髮。韓人自間隙窺之,乃使僕及舟人擊窗襴而禁之。六琉人緘其簪,深藏焉。"(卷一)

朝鮮官人一走，日本人急忙關閉船窗，把田儀名、也麻、麻坐三名琉球人的"綰髻"（盤繞頭髮）變爲"葆髮"（披髮），次郎金打扮成日本式的童髻，而中里、簑里兩位躲在船底剃髭鬚，換爲披髮。結果發現有朝鮮人在外偷看，幾位日本人於是敲擊窗欄，以示禁窺。而六名琉球人把髮簪捆好，深藏了起來，唯恐被識破。

但是，事情到此並沒結束。庇仁縣太守尹永圭對日本人説：

> 你們亦有長幼之別，二十五人中，上而長者幾人？姓其①名誰，俱是薩摩之人耶？抑亦聚集各處之人歟？其年歲姓名，一一詳示焉。且今般泊處，適值水退難進，明曉則潮水大張②，恰過三尋，待時入去爲好。

安田義方回答説：

> 如貴問，有上下長幼也。二十五人舉薩州之人也，非所聚會也。姓名年歲，待明日詳記，非不好乎？

對於太守尹永圭的問題，安田打了馬虎眼，謊稱25人都是薩摩藩人。第二天，呈報了25人的具體姓名、身份給朝鮮官員，其中六位琉球人的情況如下：

田儀名改名"田右衛門"，17歲，僞稱"日高義柄之家童"；
次郎金改名"次郎"，13歲，僞稱"安田義方之家童"；
也麻改名"山助"，15歲，僞稱"川上親訣之家童"；
中里改名"中右衛門"，28歲，僞稱"安田義方從者"；
麻坐改名"政右衛門"，18歲，僞稱"川上親訣從者"；
簑里改名"三助"，40歲，僞稱"日高義柄從者"。

安田在《日記》中坦言，"改頭換面"的主意"皆是松元從意而變名也。如年歲亦然，妄誕可知也。"也即這六個日本式的名字是船長松元根據他們原來名字的意思改變而來，至於年齡也是隨意捏造的。此外，安田還告訴朝鮮官員，"童子皆無姓，奴隸之類之故也。"

讓我們不禁感到疑惑的是，日本人究竟爲何要如此隱瞞這六位琉球人的身份？筆者認爲，原因之一是儘管之前薩摩藩入侵了琉球，並要求割地

---

① 其，疑爲誤字，當爲"甚"。
② 通"漲"。

朝貢,歸順日本。但這些行爲畢竟屬於不義之舉,所以對中國甚至是朝鮮都是没有底氣亮牌,只好一直隱瞞。原因之二可能是這六位琉球人的身份特殊,否則在雙方語言不通的情況下,基本不用擔心身份暴露給朝鮮方面。同時結合他們的年齡,小至 13 歲,大到 40 歲,儘管年齡係偽造而不準,但大致應可供參考。因此,這六位琉球人有可能是用於滿足"男色"的對象抑或販賣的奴隸。

(三)兩地關係

七月四日,庇仁太守問安田所謂的"薩摩島之説",安田答書曰:

> 所傳聞日本有薩摩島者,實傳聞之大過也,夫日本六十六國也,當西位而有西海道①九國也,薩摩、大隅、日向、肥前、肥後、筑前、筑後、豐前、豐後,稱之曰西海道之九國也。薩摩、大隅、日向三國,即我薩摩侯之封國也,更勿疑矣。(卷一)

按照安田義方之説,薩摩侯的封國包括了薩摩、大隅、日向三國,儘管薩摩當時已經霸佔了琉球王國的北方五島,但安田並没有提及薩摩侯與琉球之間的任何所屬關係。有一點可以肯定,安田至少不敢公開向朝鮮官員透露薩摩侵佔琉球國土之事。

六　朝鮮人的衆生相

在《日記》中,安田義方毫無忌諱地記録了多位朝鮮人的形象,這對考察十九世紀初日朝人士的交流態勢及相互印象非常有益。

七月三日,一群朝鮮人來到剛漂至庇仁縣馬梁鎮安波浦的日本船隻上,安田在《日記》中如此寫道:

> 其人皆白衣,見其貌,則不問而知朝鮮人也。我本藩有朝鮮之遺種,即豐太閣征韓之日,我先公擒韓人若干,歸而居於苗代川村,今猶

---

① 西海道:是日本"五畿七道"中的七道之一。"五畿七道",是古代日本全土在律令制下的行政區域劃分。"五畿"指京畿區域内的五個令制國,又稱"畿内"或"五畿内"。具體指山城、大和、河内、和泉、攝津。畿内爲帝都所在地。"七道"指京畿之外的日本全土,因仿中國唐制,皆以"道"稱之,共分七道,即東海道、東山道、北陸道、山陽道、山陰道、南海道、西海道。

不变其服飾鬚髮。(卷一)

剛剛漂到陌生之地的安田一行,開始並不知道自己身處何國何地。然而,見到一群穿著白衣的人群後,馬上就知道自己來到了朝鮮,理由是薩摩藩有名的朝鮮人居集地苗代川村都是這樣的習俗。換言之,在日本人看來,"一襲白衣"乃朝鮮人的典型外表。

上文提到的"豐太閤征韓",發生在日本慶長二年(1597),在南原之役中,薩摩藩島津義弘的軍隊俘虜了包括陶工朴平意在內的43名朝鮮人,翌年這些"戰利品"被强制安置在薩摩日置郡的苗代川村。定居後的朴平意在此繼續了他的手藝,即燒製陶瓷器,苗代川燒迅速成爲優質陶瓷而聞名全國。

(一)只會兩句日語的朝鮮翻譯

七月三日,即漂到馬梁鎮安波浦的當天,日方就再三要求朝鮮方面派遣日本通事,但對方的回答是:"通辭之人在於都城而多矣。"

七月四日,朝鮮方要求點檢舟中之物種。日方認爲:"書非以不通也,然而有慈惠,而召日本通辭,而辨應對。我舟中之歡情,何以加之。伏乞召日本通辭,快應對。"但是,日語通事就是遲遲不來,一直到七月十二日,才見通事之身影,期間日朝雙方藉助筆談基本了解了彼此的情況和要求。

七月十二日"日將斜,忽聞浦上樂聲。"韓人曰:"京譯官來也。"日語通事的到來,日本人顯得很高興,當時的情形是:

　　　我舟人皆喜。有頃,青衣人來,方至梯下,舡長松元扶之上舟樓。
　其人以日本語謂曰:"波自迷底,波自迷底。"

通事所說的"波自迷底"即日語的"はじめて",意謂"初次見面"。説著日語的京譯官來到船內,只見此人"貌鄙俗輕浮,猿眼,眸子眊。"這是安田義方在日記中的措詞,可見日本人對這位翻譯並沒有好感。

京譯官"卒然坐於太守之側,太守及諸官人,皆肅然。我三人章服,以國語,爲始相見之禮。""我三人"是指日高義炳、川上親詇、安田義方,他們也用日語回了初次相見之禮,這位京譯官亦曰:"波自迷底,波自迷底。"

接著,安田義方用日語説:"我舡洋中遇颺,幸免其危難,而漂到於貴國,自初日至今日辱恩幸。"京譯官對曰:"左樣泥御座立麻湏。"這是日語中的"さやうでござります"即"然也"之意。安田又説:"船經危險,既破傷,

故欲得貴國恩惠以還也。"京譯官又回答説："左樣泥御座利麻湏。"

雙方經過幾次對話，安田義方發現這位京譯官"所答唯若此耳，其他之言語，則皆非我國語也。我輩雖傾耳聽之，然不一通焉"。即除了會説"左樣泥御座利麻湏"，京譯官就不會其他日語。爲了進一步證實，安田又説了幾句日語，京譯官還是只答"左樣泥御座利麻湏"。最後，三位日方官員商議，試著讓船長松元和京譯官對話，結果"京譯官亦屢言之，然彼此不相通矣。"京譯官反復説了多次日語，但雙方還是無法溝通。最後確證，這位京譯官就會兩句日語，一句是"波自迷底"，另一句是"左樣泥御座利麻湏"。無奈，大家都覺得"非筆談則不可以通。"因此，本《日記》實際上是日朝雙方的一個筆談録。

可問題是這位京譯官（兼任問情之職）"非惟言語不通也，筆談亦不能爲也，且以不通之書，雜之以不通之辭，煩事可厭。"雖是京譯官，但既不會日語，也不會筆談，可偏偏還要用"不通之書、不通之辭"，讓日本人覺得很討厭。

除了上述這些缺點外，這位京譯官還有以下特點："問情官之書，手自裂之，或自懷之，或紙撚而棄之於海，故今存者少矣。"即把筆談材料幾乎不留給對方，要麼拿走，要麼毀之。再，"此問答自暮至初更，我輩慰之以飲酒。彼好酒，不辭而飲，醉顔大醜矣。"京譯官還好酒，直至酩酊大醉，醉態醜陋。

這位幾乎不會日語的京譯官姓趙名韓山，字明五，官職主簿。留給日本人的印象是"自恃其爲京畿人，而太甚亢，韓官第一之凡俗也。而姦黠多慾、殊設難事，且不解事。"絕對是本日記中形象最差的朝鮮官員。可爲何這樣的人能在政府中任職？原因是"太守之親族也。"（以上史料皆出自《日記》卷三）

（二）嗜酒的韓國屬官

根據安田義方的記載，朝鮮人中好酒的不僅僅是上述的京譯官，庇仁縣的屬官也酷愛日本酒。關於這一點，安田作如下記載：

（七月四日），太守歸，則其屬官來船內，而書以"請酒"，余答曰："我不知酒有無也，舟人賄①之乎？此亦不知也。"余答雖如斯，然已使

---

① 旁有三字"□之醪"。

舟人出酒，且以太守之鱠爲肴，金基昉、張天奎嗜日本酒甚矣。天奎乃書曰："方思酒之際，多酒飲之，感謝不已。"余書曰："飲如長鯨吸百川。"基昉書曰："肴。"余答曰："肉菜俱盡矣。"彼又曰："此魚肉從何處出耶？"余答書曰："庇仁太守所見惠。"（卷一）

文中提到的金基昉、張天奎都是庇仁縣官員，他們見長官太守回了，就吩咐安田義方擺上酒菜，大喝了起來。安田用的是"嗜日本酒甚矣"。但有一點值得注意，並非所有朝鮮官員一律嗜酒，太守就例外，每次喝酒都非常謹慎和客氣，甚至不喝。

（三）偷嘗印泥的朝鮮舟子

七月三日，安田義方一行漂到馬梁鎮安波浦，船隻剛停穩，發生了一件意想不到的事情：

待風便潮順之間，船內船上來觀者若干人，喧囂甚於市，半是奴隸舟子。彼等見余硯匣中有朱錠，形語請得之，即截而與三四人矣。後請者，不得焉。硯匣中有印色池，彼等竊取而爭嘗焉。余書毒字以示，人人驚而急返之，朱肉既盡其半。

登上日本船隻的是一群朝鮮船夫，他們見安田義方的硯匣中有硃砂製成的墨錠，示意送給他們。於是，安田就把朱錠截成幾段分給三、四人。硯匣中除了朱錠，還有印泥，但朝鮮船夫竟不知其爲何物，爭相竊取印泥而嘗起味來。情急之中的安田，乃書一個"毒"字示意他們，朝鮮船夫這才大吃一驚，驟然停止"爭嘗"之舉，但是已經晚了，一半印泥已入他們肚中。

（四）索要"子油"的朝鮮人

七月二十七日，薩摩漂流船隻離開舒川來到了萬頃地古群山暫泊。這天，"有一韓士出而筆語，是前日自舒川駕我船來云。"舒川位於韓國西海岸，以盛産韓山細苧麻布出名。於是，安田義方就與這位韓士相對而飲。

韓士書曰："貴君不幸漂到鄙國，對接不美，勿責焉。且飲貴國酒，勝於千日酒，我心清欲仙。昨夜燈燭何物？終夜不煎，何也？"這位朝鮮船夫邊喝邊夸日本酒，然其目的是想知道昨晚"終夜不煎"的燈燭究竟爲何物？

安田回答説："非燭，是種子油，故不煎也。"安田的意思是昨夜的燃燈不是蠟燭，而是"種子油"。"種子油"是日語説法，即菜籽油。安田事後對自己的上述回答也有一個回憶，説"實是菜油也，而余倉卒答以我國語而彼蓋句於種字，以問子字之意，今却似作一笑話。"兩人雖都使用漢字在筆談交流，但正因漢字的同形異義，笑話由此開始。

只見這位韓士書曰：“不知子字之意？”安田書曰：“子，繼也，次也。”其實，兩位的問答根本就是驢唇不對馬嘴。韓士徹底誤解了安田的意思，把“是種子油”理解爲了是一種“子油”。因“子油”當然不知爲何物，所以他向安田繼續追問“子”的意思。而安田到了此時，也只能將錯就錯，回答説“繼也，次也。”估計此時的韓士應該是一頭霧水。

韓士又書曰：“子油，我國無之。或有貴人行裝中還國後餘存者，一柄燭惠授，則進我之北堂前以駕萬世壽，伏望伏望。北堂即我之父母堂。”原來這位韓士是位孝子，他想用這個徹夜燃燒不止的外國貨“子油”來供奉於父母靈堂。

安田書曰：“君欲以子油燈而挑貴父母堂前也。實其情，可感可感。我子油有餘計，明日當命下隷出之而贈之也。”

一聽説安田將要贈送自己“子油”，韓士自然百般感謝，見其書曰：“貴人感其他人父母之情，子油明日當有下贈之意，百番謝恩謝恩。貴人順風歸國，忠君孝父，傳之萬歲。我當祝天。”

安田圈點了韓士文中“忠臣”以下的字句，且書曰：“忠君孝父，臣子之分也。雖異國別，天地至理之經，但冀有道，萬歲祝賀祝賀。”韓士是真糊塗，而安田義方是揣著明白裝糊塗，兩人的交流總算告一段落。最後安田問了對方姓名，韓士書曰：“姓宋名欽載。”這位宋欽載，乃舒川出生的船夫。

“子油事件”到此並没有結束。兩天後的七月二十九日，日本人以書贈古群山僉使趙大永，而宋欽載也將返回舒川。這時，舒川鎮萬户朴泰茂的屬官書曰：“舒川人宋欽載無事護送，今方還飯，次發行。昨夜所請子油，命給伏望。”安田馬上“命舟人出菜油欲予之，而無可盛之器”。對方書曰：“非丸油即水油，故不得持去，可歎可歎。”安田曰：“壺而歸也。”於是，安田把菜籽油裝在小壺中，“欽載喜携歸。”——卷六

可見，在朝鮮還没有用菜籽油用作燈油之習俗，至少是没有普及吧。不知這位宋欽載拿了“子油”回家，除了孝敬父母的靈堂外，不知有多興奮！

（五）受尊敬的庇仁太守

與上述京譯官形成鮮明對比的是，庇仁縣太守尹永圭給日方人員留下了美好印象。

圖1　安田義方所繪的庇仁太守尹永圭畫像（卷一七月三日條）

　　作爲庇仁縣最高地方長官的尹永圭太守，是與本次日琉漂流民交流最多的一位朝鮮官員，他憑著自己淵博的學識、謙和的態度以及對異國人熱情友好的關照，給日本人留下了深刻印象。

　　1.第一印象

　　卷一"七月三日"中對首次登場的太守尹永圭作如下記載：

　　　　有白衣者，立其舟尾。左右叱捕之，引伏於沙上，笞之。既而進舟，發鐵砲數聲，猶音樂。而及我船，因下梯禮迎。其人豐頰、微髯、瞭眸端正，來坐於席。溫恭肅雅，綽綽然有余□，是庇仁太守尹永圭者也。

　　與上述京譯官明顯不同的是，文中的"豐頰、微髯、瞭眸端正"以及"溫恭肅雅，綽綽然有余□"，充分説明了太守給日本人留下了難忘的美好印象。

　　2.愛用"美化語"的太守

　　太守尹永圭是一位謙卑的官員，語言上尊敬對方，試看以下幾例：

　　(1)(七月四日)太守乃書曰："踝疾奉患，未即奉接，中心欝陶，亦既見，我心即降。"

（2）（七月四日）太守書曰：“多荷芳情,速命開示,日已向晚矣。”

（3）（七月五日）五日太守早來焉。日高、川上曰：“我儕疾病,不能對樓上之韓人。”余出接焉。太守書曰：“日高、代官,美疴夜來如何？而一例穩睡,奉賀奉賀。”

以上筆談中的“奉”“芳”“美”都説明了太守對日本人的尊重,讓對方感到舒心和受到禮遇。

也正因爲如此,他給日本人留下的印象也有别於其他朝鮮官員,這在安田義方的日記中多處提到：

> （七月十五日）庇仁太守尹永圭,蓋朝鮮之巨擘也。其爲人也,嚴毅方正,以禮自謙,能恕以忠,能和以寬,厚情見面,余深感之。今日問答之間,余偶成一絶,以草之。其詩曰：“已知太守庇慈仁,舟客仰君思若親。天下久聞箕子義,人間四海第兄身。”（卷三）

可見,安田義方幾乎是極盡讚美之辭,稱頌這位太守尹永圭。他每日來到日本船隻,看望這些異國的漂流民,爲他們排憂解難。雖然排場也不小,總有“童子四五人陪扈於轎前”,但並未使日本人生厭。在“七月二十五日”中有如下記載：

> 庇仁太守每日來於我船,綴行圖長袖戴凸冠者,下官人也。植孔雀尾,垂赤毛者,步吏也。其笠垂耳上者,奴僕、輿丁也。童子四五人陪扈於轎前, 童肩掛印綬,一童提唾壺,一童扻席,一童持烟管與烟匣,鹵簿吹喇叭嗩吶。（卷五）

3.與太守依依不捨

七月二十六日,日、琉25人即將離開馬梁鎮安波浦赴釜山的倭館。臨行之際,太守書曰：“臨別悵悵無别語,萬望三代官太平歸故國。”安田書謝曰：“實無語,望尊公永長平安也。三人無歸於故國也。”同時,“太守握我三人之手,戀戀躑躅。臨別相共涕淚潸然。余黯然立棚頂遥望,太守往往回看舉手。少頃,黑煙猛火擁我本船。太守等暫駐舟遠望之矣。”（卷五）

安田用了“戀戀躑躅”“涕淚潸然”“黯然”“駐舟遠望”等詞,淋漓盡致地表現了雙方難捨難分的惜别之情。

七　結語

　　十多萬字的《朝鮮漂流日記》所載内容很多，除上文涉及的話題外，還有衆多的日朝風俗習慣、兩國人士的詩文唱和、朝鮮對漂流船隻的相關規定、宴會聚會情況等，這些課題有待進一步研究。此外，文中 79 幅彩色的插圖資料，對了解十九世紀初期的朝鮮具有重要參考作用。但是，迄今爲止，《朝鮮漂流日記》作爲十九世紀東亞海域漂流民的文獻史料並没有受到足够的重視和研究。管見所及，中日學界的研究中，惟有名古屋大學的池内敏先生最具代表，他的專著《薩摩藩士朝鮮漂流日記：「鎖国」の向こうの日朝交渉》由講談社於 2009 年出版。池内氏對漂流事件的發生到漂流民回國的過程做了詳細介紹，同時以近世日本人的朝鮮認識爲研究抓手，著重對漂流日記中的日朝人士交流做了研究。當然，留下的研究空白也還有不少，例如抄本的字詞解讀問題、與朝鮮方面文獻的對比研究問題等。而我們浙江工商大學東亞研究院的研究團隊整整花了將近兩年的時間，對日記進行了逐字逐句的解讀，並從不同角度展開了研究，取得了一定的成效，小文就是在此基礎上撰成。

（作者單位：浙江工商大學東亞研究院）

域外漢籍研究集刊　第十七輯
2018 年　頁 87—98

森春濤《秋柳》次韻詩考[*]

陳文佳

　　幕末至明治初期漢詩人森春濤（1819—1889）積極引介清人詩進入日本詩壇，其中尤以受王士禎詩論影響爲深。《春濤詩鈔》卷七《牛背英雄集》中載有《秋柳四首用王漁洋韻》及《疊韻》四首，計八首次韻之作。時值安正大獄期間，春濤爲避禍隱居於故鄉一宮（今愛知縣一宮市）。這也是春濤漢詩作品中最早透露出接受漁洋詩影響的痕迹。《秋柳四首》作爲王士禎的名作，精於用典，語意隱晦而內涵深刻，自問世以來，關於詩中本事可謂衆説紛紜而莫衷一是。春濤的八首次韻詩，糅合了漁洋神韻詩風與春濤一向的艷體詩風，用典精巧，意境深沉。雖然表現出學習漁洋神韻詩的特點，究其創作旨趣，與漁洋原作畢竟不同。本文將在考察春濤創作《秋柳》次韻詩時的經歷與境遇的基礎上，解讀這兩組次韻詩的本意所在。

一　王漁洋詩與明治漢詩壇

　　活躍於幕末至明治初期的漢詩人森春濤及同時期日本漢詩人與清人王士禎之間的接受關係，日本學者福井辰彥所撰《明治漢詩と王士禎——〈新文詩〉所収作品から》（載《國語國文》75 卷 5 號，2006 年 5 月）、以及合山林太郎所撰《〈漁洋山人精華録訓纂〉への森槐南自筆書入れ》（收入雲英末雄編《江戸書物の世界——雲英文庫を中心にたどる》，笠間書院，2010

＊　本文係作者承擔的 2017 年度國家社科基金青年項目“明治時期漢詩文雜誌中的清人詩文研究”（項目批准號：17CZW068）之階段性成果。

年 10 月）等論文中已有所涉及。拙文旨在從森春濤所受王漁洋詩的影響出發，著重對其《秋柳》次韻詩的内涵進行考察。

王士禎（1634—1711），字貽上，號阮亭，别號漁洋山人，謚文簡。山東新城人。順治十五年（1658）二十五歲時舉進士，歷任揚州推官、户部郎中、翰林院侍讀、禮部主事、國子監祭酒等職，康熙四十三年（1704）官拜刑部尚書。與朱彝尊齊名，時有“南朱北王”之稱。王士禎一生勤於詩文著述，著作《帶經堂集》共九十二卷，收詩三千餘首，可謂卷帙浩繁。另有選集《漁洋山人精華録》十二卷通行於世，收詩千餘首。

四庫館臣論及王士禎之詩風云：

> 當我朝開國之初，人皆厭明代王李之膚廓、鍾譚之纖仄。於是談詩者競尚宋元。既而宋詩質直，流爲有韻之語録。元詩縟艷，流爲對句之小詞。於是士禎等以清新俊逸之才，範水模山、批風抹月，倡天下以“不著一字，盡得風流”之説，天下遂翕然應之。①

所謂“不著一字，盡得風流”，係唐人司空圖首創的作詩理論，王士禎以此爲作詩的理想境界，並大力推崇。在此基礎上，王氏所提出的神韻説，對後世詩壇産生了很大的影響。神韻説繼承司空圖《二十四詩品》及嚴羽《滄浪詩話》中的詩論，崇尚沖淡、超逸、蘊藉的詩風，以“色相具空”、“羚羊掛角，無迹可求”、“興會神到”等作爲寫詩與論詩的標準。王氏的神韻説與沈德潛的格調説、袁枚的性靈説並稱於清代前期的詩壇，成鼎立之勢。

王士禎的詩説不僅對於清代詩壇，對日本幕末明治初期的漢詩壇亦深有影響。日本幕末至明治時代（1853—1912）正值中國清末時期。明治初期，經漢詩人森春濤等人的介紹與鼓吹，清人詩在日本漢詩壇曾經十分流行。大江敬香在《明治詩壇評論》中指出“明末清初之詩殊由春濤紹介也。”②春濤之前的漢詩壇領袖大沼枕山（1818—1891）素來推崇蘇軾、黄庭堅、范成大、楊萬里、陸游等宋詩人，而春濤一派的漢詩人較之於宋人詩，更熱衷於讀清人詩，並積極向清詩名家借鑑學習。

神田喜一郎先生論及當時清詩流行之狀況曾云：

---

① 《欽定四庫全書總目》卷一七三，中華書局，1997 年，頁 2343。
② 大江敬香《明治詩壇評論》，載神田喜一郎編《明治漢詩文集》，明治文學全集 62，築摩書房，1983 年，頁 328。引文係筆者所譯。

　　當時之漢詩人(筆者注：此處指江户時代末期至明治、大正時代約
一百年間的漢詩人)盡皆爭先讀清詩。置李、杜、韓、白詩不讀，而先躍
至屬樊謝、黄仲則、張船山、陳碧城等人。……當然，較之這些詩人，時
代稍早的王漁洋詩流行更甚，"門前野風開白蓮"句自不待言，稍有才
力者皆以嘗試次韻《秋柳》詩而自許。①

　　比起李白、杜甫、韓愈、白居易等唐詩名家，幕末明治時代的漢詩人更
傾心於清人詩。屬鶚、黄景仁、張問陶、陳文述皆爲雍正、乾隆朝以後的詩
人，而王士禎則主要活躍於順治、康熙兩朝。作爲清初的詩文大家，王氏聲
名與影響之大，屬、黄幾位後世詩人自然難以望其項背。順治十五年，士禎
舉進士後，於濟南大明湖畔與當地名士結成秋柳詩社，當時所詠《秋柳四
首》使他一舉成名，成爲詩壇翹楚。《秋柳四首》體現出的，正是漁洋當時所
提倡，且被視爲神韻説萌芽的"典、遠、諧、則"之四字作詩綱領。後世詩人
及詩論家皆視《秋柳四首》爲漁洋神韻詩的代表之作。日本幕末明治時代
的漢詩人之間，多有爲炫耀詩才而次《秋柳》詩韻者，森春濤便是其中一人。

二　春濤秋柳次韻詩之内涵

　　森春濤(1819—1889)，名魯直，字希黄，又字浩甫。初以真齋爲號，後
改作春濤。另有別號如尚老春森髯、如戟居士等。文政二年(1819)四月二
日生於尾張一宫(今愛知縣一宫市)。始學醫於岐阜，天保六年(1835)返回
一宫，投入丹羽村鶯津益齋門下，研習漢學。嘉永三年(1850)，赴京都師從
梁川星巖，研磨作詩之法，自此詩名鵲起。文久三年(1863)五月，移居名古
屋桑名町，設立桑三軒吟社，從此專事詩文，不再以醫爲業。明治七年
(1874)十一月，舉家遷往新都東京，主持茉莉吟社，與都中仕宦名流交游酬
唱，聲名大噪。其後，編選《東京才人絶句》及漢詩文雜誌《新文詩》系列，可
謂明治初期執漢詩壇之牛耳者。明治二十二年(1889)卒。著有《春濤詩
鈔》二十卷，由其婿森川鍵藏編修，明治四十五年(1912)由東京文會堂書店
刊行問世。

────────

① 神田喜一郎《日本における清詩の流行》,《神田喜一郎全集》第 8 卷,同朋舍,1987
　年,頁 163—164。引文係筆者所譯。

《春濤詩鈔》卷八《夢入青山集》內收有《整理近稿，偶得二絕》兩首七言絕句，第二首尤爲值得注意。春濤不僅在此詩中首次提及漁洋詩，並且明確表露出他對於王漁洋詩的態度：

> 一良家女即吾師，何必神仙綽約姿。
> 只恐名香熏不徹，背人偷讀阮亭詩。①

《春濤詩鈔》（以下作《詩鈔》）是一部編年體詩集。根據《夢入青山集》題下注，可知此集的創作時期在己未（1859）正月至壬戌（1862）二月之間。《二絕》後一首《閑居》詩題下注明“庚申”，則《二絕》當係安政六年己未所作無疑。揖斐高先生在《森春濤小論》一文中曾論及此詩，對於詩義却未作説明。今關天彭在長文《森春濤》中指出，此詩典出袁枚《隨園詩話》。袁枚曾就宋荔裳“絕代消魂王阮亭”之語發論云：“阮亭之色，亦並非天仙化人，使人心驚者也。不過一良家女，五官端正、吐屬清雅。”（《隨園詩話》卷三·條二九）袁枚對宋琬之言持有異議，以“一良家女”的形象比擬漁洋詩，並概括以“端正”、“清雅”二語。可知袁枚對於阮亭詩，並不如宋琬那般推崇。春濤此處反用袁枚之語，首句便開宗明義地宣稱“一良家女即吾師”，明白表露自己在作詩上以王漁洋爲師。而“只恐名香熏不徹”一句更可看出春濤對於漁洋詩十分傾倒的態度。

揖斐高先生談及春濤此詩云：“四十歲前後時的春濤已强烈意識到，要以王漁洋詩及‘神韻説’詩論爲其創作目標。”②不過，種種迹象顯示，在此以前，春濤應當已經開始接觸並學習漁洋詩。

春濤於何時開始接觸王漁洋詩並接受神韻説詩論之影響，目前尚無確證。曾在春濤處學詩的岩溪裳川在其長文《詩話感恩珠》中援引春濤《岐阜竹枝二首》其一及《題畫》一首，論曰：“其神韻之綿邈，殆如觀精華録（筆者注：即《漁洋山人精華録》）中詩。”③《題畫》載於《詩鈔》卷五，大約係甲辰

---

① 森春濤《春濤詩鈔》卷八《夢入青山集》，明治四十五年（1912）東京文會堂刊本，第 3 冊，頁 2。
② 揖斐高《森春濤小論》，收入《新日本古典文學大系 明治編 2》之《漢詩文集》，岩波書店，2004 年，頁 438。引文係筆者所譯。
③ 岩溪裳川《詩話感恩珠》，《作詩作文之友》第六號，明治三十二年（1899），頁 2。引文係筆者所譯。

（天保十五年，1844）至丁未（弘化四年，1847）年間所作①，值春濤蟄居於名古屋之時，年約二十六七歲前後。《岐阜竹枝二首》則載於《詩鈔》第一卷卷首，係春濤十五歲時的處女作。兩首詩雖造語清新，却並未直接化用王漁洋詩的詩語。岩溪裳川的評語雖不免溢美之詞，不過作爲追隨於春濤身邊的弟子，裳川對於春濤詩的理解應當比較接近春濤的本意。因此，裳川此語仍不失爲瞭解春濤詩風形成的重要綫索。

春濤最早在其漢詩作品中提及王漁洋詩，在安政五年（1858）秋。作者時年四十歲。《詩鈔》卷七《牛背英雄集》内收有《秋柳四首用王漁洋韻》及《疊韻》四首，共計八首次韻詩。《牛背英雄集》題下注明"自甲寅至戊午"，可知集内詩係安政元年至安政五年之間（1854 年 1 月—1859 年 1 月）所作。這八首次韻詩列於《牛背英雄集》卷末，居《春日雜興》、《夏晚圍爐》等詩之後。結合詩題及内容來看，當作於安政五年秋無疑。適時正值戊午大獄期間，隱居於故鄉一宮的春濤首次在其詩作中顯露出受到王漁洋詩影響的痕迹。《秋柳四首》作爲漁洋的成名之作，有清一代，無論是與漁洋同時代的遺民詩人，抑或後世文人乃至閨閣詩人均紛紛唱和，影響不可謂不巨。春濤以漁洋《秋柳四首》原韻和詩，既透露出他對漁洋《秋柳》詩的稱賞之意，大約亦有自負詩才並期待爲世所知的動機在内。

王士禎《秋柳四首》以落葉秋柳爲主題，用典精巧和諧，素以詩義複雜深沉而聞名。如其第一首：

秋來何處最銷魂，殘照西風白下門。

他日差池春燕影，祇今憔悴晚煙痕。

愁生陌上黃驄曲，夢遠江南烏夜村。

莫聽臨風三弄笛，玉關哀怨總難論。②

關於《秋柳四首》的來歷，漁洋在《菜根堂詩集》序中自述云，順治丁酉年（1658）秋，於濟南大明湖與諸名士宴飲之際，目睹柳葉微黃，乍染秋色，若有搖落之態，悵然有感而賦此四首。不過，關於此詩主旨，作者並未言及。難以名狀的憂思，熟練精緻的用典，使得全詩籠罩在一片朦朧而深沉

①《春濤詩鈔》卷五識語云："自甲辰至丁未，舊槀全逸。今補綴之，名曰《鳴蟬落雁集》。"
　可知卷五所收詩係甲辰（1844）至丁未（1847）年間的作品。
②王士禎《帶經堂集》，康熙五十年（1711）歙縣程氏七略書堂刻本，卷 3，頁 8—9。

的氣氛之中,可謂神韻詩的代表之作。殊難一字一句去追究作者的本意。
自《秋柳四首》問世以來,有關詩中本事,諸説紛紜而莫衷一是。以漁洋同
時代的遺民詩人徐夜、屈復等人爲首,主張《秋柳四首》的主旨係感歎“故國
黍離之悲”。此後,李兆元《漁洋山人秋柳詩舊箋》、鄭鴻《漁洋秋柳詩箋注
解》直指《秋柳四首》乃“吊明亡之作”。關於第一首的寓意,屈向邦在其著
作《粤東詩話》中,將頸聯“愁生陌上黄驄曲”一句,解爲“指四鎮中黄得功
也”;尾聯“玉關哀怨總難論”一句,則解作“指孫白谷潼關之敗也”①。雖然
言之鑿鑿,却並無其他旁證支持,因此難免有附會之嫌。

　　清末文人高丙謀在《秋柳詩釋》中引用漁洋外甥朱曉村所撰《秋柳亭
圖跋》,指出《秋柳四首》乃爲元福藩(筆者注:即明末福王)歌伎而作。徐
嘉《顧亭林詩箋注》中引述唐葆年之語云:“《秋柳》之詠,蓋爲鄭妥娘作
也。妥娘,福藩時歌伎。鼎革後,流落濟南。”②進一步推測福藩歌伎的身
份爲明末名伎鄭妥娘。況周頤《蕙風詞話》亦持同論。由此,至清末民初,
《秋柳四首》旨在詠名伎鄭妥娘之説,頗具影響③。無論是吊明亡之詩,亦
或是詠福藩歌伎之詩,均不外乎哀感王朝更迭、人生無常的情感主題。高
橋和巳先生在其著作《王士禎》中論及此四首時云:“將時代之變遷,亡國之
悲痛,人生之哀歡,乃至情愛之短暫,於動人心弦的憂愁氣氛中吟詠出
來。”④較之前人欠缺實證的解讀甚或附會,高橋此説或者較爲接近作者
本意。

　　春濤所作《秋柳四首用王漁洋韻》其一:
　　　　日日銷魂更斷魂,行人別去不開門。
　　　　可憐匳底藏眉譜,誰記衣邊賸淚痕。

────────

① 屈向邦著《粤東詩話》,香港龍門書店,1964 年,頁 15—16。
② 王蘧常輯注《顧亭林詩集彙注》,上海古籍出版社,1983 年,頁 1883。
③ 有關王士禎《秋柳四首》之微旨,今人李聖華、周興陸等學者考辨甚詳。因無關本文宏
　旨,此處不予展開。可參看李聖華《王士禎〈秋柳四首〉“本事”説考述》(載《瀋陽師範
　大學學報》,2005 年第 5 期,頁 24—28)、周興陸《少年記憶與〈秋柳〉詩之微旨》(載《山
　東社會科學》,2014 年第 9 期,頁 113—117)二文。
④ 高橋和巳注《王士禎》,《中國詩人選集》2 集 13 卷,岩波書店,1962 年,頁 3。引文係筆
　者所譯。

　　梁苑今無忘憂館，石城空有莫愁村。

　　一聲殘笛斜陽恨，縱見漁翁嬾細論。①

　　春濤此詩次漁洋《秋柳四首》第一首的原韻，風格亦較接近。然而仔細玩味，情致上却與漁洋原作不盡相同。首句"日日銷魂更斷魂"，連用"銷魂"、"斷魂"二語，可謂直抒胸臆，傳達出詩人的深切悲憤之情。頷聯"可憐匲底藏眉譜，誰記衣邊贐淚痕"二句則顯露出香奩體詩的痕迹，從語意來看當與女性有關。頸聯中的"梁苑"乃梁孝王劉武所築園林，作爲梁園文學的發祥地，曾經盛極一時。劉武故後，梁園亦隨之没落。莫愁是傳說中楚頃襄王的歌姬，以善歌謡而聞名，常爲後世詩家所吟詠。整首詩用典自然精巧，將漁洋所倡神韻詩之詩風與春濤嗜好的艷體詩風融爲一體，而又並無生澀之感。

　　此詩主旨，當爲哀悼故人。如前文所述，春濤作此詩在安政五年(1858)秋。安政三年十二月(1857 年 1 月)，春濤原配夫人服部氏病逝，因妻子亡故而倍受打擊的春濤接連寫下《悼亡》四首、《丁巳新年偶成》、《梅花》、《無題》、《刻意》、《春寒》、《魂》等十餘首悼亡詩，以追思亡人。安政四年十二月(1858 年 1 月)，服部氏故後滿一年時，春濤又作有《十二月十四日先室小祥忌》一首以紀念亡妻。此後又有《春日雜興》等悼亡詩同收於《牛背英雄集》内。此詩頷聯所謂"可憐匲底藏眉譜，誰記衣邊贐淚痕"，以及頸聯中的"石城空有莫愁村"一句當係春濤悼念亡妻、感懷舊事之語。

　　安政初年，京中詩壇領袖梁川星巖主張尊王攘夷，於時政頗有議論，志士文人多有投入其門下者。頸聯中"梁苑"、"忘憂館"等語以梁園隱喻星巖位於京都的宅邸，意指星巖執掌文壇，可與孝王劉武媲美。然而江户幕府於安政五年(1858)四月掀起大獄，梁川星巖、梅田雲濱、吉田松陰等文人儒士皆爲幕府通緝對象，原有遷居京都之意的春濤不得不放棄初衷。梁川星巖被捕前夕，時值京都霍亂流行，星巖不幸罹病身亡。梅田雲浜、吉田松陰

―――――――――――――

① 森春濤《春濤詩鈔》卷七《牛背英雄集》，明治四十五年(1912)東京文會堂刊本，第 2 册，第 15—16 頁。

等人則爲幕府逮捕下獄，或被拷問致死，或被定罪處決①。結合時事來看，則春濤此詩開篇所謂“日日銷魂更斷魂”並不僅僅是悼念亡妻之語，亦有悲悼恩師、舊友之死的用意在内。春濤此詩不惟内涵豐富、用典和諧，其情志之憂傷，寓意之深沉，可以説已得到漁洋神韻詩的精髓。

其餘三首次韻詩則分別化用《詩經》名句、柳永詞、王漁洋及錢謙益等人詩，以吟詠秦淮風物爲主題。語意隱晦，而情緒感傷。如《秋柳四首用王漁洋韻》第二首作：

> 伊人宛在露爲霜，墜葉蕭蕭水半塘。
> 白紵停歌短針綫，烏絲題恨滿巾箱
> 兩宜湖上傷蘇小，丁字簾前吊蔣王。
> 猶記東風二三月，酒旗茶望鬧春坊。②

起句“伊人宛在露爲霜”語出《詩經·秦風·蒹葭》。與首句“伊人”相呼應，頷聯有“兩宜湖上傷蘇小”一句。兩宜係舊時杭州地名，兩宜湖即西湖別稱。蘇小小是南齊時錢塘名妓，以才女聞名，不幸早殁。下一句中“丁字簾”則係金陵地名。“蔣王”乃漢末人，名歆，字子文。據《搜神記》卷五載，秣陵尉蔣歆追賊至鍾山麓，爲賊所戕，額上負傷，不久身亡。春濤於此處吟詠紅顏薄命的蘇小小與討賊殉身的蔣子文，恐怕並不單純出於吟詠江南風物的目的。結合頷聯中“白紵停歌”、“烏絲題恨”等語來看，可知頷聯二句中的“傷”與“吊”二字恰是此聯乃至全詩的詩眼。因此，悼念故人才昰此詩真正主旨所在。

①原小浜藩士梅田雲浜（1815—1859）於安政六年（1859）被捕後瘐死獄中。一説係感染霍亂後在獄中被拷問致死。享年四十五歲。長州藩士吉田松陰（1830—1859）於同年被捕後解送至江户傳馬町牢屋，十月被處以斬刑。享年三十歲。此外，與星巖等人交游密切的賴山陽之子賴三樹三郎（1825—1859）、福井藩士橋本左内（1834—1859）均於傳馬町牢屋被處斬。
②森春濤著《春濤詩鈔》卷七《牛背英雄集》，明治四十五年（1912）東京文會堂刊本，第2冊，頁16。

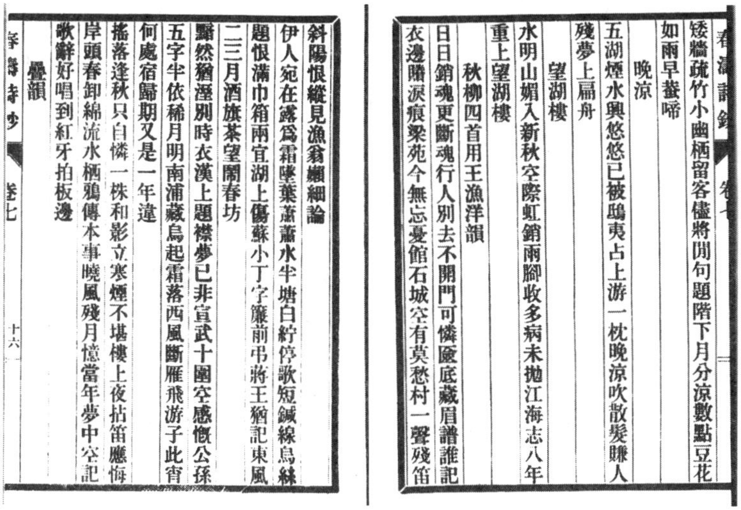
春濤詩鈔　卷七

矮牆疏竹小幽栖留客儘將閒句題階下月分涼數點豆花
如雨早蛩啼
晚涼
五湖煙水興悠悠已被鴟夷占上游一枕晚涼吹散髮嫌人
殘夢上扁舟
望湖樓
水明山媚入新秋空際虹銷雨腳收多病未拋江海志八年
重上望湖樓
秋柳四首用王漁洋韻
日日銷魂更斷魂行人別去不開門可憐匳底藏眉譜誰記
衣邊贈淚痕梁苑今無忘憂館石城空有莫愁村一聲殘笛
斜陽恨縱見漁翁爛細論
伊人宛在露爲霜墜葉蕭蕭水半塘白紵停歌短鹹線烏絲
題恨滿巾箱兩宜湖上傷蘇小丁字簾前弔蔣王猶記東風
二三月酒旗茶望鬧春坊
黯然猶溼別時衣漢上題襟夢已非宣武十圍空感慨公孫
五字半依稀月明南浦藏烏起霜落西風斷雁飛游子此宵
何處宿歸期又是一年違
搖落逢秋只自憐一株和影立寒煙不堪樓上夜拈笛應悔
岸頭春御綿流水栖鴉傳本事曉風殘月憶當年夢中空記
歌辭好唱到紅牙拍板邊
疊韻

春濤詩鈔　卷七　十六

圖 1　名古屋大學所藏明治四十五年東京文會堂刊《春濤詩鈔》(《秋柳四首用王漁洋韻》)

《疊韻》四首在風格與内容上,與上述四首次韻詩保持了一致。如第三首作:

人頭滿鏡易生霜,憔悴憐他立野塘。
篋底禿殘京兆筆,城南零落少年箱。
贈君難綰同心結,賜第曾封異姓王。
惆悵名園非舊日,寒煙空鎖大功坊。①

首聯兩句以鏡中人秋霜染髮、憔悴獨立野塘的景象描寫奠定了全詩感傷的基調。頷聯反用曹魏時光禄大夫京兆人韋誕善書以及韓昌黎所作《游城南十六首・嘲少年》的典故,當有感歎文壇冷落、人才凋敝的寓意在内。末四句"異姓王"、"大功坊"等語,援引明初名臣魏國公徐達的故事。洪武十四年(1381),朱元璋以徐達功大,將自己任吴王時的舊邸賜與徐氏,又命有司於舊邸前治甲第,賜其坊曰"大功坊"。徐達死後,朱元璋追封其爲中山王,贈三世皆王爵。不過,歷經建文、永樂朝的政治變故,徐氏家族逐漸由盛轉衰。而徐達本人的死因,野史亦多有爲朱元璋毒殺的記載。春濤引

①森春濤《春濤詩鈔》卷七《牛背英雄集》,明治四十五年(1912)東京文會堂刊本,第 2 本,頁 16。

用徐達故事，頗有感歎盛衰興替、榮辱倏忽的用意在内。尾聯所謂名園非舊，與前引《秋柳四首用王漁洋韻》第一首中所引“梁苑”、“忘憂館”的典故可相參看。此詩主旨所在，仍是爲哀悼死於安政大獄時期的星巖翁及其諸門生，慨嘆名園蕭瑟、故舊凋零。在當時一片寒煙肅殺的政治氣氛下，蟄居中的春濤只能借古人故事諷喻現實遭遇。

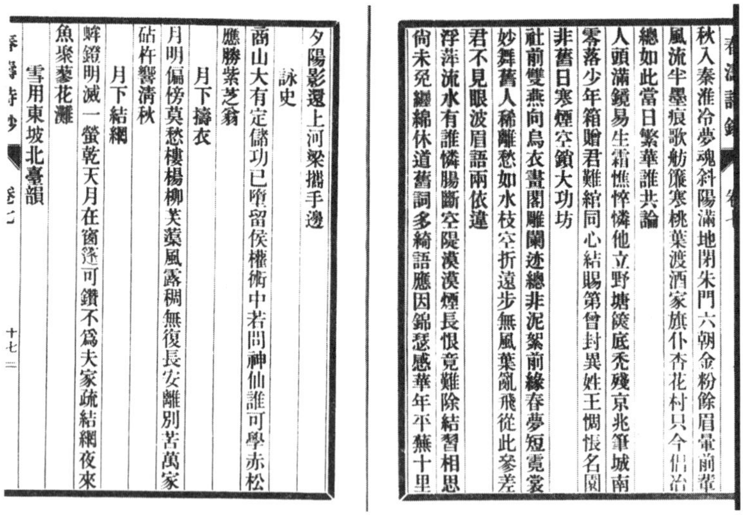
秋入秦淮冷夢魂斜陽滿地閉朱門六朝金粉餘眉暈前輩
風流半墨痕歌舫簾寒桃葉渡酒家旗仆杏花村只今借治
總如此當日繁華誰共論
人頭滿鏡易生霜憔悴憐他立野塘篋底禿殘京兆筆城南
零落少年箱贈君難綰同心結賜第曾封異姓王惆悵名園
非舊日寒煙空鎖大功坊
社前雙燕向烏衣畫閣雕闌迹總非泥絮前緣春夢短霓裳
妙舞舊人稀離愁如水枝空折遠步無風葉亂飛從此參差
君不見眼波眉語兩依違
浮萍流水有誰憐腸斷空隄漠漠煙長恨竟難除結習相思
尙未兇纏綿休道舊詞多綺語應因錦瑟感華年平蕪十里
夕陽影還上河梁攜手邊
詠史
商山大有定儲功已墮留侯權術中若問神仙誰可學赤松
應勝紫芝翁
月下擣衣
月明偏傍莫愁樓楊柳芙蕖風露稠無復長安離別苦萬家
砧杵響清秋
月下結網
蜂鐙明滅一螢乾天月在窗送可鑽不爲夫家疏結網夜來
魚聚蓼花灘
雪用東坡北臺韻

圖 2　《疊韻》四首

據横田天風記載，安政年間，梁川星巖於京都執詩壇之牛耳，曾數度致信春濤，勸其進京以張門户。春濤好友家里松嶹、藤本鐵石等人亦頻繁邀請春濤入京。春濤原已決意舉家遷至京都，不料安政三年（1856）十二月，春濤原配夫人服部氏驟然病故。於當時漢詩人而言，遷居京都意味著個人的才能可以得到更大的施展，謂之人生的重大機遇亦不爲過。春濤原意遷居至京都之後，能於漢詩壇佔得一席之地。然而妻子的死給他以極大的打擊，使得他暫時放棄進京之計①。一年多以後安政大獄興起，春濤京中師

①横田天風《明治の清新詩派森春濤先生》（二）：“孀人亦能詩，與先生琴瑟相和十有二年，今玉折蘭摧先逝，先生之悲哀堪想。以際會如此不幸事，終至移住之策未能決行。”載《東洋文化》第 39 號，1927 年，頁 90。引文係筆者所譯。

友多有被牽連下獄者。爲避牽連，春濤蟄居於故鄉一宮。在此期間，春濤除上述《秋柳》次韻詩外，亦作有多首悼亡詩，以寄託對故人的哀思。

　　安政五年（1858）九月，梁川星巖在被捕前夕感染霍亂身亡。春濤在得知星巖死訊之後，一連寫下《七十老翁何所求，追悼星巖翁》七言絕句三首，其中第一首作：

　　　　七十老翁何所求，侯嬴此語激時流。

　　　　幸然全死升平日，免獻奇謀自刎頭。①

　　將星巖比作魏國信陵君的死士侯嬴，在感其高義、哀其身死的同時，也爲恩師不至下獄受辱感到慶幸。前田愛所撰《枕山與春濤》一文以及日野俊彥著《森春濤的基礎研究》一書皆指出，春濤詩中常有吟詠幕末政治事件，或述及自己擔任尾張藩斥候時經歷的作品。遷居東京以後，春濤在自己編修出版的漢詩文系列雜誌《新文詩》、《新文詩別集》、《新新文詩》中發表了爲數眾多的政治抒情詩。② 然而在安政五年前後，春濤迫於當時日益嚴峻的政治情勢，不敢直抒其內心對於時政的不滿，只能借悼亡的主題抒發內心的憤懣與悲傷。春濤在《哭兒真》二首之後，一連作有《小游仙曹唐》絕句十六首，縱觀《詩鈔》全集亦十分罕見。春濤詩中的游仙思想，當然不僅僅是受到東晉以來游仙詩傳統的影響而形成的。實際上，春濤這一系列游仙詩的創作，與當時的政治背景深有關聯。承受喪妻、喪子、喪友與恩師病故等多重打擊的春濤，轉而遁入道家求仙避世的虛無世界中去，大約亦是詩人藉以躲避現實苦悶的一種無奈之舉。

結　語

　　今關天彭論及春濤詩，曾有以下論述：

　　　　春濤詩將香奩體與神韻派糅合爲一體，其清麗之文辭、纏綿之情調、宛轉之音節，加以清新之感興，其間雖不能云毫無佻情媚態之弊，

①森春濤《春濤詩鈔》卷八《夢入青山集》，明治四十五年（1912）東京文會堂刊本，第3冊，頁2。

②關於此節，可參看拙文《森春濤與〈新文詩〉系列》，載《名古屋大學中國語學文學論集》第25輯，2013年，頁1—21。

仍不失爲我國之一天才。①

　　誠然,清麗的文辭,纏綿的情調,宛轉的音節,以及清新的感興,可謂春濤漢詩最大的特色。中年時代的春濤,開始以漁洋"神韻説"詩論爲創作目標而從事漢詩創作。《秋柳》次韻詩八首可謂春濤學習漁洋詩的嘗試之作。當然,春濤的次韻詩與漁洋原作的主旨並不相同。春濤借次韻王漁洋的代表作《秋柳》四首,著重表達了其悼念故人、感傷時世的精神内核。另一方面,春濤創作悼亡詩時亦積極受到漁洋悼亡詩的影響,將香奩體與神韻説巧妙融合,從而構築起極具其個人特色的詩風,在整個明治時代的漢詩壇產生了廣泛而深遠的影響。關於此一方面,今後將專文予以探討。

（作者單位：華東師範大學外語學院）

附記：

　　本文日文原稿於日本中國學會第六十六屆大會(大谷大學,2014 年 10 月)日本漢文部會上宣讀。蒙市川桃子、加藤國安諸先生指正,修訂譯成。謹此申謝。

---

① 今關天彭《森春濤(下)》,《雅友》第 36 號,1958 年,頁 20。引文係筆者所譯。

域外漢籍研究集刊　第十七輯
2018 年　頁 99—119

地理學家志賀重昂的漢詩

——兼論美國德克薩斯州的漢文"阿拉莫之戰紀念碑"

稻畑耕一郎

一　前言

　　志賀重昂（Shiga Shigetaka，1863 年—1927 年）是日本近代的地理學家 ［圖一］。其主要著作《日本風景論》［圖二］，是一部從地理學的角度來探討日本風景的特質以及由此特質所構成風景之美的著作。此書在 1894 年發行之時便轉瞬間成爲暢銷書籍，除了給當時日本人的風景審美觀帶來巨大的改變，還對當時年輕的讀者們造成影響，促成了近代登山活動流行的風氣。不僅如此，一個世紀以來至今，此書仍然以各種不同版本不斷再版，成爲論及日本景觀時不可或缺的著作①。可以説，此書是近代日本具有代表

①《日本風景論》最初於明治二十七年（1894）十月由政教社刊行以來，很快就重版、增訂，共計 15 次。封面的圖案隨著每次改版進行改變，文章及插圖也逐次增加。以洋裝本問世的"增訂十五版"於明治三十六年六月由文武堂（東京）出版，當初"五十錢"的定價到了第十五版增加爲"九十錢"。其後，1937 年 1 月以岩波文庫本推出，另於 1976 年被收錄在講談社學術文庫中。岩波文庫版後又根據近藤信行的校訂，於 1995 年 9 月重刊。其間，政教社的初版本於 1975 年 10 月以"復刻日本的山岳名著（日本山岳會創立七十周年紀念出版）"系列由大修館書店推出，飯塚書店另於 1979 年 1 月及 1997 年 3 月出版了附有別冊《解題》的版本。

性的名著之一①。

　　然而近年來,曾被視爲名作的此書,由於筆鋒間多留有訓讀文的文風,
同時又以原文的形式大量引述江户時期的漢文文獻,現代的讀者多視爲畏
途,成爲一部難讀難懂的書籍而被束之高閣,實遺憾之至。

　　這部《日本風景論》的作者志賀重昂在一百多年前,曾在美國德克薩斯
州聖安東尼奥(San Antonio)的阿拉莫(Alamo)要塞遺址樹立了一座漢文
的"紀念碑"。這座石碑在建立當時成爲德州當地的重要話題,至今仍然受
到細心的維護與保存,但不幸的是,此事在日本却逐漸爲人們所遺忘了。
今春筆者有幸在當地看到石碑的真迹,在此撰文介紹石碑建立的經過,並
藉本文簡述自己受到這座位於遙遠的東亞"域外"漢文碑刻所帶來的啟發
與思考。

二　志賀重昂其人

　　志賀重昂,字矧川,愛知縣岡崎人②。岡崎藩儒學家志賀重職長子,生
於江户時代末期的文久三年(1863 年)。重昂少時喪父,由母親志久(淑子)
的娘家松下家扶養長大。11 歲(1874 年)進東京的攻玉塾(初級中學、海軍
預校),但四年後退學,報考大學預科門(日後的第一高等學校),並被順利
錄取。然而在這所學校也不到半年便自動退學,改去剛剛開辦的札幌農學
校(日後的北海道大學)。當時,札幌農學校的課程由來自英、美的教師擔
任,課堂上的討論也全都以英語進行。可以想像志賀的英語能力在此獲得
了長足的進步。

　　除了教師之外,這所學校較日本當時其他學校擁有更豐富的英文書
籍、雜誌、報紙,志賀重昂在學期間,讀完英文版查爾斯·羅伯特·達爾文

①中央公論社《日本的名著》收録了日本自古代至近代的各種"名著",其中的第 39 卷
　《岡倉天心·志賀重昂》(色川大吉編集,1970 年 3 月)中,收録了《日本風景論》。
②與志賀有關的衆多研究書及評論書皆附有志賀重昂的年譜,但未有完整之年譜。本
　文以相對而言内容較爲充實的《生誕百三十年記念誌　志賀重昂——回顧與資料》中
　收録之高林公毅編《年譜·解説》爲基本資料,並參照其他年譜,盡可能根據第一手資
　料記述。

(Charles Robert Darwin)的《物種起源》("*The Origin of Species*"),了解到達爾文曾乘坐帆船"小獵犬號"(HMS Beagle)航行環游世界一事。

不過志賀第一次讀到達爾文的《小獵犬號航海記》("*A naturalist's Voyage: The Voyage of the Beagle*")是在他從農學校畢業後的 1885 年,當時他在東京的丸善書店工作,負責校正日本最早的日英辭典,詹姆斯·柯蒂斯·赫本(James Curtis Hepburn)的《和英語林集成》("*Japanese — English Dictionary: with an English and Japanese Index*")。在從事此一工作之餘,志賀閱讀《小獵犬號航海記》。他自幼愛好冒險犯難的精神受到刺激①,立志要往海外發展,並立刻付諸行動。這樣的行動力乃是他日後持續保有的優秀特質。

他首先於 1885 年 11 月,通過海軍友人的介紹,隨行參加海軍軍校的航海實習,乘坐軍艦筑波號自對馬出發前往朝鮮海峽視察。翌年 1886 年 2 月,他再次搭乘筑波號,參加了爲期九個月的"南洋航海",前往澳大利亞、新西蘭、斐濟、薩摩亞、夏威夷等地。由於達爾文乘坐的小獵犬號是英國海軍的帆船,可以説這是模仿了達爾文的行動。在這段漫長的航程中,志賀帶上船準備閱讀的書籍除了達爾文的《小獵犬號航海記》外,還包括了他同鄉的先儒曾我景章(1816—1870)的漢詩集《耐軒詩集》。這兩部書作爲志賀在船上的案頭書,在他思考日後生涯之際具有極大的引導性的意義。簡而言之,志賀的環游世界與他的漢詩創作具有無法分割的密切關聯。此一關聯將於後文中詳述。

從這次南洋航海回國後,志賀完成了他的第一本書《南洋時事》(丸善商社書店,1987 年 4 月)。這本書記録了他在這次航海中所見所聞的南洋

---

① 《讀賣新聞》1909 年 7 月 10 日的早報載有題爲《名士的小學時代》的連載,系列的第十八回爲志賀重昂。文中"理想的人物與事業"項目下,可見到志賀本人言及"十四歲時初次閱讀格堅勃斯(G.P. Quackenbos)的美國史,讀至哥倫布發現新大陸之處,甚爲感動。自此之後,心中一直嚮往海外異域,哥倫布爲理想人物,發現新大陸則爲理想的大事業。"文中提到的"格堅勃斯美國史"指的是由岡千仞、河野通之所翻譯(漢譯)的格堅勃斯《米利堅志》四卷(博聞社,明治 7 年[1874]序,早稻田大學圖書館藏)。然而,本書記述止於 1811 年,因此在這個階段志賀應該還不知道阿拉莫之役(1836 年)。

各國國情，一出版即成爲暢銷書籍，不斷再版。可以得知，儘管當時志賀僅二十四歲，他的構思及文筆已有可觀之處。他在書中詳盡地介紹了當時南洋各國逐漸受到歐美列强殖民地支配的狀況，同時也對致力邁進西歐化的日本發出警告。此外，志賀最初的外洋之行目的地不是當時流行的歐美，而是大洋洲這一點，也爲志賀後來的思想帶來了重大影響。

《南洋時事》一書出版，讓志賀重昂這個名字廣爲人知。此書出版的第二年（1888年），他便與札幌農學校的老同學以及當時一流的年輕知識份子，一同創辦了政治評論結社"政教社"。由於社團發行的雜誌《日本人》一再對時局進行銳利的批判，多次受到禁止發行的處分。然而，社團採用各種手段，包括將刊物更名爲《亞細亞》等，持續刊行。其根本主張，在於對明治新政府及官僚組織中佔了中樞地位的藩閥政治進行批判，以及對新政府所主導的文化政策提出異議。就後者而言，結社反對以"鹿鳴館時代"爲代表的全盤歐化風潮，提倡應將西歐文明消化並同化於日本文化，截長補短地吸收有益之處，稱"國粹保存旨義"。由於雜誌的相關人士對西歐的實情及歷史、文化皆十分熟悉，他們的主張和舊有的頑迷固陋保守主義有明確的區別。

以志賀爲首主辦的《日本人》是一份在日本近代黎明時期發揮了重要作用的雜誌，爲數衆多的知識份子對這部刊物表示支持並投稿。其中，包括了巖谷小波、田岡嶺雲、坪内逍遥、尾崎行雄、高浜虛子、市島謙吉、德富蘇峰、犬養毅、正岡子規、内村鑑三、藤田豐八、梁啓超、高田早苗、幸德秋水、鈴木大拙、小島烏水、長谷川如是閑、牧口常三郎、中村不折等人，上述每一位皆爲日後在各自領域中發揮其影響力，對近代日本文化帶來了變化的人物①。

年輕的内藤湖南（1866—1934）也曾經在這部雜誌做過記者，並參與了編輯工作。湖南獲得志賀的推薦，一度在志賀的故鄉岡崎擔任當地《三河新聞》的主筆，不久後被叫回東京（1890年），成爲《日本人》的記者。雜誌改名爲《亞細亞》後擔任編輯，也曾爲志賀和雜誌的其他中心人物三宅雪嶺、

---

① 參照《雜誌〈日本人〉·〈日本及日本人〉目次總覽》全 5 卷（日本近代史料研究會，1977 年 7 月—1984 年 9 月）。

杉浦重剛等人代筆撰寫社論①。這是內藤湖南二十五歲到二十七歲間的經歷，當時志賀僅僅比內藤大三歲。

志賀除了以《日本人》爲中心推動上述的政治評論外，政教社另於1894年刊行了《日本風景論》。如前文所述，本書在社會上發揮的重要影響，遠非《南洋時事》所可比擬的。

其後，志賀成爲東京專門學校（日後的早稻田大學）地理學的講師，並曾兩度出任國會衆議院議員。然而，其活動的中心逐漸移往在野的新聞及雜誌等評論活動。

其中特別值得聚焦的，是他未曾間斷地往返海外並從事各項活動。志賀的經歷中最具代表性的，是他曾經三度環游世界，與到訪地各界人士進行廣泛的交流，並以此期間的經歷及見聞爲基礎，在日本國內發表文章和演講。

第一次的環游世界是1910年，他受地學協會的派遣，以《國民新聞》通信員身分，參加在倫敦舉辦的日英博覽會以及阿根廷的獨立一百週年紀念典禮。當時的環游世界行程也乘海軍之便，搭乘軍艦生駒號自新加坡前往模里西斯，繞過好望角，在阿根廷著陸，又途經巴西進入英國南部康沃爾的法爾茅斯港。回程取道法國、德國、荷蘭、比利時，自埃及通過蘇伊士運河，途經錫蘭（斯里蘭卡）返國。

第二次的旅程自1922年夏季起到第二年的春天爲止，從越南、馬來西亞出發，經錫蘭繞過好望角，視察巴西、烏拉圭、阿根廷、巴拉圭、智利、秘魯、玻利維亞、墨西哥、美國、夏威夷等地。最後第三次的環游世界於1923年的年底出發，自緬甸、印度、途經巴基斯坦等中東諸國，橫越地中海、繞行南美，第二年七月回國。僅上述的三次周游累積的旅程便長達"鵬程實二十六萬英里"②。

在一百多年前，還沒有飛機的時代便三度環游世界，除了與當地各國的政治領袖及學者們會晤外，還廣泛地視察了各地的社會狀況及産業結

---

① 參照內藤湖南《別三河》（《內藤湖南全集》第1卷，筑摩書房，1970年9月），《內藤湖南全集》第14卷"年譜"（1976年7月）。

② 後藤狂夫《吾人之鄉土所誕生的世界先知　志賀重昂先生》（警眼社，1931年7月）"橫跨世界的南船北馬"一章。另文中有"至於內地，環游瀏覽不知幾十回"的記載。

構,同時與當地人密切往來,拓展見聞。除了志賀外,未見有其他學者的例子。如果勉强要舉出類似的人物,可以想起獨自跨越喜馬拉雅並深入西藏的河口慧海(1866—1945)、前往參觀世界各地古建築的建築大師伊東忠太(1867—1954)、調查佛教史迹並拍攝照片記録的常盤大定(1870—1945)、在人類學領域中持續田野調查的鳥居龍藏(1870—1953)等,皆造就了偉大的業績。更讓今日的我們驚訝的是,他們幾乎都是同時代的人物。

志賀的環游世界也並非單純的游山玩水,同時還肩負了調查各地社會狀况、與重要人士會晤、會議、演講等任務。除了環游世界外,類似這樣的外國訪問還有不少次,例如 1899 年在福建省調查鐵路。1904 年日俄戰争爆發,搭乘"滿洲丸"赴前綫採訪。1905 及 1906 年調查庫頁島(樺太島),並介紹間宫林藏的事迹。1912 年,爲調查美國當時日漸發生的排斥日本風潮,前往加利福尼亞州,並於回程訪問夏威夷。1914 年夏季,志賀再度訪問夏威夷、加州、德州、加拿大等地,同年秋季受邀,以第十九屆萬國美國會議的演講者身份前往華盛頓,又從新奥爾良出發訪問古巴(玖馬),與古巴總統梅諾卡爾 Menocal 會晤。經過墨西哥,於旅途中順道拜訪了德州的聖安東尼奥,並於阿拉莫要塞遺址内樹立了石碑。實際上,早在他從日本出發前便已經以信件聯絡,告知當地人樹立石碑的計畫。可以看出他不僅具有大膽的行動力,還有緻密準備的細心之處。然而根據志賀本人描述,由於他没有能在出發前接獲當地的回信,因而留下了些許的顧忌。但實際上一到達聖安東尼奥,除市長親自出來迎接,全城皆熱烈歡迎他的來訪①。

在上述這樣的環游世界旅程中,志賀不論前往何地,皆留下了詩作。作品多呈現了志賀豪放不羈的文風,亦時有破格之處。但他本人將破格之作稱爲"新體漢詩",毫不介意打破傳統的格律,反映了他的性格。儘管已有不少研究表彰《日本風景論》、《南洋時務》等著作並論及志賀的作品,但却未有檢視其漢詩的文章。實際上,通過漢詩才能真正見到他表露的性情

①志賀重昂《美國旅行中的見聞感想》(《早稻田講演》第 5 卷第 3 號,早稻田大學出版部,1915 年 3 月)。另於《朝日新聞》1914 年 12 月 16 日早報中,可見到題爲《玖馬(古巴)之大歡迎,阿拉莫建碑式》的報導,記録了"志賀重昂氏的談話"。與本文相關的加州排日問題報導其後繼續連載了四次。

和胸中的襟懷。就此言之,這方面缺乏研究的現狀可說是令人十分遺憾的。

三　關於志賀重昂的漢詩

因爲没有集結了志賀詩作的"全詩集",無法得知他一輩子究竟作了多少首漢詩。然而,在《志賀重昂全集》的第七卷《詩藻》中,收録了他的詩論《濠州詩論》,以及一百數十首漢詩。除此之外,他的詩作也散見於本人的文章及知音好友的相關文章中,因此光是留存至今的作品至少也有兩百首以上。

那麼具體而言志賀的漢詩究竟是什麼樣的風格呢?以下摘録幾首他的作品以便進行檢討。

例如在《南洋時事》的《自跋》中,記載了他在航程船上所作的漢詩:

舷燈照枕滅還明,吊榻欹危夢未成。

蜑雨蠻風人萬里,愁心一夜聽潮聲。

根據《南洋時事》第一章的介紹,這是他在前往澳洲途中,經停克撒以島(今日的密克羅尼西亞聯邦加羅林群島的科斯雷島)時的作品:

流落天涯歲月過,悠悠行路奈蹉跎。

濠蘭夜雨蓬窗底,幾片暗愁添得多。

自注:克撒以島。一名稱濠蘭。明治十九年(1886)二月廿六日。予到此島。此夜雨。

另外,在薩摩亞(Samoa)所作的七言律詩《撒謨亞客中》如下:

飄零天外歲華流,行李匆匆不暫休。

東海風濤歸昨夢,南洋鯨鰐入新愁。

紅輪直下三經月,黄道圈中再會秋。

最是銷魂痛絶處,慘雲妖霧撒謨州。

此外,在他回國並完成《南洋時事》的原稿後,又以"《南洋時事》稿成,會得三絶詩,乃取以附卷尾云爾"爲題,留下三首詩作。從第一首中,可以了解到志賀嗜讀宋詩:

咄咄書空彼一時,先生深意少人知。

漫論得失非吾事,日暖南窗讀宋詩。

　　通過閱讀志賀的全集，可以發現除宋詩外，他還引述了衆多的唐宋元明的詩作。可以看出他通曉中國的古典詩詞。此外，他還對英詩及日本的俗謠有所關注，對詩歌皆有深厚素養。他不僅引用了各類詩作，在《南洋時事》的中以題爲"Arise! Ye Sons of Yamato's Land"的自作英文詩，作爲自序之一①。此一作品不是老人對晚輩的寄語，而是當時僅僅二十三歲的志賀將自己的決心傳達給同輩年輕人。作品充分展現了志賀的意氣軒昂。

　　《日本風景論》中，也引用了不少漢詩文及日本的短歌、俗謠，就連英詩也成爲他所引用的對象。在本書開頭的《緒言》中，志賀留下了題爲《妙義山下遇雨》的漢詩，以顯示自己的決心。作品如下：

　　　　不信人間竟無力，欲倩神斧破天慳。遺恨力薄破未了，枉教馮夷痴且頑。大塊文章看何日，黑風白雨妙義山。

　　另外，《日本風景論》中插入了不少山嶽風景的繪畫②，這也是本書廣受歡迎的原因之一。志賀以題畫詩的方式，將自己的七言絶句紀録於插畫中。

　　在一副螃蟹以蟹脚夾住菊花的畫作中，題詩如下：

　　　　江湖十載儘橫行，黃菊青橙舊酒盟。

　　　　懶向漢廷誇鳳喙，清秋風味付儒生。

　　松葉與松球的繪畫中題詩：

　　　　靈南丘山避塵喧，滿院松花畫掩門。

　　　　三徑久無詩客迹，半庭過雨又黃昏。

　　黃鶯停在柳椿之間的畫中題詩：

　　　　怕被人間識姓名，描山寫水寄平生。

　　　　日長春畫椿花落，柳裏鶯兒時一聲。

　　《日本風景論》原本是從地理學的觀點考察日本風景的書籍，然而書中

---

① 《南洋時事》中除英文詩外，還有題爲"諷詞"的志賀本人所作之漢文序。

② 《南洋時事》中的插圖大多由樋畑雪湖所繪製。一部分西畫風格的畫作出自海老名明四的手筆。

隨處夾雜了類似的漢詩文，花了功夫讓讀者能够以文學書的角度來閱讀①。不僅如此，每經改版，作者所作的漢詩數量也隨之增加。

實際上，在散文中插入漢詩的作風不限於這兩本書。舉此二書爲例，不過是因爲兩書作爲志賀的代表性著作，廣受閱讀之故。儘管他的書籍廣爲人知，志賀的漢詩至今却未曾受到矚目。如同插圖未被論及一般，詩作被視爲書中的附屬品。對由別人所繪製的插圖採取這樣的態度還情有可原，然而漢詩是志賀本人的作品，其内容關乎對兩書本質的理解。

更何況，除了這兩本書外，志賀的其他散文及演講稿中，也常見他插入自作的漢詩。例如他在一篇題爲《不爲人知的國度》(1925 年 11 月、地理調查會)中，除了論及南美、阿拉伯諸邦、南非等地的國情，倡言石油資源的重要性外，也留下了類似的詩句。

這次南美之行的主要任務是視察農業，但在巴西所作之詩内容如下：

　　咖啡肯不向君誇，萬里巴西莫憶家。

　　少女水晶簾外立，慧心留客薦唐茶。

乘坐有護衛隨行的汽車，自伊拉克的首都巴格達西行，穿過沙漠，經叙利亞的大馬士革，到達地中海沿岸海法(今日爲以色列領土)的旅途中，對廣大的沙漠風景及所見的海市蜃樓，詠詩如下：

　　太陽流影日牟晴，惟見珠樓縹紗生。

　　俯仰乾坤誰管束，無邊大漠放歌行。

抵達海法並見到地中海後，一邊以當地的酒把酒言歡，一邊作詩，提及《隋書》、《唐書》中所記載的地中海沿岸“拂林”。

　　目送亞洲將了青，阻風今夜暫淹停。

　　何時同酌拂林酒，一味春寒話地經。

通過這次穿越沙漠之旅的體驗，志賀主張要從日本前往歐洲，與其從印度的孟買坐船經蘇伊士運河，不如取道波斯灣，通過陸路沙漠經地中海，以船隻、車輛登陸馬賽這才是最便捷的方式。這次的旅程中，他親自實踐了上述路綫。

像這樣，志賀再三環游世界，並每於所到之處將當時的所思所感寄託

————————

① 《日本風景論》另外還收録於《現代日本文學全集》第 36 篇(改造社，1929 年 8 月)以及《明治文學全集》第 37 卷《政教社文學集》(筑摩書房，1980 年 5 月)之中。

在詩作之中。他似乎心中有所感觸，立刻就出口成詩，化爲詩作的字句。本文所引用的僅僅是志賀漢詩中的一小部分，從漢詩的角度來看，環游世界的作品頗有“坤輿放歌行”之感。在古巴所作之詩如下（《不爲人知的國度》）：

　　　　鴻爪雪泥何往還，安南之海瑞西（即瑞士）山。
　　　　半生詩句聊成集，多獲風衫雨笠間。

　　志賀的漢詩中包含了世界各地的地名及風土習俗，因而形成了過去的漢詩中所罕見的獨特漢詩世界。在當時，批評者稱他的詩作帶有“黄油味”，亦即他的作品具西洋風格。對此，志賀本人竟毫不介意，甚至直言“予甚愛黄油”。儘管志賀自稱其詩作爲“惡詩”、“第八流”，並將當時“具漢學性質的文士之詩”評爲“第十三流”①。然而，在他的言談間足以感到志賀對新時代新漢詩所懷抱的大志，並通過自身的實踐展現了其應具備的新姿態。

　　例如《志賀重昂全集》第八卷《坤輿放歌行》中，收録了如下的詩句：

　　　　惠那（Jena）山下春雪融，融入蘇水水初翠。
　　　　雲鬟十八映波紋，何來神女踏紋至。
　　　　抱琴上石彈四弦，洞淵蟄龍亦垂淚（Drachenfels）。

　　　　兩涯杜鵑花如烘，生憐纈纈别樣紅。
　　　　真成傾城又傾國，如今初悟色即空。

　　志賀將日本岐阜縣的惠那與德國的耶拿互相關聯，並將木曾川比擬做萊茵河，融入蘿蕾萊的傳説（Loreley，美若天仙的少女佇立於急流洶湧的岩壁上誘惑掌舵，讓船隻被吸入漩渦中的傳説故事）。德拉亨費爾斯（Drachenfels）是建於萊茵河畔山上的古城，“Drachen”之意爲龍，“Fels”則是指岩石。

　　從今日的觀點來看，儘管志賀的漢詩不能算作傳統的風格，但除他以外未有多次環游世界並創作漢詩的人物。他可以説建構了一座獨一無二的漢詩世界。從創作漢詩的文化傳統已經消失的今日來看，其作品更具有光輝燦爛的價值。

---

① 《志賀重昂全集》第八卷《坤輿放歌行》所收詩作“惠那（Jena）山下春雪融”的自注。

儘管如此,志賀本人從未以漢詩人自詡。不僅如此,實際上他反倒否定自己的詩人身分。然而,志賀自札幌農學校求學以來,直到晚年爲止,終其一生都將自己的襟懷托付於漢詩中,加以表達。對於自幼即接受漢學素養薰陶的當時的知識份子而言,以漢詩表達自己的感懷,可以説是理所當然之舉。只不過陳舊的漢詩手法恐怕不是志賀所要追求的理想。

其後,歐化的脚步違背了志賀的心願。隨著此一風潮愈加深入社會的各個角落,不僅創作漢詩的風潮隨之減退,就連理解漢詩的人也日益減少。雖然閱讀志賀的《日本風景論》以及《南洋時事》的人不曾停歇,但聚焦於書中的漢詩,介紹志賀的人却不見了。這樣的作法,恐怕不足以道盡志賀重昂這位人物的全貌。豬賴直樹曾以《評傳·志賀重昂與日本風景論》爲題撰寫志賀的評論,書中一開頭便將志賀評價爲"被遺忘了的思想家"①。如借用他的説法,志賀重昂也是一位"被遺忘了的漢詩人"。

四　阿拉莫的詩碑

在介紹建立於德州聖安東尼奧阿拉莫遺址的志賀重昂漢文"紀念碑"之前,先在此簡述阿拉莫之戰。

墨西哥於 1821 年自西班牙獨立時,德克薩斯被劃分爲墨西哥領土的科拉韋阿·依·德哈斯州的一部分。墨西哥政府當時爲促進此地的開發,最初對來自美利堅合衆國的移民採取歡迎的態度。然而,隨著美國移民的增加,移民與墨西哥政府間的摩擦也隨之擴大,最終導致墨西哥政府於 1830 年起禁止美國人移居此地。爲報復此一政策,美國移民於 1835 年策動叛亂,追求德州自墨西哥的獨立。到了 1936 年,未經墨西哥政府的同意便單方面宣布獨立,自稱德克薩斯共和國。當時居住於德克薩斯的墨西哥人,爲脱離墨西哥中央政府的强權支配,也贊同了獨立運動。

爲阻止此一運動,墨西哥共和國軍於常地和獨立派發生了武裝衝突,此一戰役的舞臺便是聖安東尼奧的阿拉莫要塞。阿拉莫要塞原本是墨西

①豬瀬直樹《日本風景論解題》(收錄於《日本風景論》第 1 版複製本的《別册》,飯塚書房,1977 年 3 月)。豬瀬在其著述《天皇的肖像》的第 14 章《三島由紀夫的風景》(小學館, 1986 年 12 月)一書中也詳細的論述了志賀的成就。

哥騎兵隊的駐地,當時由獨立派佔領。戰役從 2 月 23 日爆發,持續了十三天,至 3 月 6 日結束。墨西哥的將軍兼總統聖塔・安納(Santa Anna)率領 2000 餘人包圍聖安東尼奧,相對的獨立派守軍僅有不到 200 人,坐困於阿拉莫要塞。在武器裝備上,墨軍也佔了絕對的優勢。敵衆我寡的態勢十分明顯,肩負守城任務的威廉・特拉維斯(William B. Travis)騎兵中校爲向德克薩斯臨時政府求援,派出了以詹姆斯・伯納姆(James Bonham)爲首的傳令隊。然而未能等到援軍抵達,便彈盡糧絕,部隊全滅。突破重圍回到阿拉莫的伯納姆最終也犧牲了。

　　阿拉莫戰役之後,由山姆・休士頓(Samuel Sam Houston)將軍率領的德克薩斯軍擊敗了墨軍,並迫使墨西哥承認德克薩斯的獨立。由於這次的勝利,美國獲得了向西發展的橋頭堡,日後發展爲東西兩側臨大西洋與太平洋的大國。這次的戰役成爲美國發展的重要歷史轉折點。

　　因此,作爲美墨戰爭的前哨戰,阿拉莫的悲劇在美國是人盡皆知的一段史實。不僅對德克薩斯,對美國來説阿拉莫也是重要的精神寄託,戰役中英勇犧牲的將士被視爲英雄,其事迹一再被後人宣揚,並受景仰至今。

　　志賀似乎對上述歷史一直以來抱持關注,正巧在他來訪期間美國的排日風潮日益加強。在這樣的背景下,儘管日本人來到此地後受到了極大恩惠,但却未能對美國做出具體的貢獻。志賀發覺,如此下去日人會被視爲忘恩負義之徒。因此在以碑銘彰顯阿拉莫之役的將士同時,還順便介紹了日本歷史中犧牲小我的戰役事例。志賀意在藉此使當地人知道日本人絕非忘恩負義之輩,以進一步打消反日的風潮。

　　志賀日後在《史學雜誌》第 27 編第 4 號(1916 年 4 月)中,撰寫了題爲《阿拉莫之戰(與日本的關聯)》的文章。在當時(今日也不例外),恐怕有不少人會訝異於美國德克薩斯的阿拉莫之役與日本有什麽樣的"關聯"。這篇文章的前提即著眼於此。

　　志賀所舉出的,是阿拉莫之役與日本的長篠之戰的類似點。長篠之戰發生於天正三年(1575),織田信長及德川家康的聯軍,以三河國長篠城(今日的愛知縣新城市長篠)爲戰場,與武田勝賴的部隊作戰。由於信長方面使用鐵炮,織田德川聯軍獲得了壓倒性的勝利,被視爲日本戰術史上空前的一場戰役。

　　志賀將兩場戰役的共通點概括如下:

◀德克薩斯國聖‧安東尼奧城阿拉莫寺①　主將　威廉‧巴雷特‧特拉維斯　齡二十五歲。

◁日本參州設樂郡長篠城　主將　奧平九八郎貞昌（後、信昌）齡二十二歲。

◀德克薩斯軍勢寡，肯塔基州之大衛‧克倫凱特、南卡羅萊納州之伯納姆，援兵參戰。

◁長篠軍勢寡，參州五井之松平彌九郎景忠、同州竹谷之松平又七郎家忠，援兵參戰。

◀阿拉莫義徒一百五十人，援兵三十二人，合計一百八十二。墨西哥總統聖塔‧安納親率敵兵五千圍攻，即守軍之二十七倍。

◁長篠之奧平勢五百餘人，兩松平之援兵三百餘人。甲州大將武田勝賴親率敵軍二萬一千圍攻，即守軍之二十七倍。

◀阿拉莫糧秣彈藥既絶，伯納姆突破十重、二十重之圍，外乞援軍，復命（結果而言）殉節。

◁長篠糧秣彈藥既絶，鳥居強右衛門突破十重、二十重之圍，外乞援軍，復命（結果而言）殉節。

由於上述的類似之處，志賀稱“阿拉莫乃美國之長篠，長篠乃美國之阿拉莫。知長篠之戰壯烈者，不可不知阿拉莫之戰”。

實際上，阿拉莫與長篠二役之結果不盡相同。相較於阿拉莫守備隊將士的全數犧牲，長篠的奧平等到了信長的援軍，並擊敗武田軍。從這一點來看，志賀特別想強調的共通點是戰役中不顧自身危險，突破重圍求援的自我犧牲精神，並讚賞“復命”的伯納姆與鳥居強右衛門的英勇行動。伯納姆成功歸隊，而強右衛門在途中被敵軍擄獲，大聲地向守軍宣告援軍將至，並因而斷送了性命。

志賀的主張反映於碑文中，碑石的背面刻有“Stone from the native province Suneemon Torii, The Bonham of Japan; in the province is Nagashino, The Alamo of Japan.”同時，以漢文書有“此石於日本鳥居強右衛

---

①“阿拉莫寺”指的是阿拉莫要塞中的“傳道所”。其正式名稱爲聖安東尼奧‧狄‧瓦雷洛傳道所（Mission San Antonio de Valero）。作爲“San Antonio Mission”的組成資産，此一傳道所於 2015 年被列爲聯合國教科文組織的世界遺産。

門故土所獲。日本 北條時雨書。日本 酒井孫兵衛刻"。［圖三］

　　不用説，這原本就是十分勉强的比較。然而，志賀當時有不得不做此一比較的具體原因。他之所以要刻意將阿拉莫與長篠兩場戰役並列，是由於當時日本的一般大衆和學者未能充分理解阿拉莫之役的重要性。每個美國人都熟知的阿拉莫之役帶有建國神話的色彩，在理解美國歷史以及美國人的想法和心境時，對阿拉莫的認識是不可或缺的。因此，援引長篠之戰爲例，介紹了阿拉莫之役。另一方面，美國人無由得知長篠之戰的歷史，作爲讓美國人知道日本也有和阿拉莫同等壯烈的戰役之手段，刻意將石碑運往聖安東尼奥，並樹立於此。可以看出志賀的熱忱。

　　志賀這樣做的目的，是希望讓日美兩邊都能了解彼此皆具有的類似歷史，並促進雙方的相互理解。因此，在阿拉莫建立紀念碑的同時，在爆發長篠之戰的愛知縣岡崎的岡崎舊城也樹立了同樣的碑石①。

　　但志賀真正想要解釋的是，類似這樣的戰役並非僅僅發生於日美兩國。他引用了描述唐代安史之亂時睢陽之役（756 年）的漢詩，暗示這樣的戰役於古今中外皆可找到類似的事例。

　　"紀念碑"的上半部刻有"To Memory of The Heroes of The Alamo"，下半部則有"Prof.Shigetaka（Juko）Shiga San Antonio，Texas　September，1914"的碑文。志賀本人將此一碑文稱爲"德克薩斯獨立戰役殉難烈士

---

①志賀從聖安東尼奥回國後，製作了一部名爲《阿拉莫之戰》的册子（早稻田大學圖書館、岡崎市立中央圖書館藏）。這部册子於"大正四年（1915）四月十六日、十七日，於愛知縣岡崎町家康忠勝兩公三百年祭舉行之際"頒發。召開此一典禮的旨趣如下："於岡崎舊城之石垣（鳥居强右衛門告知家康公長篠之危處）揭示阿拉莫之紀念，以示東西之契合"。這部共計十二頁的册子除了有阿拉莫之役的故事説明及插圖外，並收録了建立於阿拉莫的石碑兩面的拓本及這首漢詩的訓讀及注解，另外還收録了一位居住在聖安東尼奥、名爲 Amy Pearl Coaby 的人士所做的英詩"The Fall of The Alamo"。這應該是一部爲使與會者了解何謂阿拉莫之戰而製作的小册子。志賀本人所書之漢詩注解如下："①將軍乃指特拉維斯。②甕壁　非守城，據阿拉莫寺。故甕壁。③南加之一男子乃指南卡羅來納州之伯納姆。④天塹意爲 Rio grande。⑤河北　德克薩斯州在 Grande 河以北。⑥後漢書桓帝延熹九年，大秦王安敦遣使。大秦即羅馬、安敦即 Antonius。⑦夾竹桃即 Oleander"。

碑"①[圖四]：

敵五千我百五十，彈盡況又絕糧粒。

三十二人聞急馳，飛刀亂斫冒圍入。

入見將軍血被面，兵皆露刀嬰壁立。

誰哉南加一男子，見義不爲固所恥。

疾馳白馬又入圍，握手笑曰與君死。

裹瘡復戰氣益振，不說睢陽有張巡。

百八十二人駢屍，生而降者無一人。

二十四郡舉感義，初知人和勝地利。

天塹百里何保障，河北遂歸唐天地。

我今海外經九譯，萬里下馬安敦驛。

爛漫夾竹桃滿地，恍疑當年劍血赤。

君不見張巡許遠南霽雲，貞風于今吹芳芬。

西俗未必忌降服，斷頭將軍所不聞。

寧期阿墨洲盡處，忽見斷頭勇將軍。

意氣豈有東西別，莫怪葡萄酹哭君。

且磨日本所載石，淋漓爲勒旌烈文。

西曆一千九百十四年九月　　日本　志賀重昂譔又建

　　這首詩中引用的典故並非日本的長篠之戰，而是唐代安史之亂時睢陽城的守城之役。在睢陽的守城戰（756 年）中，太守張巡、將軍許遠受安祿山之子安慶緒所率領的大軍包圍，在漫長的抵抗後，張巡、許遠以及突破重圍求援兵後又回到睢陽的南霽雲等皆壯烈成仁，與阿拉莫之役並無二致。太守張巡將軍事指揮權委託給許遠，這一點也和阿拉莫的鮑伊上校因結核病臥病在床後，將全權移交給特拉維斯的史實相同。因此，實際的碑文上列舉了"張巡"、"許遠"、"南霽雲"之名，並在三人的名字旁如同附加注脚一般地刻有阿拉莫的"David Crockett"、"Bowie"、"Bonham"的將兵姓名。另於"安敦驛"的文字旁刻有"San　Antonio"，"勇將軍"旁則刻有"Travis"將軍[圖五]。

　　上述這樣的對比實爲令人十分感興趣的現象。不難想像，志賀在下筆

①《史學雜誌》第 27 編第 4 號（1916 年 4 月）《阿拉莫之戰（與日本的關聯）》。

作詩時,中國古典文學的知識十分自然地浮出他的腦海。這樣的變換是十分自然而精彩的。實際上,採用"漢文(Classical Chinese)"來撰寫紀念碑的行爲本身,便充分説明了前一個時代的日本知識份子知識涵養的依歸。不過,就連和他同時代的知識份子也並非人人皆具備同樣的學養,更遑論一般人了。恐怕也是在這樣的背景下,於岡崎城遺址和阿拉莫石碑同時建立的成對碑文改以日文撰寫①。

　　簡言之,在近代化來臨之前,東亞知識份子的共同書面語言"漢文(Classical Chinese)"在"文明開化"的這個時代開始出現衰退的徵兆,不久,此一傾向逐漸增強,並於二十世紀後半加速度地進行。將漢文衰退的現象放在綿長的東亞文明史中檢視時,我們應如何理解這樣的狀況呢? 於"明治150年"間,在一路邁向近代化未曾停歇的脚步下,受人遺忘的事物是否太多了? 將"文化"視爲"遺產"加以"保存"就足夠了嗎?

　　如果不能隨心所欲地撰寫漢詩文,我們所謂的中國古典研究真的能够繼續發展和進步嗎? 如果真有什麼可以談得上是進步的,我們又應該把什麼樣的成果留給後世,又有多少能在將來被視爲21世紀日本漢學的成果? 這是我在看了立於德州聖安東尼奧阿拉莫要塞的志賀重昂漢文碑時,所觸發的想法②。

　　　　　　　　　　　　(作者單位:北京大學國際漢學家研修基地)

---

①建立於岡崎城遺址的碑文中有以下的文字。"三洲長篠古戰場鳥居強右衛門ノ墓畔ニ二石ヲ獲、一石ヲ米国テクサス州殉難烈士の碑ニ充テ、一ヲ龍城神社ニ奉納ス。鳥居強右衛門ノ忠烈ハ当時我ガ両公ノ嘉メセラレタル所ナレバナリ。大正三年七月　岡崎　志賀重昂誌、水戸　北條時雨書"。撰文及書寫皆與阿拉莫的石碑相同。龍城神社位於岡崎城遺址。

②阿拉莫的詩碑旁有"Japanese Monument"的標示。雖然其意爲"日語紀念碑",但説明文中却記有"the poem in classical Chinese"。

［圖一］《志賀重昂全集》第一卷所收

［圖二］《日本風景論》第一版封面

[圖三]碑石背面

[圖四]碑石正面

[圖五]碑石正面上部

朝鮮——韓國漢籍研究

域外漢籍研究集刊　第十七輯
2018 年　頁 123—148

明代朝鮮冕服研究

——以《國朝五禮儀》爲中心

徐文躍

　　《國朝五禮儀》載録了明朝賜給的兩套冕服，並繪有插圖。其中的兩套冕服，一爲九章服，據永樂元年（1403）欽賜之制繪製，一爲七章服，據景泰元年（1450）欽賜之制繪製。這兩套圖，作爲朝鮮冕服製作的圖樣、藍本，整整影響了朝鮮王朝一朝的冕服制度。

　　《國朝五禮儀》遠承周禮，近襲明制，爲朝鮮王朝的禮儀大典，奠定了朝鮮典制的基礎。朝鮮初年，即著手編定一部禮書。世宗朝，命許稠等人在參酌中國杜佑《通典》，洪武年間《諸司職掌》、《洪武禮制》及其本國的《詳定今古禮》等書，編成《五禮儀》。而後，世宗升遐，未及刊行。及世祖即位，嫌其“條章浩繁，前後乖舛”（姜希孟《國朝五禮儀序》），故命朝臣依《五禮儀》再加編訂，但淹歷三朝，書未克成。後在成宗朝的繼續努力下，最終成書。書成，又以申叔舟爲總裁，詳加考訂，並於成宗六年（成化十一年，1475）刊行，此即《國朝五禮儀》。申叔舟在所上的箋表中表示，此書的意義在於“等威嚴而有序，文物粲然可觀，庶幾行之朝廷、薦諸廟社。治國易如指掌，禮樂明而天地官；化民速於置郵，神人和而上下協”（申叔舟《進國朝五禮儀箋》）。《國朝五禮儀》融入了朝鮮的禮俗，體現了朝鮮的特色。同時，因參考了衆多的中國文獻，對中國的禮制研究亦具重要的參考價值。本文試就《國朝五禮儀序列·祭服圖説》中載録的兩套明代賜給冕服作一簡要論述。

一　實録中兩套冕服之記載

　　朝鮮國王爲郡王爵，本該穿用五章或七章冕服。明朝爲示優待，故令其秩比親王,穿用九章冕服①。而其冕服,初則仰賴明朝賜給,繼而依照圖樣自行製作。

《朝鮮王朝實録》詳細記載了朝鮮數百年的史事,對明朝冕服等冠服賜給的情況更是作了細緻而真實的記録。實録所録明朝禮單有著對明朝賜給冕服各構件的詳細開列,並對各構件的組成、材質、顏色及其配件都有詳細描述。《國朝五禮儀》中所載的兩次賜服,實録中就有著詳細的記載。爲了行文的方便,且將實録中這兩套冕服相關部分摘録如下:

永樂元年(1403)欽賜九章冕服:

　　國王冠服一副:香皂皺紗九旒平天冠一頂,内玄色素紵絲表、大紅素紵絲裏,平天冠板一片,玉桁一根。五色珊瑚玉旒珠並膽珠共一百六十六顆,内紅三十六顆,白三十六顆,蒼三十六顆,黄三十六顆,黑一十八顆,青、白膽珠四顆。金事件一副共八十個件,内金簪一枝,金葵花大小六個,金池大小二個,金釘並螞蝗搭釘五十八個,金條一十三條。大紅熟絲綫絛一副,大紅素綫羅旒珠袋二個。九章絹地紗袞服一套。内深青妝花袞服一件,白素中單一件,深青妝花黻領沿邊全。熏(纁)色妝花前後裳一件。熏色妝花蔽膝一件,上帶玉鉤,五色綫絛全。熏色妝花錦綬一件,熏色妝花佩帶一副,上帶金鉤,玉玎璫全。紅白大帶一條,青熟絲綫組絛全。玉圭一枝,大紅素紵絲夾圭袋全。大紅紵絲舄一雙,上帶素絲綫絛,青熟絲綫結底。②

景泰元年(1450)欽賜七章冕服:

　　王世子冕服一副:八旒香皂皺紗平天冠一頂,玉珩、旒珠、金事件、

──────────

① 《朝鮮太宗實録》卷三"建文四年二月己卯"條載:"帝遣鴻臚寺行人潘文奎來,錫王冕服。結山棚備儺禮,上率群臣迎於郊,至闕受勑書冕服,出服冕服行禮。其勑書曰:勑朝鮮國王李諱:日者陪臣來朝,屢以冕服爲請,事下有司,稽諸古制,以爲四夷之國,雖大曰子。且朝鮮本郡王爵,宜賜以五章或七章服。朕惟《春秋》之義,遠人能自進於中國則中國之。今朝鮮固遠郡也,而能自進於禮義,不得待以子男禮,且其地逖在海外,非恃中國之寵數,則無以令其臣民。兹特命賜以親王九章之服,遣使者往諭朕意。嗚呼! 朕之於王,顯寵表飾,無異吾骨肉,所以示親愛也。王其篤慎忠孝,保乃寵命,世爲東藩,以補華夏,稱朕意焉。"

② 《朝鮮太宗實録》卷六"永樂元年十月辛未"條。

綫條(條)全。七章絹地紗衮服一套計七件條副,深青妝花衮服一件,白素中單一件,纁色妝花前後裳一件。纁色妝花蔽膝一件,玉鈎、綫條全。纁色妝花錦綬一件,纁色妝花佩帶一副,金鈎、玉珩璠全。紅白素大帶一條,青綫組條全。玉圭一枝,袋全。大紅素紵絲舃一雙,襪全。大紅平羅銷金雲龍夾包袱三條。①

實録中的這兩段文字,真實記録了明代賜給冕服的實際情况,爲《國朝五禮儀》中所載兩套冕服的初始記載,且較《國朝五禮儀》中的記載更爲詳細。

二 兩套冕服構件之考察

據《朝鮮王朝實録》可知,一套冕服主要由玉圭、冕冠、衮服、襪舃組成。而其中的冕冠又由玉衡、旒珠、金事件、綫條構成,衮服一套計七件,包括衣、中單、裳、蔽膝、綬、佩、大帶。因時代不同,冕服構件又有所損益,如革帶。明朝曾對冕服進行多次改制,朝鮮冕服既是承繼明朝而來,其冕服構件亦相差無幾,但同時期的中、朝冕服或有差異,此乃冕服傳入朝鮮的時間後於明朝改制所致。

《國朝五禮儀》中國王與王世子兩套冕服,其制大致相同,只有章紋數目與物色多少的差别。王世子與國王相同的,則標"制與九章同"字樣,有差異的則標明差異之所在。

圭②

　　　　圭以青玉爲之,長九寸

世子圭制同朝鮮國王。按洪武與永樂制度,明朝親王冕服用圭長九寸二分五釐,親王世子冕服用圭長九寸,兩套冕服與此稍有差異。明代親王所用的玉圭爲素面圭,《國朝五禮儀》插圖中圭爲素面,則與此相同。魯荒王墓出土實物有兩件,墨色一件長 29.6cm、寬 6cm、厚 1cm,白色一件長

---

①《朝鮮文宗實録》卷一"景泰元年五月庚申"條。
②《大明會典》載洪武二十六年定親王用圭"圭,長九寸二分五釐",永樂三年定親王"玉圭,長九寸二分五釐,以錦約其下,並韜";親王世子用圭"玉圭,長九寸,以錦約其下,並韜"。

25.4cm、寬 6.2cm、厚 1.35cm①。郢靖王玉圭二件，青玉質，一件長 24.2cm、寬 6.45cm、厚 0.9—1cm，一件長 24.15cm、寬 6.3cm、厚 1.35—1.45cm②。梁莊王墓出土實物有三件，青玉質，長在 25.6—25.8cm 之間，兩件寬 6.2cm、厚 0.8—0.9cm，梁莊王手執的一件寬 6.7cm、厚 1.1cm③。益宣王墓出土玉圭青玉質，並存絹套（繅藉），高 16.8cm、寬 6cm④。四墓所出玉圭基本與明制相符，《國朝五禮儀》中記載圭質爲青玉，合制。另據實録，當時與圭一同受賜的還有圭袋一隻，而其材質爲大紅素紵絲。明制規定，圭"以錦約其下，並韜"，其下之錦即繅藉，韜即圭袋。明代帝王陵墓出土實物也發現了圭袋，另有圭函。

　　冕⑤

　　冕冠，又作平天冠。平天冠一名，由其平面狀的冕板（綖）而得名，漢代之前就已可能有此名稱，魏晉南北朝時期主要使用此名。《國朝五禮儀》中所記載的冕，與明代冕冠略有差異，但基本與制相符。

　　據目前考古發掘資料所見，明代帝王陵墓中出土有冕冠及其構件的有七處，分別爲：定陵二頂，一頂已朽，一頂保存較好（圖一），尚可復原⑥；魯

---

① 山東省博物館《發掘明朱檀墓紀實》，載《文物》，1972 年第 5 期。山東博物館、山東省文物考古研究所編《魯荒王墓》，文物出版社，2014 年。

② 湖北省文物考古研究所、荆門市博物館、鍾祥市博物館編著《郢靖王墓》，文物出版社，2016 年。

③ 湖北省文物考古研究所編著《梁莊王墓》，文物出版社，2008 年。

④ 江西省文物工作隊《江西南城明益宣王朱翊鈏夫婦合葬墓》，載《文物》，1982 年第 8 期。江西省博物館、南城縣博物館、新建縣博物館、南昌市博物館編《江西明代藩王墓》，文物出版社，2010 年。

⑤《大明會典》載洪武二十六年定親王"冕，五采玉珠九旒，紅組纓，青纊充耳，金簪導"。永樂三年定親王"冕冠，玄表朱裏，前圓後方。前後各九旒，每旒各五采繅九就，貫五采玉九。赤、白、青、黄、黑、相次。玉衡，金簪，玄紞，垂青纊充耳，用青玉，承以白玉瑱、朱紘纓"；親王世子"冕冠，玄表朱裏，前圓後方。前後各八旒，每旒五采繅八就，各貫三采玉珠八。赤、白、青色相次。玉衡，金簪，玄紞，垂青纊充耳，用青玉，朱紘纓，承以白玉瑱"。

⑥ 中國社會科學院考古研究所、定陵博物館、北京市文物工作隊編《定陵》，文物出版社，1990 年。

荒王墓出土冕冠,此爲明代保存最爲完好的冕冠實物①;郢靖王墓出土冕冠,已殘,僅存金玉飾件②;梁莊王墓出土冕冠,已糟朽,僅剩金玉飾件③;益宣王墓出土冕冠,已殘,僅存金葵花、金池等物④;蜀悼莊世子朱悅燫墓出土冕冠,已殘,僅存冕板、金玉飾件等⑤;羅川王墓出土冕冠,已糟朽,僅存金葵花、金池等物⑥。

圖一　冕冠 定陵出土 取自《定陵出土文物圖典》

1.前圓後方

　　冕版廣八寸,長尺六寸,前圓後方

　　冕版尺寸在明代,並無等級降殺。按洪武與永樂制度,冕版廣一尺二

①山東省博物館《發掘明朱檀墓紀實》,載《文物》,1972 年第 5 期。山東博物館、山東省文物考古研究所編《魯荒王墓》,文物出版社,2014 年。

②湖北省文物考古研究所、荆門市博物館,鍾祥市博物館編著《郢靖王墓》,文物出版社,2016 年。

③湖北省文物考古研究所編著《梁莊王墓》,文物出版社,2008 年。

④江西省文物工作隊《江西南城明益宣王朱翊鈏夫婦合葬墓》,載《文物》,1982 年第 8 期。江西省博物館、南城縣博物館、新建縣博物館、南昌市博物館編《江西明代藩王墓》,文物出版社,2010 年。

⑤中國社會科學院考古研究所、四川省博物館、成都明墓發掘隊《成都鳳凰山明墓》,載《考古》,1978 年第 5 期。

⑥薛堯《江西南城明墓出土文物》,載《考古》,1965 年第 6 期。江西省博物館、南城縣博物館、新建縣博物館、南昌市博物館編《江西明代藩王墓》,文物出版社,2010 年。

寸、長二尺四寸。此與明制有所出入。明制，冕冠綖板爲前圓後方，明早期資料《大明集禮》、《明宮冠服儀仗圖》綖板插圖顯示與之吻合，《三才圖會》插圖也是如此。但萬曆重修版《大明會典》文字雖載有前圓後方的規定，但綖板插圖卻是明顯的矩形。從出土實物來看，定陵出土冕冠之一，根據發掘報告，綖板前端有弧度，但較小，不是很明顯；魯荒王的冕冠，綖板前部微有圓弧之狀；郢靖王、梁莊王的冕冠，除金玉飾件外，已糟朽，不知其狀；益宣王、羅川王、蜀悼莊世子的冕冠，均已糟朽，不知其狀。

2.玄表朱裏

玄覆纁裏，以繒爲之

關於綖板材質，洪武時期不詳，永樂制度則以桐板用綺包裹。據實錄，冕冠以素紵絲爲之，玄色爲表，大紅爲裏。另，關於“朱綠裏”，古時一直有明確的記載，而明代卻未作規定。“朱綠裏”也就是冕冠綖板“裏”（底層）與綖板“周回”（緣）的顏色一樣，都爲紅色。從定陵出土冕冠實物來看，還可以清楚地看到綖板下的紅素緞從下往上包住綖板邊緣的樣子。魯荒王墓出土的冕冠卻未曾表現。又，朝鮮後期孝明世子七章冕服像（圖二），其冕冠對“朱綠裏”也有所表現。

3.前俛後仰

前高八寸五分，後高九寸五分

圖二　孝明世子御真 韓國國立古宮博物館藏

古時，有些服裝以冠爲名，冕服即以冕爲名。冕之稱呼，由該冠形成“俛”的形狀而來。《釋名·釋首飾》卷四說“冕，猶俛也。俛，平直貌也”。《周禮·弁師》賈公彥疏謂：“冕則前低一寸餘，得冕名，冕則俛也，以低爲號也。”《儀禮·士冠禮》賈疏：“名冕者，俛也，低前一寸二分，故得冕稱。”關於冕之前低後高，宋代才有具體規定，《高麗史·輿服志》也載毅宗朝以後冕冠“前高八寸五分，後高九寸五分，前俛後仰”[1]。明代

---

[1]《高麗史·輿服志》載高麗國王的冕冠“版廣八寸，長一尺六寸，前圓後方。前高八寸五分，後高九寸五分，前俛後仰。玄表朱裏，前後邃延”，百官七旒冕、五旒冕“前俛後仰。玄表朱裏，前後邃延”。

冕冠則未見規定,明代出土的冕冠實物也前後等高。此處所記前後尺寸,並與古禮相符,但與明制不同。

4.金飾金簪

　　　以金飾之⋯⋯金簪

　　唐時,冕冠冠武上始加金飾。永樂三年具體定制爲紐與冠武並繫纓處,皆飾以金。據實錄,冕冠金事件全備,且詳細地列舉了其數量、名目,計"金事件一副共八十個件,内金簪一枝,金葵花大小六個,金池大小二個,金釘並螞蝗搭釘五十八個,金條一十三條"。金葵花,即紐與繫纓處之梅花形金飾。兩紐處各飾較大金葵花一,繫纓處各飾較小金葵花二。明代帝王陵墓發掘報告和簡報或稱"花形圓金飾"(定陵)、"梅花金穿"(魯荒王墓)、"金花紐"(郢靖王墓)、"金花鈕"(梁莊王墓)、"梅花穿"(益宣王)。金池,即冠武前後一大一小之方形金飾。明代帝王陵墓發掘報告和簡報或稱"長方形金飾"、"方孔金飾"(定陵)、"金圈"(魯荒王墓)、"金方環"(郢靖王墓、梁莊王墓)。關於金飾的名稱,各報告名無定準,比較雜亂。朝鮮賜服咨文與敕書爲明朝禮部下發,有關金飾的名稱,當以實錄所載爲準。實錄中所述"金釘並螞蝗搭釘五十八個,金條一十三條"所指不詳,不過魯荒王墓報告所稱"金邊",梁莊王墓報告所稱金冠箍、金鉚釘,當在此列。

5.旒珠顏色

　　　九旒。每旒九玉,五采。先朱,次白,次蒼,次黃,次黑,旒長九寸,前後十八旒(朝鮮國王)
　　　八旒。每旒八玉、三采。先朱、次白、次蒼(王世子)

　　冕冠旒珠用五彩玉石源自周制,而各朝冕服雖稱因襲周制而來,但皆有所損益。歷史上,曾採用玉、珊瑚、翡翠、雜珠、白璿珠等作爲旒珠。洪武制度,旒珠用玉,親王旒珠五采,但未詳列色目,至永樂定制,才明載旒珠以"赤、白、青、黃、黑相次"。魯荒王墓所出皮弁旒珠顏色朱、白、青、黃、黑,考古隊員也是照此顏色排列復原了魯荒王冕冠。另據實錄,旒珠數目爲162顆,而魯荒王墓所出冕冠旒珠數目正爲此數。五采玉以一條五彩絲綫貫穿,此五彩絲綫即"繅"。爲防玉珠脫落,每顆玉珠下再以繅打一個結,此結即"就"。爲使就不外露影響美觀,玉珠的穿孔並不在玉珠正中,而是在一側。《國朝五禮儀》所載,國王旒之用色,爲五采,即一道繅上用五種顏色,王世子三采,用三種顏色。實錄則詳細開列了旒珠顏色、數目,皆與明制相符。

6.黈纊充耳

其冕之旁屬玄紞、垂玉瑱以充耳。用紫組二屬之於兩旁,結之領下而垂其餘。又以朱組一條繫之左笄繞頤下,自右而上仰屬於笄,屈繫之,垂其餘爲飾

文中的紫組當即爲纓,朱組當即爲紘,兩者都爲冠帶,起固冠作用。纓與紘本不同時並用,明代才同時施用。纓之用色,起初與綬同色,宋政和三年(1113)後主要用朱紅色,明代亦同,此處與明制不符。兩纓一端各固定於冠武兩側金葵花處,另一端結束於頷下;紘則一端固定於簪子右端,另一端纏繞簪子左端後自然下垂。據實録,大紅熟絲綫條即朱組,四顆青、白膽珠即黈纊充耳。黈纊之制,始見於東漢明帝永平三年(60)冕制,它的出現,或受西域的影響①。充耳的絲帶稱爲"紞",玄紞通過玉衡凹槽内兩側的穿孔懸結,然後下垂充耳。紞的下端懸繫著的丸狀飾物,即"充耳",又叫"瑱"。起初是用黄色絲棉做成的球(黈纊),後用玉珠替代。從兩座明初親王墓葬出土的冕冠及其殘件來看,魯荒王冕與梁莊王冕的充耳都爲青色,但數量上有所差異,前者只有青色玉珠兩顆,後者則爲青白玉珠四顆,與此同。

7.玉衡顔色

玉衡,爲維持冕冠的重要飾件。從明代帝王陵墓出土的冕冠實物來看,玉衡維持冠的方式在於玉衡上穿孔,即通過金絲穿過孔洞與綖板來固定整個冕冠。定陵出土冕冠的玉衡一根兩端穿有二孔,一根穿有四孔(似亦應在兩側),魯荒王冕冠的穿孔在兩側,而梁莊王冕冠的穿孔則在中間。關於玉衡固冠,崔圭順認爲,綖板之下或有一突出物插入玉衡凹槽之中以使冠體固定②。但定陵實物未證實此猜想。《國朝五禮儀》中並未提到玉衡,不過從插圖與實録中可知,所賜冕冠都有玉衡這一配件。從魯荒王和梁莊王的兩頂冕冠來看,玉衡顔色爲青色。

---

① 孫機《步搖 布搖冠 搖葉飾片》,《中國聖火——中國古文物與東西文化交流中的若干問題》,遼寧教育出版社,1996 年,頁 96。
② [韓]崔圭順《中國歷代帝王冕服研究》,東華大學出版社,2007 年,頁 170—171。

文獻中不同制度之冕①

		永樂制度	大明會典	國朝五禮儀	朝鮮世宗	朝鮮孝宗	王世子
平天板	廣 長	1尺2寸 2尺4寸	1尺2寸 2尺4寸	8寸 1尺6寸	8寸 1尺6寸	2尺2寸 2尺4寸	8寸 1尺6寸
	材料	紗	烏紗	繒	紗	紗	繒
	色相	玄赤	玄赤	玄纁	玄玄	玄赤	玄纁
旒數		12旒	12旒	9旒	9旒	9旒	8旒
玉數		5采玉	5采玉	5采玉	5采玉	7采玉	3采玉
	前高 後高			8寸5分 9寸5分			8寸 9寸5分
	材料	皂紗	烏紗	皂毛羅			
形態		前圓後方	前圓後方	前圓後方			
充耳			黈纊充耳 （用黃玉）			黈纊充耳 （用青玉）	
工色		赤、白、蒼、黃、黑		朱、白、蒼、 黃、黑		黃、赤、青、 白、黑、紅、 綠	

①李民周《朝鮮時代王族冠帽研究》,《服飾》17 號,1991 年,頁 183—195。（아민주《朝鮮時代 王族冠帽에 關한 研究》,《服飾》v.17,1991 년 pp.183—195.）

衣①

　　衣，以繪爲之，其色玄。繪五章龍、山、火、華蟲、宗彝於其上（朝鮮
國王）

　　繪三章火、華蟲、宗彝於其上（王世子）

明制，親王及世子衮服用青衣。據實録，衣爲深青，而此處所記爲玄
色，《高麗史·輿服志》載毅宗朝以後君臣衮服亦用玄衣②，《國朝五禮儀》
所載當屬誤記。從其插圖中可見，國王青衣兩肩各繪降龍一條，衣背袖口
處各繪火、華蟲、宗彝三對；衣背領下繪山紋一，五峰聳峙，中間一座山勢稍
陡，兩側兩座山勢漸緩。王世子青衣，肩上各繪一火紋，衣背袖口處各繪火
紋二對，華蟲三對，宗彝三對。兩套冕服上衣章紋布列與永樂三年制度相
符。國王上衣雖爲永樂元年所賜，但與永樂三年制度也相一致。所不同的
是明代章紋爲織成，此爲畫繪。韓國國立中央博物館藏有兩件高宗時期的
青衣（圖三），其上的章紋布列與彰施，與《國朝五禮儀》中的記載相符。插
圖中所繪青衣，衣身較長，相比之下袖子稍短。從朝鮮成宗時期爲紀念王
世子燕山君誕生而作的王室佛畫《釋迦誕生圖》中，可見這種上衣穿用的效
果。因衣身過長，以至遮蓋了下裳上的章紋，所以後來明世宗更定上衣與
裳腰下齊而露裳之六章③。《大明會典》冕服插圖表現的正是這種改制後
的樣式，並爲大韓帝國時期的政典《大韓禮典》所承襲。

---

①《大明會典》載洪武二十六年定親王“青衣，衣五章。織山、龍、華蟲、火、宗彝”。永樂
　三年定親王“青衣五章。龍在肩，山在背，火、華蟲、宗彝在袖，每袖各三，皆織成。本
　色領褾襈裾”；親王世子“青衣，七章。青衣三章。火一在肩，其二與華蟲、宗彝各三，
　在兩袖，皆織成。本色領褾襈裾”。
②《高麗史·輿服志》載王“衮服玄衣五章……”，百官祭服七旒冕“青紘青紞，青瑱青纊，
　犀簪導。玄衣……”，五旒冕“青紘青紞，青瑱青纊，角簪導。玄衣……”。
③朝鮮英祖也曾對青衣進行更定，《朝鮮英祖實録》卷五十七“乾隆八年四月丁酉”條載：
　“命改定冕服之制，百官朝、祭服亦令釐正。……上教曰：冕服之繡裳，隱於玄衣。令
　尚方更其制，殺其長，以表上玄下纁之義”；另見成海應《蘭室譚叢》“百官祭服”條，書
　謂“英宗中，親祭太廟，以百官祭服不中度，命弘文館考大明會典以奏。教曰：冕服之
　繡裳，隱於玄衣。令尚方更其制，殺其長，以表上玄下纁之義。百官祭服衣裳外，冠帶
　笏佩玉後綬蔽膝，並以朝服通用”。

圖三　九章服 韓國國立中央博物館藏

裳①

　　裳，以繒爲之，其色纁。以七幅爲之，殊其前後，前三幅，後四幅。
每幅兩旁各縫一寸，謂之削幅。腰間辟積無數。裳側有純，謂之綼。
裳下有純，謂之緆。綼緆之廣各寸半，表裏合爲三寸。繡四章藻、粉
米、黼、黻於其上

　　據實録，裳的用色爲纁，材質爲妝花，裳分前後，亦即分幅，亦即文中的
前三後四。在製作時，要將裳的邊幅折疊縫製，此即削幅，又有“内削幅”與
“外削幅”之別，也就是縫的邊幅向内還是向外的差別。文中並明確了削幅
的尺寸。因縫製裳時要將七幅布連綴，這樣腰身處也就會顯得肥大，因此
要將布料折疊出若干褶子，方能束緊腰部以合穿用，這些褶子，即爲襞積。
在裳的邊側與底部還要加以裝飾，在裳邊側的緣飾，即綼，在底部的即緆。
文中明確地記載了這些緣飾的尺寸。在前裳外一幅處，各施藻、粉米、黼、
黻四章，有關四章的彰施，明制用織，此用繡。此外，關於裳，還有一點應當
加以注意。從《國朝五禮儀》插圖中可見，前裳中幅的腰身處有一呈方孔狀
突出物，其旁並有繫帶一條。朝鮮中後期的一些冕服圖樣中的裳也保留了
這種式樣。此與明早期資料《明宫冠服儀仗圖》中的裳相仿（圖四）。崔圭
順認爲，裳上方孔狀突出物及旁邊的帶子乃是繫於革帶②。不過在賜予兩

────────────

①《大明會典》載洪武二十六年定親王“纁裳……裳四章。織藻、粉米、黼、黻”。永樂三
　年定親王與世子“纁裳四章。織藻、粉米、黼、黻各二。前三幅後四幅，不相屬。共腰
　有襞積，本色綼裼”。
②〔韓〕崔圭順《中國歷代帝王冕服研究》，東華大學出版社，2007年，頁192。

套冕服的這一時段內,使用這種式樣的裳時,冕服並不用革帶。所以崔氏之説,值得商榷。至於裳上方孔形的突出物及旁邊繫帶究竟作何用,因史料缺載,尚不得其詳。不過或許可以稍作推測,裳上繫帶乃是用以圍繞腰身後再穿過方孔狀突出物來達到裳本身固定的目的。

圖四　裳 取自《明宮冠服儀仗圖》

大帶①

　　大帶,以緋白繒合而縫之

據實録,紅白大帶,組用青熟絲條。《國朝五禮儀》插圖中的大帶,形制與明定陵出土的大帶實物基本相同,只是大帶上的組,定陵是在紳的內側,此則在紳的外側,當屬不同時期的做法。崔圭順認爲,《大明集禮》、《三才圖會》、《大明會典》中的大帶圖樣是繫好後比較理想的狀態,而《國朝五禮儀》與定陵大帶實物則是穿之前展開大帶的本身式樣(圖五)②。有關大帶形狀,本來繫好後大帶往下垂的"紳",明初即已固定化。《國朝五禮儀》大帶組旁的垂帶與定陵大帶實物兩側下垂的帶子,即"紳"的變形。在明代圖像資料中,大帶都是繫結好後所呈現的狀態,像是將兩耳直接釘綴在大帶上,保留打結後形成兩耳的那個外形,結繫則採用扣襻或繫帶等方式。從《國朝五禮儀》中兩條大帶來看,大帶上的耳,先通過自身的結繫成蝴蝶結狀,再通過旁邊的兩條組結繫而成,其效果正好與明代圖像資料對應。

①《大明會典》載洪武二十六年定親王"大帶,表裏白羅,朱緑緣"。永樂三年定親王與世子大帶"素表朱裏。在腰及垂皆有紳,上紳以朱,下紳以緑。紐約用青組"。
②[韓]崔圭順《中國歷代帝王冕服研究》,東華大學出版社,2007年,頁219—220。

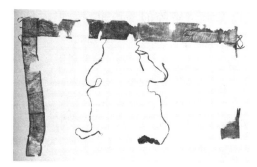

圖五　大帶 定陵出土 取自《定陵出土文物圖典》

中單①

　　中單，以白繒爲之，青領、褾、襈、裾，繪黻十一於領

　　穿在冕服上衣裏面、襯衣之外的那層衣服爲中衣，北齊時始稱“中單”，唐以後一律稱爲“中單”。唐宋時中單領緣爲皂色且加黼紋，明代用青色加黻紋，其黻紋的表現形式爲織造。從插圖中可見，國王中單繪黻一個於領後，各繪黻紋五個於領的左右。朝鮮王世子中單繪黻一個於領後，各繪黻四個於領的左右。據實録，白素中單，深青妝花黻領。與明制有別的是，明代黻紋都用織，此用畫繪。韓國國立中央博物館藏有高宗時期中單實物，領上繪有十一個黻紋，與文獻相符，只是材質爲青紗，中單爲青色，稍有差異。

佩②

　　佩二，上設衡以金鉤，次以重衡，中以琚瑀，下有雙璜、沖牙。在雙璜之間又設雙滴。在沖牙、兩璜之間穿以藥玉珠，其衡、琚、瑀、雙璜、衡牙、滴子並以瑁玉

　　玉佩材料，主要採用白玉，而文中載稱玉珠用藥玉，玉飾用瑁玉。一副

①《大明會典》載洪武二十六年定親王用中單“白紗中單，黻領，青緣”。永樂三年定親王“中單，以素紗爲之。青領褾襈裾，領織黻文十一”；親王世子“中單，以素紗爲之。青領褾襈裾，領織黻文九”。

②《大明會典》載洪武二十六年定親王佩玉，不詳其制。永樂三年定皇太子“玉佩二。各用玉珩一，瑀一，琚一，沖牙一，璜二，瑀下有玉花，花下垂二玉滴。瑑雲龍文，描金。自珩而下繫組五，貫以玉珠，上有金鉤。小綬四采以副之。四采，赤、白、縹、緑，纁質”。親王“如東宮佩制”，世子“如親王佩制”。

完整的佩由十件玉飾及數量不等的玉珠組成。這十件玉飾自上而下依次爲珩一件、瑀一件、琚二件、花一件、璜二件、滴子二件、沖牙一件。據實錄，《國朝五禮儀》佩上的金鈎、玉玎璫（玉珩璠）全備。從實物的出土情況來看，佩上的玉珠數量不等，萬曆帝的白玉質二副 4 掛佩上所用玉珠各爲 180 顆和 138 顆。梁莊王青白玉質佩一副 2 掛 844 件，其中玉珠共 412 顆。益宣王佩一副，滴子 8 件，其中玉珠共 600 餘顆（圖六）。玉佩上玉飾件及玉珠的穿繫方法，定陵所出係用合股黄色絲綫兩股，採用雙回綫穿繫，即從上排的玉飾孔中穿玉珠至下排的玉飾孔内，然後又折回到上排玉飾孔内，並將綫頭再次折穿入玉珠内。

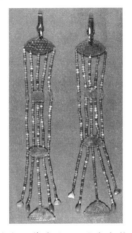

圖六　佩玉 益宣王墓出土 江西省文物考古研究所藏

明制，親王玉佩刻雲龍紋並描金。據梁莊王墓出土實物，珩、瑀、花、沖牙的正面各陰刻五爪單龍紋，並描金，沖牙反面還陰刻並列的雙層如意雲紋，並描金；兩琚、兩璜正面各陰刻雙層如意雲紋；兩滴子爲橄欖形，素面。朝鮮王世子玉佩，與國王玉佩，其上俱無雲龍紋，雖說國王冕服受賜時在永樂元年，永樂三年定制在後，但其時受賜冕服中已無革帶，可知定制前後應該無別，玉佩上無雲龍紋不知是當初插圖描繪粗率所致，還是賜給原件本無雲龍紋。韓國現存高宗玉佩上，也没有描繪雲龍紋。

實錄中所稱的“佩帶”，即小綬。明制，小綬四采以副玉佩，纁質。據實錄，小綬色爲纁色，與明制相符。另，洪武年間曾規定皇帝玉佩長三尺三寸，未見皇太子、親王玉佩長度的規定，這裏也没有相關記載。關於佩的繫掛,因當時冕服制度不用革帶,所以佩、綬都繫掛在裳腰之際。至於佩之具體繫掛,不詳。不過,通過文獻記載、墓葬出土情況與現存實物或可作一番猜想。《高麗史·輿服志》載高麗君臣革帶、玉佩都是掛在玄衣上①。南昌明寧靖王夫人吳氏墓所出的素緞大衫,其後背兩側均掛有一組玉佩。韓國國立中央博物館藏的一件高宗青衣實物,可見後背衣領處、腰間共有四枚扣襻,或許可以推測,玉佩就是通過其上的掛鈎繫掛於青衣兩側的扣襻上的②。

綬③

綬,以紅花錦爲之,施以雙金環

綬的材質,明代用織成。文中所載與實錄同,綬爲錦質。永樂制度,九章服、七章服大綬上的綬環爲玉質,而《國朝五禮儀》中兩個大綬的綬環却都是金質,與制不符。與大綬相配的爲小綬,即垂在大綬上面的三組帶子。這三組帶子其實是六根,兩根一組,把六根做成三組,文獻中稱爲"小綬"。這在《國朝五禮儀》插圖中亦有表現。另,王世子綬插圖上並未畫出金環,不知何故。據《大明集禮》,明初綬制,不同等級有不同的密度差異:皇帝五百首,皇太子、諸王三百二十首,此當爲漢綬遺制。"首"爲編織物的經綫。關於"首"的具體資料,《朝鮮英祖實錄》亦有著相關記載,謂"(綬)此後則依教命織造,例自尚方造成,而色則參酌《五禮儀》,赤、青、玄、紫、綠去紋,而下段三百二十之制,亦依古禮爲之可也"④。此中所記,與《大明集禮》中親王首制相符。明代皇帝綬制中沒有提到絲網,但明代圖像資料及賜給朝鮮冕服中的綬都有絲網,現存實物中也有見,而定陵所出萬曆帝的大綬絲網則是直接以織成的方式來表現(圖七)。所以

①《高麗史·輿服志》載"(王)袞服玄衣五章。……革帶,白玉雙佩,朱組綬,絲網玉環,繫衣上","(百官祭服)革帶、玉佩,繫玄衣上"。

②朝鮮末年沈東臣墓所出土的朝服,其後綬大帶合於一處,後綬上有三枚扣襻,據此推斷韓國現存青衣上腰間的三枚扣襻當是結系冕服後綬所用。

③《大明會典》載洪武二十六年定親王用綬"綬,五采、赤、白、玄、縹、綠,織成。純赤質,三百二十首。小綬三,色同大綬。間織三玉環"。永樂三年定親王與世子"大綬,四采、赤、白、縹、綠。小綬三采,間施二玉環。龍文皆織成,纁質"。

④《朝鮮英祖實錄》卷六十五"乾隆十二年二月己巳"條。

崔圭順認爲在綬制織物代替編織物後，是由絲網的形式，保留了原來的織制法，絲網是古代使用的綬的編織法的遺制①。明代圖像資料中所見的綬，其腰身處都有繫帶，而《國朝五禮儀》插圖中未見畫出，不知是賜給時如此還是描繪粗率所致。

圖七　綬 定陵出土 取自《定陵出土文物圖典》

方心曲領

　　　　方心曲領，以白羅爲之，旁有兩纓，左綠右紅

　　朝鮮受賜冕服中包括方心曲領，除《國朝五禮儀》載録外，《燃藜室記述》亦載建文三年（1401）所賜冕服中包括此物②，《增補文獻備考》襲用此説③。方心曲領用於明代冕服，典制中未見提及。據實録，兩次賜服中並無方心曲領。《朝鮮世宗實録·五禮儀》中雖有世子與文武官方心曲領，但國王冕服中也不曾見有文字記載與插圖。《國朝五禮儀》中的兩套冕服中

---

① ［韓］崔圭順《中國歷代帝王冕服研究》，東華大學出版社，2007 年，頁 253。

② 李肯翊《燃藜室記述》別集卷十三政教典故“冠服”條載：“太宗二年，建文皇帝賜九章冕服。曰玉圭，曰玄冕，曰繪衣，五章，龍、山、火、華蟲、宗彝，曰纁繪裳，曰大帶，曰白繪中單衣，曰雙佩，曰紅綬，曰白羅方心曲領，曰纁繪蔽膝，曰緋襪，曰緋舄。”

③ 《增補文獻備考》卷七十九禮考 章服載：“太宗二年，建文皇帝賜九章冕服。曰玉圭，曰玄冕，曰繪衣，五章，龍、山、火、華蟲、宗彝，曰纁繪裳，曰大帶，曰白繪中單衣，曰雙佩，曰紅綬，曰白羅方心曲領，曰纁繪蔽膝，曰緋襪，曰緋舄。”

都載有方心曲領並繪製了插圖。

　　方心曲領爲祭服上的重要配件。朝鮮冕服，最早使用於朝鮮太祖三年（明洪武二十七年，1394），其服用場合爲“奉祀朝覲”。祭祀，無疑是冕服的重要服用場合。嘉靖八年（1527），明世宗欲更定冕制，下内閣諸臣討論，大學士楊一清、桂萼、翟鑾等奏稱“衮冕之服，天子所以祀天享祖、承上下神祇，與他服不同，誠至重焉者也”①；《朝鮮中宗實録》中也有“冕服，祭服也”、“且雖冕服，而方心曲領，乃祭時所用也”等記載②，中宗就曾穿著冕服配方心曲領行望廟禮。在朝鮮中後期國王殞襲所用的冕服中也包括方心曲領這一飾件。從朝鮮後期孝明世子七章冕服像與純宗冕服照中（圖八），我們仍可以看到冕服上方心曲領的蹤影。

圖八　純宗冕服照 韓國國立古宫博物館藏

①《明世宗實録》卷一百一“嘉靖八年五月庚子”條。《禮部志稿》卷六十三冕服備考“衮冕祭服”亦載：“嘉靖六年四月，内大學士楊題爲祭服事。題稱奉敕内閣：朕惟齋明盛服以供祭祀，國之重典，而祭服乃章之重焉。今衮冕之服，祭服也，被之以祀天享祖，其所關豈小小哉？”

②《朝鮮中宗實録》卷七十三“嘉靖十一年十月甲申”條載：“且雖冕服，而方心曲領，乃祭時所用也。故今次下來時，不用之矣。然此望廟禮，雖不如祭，亦所以接神也。可以用方心曲領乎否，速問於禮官以啟。政院以禮曹意啟曰：此亦大祀，一例用方心曲領似當。傳曰：依啟。”

方心曲領的式樣,《朝鮮世宗實録·五禮儀》中所載録王世子祭服的方心曲領就是用襻扣結系並後附垂帶的式樣。《國朝五禮儀》中兩套冕服的方心曲領也是用襻扣的形式,但左右兩邊有紅、緑二色下垂的飾物,文中稱爲"緌"。明代方心曲領的圖像多與《三才圖會》中的相同,不用襻扣,只用繫帶結系,而此書不少插圖出自《大明集禮》。《大明集禮》爲洪武二年(1369)編纂,制度多與之後的不同,明代服制定型時期祭服的方心曲領亦用襻扣,但後期則將垂在項後的垂帶改造成了紅、緑兩色的"緌"。

冕服用方心曲領,雖然明代典制未載,但張孚敬《諭對録》對明代冕服於郊祀之時配用方心曲領却有反映。其書卷十二問革帶服制義及問疾,張孚敬在回奏明世宗問及方心曲領的奏疏中提及"夫方心曲領若有名義,史志焉有不傳,且今以白羅寸許爲圜領加於祭服之上,與曲領之制既已不同,又以紅、緑帶各寸許長二三尺後交結垂於背後,不知何謂。兹奉聖諭,臣因取禮部題稿看詳,其采司馬光説既未及詳,且謂以其義取規矩,可備齋明,則天子郊祀尤不可廢。以其制出俗傳,有妨法服,則臣下之祭服不宜獨用,詞若兩可,義未取裁。聖諭謂若以爲取規矩之義,以事大祀則不可缺。若謂非古制,便可弗用"①。據此,可知明代祭服上所用方心曲領"以紅、緑帶各寸許長二三尺後交結垂於背後",這正與《國朝五禮儀》方心曲領"旁有兩緌,左緑右紅"的記載契合。不僅如此,察奏對所説,天子郊祀時也用方心曲領,而據明代典制,天子郊祀正是冕服穿著的場合,正可證明《國朝五禮儀》所載冕服中含有方心曲領一事乃是當時實情。當然,張孚敬在奏對中認爲明代群臣祭服、天子冕服所用方心曲領"非古制則俗傳","在禮誠所宜釐正"。嘉靖年間群臣祭服方心曲領的革除,《大明會典》、《明史·輿服志》諸書都有記載,故而爲人所知。而天子冕服於郊祀之時曾用方心曲領這一事實,却因諸書未載以致湮没無聞。國内文獻之外,朝鮮文獻也不無只鱗片爪以考見當時冕服穿用的實情。朝鮮《承政院日記》載:"上曰:衣服之制,未可知也。方心曲領,常時則無之,祭時有之,且不著靴,此亦有義意歟? 在魯曰:從便故不著靴矣。上曰:《五禮儀》亦無用於祀之文,而惟祭時用之,兵判知此義耶? 洪啟禧對曰:臣曾未講究矣。鳳漢曰:既無用於祀之

①[明]張孚敬《諭對録》,萬曆三十七年刊本,日本内閣文庫藏,頁18a—20b。

文,則徧用無妨矣。上曰:兵判何獨於此未及知耶? 仍命史官出去分付儒臣,考出杜氏《通典》方心曲領所用之本,而又教曰:儒臣持杜氏《通典》入侍。"①據此,亦可知朝鮮國王冕服祭祀之時則有方心曲領,祭祀之外則無此物,這也正與嘉靖改制之前的制度無悖。

《國朝五禮儀》中兩套冕服所配的方心曲領,據實錄與《五禮儀》記載,起初並無方心曲領這一構件②。方心曲領,在朝鮮的冕服制度中,當經歷了一個從冕服臨時構件到固定構件的過程,以至追補到明代賜給的冕服當中,並載入《國朝五禮儀》。

蔽膝③

　　　蔽膝,以繒爲之,其色纁。上有紕,下有純,去上五寸繡以藻、粉米、黼、黻

蔽膝的製作材料,早期用皮,唐代用繒,宋以後用羅,元制用絹。江蘇曹氏墓出土的蔽膝用羅裏絹表④,定陵出土蔽膝爲羅。蔽膝顏色,洪武十六年定爲黃色,洪武二十六年定爲纁。據實錄,《國朝五禮儀》中的兩件蔽膝爲"纁色妝花",蔽膝上並有玉鉤與五彩緣飾(五色綅條),插圖並對玉鉤作了描畫。蔽膝上所飾緣飾,其上緣稱"領",下緣稱"純",邊緣稱"紕"。在這些緣飾的諸縫中,施以五彩的綅條,這種綅條稱"紃",即實錄中載稱的"五色綅條"。文中還明確地規定了章紋在蔽膝上彰施的位置爲"去上五寸"。其所施章紋同永樂定制,爲四章,有所區別的是,明代蔽膝上章紋用織,而此用繡。

關於蔽膝的佩帶,從《大明集禮》、《明宮冠服儀仗圖》中的插圖看,蔽膝

①《承政院日記》五十八册"乾隆十六年四月辛未"條。

②《朝鮮宣祖實錄》卷一百五十四"萬曆三十年九月戊辰"條載:"諫院啟曰:正言曹倬,引嫌而退。台諫方在時推中,勢難在職,請命遞差。親享聖廟,其禮極嚴。各該有司所當恪謹曲盡,俾無窘迫顛倒之患,而欽賜冕服,初無方心,而尚方不察,不爲預造,及其臨祭,至勤聖教,終致欠闕,苟簡行禮,不職極矣。"

③《大明會典》載洪武二十六年定親王"蔽膝,隨裳色。織火、山二章"。永樂三年定親王與世子"蔽膝,隨裳色,四章,織藻、粉米、黼、黻各二。本色緣,有紃施於縫中。其上玉鉤二"。

④蘇州市文物保管委員會等《蘇州吳張士誠母曹氏墓清理簡報》,載《考古》,1965年第6期。

最上兩端有繫帶或掛孔狀物，《大明會典》載永樂三年定制的冕服蔽膝有掛鈎，按嘉靖改制前，蔽膝應該是用繫帶繫在腰間。定陵出土有兩塊蔽膝（圖九），從實物來看，看不出佩戴的痕迹，不過定陵報告稱蔽膝頂端殘留有釘鈎子的絲綫。

圖九　蔽膝 定陵出土 取自《定陵出土文物圖典》

襪舄①

　　襪，以緋段爲表，緋綃爲裏。舄，以緋段爲表，白繒爲裏

　　襪，或作韤，早期襪子絳色有"赤心奉神"之意，襪子用紅色後被延續，洪武十六年曾一度用黃襪。從《五禮儀》與《明宮冠服儀仗圖》及定陵所出襪子實物中，都可見襪子的上端有兩條繫帶，用以結系襪子。

　　古時的鞋，單底的爲履，複底的爲舄。舄是一種淺幫的鞋子，木質重底，其上有絇、繶、純等裝飾。《周禮·屨人》鄭注云"舄履有絇有繶有純者，飾也"。《禮儀·士冠禮》鄭注謂"絇之言拘也。以爲行戒，狀如刀衣，鼻在屨頭"。絇者，鞋頭如鼻翹起者，即位於舄首正中的飾物，以絲織物糾合而成，其形狀如刀衣，兩側各留一孔以承綦。繶，是嵌於鞋幫和鞋底之間的細圓滾條。純是嵌滾在鞋幫上口的緣口。綦，也就是鞋帶，通常爲兩條，縫綴

---

①《大明會典》載洪武二十六年定親王"白襪，朱履"。永樂三年定親王與世子"襪舄，皆赤色。舄用黑絇純，黑飾舄首"。

於鞋幫後部,使用時由後向前繞,穿過絇鼻,收緊後加以系結,以防鞋履脱落。關於絇、繶、純、綦的製作,史載“用皂絲絛一條,約長一尺三四許,折中交屈之,以其屈處綴履頭近底外取起,出履頭一二分而爲二。複綴其餘絛,於履面上雙交,如舊畫圖,分其兩稍綴履口兩邊緣處,是爲絇。於牙底相接處,用一細絲絛,周圍綴於縫中,是爲繶。又以履口納足處,周圍緣以皂絹,廣一寸,是爲純。又於履尾碼二皂帶以繫之,如世俗鞋帶,是爲綦”①。絇、繶、純,《國朝五禮儀》插圖中都有所表現。此三者,皆用同色。永樂制度,親王冕服襪舄爲赤色,舄上飾物爲黑、舄首爲純黑,《國朝五禮儀》中冕服之舄,據實録,舄的材質爲“大紅紵絲”,舄上帶有素絲綫絛並以青熟絲綫結底,青熟絲綫當即用作絇、繶、純等裝飾。古時的舄無長勒,有長勒的舄,自宋代以後資料中可見。《大明集禮》與《大明會典》中舄都無長勒,明代其他圖像資料中則有長勒。日本京都妙法院藏明代之舄與定陵氈靴都有長勒(圖十),然而朝鮮末期所見的赤舄,却是無長勒的,與《國朝五禮儀》有別。

圖十　赤舄　日本京都妙法院藏

三　結論

依據《國朝五禮儀》,並參照《朝鮮王朝實録》中明朝禮部咨文與敕書,可知朝鮮兩套受賜冕服對明制作了較爲真實的反映。如蔽膝上用鉤、下裳

①［明］高濂著,趙立勛、闞再忠等校注《遵生八箋校注》,人民衛生出版社,1994 年,頁258。

腰身處有方孔狀突出物並旁有繫帶、冕服構件中有方心曲領等。但同時也存在著不少差異,這主要表現在:冠纓不用朱色,而用紫色;佩上無雲龍紋,其上之鉤爲金鉤;綬環不用玉環,而用金環。這些差異表明,朝鮮國王雖然秩比明朝親王,著用九章冕服,但其受賜之冕服並未嚴格依照明制。朝鮮畢竟是明朝的"藩屬",其受賜的冕服或平天冠"有欹側處"①,或"色品不好"②,並沒有明朝國内的精細。其後來受賜冕服的構件也並不全備,部分構件還要往遼東貿易③。

　　朝鮮受賜於明朝的冕服,並非按國王的身型再參照冕服圖樣來量身定制。所以《國朝五禮儀》中明確記載有冕服各構件、受賜於某年並繪有插圖的兩套冕服,雖對考察朝鮮和明代冕服具有重要的價值,但同時,就《國朝五禮儀》中兩套冕服冕冠"前俛後仰"、袞服爲玄色等文字記載來看,其或許參考了《高麗史》等書並致誤,其中所載冕服制度與朝鮮冕服實際有一定的差別。

(作者單位:自由研究者)

---

① 《朝鮮文宗實録》卷一"景泰元年三月丁未"條載:"本國所制之服,大行王命用欽賜之服體製造之。欽賜平天冠,有欹側處,尚衣官欲平正製造,大行王止之,一從欽賜,實欲傳之萬世也。"

② 《朝鮮宣祖實録》卷一百九十六"萬曆三十四年二月壬子"條載:"政院啟曰:臣等伏見自上所御冕服,色品不好。必是中朝所賜之件,自上仍爲進御。臣等固知自上欽帝賜,而崇儉素之盛心也。……皇上所賜,乃儀章也,非必物事也。一受皇賜之後,則依樣更造他件,亦出於預備之意,揆之事理,恐無所妨。惶恐敢禀。傳曰:其冕服,乃天朝所賜,予以爲,吾君之賜,服之無懌。品之高下,何必問焉? 是以不敢改之。冕服則常在尚方矣。昔在壬辰,變出蒼黃,西遷之時,宮中之物悉棄之,惟皇上所此蟒龍衣,手索提出隨駕,謂人曰:死時,必著此衣而死。其賜衣,至今在側,時或披見,不覺涕下。冕服之不改,即此意也。然政院之啟,亦是問於尚方可及改造與否。"

③ 《朝鮮中宗實録》卷一百五"嘉靖二十三年十一月壬戌"條載:"尚衣院提調尹任、鄭世虎啟曰:平天冠、遠游冠所飾真珠、圭玉,院無所儲,不得已今行次貿易也。傳曰:如啟。"《朝鮮英祖實録》卷六十五"乾隆二十三年二月丙寅"條載:"尚方舊有冕服圖,乃皇朝所頒,而冕服組綬佩帶,皆貿之燕,多不中式。"另見《朝鮮英祖實録》卷六十五"乾隆二十三年二月己巳"條、成海應《蘭室譚叢》"冕服圖式"條。

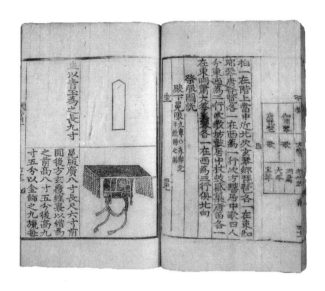

柏一在階上當中近北次玄琴瑟塤箎各一在東伽
耶琴廣武笙箸各一在西篴一行次方響居中歌四人
分東西次三行次敎坊鼓瑟一在東坊歌瑟各一
在東鳴簫大琴琴箏瑟筑各一在西箎三行俱北向

祭服圖說

圭

殿下冕服　冕九章○未詳之制

冕元

以青玉爲之長九寸

冕版廣八寸長尺六寸前
圓後方玄冕纁裏以繒爲
之前高八寸五分後高九
寸五分以金飾之九旒每

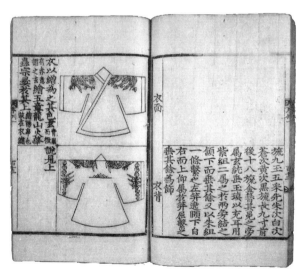

衣以繒爲之其色玄青黃
繪五章龍山火華
說見上
皇宗委裘衣上

旒九玉五采先朱次白次
蒼次黃次黑旒女九寸前
後十八旒金昝以充耳用
紫組二屬之拄兩旁結之
領下而垂其餘又以朱組
一條繫之左尹遶顀下自
右而上卬屬於尹遶繫之
與其餘爲飾

衣面

衣背

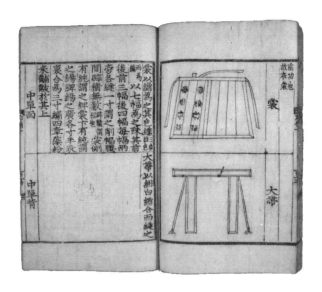

裳以繒為之其色纁三
而為之以七幅燕之珠其前
後前三幅後四幅每幅兩
旁各綴一寸潤之削幅腰
間辟積無數謂裳下有純
之純謂之綼緆純之廣各半寸
裳合為三十綼緆四章藻粉
来黼散花其上

中單面

中單青

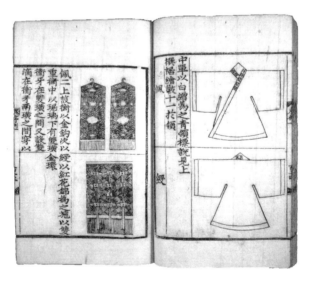

中單以白繒為之青領標說見上
樸悟繪敝十於領

佩

綬

佩二上設衡以金鈎次以綬以紅花錦鈎之施以雙
重襯中以琚瑀下有雙璜金環
衝牙在雙璜之間又設雙
滴在衝牙兩璜之間穿以

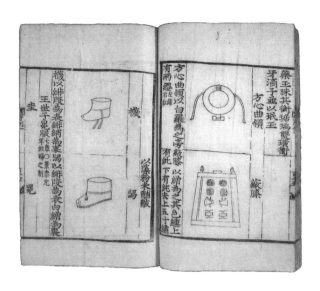

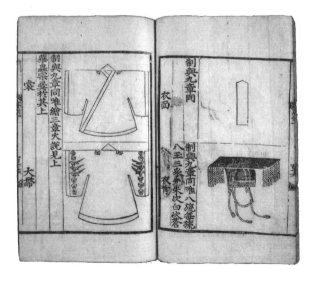

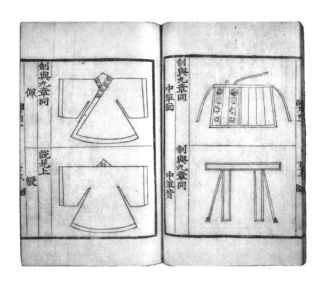

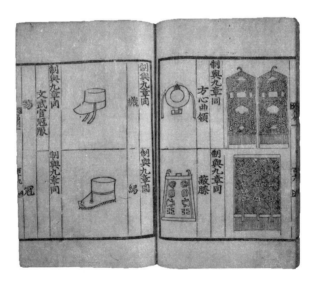

域外漢籍研究集刊　第十七輯
2018 年　頁 149—157

《朝鮮古寫徽州本朱子語類》語焉
不詳之三家門人考述

胡秀娟

　　《朱子語類》是朱熹與其弟子答問語録的彙編，是朱子學研究的重要資料。《朱子語類》最早是由眉州黄士毅草創類分朱子語録而成，後來黎靖德又編纂"四録二類"，咸淳年間總成《朱子語類》（省稱"咸淳刻本"）。現存最早的且保存較完善的《朱子語類》是成化年間由陳煒復刻的本子（省稱"成化本"），它是黎靖德編纂的咸淳刻本的翻刻本。此後又産生了許多成化本的復刻本，如萬曆本、院本、賀本等。可以説當前最受廣泛使用的就是黎靖德編纂的《朱子語類》版本内容。另外又有保存於日本九州大學圖書館的《朝鮮古寫徽州本朱子語類》（省稱"朝鮮本"），它是《徽州刊朱子語類》（省稱"《徽類》"）寳祐二年再校正本的抄寫本。1982 年它在日本影印出版，人們由此得知《徽類》的出版情況與内容。《徽類》成書時間早於咸淳刻本，却又規模相當，内容相似。比較成化本和朝鮮本，人們可以從中發現咸淳刻本系中所没有的朱子語録内容及其他新資料，因此，朝鮮本已經越來越受到研究者的重視。

　　經對比朝鮮本和成化本内容，除了新資料之外，二本異同之處十分值得重視。其中，每一條語録後所標識的朱子門人姓氏亦有諸多不同之處。朱子門人是一個十分龐大的群體，他們爲朱子學産生廣泛影響起了重要作用。但也正由於朱子門人數量的龐大，其中門人名、字、號等多有重合，極易引起誤解。因此，辨明《朱子語類》中語焉不詳的朱子門人姓氏是十分必要的。今本文選朝鮮本中語焉不詳之三家門人"游"、"文卿"、"壽仁"進行考述。

一 游

朝鮮本有"游"記語録三條,其一爲 K138—18①,作:

> 作詩先用看李、杜,如士人治本經。本既立,次第方可看蘇、黄以次諸家詩。游。

其二爲 K140—38,作:

> 嘗見徐侍郎敦立書三字帖於主位前云"磨兜堅",竟不曉所謂。後竟得來,乃是古人有銘,如"三緘口"之類。此書於腹曰:"磨兜堅,謹勿言!"畏秦禍也。游。

其三爲 K140—106,作:

> 雪裏芭蕉,他是會畫雪,只是雪中無芭蕉,他自不合畫了芭蕉,人却道他會畫芭蕉。不知他是誤畫了芭蕉。游。

但朝鮮本卷首抄録者姓氏中並未包含"游"。統察朱子門人相關資料,亦均無朱子門人名"游"者之相關記録。然朝鮮本中既出現三處"游"之姓氏記録,蓋非筆誤之故。經對比成化本與朝鮮本可知,成化本中與 K138—18 對應語録爲 C140—72,内容相同,末尾記録者記作"廣",並注"敬仲同"。成化本中與 K140—38 對應的語録爲 C138—70,内容相同,末尾則記爲"敬仲"所録。成化本中與 K140—106 對應語録爲 C138—90,内容相同,末尾無記録者。經此比較,或可推論"游"指代游敬仲。《朱子語類》成化本與朝鮮本中均有"敬仲"所記語録數十條,内容不一,此"敬仲"即爲游敬仲。

雖《朱子文集》中有《答杜叔高游》二書,此"游"實爲"斿"之誤。二書爲朱子答杜叔高問學書信。成化本與朝鮮本中均無"斿"所記語録,亦無問答記録。僅一條 C120—118 爲甘節所記語録,作:先生謂杜叔高曰:"學貴適用。"内容亦爲問學。又據《宋元學案》載:"杜斿,字叔高,金華人。嘗問道

---

①注:爲方便引用成化本與朝鮮本中的朱子語録,筆者對《朱子語類》成化本與朝鮮本分別逐卷逐條編號,成化本簡稱 C,朝鮮本簡稱 K。如 C61—26 即《朱子語類》成化本第61 卷 26 條,K138—18 即《朱子語類》朝鮮本卷 138 第 18 條。全文同此例。

於朱子,與辛幼安諸人游。端平初,以布衣召入秘閣校讎。"①《考亭淵源録》卷二十載:"杜斿字叔高,金華人。"②《儒林宗派》卷十亦以其爲朱子門人,載:"杜斿,叔高,金華。"③綜合以上,杜斿字叔高,金華人,爲朱子門人應無疑。然筆者以爲《朱子語類》朝鮮本中並無其他語録爲"斿"所記,雖有"游"所記 3 條,其中 2 條在成化本中對照却都爲敬仲所記,故推論此"游"應指游敬仲,而非杜斿。另,《朱子語類》中有提及"楊敬仲"數條,内容爲論楊敬仲學説,且據語録内容所言,楊敬仲並非朱子門人,亦非朱子講友,故不可與門人"敬仲"混淆。

據《道南源委》卷四載:"游公敬仲,字連叔,南劍人。"④又卷三"余大雅"條下記:"公與同郡游敬仲同時從朱子游,朱子每告以簡約切實工夫,而要其歸於求放心,有朱子語録一卷。"⑤其餘諸本如《儒林宗派》、《考亭淵源録》等均作:"游敬仲,字連叔。"《宋元學案》載"余先生大雅"、"游先生㣲"合傳:"余大雅,字正叔,順昌人,與劍浦游敬仲同時從朱子游。雲濠案:敬仲名㣲,敬仲其字也。一作名敬仲,字遠叔。"⑥《經義考》中列"延平游㣲敬仲"爲朱子傳《易》弟子⑦。又列"南劍游㣲敬仲"爲朱子授《詩》弟子⑧。因朱子門人多有從學朱子後改名、字者,如周介等,故推論游敬仲,原作游㣲,後改名爲敬仲,字連叔。《宋元學案》謂"遠叔"或爲誤字。

又,上文所提余大雅朱子語録一卷即池録三,乃戊戌(1178)以後所聞;己亥(1179)又謁朱熹於鉛山觀音寺⑨;甲辰(1184)余大雅與陳文蔚至武夷問學,戊申(1188)七月,余大雅與徐子融又問學朱子;己酉(1189)十一月卒。而《朱門弟子師事年考》中以爲游敬仲語録爲辛亥(1191)所聞,似有矛

①黄宗羲著,全祖望補修:《宋元學案》,中華書局,1986 年,頁 2309。

②宋端儀撰,薛應旂重輯:《考亭淵源録》,《續修四庫全書》第 517 册,上海古籍出版社,2002 年,頁 768。

③萬斯同:《儒林宗派》,《四明叢書》第 9 册,新文豐出版公司,1988 年,頁 288。

④朱衡:《道南源委》,中華書局,1985 年,頁 102。

⑤朱衡:《道南源委》,頁 84。

⑥黄宗羲著,全祖望補修:《宋元學案》,頁 2300。

⑦朱彝尊:《點校補正經義考》,臺北"中研院"中國文哲研究所籌備處,1997 年,頁 496。

⑧朱彝尊:《點校補正經義考》,頁 533。

⑨朱傑人等主編:《朱子全書》,上海古籍出版社,2010 年,第 18 册,頁 3600。

盾。再看《朱子語類》成化本中有游敬仲所記語録與朝鮮本對應，如 C105—47 爲游敬仲所録，而 K105—36 内容一致，記爲道夫録。又如 K111—11 爲游敬仲録，C127—66 與 K107—3 則爲道夫録。楊道夫問學時間爲己酉（1189）以後。據此或可推論游敬仲記録朱子語録時間爲己酉（1189），而非辛亥（1191）。

二　文卿

　　朝鮮本中有"文卿"所記語録一條，即 K37—15，作：

　　　　仁者不憂。人之所以有憂，只是處未得。仁者，心即是理。有一事來，便有一理以應之，所以無憂。文卿。

　　然而朝鮮本有且只有一條爲文卿所記，且卷首朱子門人姓氏並無"文卿"之名。"文卿"究竟是何人？成化本中有對應語録，即 C37—20，作：

　　　　蔡行夫問"仁者不憂"一章。曰："知不惑，勇不懼，却易理會。'仁者不憂'，須思量仁者如何會不憂。"蔡云："莫只是無私否？"方子録云："或曰：'仁者無私心，故樂天而不憂。'"曰："固是無私。然所以不憂者，須看得透，方得。"楊至之云："是人欲净盡，自然樂否？"曰："此亦只是貌説。"洪慶問："先生説是如何？"曰："仁者心便是理，看有甚事來，便有道理應他，所以不憂。方子録云：'仁者理即是心，心即是理。有一事來，便有一理以應之，所以無憂。'恪録一作：'仁者心與理一，心純是這道理。看甚麽事來，自有這道理在處置他，自不煩惱。'人所以憂者，只是卒然遇事，未有一個道理應他，便不免有憂。"恪録一作："今人有這事，却無道理，便處置不來，所以憂。"從周録云："人所以有憂者，只是處未得。"恪。

　　對比成化本和朝鮮本此條語録内容可知，朝鮮本中文卿所記與成化本中"從周録云：人所以有憂者，只是處未得"一句相對應。那麽，朝鮮本中所記"文卿"是否即竇從周？

　　"竇從周，字文卿，丹陽人。志尚沖雅，不伍流俗，既厭科舉業，日讀《周易程氏傳》《語孟精義》《程氏遺書》《近思録》，如是者十年。淳熙丙午年（1186）已五十，偕弟澄往見朱子於建陽，及歸，築室專以爲己爲學者，倡士友慕之。"①又，《宋元學案》載："竇從周，字文卿，丹陽人也。生長田里，衣食自給。其爲人醇樸，深居簡出，足不及城市。年過五十，從游默齋學。後聞朱子講席之盛，即裹糧從之。其弟澄，字叔清，負笈以隨。"②《朱子語類》中亦載"丙午四月五日見先生"③。據《朱子語類》中從周與朱子之答問語録與其所記語録看來，竇從周所學範圍頗廣，主要即論《四書》，此外還有論"性理"、"爲學"、"《易》"、"《詩經》"、"《春秋》"、"禮"，以及"論兵"、"論史"、"論本朝時政"等。又，《朱子文集》中有答竇文卿四書，主題爲論"爲學"、"《近思録》"、"奔禮"等。上列 K37－15 文卿所録亦爲討論《論語》内容。聯繫成化本與朝鮮本，推論朝鮮本中"文卿"即竇從周實爲可信。

此外，朝鮮本和成化本又有語録末尾記有"文卿"名，即 C124－48 與 K124－35，二本語録内容相同，作：

> 如象山死，先生率門人往寺中哭之。既罷，良久，曰："可惜死了告子！"此説得之文卿。泳。

朱子門人中有胡泳、湯泳，《朱子語類》中凡爲胡泳所記語録，末尾均記作"胡泳"，故此"泳"應指湯泳。湯泳，字叔永，稱静一先生，丹陽人。其所記語録乙卯(1195)所聞。湯泳與竇從周同爲丹陽人，並均爲朱子門人，"此説得之文卿"，亦屬合理。蓋此條語録非湯泳親見朱子所記，而是轉録自竇從周所聞朱子言。

朱子門人中又有名"江文卿"者，《朱子語類》中亦有其答問語録，如 C8－22 與 K8－20，C120－52 與 K120－52，C120－53 與 K120－53，以上均爲葉賀孫所記，論題均涉及"爲學讀書"，却並未涉及《四書》内容，故上述 K37－15 所記"文卿"爲江文卿可能性不大。又，成化本中又有 C140－55 提及"江文卿"，爲朱子評價"劉叔通、江文卿三人皆能詩"，陳文蔚所記，非江文卿與朱子答問語録。

《道南源委》載："江公文卿，建陽人。"④又據《朱子文集》卷九十三《江

---

①宋端儀撰，薛應旂重輯：《考亭淵源録》，《續修四庫全書》第 517 册，頁 693。

②黄宗羲著，全祖望補修：《宋元學案》，頁 2284。

③朱傑人等主編：《朱子全書》第 18 册，頁 3621。

④朱衡：《道南源委》，頁 102。

君清卿墓誌銘》①内容可知,江嗣,字文卿,爲江明清卿之弟,世家建陽縣北樂里。又卷八十三有《跋李勉仲詩卷》言:"建陽李君從禮,一字勉仲,予兒時嘗與同學舍。然是時從禮既冠,已有俊聲矣。後十餘年,乃與予俱試禮部,從禮不偶而歸,遂放意詩酒間,得疾不起。始,從禮未死時,予居屏山,歲不過一再至建陽,與從禮游不能款。但見其襟懷坦然,意象軒豁,論説縱横,雜以詼笑,傲倪一世,若都無意於事者。及間見得其詩句,乃極清新温密,時出巧思,偉麗可喜,然亦不多見也。晚歲來居考亭,往茶坂,得江文卿而與之游。文卿,從禮子婿也,能誦從禮佳句尤多,皆前所未聞者。且言嘗次其遺稿,得若干篇,後爲親友傳玩而失之,獨留此卷,乃與其先君子唱酬往來者,屬予書其事。因爲略識梗概如此。卷中字孝伯者,即文卿先君子,老而嗜學,喜爲詩,寓詞托諷,多憂國閔時語。愛從禮之才,與爲忘年友云。慶元乙卯三月晦日新安朱熹書。"②建陽江文卿爲李從禮女婿,其父字孝伯。聯繫《江君清卿墓誌銘》内容可知,江文卿之父江琦,字全叔,一字孝伯,因喜好詩文與李勉仲爲忘年交。蓋或因此兩家結爲秦晉之好。而江文卿亦擅詩,其家學淵源頗深,能誦較多勉仲佳句。這與朱子評價"劉叔通、江文卿三人皆能詩"之語相合。

另,朝鮮本中有"李文卿"與朱子問答語録 K54-8,作:

　　淳問:"周公誅管、蔡,自公義言之,其心固正大直截;自私恩言之,其情終有自不滿處。所以孟子謂:'周公之過,不亦宜乎者以此!'"先生曰:"是。但他豈得已爲此哉! 莫到恁地較好。看周公當初做這一事,也大段疏脱,本是怕武庚叛,所以遣管叔、蔡叔、霍叔去監他,爲其至親可恃,不知他反去與那武庚同作一黨。周公當時亦看兄弟不過,又被武庚日夜來搖他,謂:'周公欲篡爲天子;汝是兄,今只恁地!'武庚亦是狡猾,管叔爲他説搖動,性急便發。"李文卿問:"是時可調護莫殺否?"先生曰:"他已叛,只得殺,如何調護得! 蔡叔、霍叔性較慢,罪較輕,所以只囚於郭鄰,降於庶人。想見當時被管叔做出這事來,騷動許多百姓,想見也怕人。'鴟鴞鴟鴞,既取我子,毋毁我室!'當時也是被他害得猛。如《常棣》一詩是後來制禮作樂時作,故其辭獨哀,却不似

---

①朱傑人等主編:《朱子全書》第 25 册,頁 4276—4277。
②朱傑人等主編:《朱子全書》第 24 册,頁 3929。

諸詩恁地和平。"黃問："周公也豈不知管叔恁地狡猾？但當時於義也不得不封他。"先生曰："而今看時，但不是狡猾，只是呆子。"淳。黃義剛同。

對比成化本中語録，亦有對應者 C54—9，内容少異，作：

安卿問："周公誅管、蔡，自公義言之，其心固正大直截；自私恩言之，其情終有自不滿處。所以孟子謂：'周公之過，不亦宜乎！'"曰："是。但他豈得已哉！莫到恁地較好。看周公當初做這一事，也大段疏脱，他也看那兄弟不過。本是怕武庚叛，故遣管、蔡、霍叔去監他，爲其至親可恃，不知他反去與武庚同作一黨。不知如何紂出得個兒子也恁地狡猾！想見他當時日夜去炒那管叔説道：'周公是你弟，今却欲篡爲天子；汝是兄，今却只恁地！'管叔被他炒得心熱，他性又急，所以便發出這件事來。"堯卿問："是時可調護莫殺否？"曰："他已叛，只得殺，如何調護得！蔡叔、霍叔性較慢，罪較輕，所以只囚於郭鄰，降爲庶人。想見當時被管叔做出這事來，騷動許多百姓，想見也怕人。'鴟鴞鴟鴞，既取我子，毋毀我室！'當時也是被他害得猛。如《常棣》一詩是後來制禮作樂時作。這是先被他害，所以當天下平定後，更作此詩，故其辭獨哀切，不似諸詩和平。"義剛曰："周公也豈不知管叔狡獪？但當時於義不得不封他。"曰："看來不是狡獪，只是呆子。"義剛。

朝鮮本語録中所提"李文卿"，成化本作"堯卿"。《朱子語類》中李堯卿與朱子問答語録均與陳淳、黃義剛一時所聞，此條語録亦同。又統察朱子門人姓氏，其實並無名爲"李文卿"者，"李文卿"之"文"字當誤，應爲"李堯卿"。李唐咨，字堯卿，漳州人，陳淳岳父。紹熙二年(1191)、四年(1193)與陳淳同事朱子，慶元五年(1199)又與陳淳同往考亭問學。其所論學主題均屬理學範疇，如格物窮理工夫等。

綜上，朝鮮本中有"文卿"所記語録，並"此説得之文卿"一句，實應指竇從周，並非江文卿或李文卿。

三　壽仁

朝鮮本文本中有"壽仁"所記語録 7 條，分別爲 K20—38，K22—31，K23—124，K27—6，K29—47，K44—115，K45—33；成化本中均有對應語

録,分別爲:C20－41,C22－36,C23－135,C27－3,C27－68,C44－115,
C45－46。除 K23－124 與 C23－135 之外,其餘 6 則成化本對應語録内容
均相同,末尾則記作"拱壽",即朱子門人"董拱壽"。而與 K23－124 對應的
C23－135 末尾記録者爲"方",即朱子門人楊方。朝鮮本另有 1 則語録,即
K36－74 末尾記作從周録,注"壽仁録同"。成化本對應語録爲 C36－80,較
之 K36－74 更爲詳細,末尾記作"佐"録,即朱子門人蕭佐。對比以上所列
朝鮮本與成化本對應語録可知,壽仁或與董拱壽、竇從周、蕭佐、楊方等同
時問學于朱子。此外,又有 K31－24 末尾記作"仁",成化本有 C31－38 對
應,記作"拱壽"所録,此"仁"或爲壽仁,此處暫且不論。據以上所統計,朝
鮮本中有"壽仁"所記語録至少 8 則,雖朝鮮本卷首無"壽仁"之名,然此"壽
仁"必非筆誤,朱子門人中實確有此人。

　　朱子門人中名"壽仁"者,實乃楊長孺。《朱子實紀》、《考亭淵源録》、
《儒林宗派》、《宋元學案》及《宋元學案補遺》,諸本均未記楊長孺曾名壽仁。
然《吉安府志》有載:"(楊文節公萬里)子長孺,一名壽仁。嘗經略東廣,民
有貧不能輸租者,捐俸七萬緡代輸之。帥閩時,强宗累年負租,自即其家縛
至府署,强宗惴恐,盡輸之。真德秀入對,寧宗問當今廉吏,德秀以長孺對。
端平間累召不起,以敷文閣直學士加集英殿修撰致仕。文學政事綽有父
風,卒贈大中大夫,謚文惠。"①楊長孺乃楊萬里之子,諸本或記其字伯子,
如《朱子實紀》②、《考亭淵源録》③,或字子伯、伯大,如《宋元學案》④;然《宋
元學案補遺》又在"誠齋家學"下補"文惠楊東山先生長孺":"梓材謹案:《廣
東黄志》載先生字子伯,別號東山潛夫。然世多稱之爲伯子。子伯恐因伯
子而訛,亦與伯大互異。"⑤《宋元學案》列楊長孺爲"誠齋家學"之下,不以
其爲朱子門人,《宋元學案補遺》卷四九則列其爲門人⑥,其餘諸本門人著

①《吉安府志》,《日本藏中國罕見地方志叢刊》本,書目文獻出版社,1991 年,頁 334。
②戴銑輯:《朱子實紀》,《續修四庫全書》第 550 册,上海古籍出版社,2002 年,頁 448。
③宋端儀撰,薛應旂重輯:《考亭淵源録》,《續修四庫全書》第 517 册,頁 716。
④黄宗羲著,全祖望補修:《宋元學案》,頁 1436。
⑤馮雲濠、王梓材:《宋元學案補遺》,《四明叢書》第五輯,第 44 卷,揚州古籍刻印社,
　1931 年,頁 71。
⑥馮雲濠、王梓材:《宋元學案補遺》,《四明叢書》第五輯,第 49 卷,頁 165。

作中亦以其爲門人。然據《朱子語類》有 C118－88 與 K116－59，均載長孺拜謁朱子之事："紹熙甲寅（1194）四月二十一日，晦庵朱先生奉天子命，就國於潭，道過臨江。長孺自吉州吉水縣山間越境迎見。"①此條長語録中，楊長孺與朱子問答頗詳，觀其禮儀、語氣與問答内容，楊長孺當爲朱子門人無疑。因朱子門人如周介、葉賀孫等人均有改名之事，楊長孺又名"壽仁"一事可解。

　　成化本中語録末尾並無"壽仁"之名，此名均載於朝鮮本中，且朝鮮本卷首②則列"鄱陽語録增九家"，其中列"楊長孺伯子"。朝鮮本中實則並無語録後有長孺或伯子之名，若"壽仁"即楊長孺，則與卷首所列對應。

　　又，據上文所推論，壽仁與董拱壽、竇從周、蕭佐、楊方等同時問學於朱子。董拱壽所記語録出自《饒録》三一，乃甲寅（1194）所聞。蕭佐所記語録出自《饒後録》廿二，亦甲寅所聞。竇從周所録出自《池録》十三，爲丙午（1186）以後所聞。據 C52－71 末尾所注"後蓋卿録、震録記黎季成所問兩條，疑同聞，而有詳略"，與 K73－57 末章節附注"按襲蓋卿録同而略此條，當與竇從周、晏淵一時同聞而録，有先後詳略，故並列不注"可知，襲蓋卿、鍾震、晏淵與竇從周等人曾同時問學於朱子。其中，襲蓋卿所記語録出自《池録》廿九，爲甲寅所聞。鍾震所記語録出自《饒後録》十九，甲寅所聞。而楊長孺所記語録出自《饒録》四四，亦爲甲寅所聞。因楊方語録出自《饒後録》一，乃庚寅（1170）所聞，並記作"間有可疑"，故不參考③。綜合以上，楊長孺與董拱壽、竇從周、蕭佐等人於甲寅（1194）時在朱子門下問學，故與上述推論壽仁即楊長孺相合。

（作者單位：上海師範大學古籍研究所）

---

① 《朝鮮古寫徽州本朱子語類》，日本中文出版社，1982 年，頁 1604。
② 《朝鮮古寫徽州本朱子語類》，頁 11。
③ 據朱傑人等主編《朱子全書》第 24 册《書程子祔說後》："今得楊子直（楊方）所録伊川先生說……紹熙甲寅閏十月七日臨安寓舍謹書"（頁 3924），可推論，楊方或於甲寅間曾拜見朱子。

域外漢籍研究集刊　第十七輯
2018 年　頁 159—174

從崔岦詩看朝鮮王朝對蘇軾、
江西詩派詩風的接受*

張景昆

　　高麗王朝中期以來二百年間,詩壇主流詩風由師法蘇軾而得①。朝鮮王朝世祖朝以來不再滿足蘇詩的"波瀾富而句律疏"②,對學蘇詩而流行的粗豪率易詩風予以反思,漢詩開始呈現出精緻化的趨勢。金宗直(1431—1492)選《青丘風雅》,"稍涉豪放者,棄而不錄"③,有意推崇雅正詩風。此後,漢詩沿兩個方向發展:一方面李胄(?—1504)、姜渾(1464—1519)、金净(1486—1521)等詩人轉向唐詩風,注重意境的提純,至"三唐"詩人④爲盛;另一方面李荇(1478—1534)、朴誾(1479—1504)、鄭士龍(1491—1570)

＊　本文爲國家社會科學基金重大項目《中朝三千年詩歌交流繫年》(14ZDB069)階段研究成果。

① 徐居正(1420—1488)《東人詩話》:"高麗文士專尚東坡,每及第榜出,則人曰:'三十三東坡出矣。'"(蔡美花、趙季主編《韓國詩話全編校注》第一册,人民文學出版社,2012年,頁 185。)高麗崔滋(1188—1260)《補閑集》引李允甫言:"近世尚東坡,蓋愛其氣韻豪邁,意深言富,用事恢博,庶幾效得其體也。"(蔡美花、趙季主編《韓國詩話全編校注》第一册,頁 112。)

② [宋]劉克莊《後村先生大全集》卷九七《後村詩話》,《四部叢刊》本。

③ 成俔(1439—1504)《慵齋叢話》卷十,蔡美花、趙季主編《韓國詩話全編校注》第一册,頁 303。

④ "三唐"詩人指朝鮮王朝三位宗唐詩人崔慶昌(1539—1583)、白光勳(1537—1582)、李達(1539—1618)。

轉學黄庭堅、陳師道,被稱爲"海東江西詩派",從語言的鍛煉方面尋求突破。後一流派反映出古代朝鮮漢詩對中國詩歌的學習和自身的發展,在解決了準確地表情達意和用典等問題之後,打破初期語言結構的平易,使用倒裝、拗體等句法,是朝鮮漢詩藝術技法進步的表現。宣祖朝前期,盧守慎(1515—1590)、黄廷彧(1532—1607)等人延續了這一詩風,達到頂峰的正是崔岦。

　　然而這兩條道路所遭遇的評價却不盡相同,前者以酷似唐音引起廣泛效法,而崔岦的漢詩則被視爲"非正宗",在文學史上的地位遠不及他的文章①。本文將分析個中原因,並由此分析朝鮮王朝漢詩的美學趣味、詩學觀念及其對蘇軾和黄庭堅爲首的江西詩派詩學的接受,就正於方家。

一　崔岦詩藝術特色及其對"黄陳句法"的借鑒

　　崔岦(1539—1612)字立之,號簡易、東皋。本貫開城,著名性理學家李珥(1536—1584)門人。明宗十年(1555)中生員試、進士試,十六年(1561)文科狀元及第。因爲門第寒微,又爲人簡亢,容易招致謗議,所以多爲京外官。後爲盧守慎知遇,聲名大振。歷任成均館典籍、長淵縣監、甕津縣監、成川府使、晉州牧使、長湍府使、安邊府使、杆城郡守、江陵府使等職。官至承文院提調。著有《周易本義口訣附説》《洪範學記》《漢史列傳抄》等,今存詩文集《簡易集》。

　　崔岦詩的藝術特色首先在於詩風矯健,與盧守慎、黄廷彧屬於同一風格類型。其《元正洞帳挽章》"瓌奇疾細妍"表達了他不喜纖細柔美詩風的取向。申欽(1566—1628)評其詩"精切矯健"、"奇健出人"(《晴窗軟談》卷

---

① 崔岦文章師法班固、韓愈,晚好歐陽修,以有法度、善文辭著稱。許穆《簡易堂墓誌》評"其文章閎深簡嚴,古雅可法"(《記言》卷一八)。張維《簡易堂集序》:"議者謂公之文,氣詘於乖崖(金守温——引者注)而法勝之,理遜於佔畢(金宗直——引者注)而辭過之。截長續短,殆可以鼎立。"(《谿谷集》卷六)當時他的文章與車天輅詩、韓濩書法號稱"松都三絶",與李山海、崔慶昌、宋翼弼、李純仁等人並稱"八文章"。南龍翼將他與金宗直、張維並列朝鮮王朝文章三大家(《壺谷詩話·東詩》)。

下）；申緯（1769—1845）評其"險勁矯健"①。如宣祖十年（1577）出使中國途中所作《三月三日登望京樓遼陽城》：

> 城上高樓勢若騫，危梯一踏一驚魂。遙空自盡無山地，淡靄多生有樹村。北極長安知客路，東風上巳憶鄉園。閒愁萬緒那禁得，料理斜陽酒一樽。

寫惆悵的情緒，詩境闊大沉雄。起句高邁而突兀，以樓高如飛的氣勢和驚心動魄的感受乍起。"遙空自盡無山地"的瘦硬生新，對以"淡靄多生有樹村"的舒徐閒雅，一重一輕，張弛有致。結句亦悲壯豪邁。

　　而崔岦比盧守慎、黃廷彧"鑱畫矯健"的程度更深一層。金昌協（1651—1708）《農岩雜識》評崔岦詩："風格豪橫，質致深厚不及蘇齋，而鑱畫矯健過之。其警覺處，聲響鏗然若出金石，要非後來詩人所能及也。"②崔詩"豪橫鑱畫"，不及盧守慎（號蘇齋）"質致深厚"，即南龍翼（1628—1692）所謂："詩亦峭刻，兼以調響。"（《壺谷詩話·東詩》）河謙鎮（1870—1946）《東詩話》卷二也承襲金昌協觀點，以"豪橫鑱畫"③論崔岦詩，謂其峭刻生硬。

　　其次，尚奇是崔岦自覺的詩學追求。在平凡的日常生活中，他對奇人、奇語、奇功、奇詩、奇字等有很強的敏感性，尤其著重刻畫造物之奇。庭試所作《銀臺二十詠》，其中詠四季花、老松、海榴、山榴、浮萍五首都注重在平常景物中挖掘奇特之處。即使晚年詩風轉變，而尚奇的傾向不變，有"平處奇益見，語窮意未送"（《回金秀才和章》）的意味。

　　崔岦的尚奇首先表現爲語奇，即詩歌語言奇峭，充滿張力。如《竹西樓》："滯客愁相守，褰衣直潰圍。樓光龍抱睡，洞翠鶴拏飛。一水橫臨斷，諸峰徒倚非。分留物色少，總爲後荷衣。"原注："本林石川韻，林亦號荷衣。"即林億齡（1496—1568）。此詩起句便突兀不俗，耐人尋繹。淹滯他鄉的羈旅之愁，如重圍包裹，提起衣裳，陡然衝破這層層圍障。有形與無形、

---

① 申緯《東人論詩絕句三十五首》其十四"中宣後進開天是"注，見《警修堂全稿》冊十七《北禪院續稿二》。本文所引朝鮮別集均出自韓國民族文化推進會《（影印標點）韓國文集叢刊》本，爲省文，不另出注。
② 蔡美花、趙季主編《韓國詩話全編校注》第四冊，頁2844。
③ 蔡美花、趙季主編《韓國詩話全編校注》第十一冊，頁9651。

具象與抽象交織在一起,比喻奇特。頸聯描繪竹西樓明潔有光,如龍團抱而睡;對以洞口青翠,群鶴亂飛,深化了詩境。"分留物色少",本化自黄庭堅"尚將物色留分我,遠近青山煙雨中"(《和裴仲謀雨中自石塘歸》),但與下句連在一起,則意爲林億齡詩已恰如其分地形容過眼前佳境,自己能獨立發揮的已經不多,反黄庭堅之意而用之。

其次,境奇。崔岦詩中頻頻出現地靈、地仙、山靈、龍、鯨、仙人等,以神話傳説的意象構築奇幻的詩境。如《白塔次韻》:"仰飲銀潢幾丈蜺,旁流素暈了青齊。"將白塔比喻作虹蜺仰飲銀河之水,而旁流之水淹没了青翠的齊國,意境雄奇。又《洛山寺八月十七朝》:"玉宇迢迢落月東,滄波萬傾忽翻紅。蜿蜿百怪皆銜火,送出金輪黄道中。"以屈曲、銜火的百怪比擬翻湧的波濤,寫出日出的雄奇、動盪。

此外,崔詩具有以意爲主的突出特色。詩中有很多冷静理性且具有批判精神的議論,精要超詣,切中肯綮,可見其思力深刻,詩意深致。這與他師法宋詩的以議論爲詩有關,更重要的取決於崔岦本人的分析性思維特點。崔岦更側重在詩中知性地描述和分析問題,而不是觸物起情,感性地再現外物或表現内心情感。

詩歌既以意爲主,其藝術成就的高低便在於思致的淺深。崔詩意深,首先體現在對人情、物理、事理的深入領會和準確把握。概括物象特徵,如《銀臺二十首》之《銅盥盆》:"非云汝美稱賢心,質取無文量取深。"寫人生感悟,如"人情鍾愛晚生兒"(《夢殤女二首》其二);"平時誰貴出家人,亂世莫如雲水身"(《題贈片雲二首雲乃南陽洪族也》其一)。

崔岦多次出使中國①,他的使行詩和酬贈詩對使臣情緒的提煉概括一語到位,能清晰洗練地道出"人人心中所有,人人筆下所無",往往非常具有代表性、普遍性。如寫對使臣而言出使中國的主要意義,"誦詩聞魯國,觀樂入周京"(《送謝恩兼陳奏使申聖與公》);"肯驚中歲四千里,正試平生《三百詩》"(《送聖節使尹同知敬修》),效仿春秋外交場合賦詩言志,學習大國

①宣祖十年(1577)崔岦以宗系辯誣質正官出使中國,沿途詩作收入《丁丑行録》;十四年(1581)爲宗系辯誣奏請使金繼輝(1526—1582)質正官,有《辛巳行録》,明代陳仁錫(1581—1636)《明文奇賞》卷一九收其上禮部書;二十六年(1593)以謝恩使副使赴明,有《癸巳行録》;二十七年(1594)再次以奏請副使出使中國,有《甲午行録》。

的禮樂文化,用語古雅而恰切。寫使行途中種種不便,“人輕遠客初逢淡,路苦多崎再到迷”(《將向豐潤途中示同行林堂》);“殊言一一憑人舌,苦況紛紛在客眉”(《次韻枕上》)①。寫旅情,“東憶鄉園西念路,此時臨眺總情同”(《望京樓次韻》)。“士羞不識龍灣路,文欲相當鳳詔臣”(《簡遠接一行江上》),則寫出朝鮮文人以出使中國爲榮的普遍心理。

　　並且,他的詩中可見其獨立、辯證的思考,不盲目因循,具有懷疑精神。如“槐院文成賴疾書”(《送册儲奏請使一行四首》其三),是對自己職事的反省和清晰認識。“別語欲悲翻强笑,邊聲多妄豈相驚”(《次韻送成敬甫以節使書狀官先出還》),上句曲寫人情,下句狀飽經世事,無奈與淡定中流露出苦澀的滄桑感。“仁者未必壽,念此獨銜悼”(《遙挽李古阜季獻》),運用翻案法,反用《論語·雍也》“智者樂,仁者壽”,在大膽顛覆儒學經典中表達對逝者的追思。

　　另一方面,崔詩意深還體現在表達的層層轉折,愈轉愈深,甚至晦澀難解。李晬光(1563—1628)《芝峰類説》:“其《三日浦》詩曰:‘三日清游猶不再,十洲佳處始知多。’《海山亭》詩曰:‘四仙未有留名迹,應負憑虛暫往還。’自以爲平生得意句也。然語意似晦,而且未免拘牽,具眼者當知之。”②安軸(1282—1348)《三日浦詩並序》:“昔四仙游此而三日不還,故得是名。”③所以崔岦詩中承襲此意,“三日清游猶不再”,聯想到仙人一去不返可能是遠游他方,所以“十洲佳處始知多”。安軸又記:“水南又有小峰,峰上有石龕,安石彌勒像。峰之北崖石面有丹書六字,‘永郎徒南石行’云。小島古無亭,存撫使朴公構亭於其上。”存撫使朴公所建亭子即爲崔岦第二首詩所詠海山亭。其中“四仙未有留名迹,應負憑虛暫往還”則否定了“永郎徒南石行”六字爲當時四仙真迹④,筆鋒一轉,既然未題字,則四仙辜負此行,詩意經過了兩次轉折。洪萬宗(1643—1725)《詩評補遺》上編也評崔

①權近《送日本釋大有還國》:“情懷每向詩篇寫,言語須憑象譯通。”(《陽村集》卷二)對使行中因語言不通産生的不便也很有概括性,可與崔岦此句對讀。
②李晬光《芝峰類説》卷九《文章部二·詩評》。
③安軸《謹齋集》卷一。
④崔岦《三日浦》其二小注:“浦南厓有丹書‘述郎徒南石行’六字。鄭西川認南石爲四仙之一,恐謬。”

岦《三日浦》"意深而語滯"①。

此外,崔岦意深還與他的用典習慣有關。崔岦繼承黄庭堅評杜詩所稱
"無一字無來歷"②的詩學精神,張維(1587—1638)《簡易堂集序》謂:"其爲
文刻意湛思,一句字皆繩墨古作者,草稿不三四易不出也。"③

他尤其喜歡化用經史典故,以此增加詩歌的氣骨。如《詩經》、《論語》、
《左傳》、《戰國策》與《史記》、《漢書》、新舊《唐書》等正史中的人物典故或事
典。每首詩中往往用一二前人不常用的典故,頓顯詩風的古雅。如"揭妥
前賢森陟降"(《次韻題道峰書院》),"陟降"即升降,出《詩·大雅·文王》:
"文王陟降,在帝左右。"朱熹《詩集傳》:"蓋以文王之神在天,一升一降,無
時不在上帝之左右,是以子孫蒙其福澤,而君有天下也。"

並且,崔岦用典的方式往往是將原句合併精簡。如"藏修後學謹微危"
(《次韻題道峰書院》),"微危"是《尚書·大禹謨》"人心惟危,道心惟微"的
省簡,"人心惟危,道心惟微。惟精惟一,允執厥中"是性理學十六字箴言,
此處指敬義相持的心性修養。

意深與語新是崔詩的一體兩面。崔岦詩的第四點藝術特色便在於詩
歌語言著意出新,力避圓熟。

《光海君日記》和張維《簡易堂集序》都認爲崔岦詩得"黄陳句法",而且
表述相同:"詩亦矯健有致,得黄陳句法。"④"句法"在古代的意義很寬泛,
既指詩的語言風格,又指具體的語法、結構、格律的運用技巧⑤。二人當就
崔詩語言風格的"矯健有致"而言,所謂"橫空盤硬語,妥帖力排奡"⑥,近於
金昌協所謂的"豪橫鐫畫"。而聯繫這兩則詩論下文,從詩學淵源角度看,
"得黄陳句法"這句話所指向的詩學意義能夠更爲豐富。

---

①蔡美花、趙季主編《韓國詩話全編校注》第三册,頁 2419。

②[宋]黄庭堅《答洪駒父書》,《山谷集》卷一九,景印文淵閣四庫全書本,臺灣商務印書
　館,1986 年。

③張維《谿谷集》卷六。

④《光海君日記》卷二五五,四年七月十一日。

⑤周裕鍇《宋代詩學通論》,上海古籍出版社,2007 年,頁 203。

⑥[唐]韓愈著,錢仲聯集釋《韓昌黎詩繫年集釋》(上册),上海古籍出版社,1984 年,頁
　528。

　　首先，崔岦與黃庭堅、陳師道的詩學追求相似，都著意創新，不與人同，追求戛戛獨造之功。清方東樹《昭昧詹言》卷十評黃庭堅："以驚創爲奇，意、格、境、句、選字、隸事、音節，著意與人遠。故不惟凡近淺俗、氣骨輕浮，不涉毫端句下，凡前人勝境，世所程式效慕者，尤不許一毫近似之。"①崔岦曾自言"洗空惡句賦新探"（《次韻藥老料理朴淵一賞，往復之作通十首。余之曾游在十年前，而藥老未游也》其二），"不將凡語和"（《督運檢察使柳西坰先生在彌串寄和道中韻四首今爲謝》其四）也是夫子自道。《光海君日記》卷五五對崔岦也有類似的評價："用意太深，削除華藻，唯陳言之務去。"②張維《簡易堂集序》："意過深而寧晦，毋或淺；語過奇而寧澀，毋或凡。"③與陳師道《後山詩話》"寧拙毋巧，寧朴毋華，寧粗毋弱，寧僻毋俗"④同一旨趣。

　　其次，崔岦師法黃庭堅、陳師道，講究技巧法度，鍛字煉句。之前朝鮮詩壇所模仿的蘇軾詩"波瀾富而句律疏"⑤，"放筆快意，一瀉千里"⑥。新興的宗唐詩風多推崇韋應物、柳宗元，也是因其平近易學。如李植（1584—1647）《學詩準的》："七言歌行最難學，才高學淺者韋、柳、張籍、王建，如權石洲所學，庶可企及，然未易學也。李、杜歌行雄放馳騁，必須健筆博才可以追躡。然初學之士學之，易於韋、柳諸作，以其詞語平近故也。必不得已，姑學李、杜，參以蘇、黃諸作，以爲準的。"⑦其實不止七言歌行，各體的情況也大致相同。朝鮮對中國古典詩歌的接受受到語言不同的限制，面臨的首要問題是"辭達"，其次是風格、意境、氣韻、格調等體貌的追求，在此基礎上才是辭語洗練、生新和詩意深折之類在語言表達技巧方面錦上添花、超越前人的考慮。"海東江西詩派"詩人朴闇、李荇、鄭士龍的師法對象由

---

① ［清］方東樹《昭昧詹言》，人民文學出版社，1961 年，頁 225。

② 《光海君日記》卷二五五，四年七月十一日。

③ 張維《谿谷集》卷六。

④ ［宋］陳師道《後山詩話》，［清］何文煥輯《歷代詩話》（上），中華書局，1981 年，頁 311。

⑤ ［宋］劉克莊《後村先生大全集》卷九七《後村詩話》卷二，《四部叢刊》本。

⑥ ［清］趙翼《甌北詩話》卷五，郭紹虞編選《清詩話續編》（下），上海古籍出版社，1983 年，頁 1201。

⑦ 李植《澤堂先生別集》卷一四。

蘇軾轉至黃陳和杜甫,這是朝鮮王朝漢詩表現技巧進一步發展的需要。盧守慎、黃廷彧也學黃陳,兼學杜,而崔岦在學黃陳的路上走得更徹底,更講究法度與技巧。

　　第三,崔岦還由黃庭堅、陳師道一路向上,直承杜甫。黃陳句法得自杜甫①,崔岦詩中也可見到直接摹擬杜甫句法之處。如《海州道中》:"黃知籬落近,白見障亭多。"明顯承襲杜甫"碧知湖外草,紅見海東雲"(《晴二首》其一)的句式。宋代范晞文《對床夜語》卷三謂"老杜多欲以顏色字置第一字,却引實字來"②,即以顏色字爲詩眼,"不如此,則語既弱,而氣亦餒"。又如《中秋夜陰》:"海瘴剛侵夜,蟲吟劣作秋。"也類於杜甫句法的半闊半細③。崔岦曾自言:"詩堪包攬何須妙,語欲驚人思亦闌。"(《即事次杜遣悶韻》)其詩學精神也承襲杜甫"爲人性僻耽佳句,語不驚人死不休"(《江上值水如海勢聊短述》)。

二　師法對象的多樣化與崔岦後期詩風的轉變

　　崔詩以矯健雄奇、意深語新爲主導風格,不同時期有不同的表現和程度差別,呈現出一定的階段性。後期因爲宗法唐詩、蘇軾,詩風由緊轉松,而格力沉至。

---

①陳師道謂黃庭堅"得法於杜少陵,其學少陵而不爲者也"(《後山集》卷九《答秦覯書》,《四部備要》本)。胡應麟《詩藪》外編卷五:"修水學老杜,得其拗澀,而不得其沉雄。"(上海古籍出版社,1979 年,頁 214)黃庭堅《答王子飛書》談到陳師道:"其作詩淵源,得老杜句法,今之人不能當也。"(《山谷集》卷一九,景印文淵閣四庫全書本,臺灣商務印書館,1986 年。)

②見丁福保輯《歷代詩話續編》(上),中華書局,1983 年,頁 423。

③[明]李夢陽《再與何氏書》:"古人之作,其法雖多端,大抵前疏者後必密,半闊者半必細;一實者必一虛,疊景者意必二。此予之所謂法圓規而方矩者也。"(《空同集》卷六二,景印文淵閣四庫全書本)

　　崔岦前期《焦尾録》、《丁丑行録》①的意深語新主要依靠句法，如倒裝等特殊句式、打破穩順節奏等，著力於表達技巧和法度的外在形式層面。比後期峭刻生硬，更具有"豪横鑱畫"的藝術效果。

　　倒裝，如"事隨顔鬢改"（《送忠清李監司大仲》）、"藉甚當時功在國"（《爲高山君次快勝亭燕集諸公詩韻二首》）、"人子孝於止"（《次韻使相和記夢之作》）等。這三句的原意本來簡單顯豁，類似散文句式，倒裝之後造成詩意的深折，增加了理解的難度，也就能打破凡熟，造成生新的藝術效果。

　　五言詩通常採用二三的句式，七言詩通常採用四三的句式，長久的約定俗成已經使人們自動地按音節誦讀，依句法會意。而崔詩"餘力十三山參差"（《次和士純二思》），第五字"山"本應和後二字連讀，却和第三、四字存在語意上的聯結。由此打破穩順節奏，造成格律的生新、突兀。

　　崔詩還有某一字獨立成義的。有首字可獨立的"一字頭"，如摹擬杜甫的"黄知籬落近，白見障亭多"（《海州道中》）。更多見的是"一字尾"，即律句的最後一字獨立成義。杜甫有"谷口樵歸唱，孤城笛起愁"（《十六夜玩月》），仇兆鰲《杜詩詳注》卷二十特別注明："上四字一讀，下一字另讀。"崔岦的"一水横臨斷，諸峰徙倚非"（《竹西樓》），"一水横臨"、"諸峰徙倚"意思本已具足，而音節稍事停頓之後的"斷"與"非"又有進一步補充説明結果的意味，比之前的詩意更深一層。此外，有的單字加在名詞後，在語法成分上充當後置定語。如"丈室嬰兒門果甘"（《圓通寺次韻前屯城中》）之果甘；"昨夜才收塞雨蒙"（《望京樓次韻》），"塞雨蒙"意指濛濛的邊塞之雨。

　　崔岦在後期仍繼續使用打破穩順節奏這一手法，如"古北平城正月暮"（《永平迭韻》），前四字原屬兩個節奏單位，却因語意而連讀；"非文章尚可"（《送朴秀才汝彬晉章東歸三首》）和"桂醑盞愁蕉葉脆"（《金領府第宴會》），前三字連屬。

　　實際上，從宣祖十四年（1581）崔岦四十二歲時創作的《辛巳行録》開始，"豪横鑱畫"的詩風已經發生了變化，是爲創作後期。

---

① 崔岦《簡易集》中的詩歌部分，往往依照創作地點單獨成卷，並按年代先後順序排列，依次爲《焦尾録》、《丁丑行録》、《辛巳行録》、《分津録》、《晉陽録》、《扈行録》、《亂後録》、《癸巳行録》、《甲午行録》、《公山録》、《松都録》、《驪江録》、《麻浦録》、《西都録》（前、後）、《還京録》、《東郡録》、《還朝録》、《休假録》（一云《稀年録》）。

　　貶謫甕津縣監期間,他生活艱難,對杜甫詩有深切的共鳴,共次韻杜詩二十三首。詩中體現出狂傲自放的精神面貌,自言"不許門通不速客,爲狂爲傲掛渠脣"(《次杜撥悶韻》),"年來古絶又豪放"(《戲贈同行韓正郎景洪二首》其二)。

　　但這樣狂放的狀態没持續多久,很快就有了轉向。"清"字在詩中出現的頻率越來越高,甚至超過"奇"字。"清歡"、"清切"、"清游"、"清虛"、"清快"、"清無寐"、"清曠"、"清悠"、"清嘉"等,有的形容環境,有的形容一己心境。

　　《甲午行録》作於宣祖二十七年(1594),在以後的幾年裏崔岦有各種嘗試,詩風多樣化體現在《甲午行録》、《公山録》、《松都録》、《兩都録》等。既有一貫的勁健,也有反映壬辰倭亂國難家愁的沉痛,還有一反平時滯澀的流暢詩風。宣祖三十一年(1598)所作《公山録》有幾首宗唐詩歌,如《獨樂八詠》富於情韻,而《題石陽正仲燮水墨畫二幅》描摹畫境,與初期題畫詩的宋詩風形成鮮明對照①。也是在這時,崔岦寫下了"分留物色少,總爲後荷衣"(《竹西樓》),向宗唐詩人林億齡致敬。這一時期還出現了爲數不多的以景作結、有意境、有餘味的詩作。如《月松亭》:"十里寒沙月一襟,誰教畫手著松陰。詩仙正自忘歸去,鶴警三更露已深。"(《公山録》)又《送韓石峰還牛山》:"匹馬凌兢雪上行,相隨落月背荒城。猶勝老子送君後,剪盡孤燈窗未明。"(《松都録》)

　　但崔岦對唐詩的模仿只是一時現象,分析性思維方式又使他回復到了"以意爲主"的詩路上。

　　崔岦後期詩風的變化還有另外一條綫索。宣祖二十二年(1589)崔岦在晉州牧使任上,刊印"麗末三隱"之一李崇仁(1347—1392)詩集②。李崇仁詩"清新高古,而乏雄渾"(徐居正《東人詩話》卷上),與崔岦早期詩風不類,但刊刻李集却預示著他詩風的轉向。也是從這一時期的《晉陽録》開始,崔岦詩中的虛詞逐漸增多,語言的張力逐漸減少,詩意逐漸由緊到松,

---

①初期《題石陽正仲燮墨竹八幅》、《題青山白雲圖二首》等,評判畫藝、探究畫家作畫時的思維過程,以意爲主。如"露滴看不見,竹垂覺露壓"(《題石陽正仲燮墨竹八幅·露竹》);"蔥蘢擁岸知林近,縹緲浮村覺水多"(《題青山白雲圖二首》其二)。
②《簡易集》卷三有《新印陶隱詩集跋》。

由密到疏。

　　崔岦年輕時爲貧做官，因身世卑微，而宦途不達；因文成名，但才名與職位不相稱，因此多有憤懣不滿。官場失意和民族、家庭的亂離，每一次挫折遭遇都成爲淬煉，最終放下孤憤和抗爭，與這個世界和解。“豪橫鐫畫”的詩風也變得更加舒徐，但好“奇”、勁健的追求一直未變。宣祖三十一年（1598）所作《西都録》中有集中創作的古體詩，形式的自由也帶來了寬徐鬆裕之氣。這一時期他與僧、道交往較多，多有題僧軸的作品，寄託出世之思。“應而曹溪洗我詩”（《次韻敬熙卷以下三道總攝齋進册紙若干貼回二首》其二），道出接近禪僧對詩歌創作存在的影響。他還以六十幾歲的年紀游妙香山，到老心猶壯，詩也越發清壯。其《惠允卷韻》：“平生喜見名山僧，亂後僧多住五陵①。安得太平身再健，名山隨處共僧登。”這些經歷都對他的詩風轉變有一定影響。

　　崔岦後期這種語言張力由峭刻到疏朗的轉變，還與學習蘇軾詩相表裏。宣祖二十七年（1594）所作《甲午行録》末尾自注：“余非熟東坡詩。甲午如京，爲本國書亡於兵火，僅購看蘇律一本。及後海平公遇蘇州人吳明濟，偶示行録鄙作，則曰：‘大有蘇長公氣格。’余不敢以欣以沮，而可見華人看詩不似我人等閒也。”雖然學習蘇詩不是出自自覺的喜好，但隨著對蘇詩的閱讀，尤其蘇軾疏朗放逸之氣畢竟與他内心節奏趨於舒緩相協調，因此更能冲淡學習黃陳造成的峭刻生硬，以致於吳明濟在他的詩中讀出了蘇詩氣格。

　　之前他曾編有中國詩歌選集《十家近體》，選李白、杜甫、韓愈、柳宗元、孟浩然、韋應物、杜牧、黃庭堅、陳師道、陳與義詩。其《十家近體詩跋》：“十家之外，似可恨少者，李商隱、蘇東坡二家。余亦未嘗不喜，然或不善學焉，則其流得無失之艱與傷於易者乎！”②謂李商隱詩“失之艱”，用典偏僻，詩意艱深難解；而蘇軾詩“傷於易”，粗豪率易，少錘煉，不合於意深語新的詩學追求。後期詩學觀念轉變，氣更寬裕舒徐，才爲接受蘇軾提供了可能。

---

①“五陵”指新羅始祖赫居世陵，在今慶州。《新增東國輿地勝覽》卷二一《慶尚道慶州府》：“赫居世陵，在雲巖寺傍，官禁田柴。世傳王升天七日後，五體散落於地，國人欲合而葬之，因蛇妖各護之，遂號‘五陵’，亦云‘蛇陵’。”
②《簡易集》卷三。

海東江西詩派詩人先學蘇，再學黃陳；崔岦則相反，詩學典範由黃陳上至杜甫，再到蘇軾。蘇軾詩的自由疏放正可以淡化崔岦學習黃庭堅和江西詩派形成的豪橫鑱畫詩風。

　　師法對象方面以蘇濟黃，使崔岦詩從早年的峭刻生硬轉爲晚年“動止自隨”的從容灑脱，從謹守法度達到隨物賦形的自如。後期意深語新的主體風格不再依靠外在句法形式的突兀、生新，詩作情意沉至，格力厚勁，語言通俗、渾融而不墮凡近，正是詩人藝術表現技巧純熟的體現。如《通前數詩絾奉西坰行史》：“題詩春尚早，信使病難將。我自如前滯，公應似舊忙。歸兵迷塞草，亂國少江楊。何處風煙著，相望一斷腸。”語言更平易流暢，而格力深至，這也正是黃庭堅所追求的“句法簡易，而大巧出焉”①（《與王觀復書》）的境界。

　　崔岦轉益多師，終自成一家。洪萬宗《小華詩評》卷下：“許筠以爲簡易詩本無師承，自創爲格，意淵語傑，非切磨聲律、采掇花草者所可企及。”②申緯《東人論詩絶句三十五首》其十四有“中宣後進開天是”，自注：“崔簡易險勁矯健，自辟門户。”

三　朝鮮王朝的正宗詩學觀念與崔岦詩的歷史評價

　　崔岦詩歌的藝術成就不容置疑，但從讀者接受的角度來看，他的作詩方法和藝術風格與當時的主流詩風不同，甚至一直不被朝鮮詩論家認爲是正宗。

　　首先，宣祖初年詩壇已經被新興起的宗唐風氣所籠罩。朴淳（1523—1589）爲當時引領風氣的人物，於宣祖元年（1568）典文衡，提倡摹擬唐詩，以唐詩爲正宗。許筠（1569—1618）《惺叟詩話》：“公（黃廷彧——引者注）少日在玉堂時，李伯生、崔嘉運、河大而輩俱尚唐韻，詠省中小桃篇什甚多。”③黃廷彧、李純仁（1533—1592）、崔慶昌（1539—1583）、河應臨（1536—1567）四人中，李純仁及第最晚，在宣祖五年（1572）。崔慶昌宣祖九年

①［宋］黃庭堅《山谷集》卷十九，景印文淵閣四庫全書本。
②蔡美花、趙季主編《韓國詩話全編校注》第三册，頁 2350。
③許筠《惺叟詩話·黃廷彧詩》，見《惺所覆瓿稿》卷二五《説部四》。

(1576)出爲靈光郡守,從此不在朝廷任職。則材料所言四人詠省中小桃、李純仁等三人宗唐,當在宣祖五年(1572)至九年(1576)之間。崔慶昌後來成爲宗唐詩人的中堅力量,“三唐”詩人之一。綜合起來看,宣祖初年宗唐風氣就已經很興盛了。

而崔岦詩求新求奇、以意爲主、講究句法,是典型的宋詩格調,是在繼承上一階段“海東江西詩派”詩學追求基礎上的深化和最後的輝煌。與講究興象、意境的唐詩風大不相類,自然會受到時人的排斥。朝鮮鄭斗卿(1597—1673)《東溟詩説》:“趙宋諸詩,雖多大家,非詩正宗,不必學也。初學之士,熟習浸淫,則體格漸墮。”①代表當時以宋詩風爲非正宗的風格取向。

其次,即使同爲學宋詩,崔岦在詩歌史上的地位與之前“海東江西詩派”的李荇、朴誾等不能相比,這實際反映了朝鮮王朝對儒家傳統主流詩學思想的堅持,主張道體文用、至法無法,提倡溫厚和平、自然渾成的詩風,持守正宗的詩學觀念。以下分而述之。

首先,朝鮮更爲保守地遵照“詩言志”、“吟詠情性”等儒家傳統主流詩學思想,以及理學道體文用的觀念,在詩法觀方面秉承“道進乎技”的思想,認爲形而上超越形而下,形成對具體技法的輕視。崔岦對杜甫和黃陳句法的執守悖離了這一思想。

其次,朝鮮王朝以溫厚和平的詩風爲正宗。近代詩論家河謙鎮《東詩話》卷一:“詩以溫厚有餘味爲貴,清新俊逸次之,而沉吟之餘,或作詭辭拗字以逞其巧,是亦一體也。”②雖然河謙鎮對雕章琢句以逞技的詩風持包容態度,但也可以看出朝鮮詩壇最推崇的仍爲溫厚有餘味的詩風。洪萬宗《詩評補遺》卷上:“世人看詩,精深奇古則以謂險怪,生弱卑近則以謂佳裕,可笑也。”③金春澤(1670—1717)《論詩文》:“東人之文,大率傷於《四書注疏》。其自以守正者,多支離緩弱;其尚奇者,以支離緩弱之資地,而稍取明人糟粕,以假飾其字句而已。惟簡易尚奇而不假飾,谿谷守正而不緩弱,宜其並時詞壇哉!”④二人雖然爲崔岦鳴不平,但也反映了詩壇大風氣對崔岦

①蔡美花、趙季主編《韓國詩話全編校注》第二冊,頁1407。
②蔡美花、趙季主編《韓國詩話全編校注》第十一冊,頁9614。
③蔡美花、趙季主編《韓國詩話全編校注》第三冊,頁2423。
④金春澤《北軒居士集》卷一六《雜稿》。

的不認同。朝鮮王朝以性理學立國，滲透到文學領域，要求以經傳爲詩文根本，秉承温柔敦厚的詩教，因此要求詩風平正和易。

崔岦追求語言生新奇險，力避圓熟，將黄陳峭刻生硬的詩風推進至"豪横鑱畫"，與儒家傳統美學思想在風格和語言力度方面背道而馳，自然得不到普遍的接受和推崇。尤其前期詩歌將詞語發揮到極致，充滿張力和鋒棱。雖然更具有與衆不同的個性和更高的辨識度，但連崔岦自己也對其評價不高，甚至在《十家近體詩跋》中自言早年"不事詩律"①。

此外，朝鮮王朝重自然渾成，無意爲詩。申欽《晴窗軟談》集中闡述了自然爲文與有意爲文的高下之别："詩必得無聲之聲、無色之色，瀏瀏郎郎，澹澹澄澄，境與神會，神與筆應而發之，然後庶幾不作野狐外道。故歷觀往匠閑居之作勝於應卒，草野之音優於館閣。蓋有意而爲之者，不若得之於自然也。"②洪萬宗《詩評補遺》上編也認爲："凡詩有意而作，不若得之於自然，則可入妙境。"③崔詩有矜心作意的嫌疑，過於講究法度、技巧，尤其句法在早期佔有重要地位，刻意求新求奇，錘煉又未純熟，尚帶有斧鑿痕迹，與自然渾成的正統美學觀念相悖。他出使中國時曾見到王世貞，王世貞評價他的詩文"有意於作"④。洪萬宗《詩評補遺》下編引張維語："東皋詩乃苦境，不必學。"⑤指其苦吟求工，違背了自然渾成的詩學審美理想。

在正統的儒家詩學觀念視域之下，朝鮮王朝揚蘇抑黄，重朴誾、李荇而輕崔岦，就不難理解了。

蘇軾與黄陳雖同爲宋人，蘇軾"衝口出常言，法度去前軌"⑥，在詩中表

---

① 崔岦《十家近體詩跋》："余素不事詩律，晚乃喜古人所爲。"（《簡易集》卷三）

② 蔡美花、趙季主編《韓國詩話全編校注》第二册，頁 1373。

③ 蔡美花、趙季主編《韓國詩話全編校注》第三册，頁 2408。

④ 朴趾源（1737—1805）《熱河日記·避暑録》："（崔岦）袖出所著文請教。弇州曰：'有意於作者，但讀書不多，聞見未廣。可歸讀昌黎文中《獲麟解》五百遍，當識作文蹊徑耳。'"（《燕巖集》卷一四）此事又見於李德懋《清脾録》卷一："及出其所爲文一卷以求教，元美閲一遍曰：'有意於作者之體，但讀書不多，聞見未廣，才力不逮。歸讀《原道》五百遍，宜有益耳。'"

⑤ 蔡美花、趙季主編《韓國詩話全編校注》第三册，頁 2443。

⑥ ［宋］周紫芝《竹坡詩話》引蘇軾語，［清］何文焕輯《歷代詩話》（上），中華書局，1981年，頁 348。

現真實的性情；而黃陳偏重技法，是美學意義上的宋詩風格的典型代表，也招致了更多批評。宋末以來，中國對黃庭堅與江西詩派代表的典型宋詩風格進行反思。劉克莊認爲黃庭堅詩歌"鍛煉精而情性遠"①。張戒認爲黃詩主要以用事、押韻、補綴奇字取勝，則"不知詠物之爲工，言志之爲本，風雅自此掃地矣"②。錢謙益評黃庭堅學杜爲"旁門小徑"③，不足爲正宗。

　　朝鮮雖然有時蘇、黃合稱以代指江西詩派④，但對由學蘇、學黃形成的詩風有不同評價，學蘇詩之"辭達"⑤是適應朝鮮對漢詩實用功能定位的需要，學黃陳形式上求新求奇則不被視爲正宗。

　　朴誾、李荇雖被申緯譽爲"海東江西詩派"⑥，實則其詩歌風貌並不局限於江西詩風，並且因爲合乎溫厚和平、自然渾成的審美理想，仍被朝鮮詩家視爲正宗。朴誾雖開由蘇轉黃的風氣，但題材以寫景體物爲主，並且保留唐詩因物興感的觀照方式。因此金昌協謂其"雖師法黃陳，其神情興象猶唐人也"。正祖李祘認爲他的詩"以唐人之情境，兼宋人之事實"，因此"最得正聲"⑦。李荇雖"入杜出陳"，但不失溫厚和平，所以被許筠推舉

①［宋］劉克莊《後村詩話》，《後村先生大全集》卷九七，《四部叢刊》本。

②［宋］張戒《歲寒堂詩話》卷上，丁福保輯《歷代詩話續編》（上），中華書局，1983 年，頁452。

③清代周亮工《書影》卷二引錢謙益語："魯直之學杜也，不知杜之真脈絡，所謂前輩飛騰，餘波綺麗者，而擬議其橫空排奡，奇句硬語，以爲得杜衣鉢，此所謂旁門小徑也。"（周亮工《書影》，中華書局，1958 年，頁 44。）

④馬金科《朝鮮詩家對江西詩派的接受——以高麗後期至李朝前期朝鮮詩話爲中心》，民族出版社，2006 年，頁 154。

⑤［宋］蘇軾《與謝民師推官書》："孔子曰：'言之不文，行而不遠。'又曰：'辭達而已矣。'夫言止於達意，即疑若不文，是大不然。求物之妙，如繫風捕影，能使是物了然於心者，蓋千萬人而不一遇也，而況能使了然於口與手者乎？是之謂辭達。辭至於能達，則文不可勝用矣。"

⑥申緯《東人論詩絕句三十五首》其十六："學副真才一代論，容齋正覺入禪門。海東亦有江西派，老樹春陰挹翠軒。"（《警修堂全稿》冊十七《北禪院續稿二》）李荇號容齋，朴誾號挹翠軒。自申緯後，"海東江西詩派"的概念爲學界襲用，並增加鄭士龍等人。

⑦李祘《弘齋全書》卷一六五《日得錄五·文學五》。

爲"國朝第一",其《惺叟詩話》:"我朝詩當以李容齋爲第一,沉厚和平,淡雅純熟。"①

　　申欽《晴窗軟談》卷下總結朝鮮王朝中期詩壇風氣,除李荇的和平淡雅、朴淳等宗唐詩風外,"如訥齋朴祥、湖陰鄭士龍、蘇齋盧守慎、芝川黄廷彧、簡易崔岦,以險瑰奇健爲之能,至於得正覺者猶不多"②。朴祥等人因爲學習宋詩,追求"險瑰奇健"的詩風,而被申欽認爲悖離正宗。金昌協《農岩雜識》也發明申欽觀點,認爲"簡易文章名世,人謂詩非本色,而要亦蘇、芝之流"③。即崔岦與盧守慎、黄廷彧同爲宗宋求新求奇,非"正覺"④、非本色,不符合正宗詩學觀念的要求。

　　一言以蔽之,崔岦詩在摹寫人情物理方面取得了一定的藝術成就,但是朝鮮王朝追求正宗的詩學觀念影響到詩論家對崔岦詩的價值判斷。同時也正是因爲深植於儒家傳統主流詩學觀念之中,崔岦後期也自覺或不自覺地回歸蘇軾詩風,以蘇濟黄,峭刻生硬的詩風有所轉變。

　　　　　　　　　　　　　　　　　　(作者單位:山西大學文學院)

---

① 許筠《惺叟詩話·我國詩當以李容齋爲第一》,見《惺所覆瓿稿》卷二五《説部四》。
② 蔡美花、趙季主編《韓國詩話全編校注》第二册,頁1398。
③ 蔡美花、趙季主編《韓國詩話全編校注》第四册,頁2844。
④ 正覺,佛教術語,意指真正覺悟。

域外漢籍研究集刊　第十七輯
2018年　頁175—191

變禮:丁應泰彈劾朝鮮事件與 1609 年
朝鮮對明朝賜祭的因應

解祥偉

　　廟號爲中國帝王獨崇,按照天朝禮治體系①規範中的禮義名分,藩王當世守君臣之義,不得私上,但由於廟號在内政外交中具有重要的表徵作用,這一原則並未被越南、朝鮮等藩屬國切實遵行。朝鮮自新羅至朝鮮王朝,幾乎歷代都有國王僭用,但爲防止中國責罰,往往以各種舉措進行隱瞞。1598 年,壬辰戰争末期,東征贊畫丁應泰得到朝鮮對日本、琉球等國的外交書籍——《海東諸國紀》,從中發現朝鮮私上廟號之事。回國後,將之作爲罪名之一,上書對朝鮮進行彈劾。雖然,神宗爲戰争大局考慮,未予怪罪,亦未責令朝鮮革除廟號,但仍令朝鮮心有餘悸,在廟號問題變得更加謹慎。1609 年,在從未有過意外之變的明使賜祭宣祖國王②正禮中,朝鮮也擔心明使在行禮過程中,通過受祭牌位,查知其私上廟號一事,決定進行變禮應對。

　　這次朝鮮的變禮牽涉到兩個問題,一是變禮直接原因——丁應泰彈劾朝鮮事件對朝鮮的影響;二是變禮的根本原因——朝鮮國王私上廟號。對於前者,目前學界主要關注點在丁應泰彈劾朝鮮事件的起因、事件過程、朝

---

① 天朝禮治體系是指中國封建王朝和周邊某些國家、地區統治精英共同組成的一種國際關係形態,它以禮義、禮儀、禮治主義來規範“天朝”和“藩邦”之間的關係。參見黄枝連《天朝禮治體系研究》(上中下),中國人民大學出版社,1992—1995 年。

② 宣祖國王李昖(1552—1608),朝鮮十四代國君,死後原本廟號“宣宗”,1618 年光海君追改爲“宣祖”。

鮮的應對及事件對中國史籍建構相關史事的影響①,於此事件對朝鮮處理中朝關係的影響有所忽視,而變禮事件是研究這一問題的極好事例。對於後者,中國學界對廟號問題的研究,主要集中於中國帝王,除了于向東對越南國王廟號有過通俗性介紹②,其他藩屬國如朝鮮國君的廟號,相關研究基本付之闕如。韓國學界對朝鮮國王廟號問題研究亦不多。其中,對於宣祖國王廟號,金浩從"宣宗"到"宣祖"的變化探究過其背後所涉的記憶與權力糾葛③;任敏赫雖對 1609 年圍繞宣祖廟號的變禮有所注意,認識到其中所反映的事大與自主的矛盾,但並未展開④。所以,朝鮮國王廟號問題研究存在較大拓展空間。筆者將此問題放在丁應泰彈劾朝鮮事件的大背景下進行細緻梳理,藉以對丁應泰事件的影響做一具體管窺,同時更對中朝關係中的朝鮮國王廟號及相關問題進行探討,以就教於方家。

---

① 李光濤《丁應泰與楊鎬——朝鮮壬辰倭禍論叢之一》,《"中央研究院"歷史語言研究所集刊》第 53 本第一分册,1982 年。孫衛國《丁應泰彈劾事件與明清史籍之建構》,載《南開學報》,2012 年第 3 期。劉寶全《明晚期中國和朝鮮的相互認識——以丁應泰和李廷龜的辯論爲中心》,載《韓國學論文集》十九輯,頁 48—60。黃修志《明清時期朝鮮的"書籍辯誣"與"書籍外交"》第三章《事大與交鄰:丁酉再亂期間中韓圍繞〈海東諸國紀〉展開的書籍外交》,復旦大學博士論文,2013 年,頁 82—106。黃修志《萬曆朝鮮之役後期的中朝黨争與外交》,載復旦大學韓國研究中心編《韓國研究論叢》第 25 輯,社會科學文獻出版社,2013 年,頁 171—183。Cari Ledyard, *"Confucianism and War: The Korean Security Crisis of 1598"*,Journal of Korean Studies,vol6,Washington,1988—89,pp.81—119。解祥偉《壬辰戰争期間朝鮮對明辯誣問題研究》,暨南大學碩士研究生論文,2014 年。

② 于向東《淺談越南封建帝王的年號、尊號、廟號與諡號》,載《東南亞縱橫》,1995 年第 2 期。

③ [韓]金浩《權力與記憶:廟號變更對朝鮮王室成員之意義》,載《인간연구》,2005 年第 8 號。

④ [韓]任敏赫《國王廟號與朝鮮王朝的事大意識》,載《조선시대사학보》,2001 年第 19 期。

一　變禮之根源:朝鮮國王私上廟號考察

　　廟號是中原王朝皇帝死後,在太廟立室奉祀時的稱呼,始自商代,除秦朝短暫廢除外,爲歷代傳承。"祖有功,宗有德"①,因此,一般王朝"始取天下者"稱祖,後繼者稱宗,雖也存在例外,但主要還是"一祖多宗"模式。廟號是極爲重要的文明創制,帝王爲先祖追上廟號,最直接的作用是評價死去皇帝功績同時警戒在位之君。但到東漢時,"子孫以推美爲先",廟號已經開始與"功德"分離,隋唐之後,廟號不再有世系與功績的考量,所有死去皇帝均有廟號,這一作用基本不復存在②。但其他作用仍不容忽視,如確立皇室正統;對內表現帝王"親尊、尊祖"之孝,移孝於忠,以服順、引導臣民"敬宗、收族",進而達致國人"重社稷"的政治效果,即所謂"親親故尊祖,尊祖故敬宗,敬宗故收族,收族故宗廟嚴,宗廟嚴故重社稷"③;對外,廟號作爲帝王獨尊"名器"中的一種,宣威"正名",表徵王朝天下秩序。

　　朝鮮半島很早就開始與中國交往,自東晉後期,逐步與中國建立起典型意義上的朝貢關係,到 5 世紀進一步走向制度化④。至唐時新羅,則開始大規模吸收漢文化,並參仿中國逐步建立起本國各項制度,其中對內政外交均有重要作用的廟號制度亦爲其納用。朝鮮半島最早擁有廟號的國王是新羅第二十九代王金春秋,廟號太宗。其後,開始普遍開來,高麗傳國400 餘年,從開國君主"太祖"王建,到 24 代"元宗"王禃,共有 34 王享有廟號。不過,按照天朝禮治體系要求,廟號爲帝王獨崇,與藩王同級的朝鮮國王本不可私享,一旦被中朝知曉,則不可避免受到詰難,乃至問罪。金春秋

①[三國]王肅《孔子家語》卷四,《四部叢刊初編·子部》,上海書店,1989 年,頁 184。

②柏樺《廟以藏主——皇帝的廟號》,載《紫禁城》,2012 年第 12 期。

③[漢]鄭玄注《禮記正義》卷三十四,龔抗雲、王文錦等整理《十三經注疏》本,北京大學出版社,1999 年,頁 1161。

④[韓]全海宗《韓中朝貢關係概觀》,載氏著《中韓關係史論集》,金善姬譯,中國社會科學出版社,1997 年,頁 141—7。

上廟號曾遭到武后"誚責":"天子稱太宗,爾何僭稱歟。"①因此,金春秋成爲統一新羅時期惟一享有廟號的國王。高麗與元朝確立君臣關係後,在元朝壓力下,主動革除廟號,"高麗時代有廟號,而自臣事元朝之後去之"②,25 代忠烈王之後均未再稱祖稱宗。

　　1392 年,李成桂自立爲王,建立朝鮮王朝,爲獲得明朝對其政權合法性的支持,一意慕華事大。但起初,中朝之間仍摩擦不斷。朱元璋多次利用朝鮮表箋,即對明外交文書中存在輕侮之辭爲由,問其"非禮"之罪③,令朝鮮備受壓力。所以,李成桂在禮義問題上謹小慎微,尤其對"事系名義,中朝重其事,視之不比他目"④的廟號更不敢大意,嚴守等級名分,不敢逾越。他不僅對史官在纂修前朝《高麗史》時,所認爲的高麗"元王以下,事多僭擬",國王不該"稱宗",而應"書王"⑤的意見表示支持,而且在追上其四代祖先尊號時,亦未予稱祖稱宗,只上穆王、翼王、度王、桓王諸號。而到太宗李芳遠時,朝鮮國内政權已經穩固,且明成祖在經歷"靖難之役",成功登基後需要"四夷來朝"的外部支持。兩國關係轉入正常、穩定發展的軌道,朝鮮在禮義自我約束上面臨的壓力逐漸減少。於是,李芳遠先是在 1408 爲李成桂上廟號"太祖";又於 1411 年,爲四世祖改王稱祖,追加爲"穆祖、翼祖、度祖、桓祖";另外還命史官對《高麗史》中廟號改正之處"就加筆削"。廟號制度在朝鮮被再度推行,並爲其後歷朝沿襲,甚至比前朝有過之而無不及。如高麗時期,歷代國王廟號還採用"一祖多宗"模式,到了朝鮮王朝時期,君臣認爲"功必稱祖,所以别非常也"⑥,爲國王所上廟號多稱祖,除了"太祖",還有"世祖"、"宣祖"、"仁祖"、"正祖"、"英祖"等,廟號形變爲"多祖多宗"模式。

---

① 韓國國史編纂委員會編刊《朝鮮成宗實録》卷二〇〇,1955—1963 年,成宗十八年二月庚辰,第 11 册,頁 188。

② 《朝鮮宣祖實録》卷一〇四,宣祖三十一年九月戊申,第 23 册,頁 507。

③ 陳龍、沈載權《朝鮮與明清表箋外交問題研究》,載《中國邊疆史地研究》,2010 年第 1 期。

④ 《朝鮮宣祖實録》卷一〇四,宣祖三十一年九月戊申,第 23 册,頁 507。

⑤ 《朝鮮太宗實録》卷二二,太宗五年十二月丙子,第 2 册,頁 570。

⑥ 《朝鮮高宗實録》卷二六,高宗二十六年十一月己巳,第 2 册,頁 332。

　　朝鮮王朝雖然與新羅、高麗一樣不願放棄廟號制度,但其爲確保在東亞文明共同體中之小中心地位、國家安全、自主空間和政權正統性①,亦同樣不敢公然行用,挑戰中國權威。所以,朝鮮王朝使用廟號的方式仍是一邊私上,一邊採取種種措施對中國予以隱瞞。

　　朝鮮與中國一樣,具有悠久的史書編纂傳統,其廟號在除事大文書的各種史籍中多有痕迹。因此,其最爲擔心中國通過書籍知曉其廟號僭越行爲,"凡書册雖載一國之事,流布後世,或傳聞上國,我祖宗皆稱廟號,是雖因循之事,於予心未安"②。所以,朝鮮的隱瞞之法,一種是對相關書籍記載進行修正,如成宗國王(1469—1494 年在位)認爲《輿地勝覽》一書多有犯諱之處,"欲改之"。但大臣認爲"沿革建置等處,則改之甚易,但諸陵碑銘及篇章,多以宗字叶韻,是則似乎難改,且我國曾撰書籍頗多,何能盡改"③,表示勢難舉行,改修之舉便不了了之。如此,朝鮮更多採用第二種,即阻止中國人獲得朝鮮史籍的方法。

　　明朝使者出使時,經常因朝鮮"紙品極好,必有書册可以珍玩者"④而向其求書。朝鮮對此都特別慎重,屢經討論。最後所贈之書多以象徵兩國友好的《皇華集》,或者以朝鮮紙張翻印的《四書》、《五經》、《左傳》等"唐本"書爲主。而朝鮮史籍除了《東國地志》外,有忌諱之處的《經國大典》、《考事撮要》、《輿地勝覽》等則嚴防明使接觸。這種方法在很長時間内都極爲有效,但壬辰戰爭⑤的爆發,明朝人大量進入朝鮮,使其再難隱瞞。

　　壬辰戰初,朝鮮潰敗之際,遲遲未向明朝請援,原因之一就是擔心明軍

---

①〔韓〕鄭容和《從周邊視角來看朝貢關係——朝鮮王朝對朝貢制度的認識和利用》,載《國際政治研究》,2006 年第 1 期。
②《朝鮮成宗實録》卷二〇〇,成宗十八年二月戊寅,第 11 册,頁 187。
③《朝鮮成宗實録》卷二〇〇,成宗十八年二月辛卯,第 11 册,頁 191。
④《朝鮮仁宗實録》卷二,仁宗元年四月辛酉,第 19 册,頁 237。
⑤壬辰戰爭是 1592—1598 年,發生在朝鮮半島上,中朝聯軍對抗日本侵略的戰爭,因 1592 歲在壬辰,故名。中國一般稱"萬曆朝鮮之役"、"萬曆三大征";朝韓一般稱"壬辰倭亂"、"壬辰衛國戰爭";日本一般稱"文禄慶長之役"。

大量入朝,偵知朝鮮私用廟號事①。隨後,不得不請明軍大舉入援之時,朝鮮又要求各地守令,將書藏好,不讓明人得見,"宜臨機收藏,不使見之",若遇有明將求書,隨行宰臣"當先事周旋,俾不得取去"②。但國事倉促之際,相關規定根本難以執行,官員"不能善處",無法避免"亂後我國書籍,中原人無不見之"③的情況出現。相應地,私上廟號之事也就自然引起明人的注意。

　　東征大將李如松,瀏覽過一些朝鮮書籍後,就曾詢問接伴使李德馨,朝鮮國王何以僭用廟號。李德馨慌亂間"對以臣子尊稱君父爲言云云",含糊其辭而過④。由於時處戰事緊張之際,且"中國之人,稟性忠厚",李如松並未追問。此後,東征贊畫袁黃得到《經國大典》一書。此書序文詳載朝鮮"列聖廟號"。有了李如松的前鑒,朝鮮得知此事後,擔心"其中種種可諱文字"被袁"詳觀","後日難處之事,難保其必無"。國王盛怒之下先追究責任,將負責官員金宇顒、沈信謙"並推考"。隨後提出,倘若袁黃問"廟號乃天子事,非諸侯所敢稱,天朝既賜贈謚,而你國又自上尊號,是何禮義",朝鮮該"何以答之",要求備邊司"此條件對答之意,措辭以啟"⑤,同時對《大典》一書,"通諭八道,使之堅藏,勿爲出示"⑥,杜絕根源。所幸,袁黃與李如松一樣,亦未深究。戰爭後期,另一東征贊畫丁應泰,通過史籍《海東紀略》也注意到了朝鮮廟號僭越的問題。不過,與李如松、袁黃等人不同,"爲人凶恨"⑦的丁應泰不僅直接對朝鮮進行指責,更將其全盤搬出,作爲罪名之一,向朝廷彈劾朝鮮,引發中朝關係上一段影響深遠的糾葛。

---

①[韓]金載炫《與中國時間鬥争、時空的國族化:李朝後期的記時》,載[美]司徒琳主編,趙世玲譯,趙世瑜、杜正貞審校《世界時間與東亞時間中的明清變遷:從明到清時間的重塑》(上卷),三聯書店,2009 年,頁 160。
②《朝鮮宣祖實録》卷三六,宣祖二十六年三月戊午,第 21 册,頁 651。
③《光海君日記》卷六,光海君元年四月癸酉,第 26 册,頁 323。
④《朝鮮宣祖實録》卷一○四,宣祖三十一年九月戊申,第 23 册,頁 507。
⑤《朝鮮宣祖實録》卷三六,宣祖二十六年三月戊午,第 21 册,頁 651。
⑥《朝鮮宣祖實録》卷三六,宣祖二十六年一月己卯,第 21 册,頁 613。
⑦申欽《象村先生文集》卷之五十七,韓國文集編纂委員會《韓國歷代文集叢書》,景仁文化社,1999 年,頁 205。

二　變禮直接原因:丁應泰彈劾朝鮮私上廟號始末

　　丁應泰,湖廣武昌府江夏縣人,兵部主事。1598 年正月,以軍門贊畫身份到朝鮮。5 月返回後,因爲朝内黨争、主和與封貢派矛盾、南兵與北兵嫌隙等原因①,彈劾經理朝鮮事務官楊鎬。其彈劾中有兩點牽涉到朝鮮切實利益:第一,丁指責楊鎬“勸朝鮮築城”,“他日倚此而爲叛”;第二,丁認爲以楊鎬爲首的東征將領不用命,導致戰局拖沓,實際上“倭賊不甚難”,朝鮮戰場可以撤兵減糧②。第一點雖是指責楊鎬,但說他與朝鮮勾結,將來背叛,是對朝鮮“事大”的侮辱;而第二點將嚴重影響明軍援朝戰事。因此,朝鮮兩次上書爲楊鎬辯解求情,結果不僅未起作用,“楊鎬實際上因明朝官場内部的黨派鬥争而遭參劾,但由於朝鮮對這件事的參與,他受到了丁應泰的猛烈攻擊”③。

　　1598 年 9 月,丁應泰再度入朝,此次,他將朝鮮作爲彈劾對象,積極收集證據,偶然得到《海東紀略》一書。此書又名《海東諸國紀》,是 1443 年出使日本的申叔舟,應國王之命所作,1471 年成書。内容包括《日本國紀》、《琉球國紀》、《朝聘應接紀》、《畠山殿副官人良心曹饋餉日呈書契》、《琉球國》、《語音翻譯》等篇章。由於“此書突出體現了朝鮮在以明朝爲中心的‘大中華’朝貢體系中又建立了以自己爲中心、以周邊的日本、琉球、女真等爲四夷的‘小中華’體系,由此流露出朝鮮前期對自身地位和身份的樂觀與自信”④。所以,丁應泰順利從中找到朝鮮“交通倭賊”、“輕藐中國”、“朋欺天子”等罪名。其中,“輕藐中國”之罪包括朝鮮私上廟號一事。他控告朝鮮“僭稱太祖、世祖、列祖聖上,敢與天朝之稱祖、尊上等。彼二百年恭順之

---

①孫衛國《丁應泰彈劾事件與明清史籍之建構》,《南開學報》,2012 年第 3 期。

②《朝鮮宣祖實録》卷一〇一,宣祖三十一年六月丙子,第 23 册,頁 452。

③劉寶全《明晚期中國和朝鮮的相互認識——以丁應泰和李廷龜的辯論爲中心》,《韓國學論文集》第十九輯,頁 50。

④黄修志《丁酉再亂期間中韓圍繞〈海東諸國紀〉展開的書籍外交》,載北京大學亞太研究院編《亞太論集(2012)亞太地區的文化共同體》,中國社科文獻出版社,2012 年,頁 07。

義謂何"①。"在儒家君臣名分中,'忠'被賦予了很高的位置,而明朝和朝鮮之間的關係,不是簡單的國際關係,它是一個基本的文化問題,涉及對主上忠誠的問題,如果忠誠不存在了,那麼明朝和朝鮮的宗藩關係也就不存在了。"②丁應泰質疑朝鮮對明恭順事大之義,是朝鮮無法承受的政治責難,不得不即刻辯誣釋疑。

　　朝鮮君臣認爲,對其他幾項罪名,都好辯駁,"丁奏所誣諸條,則辨之不至甚難",惟有稱祖稱宗,"不但關係一時,抑且上干祖宗朝事"③,"極爲重難",不好應處。有人建議模糊化處理,將此略過不辯。尹根壽、鄭崑壽、柳成龍等認爲不妥,因朝鮮廟號不僅在《海東紀略》中,在其他諸多朝鮮史籍中均有記載,天朝已有注意。朝鮮若在辯誣文書中略去不提,只能表示默認,"我國廟號,天朝人無不知之,《輿地勝覽》及《考事撮要》,流入中國甚多……今此奏本,闕而不答,彼必以爲無辭以對"。④ 更重要的是"禮莫大於分,分莫大於名,廟號之事,非是細事。今若闕然不答,而不爲責問,則是大幸也,若形之文字,受以爲罪,下禮部知道,則禮部執其奏,而申之覆題,則極爲難處。"⑤廟號關乎名分,非同小可,若故意略去,皇帝一旦問罪,則朝鮮難以承擔後果,不可存僥倖之心。

　　最後,朝鮮決定坦誠面對,"首實不諱"。在辯誣奏文中,朝鮮首先表示其廟號是模仿中華而來,"至於稱祖一事,則小邦海外荒僻,自三國以來,禮儀名號,慕效中朝,多有侔擬"。其次認爲,朝鮮私上廟號不過是沿襲前朝舊制的無知妄作,而非如丁應泰所指故意僭越,"而獨其稱號,則自新羅、高麗,有次謬誤,蓋以臣民,襲舊承訛,猥加尊稱,相沿而不知改,此實無知妄作之罪,以此受罪,臣雖萬死,固無所辭,若謂之僭,則非其情也"。最後,向

－－－－－－－－－－

①《朝鮮宣祖實錄》卷一〇四,宣祖三十一年九月癸卯,第 23 冊,頁 497。

②Cari Ledyard,"*Confucianism and War：The Korean Security Crisis of* 1598",Journal of Korean Studies,vol6,Washington,1988—89,pp.81—119.轉引自黃修志《萬曆朝鮮之役後期的中朝黨争與外交》,載復旦大學韓國研究中心編《韓國研究論叢》第25 輯,社會科學文獻出版社,2013 年,頁 175。

③《朝鮮宣祖實錄》卷一〇四,宣祖三十一年九月戊申,第 23 冊,頁 507。

④《朝鮮宣祖實錄》卷一〇四,宣祖三十一年九月乙巳,第 23 冊,頁 501。

⑤《朝鮮宣祖實錄》卷一〇五,宣祖三十一年十月丁巳,第 23 冊,頁 517。

明朝表明朝鮮在其他事大方面絕對忠誠,如"律用《大明律》,曆用《大統曆》,服色、禮儀,無不慕尚,而天使之來,有迎詔儀;陪臣之去,有拜表禮;正、至、聖節,有望闕之禮……以至各樣文書、公私簡牘,皆奉年號,皆爲恒式"①。朝鮮的辯誣策略是在無法回避的情況下,以較輕的"無知妄作之罪"替代丁應泰強調的無視中國權威,故意僭越的輕藐之罪。這一策略取得了很好的效果。

　　丁應泰彈劾朝鮮,意在使朝廷遣官入朝查勘,給朝鮮施壓。不過,最初即有大臣從戰爭大局出發以"勘之是疑之也,疑之則朝鮮懼而倭奴色喜,是助倭也",予以反對,請求神宗"免勘朝鮮"。② 但由於丁之彈劾並非空口無憑,神宗皇帝初曾生疑,原打算遣人查勘,"這所奏朝鮮隱蔽事情,著差去科臣,上緊並勘"③。朝鮮辯誣奏文送到後,神宗態度明顯緩和,是否查勘令"下廷臣雜議"。大臣會推後認爲"朝鮮世篤忠貞,無背國通倭之理,乞免行查勘,仍早賜敕諭,以安其心"④。神宗皇帝順應衆議,命丁應泰"回籍聽勘",令兵部移咨慰諭朝鮮國王,"俾知朕始終字小德意"。⑤

　　明朝以寬大原則處置此事,朝鮮對此產生了兩方面反應。一方面,明朝未公開要求朝鮮廢除廟號;加之李如松、袁黃等人亦未曾深究其廟號事,使其產生明朝"不因本朝(朝鮮)分疏",以"本國(朝鮮)自有成聲教,其例如此",而"不以爲大怪"的判斷。所以,對於廟號制度,決定繼續保留。另一方面,神宗皇帝最初的"並勘"打算傳到朝鮮,還是讓其備受打擊。國王甚至認爲待勘期間爲帶罪之身,無法再行職權,一度"杜門俟罪",不理朝政。因此,朝鮮又認爲神宗後來的免堪處理包含著"不治而治之"的深意,也不敢大意。更重要的是,如果説丁應泰之彈劾,朝鮮可以無知而妄作而辯解,那麼在此之後,其依舊私上,則是"以爲知非而仍用",乃公然挑戰中國權威行爲,一旦再被察覺則將十分難處。所以,朝鮮此後雖繼用廟號,但萬分小心,不敢冒任何風險。1609年,朝堂之上發生的一場熱鬧的"變禮"論爭就

①《朝鮮宣祖實録》卷一〇五,宣祖三十一年十月癸酉,第23冊,頁523。

②《明神宗實録》卷三三一,萬曆二十七年二月壬子,第58冊,頁6116。

③《朝鮮宣祖實録》卷一〇四,宣祖三十一年九月癸卯,第23冊,頁497。

④《明神宗實録》卷三三一,萬曆二十七年二月戊午,第58冊,頁6117—6118。

⑤《明神宗實録》卷三三一,萬曆二十七年二月辛未,第58冊,頁6130。

是一個生動的體現。

三　變禮過程及結局：變禮三策及相關論爭

　　明朝自 1408 年朝鮮"太祖"李成桂死後即遣使賜謚、賜祭，以示懷柔。1608 年 2 月 1 日，宣祖國王李昖去世，世子光海君李琿即位。按照"稱宗後入廟，入廟後請謚"的典則，新王爲父王上廟號"宣宗"，同時遣使"告訃於朝"，請謚、請封。明朝按例於 1609 年 2 月，遣行人熊化入朝賜謚、賜祭。朝鮮雖私上廟號在先，明朝賜祭在後，但歷代在賜祭正禮中始終以真虞主（葬後祭祀時所立的神主）受祭。只在仁宗朝初的 1545 年，其曾針對明使私祭有過"變禮"討論。當時，明使在完成對中宗國王（1506—1544 年在位）賜祭後，忽然決定再以個人身份行私祭禮。與皇帝賜祭正禮場合至嚴至敬不同，朝鮮擔心私祭時"有頭目輩（明使隨從，辦理祭物等事），雜亂出入，若近見虞主，揣知其實，而仍以告天使，則事將不測"①，打算設假虞主受祭。不過，最終是否施行，實錄未有明確記載。此時，由於丁應泰事件的刺激，朝鮮對"未曾有意外之變"的賜祭正禮也開始擔心，決定"變禮"應對。

　　光海君援引仁宗朝例，首先提出設立假虞主之策。禮官爲慎重起見，"啟請考出實錄，欲知已行前例，更議定奪"。史館查實"祖宗朝皆無所考，唯仁廟朝有假主之議"，但"以文勢觀之，其終爲與不爲，亦未得詳"。沒有明文成法，禮官深覺"今日處置，誠爲重難，有司不敢擅便"，請求"議大臣定奪"②。左議政李恒福與判府事尹承勳、右議政沈喜壽等認爲"勢有不得已而爲之，則臣等未敢知也。至使獻議，則何敢曰設僞木以受饗也"③，意思模棱兩可。這導致假主之設陷入"考之實錄，既無已行顯例，議諸大臣，亦無分明旨義，莫大變禮，未有定奪"的僵局。

　　禮曹作爲祭禮操作部門，需要具體的政策，權衡利弊後先打破僵局，支持光海君提議。其理由是"設假主而受皇賜"，自禮義上講確然"誠爲未安"，不過，仁宗朝雖未必設過假主，但確實有過立假主之議論，其"不避未

———————————

① 《朝鮮仁宗實錄》卷二，仁宗元年五月癸亥，第 19 册，頁 238。
② 《光海君日記》卷六，光海君元年三月戊戌，第 26 册，頁 294。
③ 《光海君日記》卷六，光海君元年三月辛丑，第 26 册，頁 296。

安之嫌者，意亦有在”。更重要的是不設假主，“慮外之患，難保其必無”，一旦被明使發覺僭越之事，“其所未安之事，反有大於設假之嫌”。這正合光海君之意，因下教：“祖宗朝亦有已行之例，必出於勢不得已也，當時豈不知未安之意乎？遵倣此例，爲之似宜”。① 光海君有意忽略仁宗朝假主之設並無明確記載的事實；而禮曹没有區分仁宗朝假主議論並不針對賜祭正禮而是明使私祭。這爲持反對意見的司憲府（職在糾舉百官、宗親、權臣，諍諫國王）提供了辯駁空間。

　　對於光海君之失，司憲府指出“其時臺諫論啟其未安，初未蒙允”，並且“其後史臣所記曰：‘還有可停之勢，用是停之’，語雖未瑩，而亦似不用假主”，即仁宗朝假主是否施行並不確定。至於禮曹之漏，司憲府指出假主之議是針對“天使私祭”，且結果“亦似不用假主”，賜祭正禮時，“奉移虞主，明白無疑”；此番變禮討論針對賜祭正禮，所以不該用假主“明矣”。同時對禮曹所擔憂的“慮外之患，難保其必無”一事，司憲府認爲屆時以“神御至嚴之地”爲由，“多設方便，使華人不得見者”即可，不必設立假主。若國王與禮曹堅設假主，則是“祖宗朝曾所未有，而今乃創設，尤爲無所據，豈非大段未安者乎”②。最後提議以真虞主輔以“使華人不得見者”的“方便之策”應對賜祭。

　　司憲府以上的辯駁，不僅中樞府事李德馨、清平府院君韓應寅，連之前對於假主之設態度模糊的李恒福、尹承勳、沈喜壽等都表示贊同。李恒福認爲假主之設不妥之處在於，第一，明朝賜祭是“天下之大禮”，若“神爲僞設”，會導致“禮爲虛行”。第二，在丁應泰事件之後，明朝已經知道朝鮮私行僭越之事，朝鮮仍設立假主，“只足自欺”。沈喜壽認爲朝鮮因擔心“丁應泰之奸邪”，而“欲掩僭踰，以冀無事者”，雖是“畏義”的表現，但不能以設假“尚僞”來尋求解決之道。面對舉朝壓力，光海君不得不表示妥協，決定“依議”不設假主③。於是，朝野再就司憲府的提議進行討論。

　　李恒福首先予以支持。他認爲“祭禮主敬，勿令頭目近前諦觀，事體當然，計亦易施”，自信“天朝之人不能近前諦視之理，居十八九分”。退一步

① 《光海君日記》卷六，光海君元年三月丙午，第 26 册，頁 299。
② 《光海君日記》卷六，光海君元年四月壬戌，第 26 册，頁 312。
③ 《光海君日記》卷六，光海君元年四月癸亥，第 26 册，頁 313。

講，即使明使"不幸而見之"，也"必無大段難處之事"。因爲，第一，明朝對朝鮮廟號之事，"非因應泰而始知之"。壬辰戰後，明朝對之已多有聞見，"本國平日所諱於天朝者，如宗號、聖旨、經筵等文字，亂後天將無不見知，本國書册流入中國者，亦何限也"。但他"嘗見天將，於此等文字，或泛過或微笑而不辨"。他曾"亦據實開陳"，則明將云"外國自爲聲教無妨"，並不介意。第二，丁應泰彈劾事件中，在朝鮮"直陳其用宗號之事"後，明朝亦無深責。① 而禮曹官員和大臣金尚榮持反對意見。

　　禮曹認爲其不可行者也有兩點原因。一是"設真主而不使見知於華人者，萬一有方便防患之策，先朝擬議之際"，則不必"做出假僞之説，甘爲謬戾之歸"。二是司憲府所提方便之策，不過是在明使賜祭時，預先"呵禁"天使一行，"不得擅便出入"。此策若要成功，除非明使一行對異國之事毫無興趣，或者看到僭越文字也不予理會，而這幾不可能。因爲，首先，明使一行來到異國，必定事事好奇，四處窺看，"天使身膺大命，奉使外國，外國之凡所云爲，率皆創見。雖不有意於窺覘，亦豈無周詳閱歷之意"；其次明使賜祭行禮時，離神主牌位太近，無法安排人力阻擋其看清上面所書文字，"當其行祭之時，密邇主座，更進一步，則接目不難。數步之內，寧容人力耶"。大臣金尚容則通過親歷觀察，否定其可操作性。他"頃日習禮時，做神主字樣書之，置於位次，退而立於天使所立之處而視之，則宣政殿明朗，可昭然見之矣"②。

　　至此，光海君與禮曹等官員設立假主的建議由於"虛僞不誠"，遭到群臣反對；而司憲府所提設立真虞主建議，又因爲輔助的"方便之策"不能萬全，不能冒險施行。變禮爭論再次陷入"論議百出，而莫得其當者"的僵局。兩相比較，"假主事雖甚未安"，但總比設真主後再發生類似丁應泰彈劾的"慮外之患"要穩妥。因此，輿論逐漸又傾向于假主之設"不可不爲"的一方。司憲府及時捕捉到這種訊息，再次上書重申假主之設，沒有先例，缺少推行依據；同時提出另一建設性的意見：虞主改題，廟號追書。

　　朝鮮國王的謚號除了中原王朝"賜謚"，還包括私上之"國謚"。由於朝鮮國王死後，私謚先上，所以明朝賜謚後，朝鮮會有虞主改題之舉，即在虞

①《光海君日記》卷六，光海君元年四月戊辰，第 26 册，頁 318。
②《光海君日記》卷六，光海君元年四月丙寅，第 26 册，頁 316。

主私謚之前補書賜謚之號。如 1408 年,李成桂死後,其虞主題爲"皇考太祖至仁啟運聖文神武大王",明朝遣使賜謚"康獻"後,朝鮮改題爲"有明賜謚康獻皇考太祖至仁啟運聖文神武大王"。司憲府據此提議把虞主改題提前,放在明朝賜謚之先舉行,改題時將虞主廟號之處空出,待奉其接受賜祭後,將廟號與賜謚一併追書。此舉既可以不用假主,避免"未安"之嫌,而且由於不書廟號,不會有"慮外之患",兩全其美,得到群臣積極回應。李德馨、李恒福、尹承勳、韓應寅、沈喜壽等大臣紛紛表示贊同,"若留宗號(廟號)而追書於後,則其勢尤便","廟號追書,大勝於假主之設","今者適有改謚之舉,姑停廟號之書,似是難得之好機會也"①。禮曹判書朴弘耇對其便利性説的最爲明白:改題日子,"雖有先後之差異",但"此不甚害義",而且"既無諱忌之事,則凡在見聞",便没有"嫌難",如此"皇賜之祭、先王之享,俱得其實地,而莫大莫重之禮,亦不可爲虛行矣"②。

　　不過,這一廣受支持的建議仍遭到光海君的反對。按照司憲府的想法,改題時只將廟號空出即可,"徽號則中原人亦不知之,雖或見之,恐不至大端有妨"③。但光海君認爲,徽號同樣有"未安"之患,"徽號雖累字,而唐人見之,不爲未安乎",而且"此舉之未安,與假主之説無幾矣",亦應同樣空出,否則,不如復設假主④。朝鮮國王死後神主與中國一樣包括廟號、徽號(尊號)、謚號三部分。徽號一般是帝後生前臣下所上尊稱,嚴格來説,其與廟號一樣爲帝後獨尊,朝鮮都不能僭用,至於謚號,既然有中原王朝賜謚,朝鮮也不該再上私謚。光海君以此反對廟號追書,並非没有道理,但若如光海君之言將徽號空出,則屆時只能以空白虞主牌位受祭。因爲由於徽號與謚號多選用極美之字,兩者往往很難區分,朝鮮常常將兩者互稱,此處司憲府與光海君所提徽號就包括了謚號⑤。其以此阻撓虞主改題追書,目的

---

①《光海君日記》卷六,光海君元年四月癸酉,第 26 册,頁 325。

②《光海君日記》卷六,光海君元年四月甲戌,第 26 册,頁 326。

③《光海君日記》卷六,光海君元年四月癸酉,第 26 册,頁 323。

④《光海君日記》卷六,光海君元年四月甲戌,第 26 册,頁 326。

⑤宣祖國王廟號"宣宗",謚號"顯文毅武聖敬達孝",徽號爲其生前因宗系辯誣及壬辰功績而被臣下所上之"正倫立極盛德洪烈至誠大義格天熙運",徽號與謚號相加共廿四字。

很明確,就是要再次回到假主之設的舊路上。

　　禮曹原本是支持假主之設的,但司憲府改題追書之策考慮周全,可操作性強,於是其轉變立場,並嘗試對光海君進行説服。其首先指出徽號與廟號不同,無需避嫌,因在中國,謚號不限於帝王,後妃、藩王、大臣等具有一定名位之人,死後均可根據相關程式獲得,以被褒貶善惡,且自東漢開始,出現私謚現象,一些文人學者死後,被親友子弟贈給謚號。因此,朝鮮私上謚號算不得僭越,而在朝鮮徽號與謚號又往往互稱,所以,私上徽號同樣也不算犯忌,"帝王家徽稱,歷代皆有之,字之多寡,非所敢議,元無諱避之謙"。其次提出神主上不可空無一字,而若不書徽號,則或書"大行大王",或書"朝鮮國王"。只是,"大行"之稱是先王下葬前所用,明使賜祭在葬後,書之"無據";而"國王之號"沒有區分度,"混同祖宗",均不能用。最後指出空出廟號,追書時"只填空頭而已",但今若並避徽號,而書大行、國王之稱,"則他日再未免洗滌改題,此其未安中尤所未安者也"。所以,徽號應該保留。不過,光海君不爲所動,仍認爲"改題而空頭,追後書填,其巧飾苟且之態,有甚於設假主"①。

　　無論是光海君堅持的假主之設,還是司憲府提議的改題追書,在弘文館副提學鄭協、應教李廷龜、修撰柳穡、副修撰李埈等人看來,"雖有淺深,而要未妥當則一也",都是"欲遮前掩後,以護其失,則非但失禮之中又失禮焉"。他們主張,仍如以前一樣,用真虞主接受賜祭。因朝鮮用非禮之宗號不過是尊君父之至情,無需掩蓋。明朝對朝鮮僭越之號並非不知,無意責難,對丁應泰之彈劾,並無"顯斥"即是明證。即使真遭到明使詰問,朝鮮只要據理以對曰:"宗號之加,非不知僭率,而自新羅至今日,千有餘載,承襲塗轍,熟於耳目,一朝革去,事係重大。然其事大之誠,天日照臨,惟此名謚之僭,亦非今日之所創云。"這樣"則其辭順,其理直","猶愈於設假行偽之失"。最後他們提出朝鮮"恪勤侯度,以忠順見獎於天朝者,只是一個誠而已",但"今之假主之議,於理不明,於事不誠,恐二百年盡心事大之誠,都由此一事壞却也"②。前文提到,朝鮮無法承受對明朝不誠的政治責任,如此,朝鮮只能再回到以真虞主受祭的舊途。此次變禮論争正是因爲在丁應

①《光海君日記》卷六,光海君元年四月丁丑,第26冊,頁331。
②《光海君日記》卷六,光海君元年四月甲戌,第26冊,頁329。

泰事件之後,朝鮮擔心以真虞主受祭恐有慮外之事而起,因此鄭協、李廷馣等人提議,絕不可能被光海君採納。如此,朝鮮只能在假主之設與改題追書兩策中選其一,因此光海君再令禮曹召集各部大臣就"假主造設與否及改題而空頭,賜諡、宗號姑待後日並書事","商議善處"。

　　禮曹"就議於諸大臣"後及時將意見匯總上奏,大臣"皆以爲:設假與改題,俱是權時處變之道,均之爲未安,而改題之事,在所當爲,遠勝設假之無據",即設假與改題都是權變之道,均爲"未安"之舉,但設假無據,改題更好。至於圍繞 24 字徽號産生的分歧,大臣贊同禮曹意見,認爲徽號即使被明使發覺也無可避之處。如果連徽號也不書,則神主牌位題之無辭,顯然不可。"至於廿四字徽稱,則實出臣子形容功德歸美君上之意,雖使華人見之,固無可避之嫌也。若曰宗號、徽稱皆不可書,則雖設假主,題之無辭,今日之舉,莫如改題之爲便"①。光海君假主之設意見,孤掌難鳴。於是,在明使行賜祭禮儀的前一天,他終於順從多數大臣意見,放棄其自始至終堅持的假主之設,採納改題追書之策,"大臣之議,終始如此,則予何可自是己見,依議施行"②。朝鮮針對明朝賜祭,圍繞國王廟號的激烈變禮論爭,終於塵埃落定。

小　結

　　朝鮮作爲中國主導的宗藩體系中之一員,私上廟號,實犯君臣之義,所以在新羅、高麗朝均遭到中原責難。朝鮮王朝初期,太祖李成桂尚對"事系名義"的廟號不敢大意,但至太宗李芳遠時期,廟號制度的實際作用更被看中。通過爲先工加享廟號,可以確立王室正統,對內表達"尊君父之至情",崇重父子親親之恩,以此教民順化,求得國治邦安;對外,以廟號名器彰顯、鞏固以自我爲中心的"小中華"體系,《海東諸國紀》,正是申書舟所著的朝鮮外交匯録。因此,廟號又再度在政治實踐中推行開來,同時仍採取種種措施對中國進行隱瞞。壬辰戰爭開始後,明人大量進入朝鮮,"丁應泰彈劾事件"使其僭用廟號之事曝白於天下。朝鮮積極應對,立即遣使辯誣,表示

①《光海君日記》卷六,光海君元年四月丁丑,第 26 册,頁 332。
②《光海君日記》卷六,光海君元年四月戊寅,第 26 册,頁 333。

廟號之事實爲"出於臣子尊君父之至情"的"無知妄作",宣祖國王同時以不理朝政"抗争"。明朝爲抗倭大局考慮,決定召回丁應泰,對朝鮮免堪。這種"寬大"處理,一方面使其認爲明朝以"外國自爲聲教無妨",對其私上廟號持放任態度,未主動放棄廟號之制。另一方面,神宗皇帝起初的"並堪"之怒仍使其心有餘悸,在廟號事上愈加謹小慎微。這兩個方面的反應分別是 1609 年朝鮮在應對從未有過意外事的明朝賜祭正禮時,也決定變禮的根本和直接原因。

　　變禮論争中,朝鮮君臣共提出三種策略:假虞主之設,真虞主輔以"方便之策",虞主改題、廟號追書,而"萬無一失"與"事大至誠"是策略揀選的考量因素,只有兩者兼顧之策才能勝出。假虞主之設雖然能保證杜絶"慮外之事",但其"虚僞不誠";真虞主輔以"方便之策"之所以出局,是因所謂"方便之策",即賜祭時限制明使及隨從人員隨意窺伺無法操作;即便可行,根據金尚容的現場試驗,明使行禮時與虞主距離太近,廟號根本無法隱瞞,難保萬全。而"虞主改題追書"一策,因改題提前,虞主上廟號空出,不存"忌諱"、"嫌難"之事,且光海君擔心的徽號"未安之患",實際上"元無避諱之嫌";不僅如此,改題之舉"雖有先後之差異",但不涉造假,便"不甚害義"。如此,第三策因兼顧兩項考量因素而被最終採納。不過,朝鮮變禮策略選擇的標準及過程存在明顯的矛盾之處。因變禮三策均是在保留廟號制度基礎上的權時之舉,從禮義名分上講,已經"不誠",朝鮮正是因爲擔心這種"不誠"引發雙邊關係波動,而要確保"萬無一失"。但同時,在論争中,君臣又認爲"事大至誠"是很重要的考量因素,最終淘汰前兩策而選擇了較爲全面的改題追書之策。這種矛盾一方面揭示出朝鮮"事大"背後有國家利益的精細考量;另一方面也説明由李成桂奠定基調的對明"事大"政策,深入儒林之心,在確保國家核心利益的前提下,其對外交決策也有一定影響。

　　丁應泰彈劾朝鮮私上廟號,實際上是按照天朝禮治體系規定的名分原則對朝鮮的"問罪"之舉,對中朝關係產生了深遠影響。朝鮮在 1609 年的變禮舉動是具體生動的詮釋,同時這也表明,禮治作爲維持中朝宗藩體制的重要理念與制度工具,在實踐中極具效力。在中國力量已經大爲衰落的晚明時期,朝鮮仍發自内心地對其規範予以最大限度地認同、遵行。明清鼎革之後，朝鮮心態發生變化①，對宗藩關係的維護趨於表面。清朝雖仍予朝鮮死去國王賜謚、賜祭，但朝鮮不僅在宗廟和祭祀祝文中對清朝謚號與國號均不使用，而且在應對賜祭時，不再變禮或者直接以假虞主應對清朝賜祭，其對明清文化心態之不同可見一斑。

（作者單位：山東大學歷史文化學院）

―――――――――――

① 朝鮮對明清文化心態之不同及具體變化參見孫衛國《大明旗號與小中華意識：朝鮮王朝尊周思明問題研究(1637—1800)》(商務印書館，2007年)一書的詳細論述。

域外漢籍研究集刊　第十七輯

2018 年　頁 193—212

朝鮮時代燕行文獻與明清遼東方言考*

汪銀峰　姚曉娟

一　引言

　　遼東作爲一個地域概念，古代是指遼河以東地區。戰國時燕國設立遼東郡，治所在襄平（今遼陽市），所轄範圍較小，僅相當於今遼寧大凌河以東地區。金元時期，大批關内漢族人移居東北，與當地少數民族雜居在一起，但主要局限於遼東地區。明朝建立後，於永樂七年（1409 年）設置奴兒干都司，其轄地北逾外興安嶺到鄂霍次克海以北的廣大地區，用以統治或控制東北女真等部族。奴兒干都司名義上隸屬於明朝，但明朝在東北實施有效的行政管理僅僅局限在遼東地區。明末戰亂，給遼東人民帶來了深重的災難，大量人口外遷。據曹樹基匡算，清代初年遼東的土著人口大約只有 30 萬了①。遼東地區可謂滿目瘡痍，"沃野千里，有土無人，惟幾處荒城、廢

---

*　本文係 2014 年度國家社科基金項目"域外漢籍《燕行録》所見明清語言資料的整理與研究"（14BYY113）、2018 年遼寧省經濟社會發展立項課題"加强遼寧歷史文化保護研究"（2018lslktyb- 068）、2017 年度教育部人文社科青年基金項目"域外漢籍燕行文獻與清代滿族印記的整理與研究"（17YJCZH226）、2016 年度吉林省教育廳"十三五"社會科學研究規劃項目"海外珍藏《燕行録》所見清代滿族文化"（吉教科文合字[2016]第 403 號）階段性成果。
①曹樹基《中國移民史》第六卷，福建人民出版社，1997 年，頁 29。

堡、敗瓦、頹垣,點綴於茫茫原野中而已"。① 滿族入關,清朝建立,爲了恢
復經濟、發展生産,順治八年(1651 年)清政府發佈了招墾令,大批關内移民
湧入東北,主要集中在遼東、遼西地区。今"遼東"一詞已由指代古代關外
東北地区演變成特指今遼寧省内的行政區域,即以遼東半島爲代表的遼河
以東地区。

　　遼東自古以來就是少數民族的聚居地,鮮卑、契丹、女真、蒙古等都勃
興於此,來源比較複雜,且歷史上的語言接觸、影響、融合及大規模的人口
遷徙都決定了遼東方言的複雜性。"雖滿漢異俗,並直、魯、豫、晉之人,雜
居此地,語言各殊,而日久同化,自成一方俗語相沿"。(《奉天通志》)由於
本土歷史文獻的匱乏,關於遼東方言的歷時研究,相對來説較爲薄弱。《奉
天通志》②"禮俗四"將遼寧方言詞彙纂入省志,"以補《遼東志》《全遼志》
《盛京通志》之闕"。(《奉天通志》)爲我們瞭解民國時期遼東方言提供了寶
貴的資料。而對於明清時期遼東方言的情況,我們仍是知之甚少。近年來
在語言材料的挖掘上轉向了域外文獻,通過域外文獻重新審視我們"熟悉"
的中國,這已成爲目前學術界研究的一個重要方向,這對於明清遼東方言
的研究也提供了新的研究視角。

二　朝鮮時代燕行文獻對明清遼東方言研究的價值

　　明清時期,朝鮮作爲中國的藩屬,多次向中國派遣外交使節,包括冬至
使、聖節使、謝恩使、進香使、陳慰使、進賀使、問安使等等。這些朝鮮使節
以及隨行人員將他們的沿途見聞以日記的形式記錄下來,統稱"燕行録"。
"燕行録"大約有五百多種,内容十分豐富,涉及當時中國的政治、經濟、教
育、歷史、民俗、宗教、語言、文學、建築等各個領域,再現了當時的中國,成
爲中國七百年來重要的歷史見證,具有重要的歷史文獻價值。

---

① 《清聖祖實録》卷二。
② 《奉天通志》,共一百卷,王樹南、吳廷燮、金毓黻等纂,始修於 1927 年,印行於 1934
　 年,1983 年由東北文史叢書編輯委員會點校出版。原書二百六十卷,綫裝十函百册,
　 版框高十九公分,寬二十六公分。今縮印爲版框高十公分,寬十四公分。

　　據徐東日先生統計①,明清時期李氏朝鮮朝貢的路綫共有十三條,其中明代有八條,兹抄録如下:

　　　　朝鮮海口→太倉—金陵(→表示水路,—表示陸路,下同)

　　　　朝鮮海口→登州—金陵

　　　　義州—遼東—山海關—燕京—山東—揚州—金陵

　　　　義州—遼東—山海關—北京

　　　　宣州浦(石多山)→登州—德州→天津衛—北京

　　　　宣州浦(石多山)→登州—德州—河間—雄門—良多—北京

　　　　宣州浦(石多山)→覺華島(寧遠衛)—山海關—北京

　　　　宣州浦(石多山)→覺華島—山海關→天津衛—北京

　　由於明朝都城的遷移,李氏朝鮮朝貢的綫路也發生了改變。但諸多路綫均經過遼東地區,從遼東或覺華島至山海關,可見遼東是明代李氏朝鮮朝貢之路中比較重要的地區。

　　清代李氏朝鮮朝貢的路綫基本繼承了明代,但在清軍入關之前,李氏朝鮮朝貢的目的地不是北京,而是盛京。自皇太極攻佔朝鮮後,打破了李氏朝鮮與明朝的藩屬關係,重新確立了朝鮮與滿洲之間的藩屬關係,朝鮮定期向滿洲進貢。其具體的使行路綫是:

　　　　鴨緑江—鎮江城(九連城)—湯站—柵門—鳳凰城—薛劉站(松站)—通遠堡—連山關—甜水站—遼陽—盛京

　　清軍入關、定都北京後,李氏朝鮮朝貢的綫路基本上有兩條:康熙十八年(1679)以前,使行路綫是渡江後經鎮江城、湯站、柵門、鳳凰城、薛劉站、鎮遠堡、連山關、甜水站、遼東、沙河、鞍山、海州、盤山驛、寧遠驛、山海關至北京;康熙十八年後,使行路綫是渡江後經鎮江城、湯站、柵門、鳳凰城、薛劉站、鎮遠堡、連山關、甜水站、遼陽、十里堡、盛京、邊城、石山站、寧遠驛、山海關、薊州、通州至北京。康熙十八年後的朝貢路綫增加了盛京這一大的中轉站,其中很多貢品則存放於盛京。

　　通過明清時期李氏朝鮮使行路綫的分析,遼東一直都是使行綫路中的重要地區。朝鮮使節經過遼東地區,接觸比較多的即是當地的語言情況,

①關於明清時期朝鮮朝使行的路綫,主要參考了徐東日《朝鮮朝使臣眼中的中國形象——以〈燕行録〉〈朝天録〉爲中心》,中華書局,2010年。

有些使臣或隨行人員將其語言情況記録並保存下來,成爲我們今天瞭解明清時期遼東方言的使用及語言特徵的寶貴材料,甚至可以彌補本土文獻的欠缺和不足。

三　朝鮮時代燕行文獻(十二種)概況

朝鮮時代燕行文獻中有若干部作品涉及到明清遼東地區的語言狀況,如《赴瀋日記》《瀋陽日乘》《瀋陽日記》《農隱入瀋記》《瀋陽日録》《瀋槎日記》等等,爲我們瞭解明清時期遼東地區語言的使用及特徵提供了豐富的文獻資料,下面將這十二種燕行文獻做一個簡要的介紹。

第一種:《瀋陽日記》

《瀋陽日記》,作者不詳,記載了崇德二年(1637 年)朝鮮王世子一行作爲人質到達瀋陽的經過,及在瀋陽的經歷和見聞。林基中教授《燕行録全集》將其收録於 24、25 卷。

第二種:《瀋館録》

《瀋館録》,作者申濡,成書於崇德四年(1639 年),"己卯二月以侍講院文學陪從,瀋館前後留館與往來計十六朔,所述詩篇,名爲瀋館録"。《瀋館録》皆爲作者往來燕行之詩作。林基中教授《燕行録全集》將其收録於第21 卷。

第三種:《瀋陽日乘》

《瀋陽日乘》,作者金宗一,自丁丑八月初六出發,以從事官身份到瀋陽,己卯四月陪同朝鮮人質昭顯世子自瀋回國。《瀋陽日乘》應完成於 1639年。林基中教授《燕行録全集》將其收録於第 19 卷。

第四種:《瀋陽日記》

《瀋陽日記》,作者不詳,記載了崇德六年(1641 年)朝鮮昭顯世子在瀋陽爲質時的經歷及見聞。林基中教授《燕行録全集》將其收録於第 28 卷。

第五種:《赴瀋日記》

《赴瀋日記》,又稱《西行日記》,作者李景奭。1641 年李氏朝鮮派出以資憲大夫元斗杓爲正使的節使兼冬至使,嘉義大夫李景奭爲副使,記録了出使過程的所見所聞。日記自九月二十一日始,於十一月二十六日終。"首尾併六十五日,內以方物歲幣之故留平山一日,留義州往來併五日,留瀋館十一日,合除十七日,則在道凡四十八日矣。"林基中教授《燕行録全集》將其收録於第 15 卷。

第六種:《瀋館録》

《瀋館録》,作者李昭漢,成書於崇德八年(1643 年),詩作。林基中教授《燕行録全集》將其收録於第 19 卷。

第七種:《瀋陽日記》

《瀋陽日記》,作者不詳,記載了順治元年(1644 年)昭顯世子再次出使瀋陽及歸國的整個過程。林基中教授《燕行録全集》將其收録於第 27 卷、28 卷。

第八種:《瀋陽日記抄》

《瀋陽日記抄》,作者不詳,分爲三個部分:一爲昭顯世子、鳳林大君在瀋陽爲質時與諸文人的詩作;二是南漢日記,記載了 1636 年至 1637 年清朝入侵朝鮮時的經過。這份史料以朝鮮人的視角記録丙子之役,更真實地再現當時的歷史,是瞭解滿清與朝鮮之間關係的重要史料;三是以日記的形式記録了昭顯世子、鳳林大君作爲人質到達瀋陽的經過。林基中教授《燕行録全集》將其收録於第 27 卷。

第九種:《瀋行録 瀋使還渡江啟別單》

《瀋行録 瀋使還渡江啟別單》,作者俞拓基,乾隆十九年(1754 年),乾隆皇帝第二次東巡瀋陽謁昭陵。朝鮮王朝派出以俞拓基爲正使的問安使,《瀋行録》即是其出使過程中的所見所聞。林基中教授《燕行録全集》將其收録於第 38 卷。

第十種:《瀋陽日録》

《瀋陽日録》,作者金種正,號雲溪,時任禮曹參議。乾隆二十九年(1764 年)因義州民殺害巡邊甲軍一事,朝鮮王朝派出以金種正爲正使的按核使。《朝鮮王朝實録》載:"瀋陽按核使金種正復命,上召見之。以按核時,瀋陽將欺我使之不同言語,不令會坐,獨自按查。而種正雖呈文爭執,終爲其操切傷國體,而失專對之責也,削黜之。"①林基中教授《燕行録全集》將其收録於第 41 卷。

《瀋陽日録》共分兩個部分:一是以日記的形式記録其出使過程中的所

---

① 吳晗《朝鮮李朝實録中的中國史料》下編卷九,中華書局,1980 年,頁 4593。

見所聞,自二月十六日至六月二十八日回京復命;第二部分對盛京地區的見聞進行概括歸納,内容涉及政治、經濟、建築、軍事、生活、風俗等各個方面。

第十一種:《入瀋記》

《入瀋記》,全稱《農隱入瀋記》,作者李田秀。關於該書的作者,遼寧大學歷史學院張傑教授通過詳細考證,確定《入瀋記》作者非李宜萬,而是李田秀,可參見《韓國史料三種與盛京滿族研究》。林基中教授《燕行録全集》將其收録於第 30 卷,題爲:《農隱入瀋記上·中·下》。

《入瀋記》一書以乾隆四十八年(1783 年)朝鮮使團到盛京謁見乾隆帝爲背景,以朝鮮使節的視角,詳細記録了清朝統治下盛京地區的政治、經濟、軍事、交通、建築、文化、社會生活等各個方面,成爲我們瞭解清代前期盛京地區諸方面的重要史料。全書分三卷。上卷由"行中座目"、"凡例"和"日記"三部分構成,其中"行中座目"交待了朝鮮使團的人員組成,包括正使、副使、書狀官,甚至對隨行的奴僕也毫無遺漏,記載非常詳細;"凡例"則對該書的寫作時間、寫作過程及内容的構成進行了簡要的介紹;"日記"是從六月十三日至八月二十二日,記録了沿途的驛站、山川、地理及交通,並對盛京城内的風土人情進行了描述。中卷也採用日記的形式,始於八月二十三日,止於十月初十,其中大多取自其兄李晚秀的《西游記》,"凡例"中有詳細説明。中卷主要記録作者與盛京名士張又齡的往來,以及觀見乾隆皇帝的整個過程和歸國途中的見聞。下卷以專題的形式對沿途見聞進行介紹,分爲宮室、衣服、器用、飲食、財貨、鳥獸、言語、雜俗八篇。"凡例"稱"是書於制度、謠俗,有難於專屬於某日之下者,分爲八題,附之篇尾"。下卷附録"御制賜詩"、"親朋贐詩"等詩文。

第十二種:《瀋槎日記》

《瀋槎日記》,作者朴來謙。道光九年(1829 年)因道光皇帝到關外祭祖謁陵,朝鮮王朝派出以判中樞府事李相璜爲正使的問安使,於七月十六日出發,八月二十九日到瀋陽,十月二十四日結束出使。"自發行至回還凡九十八日,自渡江至還渡江凡四十六日,周行三千三百七十里。"朴來謙,時任通訓大夫兼司憲府執義,此次出使擔任書狀官。林基中教授《燕行録全集》將其收録於第 69 卷。

《瀋槎日記》比較詳細地記録了出使過程中的所見所聞,包括道光皇帝潘陽祭祖謁陵的活動、潘陽滿族居民的文化生活,以及與潘陽城内文人的交往情況。這些材料對於清史、滿族史研究具有重要的學術價值,甚至可以彌補中國本土文獻的欠缺。《潘槎日記》共分爲四個部分:第一是日記,從七月十六日至十月二十四日結束;第二部分啟本,即上交朝廷記録出使過程的一種文書,語言簡明扼要;第三部分聞見事件,共記録了十事件,詳細記載了沿途的行程;第四部分頒詔,即清道光皇帝的聖旨,内容是對奉天府的官員、百姓的賞賜,以及對罪犯的赦免。

四　燕行文獻所見明清遼東地區滿漢語言的使用

　　燕行文獻中反映明代遼東語言使用的材料非常少,大多記載了關於清代遼東語言的使用情況。隨着清朝的建立,滿語的地位也迅速提升,稱爲"國語",成爲有清一代重要的交際工具之一,滿語屬於阿爾泰語系滿—通古斯語族滿語支。朝鮮使節出使中國,首先要面對的問題就是言語交際,所以使團人員的構成中,譯官必不可少。譯官,又稱通事,且有等級的差別,如上通事、次通事。每個使團一般設置多名譯官,如《入潘記》上卷"行中座目"載:"漢學上通事、前主簿金宏夏,清學上通事、前判官尹春成。"在"通事"職務的配置上設立"漢學"和"清學"兩種,多名譯官各司其職,負責出使過程中的語言溝通。朴趾源《熱河日記》載:"皇帝又問有能滿洲話者乎? 上通事尹甲宗以滿話對曰略解,皇帝顧視左右而喜笑。"由此可見清學通事在使團出使過程中的重要作用。此外,在正式場合,如奏折文書、祭奠儀式上,滿語具有絕對的權威,至少在清代中期,滿語的權威地位不可撼動。如《入潘記》八月十三日壬申記載:"俄而,各衙門官會於御路西邊,北向,行三拜九叩頭禮。如我國引儀者四人序立殿階,高聲唱臚,而皆用清語。"《入潘記》九月二十日戊申記載:"皇帝升殿,樂止,百官入,儀仗内隨駕官列東班,盛京官列西班,使臣正官隨盛京官之後,行三跪九叩頭禮,階上宣表,以滿語翻讀,而聲動殿階。"《潘槎日記》九月二十五日載:"聞皇帝曉頭行烏雲祭云。'烏雲'者,滿州語'九'也。宮内行九次祭,關帝及皇祖及鄧大人並受此祭,而殺牲薦獻,祭畢,將豬肉煮熟切之,合米食,名爲食小肉飯云。祭時,清寧宮西牆下設一黃幔,使覺羅官妻二人西向跪,念滿州文,而皇帝亦西向跪,隨覺羅妻所念行禮云。是日,皇帝御崇政殿行朝參禮。……少頃，皇帝升殿，樂作，陞座，樂止，鳴鞭三聲，班行肅然。樂又作，贊進，贊跪，王公以下文武各官及使臣等俱跪。樂止，宣表官以滿語宣讀，畢，樂作，俱行三跪九叩頭禮，又鳴鞭三聲，皇帝還内。"《瀋槎日記》十月初一載："一行早起整頓行李後，具公服直往禮部受出詔敕。一度跪叩後展看，則以黄紙楷書，而下方又以滿字書之矣。"

李田秀在"言語"部分專門有所論述："清人生長中國者，自兒時皆以漢語成習，而國法爲其不忘本俗，故自皇帝以下無不學清語，至於奏御之文皆翻清而進之，宣表之類亦翻清而讀之。我人在側之時，如有機密不欲泄者，則又皆以清語相話。清語之爲重如是，故我國近亦多能語者，今行中玄啟百、尹春成皆善説之，玄則再與皇帝打話，而雖彼中能言者亦多不及。"正如丁鋒先生所言："滿清入主初期，滿人滿語在朝的勢力較大，雖隨時代有所減退，滿語在官場的特殊作用依舊。"①金昌業《老稼齋燕行日記》也敏鋭地觀察到了這一現象，其在"山川風俗總録"載："清人皆能漢語，而漢人不能爲清語，非不能也，不樂爲也。然不能通清語，於仕路有妨。"由於滿語"國語"的特殊地位，如想涉足於仕途，則必須要掌握滿語。《高宗實録》八年載："仍令值年御史查考所教生徒内有清文通順、字畫端楷者，准按名記檔，如遇堂庫各司辦事乏人，挨次頂補，不堪造就者，除名。"②遼東作爲滿族的龍興之地，爲了更好地保留本民族的語言和風俗習慣，清政府對遼東地區的滿語教育非常重視，即使是漢族人也要學習滿語。如《瀋槎日記》八月三十日："蓋自順治以後，視此爲根本之地，三京之表裏相制，八旗之精鋭咸聚，身隸軍籍，則雖秀才必着決拾，名登朝籍，則雖漢人亦習滿語，軍民爲一，滿漢相統，可見其深長慮也。"由此可見滿語在清代遼東地區的重要地位及影響。

雖然滿語在清代官方或正式場合具有絶對的權威，但由於漢民族的經濟文化水平遠遠高於滿族，爲了維護清朝的統治，滿清貴族不得不學習漢族的語言與文化，久而久之"漸入於漢俗"，甚至龍興之地的盛京也是如此，清政府看到這一點，並採取措施遏制這種現象的蔓延，朝鮮使臣在出使中

①丁鋒《〈燕行録全集〉所見朝鮮使臣的明清諸語言記録》，《如斯齋漢語史叢稿》，貴州大學出版社，2010年，頁327。
②《高宗純皇帝實録》卷一九五，《清實録》第十一册，中華書局，1986年，頁509。

國過程中也將這一重要信息記錄下來。《瀋行錄 瀋使還渡江啟別單》載：
“十七日宴罷後，皇帝以清書下旨意，而譯輩翻譯其略，以爲盛京即我國根
本興起之地，關係至重且要。乾隆八年朕親謁祖陵巡察地方時，見之則滿
州輩風俗形容尚自僅可。今年朕復來臨歷見烏喇及盛京，則烏喇官員與軍
丁間有漢語者，而其中能清語，及男子貌樣雖不及於向時，猶不至甚劣。盛
京官員及軍丁等騎射及馬上技藝俱是兒戲，清語又最生疏，漸入於漢俗，而
清人古道一切拋棄者又不及於八年。將軍、副都統、侍郎等，俱是朕極擇清
人用之於故鄉重要之任者，宜時時在念，清語及騎射教訓引導，匡正風俗，
重恢古道，終若彼此挹過，不思職任中緊事，流入於漢人之俗，則朕甚憂
之。……該將軍及侍郎等處嚴加飭諭，必令着意務養，清人而令善習清語
與騎射等，男子技藝亦須導正劣俗，復歸醇厚可也。”

　　據以上材料可知，滿語是遼東地區官方或正式場合的交際工具。那麼
遼東地區滿漢各民族日常使用的語言情況如何呢？是滿、漢語並用，還是
以漢語或滿語爲主呢？首先遼東地區居民的構成是一個值得關注的問題。
《入瀋記》下卷“雜俗”記載：“山海關以外則皆是滿人，故逢人問旗、民？稱
民家者十不一二，似爲根本往來之地，以慮他日卷歸之路也。”何謂旗、民
呢？《入瀋記》七月十九日戊申載：“夕後有三胡過去，伯父教馬頭雙同叫
來。初見異類，不覺駭眼，問之，云是旗下。”“旗下”注釋云：“凡問人稱民家
者，漢人也。稱旗下者，滿人也。”據此張傑先生指出：“凡是在盛京地區編
入八旗之人，他們都被認爲是滿族人。”① 所以遼東地區所謂“滿人”，既包
括滿洲八旗，也包括蒙古八旗和漢軍八旗，因此出現了“山海關以外則皆是
滿人”的情況。

　　雖然遼東地區大多是旗人，但根據朝鮮使臣的記載居民普遍使用的交
際語言却是漢語。《瀋館錄》“鳳凰城”詩載：“羌婦尋泉汲，胡兒帶兩鋤。時
聞華語出，大半漢人居。”“石東寺”詩載：“老僧猶作中華語，自道南冠避世
人。”華語、中華語，皆指漢語。《入瀋記》七月十九日戊申記載：“卜伊卸看
其帽子而稱好，答曰爾若真好到門上當買給一簡，觀者不無絕倒。蓋卜伊
初學漢語，欲試而先被嘲也。”《入瀋記》八月十三日壬申記載：“有美少年立
中門內，故問這人不是公子耶？答門上也（即門子和通引者）。吾即揖其人

────────────

① 張傑《韓國史料三種與盛京滿族研究》，遼寧民族出版社，2009 年，頁 12。

而進之,曰欲言之事甚多,而官語（漢語也）生疏,不能達意,請進裏面作筆談。"甚至乾隆皇帝與使臣交談時,也是使用漢語。如《入瀋記》九月初五日癸巳記載:"皇帝以鞭指使臣曰國王平安乎? 伯父對曰平安矣。皇帝曰你國年事如何? 對曰幸免歉荒矣。皇帝指伯父而問曰彼何品官? 通譯徐繼文對曰伊國閣老。皇帝曰你們遠來久待,今番當比前加賞矣。禮部官令使臣叩頭謝恩,行一叩頭禮。皇帝曰朝鮮人當有能滿洲語者矣? 禮部官以玄譯對。皇帝曰使臣何姓? 玄譯曰姓李矣。皇帝曰國姓乎? 對曰不然矣。皇帝曰然則民官乎? 對曰然矣。皇帝曰四十三年入來之使臣亦是姓李,此亦民官乎? 對曰然矣。皇帝曰你等今番辛苦矣。仍爲進馬,自初酬酢之際言笑款款,顯有和悦之容。蓋皇帝戊戌幸瀋時,笠洞李判府澈爲上价,玄啟百亦爲隨行,與皇帝打話,故今問朝鮮人當有滿語者及四十三年使臣亦姓李者,皆記戊戌時事也,七十老人能思六年之事於萬機煩擾之外,精力之過人亦可知也。"《瀋行録 瀋使還渡江啟別單》載:"（乾隆皇帝）顧向余有所言,而不可解聽,旋又以漢語云云,語脈略可辨,而既未可隨問輒對無所凝滯,則或對或否,必致疑怪。故亦一例聽,若不聞則又向旁立者有所云云。俄而,徐宗順趨上跪聽而傳於余。"可見,在使臣出使的過程中還是以漢語作爲主要的交際語言。在出使期間,使臣隨行人員與盛京城内名士的交往也都是使用漢語,如拜訪旗人出身的張裕昆,朝鮮使臣即"以不嫻漢語,請筆硯",採用筆談。兹先抄録一段筆談内容:

> 仲兄書曰（此後凡稱書問書答者,筆談也;只稱問曰答曰者,口話也）:"僕等東海鄙人也,初入大邦,願一與瀋中名士會面。聞宣蘭溪是此邦巨擘,三訪其家,竟皆題鳳。昨者有人袖示《潘梅軒詩集》,卷中有先生跋文,真好文章。讀其文不能不慕其人,今日特來相訪,得接華範,何幸何幸!"張拱手辭遜數回,仍書曰:"僕系布衣,並非名士。"問曰:"先生是民家,是旗下?"答曰:"旗下。"初聞是漢人而不覺憮然。書問曰:"是本來滿州人,是本來漢人而旗下麽?"書曰:"原籍山東登州人,國初遷瀋,系漢軍。"又書曰:"寒家無人持門户,僕不時照理鋪户,故少年廢學。"仍以手指其書曰:"僕是市人,實非名士。"

這段談話記録中既有書問書答,又有問曰答曰,也就是説無論筆談,還是口語,雙方皆使用漢語。由此可見,遼東地區旗人日常使用的交際工具是漢語,所以朝鮮使臣在出使過程中也使用漢語與當地人進行交流。

　　根據以上材料分析,清代前期遼東地區居民普遍使用的語言是漢語,
而滿語僅在官方或正式場合使用。實際上康熙時期,當時滿洲官員的漢語
水平已得到了顯著提高,大多成爲滿漢雙語者。《聖祖實錄》十年正月載上
諭:"各部院及各省將軍衙門通事,原因滿官不曉漢語,欲令傳達而設。今
各滿洲官員既諳漢語,嗣後内而部院,外而各省將軍衙門通事,悉罷之。"①
　　同時,遼東地區滿族人也漸習漢俗,這從滿族人的姓名可以體現出來。
《入瀋記》八月二十五日甲申記載:"問你姓七,接駕去者姓佟,安得稱侄子?
答吾們本姓佟,而滿洲法以名上字作姓,吾名乃四個字'七克湯阿'是也。
問'七克湯阿'是清語否? 答是也,即漢語'倫常'也。凡滿洲人名字長者皆
滿語也。"《入瀋記》九月初三日辛卯記載:"本朝本覺羅氏,翻華姓爲趙。"滿
族人有名無姓,"以名上字作姓"採用了漢族姓名的表現方式。清代遼東地
區使用語言的情況,與張傑先生利用本土文獻得出的結論是一致的,"在東
北三將軍轄區内,盛京地區最早設立民治結構,由於滿漢雜居,滿語文受到
衝擊較早,大約在乾隆中期,出現了漢語文取代滿語文的發展趨勢。"②

五　燕行文獻所見明清遼東方言的語言特徵

1.遼東方言的聲調特徵——話頭輕佻

　　朝鮮使節出使異邦,感觸最深的即是漢語的語音情況。李田秀《入瀋
記》之"言語"對此也有論述,如"言語雖從文字,而話頭輕佻,少無重厚雅典
之意。曾聞北音重濁,南音輕清,而遼土之人已如此,則江南之人可推以
知。豈古人語勢自有徐緩安詳者,而末俗漸如此耶? 抑吾所逢見者皆是市
井胥隸,而學士大夫則自有一種口氣耶?""話頭輕佻"是李田秀等隨行人員
沿途聽聞後對當時遼東地區漢語的高度概括,也是當時漢語的主要特徵。
通過歸納,我們知道這次出使的路綫爲:

> 鴨緑江—鎮江城(九連城)—湯站—柵門—鳳凰城—薛劉站(松
> 站)—通遠堡—連山關—甜水站—遼陽—盛京

①《聖祖仁皇帝實錄》卷三五,《清實錄》第四册,中華書局,1986 年,頁 472。
②張傑、張丹卉《清代東北邊疆的滿族(1644—1840)》,遼寧民族出版社,2005 年,頁
　361。

所經之處皆爲今遼寧東南部地區,其使用的方言歸屬於膠遼官話。金貴士於五十年代末曾對東北黃海沿岸的幾個地方,包括遼寧省的安東縣、莊河縣、新金縣、金縣和長海縣的語音問題做過介紹,他指出黃海沿岸方音只有三個調類,即平聲、上聲和去聲,其中平聲調值爲 312,上聲調值是 213,去聲調值爲 53①。除了去聲調值爲降調外,平聲和上聲皆是尾音上揚的曲折調。因此我們認爲李田秀所説的"話頭輕佻"應該與當時遼東地區方言的調值密切相關。直到今天,錦州等地方言中仍保持着尾音上揚的調值特徵。

2.遼東方言入聲已消失

《入瀋記》中李田秀通過朝漢語言的對比,對當時遼東地區漢語讀音及特點進行了詳細的描寫,兹先將其抄録如下:

> 字音之與我國同者甚少,最是入聲,只有真、文、元等六部入聲數字而已。其餘皆作喉聲、齒聲,讀蕭、肴、豪、尤四部,一字皆有二音,如讀蕭作邪五,讀尤作二牛之類,雖其轉舌甚捷,殆不似二音,而疑非一字一言也。

> 華人所讀之音,我人所不能者,即日母、非母,而非母學之尚可爲,而日母則乃疑母、來母、心母三母之間音也,雖多年名譯亦莫能狀,故或讀疑、讀未、讀心,隨其時語,訓而爲之。我人所讀之音,華人所不能者亦多,如東、冬、江等七部入聲,侵、覃、鹽、咸四部平入聲,俱不得狀。

以上論述涉及當時漢語語音的諸多問題,比較突出的即是入聲問題。通過論述表明當時朝鮮語尚保留漢語的入聲讀音,而當地人對於入聲字,却"俱不得狀",説明當時遼東地區漢語入聲已經消失,併入其他聲調之中,這與當時的朝鮮語形成了鮮明的對比。《瀋槎日記》九月二十九日也有關於當時入聲的記録:"蓋華音則入聲皆同音,故無論覺、屋、質、物、緝合併皆通韻。"清代漢語官話音是保留入聲的,直到民國初年制定老國音時,仍保留了入聲。因此,此處所論述入聲消失的現象,不可能是指當時的官話音,應是指當時遼東地區漢語語音狀況。1744 年滿族人都四德撰寫《黃鐘通韻》,反映了清代前期遼寧的語音系統。對於入聲,都四德指出:"五方土音,惟南方有入聲,北方無入聲,北方呼入聲字,俱如短平聲字,其餘他方,

---

① 金貴士《東北黃海沿岸幾個地方的語音問題》,《吉林師範大學學報》1959 年第 4 期。

或呼爲上,或呼爲去,或轉爲別音者,各有不同。"兩種材料時代相近,都真實地反映當時遼東方言中入聲讀音情況:無論作爲聲調,還是作爲韻母,入聲在18世紀遼東方言中已經消失了,併入其他聲調之中。

《奉天通志》所反映的方言材料中,主要是關於入聲字的讀音,入聲已經消失。在現代北方方言中,中古入聲字歸類的情況非常複雜,李榮先生《中國語言地圖集》就是以中古入聲字今讀調類的不同爲條件,對官話方言進行分區。根據《奉天通志》"方音"所提供的材料,我們進行歸納和整理,如:

	陰平	陽平	上聲	去聲
清 聲 母	10	6	6	3
全濁聲母		11	4	2
次濁聲母				11

從表中可以看出,清聲母入聲字分別歸入陰平、陽平、上聲、去聲中,全濁聲母入聲字大多歸入陽平,次濁聲母入聲字歸入去聲,入聲字的歸類情況與今北京官話、東北官話是一致的。東北官話與北京官話的區別是清聲母入聲字歸上聲的字較多,但由於材料限制,無法對其量化分析。但有一個入聲字的讀音值得注意,即"福讀如府"。福,非母入聲字;府,非母上聲字,清聲母入聲字讀如上聲。在北京官話中,"福"歸入陽平,雖僅有一例,但很有代表性,説明清末民初奉天方言入聲字的歸派已與東北官話基本一致。

3.遼東方言中的日母和非母

當時遼東方言中保留日母和非母,這是朝鮮語所没有的發音。"華人所讀之音,我人所不能者,即日母、非母。"非母對於朝鮮使臣來説,學之尚可,但對於日母的發音特徵,朝鮮使節無法掌握,"日母則乃疑母、來母、心母三母之間音也,雖多年名譯亦莫能狀"。日母是舌尖後音,直到今天仍是我們漢語區別於其他語言的一大特徵。這條信息對於遼寧方音語言接觸史的研究,也具有重要價值。《奉天通志》中大部分日母字讀零聲母,如"日讀如意"、"肉讀如宥"。宋學《遼寧語音説略》將遼寧方言劃分爲四區,其中三個分區没有 r 母,只有靠近北京官話的第四分區有 r 母,應該是受到北京官話的影響。在遼寧的大部分地區,日母已不是獨立聲母,或讀零聲母,如肉讀 you;或讀來母和曉母,如仍讀 leng 或 heng,讀音較爲複雜。實際上,這一語音現象也是東北官話、膠遼官話的重要特徵,"東北官話大部分地區没有 r 聲母,北京話讀 r 聲母的字東北官話大部分都讀零聲母"①。"古止攝開口之外的日母字在膠遼官話的大多數地區讀零聲母,韻母爲細音,以[i-]或[y-]開頭"②。但從朝鮮使臣的記述中可知清代前期遼東方言漢語中日母還是存在的,這與今遼寧方言日母的讀音似乎是矛盾的。實際上,遼東方言中的日母在十八世紀中期已經開始發生演變了,1744 年都四德《黄鐘通韻》所反映的遼寧方言可以證實這一點。《黄鐘通韻》中列有二日母,齒屬日母下有字,牙屬日母下無字,韻圖日母列字共 65 個,其中中古日母 26 個,排列於輕上(開口)、重上(合口)位置上;喻母 32 個,排列於輕下(齊齒)、重下(撮口)位置上。此外,還有 6 個影母字"怨於嬰雍偎挨",1個疑母字"僥"。日母與喻母、影母列在一起,説明當時的日母已經失去獨立地位,讀同零聲母了。遼東方言日母演變的動因何在呢? 這應該與大規模移民引起的語言接觸有密切的關係。清政府爲了建設龍興之地,發佈招墾令,河北、山東、山西等關内移民大量湧入遼東,共同加入開發遼東的行列中。清初遼東地區的居民構成基本上是由移民組成的,那麽語言的構成也同樣是由移民語言在長期接觸、融合、影響下逐漸形成的,"雖滿漢異俗,並直、魯、豫、晉之人,雜居此地,語言各殊,而日久同化,自成一方俗語相沿"。(《奉天通志》)因此,今遼寧方言日母讀音的複雜性,原因就在於語言的接觸影響,這是我們研究遼東方言所不可忽視的。

4.**遼東方言中 m 尾歸入 n 尾**

通過與朝鮮語的對比,朝鮮使臣發現遼東方言中 m 尾已消失,"我人所讀之音華人所不能者亦多,如東、冬、江等七部入聲,侵、覃、鹽、咸四部平入聲,俱不得狀。"侵、覃、鹽、咸韻在中古皆爲閉口韻,收 m 尾,朝鮮語直到今天仍保留 m 尾的讀音。但在遼東方言中已"俱不得狀",説明 m 尾已消失,併入 n 尾中。[m]尾的消失,是近代漢語中一項重要的語音演變。它不僅

①張志敏《東北官話的分區(稿)》,《方言》2005 年第 2 期。
②張樹錚《膠遼官話的分區(稿)》,《方言》2007 年第 4 期。

打破了中古時期漢語韻尾系統的格局，而且也改變了漢語語音的結構。這項演變早在《中原音韻》中就已經發生了，但範圍僅僅限於脣音，稱爲"首尾異化"現象。但大多數的[m]尾韻還没有發生演變，《中原音韻》中侵尋、監咸、廉纖三韻的保留即是明證。明蘭茂《韻略易通》仍保持着《中原音韻》的格局，大部分[m]尾韻没有併入[n]尾韻中。而在十七世紀産生的韻書韻圖中，已經找不到閉口韻的影子了，都併入了[n]尾韻，如《等韻圖經》《元韻譜》《交泰韻》《西儒耳目資》《韻略匯通》《拙庵韻悟》《五音通韻》《等音》《聲位》等等。但閉口韻消變是在十七世紀才完成嗎？王力先生認爲："在北方話裏，－m 的全部消失，不能晚於 16 世紀，因爲 17 世紀初葉(1626)的《西儒耳目資》裏已經不再有－m 尾的韻了。"①李新魁先生《中原音韻音系研究》根據李登《書文音義便考私編》(1586)，斷定十六世紀中葉[－m]尾已經消失，變入[－n]了。楊耐思先生考察了十四世紀至十六世紀的漢語韻書、語音材料及朝鮮韻書，認爲："－m 的部分轉化不晚於 14 世紀，全部轉化不晚於 16 世紀初葉。"②此外，李無未先生根據蘭茂《聲律發凡》中的材料認爲："對閉口韻消變的下限，我們認爲也可斟酌。1460 年蘭茂《聲律發凡》把－m 韻注上'重先天'、'重仙寒'字樣。這部書是給雲南地區的人學習'官話'的，注上重××韻，是爲了説明雲南方言與官話的區别。因此，當時'官話'中已經不存在－m 尾字了，但－m 尾字在一些方言中仍然存在。從共同語的角度來説，－m 尾字在 15 世紀中葉就已經完全消失，但閉口韻在各地方言的演變並不是同步的，個别方言仍存在－m 尾字。"③因此，遼東方言中 m 尾韻的消失，反映了當時實際的語音演變。

　　5.**遼東方言中 z 組與 zh 組聲母不分**

　　在今天遼寧方言中，z 組與 zh 組聲母的關係比較複雜，大部分方言混而不分，基本只有 z 組聲母，没有 zh 組聲母，即我們通常所説的"平翹舌不分"，這可以説是東北官話的普遍特徵，也是與北京官話的重要區别之一。朝鮮使臣在燕行文獻中也反映了遼東方言的這一特徵，《瀋槎日記》九月二十九日："而甚至於'真'與'庚''青'通用，'三'字與'山'字同用，孫緬《廣

①王力《漢語史稿》，中華書局，1980 年，頁 135。
②楊耐思《近代漢語－m 的轉化》，載《近代漢語音論》，商務印書館，1997 年，頁 60。
③李無未等編《漢語音韻學通論》，高等教育出版社，2006 年，頁 170。

韻》已有此等凡例云。沈約分韻之後，古必無此例，而近來華音漸訛，此亦胡元以後之謬習也歟！"三，蘇甘切，心母，舌尖前音；山，所閑切，生母，舌尖後音。"三"字與"山"字同用，説明遼東方言中 z 組與 zh 組聲母不分。同時期反映遼寧方言的《黄鐘通韻》也揭示了這一語音現象。《黄鐘通韻》訾組聲母（中古精組），在現代普通話中爲舌尖前音。但訾組聲母中混入了中古莊組字，如"皺、髭、愁、襯、鋤、初、瘦"等，最突出的表現是用"初"作爲訾組聲母的代表字，這部分字在普通話中爲舌尖後音，這説明 z 組聲母與 zh 組聲母有相混的趨勢。反映二十世紀初遼寧語音的《奉天通志·方音》中，也記録了這一語音現象，如"竹讀如足"，竹，知母；足，精母，知精相混；"桑讀如傷"，桑，心母；傷，書母，心書混同。精組與知組、章組混同，表明清末民初奉天方言中舌尖前音和舌尖後音是不分的。此外，知莊章三組聲母應該也没有分別，如"闖讀如創"，闖，徹母三等；創，初母三等，知三莊三相混。

6.遼東方言個别讀音及其他

《瀋陽日録》載："覺羅音'教盧'，即皇帝姓也。順治嫌姓字重複，取閲百家姓譜，則趙字首題，遂以'覺羅'二字强翻漢音，改作趙氏。"覺，古嶽切，見母覺韻入聲；教，古孝切，見母肴韻去聲。清代遼東方言語音中入聲已經消失，分别派入其他聲調中。"覺"與"教"音同，説明江攝入聲字讀同蕭豪韻，這與遼東方言入聲讀音的演變是一致的。清末民初奉天方言中，宕攝三等、江攝二等入聲字的讀音與今北京話不同，讀[iau]韻，如"略讀如料"、"學讀如敩"、"覺讀如絞"。宕江攝入聲字，在《中原音韻》中大部分歸蕭豪韻，只有一小部分歸歌戈韻，並且這部分字在蕭豪韻重出。忌浮先生認爲歸蕭豪韻是白讀，讀歌戈韻是文讀①。可見在元代大都話中，或者在當時幽燕方言中，這些字都讀[iau]韻。直到今天遼寧方言中，江攝入聲字如"覺、學"等，白讀音仍讀同蕭豪韻。羅，魯何切，來母歌韻平聲；盧，落胡切，來母模韻平聲，讀音比較接近。

此外，對於古今漢語讀音不同的原因，李田秀也提出了自己的解釋，一方面是受到滿語的影響。"聞玄譯之言曰：'華音之轉變專因清語，蓋清人入帝之後，清爲主而漢爲客，凡系文字莫不牽漢而就清，故初知其謬而後習爲常云。'此言深有理也。"另一方面則是風氣稟質有異。"驛卒輦路逢彼

---

① 忌浮《十四世紀大都方言的文白異讀》，《中原音韻新論》，北京大學出版社，1991年。

人,則必告我國方言之稱虎者,而使之讀之,以爲笑資。仍思此非學習之不同也,即出於風氣稟質之有異也。我國之於遼瀋壤地相接,而音訓之相左已如是,則推以至幾千萬里之外,安知不更有不可狀不可讀之幾字母,此方所讀之音,其人亦不能狀不能讀也。然則此皆專出於風土之有別,而未必是我而非彼也。"

7.遼東方言中的滿語詞匯

燕行文獻中除了有關滿漢語言的使用外,還涉及大量的詞匯材料,其中保存了很多滿語詞彙,成爲滿漢語言接觸的重要材料,爲漢語詞彙史的研究,尤其是清代遼東方言詞彙的研究提供了重要參考,下面將其摘錄出來,並結合其他材料,進行詮釋和考證。

窩集:《入瀋記》七月二十五日甲寅載:"分水嶺十五里,此嶺自栅外諸窩集西來,迤入金、復、海、盖等州。"

按:窩集,滿語 woji,音譯詞,"森林"之意。在近現代文學作品中,該詞出現較多。紀昀《閱微草堂筆記》:"轉相告語,頗得善價,竟藉是達戍所,得父骨,以篋負歸。歸途於窩集遇三盜,急棄其資斧,負篋奔。盜追及,開篋見骨,怪問其故。"趙慎畛《榆巢雜識》:"盛京多窩集,茂密蓊翳,連林數十里,熊羆每每伏其中。"《清朝前紀》載:"又於詳考清初《疆域篇》中,叙兀哲部云:'兀哲一作窩集,均爲滿語之森林。《龍飛御天歌》卷七有兀狄哈,兀狄亦此對音字。哈者,人也,意此部族因棲息於森林帶而得名'云云。"

望哥:《瀋陽日記》辛巳正月初八載:"清語望哥者,猶云極難。蓋謂極難之人,故再稱望哥也。"

烏雲:《瀋槎日記》九月二十五日載:"聞皇帝曉頭行烏雲祭云。'烏雲'者,滿州語'九'也,宮内行九次祭,關帝及皇祖及鄧大人並受此祭,而殺牲薦獻,祭畢,將猪肉煮熟切之,合米食,名爲食小肉飯云。"

破土裏、滅莒、蘗桀:《瀋陽日乘》戊寅正月載:"八王,國人謂之破土裏。破土裏者,雄勇之稱。九王,國人謂之滅莒親王。滅莒者,智慧之稱。十王,號蘗桀,蘗桀者,傑特之稱。"

嗎法:《入瀋記》九月初九日丁酉載:"前明及本朝顯靈助陣事迹甚多,征李闖與三藩時風聞大内稱爲嗎法,嗎法乃清語祖宗之謂。"

按:嗎法,滿語 mafa,音譯詞,"祖父"之意,此外還可以指"老年人"。

8.遼東方言口語詞考釋

中火：《入瀋記》七月十九日戊申載：“金石山七里，打點華語中火。”

按：查閱《漢語大詞典》“中火”釋爲“在旅途或勞動中休息進食。”筆者認爲釋義不確。“中火”一詞多見於明清白話小説中，如《警世通言》（上）：“日光將午，到一村鎮。江居下了驢，走上一步，稟道：‘相公，該打中火了。’”此處“中火”指途中午休用飯。《入瀋記》“中火”後，均有“宿所”與其相呼應，也證實了這一點，如十月初四壬戌記載：“曉頭發行，嘉山六十里，中火。安州五十里，宿所。是日行一百十里。”

咱們：《入瀋記》八月初二日辛酉載：“則答此非咱們所管，有舒姓人主之，而今已歸家。”

按：“咱們”作爲第一人稱代詞的複數形式，在普通話及大多數方言中主要用於包括式。但此處則不同，是“我們”之意，用於排除式，這與今天遼寧大部分地區的用法是一致的。可見，“咱們”用於排除式第一人稱代詞複數，在清代前期遼東方言中已形成。

勾當：《入瀋記》八月初二日辛酉載：“吾是小通事，如此小勾當若不做成，則出去之後，必以我爲無用而斬頭，寧不悲哉？”《入瀋記》八月初三日壬戌載：“問其奴，稱有勾當，晚後當回。”《入瀋記》九月二十二庚戌載：“裕昆書曰弟有勾當，不能久坐，就此告辭，惟冀珍重加餐。”

按：此處“勾當”是中性詞，指“事情”。這種用法在明清小説中非常普遍，如《儒林外史》：“這是萬古千年不朽的勾當，有甚麼做不得！”《水滸傳》：“全不曉得路途上的勾當艱難！”現代漢語中該詞的感情色彩發生變化，轉爲貶義詞，一般指壞事情。

真個：《入瀋記》八月二十三日壬午載：“又書問曰宣作謀文章真個如何？書曰八股不過應制，詩文稍可。”《入瀋記》九月初八丙申載：“數語後，景明指案頭古銅香爐有宣德年款識者，曰此是真個古品否？”

按：真個，副詞，“真的，的確”之意。由詞尾“個”構成的副詞始見於唐代，如唐王維《酬黎居士淅川作》：“儂家真個去，公定隨儂否。”宋元明清時期使用更爲普遍，現代漢語中僅僅保留在某些方言中。

通共：《瀋陽日記》辛巳正月十三載：“衙門所給從臣以下饌銀三百四十一兩九錢，通共一千八百五十一兩九錢。”

按：通共，由副詞“通”、“共”同義連用構成的複音情態副詞，“共計、一共”之意。近代文獻中出現較多，如《老乞大新釋》：“通共算來，除了牙税脚價之外，也可得加五的利錢。”《水滸傳》第一〇一回：“王慶勢愈猖獗……通共佔據八座軍州，八十六個州縣。”《紅樓夢》第三四回：“如今我想，我已經五十歲的人，通共剩了他一個。”

強半：《入瀋記》八月二十三日壬午載：“僕等來此遍歷城内外，日日逢着強半是交易人。”《紀行百首》：“矧今剃髮者，強半是明民。”

按：強半，大半、過半之意，該詞出現較早，見於隋唐時期。隋煬帝《憶韓俊娥》詩之一：“須知潘岳鬢，強半爲多情。”後代作品皆有用例，宋范成大《玉麟堂會諸司觀牡丹酴釀三絶》之三：“浮生滿百今強半，歲歲看花得幾回？”清納蘭性德《浣溪沙》詞：“萬里陰山萬里沙，誰將緑髩鬥霜華，年來強半在天涯。”

泉貨：《入瀋記》八月二十六乙酉載：“貴邦泉貨，鑄何字樣？”

按：泉貨，即“貨泉”，是漢代最常見的一種錢幣，是王莽天鳳元年貨幣改制的産物。《漢書·食貨志下》：“天鳳元年，複申下金銀龜貝之貨，頗增減其賈直。而罷大小錢，改作貨布……直貨泉二十五。貨泉徑一寸，重五銖，文右曰貨，左曰泉，枚直一，與貨布二品並行。”後成爲貨幣的通稱。

六　結語

通過朝鮮使臣的所見所聞，使我們瞭解了明清時期遼東方言的使用狀況。作爲龍興之地的遼東地區，清朝一直非常重視滿語和滿族習俗的延續。滿語作爲“國語”，是官方或正式場合的交際工具，但漢語的使用更爲廣泛，是遼東地區滿漢各民族日常的交際語言。在出使過程中朝鮮使臣對遼東方言接觸較多，在燕行文獻中也保留了當時遼東方言的諸多信息。本文分八個方面進行論述，即遼東方言的聲調特徵、遼東方言入聲已消失、遼東方言中的日母和非母、遼東方言中 m 尾併入 n 尾、遼東方言中 z 組與 zh 組聲母不分、遼東方言個別讀音及其他、遼東方言中的滿語詞彙、遼東方言口語詞考釋，爲遼寧方言史的研究提供了重要參考。綜上，朝鮮時代燕行文獻不僅對清史、滿族史、中朝關係史研究具有重要價值，而且在明清語言研究方面，也爲我們提供了豐富的材料。雖然大多是片段的，零散的，並不是對當時語言的系統論述，但其價值也是不容忽視的，甚至可以彌補中國本土文獻材料的不足。因此,我們要深入挖掘燕行文獻中所藴含的有關中國的史料,全方位、多層次、多角度地研究"燕行録",使它在中國歷史文化研究中發揮更大的價值。

（作者單位:遼寧大學文學院;長春師範大學文學院）

域外漢籍研究集刊　第十七輯
2018 年　頁 213—228

金昌業在燕行中的多問及其家族文化背景*

——以"影響的焦慮"①爲重點

吴正嵐

　　《老稼齋燕行日記》記録了金昌業在燕行途中頻繁與人問答的情況,對此,以往的研究已有所論及②。對于金氏好問的原因,黄雅詩《閔鎮遠〈燕行録〉研究》從華夷之辨的角度加以歸因:"使臣每一次提問,都會增强他們對滿清的鄙夷,而每一個意料中的答案,則提升了'小中華'這一觀點的信心。"③所論誠爲有見。不過,此説偏重金昌業提問的客觀效果,本文則擬從金昌業自身對提問之意義的論述出發,考察金昌業通過多次提問來求得真相的做法。

　　另一方面,就金昌業家族的燕行文化而論,學界雖已注意到金昌業的曾祖、父親、叔父和長兄都曾出使中國④,但實際上,金氏的家族文化圈範

---

* 本文得到韓國教育部 2013 年度項目資助,是韓國學中央研究院(韓國學振興規劃辦:KSPS)"海外韓國學教科研重點基地"項目成果(AKS—2013—OLU—2250003)。

① "影響的焦慮"一説出自美國布魯姆同名著作(江蘇教育出版社 2006 年版),本文借此説來闡述家族文化的深遠影響所導致的超越家族前輩的焦慮。

② 比如,葛兆光《大明衣冠今何在》指出:"康熙五十一年(1712),金昌業在出使北京途中,一連三次向不同人提到同樣的話題,得到三次幾乎相同的回答。"(《史學月刊》2005 年第 10 期)又黄雅詩《閔鎮遠〈燕行録〉研究》頁 37 論及"金氏幾乎逢人就問的狂熱程度"(北京大學 2013 年碩士論文)。

③ 黄雅詩《閔鎮遠〈燕行録〉研究》頁 39。

④ 柳時仙《金昌業燕行述論——以〈老稼齋燕行日記〉爲中心》之《摘要》:"安東金氏于中國素有淵源,金昌業的曾祖父、父親、叔父以及長兄都曾以正使的身份出使過中國。"(遼寧大學 2014 年碩士學位論文)

圍較廣,除了金氏之外,還包括宋氏、李氏等姻親,因此,金氏姻親的燕行經歷也不可忽視。尤其值得注意的是,由於擁有共同的"雪窖記憶",金氏家族文化圈的情感聯繫和燕行信息交流尤爲密切。從《老稼齋燕行日記》來看,金昌業的燕行知識準備主要來自于家族文化圈成員。家族中的燕行文化背景在給金昌業帶來信息優勢的同時,也導致了"影響的焦慮",本文擬從這一角度分析金昌業的多問與其家族文化背景之間的關係。

一 在燕行中的頻繁提問

從肅宗 38 年(康熙五十一年,1712)11 月 3 日至次年 3 月 30 日,55 歲的金昌業以謝恩兼冬至使金昌集的子弟軍官身份赴燕。在 146 天的燕行過程中,金昌業向遇到的各色人等提問,問題的範圍涉及服色、海賊、讀經、科舉、地理、風俗等不同方面。

以往的研究已經指出,金昌業提問的特點之一是向不同的人詢問同樣的問題。比如,關於錦州海賊的動態,金昌業先後在十三山、高橋堡、寧遠、榆關、玉河館、暢春苑、大淩河、孤家子等地,向張奇謨、劉姓私寓主人、王寧潘、榮琮、潘德興、蔡文、王俊公、郭垣等八人詢問①。同樣,對于衣冠、科舉問題,金昌業也幾乎是逢人就問。

實際上,先行研究關注得不夠的一個方面是,金昌業還曾就同一問題向同一人多次提問。比如,1712 年 12 月 11 日,使行抵中安堡,金氏入住漢人王五家,問主人是滿是漢,其結果是:"初稱滿洲人,詰問,然後始告以實。

---

① 分別見《老稼齋燕行日記》,《燕行録全集》卷 32,頁 433、頁 443、頁 453、頁 489,卷 33,頁 31—32、頁 200、頁 340、頁 391。值得注意的是,王俊公先後兩次與金昌業論及海賊問題,不過 1712 年 12 月 13 日第一次談及,是王俊公主動要求筆談此事(《老稼齋燕行日記》,《燕行録全集》卷 32,頁 435—436);1713 年 2 月 29 日才是金昌業問王氏:"人言平康王已招安,然否?"(《燕行録全集》卷 33 頁 340)又黃雅詩《閔鎮遠〈燕行録〉研究》頁 50 云:"在前往北京的路上,金昌業問了四次,直到他在北京買到'兵部招安海賊事'的公告文書,前因後果皆十分清楚。他將其摘要記于使行紀録(33:144—148),後來也就只再問了一次。"此說至少遺漏了金昌業向蔡文、王俊公、郭垣等三人的相關提問。

問前後之言何异,則以爲先世雖漢人,既爲今皇帝所屬,人豈非滿洲?"①由于反復追問,金昌業得到了他認爲是真實的答案,這使他進一步確信,提問的頻率與答案的真實性之間有著正向聯係。于是,次日金氏問張奇謨有關衣冠問題時,也提問了兩次:"問:'俺們衣冠,你見如何？好笑否?'答:'不敢笑。''實說無妨。'答曰:'衣冠乃是禮也,有何笑乎?'"②這段對話中,"實說無妨"一語揭示了金氏再次追問以求真實答案的用意。由此可以推測,金氏在燕行中反復問及衣冠,在客觀上可能造成了炫耀"小中華"之文化優越感的效果,但從金氏的自述來看,其初衷還是希望瞭解清人對朝鮮衣冠的真實感受。

　　《老稼齋燕行日記》有關不能提問之情境的描述,也從反面折射了金昌業對提問的熱衷。比如,1713年1月25日,金昌業在暢春苑與衆宦筆談,"問答之際,終始執筆者,趙姓人,而衆宦各以所欲問,使執筆者書示,前後相續,使人疲于應對;余所欲問,有不暇問,亦恐行色或露,不敢作他語。"③衆宦官的提問太多,而且,由于金昌業以非正式的身份進入暢春苑,爲了避免身份的暴露,他也不敢隨心所欲地提問。又如3月7日,金昌業在永安寺僧人的陪同下,向千山進發。當日,金氏先是在路側問路,然後又向路遇的胡人詢問其來歷。其後,經過路邊的幾位耕者時,引路僧戒其從人"勿問路",後來該僧人解釋不能問路的原因是:"耕者乃地方官奴也,使勿問者,慮被盤詰也。"④這一有關問路的記載頗耐人尋味。引路僧爲什麽特意交代"勿問路"呢？顯然是由于金氏喜好提問,甚至在有僧人引路的情況下,也仍然不停地問路。另一方面,引路僧的告誡也折射出金氏的問路實際上帶有一定的風險。

　　金昌業對提問非常重視和自覺,不僅就同一問題向多人提問、向同一人多次提問,而且還不止一次地自述其反復提問的用意是求真。前引"詰問,然後始告以實"、"實說無妨"等説可爲例。還有,1713年1月3日金昌業向序班潘德興詢問九門提督陶和氣的情況曰:"又問:'九門提督有罪伏

①《燕行録全集》卷32,頁425—426。
②《燕行録全集》卷32,頁432。
③《燕行録全集》卷33,頁125。
④《燕行録全集》卷33,頁408。

法,緣何至此？'答：'九門提督陶和氣罪惡多端,難以悉舉。'問：'死是的否？'曰：'尚在獄内未死。'問：'畢竟難活？'曰：'然。'"隨後,金氏又解釋這一提問是爲了驗證他之前聽到的相關説法："九門提督總掌京城九門者也,或言以多受賄賂,皇帝誅之云。故欲知虚實而問之。"①可見,關于九門提督陶和氣是否受賄伏法,金昌業希望通過向多人詢問來獲得真相。類似將同一問題的不同説法加以對照以求真的情況,在《老稼齋燕行日記》還有不少②。

　　顯而易見的是,金昌業通過多次提問以求得真相的想法,是使行中充斥著各種虚假消息所致。《老稼齋燕行日記》曾先後指出譯輩、序班之言不可信③。還有,金昌業不止一次抨擊欺騙燕行使者的言行,比如,丁含章冒充朱太子孫的真相暴露後,金昌業扼腕嘆息："此他人奸騙之習,乃至如此,可畏可痛！"④又如,金昌業揭露王俊公以虚假信息騙取燕行使的財物："譯輩言此人頗虚疎,所言不足信,曾前使行到此,每呈如此之言,因求某物而去。"⑤此外,金昌業對于清人因政治高壓而不敢實話實説的苦衷,也有所瞭解。比如,1712 年 12 月 15 日金昌業向王寧潘追問"松杏塔三處之事"的真相,導致對方"色忽變,雖强勉爲答,而額汗如水,見之可哀"。于是金昌業道歉曰："遐外鄙人,不識忌諱,妄談及此,惟足下恕其愚昧,勿深見罪。"⑥在此,金氏已領悟到,不得真相的原因是政治忌諱。

---

① 《燕行録全集》卷 33,頁 29。

② 比如,1712 年 12 月 12 日金氏與張奇謨的問答："問答時,有一少年在傍,聞剃頭言,咄咄作慨恨聲不已。問奇謨：'此爲何人？'答：'是主人家。'問：'做何事？'答：'莊家買賣人。'俄聞之,則乃甲軍也。不以實告,其意可知。"(卷 32,頁 434—435)又如,1712 年 12 月 15 日金氏向王寧潘瞭解明末將領祖大壽的情況時,直率地告訴對方"祖將之事,所示亦與俺聞有异"(卷 32,頁 456)。

③ "(1712 年 12 月)二十七日丙子"條云："譯輩之言不可信,大抵類此。"(卷 32,頁 555)又"(1713 年正月)初三"條評論序班曰："且我國欲知此中陰事,則因序班求知,故此屬太半爲僞文書而賺譯輩,雖無一事之時,亦以爲有事；事雖輕者,言之若重。此屬之言,從來少可信。"

④ 《燕行録全集》卷 32,頁 277。

⑤ 《燕行録全集》卷 32,頁 436。

⑥ 《燕行録全集》卷 32,頁 457。

二　家族的燕行背景和雪窖記憶

　　騙取財物、政治高壓等原因導致虛假信息滿天飛,是金昌業燕行時期的普遍狀況,儘管如此,金昌業依然對求真充滿了信心。《老稼齋燕行日記》"(1713年2月)十六日甲子"條有"凡事難以假爲真,類如是也"①之説。本文試圖進一步追問的是,是什麽個人原因使得金昌業特别重視去僞存真呢? 這就不能不關注金昌業家族的燕行文化背景。

　　先行研究已經論述了金昌業的從曾祖金尚容、曾祖金尚憲、父親金壽恒、仲父金壽興等人的燕行經歷②。實際上,在金昌業隨同其兄金昌集赴燕之前,其外兄李世白(1635—1703)和宋相琦(1657—1723)也有燕行經歷。尤其值得注意的是,作爲一個家族性的燕行文化圈,他們擁有共同的雪窖記憶。這些共同記憶成爲家族中人交流情感的機緣,因而推動了燕行信息在文化圈内外的流轉。

　　李世白和宋相琦是金昌業的父親金壽恒的外甥,舅甥之間情感特别深厚。其中,李世白的母親是金壽恒的長姊。由金壽恒《伯姊墓志》、李世白《先妣安東金氏行狀》可知,壽恒五歲喪母,當時諸兄弟皆年幼,只有長姊剛成家。諸兄弟由長姊撫育成人,視長姊如母③。因此舅甥之間情誼深厚,也就不難理解了。不惟如此,李世白與金壽恒之間還義兼師生。由李世白《雪沙集》所附《年譜》可知,世白九歲受學于季舅文谷公金壽恒,十三歲隨往外王考金公通津縣任所,"多與文谷公同處,相磨礱刻勵不懈,學業大進。"④己巳年(1689)金壽恒被賜死于珍島,臨終前撰有《寄訣李甥世白李甥濡》,將病弱的兒了托付給外甥李世白等人⑤。由此亦可窺見舅甥倆關

①《燕行録全集》卷33,頁269。

②柳時仙《金昌業燕行述論——以〈老稼齋燕行日記〉爲中心》,頁10—11。

③《文谷集》卷19《伯姊(李挺岳妻)墓志》(《韓國文集叢刊》册133,頁374)、《雪沙集》卷9《先妣安東金氏行狀》(《韓國文集叢刊》册146,頁518)。

④《雪沙集》附録卷1,《韓國文集叢刊》册146,頁547。

⑤其説曰:"諸兄皆病弱……凡事令輩必盡情顧護,如我在時。"(《文谷集》卷28,《韓國文集叢刊》册133,頁552)。

係之親密。同樣，宋相琦與舅舅金壽恒情同父子，正如宋氏《祭季舅文谷先生文》所云："而爰自弱歲，見愛特殊。……蓋先生視之猶子，而小子視之如父。"①宋相琦還著有《文谷遺事》，褒美舅氏之德才兼備②。

　　由舅甥之間的深情，不難推測金昌業與兩位外兄的交誼。此次金昌業隨長兄金昌集赴燕之前，宋相琦作《送夢窩金判樞》赴燕二十三首，又有《別金弟大有燕行》一首③。李世白與金昌業也有詩歌酬唱，如辛巳年（1701）李氏作《祇役歸路與度支長歷訪大有還後大有投詩相問次韻以寄》④。

　　與朝鮮其他的燕行家族有所不同的是，金昌業家族中燕行信息的流轉，除了上述親情之外，還得力于他們所共同擁有的"雪窖記憶"：清人對朝鮮的丙子之役後的1640年，金昌業的曾祖父金尚憲因抗議與清營議和，被清人囚禁在龍灣、盛京兩地，直至1645年，金尚憲才隨入質盛京的朝鮮世子等人返國。其間金尚憲與朝鮮文臣崔鳴吉、曹漢英相互唱和，有《雪窖酬唱集》。歸國後，金尚憲將自己的作品編爲《雪窖集》、《雪窖後集》和《雪窖別集》。金尚憲《雪窖酬唱集序》云："歲庚辰冬，余與昌寧曹君守而，並被朝命，來投北庭，因于別館。……彼雖困我，而亦不能奪我之守。間有楚奏越吟，以宣其抑塞無聊之意。"⑤從此以後，金尚憲這段艱苦卓絶的經歷成爲金氏後人共同的雪窖記憶。

　　丙子之役是朝鮮時代的重要歷史事件，而對於金尚憲祖孫幾代而言，則是刻骨銘心的親身經歷和家族記憶。對于這一段歷史，金壽恒《先府君行狀》從其父金光燦挂念、陪侍所後父金尚憲的角度，做了詳細叙述。由此可見，對於金光燦來説，雪窖記憶其實是他自身的一系列慘痛經歷：他以病弱之身，探視被拘于龍灣、瀋陽等地的父親，"間關風沙冰雪中，往復數千里，首尾五六寒暑，所受傷，難一二計"⑥；又如，金壽恒于戊辰（1688）致金昌業的信中，曾以這一記憶勉勵兒子："昔年先祖考在雪窖，書教吾兄弟，有

---

① 《玉吾齋集》卷16，《韓國文集叢刊》册171，頁524。
② 《玉吾齋集》卷16。
③ 《玉吾齋集》卷3。
④ 《雪沙集》卷3。
⑤ 《清陰先生集》卷11，《韓國文集叢刊》册77，頁152。
⑥ 《文谷集》卷21，《韓國文集叢刊》册133，頁414。

曰:'讀書非必爲科第也。人而不學,有同面墙,爾輩勉之。'"①對於金壽恒來說,雪窖記憶也是捧讀祖父從遥遠的冰天雪地寄來之書信的難忘經歷。由此還可以推測,金氏常常以雪窖往事來激勵後輩。

　　由於具有共同的雪窖記憶,金氏家族中人在燕行途中,在龍灣、壽星村②、盛京(瀋陽)、《雪窖集》等因素的觸發下,紛紛寫出贊頌先祖之忠貞、愧恨自身之事虜的詩篇。金壽恒、李世白、宋相琦和金昌業等人燕行時,都曾在上述因素的感發下懷念金尚憲。其中,金壽恒先後于癸巳(1653)、癸丑(1673)兩次赴燕③,現存《文谷集》中繫年于這兩次燕行期間的詩文沒有涉及雪窖記憶,不過,考慮到《文谷集》曾經大幅删節,所謂"詩删者十之六,文半之"④,那麼金壽恒燕行途中有關雪窖記憶的詩文可能只是不存而已。值得注意的是,在繫年于非燕行期間的壬寅(1662)、戊申(1868)前後,金壽恒先後作有《龍灣感舊》、《龍灣感懷》,前者以愧對先人的心態提及雪窖往事:"餘生忍訪壽星村,每到龍灣便斷魂。往事流傳悲父老,家聲忝辱愧兒孫。"金壽恒的愧恨當來自于作爲燕行使事奉滿清的經歷。同詩有"山連雪窖曾留地,水接星槎舊泝源"⑤之説,提示了其愧恨與燕行的關係;另外,其《追記燕路舊游録呈野塘金參判行軒·其四》有"最是三忠遺廟在,却慚冠蓋此中過"⑥之説,也表達了類似的心情。因此,《龍灣感舊》即便不是作于燕行期間,也與其家族的雪窖記憶和他本人在燕行中的事夷之恥緊密相聯。又,李世白在燕行中不僅追憶雪窖往事,其事奉夷狄、愧對先人的心情

①《答業兒》,《文谷集》卷 28,《韓國文集叢刊》册 133,頁 549。

②關于壽星村,《老稼齋燕行日記·往來總録》"(壬辰十一月)二十二日"載:"曾祖庚辰年(1640)被拘瀋館,凡六年。辛巳(1641)冬,有病還此,留一年。與徐相國景雨、李尚書顯英適同住一村,相與酬唱,仍命其村曰'壽星'。蓋曾祖與徐、李兩公年耆艾也。……村在統軍亭下,而今爲廢墟。"

③據《同文彙考補編》卷 7《使行録》:"順治十年(1653)……十一月初三日三節年貢行"之書狀官爲"典籍金壽恒",又"康熙十二年(1673)十一月初六日謝恩兼三節年貢行"之正使爲"判中樞金壽恒"。

④金昌協《文谷集》跋。

⑤《文谷集》卷 2,《韓國文集叢刊》册 133,頁 39。

⑥《文谷集》卷 2,《韓國文集叢刊》,册 133,頁 33。

也與金氏一脉相承。李世白于康熙三十四年（1695）十一月以正使身份赴燕①，至少作有《到義州》、《到瀋陽感懷》、《到瀋陽有感奉呈谷雲舅氏》、《發邊城宿瀋陽》等四首追憶金尚憲的作品。這些詩緬懷雪窖記憶，分別提到了壽星村②、《雪窖詩》等意象③。值得一提的是，《到義州》曰："邊城何處壽星村，往事悠悠尚泪痕。萬里今輸皮幣去，還慚不肖外曾孫。"④詩意與金壽恒《龍灣感舊》的愧恨相呼應。同樣，《到瀋陽感懷》也抒寫了家仇國恨："巢穴深完且莫論，丙丁餘恥尚乾坤。"⑤宋相琦于 1697 年任燕行使書狀官⑥，其《瀋陽有感》、《送夢窩金判樞赴燕》其六、其八、《北征聯句百聯》等四首涉及雪窖記憶，其中，《瀋陽有感》"慚愧後孫甘洟泗，手擎幽幣走燕京"、《送夢窩金判樞赴燕》其八"今日此行真愧死，却將旄節向幽燕"⑦等説，亦與金、李二人桴鼓相應。

　　在燕行途中吟詠雪窖記憶，其實是金壽恒等人交流情感的重要方式。以舅甥之際而言，李世白追憶雪窖的《到瀋陽有感奉呈谷雲舅氏》中有"百變滄桑吾又過，此懷唯有渭陽知"⑧之句。這是説，李世白在燕行途中爲外曾祖的風骨而傾倒、爲自己不得不使燕事虜而痛心，種種複雜的情感，只有

①據《同文彙考補編》卷 3《使行録》，"康熙三十四年（1695）十一月初一日三節年貢行"之正使爲"禮曹判書李世白"。

②《到義州》以"邊城何處壽星村"開篇，《到瀋陽感懷》以"雪窖編中已泪痕"結束，《到瀋陽有感奉呈谷雲舅氏》感慨于"往事猶徵雪窖詩"、《發邊城宿瀋陽》末句爲"壽星何處更彷徨"（《雩沙集》卷 3，分別見《韓國文集叢刊》册 146，頁 416、頁 418、頁 419、頁 423）。

③此外，在李世白系年于甲戌（1694）的詩篇中，《龍灣書懷示巡使李子雨三首》之二也提到了"不知何處壽星村"（《雩沙集》卷 2，《韓國文集叢刊》册 146，頁 411），可知"雪窖記憶"時時縈繞于他的心頭。

④《雩沙集》卷 3，《韓國文集叢刊》册 146，頁 416。

⑤《雩沙集》卷 3，《韓國文集叢刊》册 146，頁 418。

⑥據《同文彙考補編》卷 7《使行録》："康熙三十六年（1697）三月二十九日奏請兼陳奏行"之書狀官爲"舍人宋相琦"。

⑦《玉吾齋集》卷 3，《韓國文集叢刊》册 171，頁 267、287。

⑧《雩沙集》卷 3，《韓國文集叢刊》册 146，頁 419。

同樣擁有雪窖記憶的舅舅金壽增①才能理解。與此相呼應的是，李世白赴燕之際，金壽增所作《送李甥仲庚世白赴燕》云："忍恥包羞六十年，紛紛冠蓋入遼燕。千秋志士無窮恨，慷慨長吟《雪窖編》。"②可以想像，在燕行情境下追憶雪窖往事，加深了金壽增和李世白舅甥之間的情感。就群從之間而論，如前所述，宋相琦于1712年送別金昌集燕行而作的《送夢窩金判樞赴燕》二十三首中，有兩篇回憶雪窖往事。通過在雪窖記憶和燕行情境中共同體驗愧恨的情感，他們之間的心靈溝通進一步加深了。同樣，金昌業在燕行中作《瀋陽感懷次雩沙韻》以"天道如今可復論，尚看腥穢滿乾坤"始，以"嗚呼往事詢何處，征袖空添抆血痕"③終，也與外兄分享了燕行中的雪窖追憶。

值得一提的是，"雪窖記憶"之所以刻骨銘心，與金尚憲作爲家族之精神領袖的身份密不可分。如前所述，金壽恒曾以金尚憲寄自雪窖的書信教育其子，不惟金氏，李世白也極其追慕外曾祖的家學門風。其《先妣安東金氏行狀》叙述其母幼年爲祖考清陰先生（金尚憲）所鐘愛，曾因受祖考美桃而不食、欲以桃歸遺父母，而被祖考稱譽爲"此何異陸績之懷橘耶？"④又李世白《禮記精華跋》自述其推崇金尚憲之《禮》學："併取清陰曾王考《讀禮隨鈔》四卷，常置之左右。"⑤

三　多問求真與"影響的焦慮"

在一次又一次勾起"雪窖記憶"的交流中，金氏家族文化圈成員之間的感情不斷加深。由于燕行體驗與"雪窖記憶"的密切關聯，這一文化圈的成員非常樂于交流燕行信息，金昌業《老稼齋燕行日記》正是家族內部燕行文化交流的結晶。家族內部燕行信息的交流，一方面使金昌業擁有了難於比肩的信息優勢，另一方面也使得他希望通過多問求真來克服"影響的焦

①金壽增（1624—1701），號谷雲，有《谷雲集》6卷（《韓國文集叢刊》册125）。
②《谷雲集》卷1，《韓國文集叢刊》册125，頁148。
③《老稼齋集》卷5，《韓國文集叢刊》册175，頁105.
④《雩沙集》卷9，《韓國文集叢刊》册146，頁517。
⑤《雩沙集》卷9，《韓國文集叢刊》册146，頁521。

慮"。

(一)家族影響與信息優勢

《老稼齋燕行日記》引用的燕行資料的作者多爲家族中人。就燕行資料的種類來説,金氏引用了許篈(1551—1588)《荷谷朝天録》①、李廷龜(1564—1635)《角山閭山千山游記》②、金壽恒《癸巳日記》、《癸丑日記》③、李世白日記④、《侍講院日記》⑤、《瀋館日記》⑥、白仁杰(1497—1579)《休庵燕行日記》⑦、宋相琦《丁丑燕行記》⑧、金錫胄(1634—1684)《息庵集》⑨等數種文獻,資料的種類豐富多樣,其中僅有金壽恒《癸巳日記》、《癸丑日記》、李世白日記和宋相琦《丁丑燕行記》這四種文獻來自家族内部。但是,從引用的頻率來看,引用四次以上的資料主要集中在上述四種家族文獻。唯一引用較多而非家族文獻的李廷龜《角山閭山千山游記》,之所以深受金昌業重視,也是由于其弟弟圃陰金昌緝的推薦。《老稼齋燕行日記·往來總録》載:"及治行,圃陰以《沿路名山大川古迹録》一册、月沙《角山閭山千山游記録》一册並《輿地圖》一張置橐中。"⑩可以説,金昌業的燕行信息主要來源于其家族文化圈。

---

①引用 3 次,分別見《燕行録全集》32—309、32—310、32—311。

②李廷龜字聖徵,號月沙(趙翼《行狀》,《月沙先生集》附録卷二,韓國文集叢刊册 70 頁 449)。《月沙先生集》卷三十八有《游千山記》、《游角山寺記》、《游醫巫閭山記》。金昌業《老稼齋燕行日記》引用"月沙記"14 次,分別見《燕行録全集》32—393～394、33—313、33—357、33—358、33—359、33—370、33—371、33—407、33—412、33—413、33—416、33—425、33—426～427、33—437。

③引用 12 次,分別見《燕行録全集》32—354、32—366、32—387、32—466、32—474、32—485、32—500、32—527、32—539、33—22、33—49、33—275。

④引用 4 次,分別見《燕行録全集》32—367、32—458、33—305、33—366。

⑤引用 2 次,分別見《燕行録全集》32—402、32—480。

⑥引用 3 次,分別見《燕行録全集》32—410、32—440、32—442～443。

⑦白仁杰字士偉,號休庵。參見《休庵先生實記》,韓國譜典出版社 1981 年版,第 170 頁。引用 1 次,見《燕行録全集》32—411。

⑧引用 5 次,分別見《燕行録全集》32—449、32—452、32—458、32—468、33—275。

⑨引用 2 次,分別見《燕行録全集》32—513、33—338。

⑩《燕行録全集》卷 32,頁 338。

　　從金昌業在燕行途中的次韻之作，也可窺見其對家族燕行信息之吸收。在《燕行塤箎録》中，金昌業有"次先韻"二十九首，又作"次雱沙韻"六首：《瀋陽感懷次雱沙韻》、《次伯氏歷大小黄旗堡及白旗堡次雱沙韻》（三首）、《次伯氏醫巫閭次雱沙韻》、《次伯氏東嶽廟次雱沙作》①。這些次韻之作折射了金昌業有關瀋陽、大小黄旗堡及白旗堡、醫巫閭和東嶽廟等地的信息來源，也透露了金昌業在燕行中超越前人的具體目標（説詳下）。

　　家族中燕行信息的充分交流，無疑使金昌業《老稼齋燕行日記》具有超出他人的信息優勢。《老稼齋燕行日記》在引用其父親、外兄等人的燕行資料時，不時流露出佔有獨家信息的自得。比如，記獨樂寺曰："《癸巳日記》：'堂中有一短碑，即遼乾統七年所立，節度使王觀所撰'，宋兄記中亦言之，而不知此碑在何處也？"②的確，由於熟稔家族文化圈的燕行資料，《老稼齋燕行日記》特别長於叙述居所、制度、風俗等方面的沿革。比如，關於丁丑之亂中朝鮮質子的住處："聞譯輩言，通官金四傑之母曾居此屋，常言此乃丁丑後朝鮮質子人等所接之家，世子館則今衙門是其地云。曾王考所拘之處即北館，而今無知者矣。"③這段話中，"而今無知者矣"六字，不勝今昔之慨；又如，金昌業根據金壽恒《癸丑年日記》"非設店處則麻貝、衙譯皆自行中供饋且索柴水之價"的記載，指出"即今麻貝、衙譯雖設站處皆自上副房供饋，此亦後來謬規"④。此外，關於山海關望海亭的匾額⑤、薊州牌樓上所刻字⑥、茶宴禮⑦等沿革，金昌業也依據金壽恒日記，提供了獨家信息。

　　（二）"影響的焦慮"與稼齋的苦心孤詣

　　家族文化圈的燕行信息一方面使金昌業具有獨特優勢，另一方面也給他帶來了"影響的焦慮"，使得他熱切地希望超越前人。由於信息過多而導

①《老稼齋集》卷 5《燕行塤箎録》。

②《燕行録全集》卷 33，頁 275。

③《燕行録全集》卷 32，頁 404。

④《燕行録全集》卷 32，頁 466、467。

⑤《燕行録全集》卷 32，頁 475。

⑥《燕行録全集》卷 32，頁 527。

⑦《燕行録全集》卷 33，頁 22。

致"影響的焦慮",可從宋相琦的説法中窺見一斑。宋氏《送書狀官尹季亨陽來①》云:"每歲燕山此别頻,厭將詩句送行人。遼陽華表傳徒妄,易水悲歌語亦陳。"②在此,宋相琦或許意在以戲謔的筆法送别行人,但是,由於每年都有幾批燕行使,已有的送别詩數量衆多、流傳亦廣,送别詩寫作難以推陳出新,當是事實。類似"影響的焦慮"在燕行録的寫作中也應當存在。

金昌業竭力超越外兄李世白和宋相琦之燕行經驗的意圖,可從其執意游覽角山、醫無閭山中見出。李廷龜《角山閭山千山游記録》無疑是金昌業嚮往三座名山的信息源,與此同時,金昌業親臨其地時,不由自主地想到李世白和宋相琦的相關詩句,足見其名山之行還有超越外兄的用意。以角山而論,1713 年 2 月 23 日,金昌業提出游角山寺的心願時,遇到了來自同行諸人的極大阻力:"一行皆以雪後風寒難之,申之淳言絶峻不可騎者十里,而雪被其上,決難着足……柳鳳山聞此言,勸止尤力。"③金昌業却毫不猶豫地前往,他描述夜宿角山寺的感受曰:"余遂自起,出户視之,海色蒼然而已……自念人生雖曰如浮雲,不定南北,而此身來宿此寺,豈夢寐所曾及哉?於是意思似喜似悲,遂不能睡。"④這使我們聯想到宋相琦在詩歌中不止一次地提及角山,比如《送謝恩書狀李仲剛》其七開篇即云:"角山望海休言壯,最是長安第一關。"⑤又《北征聯句百韻》"海色蒼知曙,山光紫覺晡。長城徒築怨,秦帝誤防胡"兩聯自注曰:"自寧遠望見渤海,角山在長城北。"⑥由此可以推測宋相琦對角山的嚮往之情。而金昌業"海色蒼然而已"與宋相琦"海色蒼知曙"的呼應,令人推測金昌業在角山寺所體驗的悲喜交集,可能有一部分是因爲超越了外兄的燕行體驗而感到欣喜。

同樣,金昌業前往醫巫閭山,也與超越李世白之燕行經驗的計劃有關。

---

① 據《同文彙考補編》卷 7《使行録》,康熙五十四年(1715)"謝恩陳奏兼三節年貢行"有"書狀官兼掌令尹陽來"。

② 《玉吾齋集》卷 4,《韓國文集叢刊》册 171,頁 295.

③ 《燕行録全集》卷 33,頁 307、308。

④ 《燕行録全集》卷 33,頁 316。

⑤ 《玉吾齋集》卷 3,《韓國文集叢刊》册 171,頁 276。

⑥ 《玉吾齋集》卷 2,《韓國文集叢刊》册 171,頁 271。

據《老稼齋燕行日記》，金昌業過北鎮廟後，"問聖水盆、柳花洞所在"①。從信息來源而論，李廷龜《游醫巫閭山記》②和《往醫巫閭山途中口占二首》③未及這兩個景點，那麽金昌業當別有所據。如前所述，金昌業作有《次伯氏醫巫閭次雯沙韻》，循此綫索，可以發現上述景點可能出自李世白的《醫巫閭山》："仙人巖上花應老，聖女盆前水自閑。"④值得一提的是，李世白在同詩中抒發了欲游覽閭山而不得的惆悵："客路怱怱空悵望，至今叢桂更誰攀。"⑤與此相呼應的是，金昌業《次伯氏醫巫閭次雯沙韻》明確表達了游覽醫巫閭山的計劃："馳神每閱前人記，歸路思偷半日閑。"⑥正因如此，他在燕行初期即 1712 年 12 月 11 日抵新廣寧時，便探問往醫巫閭山的路程："問閭山於主胡，言自新廣寧至北鎮廟爲十二里，自北鎮廟至觀音寺爲八九里，而山路險絕，間有不可騎處，山上有瀑布云。聞之，令人意思飛動。"⑦此時，除了山路險絕令金氏油然而生探險的興奮外，閭山離驛站不遠、因而游山有望成行，從而有可能在游山體驗方面超越外兄，也是金氏由衷地喜悦的原因吧。此外，《老稼齋燕行日記》癸巳年(1713)"三月初一日"記載諸人登上閭山甘露庵後，申之淳所謂"月沙後百年間無來此者，今日我輩之游，豈不奇哉"⑧一説，其實也是金昌業的心聲。此説與李世白空望閭山的惆悵相映照，也説明了金昌業此次燕行的目的之一就是親往閭山、從而超越外兄的燕行體驗。

(三)多問求真以克服"影響的焦慮"

通過反復詢問，以獲得真實的獨家信息，是金昌業努力克服"影響的焦

①《燕行録全集》卷 33，頁 353。

②《月沙集》卷 38，《韓國文集叢刊》册 70，頁 133。

③《月沙集》卷 7《丙辰朝天録》，《韓國文集叢刊》册 69，頁 291。

④《雯沙集》卷 3，《韓國文集叢刊》册 146，頁 420。又宋相琦《北征聯句百韻》有"玉女盆清澈，桃花洞有無"之句，其自注云："舊傳醫巫山上，有玉女盆、桃花洞。"(《玉吾齋集》卷二，《韓國文集叢刊》册 171，頁 271)可見，玉女盆、桃花洞等景點爲燕行使口耳相傳，宋氏此説最直接的來源當亦爲李世白。

⑤《雯沙集》卷三 3《韓國文集叢刊》册 146，頁 420。

⑥《老稼齋集》卷 5，《韓國文集叢刊》册 175，頁 106。

⑦《燕行録全集》卷 32，頁 427。

⑧《燕行録全集》卷 33，頁 356。

慮”的重要途徑。

　　比如,金昌業對於郭朝瑞之子郭垣“其言多不的確”的判斷,是其通過多問以求真,從而超越家族文化影響的嘗試。關於郭朝瑞的由來,《老稼齋燕行日記》“(1712 年 12 月)初九日”載:“過新民屯,副使、書狀見郭朝瑞,有問答。朝瑞以吳三桂部下人,三桂敗後,配于此,前後使行多招見問事情。南相九萬、崔相錫鼎特親厚,問遺久不替。”①在此,金氏没有提及的是,除了南九萬、崔錫鼎等位尊望重的朝鮮士人之外,金昌業外兄宋相琦也關心郭朝瑞,其《北征聯句百韻》“客榻逢翁伯,行囊問大蘇。塵沙人易眯,炎漲馬頻瘏”下自注:“巨流河,訪郭朝瑞。則其子垣云,見往瀋陽云。以行資周之。”②由《同文彙考補編》卷七《使行録》可知,宋相琦所赴的康熙三十六年(1697)三月二十九日奏請兼陳奏行,其正使便是右議政崔錫鼎③。因此,宋相琦受崔錫鼎的影響而關注郭朝瑞,乃情理中事。

　　與崔錫鼎、宋相琦等人的態度不同,金昌業試圖通過反復提問,來判斷郭朝瑞之子郭垣所傳達的信息之真偽。比如,以海賊事爲中心,他精心設計了一套問卷,其中包括:問題一,平康王今在何處? 問題二,(平康王)初在何處,今乃退去耶? 問題三,或言已就招安,此説有苗脈否? 最後他斷定郭垣的説法不可靠,理由之一是:“海賊初云退去,後因吾問,却以爲招安是實。”④就同一事、向同一人多次提問,根據前後回答之間的邏輯關係,判斷對方説法的真偽,是金昌業的用意所在。在此,金昌業得出了“其言多不的確”的結論,其意義不僅在於弄清了事實真相,更是對外兄宋相琦等人盲目親厚明遺民的反撥。

　　金氏對化名爲“丁含章”的朱太子孫朱言之身份真偽的鑒定,也體現了多問以求真的用意。金氏此次反撥的對象不是家族中人,而是同年 2 月出使的閔鎮遠。《老稼齋燕行日記》“(壬辰十二月)二十四日癸酉”條記載:

---

①《燕行録全集》卷 32,頁 418。
②《玉吾齋集》卷 2,《韓國文集叢刊》册 171,頁 271。
③上引《北征聯句百韻》“十載重持節,當年左設弧。生爲大男子,志不在妻孥”下自注曰:
　　“丙寅春,以副使赴燕。今又再赴”(《玉吾齋集》卷 2,《韓國文集叢刊》册 171,頁 272),説
　　的正是崔錫鼎此前已于康熙二十五年(1686)以副使身份赴燕,此行爲第二次。
④《燕行録全集》卷 33,頁 393。

"閔參判聖猷到此遇一人，自言是朱太子孫，變名姓，以丁含章行世。……閔參判見而奇之，夜與語，頗有所給。既歸，言于伯氏及副使，要必訪其所居，贈某物，亦書熹宗以下世系，付張遠翼，使往見其人，從容盤問，驗其真假。來時張譯以此事問，余以爲朱太子寧有子孫，至今保存也？此必奸細之徒，圖騙賂遺，假冒其名，此何待驗問而知其偽。又或彼人欲試我國而爲此，亦不可知。訪問自是危道，不如已之爲穩。"①這是説，1712 年 12 月 24 日，使行抵達薊州。由于同年 2 月謝恩使行的副使閔鎮遠（字聖猷）曾委托此行正使金昌集和副使尹趾仁訪問居于此地的丁含章，並驗證其身份的真偽，漢學上通事張遠翼向金昌業徵求意見，但金氏認爲丁含章決非朱太子子孫，加之顧慮到使行的安全，故反對訪問丁氏。關于丁含章一事的由來，閔鎮遠《燕行録》載：

（六月）初八日庚申晴："夕有一老人來訪于余所館，爲人頗似質樸。問其姓名，則朱言也。余問：'或是皇明後裔否？'對曰：'不敢言。'固問之，對曰：'親皇子四王毅然之第四子思誠，即吾祖也。……吾父往征流寇未返，而國亡……吾亦以貢生丁含章行世，而本姓名則朱言也。'"②

值得注意的是，對于丁含章身份的真偽問題，閔鎮遠等人已經設想了以世系來盤問真偽的方案。但金昌業反對盤問丁含章本人，試圖通過多方詢問來查尋真相。當天傍晚，他便向來訪的秀才康田瞭解此事，並精心設計了一套環環相扣的問題："問：'此處有術高的太醫麽？'蓋欲知丁含章來歷，先設此問也。…… 問：'原系此處人，是他處入來人？'答：'是此處。'…… 以此言見之，乃是世居此處人，其變姓名隱居之説，已歸虛套矣。"③通過丁含章醫術一般、世居本地等信息，金昌業敏鋭地推演出丁氏"變姓名隱居"説的虛假。

①《燕行録全集》卷 32，頁 530—531。
②閔鎮遠《燕行録》，《燕行録全集》卷 36，頁 325。
③《燕行録全集》卷 32，頁 534—535。

四　結語

　　金昌業在燕行途中頻繁提問，其用意在於通過多問以求得真實信息。本文從金氏家族的燕行文化的角度，考察金氏多問求真的動力所在。

　　衆所周知，金昌業的曾祖、父親、叔父、長兄和外兄都曾出使中國，家族中有著豐富的燕行文化積澱。本文認爲，金氏燕行文化深厚的奧秘在於，1640—1645 年金昌業的曾祖父金尚憲被拘北庭，著《雪窖編》，使得金氏擁有了共同的“雪窖記憶”。金氏家族中人在燕行途中，在龍灣、壽星村、盛京（瀋陽）、《雪窖集》等因素的觸發下，紛紛寫出贊頌金尚憲之忠貞、愧恨自身之事虜的詩篇，由此可見，“雪窖記憶”爲家族內部燕行信息的交流提供了感情動力。《老稼齋日記》對家族燕行文獻的大量引用，正顯示了金氏文化圈內信息交流的充分和有效。

　　家族中的燕行文化積澱使金昌業在把握制度、風俗、古迹的沿革方面具有信息優勢，也使得金昌業產生了“影響的焦慮”。金氏不顧險阻地游覽角山、醫巫閭山，原因之一就是試圖在燕行體驗方面超越外兄。

　　金昌業克服“影響的焦慮”之重要途徑，是通過反復詢問來求得真實的獨家信息。對於郭朝瑞及其兒子郭垣“其言多不的確”的判斷，以及對丁含章身份真僞的確認，是其通過一系列在邏輯上環環相扣的提問來實現的，是金氏另闢蹊徑、超越家族影響的嘗試。

　　必須説明的是，從金壽恒開始，金氏燕行使一直對燕行信息的真僞保持警覺，這也是金昌業多問以求真的家族文化背景。

（作者單位：南京大學中國思想家研究中心）

域外漢籍研究集刊　第十七輯
2018 年　頁 229—246

論朝鮮文人李鈺對袁枚《隨園
詩話》的接受 *

韓　東

　　袁枚是清代性靈派大家,在江南詩壇享有盛譽,他的詩學觀主要通過《隨園詩話》得以傳播。18 世紀末至 19 世紀初,《隨園詩話》正編與補遺相繼傳入朝鮮,隨後引起朝鮮文人的廣泛關注①。隨著《隨園詩話》在朝鮮的傳播,朝鮮文壇上開始出現抄録《隨園詩話》的現象,這其中以李鈺(1760—1815)與崔瑆焕(1813—1891)的表現最爲突出。崔瑆焕在其編撰的《性靈集》中大量抄録《隨園詩話》中的詩歌,以表達自己對性靈詩學的接受與理解,對此筆者已有專文論述②。而李鈺抄寫的《百家詩話鈔》,雖名爲百家,却實只抄録《隨園詩話》一家,對於這一事實,張伯偉、童嶺也已從抄録的概況、特點與背景等層面進行了詳細考述③。

　　李鈺本是朝鮮王室之後,因家道中落,加之其庶子的身份,在朝鮮頗不得志。但他熱衷明清小品文與小説風尚,反對詩歌創作復古並崇尚新風,

---

* 江西省社會科學規劃青年博士基金項目"清代性靈派對朝鮮後期詩壇的影響研究"
(16BJ40)階段性成果

① 詳見張伯偉《清代詩話東傳略論稿》,中華書局,2007 年,頁 141—145。

② 韓東《19 世紀崔瑆焕的〈性靈集〉編撰及其意義》,載《域外漢籍研究集刊》第 14 輯,中華書局,2016 年,頁 149—166。

③ 張伯偉《李鈺〈百家詩話鈔〉小考》,載《域外漢籍研究集刊》第 3 輯,中華書局,2007年,頁 49—59;童嶺《〈百家詩話鈔〉溯源小考》,載《古代文學理論研究》第 2 期,華東師範大學出版社,2011 年,頁 392—404。

他也因此在朝鮮文學史上留下了濃墨重彩的一筆。因此,作爲研究朝鮮後期文學演變的重要課題,目前對李鈺文學思想的研究已經取得不少成果。但是,這其中有關李鈺接受袁枚《隨園詩話》的問題,還没有取得較爲全面的闡釋。比如,就《百家詩話鈔》抄録《隨園詩話》的概況與特點而言,仍還有需要補充説明的地方;同時,李鈺對《隨園詩話》的接受,並不只是體現在簡單的抄録詩話與詩歌上,他其實還活用了《隨園詩話》中的詩學觀,指導創作了自己的詩歌集《俚諺》。《俚諺》作爲李鈺唯一流傳下來的詩集,一直以來被學界所重視。韓國學術界以往對其展開的研究主要集中在以下兩個方面:一是著眼於《俚諺》中出現的大量俗語現象,論述李鈺對朝鮮文學創作自覺理念的推崇①;二是關注《俚諺》詩歌中對"男女之情"的描寫,考察李鈺擺脱"性情之正",追求"性情之真"的理念②。但是,以往的研究都忽視了《俚諺》與《百家詩話鈔》一同被收録在《藝林雜佩》中的事實,這種收録現象本身就説明《俚諺》與《百家詩話鈔》一樣,與袁枚的《隨園詩話》存在某種聯繫,而目前對於這種聯繫的具體表現一直缺乏深入的研究。

　　因此,本文期望在先行研究的基礎上,進一步深入考察《百家詩話鈔》抄録《隨園詩話》的概況與特點,同時,厘清《俚諺》創作理念與《隨園詩話》的關係,進而全方位解讀朝鮮文人李鈺對袁枚《隨園詩話》的接受狀況。

一　《百家詩話鈔》抄録《隨園詩話》的概況與特點

　　從内容體裁來看,《百家詩話鈔》由詩話與詩歌兩部分組成,大體上前半部爲詩話,後半部爲詩歌;從抄録形式來看,《百家詩話鈔》又由墨圈符號與文字内容組成,通常一個墨圈下接一段文字内容。經考,全文有大墨圈

①李正善《李鈺의詩世界와朝鮮風》,《한양어문》第 16 輯,1998 年,頁 5—43;류재일《〈俚諺引〉에 반영된 李鈺의 시이론 연구》,《인문과학논집》第 16 輯,頁 103—119;손병국《李鈺의 한시〈俚諺〉의美的特質》,《한민족문화연구》第 46 輯,2014 年,頁 218—219。
②金文基《李鈺의〈俚諺〉에 나타난 女性風俗》,《국어교육연구》第 33 輯,2001 年,頁 115—116;李鉉佑,《李鈺 文學에 있어서의'真情'의 문제》,《한국한문학연구》第 19 輯,1996 年,頁 351—375。

236 個，小墨圈 106 個，大墨圈通篇都有，而小墨圈則只出現在後面的詩歌部分。《百家詩話鈔》抄録袁枚《隨園詩話》中的内容總計有 342 處，童嶺曾以趙鐘業編《韓國詩話叢編》中收録的《百家詩話鈔》①與顧學頡校點中華書局本《隨園詩話》②爲基礎，對《百家詩話鈔》中大墨圈下抄録内容的出處進行了詳細整理，但仍有四處暫未查出。筆者仍以上述兩種資料爲基礎，對這些内容進行了再次查找，其中三處的結果如下：《百家詩話鈔》中的 248 頁最後一個大墨圈、249 頁第 5 個大墨圈、250 頁第 8 個大墨圈的内容分別出至《隨園詩話》的卷 13 第 47 條、卷 1 第 1 條、卷 2 第 35 條。同時，筆者還按照從右至左的順序，對《百家詩話鈔》後半部小墨圈下詩歌在《隨園詩話》中的出處進行了整理。具體情況如下表：

《百家詩話鈔》小墨圈	《隨園詩話》出處	詩歌作者
第 251 頁	卷 2 第 79 條；卷 2 第 79 條；卷 3 第 10 條；卷 3 第 10 條	童二樹；童二樹；宋人；宋人
第 252 頁	卷 3 第 10 條；卷 3 第 10 條；卷 3 第 11 條；卷 3 第 11 條；卷 3 第 11 條；卷 3 第 11 條；卷 3 第 11 條；卷 3 第 12 條；卷 3 第 12 條；卷 3 第 12 條；卷 3 第 12 條；卷 3 第 12 條	宋人；元人；楊士（思）立；朱草衣；徐蘭圃；陳古漁；黄石牧；王菊莊；虞東皋；蔡元春；李英；楊芳燦
第 253 頁	卷 3 第 12 條	楊芳燦
第 254 頁	卷 3 第 56 條；卷 3 第 64 條；卷 3 第 64 條；卷 3 第 64 條	袁枚；施安；讓山；讓山
第 255 頁	卷 4 第 1 條；卷 4 第 1 條；卷 4 第 1 條；卷 4 第 1 條；卷 4 第 1 條	漪香大人；畢秋帆；嚴冬友；張少儀；田壽平
第 256 頁	卷 4 第 35 條	顧奎光
第 257 頁	卷 5 第 5 條；卷 5 第 5 條；卷 5 第 5 條；卷 5 第 5 條；卷 5 第 15 條；卷 5 第 25 條	黄之紀；黄之紀；黄之紀；黄之紀；浦翔春；符曾

---

① 李鈺《百家詩話鈔》，趙鐘業編《韓國詩話叢編》第 6 册，太學社，1996 年。
② 袁枚著，顧學頡校點《隨園詩話》卷七，人民文學出版社，1960 年。

續表

《百家詩話鈔》小墨圈	《隨園詩話》出處	詩歌作者
第 258 頁	卷 5 第 25 條；卷 5 第 26 條；	符曾；張少華
第 259 頁	卷 5 第 47 條；卷 5 第 47 條；卷 5 第 47 條；卷 5 第 47 條；卷 5 第 47 條	楊次也；楊次也；楊次也；楊次也；黃莘田
第 260 頁	卷 5 第 47 條；卷 5 第 47 條；卷 5 第 49 條；卷 5 第 65 條	黃莘田；程午橋；明義；朱子穎
第 261 頁	卷 6 第 74 條；卷 6 第 87 條；卷 6 第 90 條	李憲喬；劉春池；唐孫華
第 262 頁	卷 6 第 97 條；卷 6 第 97 條；卷 6 第 97 條；卷 6 第 97 條；卷 6 第 109 條	石文成；石文成；石文成；石文成；俞又陶
第 263 頁	卷 7 第 52 條	陳翼叔
第 264 頁	卷 7 第 62 條；卷 7 第 62 條；卷 7 第 62 條；卷 7 第 62 條	蘇神童；蘇神童；蘇神童；蘇神童
第 265 頁	卷 7 第 93 條；卷 7 第 94 條；卷 8 第 7 條（原文未標注墨圈）；卷 8 第 7 條；卷 8 第 8 條	宋人；何在田；何在田；何在田；汪端光
第 266 頁	卷 8 第 8 條；卷 8 第 11 條；卷 8 第 11 條；卷 8 第 11 條；（暫未考出）；卷 8 第 29 條；卷 8 第 68 條	汪端光；王家駿；王家駿；王家駿；（暫未考出）；萬柘坡；柯錦機
第 267 頁	卷 8 第 97 條；卷 9 第 1 條；卷 9 第 2 條	佚名；朱草衣；王莪亭
第 268 頁	卷 9 第 2 條；卷 9 第 4 條；卷 9 第 11 條；卷 9 第 14 條；卷 9 第 14 條	王莪亭；鮑之鐘；顧宗泰；桐城相公；桐城相公
第 269 頁	卷 9 第 23 條；卷 9 第 27 條；卷 9 第 27 條；卷 9 第 30 條；卷 9 第 30 條；卷 9 第 39 條	許子遜；袁鳳儀；呂柏岩；某公子；某父；年龔友
第 270 頁	卷 9 第 52 條；卷 9 第 74 條；卷 9 第 77 條；卷 9 第 78 條	羅隱；鄭板橋；晁君誠；周明先

續表

《百家詩話鈔》小墨圈	《隨園詩話》出處	詩歌作者
第 271 頁	卷 9 第 85 條；卷 13 第 53 條；卷 9 第 90 條；卷 9 第 89 條；卷 9 第 89 條；卷 9 第 89 條；卷 10 第 25 條；卷 10 第 33 條；卷 10 第 36 條；卷 10 第 67 條	李穆堂；方貞觀；彭廷梅；曹澹泉；方子雲；陳古愚；瑤英；袁枚；袁機；朱明府
第 272 頁	卷 10 第 84 條；卷 10 第 84 條；卷 10 第 91 條；（卷 10 第 91 條；卷 11 第 12 條；卷 12 第 31 條	魯星村；魯星村；吳飛池；吳飛池；宋人；虞廣文

　　通過對《百家詩話鈔》抄録内容的整理，可以發現李鈺的抄録呈現出以下幾個特點：其一，《百家詩話鈔》只抄録了《隨園詩話》正編部分的内容，而對補遺部分的内容没有涉及。出現這種情況的原因，可能並不是李鈺有意爲之，而是與隨園詩話的傳播過程與李鈺的個人經歷有關。根據王英志的考察，《隨園詩話》正編 16 卷的最早刻本是乾隆五十五年（1790）的隨園刻本，而《隨園詩話》補遺 10 卷的定稿成集不會早於嘉慶二年（1797）①，這樣一來，李鈺編寫《百家詩話鈔》的時間當不會早於 1797 年。李鈺曾在它的另一部著作《俚諺》中提到"大清乾隆之年，居於朝鮮漢陽之城"②，根據韓國學者金均泰的研究，李鈺在漢陽的活動時間大致在 1790 年至 1795 年之間③，由此可知，李鈺創作《俚諺》的時間當爲 1790 年至 1795 年之間。考慮到《百家詩話鈔》與《俚諺》一同被收録在《藝林雜佩》之中，可推測《百家詩話鈔》也應是李鈺 1790 年至 1795 年在漢陽生活時所作。

　　事實上，1790 年至 1795 年正是李鈺作爲成均館儒生在漢陽進行學習的時間，這幾年也是李鈺接觸與學習明清文學，反叛傳統文學的高峰期。1792 年，李鈺因在應制文章中，使用小説化手法，受到正祖的痛斥。"日昨儒生李鈺之應制，句語純用小説，士習極爲駁然。方令同成均日課四六滿

①王英志編《袁枚全集》第一册，前言，江蘇古籍出版社，1993 年，頁 13。
②李鈺《俚諺》，實是學舍古典文學研究會譯注《完譯 李鈺全集》第 4 册，휴머니스트，2009 年，頁 275。
③金均泰《李鈺的文學理論與作品世界研究》，창학사，1991 年，頁 5—8。

五十首,頓革舊體,然後許令赴科。"①但是,雖面對嚴厲制裁,李鈺却並没有改變自己對文學創作的態度。1795 年 8 月,李鈺作爲成均館儒生,再次參加"應迎鑾制"時仍没有改變明清小品文風氣,結果被令停舉,後改爲充軍,其後在 9 月的應制中又因文體問題被判充軍。1796 年 2 月,李鈺參加了别試初試,雖名列榜首,但正祖還是因爲其文體不純,命降爲榜末,又發配充軍②。由此可見李鈺在成均館時期對明清小説、小品文的熱衷,以及受到正祖的嚴厲打壓。袁枚的《隨園詩話》蘊含了大量解構傳統詩學的革新精神,所以,李鈺編寫《百家詩話鈔》的舉動,可看作是他在成均館儒生時期,熱衷學習明清文學創作經歷的一種體現。

其二,抄録詩話部分呈現出"反傳統"的詩學意識。《百家詩話鈔》中共計抄録詩話 55 條(一大墨圈即爲一條),這其中有言及歷史名人的逸事與詩歌,但更多的還是涉及詩歌創作中的"學問"、"師古"、"真情"、"自我"、"用典"、"薄厚"、"考據"、"俗套"等諸多問題。總體來看,李鈺摘抄的詩話内容呈現出"反傳統"的詩學意識。這裏試舉以下幾例:

> 老學究論詩,必有一副門面語。作文章,必曰有關係;論詩學,必曰須含蓄。此店鋪招牌,無關貨之美惡。③

> 今人論詩,動言貴厚而賤薄,此亦耳食之言。不知宜厚宜薄,惟以妙爲主。以兩物論,狐貉貴厚,鮫綃貴薄。以一物論,刀背貴厚,刀鋒貴薄。安見厚者定貴,薄者定賤耶?④

> 凡人作詩,一題到手,必有一種供給應付之語;老生常談,不召自來。若作家,必如謝絶泛交,盡行麾去,然後心精獨運,自出新裁。及其成後,又必渾成精當,無斧鑿痕,方稱合作。⑤

李鈺抄録《隨園詩話》中的這些條目,既是他在 18 世紀後期,朝鮮詩壇上興起詩學革新的大背景下,積極反擊傳統詩學絶對價值的體現,同時也

---

①《正祖實録》,正祖 16 年,壬子,10 月。
②參看李鈺《追記南征始末》,實是學舍古典文學研究會譯注《完譯 李鈺全集》第 4 册,휴머니스트,2009 年,頁 191—192。
③袁枚著《隨園詩話》卷七,頁 236。
④袁枚著《隨園詩話》卷四,頁 117。
⑤袁枚著《隨園詩話》卷七,頁 244。

可看作是他表達自我詩學主張的一種方式。因此，雖然《百家詩話鈔》的内容幾乎都照搬《隨園詩話》，但是，爲了真實表達自己的詩學理念，李鈺對袁枚的一些詩學觀點，也並不是完全接受，有時他便會對詩話原文作出修改。

如袁枚在《隨園詩話》卷7中有言："詩難其真也，有性情而後真，否則敷衍成文矣。詩難其雅也，有學問而後雅，否則俚鄙率意矣"。① 李鈺在抄録這段内容時，對原文做了改動，省略了一部分内容，結果袁枚的這句話變成了"詩難其真也，有性情而後真，否則俚鄙率意矣"②。李鈺在抄録時對原文的改動現象有可能純粹是筆誤，也有可能是爲了抄録的方便，這兩種情況在《百家詩話鈔》中較爲常見。但是，李鈺對這段内容的修改却不是出於以上兩種原因。袁枚與公安派雖都推崇性情，但在審美上却大有不同，最大差異就在於公安派不講雅俗之辨，而袁枚强調的是既要保證性情之真，同時還要追求表現形式的雅化，所以袁枚是强調學問的③。李鈺删除了原文中有關學問雅化的文字，其文意則變爲：詩歌若不凸顯性情，就不是真詩，便會淪爲俚鄙率意。這表明在對待性情與學問的問題上，李鈺與袁枚還是有差異的。從這點來看，此時的李鈺似乎還是没能完全擺脱公安派袁宏道的影響。李鈺曾閱讀過袁宏道的《袁中郎集》，並寫下了《戲題袁中郎詩集後》一文。

　　錢虞山論明詩之所由變，石公必居其一，至以此大承氣湯。蓋石公矯王、李，而啟鐘、譚，功罪相半故也。以余觀於石公，不過一尋常文人也，非有德位之著也。而其爲辭又不肯師古，只以石公，有舌之筆，記録石公由情之語，固一代之變風也。顧又細瑣軟弱，不可以大家稱。是石公處於今，不過爲南山下數間草屋，種一殘花，日與龍子猶輩，沾沾自鳴者也。使鄰人，不見甘詩而指斥之，則幸矣。彼安得登文壇，主詞盟，麾旆鳴鼓，而天下靡然乎從之耶？豈石公之時，天下詩道，不及乎今，故以石公而猶宗之耶？抑石公之道，近乎人情，不似白雪樓之空事咆哮，故天下知其然而從之耶？在石公，固雄矣。噫！此一時也，彼

---

① 袁枚著《隨園詩話》卷七，頁234。
② 李鈺《百家詩話鈔》，頁243。
③ 張健《清代詩學研究》，北京大學出版社，1999年，頁766—767。

一時也，其時則易然。①

　　李鈺對袁宏道的評價是"功罪相半"，他認爲在詩歌創作的"反對師古"與提倡"真情之語"這兩個層面上是有功的，而造成詩歌語言細瑣、孱弱，以及影響到後來竟陵派的詩風上是有過的。但是上段引文的整體基調是肯定袁宏道的，這與李鈺個人詩歌創作的風格有關，他的詩文創作一直與傳統格格不入，因此在當時頗遭批判。事實上，這裏李鈺不僅推崇袁宏道主張真情的詩歌創作觀，也嚮往袁宏道曾在詩壇上留下的聲名。由於自己的詩歌在朝鮮不被接受，所以他斷言袁宏道這樣的人物若生活朝鮮，也只會默默無言，根本不可能主盟詩壇，李鈺一直强調"此一時，彼一時"的原因也就在這裏。由此看來，李鈺對袁枚的接受不是盲目的照搬，而是有自己的取捨。

　　其三，抄録詩歌部分内容突出了男女之情。《百家詩話鈔》整體内容爲手抄本，共計 18.5 頁雙面紙張，這其中詩歌部分就達到 12 頁容量。因此，從篇幅比重來看，《百家詩話鈔》的抄録重點並不是詩話而是詩歌，同時，在這些抄録的詩歌中還有一個亮點，那就是大量描寫男女之情的詩歌得到呈現。事實上，對男女情詩的肯定與提倡是《隨園詩話》中的一大特色，袁枚曾説過："本朝王次回《疑雨集》，香奩絶調，惜其只成此一家數耳。沈歸愚尚書選國朝詩，擯而不録，何所見之狹也。"②所以，他在《隨園詩話》中收録了大量描寫男女之情的詩歌。很顯然，李鈺接受了袁枚的這一觀點，因而在《百家詩話鈔》的抄選過程中也突出了情詩的地位。在《百家詩話鈔》中，這些描寫男女之情的詩歌大致可以分爲兩大類。一類是女性詩人創作的情詩，另一類是男性詩人創作的情詩。這裏試舉以下幾例：

　　（1）女性詩人創作的情詩。《隨園詩話》卷 9 中言"余作庶常時，寓年家花園。同年吳自堂與其兄飛池借寓園中。飛池與吳女金娘有三生之約，畏妻不敢聘。金寄詩云：'殘淚未消和影拭，舊書重展背人看'。"③李鈺便抄録了金娘這首詩，並另附上《閨怨》一題。又如《隨園詩話》卷 3 中有云："金陵女徐氏，適桐城張某，夫久客不歸，寄詩云：'殘漏已催明月盡，五更如度

① 李鈺著《李鈺全集》第 4 册，頁 86—87。
② 袁枚著《隨園詩話》卷五，頁 145。
③ 袁枚著《隨園詩話》卷九，頁 309。

五重關’。又有魯月霞者，嫁徽邑程生而寡，有《掃花》詩云：‘觸我朱欄三日恨，費他青帝一春功’。”①李鈺抄録徐氏的詩歌，還另附詩題《戀夫》，而魯月霞的詩歌也被收録，只不過題目改爲《楊花》。再如《隨園詩話》卷 2 收録有女史胡慎容的多首詩歌，其中有《女郎詞》一首，其云：“相呼同伴到簾幃，偷看新來客是誰。又恐被人先瞥見，却從紈扇隙中窺。”②這首詩歌被李鈺抄録在《百家詩話鈔》中。

（2）男性詩人創作的言情詩。《隨園詩話》卷 1 有言：“莊蓀服太史《贈妓》云：‘憑君莫拭相思淚，留著明朝更送人。’”③李鈺《百家詩話鈔》中收録了這首《贈妓》，又如《隨園詩話》卷 4 有云：“赤子先生《端午竹枝》云：‘無端鐃鼓出空舟，賺得珠簾盡上鈎。小玉低言嬌女避，郎君倚扇在船頭。’”④李鈺隨園詩話中也收録了這首詩歌，只不過詩題改爲《竹枝詞》。

通過對《百家詩話鈔》内容的深入剖析，可以發現“反傳統”與“强調真情”是李鈺抄録《隨園詩話》時的重要關注點，而這種“真情”又具體體現在男女之情上。他的這種抄録特點，既可以看作是對袁枚詩學觀的肯定與接受，同時，也可以看作是他借助袁枚的言論，表達自己詩學主張的一種途徑。同時，從李鈺抄録的情詩來看，女性作者又是他關注的一個重點。19世紀中葉，朝鮮文人崔瑆焕也曾在《性靈集》中大量抄録《隨園詩話》中女性詩人的詩歌，如此看來，18 世紀末期的李鈺堪稱朝鮮詩壇肯定女性詩人地位的先驅者。

二　《俚諺》創作對《隨園詩話》詩學觀的活用

《百家詩話鈔》由詩話與詩歌兩部分組成，其内容都來源於袁枚的《隨園詩話》。而與《百家詩話鈔》一同收録在《藝林雜佩》中的《俚諺》，其結構也有相似之處，比如，它也是由闡述詩學觀點的文字與詩歌夾雜而成，只不過其内容不是抄録別人而來，而是李鈺親筆所作。那麽《俚諺》主要表現了

---

①袁枚著《隨園詩話》卷三，頁 93。
②袁枚著《隨園詩話》卷二，頁 36。
③袁枚著《隨園詩話》卷一，頁 23。
④袁枚著《隨園詩話》卷四，頁 23。

李鈺的哪些創作特點？而這些特點又與袁枚有什麽關係？這是本節將要探討的話題。

《俚諺》由具有序文性質的《一難》、《二難》、《三難》與詩歌部分《雅調》、《豔調》、《宕調》、《俳調》組成。同時，前半部的“三難”採用對話的語氣展開，而後半部的《雅調》、《豔調》、《宕調》、《俳調》四個部分又分別由一小段說明文字與詩歌構成。總的來説，李鈺的《俚諺》創作受到了袁枚以下兩個方面的影響。

其一，强調表現自我的理念。李鈺在《一難》開篇中説明了自己創作《俚諺》的緣由，這其中表達出了一種强烈的“表現自我”理念。

> 或問曰：“子之俚諺，何爲而作也？子何不爲國風、爲樂府、爲詞曲，而必爲是俚諺也歟？”余對曰：“是非我也，有主而使之者。吾安得爲國風、樂府、詞曲，而不爲我俚諺也哉？觀乎國風之爲國風，樂府之爲樂府，詞曲之不爲國風、樂府，而爲詞曲也，則我之爲俚諺也，亦可知道矣。①”

袁枚反對擬古，提倡獨創，因而他主張“作詩不可以無我”②，他曾説“最愛周櫟園之論詩曰：‘詩以言我之情也，故我欲爲則爲之，我不欲爲則不爲’。”③對於袁枚而言，詩歌是作者抒發自我情感的方式，自然就要以自我爲中心。李鈺曾在《百家詩話鈔》中抄録有《隨園詩話》中的“有人無我是傀儡也”④與“凡作詩者，各有身分，亦各有心胸”⑤二句，這表明了他對袁枚詩學觀的接受。而上段引文中出現的“非我”論點，同樣也是脱胎於袁枚。

朝鮮詩壇的詩歌創作，一般都是遵循中國傳統體裁的創作規則與風格。但李鈺卻選擇了獨闢蹊徑，創作具有朝鮮特色的俚諺，面對可能招致的批判，他用模擬對話的方式，强調自己的創作初衷是爲了表現自我。袁枚曾説“詩如天生花卉，春蘭秋菊各有一時之秀”⑥，恰巧的是李鈺也用了

①李鈺著《李鈺全集》第 4 册，頁 273—274。
②袁枚著《隨園詩話》卷七，頁 163。
③袁枚著《隨園詩話》卷三，頁 55。
④李鈺著《李鈺全集》第 4 册，頁 237。
⑤李鈺著《李鈺全集》第 4 册，頁 255。
⑥袁枚著《隨園詩話》卷三，頁 52。

類似的比喻來支撐自己的論點。《一難》最末中有言："蝴蝶飛而過乎鶴翎，見其寒且瘦，問之曰：'子何不爲梅花之白、牡丹之紅、桃李之半紅半白，而必爲是黃歟？'鶴翎曰：'是豈我也？時則然矣，於時何哉？'子亦豈我之蝴蝶也哉！"①因此，不論是在《百家詩話鈔》中，還是在《俚諺》中，自我表現的意識都得到呈現。那麽，在《俚諺》中李鈺究竟是通過什麽具體的途徑來表現自我意識的呢？總體而言，李鈺在《俚諺》中主要通過在詩歌中添加具有朝鮮民族特色的諺文俗語，來表現自我的創作風格。

　　當然，爲了避免可能遭受的指責，李鈺在《三難》中同樣用模擬問答的方式，對此進行了如下的闡釋：

　　　　或以俚諺中所用服食器皿，凡幹有名之物、無名之物，多不用本來自名稱，以妄以己意傅合鄉名，用之文字也，以爲僭焉，以爲詭焉，以爲鄉音焉。余曰："是然矣。然則，我之犯是科也，久矣。我之於我之室也，我不曰'岳陽樓'、'醉翁亭'，而我以我室之名，名我室焉。我十五而冠，始有名有字，我不以古人之名名我，我不以古人之字字我，而我名名我，我字字我，則犯是科，其亦久矣。奚徒我也？子亦然矣。子何不以皇帝之姬，晉之王、謝，唐之崔、盧爲子之姓，而子何有子之姓耶？"或笑之曰："我言物名，而子反勒之以人耶？"曰："請以物之名言。物之名甚多，請以目前之物之名而言之。彼草織而藉者，古之人，中國之人則曰席，我與子則曰兜單席；彼架木而安油者，古之人，中國之人則曰燈檠，我與子則曰光明；彼束毛而尖者，彼則曰筆，我則曰賦詩；彼搗楮而白者，彼則曰紙，我則曰照意。彼以彼之所名者名之，我以我之所名者名之。"②

　　從引文中可知，李鈺的闡述分爲兩個部分。第一個部分還是從強調"自我"的角度出發，說明自己創作俚諺的合理性；第二個部分是從朝鮮與中國在語言使用上的差異性出發，論證使用諺文俗語的必要性。這裏李鈺推崇朝鮮諺文創作詩歌的理念，與18世紀後期朝鮮文壇上興起的民族自覺意識有關。在李鈺之前，朝鮮文人朴趾源就曾説過"左海雖僻國，亦千乘，羅麗雖儉，民多美俗。則字其方言，韻其民謠，自然成章，真機發現，不

---

①李鈺著《李鈺全集》第 4 册，頁 276。
②李鈺著《李鈺全集》第 4 册，頁 280—281。

事沿襲。無相假貸,從容現在,即事森羅,惟此詩爲然。嗚呼!三百之篇,無非鳥獸草木之名,不過閭巷男女之語,則邶檜之間,地不同封,江漢之上,民各其俗,故采詩者以爲列國之風,考其性情,驗其謠俗也"①。所以,到了這一時期,朝鮮文人在反對復古的進程中,一部分文人將不模擬古人進一步發展到不模仿中國人的理論高度。因此,在朝鮮後期,反對復古的思想又與提倡朝鮮文學自覺的新理念產生合流。但是,可以清楚的看到,到了李鈺這裏,這種思想又有了新的發展。比如,李鈺將這種民族自覺意識與袁枚的"有我"理念相結合,從"表現自我"的理論層面,進一步闡釋其創作的合理性。同時,對於支撑這種合理性的客觀依據,李鈺也進行了詳細説明。正如上段引文所揭示的那樣,李鈺從朝鮮與中國對不同物品的稱謂著手,闡明了詩歌創作不能照搬中國詞語的問題。

在朝鮮詩壇,文人們使用中國典故作詩,確實是一種普遍存在的現象,比如17世紀詩論家金萬重就曾感歎到:"今我國詩文,舍其言而學他國之言,設令十分相似,只是鸚鵡之人言,而閭巷間樵童婦,咿呀而相和者,雖曰鄙俚,若論真贋,則固不可與學士大夫所謂詩賦者,同日而語"②。這段內容常被人拿來説明朝鮮民間文學的發展史實,實際上,這裏強調的是詩歌的"用典"問題。士大夫們由於熟讀中國的詩文集,當然在作詩時便能信手拈來各種典故,但是這種典故不是每位朝鮮人都能看的懂,都能讀懂其背後的寓意。所以,金萬重認爲反而是那些閭巷的民間語言,由於通俗易懂更能引起共鳴。只不過金萬重還是没有將這一現象上升到討論"用典"的階段,用具體的詩學理論去闡釋自己的觀點。而李鈺則不同了,他不僅主張使用諺文俗語,而且還上升到了具體的理論闡釋層面。

李鈺肯定諺文俗語的理念反映他繼承朝鮮先輩文人思想的同時,也體現他接受袁枚"用典"觀的事實。由於袁枚不像公安派的袁宏道那麼極端的排斥學問,所以他並不否定詩歌中的用典現象,但是他又反對堆砌學問,所以他主張"用典如水中著鹽,但知鹽味,不見鹽質。用僻典如請生客入

---

① 朴趾源《嬰處稿序》,《燕巖集》卷七,《韓國文集叢刊》第252册,民族文化促進會,2000年,頁110。

② 金萬重著,洪寅杓譯注《西浦漫筆》,一志社,1987年,頁159。

座，必須問名探姓，令人生厭。宋喬子曠好用僻書，人稱孤穴詩人"①，李鈺曾在《百家詩話鈔》中抄錄《隨園詩話》中的這則詩話，顯然，他接受了袁枚的這一論點。在此基礎上，李鈺總結出自己的詩歌創作原理，那便是一不能模仿中國，要體現朝鮮特色，二不能出現生僻詞語，即要用"熟典"。

　　這一思想被李鈺完全貫徹到詩歌創作中，如《雅調》中有詩："小婢窗隙來，細勻阿哥氏。思家如不禁，明日送轎子。"②"阿哥氏"爲朝鮮諺文"아가씨"的中文音譯，意爲"小姐"。又如《豔調》中有言："常日天桃髻，粧成腕爲酥。今戴簇頭裹，脂粉却早塗。"③"簇頭裹"爲朝鮮諺文"족두리"的中文音譯，意爲"鳳冠"。這些俗語都是朝鮮時期人們對物品的俗稱，和中文的叫法有所不同。同時，也有一些使用的俗語，其背後却包含著深刻的歷史、文化典故。如《宕調》中有言："盤堆蕩平菜，席醉方文酒。幾處貧士妻，鎗飯不入口。"④《東國歲時記》中有言："綠豆泡縷，切和豬肉、芹苗、海衣，用醋醬沖之，極涼，春晚可食，名曰蕩平菜。"⑤可見此詩所用"蕩平菜"乃是用綠豆腐、水芹菜、豬肉，海苔等食材調和製作而成的朝鮮特色菜。18世紀前期，朝鮮英祖爲緩和不同黨派之間的爭鬥，以及均衡協調各派的政治勢力，強力推行了"蕩平策"，相傳"蕩平菜"就是從這一時期開始流行的。以上的這些俗語與典故在士大夫眼裏可能太過俚俗氣，但對於李鈺來說，這些詩歌才是真正突出表現自我與體現朝鮮人生活的詩歌。

　　李鈺的《俚諺》創作雖然顯得與傳統詩歌格格不入，但是，他的這一創作風格得到了一部分朝鮮文人的認可，如李鈺的好友金鑢就曾說："吾友李其相之爲文詞也，每操筆立書，疾如風電，手無庭腕，心無凝思。毋論長篇、大文、短律、小闋，無不可圓之語，無不可壓之字。讀之者，或嫌其時用方言俚語，以爲文字之一疵，然大抵了無生澀、牽強之態，真可謂一時之奇才

---

①袁枚著，顧學頡校點《隨園詩話》卷五，人民文學出版社，1960 年，頁 148。
②李鈺著《李鈺全集》第 4 册，頁 285。
③李鈺著《李鈺全集》第 4 册，頁 286。
④李鈺著《李鈺全集》第 4 册，頁 288。
⑤洪錫謨《東國歲時記》，朝鮮光文會，1911 年，頁 23。

也”。① 通過上面的論述可知李鈺的“奇”不僅僅表現在“俗語”使用上，實際上還體現他對這一系列“反傳統”行爲進行詩學理論層面上的系統闡釋，當然在這一過程中，他接受與活用了袁枚的詩學觀念。

其二，肯定男女之情的觀念。袁枚對男女之情的肯定，對情詩的推崇已是學界共識。而朝鮮文人李鈺也肯定男女之情，他在《桃花流水館問答》中對情詩的論述與袁枚在隨園詩話中的表現如同一轍，對於這一點，張伯偉已經有指明②。事實上，李鈺的《俚諺》創作也突出了男女之情，“男女之情”是《俚諺》創作的又一大亮點。

> 或曰：“……何子之俚諺，只及於粉脂、裙釵之事耶？ 古人非禮勿聽，非禮勿視，非禮勿言，亦若是乎？”余蹴然而起，改容跪而謝曰：“先生教之，旨矣。弟子失矣，請巫焚之。然弟子竊有請於先生者，幸先生卒教之，敢問《詩傳》者，何也？”曰：“經也。”“誰作？”曰：“時之詩歌也。”“誰取之？”曰：“孔子也。”“誰注之？”曰：“集注朱子也，箋注漢儒也。”“其大旨，何？”曰：“思無邪也。”曰：“其功用何？”曰：“教民成善也。”曰：“周、召南，何？”曰：“國風也。”“所道者，何？”久之曰：“多女子之事也。”“凡幾篇？”曰：“周十有一篇，召十四篇也。”“其不道女子之事者，各幾篇？”曰：“惟兔罝、甘棠等合五篇已也。”③

李鈺以一問一答的叙述方式，以《詩經》中收録男女情詩的事實爲立足點，闡釋了肯定情詩的合理性，這是借鑒了袁枚的套路。但是，這裏無法回避一個事實，那就是對於男女之情的肯定，至少在 16 世紀中葉就出現在朝鮮詩壇，這可比袁枚的詩論早了將近二個世紀。比如朝鮮文人鄭琢（1526—1605）就曾説過：“客有質之者曰：‘哇沸之音，不入於師曠之門，今此詩章，辭藻太鄙，豈合輕穢中朝博雅之眼乎？’應之曰：‘詩，言志而已，流出性情，貴在不浮其實，古詩三百篇中，至如民間男女之歌，聖人采之，至録

---

①金鑢《題花石子文鈔卷後》，《藫庭遺稿》卷十，《韓國文集叢刊》289，民族文化促進會，
　　2002 年，頁 539。
②詳見張伯偉《清代詩話東傳略論稿》，中華書局，2007 年，頁 184—189。
③李鈺著《李鈺全集》第 4 册，頁 276—277。

風詩之正經,其意有在'"。① 如果僅從語言表述的方式來看,無疑也可以說李鈺繼承了先輩詩學的遺產。那麼,在《俚諺》的"情詩"理念中,袁枚究竟對李鈺產生了什麼獨特的影響呢?

> 夫天地萬物之觀,莫大於觀於人;人之觀,莫妙乎觀於情;情之觀,莫真乎觀乎男女之情。有是世,有是身;有是身,有是事;有是事,便有是情。……而獨於男女也,則即人生固然之事也,亦天道自然之理也。故綠窗紅燭,問聘交拜者,亦真情也;香閨繡奩,狠鬥忿詈者,亦真情也;緗簾玉欄,淚望夢思者,亦真情也;青樓柳市,笑金歌玉者,亦真情也;鴛枕翡裘,偎紅倚翠者,亦真情也;霜砧雨燈,飲恨埋怨者,亦真情也;花底月下,贈佩偷香者,亦真情也;唯此一種真情,無處不真。使其端莊貞一,幸而得其正焉,是亦真個情也;使其放僻怠傲,不幸而失其正焉,此亦真個情也。惟其真也,故其得正者,足以法焉;惟其真也,故其失其正者,亦可以戒焉;惟其真,可以法,真可以戒也。故其心其人,其事其俗,其土其家,其國其世之情,亦從此可觀,而天地萬物之觀,於是乎,莫真於男女之情矣。②

以上引文是李鈺在《二難》中對男女之情的詳細闡述,通過整理可以發現,其核心思想包含兩個方面。一是男女之情是天道自然之理,它具體表現在家庭生活的各個方面;二是語言風格不論"端莊"還是"放傲",只要是能夠真實抒發男女之情就是真詩。上文中提到李鈺在《百家詩話鈔》中抄錄了袁枚有關"宜薄宜厚"的詩話內容,這裏李鈺對男女之情闡釋的第二個層面,就是袁枚對李鈺的獨特影響,朝鮮詩壇上對"宜薄宜厚"的接受與化用可以説就是從李鈺開始的。因此,對於李鈺而言,若要創作出體現男女真情的真詩,那麼創作不僅要真實地描寫男女的日常生活,還要把他們在日常生活中的真實情感展現出來。李鈺曾在《百家詩話鈔》中抄錄了《隨園詩話》中女性作者的情詩,而他在創作《俚諺》時,也表現出對女性詩人的肯定,因而選擇以女性的口吻來進行創作。

李鈺在詩歌《雅調》的序言中寫到:"雅者,常也,正也。調者,曲也。夫

---

① 鄭琢《上通判陶爺行臺》,《藥圃集》卷一,《韓國文集叢刊》第 39 册,民族文化促進會,1993 年,頁 424。
② 李鈺著《李鈺全集》第 4 册,頁 277—278。

婦人之愛其親敬其夫，儉於其家，勤於其事者，皆天性之常也，亦人道之正
也。"①按照李鈺的説明，這部分創作體現的是夫妻間的"天性"，因此，他在
《雅調》中寫到："爲郎縫納衣，花氣惱儂倦。回針插襟前，坐讀淑香傳。"②
傳統理念中，妻子爲丈夫縫製衣服，這是天經地義之事，而且在這項工作
中，婦女也應自始至終充滿"幸福感"。然而，李鈺描寫的卻是妻子在縫製
衣服的過程中，由於不堪疲倦，索性收起工具翻看小説的畫面。在李鈺看
來，妻子爲丈夫縫製衣服是正常的情感表現，但是他同時也認爲"忙裏偷
閒"同樣是婦女的真實感情體現。又如他還寫到："四更起梳頭，五更候公
姥。誓將歸家後，不食眠日午"。③ 處理繁重的家務與伺候公婆，是傳統社
會對媳婦的道德要求，同時，這也是那個時代媳婦日常生活的真實再現。
然而，是不是每位媳婦都完全不知疲憊，從没想過"偷懶"呢？李鈺認爲不
是這樣的，在這首詩裏他真實地抒發出媳婦對休息的渴望情感。應該説，
李鈺在《雅調》中的創作主題都屬於"正"，没有離開傳統詩學的軌道，但是，
李鈺的創作風格與所表現的内容，卻與傳統詩論家所遵循的規範存在差
異，呈現出"變"的味道，而也正是這種"變調"，卻把妻子、媳婦的真實情感
展露無遺。

　　既然是"宜厚宜薄"，那麼李鈺的《俚諺》創作中，肯定有與傳統詩學"温
柔敦厚"並不相符的内容。比如李鈺在《宕調》序言中有言："宕者，迭而不
可禁之謂也。此篇所道皆娼妓之事，人理到此亦宕乎不可禁制，故名之以
宕，而亦詩之有鄭衛風也。"④按照李鈺的論述，這部分的詩歌創作在主題
與風格上都是"變調"，但他强調這些詩歌與《詩經》中"鄭風"、"衛風"一樣，
都具有抒發真情的價值。他在《宕調》中寫到："人疑儂輩媒，儂輩實自貞。
逐日稠坐中，明燭到五更。"⑤傳統詩歌創作中，妓女多以"豔情"、"無義"、
"悲哀"、"可憐"等形象而存在，仿佛妓女的情感抒發就只有這些層面。但
是李鈺卻道出了一個具有顛覆性的"事實"，那就是妓女的真實生活並不完

①李鈺著《李鈺全集》第 4 册，頁 284。
②李鈺著《李鈺全集》第 4 册，頁 284。
③李鈺著《李鈺全集》第 4 册，頁 284。
④李鈺著《李鈺全集》第 4 册，頁 287。
⑤李鈺著《李鈺全集》第 4 册，頁 288。

全是這樣,她們也有"勤勞"、"堅守"的情操,李鈺的這種描寫視角不僅新穎,而且描寫方式也打破了俗套。

又如李鈺在《悱調》序言中説到:"《詩》云,小雅,怨而不悱。悱者,怨而甚者之謂也。大凡世之人情,一失於雅,則至於豔,豔則其勢,必流於宕。世既有宕者,則亦必有怨者,苟怨之則必已甚焉。此悱之所以有作,而悱者所以悱其宕也。"①對於傳統詩歌創作而言,"哀而不傷,怒而不怨"是其遵循的基本法則。但是對於李鈺而言,那些"怨而甚者"的情感才是真實的情感,所謂創作風格顯得"薄陋"的内容,也能成爲詩歌創作的題材與内容,和《宕調》一樣,這部分詩歌的主題與内容都屬"鄙薄"一類。他在《悱調》中寫到:"早恨無子久,無子返喜事。子若渠父肖,殘年又此淚。"②在這首詩歌中,妻子對丈夫的怨恨已經達到詛咒的程度,觸及到傳統倫理中的子嗣延續問題,但李鈺認爲這正是"怨而甚者"的真實表現,這裏他真實地描繪出現實生活中婦女怨恨到極致時的情感。

三　結語

綜上所述,朝鮮文人李鈺的《百家詩話鈔》與《俚諺》在接受《隨園詩話》時都集中突出了"解構傳統"的革新意識。這兩部作品的問世也反映了李鈺對《隨園詩話》的接受,經歷了從"抄録"到"活用"的演變歷程,體現了他對清代性靈派袁枚詩學理論的持續關注。具體的説,李鈺在《百家詩話鈔》中所抄録的詩話與詩歌,具有"反傳統"與"肯定情詩"的傾向。而李鈺在《俚諺》中的創作則接受了袁枚詩論中所强調的"表現自我"理念,他創造性地將袁枚的"有我"這一概念與朝鮮後期民族自覺意識相結合,闡釋自己文學創作的合理性與必要性。同時,在表達男女真情的層面上,李鈺《俚諺》中的詩歌創作徹底體現了袁枚"宜厚宜薄"的詩學創作精神,無論是"雅調"、"宕調",還是"悱調",都以真實表達情感爲最終歸宿,打破與顛覆了傳統抒情詩的套路。應該説,李鈺是 18 世紀末期《隨園詩話》正編傳入朝鮮後,首先展開系統學習與接受袁枚詩學觀的朝鮮文人。

---

① 李鈺著《李鈺全集》第 4 册,頁 289。
② 李鈺著《李鈺全集》第 4 册,頁 290。

正是因爲有了他的學習與提倡,進入 19 世紀後,袁枚的詩學觀才進一步得到廣泛的響應。

（作者單位:南昌大學人文學院中文系）

域外漢籍研究集刊　第十七輯
2018 年　頁 247—264

《包閻羅演義》作者新探

劉　傑

　　《包閻羅演義》是一部朝鮮①漢文小説，其書二卷，共二十三回，内容改編自《三俠五義》前二十二回，講述了包公自出生到爲官斷案的故事，或稱之爲"翻版小説"②。此書目前僅存大正四年（1915）六月發行的朝鮮五車書廠鉛印本一部，韓國鮮文大學朴在淵教授收藏③；目前在中國大陸易見的版本爲朴在淵校點的《韓國藏中國稀見珍本小説》叢書排印本④。

　　小説内封上題"編輯人安往居"，第一回下署名鷟溪叟著，彝堂生訂，此外卷首有安往居《讀法》一篇，肯來《詞》一首，吳剛《打缺壺口》一篇（相當於序言）⑤。這三人中僅編輯安往居爲真實姓名，其本人是一位朝鮮時代末期的文人，"肯來"爲其別名，而鷟溪叟、彝堂生、吳剛的真實身份均不詳，《包閻羅演義》的作者身份成謎。朴在淵認爲作者鷟溪叟應該是朝鮮人，因爲書中出現了"高麗人俚語"及"料理"等日據時代出現的朝鮮用語，此外小

---

① 1896 年朝鮮王朝更改國號爲大韓帝國，故嚴格來講這部小説應該是"韓國小説"，但鑒於朴在淵先生等研究者都稱之爲"朝鮮小説"，筆者因仍其舊，不作具體區别。

② 游娟鐶：《韓國翻版中國小説的研究》，見中國古典文學研究會主編：《域外漢文小説論究》，學生書局，1989 年，頁 66。

③ 筆者自北京大學中文系潘建國教授處得此本複印件一份，謹以致謝。

④ 王汝梅、朴在淵主編：《韓國藏中國稀見珍本小説》第四卷，中國大百科全書出版社，1997 年。

⑤ 筆者所見影印本未收此三篇序言，故本文所引序言出自《韓國藏中國稀見珍本小説》排印本，頁 1—2。

説正文所用的白話粗糙，文理欠通，故應是出自朝鮮人之手①。國内學者程有慶、侯忠義對此皆無異議，程有慶還以書眉注釋以文言文爲白話語辭作注爲例，指出這符合朝鮮人的閲讀習慣②；侯忠義另外指出首回的“支那五季”爲外國人口吻，且書中屢次提到“高麗人蔘”，則作者當爲朝鮮人無疑③。以上諸家的研究都認同《包閻羅演義》作者的國籍爲朝鮮，但對鷥溪叟、彝堂生等人的具體身份仍一無所知。的確，遍檢中朝文獻都找不到這兩個别號的出處；但如果我們僅僅把眼光集中在署名作者鷥溪叟、彝堂生上，就未免忽視了一條重要的綫索——“編輯人安往居”。畢竟這是其中唯一一個有案可查的人名，順著這條綫索，筆者在查閲相關文獻的過程中發現了一些有價值的材料，兹在本文中進行一番考辨。

一　《包閻羅演義》與《姑婦奇譚》

安往居(1858—1929)，初名瑀重，字之亭，常用筆名宅重、往居、肯來。李能和(1869—1943)《朝鮮解語花史》(出版於 1926 年)對其生平記載頗詳：

> 安之亭先生，籍貫廣州，世居金海，以文望被薦爲修學院(前韓皇室所立)教官，蓋古輔導教養之職也。前韓隆熙四年庚戌(1910)八月賦歸去來，改名往居(初名宅重)。閑雲野鶴，相爲伴侣，胸中不平之氣，一寓諸詩與文。其已刊行於世者，曰《辛亥吟社詩集》，曰《蘭雪軒詩集》，曰《姑婦奇譚》(《鶴丁軒姑婦唱和集》)。其脱稿而姑未付梓者曰《滄海志》(朝鮮古代之事)，曰《水志》(高句麗與隋唐之事)，曰《閑山志》(壬辰記事)，曰《滿洲志》(現今時局，在編摩中)，合稱“朝鮮四大奇書”。蓋變史而爲稗，令人易讀而得益者也。曰《東詩叢話》，蓋徐四佳居正《東人詩話》後初有之書也。是等書綴文屬詞，雅麗奇拔，字字皆從錦心繡肚中出來，可謂世間珍品寶鑒。……近日先生又作《洌上閨藻》，蒐集朝鮮閨房古今詩與歌，一一評定，日揭於《中外日報》，公諸同好。④

①轉引自程有慶：《簡評〈包閻羅演義〉》，《北京圖書館館刊》，1998 年第 2 期，頁 112。
②程有慶：《簡評〈包閻羅演義〉》，頁 112—113。
③侯忠義：《關於朝鮮人改寫的小説〈包閻羅演義〉》，《明清小説研究》，1997 年第 4 期，頁 75。
④轉引自張伯偉：《朝鮮時代女性詩文集解題》第三十七《洌上閨藻》，收入張伯偉著：《作爲方法的漢文化圈》，中華書局，2011 年，頁 419。

　　由此可知安往居是朝鮮末期的進士,後辭官還鄉,組織了一個叫"辛亥吟社"的詩社,爲近代韓國漢詩復興領袖;他還是一個出版家,編選、出版過不少漢文詩集,尤其重視女性詩文集的整理;此外他還寫過四部歷史小説,《包閻羅演義》應該也是其晚年閒居時編輯刊行的作品。在安氏負責刊行的這些書裏,《姑婦奇譚》一書引起了筆者的注意。張伯偉主編的《朝鮮時代女性詩文集全編》收録此書,注其底本爲"1915 年辛亥吟社五車書廠梓行本"①,即與《包閻羅演義》於同一年由同一家機構刊行,兩書的關係似乎頗不一般。果然,筆者在《姑婦奇譚》中找到了如下兩則材料:

　　　　讀《包文正傳》。婦:"謀害良臣,龐吉不吉。"婦:"救脱賢妃,余忠是忠。"宋太師龐吉謀害包拯。李妃被譖,居冷宮,竟被賜死,小太監余忠替妃自殺。

　　　　讀《寇宮人傳》,次薛軒清詩。軒清,清朝道光官人。寇宮人,名珠,宋仁宗時官人。原唱:"金水橋頭抱玉麟,提攜籃子問何人。晚來筆楚還相及,不怨陳監竟殺身。"宋仁宗始生,奸妃與郭槐共謀竊取之,使寇珠投之金水橋下。寇不敢拒命,將欲共太子投水。有太監陳林提御果籃子過橋而來,寇便説太子事,仍裝入籃内,送南清宮乳養。其後奸妃疑之,拷問寇珠,寇不服。奸妃使陳林執拷,竟不服而死。姑唱:"君王曾是阱中麟,豈識當年救禍人。牆下碧桃花未發,白鴉啼訂瘞時身。"仁宗在懷孕時,真宗夢見五色麟墜於陷阱。寇珠埋在玉宸宮牆下。碧桃盛開,惟一樹年年不開花,其上有白鴉噪噪。因掘之,得寇珠屍身,面目如生。婦唱:"曾將紅袖護麒麟,啼過宮中不見人。寄語森羅司命者,泉台猶有未起身。"仁宗即位之後,有鬼啼于玉宸宮,鎮之不得,仁宗使包拯鎮之,鬼向包拯説冤,乃寇珠也。其後包拯爲開封府尹,斷是獄,郭槐仗后勢,不服。包公設閻羅府,得郭槐供招。而案内有寇珠超度之説,事現《包文正傳》。②

　　按《姑婦奇譚》題鄭氏、吳氏撰,二人係婆媳,婆母嫁中姓工人,夫歿,於朝鮮高宗時流落中國安東(今遼寧丹東市),後其子留學英國,鄭氏與媳吳氏以制售藥丸爲生。姑婦二人俱有文采,本書爲其日常口號文談唱和的文稿,上文所引二則即她們閲讀《包文正傳》和《寇宮人傳》後的唱和,二者看似史傳,其實所詠内容俱是小説情節。龐吉、余忠以及寇珠護太子之事見於《三俠五義》,但"讀《寇宮人傳》"下"姑唱"所詠本事則不見於《三俠五義》

① 張伯偉主編:《朝鮮時代女性詩文集全編》,鳳凰出版社,2011 年,頁 1626。
② 張伯偉主編:《朝鮮時代女性詩文集全編》,頁 1637—1638。

及此前的任何包公案小説,乃是《包閻羅演義》作者獨創的内容:

	《三俠五義》	《包閻羅演義》
君王曾是阱中麟	話説宋朝自陳橋兵變,衆將立太祖爲君,江山一統,相傳至太宗,又至真宗,四海升平,萬民樂業,真是風調雨順,君正臣良。一日,早朝,文武班齊,有西臺御史兼欽天監文彦博出班奏道……(第一回)	話説支那五季之間,國無正統,民無寧日。趙末太祖高皇帝,奮起涿郡,掃清干戈,遂得四海清静。替至三葉,生出一位少年天子,是爲真宗。真宗御位未久,坤后崩逝。雖是朝野升平,粉黛盈庭,皇心却也十分踽涼。祥符五年三月十四日夜。天子在延和殿,偶得一夢,夢見五色麒麟白玉宸宫跳出來,墜入陷穽。有兩個男女,手執悍棒,旁午亂築。可憐他遍身文章,渾是汗花血花。那麒麟望見天子,淚流滿面,頗有訴救之狀。天子呼太監陳林,急來救了,忽然驚醒,龍心忡忡然不樂。翌日早期,天子御朝元殿,受了望賀。文武班中西臺御史兼欽天監文彦博,出班奏曰……(第一回)
牆下碧桃花未發,白鴉啼訂瘞時身	當時聖上著欽天監揀了吉日,齋戒沐浴,告祭各廟;然後排了鑾輿,帶領合朝文武,親詣南清宫迎請太后還宫。所有禮節自有儀典,不必細表。……又傳旨在仁壽宫壽山福海地面丈量妥協,左邊敕建寇宫人祠堂,名曰"忠烈祠";右邊敕建秦鳳、余忠祠堂,名曰"雙義祠"。工竣,親詣拈香。(第十九回)①	天子明欽天監揀個吉日,迎太后還了麟壽宫,將郭槐、尤婆剮裂巡市。立寇宫人祠堂,名曰忠烈祠;立秦鳳、余忠祠堂,名曰雙節祠。太后親自制文拈香。……事畢,太后遍訪寇珠冤身埋在何處,無一人指證,因此傷感不已。忽見李誥命入宫參見,稟奏道:"寇珠屍身,埋在玉宸宫牆下,今桃花未落,自可尋思。"太后道:"這是何説?"李誥命道:"臣夫包拯言,寇珠埋在玉宸宫西牆下,其上有不花桃樹。臣妾聞此特奏。"太后即至玉宸宫,果見西牆下,紅桃爛發,惟有一株樹,緑葉蓓蕾而已,其上有白鴉噪噪,急叫宫隸,下鐵開堀,才下了二尺,看見髮光如漆,粉面如生,身上血服,無一片朽爛。太后放聲大慟,又有無數宫人,一時啼哭,因此驚動了天子。天子親臨撫屍,不覺龍淚滂滂,至是,忽然屍體變動,便若煙消霧滅,只是白骨枯椏。太后天子愈益傷感,備禮葬了金華山玉麟庵下庚坐之原,別建願堂,四時薦香。(第二十二回)②

① 以上《三俠五義》引文,見石玉昆述,王述校點:《忠烈俠義傳:三俠五義》,人民文學出版社,2001年,頁1;頁130—131。
② 以上《包閻羅演義》引文,見《包閻羅演義》卷一,五車書厂,1915年,頁1;頁76—77。

　　這樣一來問題也就出現了，上文提到《姑婦奇譚》與《包閻羅演義》的出版幾乎同時，那麼這一對遠在中國的姑婦二人如何能看到至多才出版數月的《包閻羅演義》呢？這不禁使人對《姑婦奇譚》這本書的真實性産生了懷疑。

　　李能和《朝鮮解語花史》引用了安往居的一篇《鶴丁軒短序》：

　　　　鶴丁軒姑鄭氏、婦吳氏，鶴丁軒，書室也。每姑婦唱和，懲漆鉛槧於壁上，把粉筆寫句，是爲立筆唱和。姑先則婦必續，婦先則姑亦續。不許晷刻，必以對仗，詞無虛實。姑婦唱和稿不出閨房，華人雖羨慕，不得片稿。余於壬戌年(1922)因鄭氏之侄鄭秋齋(名澂)陸續得稿，編爲上下卷。上卷《姑婦奇譚》已就棗，下卷紛失。有時咄歎，如失萬斛琳琅。①

　　也就是説這部書的文稿得自一位名叫鄭澂(號秋齋)的士人，後安往居將其分卷刊印。《姑婦奇譚》卷首有一篇署名“辛亥吟社”的《姑婦奇譚事實》②，所記此事甚詳。原文過長，此處限於篇幅無法全引，大意是説鄭澂爲生計所迫流落到中國丹東，在饑寒交迫中偶逢失散多年的姑母(即《姑婦奇譚》中的婆母)，姑母一家自姑父冤逝後便在此地賣藥爲生，其子遠赴英國求學，姑婦二人每日吟詩唱和打發時日，內容遍及經史子集，極爲詼諧有趣。鄭生見其稿而愛之，鈔録部分帶回國內，交付辛亥吟社刊行。但據《姑婦奇譚事實》交待，鄭澂去國謀生是在“歲壬子(1912)秋”，“越二年八月”即攜《姑婦奇譚》文稿回歸，故其所帶回的姑婦唱和詩文當作於 1914 年舊曆 8月之前；然而上文已述，《包閻羅演義》的出版發行是在 1915 年 6 月，也就是説，這對生活在中國邊境的姑婦二人提前看到了近一年後才在韓國京城出版的《包閻羅演義》小説，這顯然是不可能的。因此，安往居等所述《姑婦奇譚》來歷的真實性大可懷疑。

　　據張伯偉《朝鮮時代女性詩文集解題》，韓國學者許米子《韓國女性詩文全集》曾對此書的真實性提出過質疑，理由是其內容淵博，似非姑婦之所能，而更像是鄭澂或辛亥吟社成員所寫，但因證據不足，被張伯偉斥爲“無

---

① 轉引自張伯偉：《朝鮮時代女性詩文集解題》第三十一《姑婦奇譚》，收入張伯偉著：《作爲方法的漢文化圈》，頁 407。按序中所記得稿時間“壬戌年”有誤，張伯偉解題已辨之。
② 張伯偉主編：《朝鮮時代女性詩文集全編》，頁 1630—1633。

根之談”①。但如果聯繫上文所提到的《包閻羅演義》一則,就會發現這種懷疑不無道理。

再如姑婦二人的來歷,此書卷首有署名“悲人丁絢”的《姑婦奇譚序》一篇,云:

　　……聞大家姑婦,亦自東土而來,其才與智世稱女諸葛、婦楊修。奈之何山川夐隔,緣分短淺,迄未得搴吾裳而秣吾馬。一日,安君衡遠來謂曰:“東人將以《姑婦奇譚》付之剞劂,而不可無弁文,然弁閨房之文,未易其人。今有編者之囑,故特來相請。”余始以不能辭,更以思之,人有拋糞佛頂,佛不爲怒。……歲乙卯(1915)仲夏之上浣悲人丁絢識。②

仲夏爲農曆五月,即西曆的六月前後,《包閻羅演義》的書末版權頁顯示其於六月四日發行,則《姑婦奇譚》的問世當比《包閻羅演義》略晚。李能和《朝鮮女俗考》引慧觀悲人《乞半鏡次鶴丁軒原韻》,下注:“慧觀姓卞名恂,羅州人,早寡,尋父渡中原(父以公逋逃命往中原)。”③名姓略異,興許是傳聞之誤,看來這一位卜姓女詩人確有其人,但從其序中可知,她並沒有真正見過《姑婦奇譚》中的姑婦二人,只是應人之邀寫下了這篇序,有關姑婦的信息全部來自道聽途説;而其“聞”聽的來源很有可能也是辛亥吟社成員,如安衡遠之輩。此外筆者所見有關姑婦二人的記載就只有李能和《朝鮮女俗考》所引安往居《姑婦奇譚叙》:

　　鶴丁軒吳氏,夫家姓申,其姑鄭氏也。夫家曾住原州,流入中國。姑婦俱有天才,自遼東轉入江南,今不知所向。在遼東名其軒曰“鶴丁軒”者,感傷故國,托意于遼東丁零威也。每姑婦唱和,姑先則婦必續,婦先則姑亦續。必以對仗,詞無虛實。④

以及河謙鎮(? —1945)於甲戌(1934)年所撰之《東詩話》卷二:

①張伯偉:《朝鮮時代女性詩文集解題》第三十一《姑婦奇譚》,收入張伯偉著:《作爲方法的漢文化圈》,頁409。
②張伯偉主編:《朝鮮時代女性詩文集全編》,頁1629。
③張伯偉主編:《朝鮮時代女性詩文集全編》,頁1665。
④張伯偉:《朝鮮時代女性詩文集解題》第三十一《姑婦奇譚》,收入張伯偉《作爲方法的漢文化圈》,頁407。

有朝鮮人姑婦，流落中華，其名氏無傳，華人編其詩爲《姑婦奇譚》。①

河謙鎮年代較晚，想是據已出版的辛亥吟社本《姑婦奇譚》而言。故到目前爲止，鄭氏、吳氏姑婦二人的事迹傳説以及鄭溰異國逢親的奇遇都只是安往居和辛亥吟社的一面之詞，鄭溰本人亦無考；聯繫上文所述有關《包閻羅演義》的漏洞來看，筆者認爲這整個故事都很像是安往居等人的僞託：首先，異國逢親的情節過於戲劇化，雖不能斷言其必無，但於窮愁潦倒之中忽遇失散多年的親人的橋段太像明清世情小説的情節。其次，書中所寫姑婦二人每日"圍棋一二局，或以文談消遣，又聘支那女冠，教以琴曲"（《姑婦奇譚事實》）②的生活也未免過於理想化。依原文所述，姑婦一家乃是家道中落後流落到中國，僅以開藥鋪爲生，並不寬裕，尤其是對兒媳吳氏來説，丈夫遠行後獨撐門户的艱辛已不待言，家中又有老母幼子，在這種情況下還能每日吟詩彈琴，實在有些不可思議。此外，延請女冠教習琴曲在 1910 年代的東北地區似乎也不太現實，更像是參考古典小説的杜撰。不過如果我們把一切都看作安往居等人的虛構，很多問題便都迎刃而解：

安氏一向留意古代女詩人的文集編纂，嘗編朝鮮女詩人作品《洌上閨藻》③，其所組織的辛亥吟社也有不少女性社員，技癢之餘，其本人（或也包括辛亥吟社的其他社員）便炮製了一對當代才女鄭、吳姑婦的事迹和唱和文集，並假託得自姑之内侄鄭溰。《姑婦奇譚事實》中鄭氏向侄兒介紹自己的兒媳時便説："我媳婦不但容貌婉美，兼以才學絶倫。其父親教以經傳翰墨，其工可與許氏蘭雪相上下。"④恰可見其用心（安往居曾主持刊行《蘭雪軒詩集》）。其設置姑婦二人居住在中國，一方面可以避免韓國讀者的按圖索驥，另一方面也可以借中國人的認可高其身價："姑婦唱和稿不出閨房，

<hr>

① 張伯偉：《朝鮮時代女性詩文集解題》第三十一《姑婦奇譚》，收入張伯偉著：《作爲方法的漢文化圈》，頁 407。

② 張伯偉主編：《朝鮮時代女性詩文集全編》，頁 1631。

③ 是編最初於 20 世紀 20 年代連載於朝鮮《中外日報》，原版已難覓，張伯偉主編《朝鮮時代女性詩文集全編》據《朝鮮解語花史》（新韓書林影印本，1968 年）輯録整理，見張伯偉主編：《朝鮮時代女性詩文集全編》，頁 1913—1934。

④ 張伯偉主編：《朝鮮時代女性詩文集全編》，頁 1631。

華人雖羨慕,不得片稿。"(安往居《鶴丁軒短序》)①最有意思的是,安往居《姑婦奇譚叙》還專門加了一句:"姑婦俱有天才,自遼東轉入江南,今不知所向"②,大有神龍見首不見尾之勢,這對姑婦的事迹也顯得愈加可疑。

退一步來講,即便這對姑婦實有其人,慧觀悲人確實聽聞過有關她們的傳說,我們今天所看到的《姑婦奇譚》所記述的二人事迹以及唱和文稿也必定經過了安往居(可能也包括其他辛亥吟社社員)的大規模加工改造。聯繫其引用尚未出版的《包閻羅演義》情節來看,這個加工改造者安往居很有可能就是《包閻羅演義》的作者。

二　安往居與《東詩叢話》

沿著這條綫索,我們再來關注一下安往居的其他作品。蔡美花、趙季主編《韓國詩話全編校注》③收錄了其詩話《東詩叢話》四卷續一卷④,筆者查閱後也在其卷一發現了與《包閻羅演義》有關的數則:

> 近聞蘇州人士組成包閻羅演劇藝,凡三百餘技。技中有《寇琲啼》,使娼妓練習,又乞詞章被之歌曲。寇琲,趙宋時官人,其姊寇珠以玉宸宮承御,被郭槐讒之于皇后,拷死。其後二十餘年,宮中有鬼哭,天子使包拯鎮之。鬼向包拯説冤,乃寇珠也。包拯按是獄,郭槐終不服。包客公孫策有智謀,假設閻羅府,使寇琲假裝其姊住獄中,啼哭向

---

① 李能和《朝鮮解語花史》引,轉引自張伯偉主編:《朝鮮時代女性詩文集全編》,頁1662。

② 轉引自張伯偉:《朝鮮時代女性詩文集解題》第三十一《姑婦奇譚》,收入張伯偉《作爲方法的漢文化圈》,頁407。

③ 蔡美花、趙季主編:《韓國詩話全編校注》,人民文學出版社,2012年。

④ 此書原不載姓名,韓國學者朴應珉(音)在《1910年代辛亥吟社的詩社活動和安往居》(收入《第五屆韓國語文學國際學術研討會》論文集,2008年,頁563—573)中認爲其作者即安往居,但未説明原因;張伯偉《朝鮮時代女性文學典範的建立》(載劉夢溪主編:《中國文化》,2011年5月春季號,頁197—213)亦作此推論;趙季、劉暢《〈韓國詩話叢編〉詩話作者及成書時間補正》(載王寶平主編:《東亞視域中的漢文學研究》,上海古籍出版社,2013年,頁284—285)綜合内證、外證推斷其爲安肯來(即安往居)所撰,其説可從。

郭槐道：“我今訟爾于羅府，爾之陽壽尚剩一紀，故未得償命。爾往羅府證明吾冤，吾必超生人世矣。”於是郭槐被黃巾挐至森羅殿，一一供服。

　　朴海齡《詠寇琲啼》：“濺血宮花正豔哀，廊陰昏影乍依來。分明湘瑟皇英恨，仿佛梨園弟子才。月暗市人多恐懼，燈殘閨女獨徘徊。須知陽界相逢日，一笑朱顏爲誰開。”一二五六靈冷無比。華人陶谷詩：“春蕪漠漠似青楓，半日鴉啼苦竹叢。鬢髮流雲誰正綠，血衣和土未乾紅。琵琶迸落空江雨，魍魎棲回古木風。反取雛人要證約，百年超度是完功。”頷項俱逼絕境。安擴詩：“焠玉煎蘭一例哀，欺燈背月遽臨來。豈曾凡鬼能言恨，已是雛人慣識才。紅樹有猿相睥睨，青天無雁不徘徊。可憐綠朵陳娘髮，半蔽朱顏開未開。”寇珠以才見稱于宮中，故第四及之，而寇之姊妹俱美髮，宮中稱爲大小張麗華。

　　華人薛臬，本名不知稱何，敗績於湖南之革命。然元來弓馬大家，兼有詞章。今流落鮮土，走筆《詠寇琲啼》：“不語前塵只懇哀，獄神廟暗我能來。天倫有妹空相憶，宮寵無私已割才。若説舊冤宜禍福，更因難犯暫徘徊。血衣未瀚泉臺水，超路憑君望自開。”一例流暢，不是弓馬中出來，第三以琲説琲尤臻其妙。傅天閣詩曰：“湘妃歎瑟秋生雁，蜀客停驂夜有猿。”此句已被吹彈盡，恨未得見全鼎。①

按寇琲故事亦僅見於《包閻羅演義》。審問郭槐一節，《三俠五義》寫包拯與公孫策定計讓青樓女子扮作寇珠鬼魂，《包閻羅演義》則添加了寇琲這一人物：

　　原來公孫策計算已定，把將寇宮人影本，遍求了娼樓妓坊，不見近似的。正在納悶之時，包興道：“曾聞寇宮人胞娣寇琲，在南清宮掌膳。概論人家昆弟，雖未必雷同，當有一分肖似處。”公孫策口道：“我實不知。”因以甯總管紹介，請寇琲以來。原來寇琲與其娣寇珠同爲金華宮女官，俱是美容美髮。寇珠髮垂四尺五寸，寇琲髮垂四尺二寸，因此宮中號爲大小張麗華。寇琲善劍舞，又能彈絲唱歌，各盡其妙，因此升爲女伶樂師。一自玉宸宮鬼祟以後，劉后偏憎寇琲，放出宮外，因以托在

① 蔡美花、趙季主編：《韓國詩話全編》，頁 9268；頁 9268—9269；頁 9269。

南清宮,做爲掌膳。(第二十二回"閻羅府郭槐服奸狀,麟壽宮皇娘還正位")①

《東詩叢話》所云美髮、多才俱出於此,下即寇琲舞劍起靈、假扮寇珠冤魂之事。安氏在這裏又故弄玄虛地將《包閻羅演義》的情節説成是蘇州戲班的編排,與《姑婦奇譚》虛構出《包文正傳》《寇宮人傳》的做法如出一轍。其所録朴海齡等人的題詠詩歌亦無從查考其出處,筆者推測也多半是安往居的假託,與《姑婦奇譚》中借姑婦之口吟詠寇珠故事恰可成對;且二者所詠皆是《包閻羅演義》中爲數不多的獨創情節。如果安往居僅僅是《包閻羅演義》的編輯的話,似乎没有必要煞費苦心地專門挑出這些情節再僞託這麼多首詩,故筆者傾向于認爲他就是作者鷟溪叟本人,對自己的創作頗爲得意,故特意寫了若干首詩題詠之,分別收入了《姑婦奇譚》和《東詩叢話》。

除詠寇琲事迹的這幾則外,《東詩叢話》卷三還用很長的一則專門稱述《包閻羅演義》的落回詩:

　　嘗閱稗史之具體者,必有語録。又一詩詞起頭,又於結回處以詩詞訂之。蓋非語録,無以解方言;無詩詞,無以感動人情。如結回處散句,所謂正所謂詞法是也。……近有鷟溪老人所著《包閻羅演義》回詞,多得妙法。如宋太子落席遭裾乳養人家:"君王不及林中鳥,自在林中傍母啼。"又寫宮人寇(原書誤作"冠")琲娣妹被殺被逐處:"誰知飛燕多相妒,盡蹴昭陽殿裏花。"又寫包文正兄嫂爲救弟乳養,送其子於民家乳養處:"只爲鵾鵾思急難,不教鶯鵠許同棲。"又寫包文正之父生文正時,以爲得惡夢。文正登科,其父反不悦處:"鄉里還榮迂闊錦,春宵吉夢等閒花。"又寫包文正赴試落難處:"誰知夜半尋村客,盡是山中落難人。"又寫包文正得狐媒結婚處:"豈有冰人成好事,前生夫婦後生知。"又包文正得科舉榮墓處:"種德百年人已去,春來猶發墓前花。"又寫包文正落拓寄在蕭寺處:"空山誦佛思千古,流水看棋度一年。"又寫天子爲寇宮人設醮處:"縱然超度人間世,豈識前生竟是君?"又寫觀音佛現靈救田忠僕處:"空山月落無尋處,驀地相逢是觀音。"又寫展義俠捉刺客救包相處:"不識彈丸翻在後,可憐黄雀戀螳螂。"又刺客自願反殺其主處:"蹠狗便能還犬蹠,殷戈時復倒攻殷。"又寫包公在陳州謝

---

① 《包閻羅演義》卷二,頁74—75。

聖詔處：“只爲南州宣雨露，遥瞻北極拜星辰。”又寫天子爲寇珠建願堂處：“功德百年猶有塔，恩仇一日總成郎。”又寫展義俠承召處：“才高不入君王夢，何恨君王不愛才。”許多句語不讓聖歎、斷山輩。①

不僅是《包閻羅演義》，《東詩叢話》還有大量論及《姑婦奇譚》的内容，其中大部分都是直接引用，也有一些是對其唱和内容的讚美，例如以下幾則：

朝鮮閨房之才，一言蔽之于蘭雪軒。蘭雪譬如三蘇家小妹，容有其奇。而今無名氏姑婦，本以鮮人流寓支那，其文詞不愧爲蘭雪後身。姑婦是異倫相成，而婦繼姑迹，可謂飛瓊、雙成隸屬於西王母也。按《姑婦奇譚》：穀雨日來，婦曰：“好雨知時節。”姑曰：“陽春布德澤。”兩句皆古詩，而發口輒應，有若準備，誠是奇事。婦于十三歲時詠雪：“入水鹽初化，逢風絮不輕。”句語頗勝謝女。又姑婦在鶴亭軒避暑，姑曰：“窗過曉雲雲母白。”婦曰：“門含朝雨雨師青。”雨師，渭城柳也。詠菊，姑曰：“黄玉扇遮金佛座。”婦曰：“水晶盤暎老君眉。”黄玉扇、金佛座、水晶盤、老君眉皆菊名。

每閱辛亥唫社詩稿，唫人往往以自鳴鐘爲題，苦無佳詠。偶閱無名氏《姑婦奇譚》題西洋人古制鐘，婦曰：“落盡堯蓂歲月移，哲家爭競渾天儀。西人已惜西暉短，十二時添十二時。”到此田地，合讓巾幗一步。

濟南人胡叔夜評《姑婦奇譚》有曰：“爲文人者不識譚中趣味，雖窮崖老死，無足爲惜。”余始以胡論爲過之，看過幾篇，更覺胡叔夜是文人。這姑婦不但譚奇詩奇，兩部腔子便是《爾雅》《本草》。凡葩經之爲經，多識草木禽獸，非多識者不可著詩。蘇杭人俚語“無識者寧可以念佛，不可以念詩”者，此也。②

按《東詩叢話》的創作年代不詳，《韓國詩話全編校注》所用底本爲首爾大學圖書館所藏鈔本，但高麗大學民族文化研究院朴應瑉（音）在《1910年

---

① 蔡美花、趙季主編：《韓國詩話全編》，頁 9378—9379。
② 蔡美花、趙季主編：《韓國詩話全編》，頁 9269—9270；頁 9293—9294；頁 9294。

代辛亥吟社的詩社活動和安往居》①中考證指出，這部詩話曾經於 1915—1918 年間在《每日申報》上連載，則其鈔録成書當略晚。既然時間上晚于《包閻羅演義》《姑婦奇譚》的出版，引用其內容也還算正常。這裏值得注意的是報刊連載的形式，與普通書籍相比，報刊連載無疑具有更廣泛的受衆。安往居在這部連載詩話裏多次提及纔出版不久的《包閻羅演義》和《姑婦奇譚》並大加讚賞，未免有做廣告的嫌疑。如此則三種書之間就産生了一種奇妙的"互文性"：

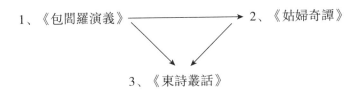

三種書都與安往居有關，其中《包閻羅演義》和《姑婦奇譚》早出，出版資訊顯示安往居爲其編輯；《東詩叢話》最後出，作者確信爲安往居。聯繫這三者間的"互文關係"，我們會發現後來的創作在不斷地涉及此前的作品，最初也許是出於無意，如《姑婦奇譚》對《包閻羅演義》的引用，稍一細考就會發現其中的破綻；後來的《東詩叢話》則當是有意爲之，目的是爲此前出版的書籍做宣傳。作爲前兩種書的編輯，安往居這麼做也無可厚非，但從其對書籍內容的熟稔和讚歎的語氣來看，這很像是同一位作者在拐彎抹角地誇讚自己的作品。此外筆者在這部詩話中還發現了這樣一則詩評：

　　　　南宜拙齋二星竄在海島時，有異黨密訪嫌隙，有所親算命者戒之曰："公之命數，今年有厄，當慎杯觴。"公以詩答之曰："萬事懶從詹尹補，一生長恨楚臣醒。"句語頗有高致，令人打缺壺口。②

末句的"打缺壺口"四字很容易讓人想到《包閻羅演義》卷首所附吳剛的《打缺壺口》，不免令人懷疑這個"吳剛"是否也是安往居的化名。總之，種種證據都指向了一個結論：安往居很可能便是《包閻羅演義》的作者。

---

①收入《第五屆韓國語文學國際學術研討會論文集》，高麗大學 BK21 韓國語文學教育研究團，2008 年，頁 563—573。
②蔡美花、趙季主編：《韓國詩話全編》，頁 9309。

三　小説内證

　　上文所述其實都屬於"外證"，要想確定這一點還應該從小説本身出發尋找證據。按小説原文並未明確透露其作者身份，但我們可以從行文、用典的風格對作者的身份地位和文化程度有所瞭解。正如朴在淵所指出的那樣，《包閻羅演義》的"白話文寫得粗糙，文理欠通" ①，但其中的詩詞韻文則遠勝於《三俠五義》。上文所引《東詩叢話》對《包閻羅演義》回詞的稱述恰可體現作者的詩才。此外，《包閻羅演義》的某些情節化用還顯示了作者的經史修養。例如第十回"到縣廳曹吉服奸狀，審刑獄沈清感恩"，所述曹吉割牛舌一案爲《三俠五義》原書所無，而是《宋史》包拯本傳所記載的包公斷案實例，由此可見作者對史書的熟悉。又第八回"金龍寺英雄一放火，逸隱村狐狸三報恩"有這樣一個細節：

　　　　包興問道："槽欄外驢子性命，未知何如？"孟平搶白道："不問傷人，倒問驢子？ 那驢子在爾甚幹？" ②

　　顯然這是化用《論語・鄉黨》孔子問人不問馬的典故。小説原文以各種形式掉書袋的地方還有許多，這裏姑舉數例，與《三俠五義》對照即可見其廣博：

《三俠五義》	《包閻羅演義》
見金丸上面，一個刻著"玉宸宮李妃"，一個刻著"金華宮劉妃"，鐫的甚是精巧。（第一回）	接來細看，一個刻著玉宸宮李琬，一個金華宮劉瑤，字畫描得柳公權半篆，鐫得甚巧。（第一回）
路過冷宮，陳林便向太子説："這是冷宮，李娘娘因產生妖物，聖上將李娘娘貶入此宮。若説這位娘娘，是最賢德的。"（第一回）	陳林道："曾爲玉宸宮右貴妃李娘娘，貶御於此。若説貴妃賢德，六宮咸道太姒後身。"（第三回）

①轉引自程有慶：《簡評〈包閻羅演義〉》。
②《包閻羅演義》卷一，頁 41。

續表

《三俠五義》	《包閻羅演義》
當下言明，即擇日上館。是日備席延請，遞贄敬束脩，一切禮義自不必説。即領了包公，來至書房，拜了聖人，拜了老師。（第二回）	且説包山聘了老先生，準備了上館，又請日家揀了吉日，甯先生道："不必煩瀆日家，明日日辰甲寅，天上奎星，會於紫微之第二度，此是歷數上，五百九十年初有之文明吉日也。"包山聽此大喜，即以甲寅日上館入學，叫三弟拜了聖人，拜了老師。
且説小沙窩内有一老者姓張行三，爲人梗直，好行俠義，因此人都稱他爲"別古"。與衆不同謂之"別"，不合時宜謂之"古"。（第五回）①	小人姓張，綽號古別，住在小河窩内，半生一肚皮不合時宜，因此村人號爲"古別"。（第十一回）②

在這樣的小細節中都處處用典，作者的文化修養可見一斑。

除了正統經史，小説還化用了一些其他小説的情節内容，從中可以看出作者對中朝古典小説都有一定瞭解。例如寫王朝、馬漢、張龍、趙虎四人聚義，《三俠五義》作：

　　你道此山何名？名叫土龍崗，原是山賊窩居之所。原來張龍、趙虎誤投龐府，見他是權奸之門，不肯逗留，偶過此山，將山賊殺走，他二人便作了寨生。後因王朝、馬漢科考武場，亦被龐太師逐出，憤恨回家，路過此山，張、趙兩個即請到寨，結爲兄弟。王朝居長，馬漢第二，張龍第三，趙虎第四。……展爺道："我看衆弟兄皆是異姓骨肉。今日恰逢包公在此，雖則目下革職，將來朝廷必要擢用。那時衆位兄弟何不設法棄暗投明，與國出力，豈不是好？"王朝道："我等久有此心。老爺倘蒙朝廷擢用，我等俱願效力。"包公只得答應："豈敢，豈敢。"（第六回"罷官職逢義士高僧，應龍圖審冤魂怨鬼"）③

---

① 以上《三俠五義》引文，見石玉昆述，王述校點：《忠烈俠義傳：三俠五義》，頁 2；頁 6；頁 17；頁 40。

② 以上《包閻羅演義》引文，見《包閻羅演義》，卷一頁 3；卷一頁 12；卷一頁 28；卷二頁 8。

③ 以上《三俠五義》引文，見石玉昆述，王述校點：《忠烈俠義傳：三俠五義》，頁 42—43。

魯迅言《三俠五義》"爲市井細民寫心,乃似較有《水滸》遺韻"①,這一段情節顯然是脱胎於《水滸傳》,但也只是情節上神似而已。而在《包閻羅演義》中,這一段被改寫爲:

> 原來那山栅地名土龍岡。這四大王,一曰王朝,二曰馬漢,三曰張龍,四曰趙虎。四人俱是武技絶倫,曾赴武試,因太師龐吉,循私蔽公,連場負屈,落魄還鄉。在路上各自邂逅,同至土龍岡,有山賊數百名,各持兵器,突來剪逕。四人奮臂格鬥,追至山栅,殺散賊魁,見山栅錢穀,頗有殷實,一時見景生情,四人商議曰:"今權奸用事,州縣宰牧,俱出彼輩抬薦,士皆齎鬱,民不安堵。吾輩毋寧據有山栅,掃除贓官,替天行道,幸時運清平,以待招安。"四人謀議僉同,因結爲兄弟,聚得嘍羅四五百人,打家劫舍。遇有官公行李,一切搶劫,近處官兵,畏之如虎,不敢正視。……展昭道:"時勢無一定。進取有機會。我有一説焉。這包兄抱經天緯地之材,懷擎天捧日之忠,雖因忤了上司,罷官失職,終乃國之棟梁,何患無進取之路?"衆人僕僕拜謝,惟趙虎一人忿然道:"我山栅倒不如龐奸權府麼?既説豪傑鑄功名,宜當據了山栅,誅滅龐奸,戴包兄爲宰相,方可鑄了進取。"王朝遂叱退。(第十二回"罷官職中路逢義俠,得疾病蕭寺遇高僧")②

化用《水滸傳》的痕迹更爲明顯,連語辭都從原書中直接套用。

不止如此,《包閻羅演義》甚至還化用了朝鮮漢文小説《九雲夢》中的情節。在傳統古典小説中,公案與言情自是二類,包公這樣的人物形象是與兒女私情無緣的,故《三俠五義》中隱逸村招親一節所寫包公極其被動,只是在身邊包興、李氏夫婦的安排下訂了親事而已。而在《包閻羅演義》的第九回"夢玉簫淑女留訂約,登金榜進士還鄉里",鷺溪叟却增加了一個互贈信物的環節:

> 却説包公還了書房,埋怨包興不已,只因一時困倦,暫且睡眠。只見一個豐顔女子手持白玉簫一枝贈與道:"他日以此爲訂。"醒來却是一夢。……臨行,劉夫人把一枝白玉簫贈與包公,曰:"此是女兒的起名原因,今贈賢婿爲證。老身産生女兒時,夢見仙人,贈我白玉簫,因

----

① 魯迅著:《中國小説史略》,上海古籍出版社,1998 年,頁 204。
② 《包閻羅演義》卷二,頁 13—14。

此叫名女兒爲簫姬，今改爲肅姬。女兒十三歲時，有尼婆來賣玉簫，那玉簫與老身夢見的的相似；又怪那玉簫，教他人吹了，不肯發聲，偏偏女兒一吹，清音嫋嫋，簫前白鴿，盡皆飛舞，我夫妻以爲不祥，禁他不復弄吹了。"包公聽此，忽念夢事，不覺詫異，因領了玉簫，就囊中摸一摸，取出墨一丁答了。①

雖然包公仍是一個被動的形象，但整個故事因此而增添了一分浪漫的氣息，與才子佳人的故事套路頗爲相近。事實上，這也確實是在化用才子佳人小説，出處是《九雲夢》中蘭陽公主出身一節：

時皇太后有二男一女，皇上及越王、蘭陽公主也。蘭陽之誕生也，太后夢見神女奉明珠置懷中矣。公主既長，蘭姿蕙質，閨範壼則，超出於銀潢玉葉之中。一動一静、一語一默，皆有法度，頓無俗態，文章女工亦皆逼真，太后以此鍾愛甚篤。時西域太真國，進白玉洞簫，其制度極妙，而使工人吹之，聲不出矣。公主一夜夢遇仙女，教以一曲，公主盡得其妙，及覺試吹太真玉簫，聲韻其清，律吕自叶。太后及皇上皆異之，而外人莫知之矣。……蘭陽公主名簫和，其玉簫刻"簫和"二字，故以此名之。（卷之三"金鸞真學士吹玉簫，蓬萊殿宫娥乞佳句"）②

此外還有一個細節值得注意，《包閻羅演義》這一段中的"簫"字本來寫作正常的"簫"，但自"因此叫名女兒爲簫姬"一句以下，均寫作異體的"箾"，頗可怪異。爲此筆者查閲了《古本小説集成》影印的癸亥本《九雲夢》，發現其"簫"字正作此異體寫法③。由於條件有限，筆者没有見到《九雲夢》的其他抄本，故無法斷言《包閻羅演義》是取材於哪一種版本的《九雲夢》，但這一細節無疑還是暗示了這兩部小説之間的密切關係。由此可見作者是一位漢文修養極高、且對中朝古典小説都相當熟悉的文士。聯繫安往居本人的身份是朝鮮時期的進士，並曾任學官，其學養無疑符合這一條件。李能和《朝鮮解語花史》云其曾經創作過四部歷史小説，可見其對稗官小説的熱情；另外，《東詩叢話》品評《包閻羅演義》回詞的那一則材料先後引用了《三

---

① 《包閻羅演義》卷一，頁46—50。
② ［朝］金乃重著：《九雲夢》，"古本小説集成"影印癸亥本，上海古籍出版社，1994年，頁139。
③ ［朝］金乃重著：《九雲夢》，"古本小説集成"影印癸亥本，頁138—140。

國演義》和《西游記》的回詞,亦可見安往居對中國古典小説的熟稔。從這一方面看,安往居完全符合作爲《包閻羅演義》作者的條件。

最後回到安往居(肯來)爲《包閻羅演義》所作的題詞:

> 納納乾坤一敝廬,江湖鬢髮又蕭疏。青燈夜雨知何處,蟋蟀聲中人著書。①

觀其辭氣,與其説是對他人著書情景的寫照,不如説是在抒發自己心中的牢騷之氣。再聯繫李能和《朝鮮解語花史》所言,安往居嘗掛冠還鄉,"閑雲野鶴,相爲伴侣,胸中不平之氣,一寓諸詩與文"②,則此詩愈發像是自題之作。總之,從小説本文所提供的信息來看,安往居也符合其作者的諸種特質,所謂的"鶩溪叟""彝堂生""吳剛"等,很有可能都是其本人的化名。

四　結語

綜上所述,我們認爲《包閻羅演義》的作者是安往居已經得到了多重證據的支持。首先,《姑婦奇譚》引用尚未出版的《包閻羅演義》這一現象是一條關鍵證據,聯繫其本事中的種種破綻,我們有理由相信這是安往居及辛亥吟社社員的僞託之作,進而也有理由懷疑同樣經安往居之手問世的《包閻羅演義》是否真的是一個叫"鶩溪叟"的人所作。由彼時《包閻羅演義》尚未出版可以推測《姑婦奇譚》一書的炮製者很有可能就是小説本身的作者,則兩書共同的編輯安往居無疑有很大的可能。其次我們又發現安往居在二書出版後不久便在報紙上連載了《東詩叢話》,這部詩話作品中竟然也出現了對《包閻羅演義》的題詠和對《姑婦奇譚》的品評,三者之間的"互文性"暗示著其很有可能是出自同一作者之手。不僅如此,小説原文所提供的諸種內證也表明,安往居符合成爲其作者的多種條件,"鶩溪叟""彝堂生""吳剛"等,很有可能都是他一個人的化名。

---

① 朴在淵校點:《包閻羅演義》,《韓國藏中國稀見珍本小説》叢書排印本,頁 2。
② 轉引自張伯偉:《朝鮮時代女性詩文集解題》第三十七《洌上閨藻》,收入張伯偉《作爲方法的漢文化圈》,頁 419。

　　當然，由於筆者能力有限，且因語言障礙未能查閱韓文資料，目前還缺乏直接的證據説明安往居就是《包閻羅演義》的作者，本文僅就筆者現階段查到的資料提出一個假設，下一步深入的研究還有待方家。

　　　　　　　　　　　　　　　（作者單位：北京大學中文系 ）

域外漢籍研究集刊　第十七輯
2018 年　頁 265—281

國家圖書館藏《熱河日記》論考

許　放

一　國圖本《熱河日記》概觀

　　在爲數衆多的朝鮮時代中國行紀作品中,朴趾源的《熱河日記》有著重要的歷史地位。朴趾源(1737—1805),字仲美,號燕巖。是朝鮮王朝後期的文人、學者,也是"北學派"的代表人物之一。他曾於清乾隆四十五年(1780)隨使節團到訪北京與熱河,回到朝鮮後撰寫了《熱河日記》。該書不僅是朝鮮時代漢文學的代表作品,也是十八世紀北學思想的集大成之作。

　　《熱河日記》在創作與流傳的過程中,出現了諸多稿本、鈔本和刊本。從現有成果來看,學界多以新活字本《燕巖集》中所收録的《熱河日記》爲底本進行研究。該《燕巖集》於一九三二年由朴榮喆資助刊行(故亦稱朴榮喆本),是第一個相對完備的朴趾源全集刊本,對後世的影響也最爲深遠。但是限於當時的歷史條件,在底本整理和印刷過程中,不可避免地出現了一些文本上的訛誤和篇目編排上的問題。因此,要想更加準確地理解《熱河日記》,就不能局限於新活字本,而有必要對稿本、鈔本及刊本進行更加全面的文獻學研究。

　　《熱河日記》的版本研究始於二十世紀六十年代的韓國。李家源從朴趾源玄孫朴泳範處得到多種朴氏家藏稿本及鈔本,並通過一篇論文進行了簡單的介紹。可惜這批朴氏家藏資料長期未能公開,相關研究也未能取得新的進展。八十年代,姜東燁對十一種《熱河日記》版本進行了篇目的綜合比較與分析,金明昊對七種《熱河日記》版本進行了篇目和文本的全面比較，並通過文本的增删及修改情況，將版本系統分爲“草稿本系統”和“改作本系統”。不僅使文本校勘的成果在文學分析中得到具體應用，也使版本研究的深度與廣度都得到了提高。進入二十一世紀，徐賢卿將考察對象擴大到檀國大學淵民文庫收藏的部分稿本（即李家源舊藏資料），對《熱河日記》“定本”的存在及文本形成的過程進行了論證。梁承民則對收藏於韓國京畿道安山市星湖紀念館的《熱河日記》鈔本進行了研究，將這個版本定義爲最接近於“定本”的“定草本”。

　　2012 年，檀國大學東洋學研究院影印出版了《淵民文庫所藏燕巖朴趾源作品筆寫本叢書》（首爾：文藝苑，2012 年版），這就使李家源舊藏資料得到了全面公開。在此之後，金明昊在九十年代研究成果的基礎之上，以韓國、日本、美國等國家和地區所收藏的四十餘種《熱河日記》異本爲基礎，對朴趾源的逸詩、逸文及其所受西學思想的影響進行了深入的研究。並結合多個《燕巖集》的傳世版本，對日本東洋文庫本《燕巖集》“定本説”的觀點進行了分析。特別是將《熱河日記》的稿本、鈔本及刊本做出了四個系統的分類，對於版本的研究十分有益，現將這個分類整理如下。①

表 1：《熱河日記》的版本系統

分類	版本	特徵
稿本系統	檀國大學淵民文庫《杏溪雜録》、《杏溪集》、《雜録》、《熱河日記》、《燕行陰晴》、《黄圖紀略》、《熱河避暑録》、《楊梅詩話》、《考定忘羊録》、《燕巖集（十五）》等。	包括部分手稿和一些章節的早期鈔本，《熱河日記》尚未形成體系。

①《熱河日記》版本的相關研究成果有：李家源《〈燕巖集〉逸書、逸文及附録小考》，《國語國文學》39・40 合併號，國語國文學會，1968 年；姜東燁《熱河日記研究》，一志社，1988 年版；金明昊師，《熱河日記研究》，創作與批評社，1990 年版；徐賢卿《〈熱河日記〉定本的探索與叙述分析》，延世大學博士論文，2008 年；楊承民《燕巖山房校訂本〈熱河日記〉的發現及其資料價值》，《韓國古典文學會學術研討會論文集》，2009 年等。有關以上研究成果、《熱河日記》版本系統分類、稿本系統的介紹與“定本”的分析，詳見金明昊師《燕巖文學的深層探究》，韓國坡州：dolbegae 出版社，2013 年版，頁223—316。

分類	版本	特徵
日記系統	檀國大學淵民文庫多白雲樓本、綏堂本（玉溜山莊本）、一齋本、朱雪樓本（孳星燕茶齋本），首爾大學古圖書本，奎章閣本，成均館大學尊經閣本，忠南大學本，日本東洋文庫《燕彙》本等。	已經形成《熱河日記》的獨立體系，但尚未被整合到《燕巖集》中。
外集系統	韓國國立中央圖書館本，星湖紀念館本，延世大學《燕彙》本，全南大學本，朝鮮光文會本，韓國學中央研究院藏書閣本，臺灣本（中華叢書委員會刊本），日本九州大學本，東京都立日比谷圖書館谷村文庫本，美國加州大學伯克利分校《燕彙》本等。	被整合到《燕巖集（外集）》中，但是有不少版本在卷次安排上尚存在獨立性。
別集系統	韓國國會圖書館本，檀國大學淵民文庫溪西本，崇實大學基督教博物館自然經室本，實學博物館本，勝溪文庫本，延世大學本，嶺南大學本，新活字本（朴榮喆本），日本東洋文庫本，大阪中之島圖書館芸田艸舍本等。	被整合到《燕巖集（別集）》中，在卷次安排上已經成爲《燕巖集》的一部分。

　　總體來看，這四個系統既有宏觀上的一致，又有微觀上的差別。宏觀上的一致，指的是《熱河日記》的文本經過長期流傳，總體結構相對穩定。從稿本系統到日記系統、外集系統、別集系統，可以找到較爲清晰的繼承關係和發展脈絡。微觀上的差別，指的是文本在流傳過程中發生的變化。特別是隨著稿本系統向日記、外集、別集系統的過渡，不少文本發生了顯著的變化。同時，稿本、日記系統的鈔本中保存著不少被後世版本所刪改的內容，對於我們研究文本的流變有著重要的意義。

　　從近年的學界成果來看，多數研究集中在稿本系統、外集系統和別集系統。稿本系統研究集中在對淵民文庫所藏資料的探討，外集、別集系統的研究集中在"定本"的探索上，對於日記系統的研究則相對較少。日記系統處於稿本系統與外集系統之間，起著重要的承上啟下的作用。不僅對於《熱河日記》篇目體系的構建和文本的形成有著深遠的影響，對於"定本"的探索也有著重要的參考價值。本文將要介紹的國家圖書館藏《熱河日記》（善本書號：1495，以下略稱：國圖本）就屬於日記系統，相信可以爲版本研究提供新的文獻支撐。現將國圖本的基本情況整理如下。

第一冊：卷首題爲"熱河日記卷之二　盛京雜識"。前有題記一則，原文簡體與繁體並存，照錄如下。"熱河日记。抄本八冊，欠一冊。高力朴趾源著。乾隆时，高力使臣来贺乾隆 45 年萬寿，這时在熱河行礼。包括沿途日记，高力及满清朝的言语，也反央（原文如此，筆者注）了當时熱河及其沿途的风俗习惯，和萬寿節的盛況。"

本卷七月十一日條之後排列著"盛京伽藍記、粟齋筆談、商樓筆談、古董錄、遼東白塔記、廣佑寺記、舊遼東記、山川紀略、關廟記"等九篇文章。在別集系統中，"舊遼東記、遼東白塔記、關（帝）廟記、廣佑寺記"等四篇文章已經被移到了第一卷"渡江錄"中。忠南大學本的排列方式與國圖本相同，這也是稿本系統《熱河日記》的一個特徵。

第二冊：卷首題爲"熱河日記卷之二　太學留舘錄"。需要注意的是，此處的"卷之二"並非全書的第二卷。在國圖本第五冊"熱河日記卷之五"之前有"熱河日記目錄　漠北行程錄　太學留舘錄"，由此可知第二冊實爲"卷之五"的後半部分。但是，這個"卷之二"並非孤例。在稿本系統的《杏溪雜錄》、日記系統的多白雲樓本、朱雪樓本中，"漠北行程錄"和"太學留舘錄"同樣被標爲"卷之一"和"卷之二"，與朴趾源同時代的俞晚柱也留下過相關的讀書日記①。因此，這個特殊的卷數標記方式，是值得注意的一個細節。

在本卷的八月十日條中有一處文本值得注意。當日，朝鮮使團的隨從得龍招呼朴趾源來與蒙古王談話。對於這個情節的描寫，諸本多有不同。國圖本作"遥呼余。余排辟衆人往觀，則方與一老蒙古王"。在外集系統（全南大學本等）、別集系統（溪西本等）中改爲"使之導余觀玩。得龍排辟衆人，與一老蒙古王"。國圖本作"我效渠之爲"，在外集系統中（全南大學本等）改爲"得龍告我欲效其爲"，在別集系統中（溪西本等）改爲"得龍試欲效渠之爲"。同日，朴趾源曾回憶在北京時，接到使團需要趕往熱河的消

---

① 俞晚柱《欽英》第五冊，癸丑年（1783）十一月二十四日條："閲《熱河日記》卷之一，曰'漠北行程錄'。"首爾大學奎章閣影印本，1997 年版。轉引自金明昊師《燕巖文學的深層探究》，頁 267，脚注 115。

息，自己大喜過望。有關這段故事的描寫，諸本亦有不同。國圖本作"余暗喜不自勝。直走出外，立東廂下，呼二同（原注：乾糧馬頭名）。曰：'趣買沽酒來。爾無慳錢，從此與爾別矣。'飲酒而入。"在外集系統（全南大學本等）和別集系統中（勝溪本等）改爲"余立東廂下，永突來告午饌。余朝食猶未快下，命撤賜昌大。永突更進燒露，連傾數杯，徘徊久之而入。"這裏所做刪改都與作者對自己的描寫有關。作爲"兩班"，對於自身的行動有著極其嚴格的規範。而朴趾源出格的言行都難以爲當世所接受，所以做出了不少修改。

　　第三冊：卷首題爲"熱河日記卷之三　馹汛隨筆"。本卷有一篇"馹汛隨筆序"，各版本不僅名稱上多有不同，內容上也有不少差異。多白雲樓本、朱雪樓本、首爾大學古圖書本等異本中都題爲"馹汛隨筆序"，在忠南大學本、一齋本中題爲"序"，而在新活字本等別集系統中則無題。① 另外，本卷七月二十四日條，在外集（光文會本在外）和別集系統中有"是日處暑"四字，而在日記系統中則闕，國圖本亦不例外。

　　第四冊：卷首題爲"熱河日記卷之四　關內程史"。本卷七月二十七日條中，有一段文字作"太輝者，盧參奉馬頭也。初行，爲人輕妄。行過棗莊，棗樹爲風雨所折倒垂墻外。太輝摘啖其青實，腹痛暴泄不止。方虛煩悶渴，及聞薇毒殺人。乃大聲呼慟曰：'伯夷熟菜殺人！伯夷熟菜殺人！'叔齊與熟菜音相近，一堂哄笑。"這段文本在自然經室本和新活字本中被部分修改，在全南大學本、臺灣本、星湖本、東京都立本中被完全刪除。另外，還有"遂相與賦詩。一童子題之曰：'武王若敗崩，千載爲紂賊。望乃扶夷去，何不爲護逆。今日春秋義，胡看爲胡賊。'坐者皆大笑。"在全南大學本、臺灣本、星湖本、溪西本、國會本中被刪除。"復以伯夷之薇，致此紛紜。"在全南大學本、臺灣本、星湖本、東京都立本、溪西本、國會本中被刪除。"異鄉風燈，爲記故事。"在全南大學本、臺灣本、星湖本、東京都立本、溪西本、國會本中被刪除。因爲這段文字涉及對朝鮮"北伐論"的諷刺，故後世多有刪改。

　　第五冊：卷首題爲"熱河日記卷之五　漠北行程錄"。實際上是"卷之五"

---

①相關內容可參考金明昊師《〈熱河日記·馹汛隨筆序〉與東西方思想的溝通》，《國文學研究》第 28 輯，國文學會，2013 年。

的前半部分，後半部分則爲上文所介紹的第二冊。

第六冊：卷首題爲"熱河日記卷之七 傾蓋録"，前有"日記 傾蓋録 黄教問答 行在雜録 班禪始末 戲本名目 扎什倫布"，其中"日記"下似有"卷"字，"傾"字也有錯位。本卷"傾蓋録"中的"尹嘉銓"、"汪新"、"曹秀先"諸條，與《杏溪雜録（六）》、多白雲樓本、綏堂本相同之處頗多。另外，"戲本名目"並未被整合到"山莊雜記"中，與《熱河日記（貞）》、綏堂本、多白雲樓本、一齋本、奎章閣本、朱雪樓本等相同。

第七冊：卷首題爲"熱河日記卷之八 忘羊録 審勢篇"。"忘羊録"是《熱河日記》中文本變化最爲顯著的一篇，也是考證版本先後關係時最爲重要的一篇文獻。淵民文庫藏有一部"考定忘羊録"，是經過朴趾源之子朴宗采修改的稿本，這部稿本對於稿本系統、外集系統和別集系統有著極大的影響。而國圖本的"忘羊録"與忠南大學本、多白雲樓本、綏堂本、一齋本相同，屬於未受"考定忘羊録"影響的早期文本。

本卷中有"亨山大笑"一句，後世版本在此句下多有增補，如《考定忘羊録》、首爾大學古圖書本、奎章閣本、光文會本、全南大學本、臺灣本、東京都立本、星湖本等皆作"亨山大笑，因自題五言四句，又印名字圖署於他紙。割付左傍，摺疊以贈余。亨山詩：綠竹瞻君子，卷阿矢德音。揮毫開便面，握手得同心。"而溪西本等別集系統則作："亨山大笑，因自題：綠竹瞻君子，卷阿矢德音。揮毫開便面，握手得同心。四句。又印名字、小印於他紙。割付左傍，摺疊以贈余。"

第八冊：卷首題爲"熱河日記卷之九 銅蘭涉筆"。本卷有五條頭注，與《熱河日記（亨）》、多白雲樓本、綏堂本、全南大學本、星湖本、臺灣本、藏書閣本相同。這些頭注，或爲批語，或爲注釋，對於理解原文或確定版本系統都十分有幫助。

第九冊：卷首題爲"熱河日記卷之 鵠汀筆談"，前有"熱河日記目録 鵠汀筆談"。從卷次安排以及與多白雲樓本的比較來看，本卷實爲"卷之九"的後半部分，應該與第八冊合爲一冊。

第十冊：卷首題爲"熱河日記卷之十 幻戲 象記 避暑録"。本卷中的"象記"並未被整合到"山莊雜記"中，與《熱河日記（貞）》、綏堂本、多白雲樓本、朱雪樓本等相同。另外，卷末添加了"洋畫"條，與多白雲樓本、朱雪樓本相同。

從整體的結構特徵及各卷的具體文本來看，國圖本不僅屬於日記系統,還是這個系統中的早期鈔本,有助於我們對日記系統的鈔本進行勘誤與考異。另外,國圖本的卷次與同屬"日記系統"的多白雲樓本最爲接近。通過多白雲樓本的篇目可以知道,國圖本所缺失的分別是第一冊"卷之一(渡江録)"和第六冊"卷之六(渡古北河記、一夜九渡河記、進貢萬車記、進德齋夜話、還燕道中録、金蓼小抄、口外異聞、乘龜仙人行雨記、萬年春燈記、梅花砲記、蠟嘴鳥記)"。故國圖本全本應爲十卷十冊,今闕卷之一(第一冊)、卷之六(第六冊),存卷之二(第二冊)到卷之五(第五冊)、卷之七(第七冊)到卷之十(第十冊)。各主要異本的篇次比較詳見下表。

表 2:主要異本篇次比較一覽

國圖本	多白雲樓本	忠南大學本	新活字本
(闕)	渡江録	渡江録	渡江録
盛京雜識	盛京雜識	盛京雜識	盛京雜識
馹汛隨筆	馹汛隨筆	馹汛隨筆	馹汛隨筆
關内程史	關内程史	關内程史	關内程史
漠北行程録	漠北行程録	漠北行程録	漠北行程録
太學留館録	太學留館録	太學留館録	太學留館録
(闕)	山莊雜記①	口外異聞	還燕道中録
(闕)	進德齋夜話	還燕道中録	傾蓋録
(闕)	還燕道中録	金蓼小抄	黃教問答
(闕)	金蓼小抄	玉匣夜話	班禪始末
(闕)	口外異聞	黃圖紀略	扎什倫布
(闕)	山莊雜記②	謁聖退述	行在雜録
傾蓋録	傾蓋録	盎葉記	忘羊録
黃教問答	黃教問答	傾蓋録	審勢篇

①包括三篇作品:《渡古北河記》、《一夜九渡河記》、《進貢萬車記》。
②包括四篇作品:《乘龜仙人行雨記》、《萬年春燈記》、《梅花砲記》、《蠟嘴鳥記》。

國圖本	多白雲樓本	忠南大學本	新活字本
行在雜録	行在雜録	黄教問答	鵠汀筆談
班禪始末	班禪始末	行在雜録	山莊雜記
戲本名目	戲本名目	班禪始末	(戲本名目記)
扎什倫布	扎什倫布	戲本名目	幻戲記
忘羊録	忘羊録	扎什倫布	避暑録
審勢篇	審勢篇	忘羊録	口外異聞
銅蘭涉筆	銅蘭涉筆	審勢篇	玉匣夜話
鵠汀筆談	鵠汀筆談	鵠汀筆談	黄圖紀略
幻戲	幻戲記	銅蘭涉筆	謁聖退述
象記	象記	山莊雜記	盎葉記
避暑録	避暑録	幻戲記	銅蘭涉筆
——	——	避暑録	補遺(金蓼小抄)

綜上所述,國圖本《熱河日記》具有重要的版本文獻價值。首先,有助於更加全面地認識忠南大學本的價值,理清"稿本系統"到"日記系統"的演變過程。其次,有助於把握全南大學本和國會本的特點,認識"外集系統"與"別集系統"的文本特徵,進而爲"定本"研究提供新的依據。下面就具體來看這個鈔本的文獻價值。

二　可窺"稿本系統"到"日記系統"的演變過程

在有關《熱河日記》版本的研究中,韓國忠南大學所收藏的《熱河日記》具有非常重要的意義。因爲這個鈔本不僅屬於日記系統,而且還保留了稿本系統的諸多原始文本,一直受到研究者的重視。但是,忠南大學本是否就是最爲接近稿本的鈔本呢?要想回答這個問題,有必要通過對與忠南大學本體例相近的版本進行比較研究,才有可能得出準確的結論。而國圖本的出現,就使這項工作得以更加順利的完成。

表 3：國圖本與忠南大學本之比較

序號	國圖本	忠南大學本	出處
1	遂還出，出尋來源	遂還，出尋來源。	盛京雜識 （七月初十日） 校點本 38 頁①
2	盡月明如晝	是夜月明如晝	盛京雜識 （粟齋筆談） 校點本 40 頁
3	而互而大笑彌縫	而互以大笑彌縫	馹汛隨筆 （七月廿一日） 校點本 80 頁
4	天亦可憐見時	大可憐見時	盛京雜識 （商樓筆談） 校點本 47 頁
5	且卜字之外加點	且卜字之外加點	盛京雜識 （商樓筆談） 校點本 45 頁
6	音起於律，律生於曆	音起於（空格）， 律生於曆	忘羊錄 校點本無
7	雙林曰："你尚未丈家時，紫的不怨否?"張福大笑曰："吾巴其不時間起立時，吾乃以一拳頭打煞了，郁巴其叫了一聲唧，都吐了一口胎裏乳，擅入那龜甲裏去，三年不出頭。"	（無）	馹汛隨筆 （七月十七日） 校點本無

---

①校點本系朱瑞平先生校點之《熱河日記》（上海書店出版社，1997 年版）。該書以新活字本爲底本，以臺灣本及李家源句讀本（韓國民族文化推進會，1968 年版）爲參校本，每卷之末附有校記。本文特列出校點本之頁碼，供讀者查找與比對。

續表

序號	國圖本	忠南大學本	出處
8	肉冶裏鎔得都化成水	（無）	馹汛隨筆 （七月十七日） 校點本無
9	俱有首面，雙林之龍陽美童云。	俱有首面， 雙林之行眷云。	馹汛隨筆 （七月十七日） 校點本 70 頁

首先，雖然國圖本的訛誤相對較多，但是仍可以對忠南大學本進行勘誤和考異。在表 3 的第 1 條到第 3 條中，國圖本的訛誤都沒有出現在忠南大學本中。當然，也有像第 4 條這樣的例子，忠南大學本誤作"大"字，國圖本中則保存了正確的"天"字。

其次，國圖本與忠南大學本有著一定的淵源關係。我們從第 5 條中，可以發現這條綫索。此條見於國圖本卷二"盛京雜識"中的"商樓筆談"，朴趾源在瀋陽與幾位商人筆談，席間談到了《周易》中的"正卜之誤"。朴趾源說到："五十讀易。雖有卒字之疑，今謂正卜之誤，則恐是鑿空。易雖卜筮之書，繫辭言占言筮，不見卜字。且卜字之外加點，元非一畫可添。"在其他版本中，多作"且卜字丨外加點"。在忠南大學本中此條爲"且卜字之外加點"，國圖本原來與忠南大學本相同，但是"之"被塗抹掉了。這就從一個側面證明國圖本與忠南大學本有著一定的關係。再看第 6 條，國圖本卷八"忘羊錄"中有"音起於律，律生於曆。"他本均無"律"字，或被塗抹，或留空格，只有國圖本保留了這個字。如上文所介紹，"忘羊錄"經過了朴宗采的修改，是《熱河日記》中變化最大的一部分，各版本系統間的差異非常明顯。而這個"律"的存在，也爲我們探討"忘羊錄"的文本變化提供了新的證據。

再次，國圖本還保存了忠南大學本中所沒有的文本。第 7 條出現在國圖本卷三"馹汛隨筆"中。這一段内容講的是朴趾源的隨從張福和清朝的通官雙林在路上用各自不熟練的外語進行對話的場面。國圖本作："雙林曰：'你入丈否？'張福曰：'家貧未聘。'雙林連道'不祥'。不祥者，東話傷歎之辭也。雙林曰：'你尚未丈家時，紫的不怨否？'張福大笑曰：'吾巴其不時間起立時,吾乃以一拳頭打煞了,郁巴其叫了一聲唧,都吐了一口胎裏乳,攛入那龜甲裏去,三年不出頭。'"忠南大學本刪去了"東話傷歟之辭也"之後的全部文本。另外,第 8 條國圖本作:"張福曰:'若一看見時,大監們魂飛九霄雲外,手裏自丢了萬兩紋銀子,肉冶裏鎔得化成水,渡不得這鴨綠江來哩!'"忠南大學本刪去了"肉冶裏鎔得化成水"一句。兩相比較,國圖本的對話描寫具有更加明顯的諧謔性。

第 9 條也出現在卷三"馹汛隨筆"七月十七日條中。在介紹雙林的兩個僕人時,國圖本作"皆年方十九歲,俱有首面,雙林之龍陽美童云。"《杏溪雜録(二)》,忠南大學本、古圖書本、奎章閣本、光文會本均改爲"皆年方十九歲,俱有首面,雙林之行眷云"。通行本又改爲更加穩妥的"皆年方十九歲,眉目可愛,雙林之行眷云"。

另外,國圖本卷六"避暑録"中有"王三賓"條,也是同樣的情況。稿本系統的《杏溪雜録(六)》只有其名,尚無內容。國圖本作"王三賓,閩人也,年二十五。似是尹亨山傔從也,或奇麗川僕也。昌大言:昨朝偶在明倫堂右門屏下,麗川與三賓結臂駢項,蔽槐樹立良久。接口咂舌,如殿上繡項鵓鳩,不知有人在屏間偷看,三賓巧弄無數淫態。再昨曉,持書往尹大人炕。三賓在尹衾中,舉頭受書也。鵠亭僕鄂亦似其美童,非但貌美,能解書工畫。"這段文本國圖本與多白雲樓本、綏堂本、忠南大學本相同。一齋本作"王三賓,閩人也,年二十五。似是尹亨山傔從也,或奇麗川僕也。貌美而能解書工畫,鵠亭僕鄂亦美童",省略頗多。此外多數異本都進行了大幅刪改,作"王三賓,閩人也,年二十五。似是尹亨山傔從也,或奇麗川僕也,貌美而能解書工畫。"

眾所周知,朝鮮王朝以理學爲建國理念,帶有性描寫的文藝作品皆被視爲洪水猛獸。當然,這種狀況也非一成不變。在朝鮮王朝前期,理學還具有相當的約束力。但是到了朝鮮王朝後期,隨著朝鮮國內出現了對禮教思想的反思,以及外國書籍的傳入,文藝創作也發生了微妙的變化。① 以上有關張福、雙林、王三賓等人物的記載,不僅可以為我們校勘《熱河日記》提供原始文本依據,還可以爲我們認識朝鮮後期的漢文學發展提供新的文

①《韓國漢文學研究》42(韓國漢文學會,2008)曾刊載"韓國漢文學與性談論"系列論文,論述相關問題甚詳,可供參考。

獻資料。各異本之間的文本差異，更是使我們能够了解到當時文學作品中的性描寫及相關文本如何在傳抄過程中被改變、被稀釋，直至被删除的全過程。王三賓條涉及到所謂"男風"，在當時的社會更是屬於禁忌中的禁忌，因此在鈔本流傳的過程中發生了非常大的變化，這個過程也值得我們深入探討。

綜上所述，通過對國圖本和忠南大學本的校勘，可以得出一個初步的結論。就是從文字的準確性和體例的完備程度來看，忠南大學本的確是相對較爲完善的一個鈔本。但是，忠南大學本也與其他系統的鈔本一樣，經過了文本的修改與過濾。如超出兩班行爲規範的出格言行，違背當時朝鮮反清、反西學社會潮流的思想意識，過度的諧謔表現與細節描寫，稗官小説體（包括漢語白話和朝鮮俗語等）的使用等。①而國圖本的存在正可以對忠南大學本進行勘誤和考異。更重要的是，忠南大學本中因爲種種原因被删除的文字，也保留在國圖本之中，有助於我們更加準確地把握從"稿本系統"到"日記系統"的演變過程。

三 爲"定本"研究提供新的證據

在近年來有關《熱河日記》版本的研究中，對於"定本"的探討成爲了新的熱點。其中，徐賢卿的研究值得關注。他從文本的形成過程入手，通過對眾多稿本、鈔本、刊本的比較，提出"《杏溪雜録》→忠南大學本→全南大學本→日本東洋文庫本"的文本成立過程。在這個過程中，全南大學本和國會本成爲了重要的參考。下面，就結合國圖本來探討有關"定本"判定的若干問題。

在徐氏的論文中，全南大學本被放在了非常重要的位置。他認爲這個版本經過朴趾源之子朴宗采校訂，在"定本"的確立過程中，起到了決定性的作用。爲了强調這個鈔本的重要，作者還以全南大學本對忠南大學本做

①有關這四個特徵，詳見金明昊師《熱河日記研究》，首爾：創作與批評社，1990 年版，頁 44—47。

出的增刪爲主要特徵整理出了若干表格。① 如果我們按照作者的思路，以忠南大學本爲起點，以全南大學本爲終點，去研究兩個版本之間的變化的話，這些分析是成立的。但是，如果我們把視野放大到整個"日記系統"的話，那麼這些證據的可信度就要打上一個問號。

如前所述，忠南大學本雖然與"外集系統"、"別集系統"的異本相比有頗多可取之處。但是，這個鈔本不僅有行文中出現的訛誤、疏漏，還有若干内容的缺失。因此，在"日記系統"中，忠南大學本也難稱善本。那麼，徐氏所談到的文本變化是否就專屬於全南大學本呢？還是在稿本系統中這些變化已經發生？要想回答這個問題，就有必要將與忠南大學本有著密切關係的版本進行仔細的比對與分析。國圖本的出現，使這個比較成爲可能。下面，就以國圖本爲主要參考，對徐氏文中涉及的全南大學本的特點進行探討。

表 4：國圖本與忠南大學本、全南大學本之比較

序號	忠南大學本	全南大學本	國圖本	出處
1	即所以壯其根本之術	所以壯其根本之術	所以壯其根本之術	盛京雜識 （七月初十日） 校點本 34 頁
2	而或骰牌	或骰牌	或骰牌	盛京雜識 （七月初十日） 校點本 35 頁
3	而今稱盛京	今稱盛京	今稱盛京	盛京雜識 （七月初十日） 校點本 37 頁
4	巧手以鵬砂寒水石硇砂膽礬金砂礬爲巧末	巧手以鵬砂寒水石硇砂膽礬金砂礬爲末	巧手以鵬砂寒水石硇砂膽礬金砂礬爲末	盛京雜識 （粟齋筆談） 校點本 43 頁

①徐賢卿《〈熱河日記〉定本的探索與叙述分析》，延世大學博士論文，2008 年，頁 52—87。

續表

序號	忠南大學本	全南大學本	國圖本	出處
5	既有高低清濁巨細之分焉	旣有高低清濁巨細之分	旣有高低清濁巨細之分	忘羊録 校點本 193 頁
6	遼野安則風塵不動	遼野安則海內風塵不動	遼野安則海內風塵不動	盛京雜識 （七月初十日） 校點本 34 頁
7	潛身獨步而出	遂潛身獨步出	遂潛身獨步出	盛京雜識 （七月十一日） 校點本 39 頁
8	深樹老屋圖	深樹老屋圖駱西	深樹老屋圖駱西	關內程史 （七月廿五日） 校點本 89 頁
9	大書數十字於不春不夏	大書此數十字於不春不夏	大書此數十字於不春不夏	漠北行程録 （八月初七日） 校點本 122 頁
10	王舉人書"明詩綜"三字	王舉人卽書"明詩綜"三字	王舉人卽書"明詩綜"三字	太學留館録 （八月初九日） 校點本 127 頁

　　徐氏認爲，從忠南大學本過渡到全南大學本的過程中，出現了一些特別的文本變化，一些文字"首次"被刪除或添補。但是，如表 3 所示，在全南大學本中被刪除的"卽"、"而"、"巧"、"焉"等字，在國圖本中其實已經被刪除。而在全南大學本中被添補的"海内"、"遂"、"駱西"、"此"、"卽"等字，在國圖本中已經得到添補。因此，這些增刪的例子不僅存在于"外集系統"的全南大學本中，其實也存在於"日記系統"的國圖本中。這些增刪不能作爲全南大學本的特徵，來證明忠南大學本如何發展到全南大學本。

　　另外，徐氏認爲在《熱河日記》的文本發展進程中，由全南大學本到國會本，是又一個重要的階段。他把日本東洋文庫本定義爲"異宗本"，把與其有影響關係的溪西本、自然經室本、國會本定義爲"異派本"。在這個過程中，文字的增刪更加顯著，也開始逐漸向"定本"定型。因此，能否準確把握全南大學本到國會本的過渡特點，便成爲闡明這個問題的關鍵。在前述徐氏文中,也對國會本的文本增刪進行了總結。①但是,如果用國圖本來驗證這些文本,是否依然可以保證這些論據的可信度呢?

表 5:國圖本與國會本、全南大學本之比較

序號	國會本	全南大學本	國圖本	出處
1	秋七月初十日	四年庚子(清乾隆四十五年)秋七月初十日	初十日	盛京雜識(七月初十日)校點本 33 頁
2	塗以朱紅	塗以朱灰(石灰)	塗以朱灰	漠北行程錄(八月初五日)校點本 115 頁
3	因畫示其葉(無圖)	因畫示其葉(有圖)	因畫示其葉(無圖)	黃教問答校點本 171 頁
4	幻者以爪鑷抽其端	幻者以爪鑷抽其一端	幻者以爪鑷抽其端	幻戲記校點本 256 頁
5	詩才不可及	詩才不可及(以康熙諱玄曄,清人諱玄借元)	詩才不可及	避暑錄校點本 263—264 頁
6	山前一丈大甕裏	山前丈大甕裡	山前一丈大甕裡	盛京雜識(七月十三日)校點本 51 頁
7	旌竿三丈	旌三丈	旌竿三丈	馹汛隨筆(車制)校點本 67 頁
8	則不識奇變云	則不識奇變	則不識奇變云	馹汛隨筆(七月廿一口)校點本 78 頁

第 1 條十分值得注意,這是對年月日標記方式的修改。因爲朴趾源在作品中使用了清朝年號,所以在反清風潮盛行的朝鮮被稱爲"虜號之禍"。後代文本中,對此有所修改,國會本便是其中之一。但是,在國圖本中,同

<hr>

①徐賢卿《〈熱河日記〉定本的探索與叙述分析》,延世大學博士論文,2008 年,頁 87—110。

一日期的標記已經發生了變化，並且改成了更加簡潔的日期標注。所以，用“七月初十日”來證明這種刪除略顯不當。

　　第 3 條也值得注意，天子萬年樹圖在各版本中的出現情況不一。具體來看，首爾大學古圖書本、奎章閣本、臺灣本、光文會本、國會本無圖；綏堂本、多白雲樓本、忠南大學本有圖，位置在“萬國咸寧”之後；東京都立本雖有圖，但不準確；新活字本、溪西本、自然經室本、中之島本、勝溪本、全南大學本、東洋文庫本、星湖本有圖，位置在“因畫示其葉”之後。因此，以國會本中的刪除作爲特徵來斷定版本，似有不妥。

　　總體來看，“四年庚子（清乾隆四十五年）”、“石灰”、“一”、“以康熙諱玄燁，清人諱玄借元”等文字的刪除，在國圖本中已經發生。“一”、“竿”、“云”等部分的增補，也已經在國圖本中做出。因此，如果只是局限於全南大學本與國會本進行比較的話，這些分析似乎沒有問題。但是，如果引入國圖本進行校勘，就會發現這樣的分析實難成立，因爲這些文本變化已經在日記系統內部發生，並不能作爲“定本”形成的證據來使用。

四　簡短的結論

　　國圖本爲《熱河日記》版本系統研究提供了新的文獻基礎，有助於闡明忠南大學本等日記系統鈔本的特點，了解由稿本系統到日記系統的發展過程和文本變化。同時，也有助於把握全南大學本、國會本等外集、別集系統鈔本的特徵，進而使“定本”的探索能在一個更大、更合理的框架內進行。

　　當然，國圖本也有其自身的問題。首先，鈔本不夠完整，闕第一卷和第六卷，影響了對其特徵的準確判斷。其次，與類似的版本（如多白雲樓本、綏堂本、一齋本）相比，錯字、缺字等訛誤偏多。因此，要想更加準確地說明國圖本的特點，有必要與同屬日記系統的其他鈔本進行全面的比較與分析。

附記：本文是在恩師韓國首爾大學國語國文系金明昊教授的鼓勵之下完成的。在寫作過程中，明昊師不僅提供了“多白雲樓本”等珍貴資料，還多次提出寶貴的修改意見。藉此機會，謹致感謝。

又附記：本文曾在南京大學域外漢籍研究所主辦的"第二屆南京大學域外漢籍國際學術研討會"（2017 年 7 月 1—2 日，南京）上宣讀，蒙韓國順天鄉大學朴現圭教授點評。在本文的修改過程中，又承中山大學中文系黄仕忠教授指正。獲益良多，專此布謝。

（作者單位：中山大學國際翻譯學院韓國語系）

漢籍交流研究

域外漢籍研究集刊　第十七輯
2018 年　頁 285—313

日本古鈔本《毛詩傳箋·唐風》研究（上）

——與敦煌出土寫卷法藏 P.2529 對勘

石立善

緒　論

　　日本藏古鈔本《毛詩傳箋·唐風》殘卷，存首八篇，即《蟋蟀》、《山有樞》、《揚之水》、《椒聊》、《綢繆》、《杕杜》、《羔裘》、《鴇羽》。此本原藏於山城鳴瀧之長樂院，繼入東京和田維四郎之雲村文庫，後歸岩崎男爵家，故世稱"岩崎本"，現藏於東洋文庫。1922 年，羅振玉自日本歸國前捐資①付印《京都帝國大學文學部景印舊鈔本》第一集曾收録此鈔本照片，題曰"毛詩唐風殘卷"，卷末附狩野直喜跋文。六朝隋唐之詩學，乃毛鄭鼎盛之時代，《毛詩傳箋》至晚於唐代傳入東瀛，《日本國見在書目録》著録："《毛詩》廿卷，漢河間太傅毛萇傳，鄭氏箋"。② 日本古代流傳之古鈔本《毛詩》主要是毛萇傳、鄭氏箋《毛詩傳箋》及唐孔穎達撰《毛詩正義》，而此《毛詩傳箋·唐風》殘卷乃日本現存諸鈔本中年代最早者，尤可寶焉。

　　古鈔本爲卷子本，楮紙，六張粘綴而成，第一張二十一行，第二至第四張二十三行，第五張七行，第六張十六行，高 27.2 釐米，長 285.5 釐米，楷

---

① 參照狩野直喜《序》，《京都帝國大學文學部景印舊鈔本》第一集卷首，京都帝國大學文學部，1922 年。

② 藤原佐世《日本國見在書目録》，古典保存會事務所影印室生寺本，1925 年。

書，無欄，凡一百十三行，行十二字至十五字不等，雙行小字注。字迹典雅秀美，堪稱精鈔。卷首題"□□□詰 訊 傅弟十"，空二字題"毛詩國風"，下空一字題"鄭氏箋"，卷末至"鴇羽三章＝七句"。卷中可見日本古訓點三種，朱點、墨點、角筆點，蓋平安時代中期延喜時代（901—923）所加①。古鈔本天頭、地脚、行間用墨筆及朱筆摘寫若干陸德明《經典釋文》之注音，如第2行、7行、8行、第16行、18行等，然字迹拙劣，與鈔本正文之字迹迥異，乃後世日本儒者增附備忘。又可見淡青色圓形紙片近百枚黏貼於文字右側，蓋校勘文字異同之際所標記也，因知此卷子本爲後世日本儒學者所珍視及閱讀情況。卷末左下角鈐有"雲邨文庫"長方形朱印，乃和田維四郎藏書印，卷末附大正九年（1920）五月狩野直喜跋。又，鈔本之紙背用梵字書寫佛教典籍《兩部儀軌》，卷末題云："治安元年十二月五日乙卯，午正時無人，獨奉讀《兩部儀軌》而至金界勝心真言，以前思惟自他法界斷（律）滿二世，願唯有兩部法而則漸奉讀，至供養會，發願云：衣食不具足，不能修行，願令具足資生，具修行晝夜，廣東寺之道，興隆大師之迹利益。又□□□□一讀一印，真言雷音一振，希有之，亦希有相應也，但其日從夜。"此後世僧侶利用古鈔本背面鈔寫佛典之常例，治安元年（1021）乃平安時代之年號。

　　近代自狩野直喜②以來，日中學者③相繼論及此古鈔本。關於古鈔本之鈔寫時代及鈔手，由於沒有題跋等外部特徵，故衆説紛紜。狩野直喜認爲出於日本奈良朝（710—784）人士之手④，吉川幸次郎贊同狩野之説⑤，中

---

① 參照石塚晴通《岩崎本古文尚書・毛詩の訓點》，《東洋文庫書報》第15號，東洋文庫，1984年3月。

② 狩野直喜《舊抄本毛詩殘卷跋》（《史林》第4卷第4號，1919年10月），此文後收入其著《支那學文藪》（岩波書店，1976年）。

③ 中川憲一《毛詩卷第六解説》（《書道全集》第26集，平凡社，1967年）；王曉平《日本詩經學文獻考釋》（中華書局，2012年）；陳雲豪《日藏〈毛詩詁訓傳・唐風〉殘卷》（《殷都學刊》2012年第4期）。

④ 前揭狩野直喜《舊抄本毛詩殘卷跋》（《支那學文藪》所收）。

⑤ 吉川幸次郎《東方文化研究所經學文學研究室〈毛詩正義〉校定資料解説》（載《吉川幸次郎全集》第10卷，筑摩書房，1984年，頁446）。

川憲一認爲是唐代中期寫本①，《岩崎文庫貴重書書誌解題Ⅰ》②認爲是古代傳到日本的初唐寫本，王曉平亦以爲是唐代寫本③。根據鈔本書法風格及用筆特徵判斷，筆者贊同狩野、吉川之説，鈔本當寫於日本奈良時代初期，鈔手爲日本人，蓋直接或者轉鈔自隋唐朝之寫卷。

　　筆者有幸於東洋文庫披閲古鈔本之彩色照片，筆墨粲然若新，然慨嘆其文本性質尚未解明，且文字校勘之剩義猶多，值得深入研究。敦煌出土寫卷法國所藏 P.2529《毛詩傳箋》亦存《唐風》，關於鈔寫年代，劉師培《敦煌新出唐寫本提要》④云："唐諱之字，其闕筆者僅‘世’字，‘民’字雖間更‘人’字，然爲數甚稀，其爲何時所書，今弗可考，書法弗工，然確出唐人之手。"姜亮夫《敦煌本毛詩傳箋校録》疑唐太宗之世所寫。黄瑞雲《敦煌古寫本詩經校釋札記》⑤謂此卷必晚於睿宗以後七世，不早於敬宗以前，蓋晚唐人手書。具體鈔寫年代不可遽定，爲唐人鈔寫無疑。敦煌寫卷 P.2529 與日本古鈔本年代接近，可以取資比勘，前人於此雖亦有留意，然所論或失之簡略，或僅舉異同⑥，皆未至精詳塙論。今取 P.2529 與日本古鈔本作對勘研究，並用唐開成石經《毛詩》、南宋以降刻本《毛詩傳箋》、《毛詩正義》、《毛詩注疏》等，擬深入探討古鈔本之文本系統、異文價值及《詩經》學之相關問題。

　　今録對勘之凡例如下：

　　古鈔本與敦煌本均據照片迻録文字，施加新式標點，上下兩段排比，分別用"日"、"敦"表示。

　　録文儘量保留寫卷文字原貌，殘損而無法識讀之文字用"☒"表示，筆劃殘闕而尚可辨認復原之文字則用"□"號括起，重文號則用"＝"表示，雙行小注改爲單行。

---

① 前揭中川憲一《毛詩卷第六解説》。
② 東洋文庫日本研究委員會編《岩崎文庫貴重書書誌解題Ⅰ》，東洋文庫，1990 年，頁 2。
③ 前揭王曉平《日本詩經學文獻考釋》，頁 20。
④ 劉師培《劉申叔遺書》，江蘇古籍出版社影印，1997 年，下冊頁 2003—2005。
⑤ 黄瑞雲《敦煌古寫本詩經校釋札記》，《敦煌研究》，1986 年第 3 期。
⑥ 狩野直喜《舊抄本毛詩殘卷跋》列出三處異文，陳雲豪《日藏〈毛詩詁訓傳・唐風〉殘卷》僅舉兩者之異文而已（《殷都學刊》2012 年第 4 期，頁 73—79）。

初見字考其文字訓詁源流,重出字則僅指出其文字性質,考證則略之。

所據版本如下:法國藏敦煌出土寫卷 P.2529①(以下簡稱"敦煌本")、唐開成石經②(簡稱"唐石經")、南宋刊《纂圖互注毛詩》③(簡稱"經注本")、南宋刊單疏本④(簡稱"單疏本")、南宋刊十行本《毛詩注疏》⑤(簡稱"十行本")、阮元校刊《十三經注疏》本《毛詩正義》⑥(簡稱"阮本")、日本慶長年間刊活字經注本(簡稱"慶長本"),以及山井鼎撰、物觀補《七經孟子考文補遺》⑦、阮元《毛詩注疏校勘記》⑧、竹添光鴻《毛詩會箋》⑨等。

一　《蟋蟀》

【日】▨▨▨〔1〕詁 訓 傳〔2〕第十〔3〕　　毛詩國風　鄭氏箋〔4〕
【敦】唐蟋蟀詁訓傳第十卷第六
〔1〕古鈔本第 1 行首闕三字爲"唐蟋蟀"。
〔2〕"詁 訓 傳","詁"字殘存下部兩口。" 訓 ",敦煌本、唐石經、經注本、十行本、阮本、慶長本作"訓"," 訓 "爲"訓"之俗寫,《干禄字書·去聲》:" 訓 、訓,上通下正。"⑩ "川"字俗寫作" 川 ",故俗"訓"字從之。"傳",敦煌本同,唐石經、經注本、十行本、阮本、慶長本作"傳","傅"爲"傳"之俗

---

① 《法藏敦煌西域文獻》(上海古籍出版社,1994 年)。
② 《景刊唐開成石經》第一册,中華書局影印民國皕忍堂摹刻本,1997 年。
③ 《纂圖互注毛詩》,故宫博物院影印該館藏南宋刊本,2001 年。
④ 《毛詩正義》,東方文化學院影印,1936 年。此本原爲内藤湖南之舊藏,現歸日本杏雨書屋(隸屬於武田科學振興財團)所有。
⑤ 《毛詩注疏》,汲古書院影印日本足利學校藏南宋刊十行本,1973 年。
⑥ 《毛詩注疏》,清嘉慶二十年(1815)江西南昌府學刊《十三經注疏》,中文出版社影印,1973 年。
⑦ 山井鼎、物觀《七經孟子考文補遺》,《文淵閣四庫全書》本。
⑧ 阮元《毛詩注疏校勘記》,《續修四庫全書》所收影印文選樓刻本。
⑨ 竹添光鴻《毛詩會箋》,大通書局影印日本排印本,1973 年。
⑩ 顔元孫《干禄字書》,紫禁城出版社影印顔真卿書明拓本,1990 年,頁 51。

字,敦煌寫本 S.388 佚名字書云:"傅,相承;傳,正。"①《干禄字書・平聲》:
"𤰇,專,上通下正。"②"專"俗寫作"𤰇",故俗"傳"字從之。

〔3〕"第十","苐",古鈔本、敦煌本 P.2559 同,唐石經、經注本、十行本、
阮本、慶長本作"第","苐"爲"第"之俗字,《干禄字書・去聲》:"苐、第,次第
字,上俗下正。"③俗寫"艹"與"𥫗"部首常相混不分。敦煌本"第十"下有
"卷第六"三字,用小字補寫於行間,古鈔本無,考其他敦煌吐魯番出土《傳
箋》寫卷或有或無,或寫在篇題之下,或寫於各卷之末,或篇題、卷末皆有
之,循古書之例,"卷第幾"當寫在卷末,如唐石經即是,而今敦煌本篇題下
所見者乃鈔手備忘而寫之,非《傳箋》原貌。又按:今敦煌本卷帙分爲廿,與
唐開成石經相同,檢《漢書・藝文志》載"《毛詩詁訓傳》三十卷",而《經典釋
文・序録》、《隋書・經籍志》、《舊唐書・經籍志》、《新唐書・藝文志》、《日
本國見在書目》俱著録爲"二十卷",則今所見敦煌、吐魯番寫本蓋承六朝以
來所分之卷數,此古鈔本亦當爲二十卷。

〔4〕"毛詩國風　鄭氏箋"七字,敦煌本無,《敦煌經部文獻合集》謂當有
"毛詩國風,鄭氏箋"諸字,考敦煌、吐魯番出土《毛詩傳箋》寫卷大多有之,
而偶有省脱,則 P.2559 寫手省略或誤脱。又,古鈔本第 1 行天頭有附注依
稀殘存三字,蓋摘鈔《經典釋文・毛詩音義》之注音,但殘闕過甚,無法
辨識。

【日】▢▢〔1〕,刺〔2〕晉僖公也。儉不中礼〔3〕,故作是詩以閔之,欲其
及時以禮自虞樂〔4〕也。此晉也,而謂之唐,夲〔5〕其風俗,憂深思遠,儉而
用禮,乃有堯之遺風〔6〕。憂深思遠,謂"宛〔7〕其死矣"、"百歲之後"之類〔8〕
也〔8〕。

【敦】《蟋蟀》,刺晉僖公也。儉不中禮,故作是詩以閔之,欲其及時以禮
自虞樂也。此晉也,而謂之唐,夲其風俗,憂深思遠,儉而用禮,乃有堯之遺
風焉。憂深思遠,謂"宛其死矣"、"百歲之後"之類也。

〔1〕古鈔本此行首部所闕二字爲"蟋蟀"。又,古鈔本第 2 行天頭墨筆

①杜延業《群書新定字樣》,此據《敦煌經部文獻合集》第 8 册張涌泉之暫定名,中華書
局,2008 年。
②顏元孫《干禄字書》,頁 25。
③顏元孫《干禄字書》,頁 49。

附注“上音悉，下所律反”，乃《經典釋文·毛詩音義》爲《小序》“蟋蟀”二字之注音。

〔2〕“剌”，敦煌本同，唐石經、十行本、阮本作“刺”，經注本、慶長本作“剌”，“刺”爲正字，“剌”爲“刺”之俗字，“剌”爲“刺”之俗訛字，《説文解字·刀部》“刺，從刀從束，束亦聲。”《經典釋文·毛詩音義上》：“刺上，本又作‘剌’。”①漢碑“束”旁已隷變作“夾”、“夾”。《五經文字·刀部》“刺剌”條：“上千亦反，從束，束，七賜反。作‘剌’訛。下力未反，從束，經典無‘剌’字，但以與‘刺’相亂，故見之。”②敦煌寫本 P.2011《刊謬補缺切韵》：“(刺)，穿。又七四反。通俗作‘剌’。”③古鈔本“剌”皆爲“刺”之俗字，下仍出校而省略考證。

〔3〕“儉不中礼”，敦煌本、唐石經、經注本、十行本、阮本、慶長本“礼”作“禮”，“礼”爲古文“禮”字，大徐本《説文解字·示部》④：“𠗪，古文禮。”《干禄字書·上聲》：“禮、礼，並正，多行上字。”⑤此古鈔本“礼”、“禮”互見。

〔4〕“虞樂”，細辨鈔本“虞”字，本寫作“吴”，上部“虍”乃淺人所增，爲另外一種筆迹，篡改之拙劣難掩。“吴”即爲“虞”之古字，又爲“娱”之借字。敦煌本、唐石經、經注本、十行本、阮本、慶長本作“虞”，《經典釋文·毛詩音義上》出“虞樂”條，孔穎達《正義》作“娱”，竹添光鴻《毛詩會箋》引延文鈔本作“娱”。《説文解字·虍部》：“虞，騶虞也。”《女部》：“娱，樂也。”“娱”爲本字，“虞”爲“娱”之借字。又按：《周頌·絲衣》“不吴不敖”，《正義》云：“人自娱樂，必讙讙爲聲，故以娱爲讙也。定本‘娱’作‘吴’。”此鈔本亦寫作“吴”字，與《正義》所據本作“娱”不同，知其當出六朝之定本。

〔5〕“夲”，敦煌本、唐石經同，經注本、十行本、阮本、慶長本“夲”作“本”，“夲”爲“本”之隷省俗字，《干禄字書·上聲》：“夲、本，上通下正。”⑥

①陸德明《經典釋文》，上海古籍出版社影印宋元遞修本，1985 年，頁 52 上段。

②張參《五經文字》，新文豐出版公司影印，1984 年，頁 637 下段之上至下。

③關長龍《敦煌經部文獻合集》第 6 册，頁 2856。

④《説文解字》，《四部叢刊初編》縮印本第 5 册所收影印宋刻本。

⑤顏元孫《干禄字書》，頁 38。

⑥顏元孫《干禄字書》，頁 39。

《五經文字·木部》："本、本，上《説文》，從木，一在其下；[下]今經典相承，隸省。"①

〔6〕"乃有堯之遺風"，敦煌本、唐石經、經注本、十行本、阮本、慶長本"風"下有"焉"字，《水經注·晉水》引《詩序》"風"下有"也"字，按有"焉"字語意始完。

〔7〕"宛"，敦煌本、經注本、十行本、阮本、慶長本作"宛"，"宛"（宀死心）爲"宛"之俗字，大徐本《説文解字》："宛，屈草自覆也。從宀夗聲"，又云："惌，宛或從心。"《玉篇·宀部》謂"惌"同"宛"。"宛"之或體作"惌"，而"夗"旁又俗訛爲"死"。

〔8〕"百歲之類也"，古鈔本此句下"之"字乃用小字補入，墨色、書風與正文不類，乃後人所補無疑，又依鄭箋例，當有"之"字。"嵗"，敦煌本同，經注本、十行本、阮本、慶長本作"歲"，《干禄字書·去聲》："嵗、歲、歲，上俗中通下正。"②"嵗"爲"歲"之俗字。漢以來俗寫"山"、"止"旁多混用。下同。"類"，敦煌本、經注本、十行本、阮本、慶長本作"類"，"類"爲"類"之俗字，《干禄字書·去聲》："頪、類，上俗下正。"③

【日】蟋蟀在堂〔1〕，歲聿其暮〔2〕。今我〔3〕不樂，日月其除。蟋蟀，螽〔4〕也，九月在堂。聿〔5〕，遂也〔6〕；除，去也。箋云：我，＝僖公也。螽在堂，歲時之候也〔7〕，是時〔8〕農功畢，君可以自樂矣。今不自樂，日月將適去〔9〕，不復暇〔10〕爲之。謂十二月，當復命農夫計耦耕事也〔11〕。無已太〔12〕康，職〔13〕思其居。已，甚也〔14〕；康，樂也〔15〕；職，主也。箋云：君雖當自樂，亦無甚太〔16〕樂，欲其用禮〔17〕爲節也，又〔18〕當主思於所居之事，謂國中政令也〔19〕。好樂无〔20〕荒，良士〔21〕瞿＝。荒，大也。瞿＝然顧礼義皁〔22〕也。箋云：荒，虙亂也〔23〕。良，善也。君〔24〕之好樂，不當至於虙亂政事〔25〕，當如善士瞿＝然顧礼義也〔26〕。

【敦】蟋蟀在堂，嵗聿其暮。今我不樂，日月其除。蟋蟀，螽也，九月在堂。聿，遂也；除，去也。箋云：我，僖公也。螽在堂，歲時之候也，是農功畢，君可以自樂矣。今不自樂，日月將過去，不復◆爲之。謂十二月，當復命農計耦耕事者也。無已太康，職思其居。已，甚也；康，樂也；職，主也。箋云：君雖當自樂，亦無甚太樂，欲其用礼爲節也，人

①張參《五經文字》，頁 626 上段之上，後"下"字原脱，今據文義補。

②顏元孫《干禄字書》，頁 48。

③顏元孫《干禄字書》，頁 46。

當主思於所居之事,言國中政令者。好樂無荒,良士瞿＝。荒,大也。瞿＝然顧禮義也。箋云:荒,廢乱也。良,善也。君子之好樂,不當至於廢乱政事,當如善士瞿＝然顧禮義者也。

〔1〕"蟋",敦煌本同,唐石經、經注本、十行本、阮本、慶長本作"蟋","蟋"爲减畫俗寫。"堂",敦煌本、經注本、十行本、阮本、慶長本作"堂","堂"爲"堂"之增點俗寫。

〔2〕"崴聿其暮","崴",敦煌本、慶長本同,唐石經、經注本、十行本、阮本作"歲",《經典釋文‧毛詩音義》出"歲聿"條,"崴"爲"歲"之俗字。"聿",敦煌本、唐石經、經注本、十行本、阮本、慶長本作"聿","聿"爲"聿"之增點俗字。又,古鈔本第 7 行天頭墨筆附注"允橘反",乃《經典釋文‧毛詩音義》"聿"字之注音。"暮",敦煌本同,《太平御覽‧蟲豸部六》引亦作"暮",唐石經、經注本、十行本、阮本、慶長本作"莫",《經典釋文‧毛詩音義》出"其莫"條,按"莫"、"暮"古今字。

〔3〕"我",敦煌本、經注本作"我","我"爲"我"之俗寫,《說文解字‧戈部》謂"我"字從戈從扌,則此從"禾"乃俗訛也。

〔4〕古鈔本第 8 行,天頭墨筆附注"俱勇反",乃《經典釋文‧毛詩音義》"蛬"字之注音。

〔5〕"聿",敦煌本、經注本、十行本、阮本、慶長本作"聿","聿"爲"聿"之增點俗字。

〔6〕"遂也",敦煌本、《毛詩會箋》引延文鈔本同,經注本、十行本、阮本、慶長本無"也"字。山井鼎《七經孟子考文》卷三十七謂古本注"聿"、"遂"下有"也"字。依毛傳例,當有"也"字,宋刻本以降於毛傳二字以上連訓,僅保留最後一"也"字,其餘多删之,殊失其例。

〔7〕"崴時之候也","崴",敦煌本、慶長本同,唐石經、經注本、十行本、阮本作"歲","崴"爲"歲"之俗字;"也",敦煌本、山井鼎《七經孟子考文》卷三十七引古本同,經注本、十行本、阮本、慶長本無,依毛傳例,當有"也"字。

〔8〕"是時",經注本、十行本、阮本、慶長本同,敦煌本無"時"字,《敦煌經部文獻合集》謂有"時"字義長。按:據文意當有之,而敦煌本誤脱。

〔9〕"日月將適去",敦煌本作"日月將過去",經注本、十行本、阮本、慶長本作"日月且過去","且"有"將"義,"適"有"過"訓,疑箋文本作

"日月將適去"。又，古鈔本天頭附寫"過"字，墨迹略淡，似後人所加校語。

〔10〕"睱"，敦煌本同，經注本、十行本、阮本作"暇"，慶長本作"睱"，"睱"、"睱"均爲"暇"之俗字，"叚"旁俗寫作"**叓**"，《群書新定字樣》："暇，正；睱，相承用。"俗寫"日"、"目"旁相混。

〔11〕"當復命農夫計耦耕事者也"，"當"蓋後人用墨筆小字補寫於行間，敦煌本、經注本、十行本、阮本無"夫"字，慶長本、物觀《七經孟子考文補遺》引古本有"夫"字。王曉平謂無"夫"字是。王説是，按鄭箋據《禮記·月令》爲説，"農"字非指農民，乃典農之官，《吕氏春秋·季冬紀》作"命司農計耦耕事"，古鈔本"夫"字爲手民之衍。山井鼎、物觀《七經孟子考文補遺》卷三十七謂古本"計耦耕事"作"計耦耕之事也"。句末"也"，敦煌本作"者也"，經注本、十行本、阮本、慶長本無。

〔12〕按："太"，敦煌本同，唐石經、經注本、十行本、阮本、慶長本作"大"，《經典釋文·毛詩音義》："大康，音泰。""大"、"太"古今字，下同。

〔13〕"軄"，敦煌本同，唐石經、經注本、十行本、阮本、慶長本作"職"，"軄"爲"職"之俗字，下傳同，《五經文字》卷中《耳部》："職，從身者訛。"①俗寫"耳"旁多作"身"。

〔14〕"甚也"，敦煌本、山井鼎《七經孟子考文》卷三十七引古本、《毛詩會箋》引延文鈔本同，經注本、十行本、阮本、慶長本無"也"字，依毛傳例，當有"也"字。

〔15〕"樂也"，敦煌本、山井鼎《七經孟子考文》卷三十七引古本、《毛詩會箋》引延文鈔本同，經注本、十行本、阮本、慶長本無"也"字，依毛傳例，當有"也"字。

〔16〕"太"，敦煌本同，經注本、十行本、阮本、慶長本作"大"，"大"、"太"古今字。

〔17〕"禮"，經注本、十行本、阮本、慶長本同，敦煌本作"礼"，"礼"爲"禮"之古文。

〔18〕"又"，經注本、十行本、阮本、慶長本同，敦煌本作"人"，考上下文義，當作"又"，作"人"者形近而訛。

_____

① 張參《五經文字》，頁638上段之上。

〔19〕“謂國中政令也”，“謂”，經注本、十行本、阮本、慶長本同，敦煌本作“言”，依鄭箋例，當作“謂”；“也”，《七經孟子考文》卷三十七引古本同，敦煌本作“者”，經注本、十行本、阮本、慶長本無。《七經孟子考文》卷三十七引古本“中”下有“之”字。

〔20〕“无”，敦煌本、唐石經、經注本、十行本、阮本、慶長本作“無”，《説文解字・亡部》：“无，奇字無也。”古鈔本此篇經文僅此作“无”，餘四處皆作“無”。

〔21〕“土”，敦煌本、唐石經、經注本、十行本、阮本、慶長本作“士”，六朝隋唐俗寫“士”字常訛寫作“土”。“礼”，阮本同，敦煌本、唐石經、經注本、十行本、慶長本作“禮”，“礼”爲古文“禮”字。

〔22〕“皃”，後人用墨筆小字補寫於行間，敦煌本、經注本、十行本、阮本、慶長本無，《經典釋文・毛詩音義》“瞿瞿”條僅云“顧禮義”，山井鼎《七經孟子考文》卷三十七引古本有“貌”字。“皃”爲“兒”之俗字，《干禄字書・去聲》：“皃、兒、貌，上俗中通下正。”

〔23〕癈亂，“癈”，敦煌本、經注本、十行本、阮本、慶長本作“廢”，《五經文字》卷中《广部》：“癈，疾也。惟‘癈疾’作此字，其餘‘興廢’之‘廢’並不從广。”①“癈”爲“廢”之訛寫俗字，下箋同。“亂”，敦煌本作“乱”，經注本、十行本、阮本、慶長本作“亂”，“亂”、“乱”皆“亂”之俗寫。

〔24〕“君之好樂”，“君”，經注本、十行本、阮本、慶長本同，敦煌本“君”下有“子”字，按上文箋云“君可以自樂矣”，知敦煌本之“子”字爲衍文。“樂”，敦煌本、經注本、慶長本同，十行本、阮本作“義”，山井鼎《七經孟子考文》卷三十七謂古本作“樂”。阮元《毛詩注疏校勘記》云：“小字本、相臺本‘義’作‘樂’，《考文》古本同。案‘樂’字是也。”考文義，當作“樂”，阮校是。

〔25〕“不當至於癈亂政事”，“癈”，敦煌本、經注本、十行本、阮本、慶長本作“廢”，“亂”，敦煌本作“乱”，經注本、十行本、阮本、慶長本作“亂”，山井鼎《七經孟子考文》卷三十七謂“廢亂政事”下有“也”字。

〔26〕“當如善士瞿＝然顧礼義也”，“礼”，阮本同，敦煌本、經注本、十行本、慶長本作“禮”，“礼”爲古文“禮”字；“也”，經注本、十行本、阮本、慶長本

①張參《五經文字》，頁 636 上段之下。

同,敦煌本"也"前有"者"字。山井鼎《七經孟子考文》卷三十七謂古本"土"下、"義"下俱有"之"字,按"義"下"之"字於文義不通,蓋鈔手爲足行美觀而增。

【日】蟋蟀在堂,歲聿其逝。今我不樂,日月其邁。邁,行也〔1〕。無已太〔2〕康,職〔3〕思其外。＝,禮樂之外也〔4〕。箋云:外謂國外至四境也〔5〕。好樂無荒,良士〔6〕蹶〔7〕＝。 蹶＝,動而敏於時事也〔8〕。

【敦】蟋蟀在堂,歲聿其逝。今我不樂,日月其邁。邁,行。無已太康,職思其外。＝,禮樂之外也。箋云:外謂國外至四境者也。好樂無荒,良士蹶＝。蹶＝,動而敏於事也。

〔1〕"行也",經注本、十行本、阮本、慶長本同,敦煌本無"也"字,依毛傳之例,當有之,而敦煌本奪。山井鼎《七經孟子考文》卷三十七謂古本作"邁行之也",一本則作"邁行也",按有"之"字者於文義不通,蓋鈔手爲足行美觀而增。

〔2〕"太",敦煌本同,唐石經、經注本、十行本、阮本、慶長本作"大",《釋文》:"大康,音泰。""大"、"太"古今字。

〔3〕"職",敦煌本同,唐石經、經注本、十行本、阮本、慶長本作"職","職"爲"職"之俗字。

〔4〕"禮樂之外也",敦煌本、山井鼎《七經孟子考文》卷三十七引古本同,經注本、十行本、阮本、慶長本無"也"字,《毛詩會箋》引延文鈔本作"謂禮樂之外也",依毛傳之例,當有"也"字。

〔5〕"外謂國外至四境也","境",敦煌本、十行本、阮本同,經注本、慶長本作"竟","竟"、"境"古今字;"也",《七經孟子考文》卷三十七引古本同,經注本、十行本、阮本無,敦煌本作"者也",《敦煌經部文獻合集》謂"者也"二字爲雙行對齊而添,按箋本有"也"字,"者"字乃敦煌本鈔手所增。

〔6〕"土",敦煌本、唐石經、經注本、十行本、阮本、慶長本作"士",六朝隋唐俗寫"士"字常訛寫作"土"。

〔7〕"蹶",敦煌本、唐石經、經注本、十行本、阮本、慶長本作"蹶","蹶"爲"蹶"之俗字,按《干禄字書·入聲》:"厥,厥,上俗下正"。古鈔本第16行,地脚附注墨書"俱衛反",乃《經典釋文·毛詩音義》"蹶"字之注音。

〔8〕"動而敏於時事也","時事",敦煌本、經注本、十行本、阮本、慶長本

《毛詩會箋》引延文鈔本無"時"字，《經典釋文・毛詩音義》"蹶蹶"條亦作
"事"，疑古鈔本"時"字衍文。"也"，敦煌本、《七經孟子考文》卷三十七引古
本、《毛詩會箋》引延文鈔本同，經注本、十行本、阮本、慶長本無，依毛傳之
例，當有之。

【日】蟋蟀〔1〕在堂，伇〔2〕車其休〔3〕。箋云：庶人乘伇＝車＝休〔4〕，農功畢，
無事之也〔5〕。今我不樂，日月其慆〔6〕。＝，過也。無已太康，職思其憂。憂，可
憂也。箋云：憂者，謂隣國𬇙伐之憂也〔7〕。好樂無荒，良士休＝。休＝，樂道之心也
〔8〕。

【敦】蟋蟀在堂，伇車其休。箋云：庶人乘伇＝車＝休＝，農功畢，無事也。今我
不樂，日月其慆。＝，過也。無已太康，職思其憂。憂，可憂也。箋云：憂者，謂鄰国
侵伐之憂也。好樂無荒，良士休休。休＝，樂道之心也。

〔1〕"蟋蟀"，敦煌本、慶長本同，唐石經、經注本、十行本、阮本作"蟋
蟀"，"蟋"、"蟀"爲增畫俗寫。

〔2〕"伇"，敦煌本同，唐石經、經注本、十行本、阮本、慶長本作"役"，下
箋文同，《説文解字・殳部》："伇，古文役，从人。""伇"爲"役"之古字，"殳"
旁隸變作"殳"。

〔3〕"休"，唐石經、經注本、十行本、阮本、慶長本作"休"，《釋文》出"休
休"。"休"爲"休"之加點俗寫，下文同。

〔4〕"庶人乘伇＝車＝休"，讀作"庶人乘伇車，伇車休"，經注本、十行
本、阮本、慶長本同，敦煌本作"庶人乘伇＝車＝休＝"，許建平《敦煌經部文
獻合集》謂"休"下重文號誤衍，説是。

〔5〕"無事之也"，敦煌本及經注本、十行本、阮本無"之"字，王曉平謂
"之"與下"也"字形近而衍。按王説非是，此"之"字蓋鈔手爲足行美觀
而增。

〔6〕古鈔本第 18 行地脚墨書附注"吐刀反"，乃《經典釋文・毛詩音義》
"慆"字之注音。

〔7〕"謂隣國𬇙伐之憂也"，敦煌本、經注本、十行本、阮本、慶長本"隣"
作"鄰"，"隣"爲"鄰"之移旁俗字。《經典釋文・毛詩音義》云："車鄰，本亦
作隣。""國"，經注本、十行本、阮本、慶長本同，敦煌本作"国"，"国"爲"國"
之俗字。"𬇙"，敦煌本作"侵"，經注本、十行本、阮本、慶長本作"侵"，𬇙、

“侵”皆“侵”之增畫俗字，《干禄字書·平聲》：“🔲，侵，上通下正”。① “也”，敦煌本、《七經孟子考文》卷三十七引古本同，經注本、十行本、阮本、慶長本無，依毛傳之例，當有之。

〔8〕“也”，敦煌本、物觀《七經孟子考文補遺》卷三十七引古本、《毛詩會箋》引延文鈔本同，經注本、十行本、阮本、慶長本無，依毛傳之例，當有之。

【日】《蟋蟀》三 章〔1〕＝八勾〔2〕。

【敦】《蟋蟀》三章＝八句。

〔1〕“章”，敦煌本、唐石經、經注本、十行本、阮本、慶長本作“章”，“章”爲“章”之俗字，《干禄字書·平聲》：“🔲，章，上通下正。”②

〔2〕“勾”，敦煌本、唐石經、經注本、十行本、阮本、慶長本作“句”，“勾”爲“句”之俗字，《干禄字書·去聲》：“勾，句，上俗下正。”

按：此章句古鈔本與敦煌本皆在篇後，餘下七篇亦然。段玉裁《毛詩故訓傳定本》③移章句於篇前，云：“各本章句在篇後，今案孔穎達云：‘定本章句在篇後。’然則孔氏《正義》本章句在前可知也。杜甫以《曲江》三章章五句爲題，書於前，知唐本多如此。”陳奂《詩毛氏傳疏》④從其師説，亦移章句篇前。陳澧《東塾讀書記》卷六駁段説，云：“某篇幾章幾句乃毛公之筆，當連屬於毛《傳》之前，舊在《傳》、《箋》後，段移置《序》之前，澧謂當在《序》後《傳》前。”王筠《菉友蛾術編》非段、陳之説，謂《詩》小題章句當在篇後。羅振玉《雪堂校刊群書叙録》據敦煌寫卷亦駁段、陳説，云：“今觀諸卷章句在篇後，且不僅六朝、唐朝人本然，漢石經《魯詩》亦然。”潘重規《敦煌詩經卷子研究論文集》⑤駁段説，認爲“經卷章句，標題前後，初無定式”。蘇瑩輝《從敦煌本毛詩詁訓傳論毛詩定本及詁訓傳分卷問題》⑥、洪湛侯《詩經學

---

①顏元孫《干禄字書》，頁 32。

②顏元孫《干禄字書》，頁 29—30。

③段玉裁《毛詩故訓傳定本》，《段玉裁遺書》所收影印《經韻樓叢書》本，大化書局，1976 年。

④陳奂《詩毛氏傳疏》，廣文書局影印清道光二十七年刻本，1979 年。

⑤《敦煌詩經卷子研究論文集》序，新亞研究所，1970 年。

⑥《詩經研究論集》，黎明文化事業公司，1981 年。

史》①從潘説。伏俊璉《敦煌〈詩經〉殘卷及其文獻價值》②謂章句在後似爲常例,在前者則爲變例。按:唐孔穎達《毛詩正義》章句在前,而單經本《毛詩》、《毛詩故訓傳》之章句則在篇後,今觀古鈔本八篇章句俱在篇後,可證。又,吐魯番出土《毛詩》白文本之章句亦在篇後,拙文《吐魯番新出土古寫卷〈詩經〉校録及研究》有説,覽者詳之。

二　《山有樞》

【日】《山有摳〔1〕》,刺晉照公也〔2〕。不能脩道以正其國〔3〕,有財不能用,有鍾皷〔4〕不能以自樂,有朝廷〔5〕不能洒掃〔6〕,政荒民散〔7〕,將以危亡。四鄰謀取其國家而不知,國人作此詩以刺之也〔8〕。

【敦】《山有樞》,刺晉昭公也。不能脩道以正其国,有財不能用,有鍾皷不能以自樂,有朝(廷)不能洒(木帚),政荒民(散),將以危亡。四鄰謀取其國家而不知,國人作詩以刺之。

〔1〕“摳”,敦煌本、唐石經、經注本、十行本、阮本、慶長本作“樞”,漢石經《魯詩》作“藲”,《經典釋文・毛詩音義》:“山有樞,本或作藲。”《爾雅・釋木》作“艸樞”,按《毛詩》本作“樞”,《魯詩》作“藲”,“藲”爲本字,“樞”爲借字,“艸樞”爲“樞”之俗字,“摳”爲“樞”之俗寫,漢代以來“木”旁、“扌”旁多相亂,下同。又,古鈔本此篇第1行天頭有小字墨書附注“本或作藲,烏侯反”,乃《經典釋文・毛詩音義》“樞”字之注音。

〔2〕“刺晉照公也”,“刺”,敦煌本同,唐石經、十行本、阮本作“刺”,經注本、慶長本作“刺”,“刺”爲正字,“剌”爲“刺”之俗字,“刺”爲俗訛字。“照”,敦煌本、唐石經、經注本、十行本、阮本、慶長本作“昭”,《釋文》出“昭公”。王曉平謂古鈔本作“照”誤,按王説非是,“照”爲“昭”之借音字,古籍習見。

〔3〕“不能脩道以正其國”,“脩”,敦煌本、唐石經、經注本、十行本、阮本、慶長本作“脩”,“脩”爲“脩”之俗寫,俗書“亻”、“彳”旁相混。物觀《七經孟子考文補遺》引古本“道”上有“其”字,《毛詩會箋》所據底本有之,而所引延文鈔本無。

①《詩經學史》上册,中華書局,2004年,頁251。
②《敦煌文學文獻叢稿》,中華書局,2011年,頁12。

〔4〕"皷"，敦煌本作"皷"，唐石經、經注本、十行本、阮本、慶長本作"鼓"，《干録字書·上聲》："皷、鼓，上俗下正。"《正字通·皮部》："皷，俗鼓字。""鼓"爲正字，"皷"、"皷"皆"鼓"之俗寫。

〔5〕"廷"，敦煌本、經注本作（迋），唐石經作"（廷）"，"廷"爲"庭"之俗寫，（迋）、（廷）皆"廷"之俗寫，十行本、阮本、慶長本作"廷"，《經典釋文·毛詩音義》："廷，徒佞反。"按"庭"正字，"廷"爲假借字。

〔6〕"洒掃"，敦煌本作"木帚"，"木帚"即"掃"之俗寫，唐石經、經注本、十行本、阮本、慶長本作"埽"，《經典釋文·毛詩音義》："掃①，蘇報反，本又作掃，下同。""埽"、"掃"古今字。《毛詩會箋》引延文鈔本"洒"下有"以"字，當爲衍文。第3行天頭有小字墨書附注"所懈反"，乃《經典釋文·毛詩音義》"洒"字之注音。

〔7〕"散"，敦煌本作"散"，敦煌本、唐石經、經注本、十行本、阮本、慶長本作"散"，"散"、散皆"散"之俗字，蓋"殳"旁隸變作"夋"，俗寫"月"常訛作"日"。

〔8〕"國人作此詩以刺之也"，"此"，敦煌本、唐石經、經注本、十行本、阮本、慶長本無，物觀《七經孟子考文補遺》引古本、《毛詩會箋》引延文鈔本、《毛詩李黄集解》卷十二作"是"，按以《小序》例之，則作"是"字義長近是；"也"，唐石經、經注本、十行本、阮本、慶長本《七經孟子考文補遺》引古本同，敦煌本無，疑誤脱。

【日】山有摳，隰有揄〔1〕。興也。摳，莖〔2〕也。國君有財貨〔3〕而不能用，如山隰不能自用其財也〔4〕。子有衣裳，弗电〔5〕弗婁。子有車馬，弗馳弗驅。婁亦电也。菀〔6〕其死矣，他人是愉。菀，死皀也〔7〕。愉，樂也。箋云：愉讀曰偷，＝，取也〔8〕。

【敦】山有樞，隰有榆。興也。樞，莖也。國君有賄貨而不能用，如山隰不能自用其材也。子有衣裳，弗曳弗婁。子有車馬，弗馳弗馳。婁亦曳也。菀其死矣，他人是愉。菀，死狠也。愉，樂也。箋云：愉讀曰偷，＝，取者。

〔1〕"揄"，敦煌本、唐石經、經注本、十行本、阮本、慶長本作"榆"，《經典釋文·毛詩音義》出"有榆"條，"（揄）"爲"榆"之俗寫。

〔2〕"莖"字旁有朱書小字附注"田節反，沈又直梨反"，乃《經典釋文·

---

①《通志堂經解》本作"埽"。經注本、十行本、阮本附《釋文》作："掃，蘇報反，本又作埽。"

毛詩音義》“莖”字注音。宋本、四庫本“梨”作“藜”，經注本、阮本附《釋文》作“黎”。

〔3〕“財貨”，經注本、十行本、阮本、慶長本同，敦煌本作“賄貨”，許建平《敦煌經部文獻合集》謂“賄”當爲“財”之譌，説是。

〔4〕“如山隰不能自用其財也”，“財”，經注本、十行本、阮本同，敦煌本、慶長本、静嘉堂鈔本附注引清原家本、《七經孟子考文》卷三十七引古本、《毛詩會箋》所據底本作“材”，許建平《敦煌經部文獻合集》謂作“材”較長。按《説文解字・才部》“才”字段玉裁注云：“凡才、材、財、裁、纔字，以同音通用。”① “材”爲本字，“財”爲借音字；“也”，敦煌本、《毛詩會箋》引延文鈔本同，經注本、十行本、阮本、慶長本無，依箋例當有“也”字，《七經孟子考文》卷三十七引古本作“之也”，“之”字蓋鈔手爲足行美觀而增。

〔5〕“电”，敦煌本、唐石經、經注本、十行本、阮本、慶長本作“曳”。《經典釋文・毛詩音義》出“弗曳”。《説文解字・申部》：“曳，臾曳也。從申丿聲。”王曉平認爲“电”爲“曳”之誤字，其説非是，“电”乃“曳”之減畫俗寫，如北魏孝文帝《弔比干墓文》“曳扶容之葩裳”之“曳”即寫作“电”，又《經典釋文》“曳”爲“曳”之增點俗寫，下傳同。“驅”，唐石經、經注本、十行本、阮本、慶長本同，敦煌本作“馳”，蓋因上文而譌寫。又，“电”字旁有小字附注“以世反”，乃《經典釋文・毛詩音義》“曳”字注音。

〔6〕“菀”，敦煌本、《七經孟子考文》卷三十七引古本同，唐石經、經注本、十行本、阮本、慶長本作“宛”，《經典釋文》：“宛，於阮反，本亦作苑。”“苑”爲本字，“宛”爲借字，“菀”爲“苑”之俗字，下傳同。

〔7〕“死皀也”，“皀”，敦煌本作“狠”，經注本、十行本、阮本、慶長本作“貌”，《干禄字書・去聲》：“皀、皃、貌，上俗中通下正。”“皀”爲“皃”之俗寫，“狠”爲“貌”之俗寫。“也”，敦煌本、《毛詩會箋》引延文鈔本同，經注本、十行本、阮本、慶長本無，依毛傳之例，當有之。

〔8〕“取也”，經注本、十行本、阮本、慶長本同，敦煌本作“取者”，依鄭箋例，當作“取也”。

【日】山有栲，隰有杻。栲，山樗也〔1〕。杻，檍也〔2〕。子有遲〔3〕内，弗洒弗掃〔4〕。子有鍾皷〔5〕，弗皷弗考〔6〕。洒，灑〔7〕也。考，擊也。菀〔8〕其死矣，他人

---

① 段玉裁《説文解字注》，藝文印書館影印清經韻樓刻本，1999 年，頁 184 上段。

是保。＝，安也。箋云：保，居也〔9〕。

【敦】山有栲，隰有杻。栲，山樗也。杻，檍也。子有庭内，弗洒弗掃。子有鍾皷，弗擊弗考。洒，灑也。考，擊也。菀其死矣，他人是保。＝，安也。箋云：保，居也。

〔1〕“山樗也”，敦煌本、《七經孟子考文》卷三十七引古本同，經注本、十行本、阮本、慶長本無“也”字，依毛傳例，當有之。

〔2〕“檍也”，敦煌本同，經注本、十行本、阮本、慶長本“檍”作“檍”，“檍”爲“檍”之俗寫，《七經孟子考文》卷三十七引古本、《毛詩會箋》引延文鈔本作“檍木”。又按，古鈔本“栲”字旁有小字附注“音考”；“杻”字旁有小字附注“女九反”，按經注本、阮本同，宋本《經典釋文》則作“女久反”，可知後世附寫所據《釋文》當爲經注本或十行本。“樗”字旁有小字附注“勑書反，又他胡反”；“檍”字旁有小字附注“於力反”，皆《經典釋文·毛詩音義》之注音。

〔3〕“庭”，敦煌本同，唐石經、十行本、阮本、慶長本作“廷”，經注本作“廷”。《經典釋文·毛詩音義》：“廷内，音庭，又徒佞反”，王引之《經義述聞》卷五“子有廷内 灑埽庭内”條云：“廷與庭通，庭謂中庭，内謂堂與室也。序曰：有朝廷不能灑埽，朝謂路寢，廷謂路寢之庭也。……廷内謂庭與堂室，非謂庭之内也。”按“庭”爲正字，“廷”爲音借字，“庭”爲“庭”之俗寫、“廷”皆“廷”之俗寫。

〔4〕“掃”，敦煌本同，唐石經、經注本、十行本、阮本、慶長本“掃”作“埽”，阮元《毛詩注疏校勘記》云：“《唐石經》、小字本、相臺本同，閩本同。明監本、毛本‘埽’作‘掃’。案：‘埽’字是也。”按“埽”、“掃”古今字。

〔5〕“皷”，敦煌本作“皷”，唐石經、經注本、十行本、阮本、慶長本作“鼓”，“皷”、“皷”皆“鼓”之俗寫，下經文同。

〔6〕“弗皷弗考”，“皷”，敦煌本、慧琳《一切經音義》卷五十七引《毛詩》作“擊”，唐石經、經注本、十行本、阮本、慶長本作“鼓”，《經典釋文》云：“鼓，如字。本或作擊，非。”孔穎達《毛詩正義》云：“今定本云‘弗鼓弗考’，注云‘考，擊也’，無‘亦’字，義並通也。”《文選·潘岳河陽縣作之一》李善注引《毛詩》作“弗擊弗考，毛萇曰：考亦擊也。”胡承珙《毛詩後箋》云：“陸據定本，孔據‘或作’本，今注疏本乃以陸改孔耳。盧氏召弓曰：‘《文選》（二十六）李善注引《詩》“弗擊弗考”。’承珙案：《御覽》（五百八十二）引《山有樞》

曰：‘子有鐘鼓，不擊不考。’此皆同‘或作’本。毛傳‘考，亦擊也’，與上文
‘婁，亦曳也’同例。陸必以‘或作’本爲非，恐非然也。”①阮元《毛詩注疏校
勘記》亦謂《正義》本與“或作本”同。陳奐《詩毛氏傳疏》説同。馬瑞辰《毛
詩傳箋通釋》説亦同胡氏，謂《詩序正義》引《詩》正作“弗擊弗考”②（善按：
今本《詩序正義》作“弗鼓弗考”，馬氏誤引），今注疏本誤從定本而失其舊，
並謂經文及《經典釋文》之“鼓”字皆當作“敂”。按：六朝定本經傳作“弗鼓
弗考。考，擊也”，陸德明據定本，孔穎達《毛詩正義》所據本則作“弗擊弗
考，考亦擊也”，唐石經誤以定本改字，而後世皆沿襲其誤。據此，古鈔本與
六朝定本同，敦煌本則近於孔穎達所據本。

〔7〕“灑”字旁有小字附注“色蟹反，又所綺反”，乃《經典釋文·毛詩音
義》之注音。

〔8〕“菀”，敦煌本同，經注本、十行本、阮本、慶長本作“宛”。

〔9〕“保居也”，敦煌本、經注本、十行本、阮本、慶長本同，《七經孟子考
文》卷三十七引古本作“保猶居也”。

【日】山有漆〔1〕，隰有栗。子有酒食，何不日皷瑟〔2〕？ 君子无大故〔3〕，琴
瑟不離於側也〔4〕。且以喜樂，且以永日。永，長也〔5〕。菀〔6〕其死矣，他人入室。
＝，家。入室居其位也〔7〕。

【敦】山有涞，隰有栗。子有酒食，何不鼓瑟？ 君子無故，琴瑟不離於側也。
且以喜樂，且以永日。永，引也。菀其死矣，他人入室。

〔1〕“山有漆”，“漆”，敦煌本作“涞”，唐石經、十行本、阮本作“漆”，經注
本、慶長本作“漆”，《經典釋文·毛詩音義》：“有漆，音七，木名。”《説文解
字·水部》：“漆，從水桼聲。”“漆”爲正字，“涞”、“涞”、“漆”皆爲俗字，“涞”
早見漢《禮器碑》，《隸釋》云：“涞即漆字。”“涞”，俗寫“桼”旁作“來”，如“膝”
俗作“脉”。又，“漆”字右下有小字附注“音七”，乃《經典釋文·毛詩音義》
之注音。

〔2〕“何不日皷瑟”，“日”，唐石經、經注本、十行本、阮本、慶長本同，敦
煌本無，蓋誤奪耳；“皷”，敦煌本作“皷”、唐石經、經注本、十行本、阮本、慶
長本作“鼓”，“皷”、“皷”爲“鼓”之俗字。

①胡承珙《毛詩後箋》，黃山書社，1999 年，頁 515。
②馬瑞辰《毛詩傳箋通釋》，中華書局，2010 年，上册頁 340。

〔3〕"君子无大故"，敦煌本、經注本、十行本、阮本、慶長本"无"作"無"，並無"大"字，"无"爲"無"之奇字，《七經孟子考文》卷三十七引古本、竹添光鴻《毛詩會箋》引延文鈔本亦有"大"字。《儀禮·既夕》"徹琴瑟"鄭注"去樂音義"賈公彦疏云："君子無大故，琴瑟不離其側。今以父母有疾，憂不在于樂，故去。"傳有"大"字亦通，文本傳承有異，當兩存之。

〔4〕"琴瑟不離於側也"，敦煌本、《七經孟子考文》卷三十七引古本同，經注本、十行本、阮本、慶長本無"也"字，《毛詩會箋》引延文鈔本作"琴瑟不離於其側也"，依傳例，當有"也"字。

〔5〕"長也"，"長"，竹添光鴻《毛詩會箋》引延文鈔本同，敦煌本、經注本、十行本、阮本、慶長本作"引"。"永長也"三字傳文，《七經孟子考文》卷三十七引古本則作"箋云"。《文選·劉公幹公讌詩》李善注："永日，長日也。《尚書》曰：'日永星火'。《毛詩》曰：'且以永日'，毛萇曰：'永，引也。'"陳奐《詩毛氏傳疏》云："傳於《卷耳》、《漢廣》、《常棣》、《文王》'永'訓長，唯此訓引者，引日猶引年，引亦長也。"狩野直喜《舊抄本毛詩殘卷跋》云："毛傳於《卷耳》、《漢廣》、《常棣》、《文王》均以長訓永，此獨不然，頗爲可怪。據《正義》云：'且可以永長此日，何故弗爲乎？言永日者，人而無事，則長日難度，若飲食作樂則忘憂愁，可以永長此日。'是知《正義》本毛傳，亦作'永，長也'，故連綴二字而爲解耳，施之'引'字無當矣。"按"引"有長義，《楚茨》"勿替引之"、《召旻》"職兄斯引"之二"引"字，毛傳俱訓"長也"，今敦煌本亦作"引"，永訓"長"、"引"各有依據，本作何字俟考。

〔6〕"菀其死矣"，"菀"，敦煌本同，唐石經、經注本、十行本、阮本、慶長本作"宛"。

〔7〕"室，家。入室居其位也"，此八字不見於敦煌本、經注本、十行本、阮本、慶長本。狩野直喜云："各本無毛傳，而此獨有'室家入室居其位也'八字，是殆不可解。案《正義》此一段寥寥數語，或沖遠所據經文原無毛傳，後世因《正義》盛行，他本亦並傳文而脫落之歟！"按第二章"宛其死矣，他人是保"箋"保，居也"之孔穎達《正義》云："箋以下云'他人入室'，則是居而有之，故易《傳》以'保'爲居。"則孔穎達所見《毛詩》亦有"室，家。入室居其位也"八字。此八字佚文獨見於古鈔本，敦煌唐代寫卷亦未之載，知其所傳蓋爲六朝本，淵源之古可見一斑。

【日】《山有樞》三章〔1〕＝八勾〔2〕。

【敦】《山有樞》三章＝八句。

〔1〕“章”，敦煌本、唐石經、經注本、十行本、阮本、慶長本作“章”，“章”爲“章”之俗字。

〔2〕“勾”，敦煌本、唐石經、經注本、十行本、阮本、慶長本作“句”，“勾”爲“句”之俗字。

三　《揚之水》

【日】《楊〔1〕之水》，刺〔2〕晉昭公也。昭公分國以封 ▨〔3〕，＝盛強〔4〕，昭公微弱〔5〕，國人將叛而 ▨〔6〕 ▨ 焉。封 ▨ 者，封叔父桓叔於 ▨ 也〔7〕。▨，曲 ▨〔8〕，晉之邑也〔9〕。

【敦】《楊之水》，刺晉昭公也。昭公分國以封沃，＝盛強，昭公微，國人將叛而（止帚）沃焉。封沃者，封叔父桓叔於沃。曲沃，晉之邑也。

〔1〕“楊 ”，敦煌本同，唐石經、經注本、十行本、阮本作“揚”，《説文解字·手部》：“揚，飛舉也。”《經典釋文》：“揚，如字，激揚也。或作‘楊木’之字，非。”“揚”爲本字，漢魏以來俗寫“扌”旁、“木”旁多相混。陳喬樅《魯詩遺説考》云：“《御覽》八百十五、八百十六引《詩》亦作‘楊之水’，蓋三家今文皆爲‘楊’，惟《毛詩》古文作‘揚’。”王先謙《詩三家義集疏》卷八以《隸釋》所載《石經魯詩》作“揚”，謂《魯詩》作“揚”，“揚”爲本字，“楊”爲假借字①。古鈔本與 P.2529 俱寫於唐代，則唐人所習《毛詩》亦有作“楊”字者，陳、王之説非，詳參拙文《從敦煌吐魯番出土古寫卷看清人三家詩異文研究之闕失》。下“楊”字皆同，不復出校。

〔2〕“刺”，敦煌本同，唐石經、十行本、阮本作“刺”，經注本、慶長本作“刺”，“刺”爲正字，“刺”爲“刺”之俗字，“刺”爲俗譌字。

〔3〕“▨”，敦煌本同，“▨”爲“沃”之增畫俗字，《干禄字書·入聲》：“▨、沃，上俗下正。”②下傳同，不復出校。

〔4〕“强”，敦煌本作“強”，唐石經作“彊”，十行本、阮本作“强”，慶長本作“彊”，阮元《毛詩注疏校勘記》云：“閩本、明監本、毛本同。《唐石經》、小

---

① 王先謙《詩三家義集疏》，中華書局，2009 年，頁 419。
② 顔元孫《干禄字書·入聲》，頁 58。

字本、相臺本‘強’作“彊”。案：‘彊’字是也。彊雖可通用‘強’，而《正義》本用‘彊’字。今《正義》中閒有‘強’字者，寫書人省而亂之耳。”《説文解字‧虫部》：“強，蚚也。從虫，弘聲。”“強”正字，“強”爲“彊”之借字，《五經文字‧弓部》“彊強”條謂彊盛字本作“彊”，“強”爲今之經典相承通用字。段玉裁《説文解字注》謂“強”叚借爲彊弱之彊。“強”爲“強”之或體，“强”爲“強”之俗寫，“彊”又爲“彊”字之訛。古鈔本“強”、“彊”並用。

〔5〕“昭公微弱”，唐石經、經注本、十行本、阮本同，敦煌本無“弱”字，蓋誤脱。

〔6〕“𡵨”，敦煌本作“(止帚)”，唐石經、經注本、十行本、阮本作“歸”，“𡵨”爲“歸”之俗字，左下“ナ”爲“止”部之省變，(止帚)爲籀文隸定字，《説文解字‧止部》：“歸，女嫁也。 𡵨，籀文省。”《五經文字‧止部》：“歸，𡵨。上《説文》，下籀文，經典通用上字。”①

〔7〕“封叔父桓叔於 𣪠 也”，經注本、十行本、阮本同，敦煌本無“也”字，《七經孟子考文》卷三十七引古本“沃”上有“曲”字，按傳下即云“沃，曲沃”，則《考文》引古本之“曲”字乃後人妄增也。

〔8〕“沃，曲沃”，經注本、十行本、阮本同，敦煌本無上“沃”字，爲誤脱。

〔9〕“晉之邑也”，《七經孟子考文》卷三十七引古本“也”上有“之”字，於文義不通，蓋鈔手爲足行美觀而增。

【日】楊之水，白石鑿＝。興也。鑿＝然〔1〕，鮮明皃也〔2〕。箋云：激楊之水，波流湍疾〔3〕，洗去垢濁，使白石鑿＝然。興者，喻桓叔盛彊〔4〕，除民所(西心)〔5〕，民得以有礼義也〔6〕。素衣朱襮，從子于沃。襮，領也。諸侯繡黼丹朱中衣。沃，曲沃也。箋云：繡當爲宵，＝黼丹朱中＝衣＝以宵黼爲領〔7〕，丹朱爲純也〔8〕。國人欲進此服，去從桓叔也〔9〕。既見君子，云何不樂？ 箋云：君子，謂桓叔也〔10〕。

【敦】楊之水，白石鑿＝。興也。鑿＝然，鮮明狠。箋云：激楊之水，波流湍疾，洗去垢濁，使白石鑿＝然。興者，諭桓叔盛強，除民所(西心)，民將以有禮義也。素衣朱襮，從子于沃。襮，領也。諸侯繡黼丹朱中衣。沃，曲沃也。箋云：繡當爲＝，領丹朱中＝衣＝以宵黼爲領，丹朱純也。国人欲進此服，去從桓叔者也。既見君子，云何不樂？箋云：君子，謂桓叔也。

〔1〕“鑿＝然”，敦煌本、《七經孟子考文》卷三十七引古本同，經注本、十

①張參《五經文字》，頁 638 上段之下。

行本、阮本無"然"字。

〔2〕"鮮明皃也","皃",敦煌本作"狠",經注本、十行本、阮本作"貌","兒"爲小篆隸定字,"貌"爲籀文隸定字,《干禄字書·去聲》:"皃、兒、貌,上俗中通下正。""皃"爲"兒"之俗字,"貌"之俗寫作"狠","狠"爲"狠"之省訛字;"也",《七經孟子考文》卷三十七引古本、《毛詩會箋》引延文鈔本同,敦煌本、經注本、十行本、阮本無。

〔3〕"波流湍疾","波",敦煌本、《七經孟子考文》卷三十七引古本同,經注本、十行本、阮本作"激",《經典釋文》:"激揚,經歷反。"阮元《毛詩注疏校勘記》云:"小字本同,閩本、明監本、毛本同,相臺本'激'作'波',《考文》古本同。案'波'字是也。《正義》云:'激揚之水,波流湍疾。'是其證。"阮校至塙。

〔4〕"喻桓叔盛彊","喻",經注本、十行本、阮本同,敦煌本作"諭",《新加九經字樣·言部》:"諭、喻,上《説文》,下經典相承,今通用之。""喻"爲後起字。"彊",經注本、十行本、阮本、慶長本同,敦煌本作"強","強"爲"彊"之借字。

〔5〕"除民所(西心)","(西心)",敦煌本同,經注本、十行本、阮本作"惡","(西心)"爲"惡"之俗字。

〔6〕"民得以有礼義也","得",經注本、十行本、阮本同,敦煌本作"將",考《正義》云"除去民之疾惡,使沃國之民皆得有禮義也",則作"得"字是,"得"乃形近而訛;《七經孟子考文》卷三十七引古本"也"上有"焉"字,於文義不通,蓋鈔手爲足行美觀而增。

〔7〕"繡當爲宵,＝繡丹朱中＝衣＝以宵繡爲領",讀作"繡當爲宵,＝繡丹朱中衣,中衣以宵繡爲領",三"宵"字,經注本、十行本、阮本俱作"綃",敦煌本作"繡當爲＝領丹朱中＝衣＝以宵繡爲領",重文號上奪一"宵"字,遂不可讀,"繡"亦誤作"領"。《經典釋文》:"宵,音綃,本亦作綃。"吳棫《韻補》①卷四云:"繡,先弔切,五采備也。《儀禮》'纚、笄、宵衣'注云:'《詩》有"素衣朱宵"',《禮記》'繡黼丹中朱衣'注云:'繡讀爲綃,繒名也。《詩》"素衣朱綃"。'繡、宵、綃三字,皆當讀如肖。""宵"、"宵"爲"綃"之借字。

〔8〕"丹朱爲純也","爲",經注本、十行本、阮本同,敦煌本奪。《七經孟

---

① 吳棫《韻補》,《文淵閣四庫全書》本。

子考文補遺》卷三十七引古本"丹"上有"以"字。

〔9〕"也"，經注本、十行本、阮本無，敦煌本作"者也"，《七經孟子考文》卷三十七引古本作"之也"，許建平《敦煌經部文獻合集》謂敦煌本"者也"二字蓋爲使雙行對齊而添。

〔10〕"也"，敦煌本同，經注本、十行本、阮本無。

【日】楊之水，白石晧＝〔1〕。晧＝，絜〔2〕白。素衣朱繡，從子于鵠。繡，領也〔3〕。鵠，曲沃之邑也〔4〕。既見君子，云何其憂？言无憂也〔5〕。

【敦】楊之水，白石浩＝。浩＝，潔白也。素衣朱繡，從子于鵠。繡，領。鵠，曲沃邑也。既見君子，云何其憂？言无憂也。

〔1〕"晧晧"，唐石經同，敦煌本作"浩浩"，經注本、十行本、阮本作"皓皓"。今本《經典釋文》云："皓皓，古老反，潔白也。""皓"乃"晧"之訛字，敦煌本"浩"爲"晧"之假借。馬瑞辰《毛詩傳箋通釋》云："《説文》無'皓'字，惟《日部》有'晧'，云：'日出兒。'《白部》：'（白堯），日之白也。'日色之光白，故晧訓'日出兒'，引申爲凡絜白之稱。今俗通改作'皓'，猶（日勺）本從日，今亦誤從白也。"阮元《毛詩注疏校勘記》云："小字本、相臺本同。《唐石經》初刻同，後磨改作'晧'，案'晧'字是也。《説文·白部》無'皓'字，是'晧'字本從日也。《廣韻》三十二晧亦無'皓'字，《釋文》當本作'晧'，今誤。"狩野直喜《舊抄本毛詩殘卷跋》從阮説。

〔2〕"絜"，經注本、十行本、阮本作"潔"，敦煌本作"潔"，據《説文解字》，"絜"訓束，引申之爲絜净，則"絜"爲本字，"潔"爲後起字，"潔"爲俗字。

〔3〕"領也"，"領"，敦煌本同，經注本、十行本、阮本作"襺"。"也"，經注本、十行本、阮本同，敦煌本無，蓋誤脱。

〔4〕"曲沃之邑也"，《毛詩會箋》引延文鈔本同，敦煌本、《經典釋文》"鵠"字條無"之"字。《七經孟子考文》卷三十七引古本一作"曲沃邑之也"，此"之"字蓋爲使足行美觀而增。

〔5〕"言无憂也"，敦煌本同，經注本、十行本、阮本"无"作"無"。《七經孟子考文》卷三十七引古本一作"言無憂之也"，此"之"字蓋爲雙行對齊美觀而增。

【日】楊之水，白石鄰＝〔1〕。鄰＝，清徹皃也〔2〕。我聞有命，不可以告人〔3〕。聞曲沃有善政也〔4〕，不敢以告人也〔5〕。箋云：不告人而去者〔6〕，畏昭公謂己動民心也。

【敦】楊之水，白石鄰＝。＝，清澈也。我聞有命，不可告人。聞曲沃有善政
命也，不敢以告人也。箋云：不告人而去者，畏昭公謂己動民心。

〔1〕“鄰＝”，敦煌本同，經注本、十行本、阮本作“粼粼”，《經典釋文》：
“粼粼，刊新反，清澈也。本又作磷，同。”阮元《毛詩注疏校勘記》云：“《唐石
經》、小字本、相臺本同。閩本、明監本、毛本‘粼’誤‘鄰’。”按“鄰”爲本字，
“鄰”、“磷”爲假借字，“粼”爲“鄰”之別體，“粼”爲“粼”之俗訛字。

〔2〕“鄰＝，清澈皀也”，“皀”原寫作“之”，後在旁用小字改，敦煌本此句
作“＝，清澈也”，重文號上脱一“鄰”字，經注本、十行本、阮本作“粼粼”；
“澈”，經注本、十行本、阮本同，敦煌本作“澈”，俄藏敦煌出土 дх.01366《毛
詩音》出“澈，直列”。①《經典釋文》云：“澈也，直列反。或作澈，誤。”按《説
文解字》無‘澈’字，則毛傳本作“澈”，“澈”爲後起字，而陸德明之説大誤也。
“皀”，《七經孟子考文》卷三十七引古本同，敦煌本、經注本、十行本、阮本
無，《經典釋文》“粼粼”條亦無。

〔3〕“不可以告人”，敦煌本作“不可告人”，唐石經、經注本、十行本、阮
本作“不敢以告人”。陶弘景《真誥》卷七：“外書云：‘我聞有命，不可以示人
乎’”注引《毛詩》此篇亦作“不可以告人”。《文苑英華》卷五百二十九載楊
慎金《樂土判》：“人進素衣朱襮，欲從于沃，或告擅去，云我聞命，不可告
人。”按“敢”訓能、可，作“不可”、“不敢”並通。

〔4〕“聞曲沃有善政也”，敦煌本、經注本、十行本、阮本、《七經孟子考
文》卷三十七引古本“政”下有“命”字，《毛詩會箋》引卷子古本“政”下有
“令”字；“也”，敦煌本、《七經孟子考文》卷三十七引古本、《毛詩會箋》引延
文鈔本同，經注本、十行本、阮本無。

〔5〕“不敢以告人也”，敦煌本、《七經孟子考文》卷三十七引古本、《毛詩
會箋》引延文鈔本同，經注本、十行本、阮本無“也”字。

〔6〕“不告人而去者”，敦煌本同，經注本、十行本、阮本、《春秋左傳·定
公十年》孔穎達疏引作“不敢以告人而去者”。“畏昭公謂己動民心也”，敦
煌本、經注本、十行本、阮本無“也”字。《七經孟子考文》卷三十七引古本作
“已動民之心也”。

---

① 《俄藏敦煌文獻》第八册，上海古籍出版社，俄羅斯科學出版社東方文學部，1997 年，
　　頁 119。

【日】《揚之水》三章，二章〔1〕章六勾，一章＝四勾〔2〕。

【敦】《揚之水》三章，＝六句，一章四句。

〔1〕"二章"，唐石經、經注本、十行本、阮本同，敦煌本誤脱。

〔2〕"一章＝四勾"，下"章"字，敦煌本、唐石經、經注本、十行本、阮本無。

四　《椒聊》

【日】《椒聊》，剌〔1〕晉昭公也。君子見沃之能脩其政〔2〕，知其蕃衍盛大，子孫將有晉國焉〔3〕。

【敦】《椒聊》，剌晉昭公也。君子見沃之能脩其政，知其蕃衍盛大，子孫將有國焉。

〔1〕"剌"，敦煌本同，唐石經、十行本、阮本作"刺"，經注本、慶長本作"剌"，"刺"爲正字，"剌"爲"刺"之俗字，"剌"爲俗訛字。

〔2〕"君子見沃之能脩其政"，敦煌本、《毛詩會箋》引延文鈔本同，又《毛詩會箋》引卷子本"盛彊"傍注云："二字本無。"唐石經、經注本、十行本、阮本"沃"下有"盛彊"，劉師培《敦煌新出唐寫本提要》謂敦煌本有脱文。《正義》云："君子之人見沃國之盛彊，桓叔能脩其政教，知其後世稍復蕃衍盛大，子孫將並有晉國焉。"知孔穎達所見本亦有"盛彊"。今古鈔本、《毛詩會箋》引延文鈔本同敦煌本，則唐代自有無"盛彊"二字之文本也。

〔3〕"子孫將有晉國焉"，唐石經、經注本、十行本、阮本同，敦煌本無"晉"字，蓋誤脱。

【日】椒聊之實，蕃衍盈升。興也。椒聊，椒也〔1〕。箋云：椒之性芬香少實〔2〕，今一捄之實，蕃衍滿升，非其常也。興者，諭桓叔晉君支別耳，今其子孫衆多也〔3〕，將以日盛也〔4〕。彼己〔5〕之子，碩大無朋〔6〕。＝，比也。箋云：之子，是子也，謂桓叔也〔7〕。碩謂壯狠佼好也〔8〕。大謂德美廣博也〔9〕。無朋，平均〔10〕，不朋黨也〔11〕。椒聊且！遠條〔12〕且！條，長也。箋云：椒之氣日益遠長，似桓叔之德彌廣博也〔13〕。

【敦】椒聊之實，蕃衍盈升。興也。椒聊，子也。箋云：椒性芬香而少實，今一捄之實，蕃衍滿升，非其常也。興者，諭桓叔晉君支別耳，今其子孫衆多，將以日盛也。彼己之子，碩大無朋。＝，比也。箋云：之子，是子也，是謂桓叔也。碩謂狀兒佼好也。大謂美廣博也。無朋，平均，不朋黨也。椒聊且！遠條且！條，長也。箋云：椒之氣日益遠長，似椒叔之德弥廣博也。

〔1〕“椒也”，經注本、十行本、阮本同，敦煌本作“子也”，“子”爲訛字。

〔2〕“椒之性芬香少實”，“之”，經注本、十行本、阮本同，敦煌本無；敦煌本、經注本、十行本、阮本“香”下有“而”字。

“諭桓叔晉君支别耳”，敦煌本同，經注本、十行本、阮本“君”下有“之”字

〔3〕“今其子孫衆多也”，敦煌本、經注本、十行本、阮本無“也”字。

〔4〕“將日以盛也”，“將”原作“時”，後用小字改作“將”，經注本、十行本、阮本同，敦煌本作“將以日盛也”，按當如古鈔本與刻本作“將日以盛也”，敦煌本“日以”二字誤倒。《七經孟子考文》卷三十七引古本“盛”下有“之”字，蓋爲使雙行對齊美觀而增。

〔5〕“己”，敦煌本、《七經孟子考文》卷三十七引古本同，唐石經、經注本、十行本、阮本作“其”，“己”、“其”古通。阮元《毛詩注疏校勘記》謂《考文》古本經“其”作“已”，采《正義》而誤，然觀古鈔本、敦煌本，知阮説非是，《考文》所據古本真實可信，其本自作“己”，非采諸《正義》，阮疑所不當疑也。

〔6〕“朋”，古鈔本此章三處皆先寫作“崩”，後用小字改作“朋”，諸本同，唯敦煌本作倗，乃“朋”字俗寫。

〔7〕“謂桓叔也”，經注本、十行本、阮本同，敦煌本“謂”前有“是”字，許建平云：“《召南·江有汜》‘之子歸，不我以’箋云：‘之子，是子也。是子，謂嫡也。’句式與此同。疑‘是’下奪‘子’字。”

〔8〕“碩謂壯皃”，“壯皃”，敦煌本作“狀皃”，經注本、十行本、阮本作“壯貌”，“皃”爲“貌”之俗字，“皃”爲小篆隸定字。阮元《毛詩注疏校勘記》云：“碩謂壯貌佼好也，小字本、相臺本同，閩本、明監本、毛本同。案段玉裁云：‘《正義》云“故以碩爲壯佼貌”，是《正義》本作“壯佼貌”。“壯佼”二字，疑鄭本用《月令》文，而後人亂之。’‘壯佼’又見《萇楚》箋（善按：“箋”當作“傳”）。”《敦煌經部文獻合集》謂敦煌本“狀”爲“壯”之形誤字，洪國梁《〈敦煌經部文獻合集·群經類詩經之屬〉校録評議》云：“作‘狀皃佼好’，義較長。狀、壯二字形音俱近，易訛。然若如刊本作‘壯皃’，依鄭《箋》例，當無‘謂’字，作‘碩，壯皃’，不作‘碩謂壯皃’；且‘壯皃’既爲形容之詞，下亦不當

復贅曰‘佼好也’。此當如伯 2529 所作，七字連讀爲‘碩謂狀皃佼好也’，‘佼好’爲‘狀皃’之謂語，‘皃’下不逗。《衛風·考槃》：‘碩人之寬’、《衛風·碩人》：‘碩人其頎’，《箋》均釋云：‘碩，大也。’《椒聊》‘碩大’連文，故《箋》變云：‘碩謂狀皃佼好也’，‘狀皃佼好’即已含‘壯’義。……段、阮均疑刊本而從《正義》者，豈亦以爲‘壯皃’既爲形容之詞，下不當復贅‘佼好’歟？惜彼未見敦煌寫本也。”按：“狀皃”二字古人用作名詞，樣貌之謂。洪説“碩謂壯狠佼好也”當作一句讀，是也，然謂“壯”乃“狀”訛字則非。“壯”乃“狀”之同音借字，古書習見。

〔9〕“大謂德美廣博也”，經注本、十行本、阮本同，敦煌本無“德”字，蓋誤脱。

〔10〕“平均”，“均”先寫作“等”，後用小字改作“均”。

〔11〕“不朋黨也”，敦煌本、《七經孟子考文》卷三十七引古本同，經注本、十行本、阮本無“也”字。

〔12〕“脩”，唐石經、經注本、十行本、阮本、慶長本作“條”，下傳同，《七經孟子考文補遺》卷三十七引古本、《毛詩會箋》引延文鈔本之經傳皆作“脩”，次章亦同。阮元《毛詩注疏校勘記》云：“條，長也。小字本、相臺本同。案《正義》云：‘《尚書》稱“厥木惟條”，謂木枝長，故以“條”爲“長”也。’其説非也。此傳以‘長’訓‘條’，乃謂‘條’爲‘脩’之假借。古字‘條’、‘脩’相通，如《漢書》‘脩侯’之比。考《箋》云‘椒之氣日益遠長’，是此經‘遠’、‘條’二字皆以氣言之，不以枝言之也，下章同。《考文》古本改經二‘條’字皆作‘脩’，乃依‘長也’之訓而爲之耳，非有所本。此經自《正義》及《唐石經》以下各本皆作‘條’也。”馬瑞辰《毛詩傳箋通釋》云：“疑毛傳以‘條’爲‘脩’之假借，或本作‘脩’，故訓爲長。……竊謂古本首章作‘脩’，故傳訓長，二章經作‘條’，故傳取芬芳條暢之義，訓爲‘聲之遠聞也’。足利本兩章皆作‘脩’，唐石經兩章皆作‘條’，各有一誤。”按：今古鈔本兩章皆作“條”，疑足利本二“脩”字爲“條”字形訛。

〔13〕“似桓叔之德彌廣博也”，敦煌本“桓”訛作“椒”；“也”，敦煌本同，經注本、十行本、阮本無，《七經孟子考文》卷三十七引古本一作“之也”，此“之”字蓋爲足行美觀而增。

【日】椒聊之實，蕃衍盈菊〔1〕。兩手曰菊。彼己之子，碩大且篤〔2〕。＝，厚也。椒聊且！遠條且！〔3〕

【敦】椒聊之實，蕃衍盈匊。兩手曰匊。彼己之子，碩大且篤。＝，厚也。椒聊且！遠條且！

〔1〕"匊"，《七經孟子考文》卷三十七引古本、《毛詩會箋》引延文鈔本作"掬"，敦煌本、唐石經、經注本、十行本、阮本作"匊"。"兩手曰匊"，敦煌本、唐經注本、十行本、阮本作"匊"，《七經孟子考文》卷三十七引古本"匊"下有"也"字。《經典釋文》云："匊，本又作掬，九六反，兩手曰匊。"慧琳《一切經音義》卷二十八"滿匊"條引《毛詩》作"兩手曰匊"，卷四十四"掬於"條引《毛詩傳》作"兩手曰掬"。《春秋左傳·宣公十二年》"舟中之指可掬也"杜預注："兩手曰掬。"匊、掬古今字，"匊"爲"匊"之假借字，下傳同。

〔2〕阮元《毛詩注疏校勘記》云："碩大且篤，《唐石經》、小字本、相臺本同。閩本、明監本、毛本'碩'誤'實'。"

〔3〕經注本、十行本、阮本"遠條且"下有傳文"言聲之遠聞也"，段玉裁《毛詩故訓傳定本》云："此總釋二章也。汪氏龍曰：'此六字當本在"條，長也"之下，後人移傳入經，誤析之耳。此解興體喻桓叔政教。愚謂'聲'當作'馨'，芬芳條鬯之意。"其説又見《詩經小學》。陳奐《詩毛氏傳疏》謂此六字傳文當本在上章《傳》"條長也"之上，後人誤奪乃附於篇末耳，並謂"言"上當有"遠"字，以全詩通例考之，凡上下章同辭則傳必總釋於上章，而不分釋也。阮元《毛詩注疏校勘記》云："言聲之遠聞也，小字本、相臺本同。案段玉裁云：'聲，當作馨，此欲以馨訓條也。'今考此章'條'，與上章同，皆訓'長'，爲'脩'字之假借，非有異也，不宜更爲之訓。此傳'言聲之遠聞也'，乃篇末揔發一篇之傳，謂此《椒聊》詩乃言桓叔聲之遠聞也。篇末揔發傳，毛氏每有此例，如《采蘋》、《木爪》之屬是矣。此傳毛當有所案據。自作《正義》時，已無文以言之，後遂專繫諸第二章'遠條且'一句，而疑其有所不可通也。○按《説文》云：'馨，香之遠聞也。'正與此合。蓋上章作'脩'，此章作'條'，後人亂之耳。'條'，取芬芳條暢之義。"胡承珙《毛詩後箋》（第524頁）云："傳於上章云'條，長也'，是總兩章'條'字釋之，次章'言聲之遠聞也'，是總兩章'遠'字釋之。且上章解言椒氣之長，次章解喻桓公聲聞之遠，此訓詁互足之例，不嫌於經同而傳異也。……此傳'聲'似不必改作'馨'。"清人皆目之爲傳文，位置或屬二章或屬三章，"聲"或讀作本字或讀作"馨"，今古鈔本與敦煌本均無傳文"言聲之遠聞也"，是否果爲毛傳佚文，

位置何在,尚待考證。

　　【日】《椒聊》二 章〔1〕,＝六勾。

　　【敦】《椒聊》也二章,＝六句。

　　〔1〕"椒聊二章",敦煌本"聊"下衍"也"字。

　　(待續)

2014 年 4 月寫於日本琉球大學

(作者單位:上海師範大學哲學與法政學院)

域外漢籍研究集刊　第十七輯
2018 年　頁 315—325

日本現藏三種《楚辭集注》朝鮮版本考述

蘇曉威

　　在《楚辭》注釋體系中，除東漢王逸(字叔師，生卒不詳)《楚辭章句》、宋洪興祖(字慶善，號練塘，1090—1155)《楚辭補注》體系之外，宋朱熹(字元晦，號晦庵，1130—1200)《楚辭集注》也是非常重要的體系。它由《集注》、《辨證》(筆者按：後文提及不同的版本中，也有作"辯"者，爲保持版本原貌，不統一改)和《後語》三部分組成，其中《集注》爲核心。在不同版本流傳過程中，這三部分分合不一，或每一部分單刊，或兩部、三部分合刊。所以《楚辭集注》版本繁多，存在體系較爲複雜。

　　日本現藏數種《楚辭集注》版本，對研究它在朝鮮的傳播和接受，以及與國内諸多相關版本的關係，有着重要的價值；而國内《楚辭》文獻學論著對此關注較少①，或語焉不詳②。有鑒於此，筆者對經眼的《楚辭集注》版本考述如下，所言"《楚辭集注》"並不特指其中的"集注"，而是泛指。

一　國立公文書館藏《楚辭集注》

　　國立公文書館内閣文庫藏《楚辭集注》，包括《集注》八卷、《辯證》上和

---

①　對《楚辭集注》版本進行研究的相關論著如下：姜亮夫：《楚辭書目五種》，《姜亮夫全集》五，上海古籍出版社，2002 年，頁 44—66；崔富章：《楚辭書録解題》，高等教育出版社，2010 年，頁 63—96；洪湛侯：《楚辭要籍解題》，湖北人民出版社，1984 年，頁 23—32；[日]竹治貞夫著，徐公持譯：《楚辭的日本刻本及日本學者的楚辭研究》，尹錫康、周發祥等編：《楚辭資料海外編》，湖北人民出版社，1986 年，頁 381—396。
②　周建：忠《〈楚辭〉在韓國的傳播與接受》，《文學遺産》2014 年第 6 期。

下、《後語》六卷,三册。四周雙邊居多,上下黑口,雙魚尾。每半頁十一行,行二十一字,雙行小字也是二十一字。

　　全書内容依次如下:第一册首爲明成化十一年乙未(1475)何喬新(字廷秀,號椒丘,1427—1502)《楚辭序》,墨筆,手抄;《楚辭集注》八卷目録,末爲朱熹關於《集注》目録類似序言性質的文字;《集注》正文。第二册爲《辯證》上和下。第三册首爲《後語》目録,末爲朱熹關於《後語》内容的文字説明,説明性文字末尾有兩豎行文字排列的牌記:"建安虞信亨宅重刊/至治辛酉臘月印行",次爲《後語》正文,末爲南宋鄒應龍(字景初,1172—1244)、朱在(朱熹三子,字敬之,生卒不詳)和朱鑒(朱熹之孫,字子明,生卒不詳)三篇跋文,最後爲李朝(1392—1910)卞季良(字春亭,1369—1430)的跋文,它是 15 世紀前期有關李朝活字鑄造的重要文獻,也對斷定該書刊行時間極有幫助。依文意劃分段落,此處全録如下:

　　　　鑄字之設,可印群書以傳永世,誠爲無窮之利矣。然其始鑄字樣,有未盡善者,印書者病其功不易就。

　　　　永樂庚子(1420)冬十有一月,我殿下發于宸衷,命工曹參判臣李藏新鑄字樣,極爲精緻;命知中事臣金益精、左代言臣鄭招等監掌其事,七閲月而功訖,印者便之,而一日所印,多至二十餘紙矣。恭定大王作之于前,今我主上殿下述之于後,而條理之密又有加焉者。

　　　　由是而無書不印,無人不學,文教之興當日進,世道之隆當益盛矣。視彼漢唐人主規規於財利兵戈,以爲國家之先務者,不啻天壤矣,我朝鮮萬世無疆之福也。

　　　　宣德三年(1428)閏四月　　日,崇政大夫判右軍都總制府事、集賢殿大提學、知經筵春秋館事、兼成均大司成、世子貳師,臣卞季良拜手稽首敬跋。

　　　　宣德四年(1429)己酉正月　　日印。

　　該文亦見於卞季良《春亭集》卷十二,題爲《〈大學衍義〉鑄字跋》①,只

---

①[朝鮮]卞季良:《春亭集》,李朝純祖二十六年(1825)夏屏巖書院重刊本,現藏韓國全南大學圖書館。

是文字止於"我朝鮮萬世無疆之福也"句。也見於李朝世宗十年(1428)庚子字活字本《文選》卷60末尾①,但没有上文最後一句話。上述幾種文獻應當都是用庚子字活字印刷,且刊行于卞文之前,所以均將卞文放在書末。具體到該版本印刷時間而言,應當如文末最後一句所言,明宣德四年(1429)以庚子字(李朝世宗2年,明永樂18年,也就是1420年鑄造的銅活字字模)活字印刷。

　　國内是否藏有與之同樣的版本,不能十分確定。僅據《中國所藏高麗古籍綜録》可知,北京圖書館(今國家圖書館)藏有朱熹集注的"朝鮮刻本《楚辭》八卷,《後語》六卷,《辨證》二卷",遼寧省圖書館藏有"朝鮮銅活字本《楚辭》八卷,《後語》六卷,《辨證》二卷"②。兩處所藏版本内容與卷數,與此相同,惜無法目驗,此問題待考。

　　從版本源流關係來看,依據牌記信息可知,它應以元代虞信亨(元初人,生卒年不詳)至治辛酉(1321)刻本爲底本而刊行。據崔富章《楚辭書録解題》記載,山東省圖書館、中國歷史博物館(今中國國家博物館)藏有虞信亨刊本,前者藏本爲《集注》八卷、《後語》六卷、《辨證》二卷,全四册。後者藏本爲六册,牌記挖掉,"楚辭辯證下"末墨筆題"至正癸巳年(1353)中秋日置"③一行。相比於14世紀其他元代《楚辭集注》刊本,如天曆三年(1330)陳仲甫宅刻本,後至元二年(1336年)建安傅子安宅刻本,至正二十三年(1363)高日新刊本。虞本較早,在國内也較爲罕見,但以虞本爲底本的朝鮮版本,並不少見。

　　另外,該書所鈐藏書印章對瞭解遞藏情況也有一定的幫助。第一册何喬新《楚辭序》右上角右側鈐朱文印"林氏藏書",右側鈐朱文印"日本政府圖書",右下角鈐長方形朱文印"淺草文庫"。後兩印在第二册《辨證上》首頁同樣位置也可見到。《集注》目録頁右下角邊欄外側鈐朱文印"江雲渭樹",裏側鈐三朱文印:上爲塔頂形印"直齋",中爲"鷲山□(第三字不識,下同)家",下爲"□璉之器",邊欄下側鈐藍文印"道春"。後四印在第三册《後

<hr>

①［南朝梁］蕭統輯,［唐］李善等注:《文選》,李朝世宗十年(1428)庚子字活字本,現藏日本東京大學東洋文化研究所。
②黄建國、金初昇主編:《中國所藏高麗古籍綜録》,漢語大詞典出版社,1998年,頁125。
③崔富章:《楚辭書録解題》,頁69—70。

語》目録頁上的同樣位置也可見到。卷八末尾左下角亦鈐印"道春"。在第
三册《後語》目録頁上除前述提到的印章外,在其右上鈐有朱文印"林氏藏
書"和"日本政府圖書",書末左上角鈐墨文印"昌平坂學問所"①,左下角鈐
印"道春"。

　　道春爲日本林信勝(字子信,幼字菊松麻吕,通稱又三郎,號羅山,
1583—1657)的法號,江户時代(1603—1867)的著名思想家,他的學術研究
對朱子學成爲該時的官學起了決定性的作用。上述印章清楚地標明該書
爲林信勝的藏書,昌平學問所又稱昌平校,由林家第八代大學頭林衡(字
述齋,通稱熊藏,1768—1841)創辦於寬政九年(1797),藏書以林家舊藏爲
主。後來文部省於明治五年(1872)八月在昌平坂學問所舊址上建立了日
本最早的公共圖書館——書籍館,藏書以昌平坂學問所、和學講談所的舊
藏爲基礎。明治七年(1874)廢止書籍館,全部藏書遷往淺草,改稱淺草文
庫。明治十四年(1881)文庫關閉,14 萬册藏書經内務省歸内閣文庫所
有②。這也是爲什麼該書會鈐有"日本政府圖書"、"淺草文庫"印章的緣
由,顯然它們鈐印的時間要晚于"林氏藏書"、"道春"鈐印的時間。

　　林信勝對該書也進行了和文訓點,但主要是針對第一册的文字内容,
第二、三册内容則無。在進行訓點的過程中,也做了一些校勘和注釋的工
作。所做校勘工作内容如下:1.指出脱文,如《河伯》最後一句集注:"子,謂
河■。■手者,古人將别,則相執手,一見不忍相遠之意。晉、■見猶如此
也。"三處墨丁旁邊分别寫着:"伯"、"交"、"宋"。《懷沙》:"杳杳■静",墨丁
之上的天頭位置,紅筆寫"孔"字。《惜誦》集注:"(中情)當作善惡,字又當
以去聲讀","字"字邊欄外,紅筆指出"字"前脱"而惡"二字。2.指出訛文,這
種類型最多。《離騒》"今真爲此蕭艾也"句所在豎行天頭位置,紅筆寫"真
一(引者按:同一豎行共兩個"真"字,此處指第一個真)作(引者按:原字作
"乍",此處直接寫出通假字,下同)直。"《湘夫人》"寒汀州兮杜若"句所在豎
行天頭位置,紅筆寫"塞作搴。"《惜誦》"行嫮直而不豫兮"句所在豎行天頭

――――――――――

①昌平坂學問所機構性質的介紹,見後文。它的藏書印有墨、朱二色,墨色爲昌平坂舊
　藏,包括原來林家的藏書,朱印爲各家進獻之書,學生不得閲覽。林申清編著:《日本
　藏書印鑒》,北京圖書館出版社,2000 年,頁 143。
②林申清編著:《日本藏書印鑒》,頁 147。

位置,紅筆寫"婷",意爲"嬌"爲"婷"之誤。《哀郢》"遵江夏以流立"句所在
豎行天頭位置,紅筆寫"亡",意爲"立"爲"亡"之誤。《抽思》"魂日夕而九
逝"句所在豎行天頭位置,紅筆寫"日作一"。《懷沙》注"不能處變也"句,
"處"字左側點一紅點,所在豎行天頭位置,紅筆寫"一本作遽"。又,《懷沙》
注"亦以前人之法度未改法也"句,第二個"法"字左側亦有紅點,所在豎行
天頭位置,紅筆寫"一作故"。《懷沙》注"忠是後人因效,誤加也"句中"忠"、
"效"字上標有紅色,意爲兩字有誤,但只對"效"字出校,所在豎行天頭位
置,寫有"校"字。

　　林羅山對文本內容也有其他注釋行爲。或指出字音,《離騷》"又樹蕙
之百畝"句所在豎行天頭位置,紅字指出"畝,辨體注音米。"或舉他人之説,
解釋文意,如《卜居》"甯與黃鵠比翼乎? 將與雞鶩爭食乎?"集注:"黃鵠,大
鳥,一舉千里。鶩,鴨也。"在集注行的天頭位置上,批注:"洪興(引者按:當
爲"興"字之誤)祖曰:上句皆原所從也,下句皆原所去也。"但今本洪興祖
《補注》並沒有這句話,不知林氏何據。

二　國會圖書館藏《楚辭後語並楚辭辨證》

　　國會圖書館藏《楚辭後語》六卷、《辨證》二卷,一冊。四周雙邊。上下大黑
口,版心裏上下黑魚尾。每半頁十一行,行二十一字,雙行小字也是二十一字。
　　封面題:"《楚辭後語並楚辭辨證》　完"數字,此封面似乎爲後裝。扉
頁題兩豎行字,右側只題寫一個千字文編號字"霜",左側題:"《楚辭後語》
　全"。兩頁後,仕目録頁右側書頁上顯詩一首,"春到穹廬雪未融,日高氈
帳煖如烘;當時不是毛延壽,應歎孤眠老漢宮。"封底上亦題寫此詩,只是
"烘"作"紅"字。兩者皆無落款,不知何人所寫。
　　該版本包含的各部分內容如下:首爲《楚辭後語》目録六卷,次爲朱熹
在宋晁補之《續楚辭》、《變離騷》兩書篇章基礎上去取而成《後語》內容的文
字説明,其末尾有兩豎行文字排列的牌記:"建安虞信亨宅重刊/至治辛西
臘月印行",次爲目録下的各部分內容,六卷《後語》末尾爲鄒應龍、朱在、朱
鑒所作之文,然後是《楚辭辨證》上、下,最後是李朝李皎然(字淳甫,1413—
1475)的一篇跋文,對瞭解該版本刊行經過極有幫助,模糊不清或不識之字
以"□"表示,謹録如下:"歲在癸酉,余來□於兹,其年季冬,監司李相國崇

之巡至此邑,謂余曰:三百篇之□□,而爲《離騷》,先儒以爲詞賦之祖,如至方不能加矩,至圓不能加規。自是南國衆多名章繼作,通號'《楚辭》',其聲韻鏗鏘,誠詞學之指南也。今所得一本□詞,詳明達聖,明文□之日,宜鋟梓以廣其傳,余於是鳩材募工,監掌其事,不閱月而功訖焉。嗚呼,相國□人爲鑒,惠教子學,可謂至矣! 余於是乎書。府使中訓大夫,兼勸農兵馬團練使李皎然謹跋。"然後另起一頁,書寫參與刊行的諸人、時間和地點:"都觀察點□使嘉善大夫兼監倉安集轉輸勸農管學事提調刑獄兵馬公事兼判尚州牧事李崇之、都事奉直郎李孝長、教授官通德郎李雲俊、監督生員白昭、校正進士金敬用、幼學朴損之、刻字前副司直李英春、前副司正金順義、中德惠修、大禪師心修、學生鄭自清、都邑前行首户長正朝孫仲義、甲戌五月 日密陽府開刊。"最後隔兩行,墨筆書寫"圓光寺常住"數字。

　　該版本在朝鮮李仁榮(1911—1950 以後)《清芬室書目》中有記載,"《楚辭後語》六卷,《辯證》二卷,一册。宋朱熹集注,端宗二年(1454)甲戌密陽刊,覆庚子字,活字刊本。"①從上述跋文來看,確實是李朝端宗 1454 年活字刊本,活字刊本區別於刻本的主要特徵是:横不成行、同一頁面上有深淺不同墨色的字,這是二次或三次印刷時更換字模出現的結果,該版本具備上述特徵,例煩不舉。另外,在李朝魚叔權(號也足堂,1506—1567)《考事撮要》中記載"慶尚道"下的"密陽"刊行的册板目録中有"《楚辭》"②一書,應當是此版本。

　　就國内的館藏而言,應該没有該版本的印本。前述提及的兩處藏有朝鮮版本的《楚辭集注》,包含《集注》、《後語》和《辨證》三部分,而該活字版本只包括後兩部分内容,與兩處藏本並不一樣。

　　從版本源流關係來看,依據牌記信息可知,它也是以元代虞本爲底本的活字印刷本,但經過選擇,只印刷了其中的《後語》和《辨證》;或者説《楚辭集注》三部分内容都印刷了,但兩兩分别或三種各自分開裝訂,爲兩兩一起或單獨一種傳播提供了可能。朝鮮於 1911 年設立了王室圖書館藏書

---

①［朝鮮］李仁榮:《清芬室書目》,張伯偉:《朝鮮時代書目叢刊》第 8 册,中華書局,2004年,頁 4619。

②［朝鮮］魚叔權:《考事撮要・書册市准・册板目録・書册印紙數》,張伯偉:《朝鮮時代書目叢刊》第 3 册,頁 1466。

閣,後來日本殖民朝鮮時期,又將其稱爲李王家圖書館,1981 年藏書移交給韓國學中央研究院。在其館藏中,有《楚辭後語》六卷,一冊,版式特徵與前述特徵一致,也有李皎然跋文。這些似乎也能證明前述我們的判斷。

另外,以虞本爲底本而刊行的古代朝鮮版本,除了上述兩個活字本之外,還有李朝訓練都監字本,每半頁九行,每行十七字。如現藏日本蓬左文庫的《集注》八卷、《後語》六卷,四册。還有現藏韓國國立中央圖書館的《後語》卷一至卷三,李朝宣祖至仁祖年間(1567—1649)刊行。因此,元代虞本對研究上述古代朝鮮活字本《楚辭集注》有重要的意義。

三　早稻田大學藏《楚辭集注》

早稻田大學藏《楚辭集注》,包括《集注》八卷、《後語》六卷、《辯證》上和下,共春、夏、秋和冬四册。四周單邊或雙邊無定,上下白口,版心裏上下三葉紋雙魚尾,呈現出典型的朝鮮版本特徵。每半頁十行,每行十八字,雙行小字十八字。

各部分内容如下:春册:《集注》目録、卷一至卷四;夏册:卷五至卷八;秋册:《後語》目録、卷一至卷四;冬册:卷五至卷六、《辯證》上和下。

每册扉頁上墨筆書寫"矗不言"三字,春册《集注》目録首頁、夏册卷五正文首頁和冬册《後語》卷五目録首頁右上角界欄裏均鈐印"早稻田大學圖書",右下角界欄裏鈐印"豐山洪祐命樺之印"。秋册《後語》目録首頁右上角界欄裏只鈐印"早稻田大學圖書",右下角界欄無鈐印。每册書末界欄左下角鈐印"澄懷閣藏"。該書原爲日本學者山口剛(1884—1932)舊藏,"豐山洪祐命樺"、"澄懷閣"可能與他有關。

與上述兩個版本相比,該版本的《楚辭集注》無提供刊刻信息的序跋和牌記,確定它的版本使用的底本,只能通過其他途徑。在春册正文第一頁"《離騷經》第一"所在豎行的下方有"山陽楊上林校刊"數字,爲解答上述問題提供了關鍵信息。明楊上林(字子漸,號龍津,生卒不詳)確實於明嘉靖十七年(1538)校刊過《楚辭集注》,北京圖書館、山東省圖書館均收藏該版本。如北京圖書館藏本,四册,首嘉靖戊戌(1538)唐樞(字惟中,號子一,1497—1574)序,次顧應祥(字惟賢,號箬溪,1483—1565)序,次《目録》,次《各家楚詞書目》,次朱熹《叙目》,次《屈原傳》。卷端題"楚辭卷第一　朱子集注”，次行題“離騷經第一　山陽楊上林校刊”。卷八末有楊上林《題識》。每半頁十行，行二十字，細黑口，四周雙邊①。早稻田大學藏本與之相比，無唐樞序、顧應祥序、《各家楚詞書目》、《叙目》和楊上林《題識》。

　　與早稻田大學藏本完全一樣版本的複本，在韓國國立中央圖書館中也可以見到，分元、亨、利和貞四册，各册内容與早稻田大學藏本完全相同，被該館認定爲木刻本。筆者與之觀點不同，它似乎應當爲活字本。活字本邊欄四角、界行與上下邊欄之間的銜接不是那麼緊密，並且在刷印過程中，由於版框内的活字和行片或夾條會吸墨膨脹，導致版框鬆散，在刷印效果上往往出現版框綫斜直、間斷或粗細不均，行格界綫時有時無的斷續現象②。早稻田大學藏本極其明顯地具備上述這些特徵，例煩不舉。另外，活字本由於版框内的活字會出現高低不平的現象，或者替换生産時間不一的活字字模，在刷印過程中常會出現墨色不匀的現象。早稻田大學藏本也明顯具備上述特徵，如下面兩圖方框中的文字所示：

　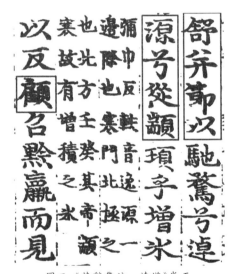

圖一：《楚辭集注·九章》卷四　　　　　　圖二：《楚辭集注·遠游》卷五

①崔富章：《楚辭書録解題》，頁73。
②李致忠：《古書版本鑒定》，北京圖書館出版社，2007年，頁176。

　　另外,在刷印時,活字本還需要頂木以保持版形。清金簡(字可亭,?—1794)《欽定武英殿聚珍程式》"頂木"條記載:"凡書有無字空行之處,必需嵌定,方不移動,是謂頂木。"①一般頂木高度比活字低,以避免印在版頁上。但在文字較少,留有大量空行的地方,由於缺少活字平面的支撐,版頁張力不足,低於字面的頂木有時還是刷印在版頁上,這爲活字本的鑒定留下關鍵的痕迹。如秋册《後語》目録頁末、卷二末頁有大量空行,不少空行裏有長條墨迹,這是頂木存在的標誌。綜合以上特徵,筆者將早稻田大學藏本認定爲活字本。

　　在韓國、日本各大圖書收藏機構中,以明代楊本爲底本而刊行的《楚辭集注》複本數量較多。除上述提到的以外,韓國國立中央圖書館還藏有如下不同時期刷印的活字本:1. 題名爲《楚辭》,實爲《楚辭集注》,含《集注》八卷,《後語》六卷,以及《辯證》上和下,分爲元(《集注》目録、卷一至卷三)、亨(《集注》卷四至卷八)、利(《後語》目録、卷一至卷六)、貞(《辯證》上和下)四册。金屬活字戊申(李朝顯宗九年,1668)字本。與它同樣版本的還有兩種,均分裝爲三册,一種封面册名題爲天、地、人,一種封面無册名。2. 題名爲《楚辭》,實只爲《集注》八卷,不含《後語》和《辨證》,共乾、坤兩册。金屬活字丁酉(1777)字本②。

　　早稻田大學藏本與之相比,在刷印效果上,不及戊申字本、丁酉字本。如不少版框綫條斜直、斷續。墨色不匀,導致不少文字模糊。漏印之處不少,頁面多有空白。刷印時,紙張或版框移動,致使有些頁面文字有重影現象。它出現的一些問題,在戊申字本、丁酉字本有一定的規避。如《天問》"天何所遝,十二焉分?"句中的"二"字非常模糊,不見上面一横,下面 一横

---

①[清]金簡:《欽定武英殿聚珍程式》,《四庫全書》史部三十八政書類考工之屬,《四庫全書》本。

②李朝正祖李祘(1776—1800 在位)編選《朱詩雅誦》卷首《義例》載:"國朝製作之彬郁,莫尚乎英陵(引者按:李朝世宗李祹[1418—1450 在位]的陵墓,初藏廣州獻陵,後於明成化四年〈1468〉移葬驪州城山英陵,此處作爲世宗代稱),盛際而範銅爲字,昉於是時,甲寅(1434)字是也。上(正祖)在春邸,壬辰(1772)鑄十五萬字,元年丁酉(1777)又鑄十五萬字,皆以甲寅字爲本,藏於内閣。經史諸書,後先印行。"[朝鮮]李祘編選:《朱詩雅誦》,19 世紀後半期刻本,現藏韓國國立中央圖書館。

只有右側還有保留，但在戊申字本、丁酉字本中，"二"字非常清晰。《天問》"化爲黄熊，巫何活焉？"句，朱熹集注："此章似■言鯀事。"現藏國家圖書館的宋嘉定六年（1213）章貢郡齋刊本和端平二年（1235）朱鑒刊本《楚辭集注》，戊申字本、丁酉字本與■相應的字均作"又"字。《遠游》"求正氣之所由"句，朱熹集注："乃■反自循省，而求其本初也。"章貢郡齋刊本、朱鑒刊本、戊申字本、丁酉字本與■相應的字均作"能"字。《哀時命》"左袪掛于■桑"句，章貢郡齋刊本、朱鑒刊本、戊申字本、丁酉字本與■相應的字分別作"榑"、"榑"、"搏"、"搏"。作榑或搏是，皆從甫聲，與從夫得聲的"扶"通。以上種種細節表明，早稻田大學藏本似乎在戊申字本、丁酉字本之前刊行，後兩者規避了前者的問題，爲後出轉精之作。

　　早稻田大學藏本上述問題，筆者推測似乎與古代朝鮮和日本之間於1592年爆發的壬辰戰爭有一定的關係。受這場戰爭影響，古代朝鮮大量的書籍、活字以及精湛的印刷技術傳入日本，使日本古書印刷技術獲得突飛猛進的發展①。但對李朝印刷業破壞不可不謂大，"初校書館鑄字，自壬辰兵亂散失之後，更不能鑄，只以木字印册，故字樣甚不精"②。字樣由原先的金屬活字改爲木活字，印刷業顯然受到很大影響。另外，十七世紀上半期，李朝也面臨着後金（清）的入侵，李朝統治集團內部出現嚴重分裂和鬥爭，社會政治混亂。在這種混亂的社會統治和傳統印刷行業遭到巨大破壞的背景中，在十六世紀末的壬辰戰爭之後，戊申（1668）字出現之前，也就是在十七世紀上半期，李朝刷印了早稻田大學藏本，但該藏本如何流入日本？限於種種條件，還不能明晰。

四　結語

　　在刷印時間的研究方面，活字本與雕版刻本有很大的不同，活字本印刷基於字樣不斷地"拼版"和"拆版"刷印古籍，由於字樣已經鑄好，活字本

①［韓國］崔官著，金錦善、魏大海譯：《壬辰倭亂：四百年前的朝鮮戰爭》，中國社會科學出版社，2013年，頁46—47。
②《顯宗改修實録》卷十九，顯宗九年（1668）八月五日，鼎足山版，現藏韓國首爾大學奎章閣韓國學研究院。

最早刷印時間不會早於字樣鑄造的時間，確定其存在的上限較易，但不易確定其下限，尤其又無序跋等記録其刷印經過的時候，更是如此。筆者在進行上述《楚辭集注》朝鮮活字本思考的時候，强烈意識到上述問題的存在。在這樣的情况下，筆者感覺應該先進行不同時期活字一定字樣的分類，再斷代，這樣對活字本刊行時間的斷定，或許不失爲一種解决辦法。儘管之前也有學者對古代朝鮮不同時期的字樣特徵有一定的研究，但現在隨着研究的深入，對這個問題應該有所推進。

另外，古代朝鮮三種不同版本的《楚辭集注》固然是楚辭在其時傳播和接受的具體載體，但在更深入的角度，借此思考朱熹文學、哲學思想在李朝的傳播、影響，以及價值和意義，也不無幫助。限於本文主題，這些内容無法展開，而筆者這裏進行的思考，僅爲一家之言，限於學識，多有謬誤，還望有道君子不吝賜教。

（作者單位：天津中醫藥大學文化與健康傳播學院）

域外漢籍研究集刊　第十七輯
2018 年　頁 327—347

再考白行簡的賦與大江朝綱的
《男女婚姻賦》

——兼談"律賦"與"性"

馮　芒

　　大江朝綱(886—958)是日本平安朝(794—1185)的文人,官至"參議",被稱作"後江相公"①。他擅長漢詩文的寫作,歷任"大内記""文章博士"等具備極高漢學修養方可勝任的要職。在其創作的諸多漢詩文中,直接描寫了男女婚姻和房事的《男女婚姻賦》,是極具特色的一篇作品。該文的寫作年代不詳,收録於藤原明衡(989？—1066)所編的《本朝文粹》卷一中。

　　關於《男女婚姻賦》是否受到中國文學影響這一問題,歷來集中在對白行簡《天地陰陽交歡大樂賦》(以下簡稱《大樂賦》)的討論上。最先是周作人在《讀游仙窟》②一文中提到了白行簡《大樂賦》與大江朝綱《男女婚姻賦》的相通之處,繼之在《再談徘文》③一文中認爲"朝綱季綱之作當必有所

---

① "參議"是日本律令制下的高官,相當於唐代"宰相",故仿唐制稱其爲"相公"。大江朝綱的祖父大江音人(811—877)被稱作"江相公"。

② 周作人《讀游仙窟》,載《北新》第 2 卷 10 號,1928 年 4 月。《看雲集》收録,香港實用書局,1972 年,頁 210—211。

③ 周作人《再談徘文》,載《文學雜誌》第 1 卷 3 期,1937 年 7 月。《藥味集》收録,香港實用書局,1973 年,頁 219。

本"①,更加懷疑朝綱受到《大樂賦》的影響。日本學者川口久雄和興膳宏也提到這一問題。川口先生指出《本朝文粹》《本朝續文粹》中出現《男女婚姻賦》等情色作品其實是唐代社會文學潮流的反映,並表示這些作品是《大樂賦》遥遠的"回聲"②。興膳先生也對《男女婚姻賦》的創作中是否存在《大樂賦》這樣的粉本問題很感興趣,但關於答案未置可否③。我國張鴻勛先生則認爲《男女婚姻賦》與《大樂賦》没有直接關係④。前輩學者的著眼點多在《男女婚姻賦》的題材上,而對該作的文體並未作充分的討論,因此《男女婚姻賦》與中國文學的關係還有進一步考察的餘地。

拙文著眼於《男女婚姻賦》的文體——律賦,通過與白行簡《望夫化爲石賦》的比較分析指出,大江朝綱全面仿照《望夫化爲石賦》而創作了《男女婚姻賦》。並據此分析朝綱的創作動機和創作手法,認爲朝綱之所以選擇"男女情事"的題材、敢於刻畫局部細節,正是因爲受到了白行簡《大樂賦》的直接影響。最後就中日兩國古代文人對"律賦"與"性"的處理展開討論。

一　白行簡《望夫化爲石賦》與大江朝綱《男女婚姻賦》

大江朝綱的《男女婚姻賦》是一篇律賦。該賦以"情緒相感、然後妊身"八字爲韻,嚴格依照律賦的格式寫成。其參考範式即白行簡所作律賦——《望夫化爲石賦》。

(一)白行簡《望夫化爲石賦》是大江朝綱《男女婚姻賦》的模仿對象

爲揭示這一結論,將兩者的本文納入對照表中進行比較分析。考慮到

①"季綱之作"指收録在《本朝續文粹》中藤原季綱(平安中後期人,生卒年不詳)所作的《陰車贊》,詳見後文所引。

②[日]川口久雄《本朝文粹·本朝統文粹の世界》,載新訂增補《國史大系》月報30,1965年9月。

③[日]興膳宏《〈文選〉與〈本朝文粹〉——特に賦について——》,載《新日本古典文學大系》月報36,1992年5月。

④張鴻勛《〈天地陰陽交歡大樂賦〉與日本平安時代漢文學——以大江朝綱〈男女婚姻賦〉爲中心》,載《敦煌吐魯番研究》第9卷,2006年5月。《張鴻勛跨文化視野下的敦煌俗文學》收録,上海古籍出版社,2014年。

行文方便，用連續的阿拉伯數字爲兩者的賦句進行標注。在分段之處（也同爲轉韻之處）劃以虛綫區分。

白行簡《望夫化爲石賦》與大江朝綱《男女婚姻賦》的本文對照表

白行簡《望夫化爲石賦》① 以"望遠思深、質隨神變"爲韻。	大江朝綱《男女婚姻賦》② 以"情緒相感、然後妊身"爲韻。
1 至堅者石，最靈者人。 2 何精誠之所感，忽變化而如神。 3 離思無窮，已極傷春之目； 　貞心彌固，俄成可轉之身。	1 至剛者男，最柔者女。 2 彼情感之交通，雖父母難禁禦。 3 始使媒介，巧盡舌端之妙； 　繼以倭歌，彌亂心機之緒。
4 原夫 　念遠增懷，憑高流眄。 5 心搖搖而有待，目眇眇而不見。 6 絲蘿無托，難立節以自持； 　金石比堅，故推誠而遂變。	4 原夫 　尋形難見，聞聲未相。 5 思切切而含笑，語密密而斷腸。 6 琪樹在庭，對貞松以契茂； 　嘉草植室，指金蘭以期香。

---

① 本文據《文苑英華》卷三一，《景印文淵閣四庫全書》，臺灣商務印書館，1983 年，第 1333 册，頁 296。爲保證對照效果，文字校訂與押韻説明不在表中一一加注，全部彙集如下：第 11 句"裾"，底本作"裙"，據佚名撰《賦譜》（日本五島美術館藏本）、傳藤原宗忠編《作文大體》（日本東寺觀智院本）改。全文八段，依次押"神"字韻（上平聲真韻）、"變"字韻（去聲霰·綫韻）、"深"字韻（下平聲侵韻）、"質"字韻（入聲質·術韻）、"思"字韻（去聲至·志韻）、"隨"字韻（上平聲支韻）、"遠"字韻（上聲阮韻）、"望"字韻（去聲漾韻）。

② 本文據日本静嘉堂文庫本《本朝文粹》卷一，重要文化財《本朝文粹》下册，汲古書院，1980 年影印本，頁 332—333。爲保證對照效果，文字校訂與押韻説明不在表中一一加注，全部彙集如下：第 8 句"膽"，底本作"瞻"，從大曾根章介等所校《本朝文粹》（新日本古典文學大系 27，岩波書店，1992 年，頁 130）。第 18 句"忘"，底本作"志"，從大曾根章介等所校《本朝文粹》頁 131。第 22 句"禪"，底本正文作"禪"，從其欄外校合注。第 25 句"眄"，底本作"盻"，據《本朝文粹》正保五年（1648）刊本改。全文八段，依次押"緒"字韻（上聲語韻）、"相"字韻（下平聲陽韻）、"感"字韻（上聲感韻）、"情"字韻（下平聲庚·清韻）、"身"字韻（上平聲真韻）、"後"字韻（上聲有·厚韻）、"妊"字韻（去聲沁韻）、"然"字韻（下平聲先·仙韻）。

續表

7 徒觀夫 　其形未泐,其怨則深。 8 介然而凝,類夫啟母之狀; 　確乎不拔,堅於王霸之心。	7 徒觀夫 　其體微和,其意漸感。 8 婀娜以居,類野小町之操; 　閑雅而語,抽在中將之膽。
9 口也不言,腹兮則実。 10 形落落以孤立,勢亭亭而迥出。 11 化輕裾於五色,獨認羅衣; 　變纖手於一拳,已迷紈質。	9 思兮忽發,興也方生。 10 貌堂堂而盡美,勢巍巍而傾城。 11 染紅袖於百和,猶耽芬馥; 　攜素手於一拳,已迷心情。
12 矧乎 　石以表其貞,變以彰其異。 13 結千里之怨望,含萬里之幽思。 14 緑雲朝觸,拂峨峨之髻鬟; 　微雨暮沾,灑漣漣之珠淚。 15 雜霜華於臉粉,脱苔點於眉翠。 16 昔居人代,雖云賦命在天; 　今化山椒,可謂成形於地。	12 矧夫 　女貴其貞潔,嫁成其婚姻。 13 結千年之契態,快一夜之交親。 14 晚露濕時,潤楚楚之服; 　夜月幽處,顯輝輝之身。 15 占魏柳於黛,點燕脂於唇。 16 昔纏羅帳,雖慚骨肉之族; 　今背紗燈,俄呢胡越之人。
17 於是 　感其事,察其宜。 18 采蘼蕪之芳,生不相見; 　化芙蓉之質,死不相隨。 19 冀同穴於冥漠,成終天之別離。	17 於是 　忍其初,親其後。 18 解單袴之紐,更不知結; 　露白雪之膚,還忘厭醜。 19 豈同穴之相好,是終身之匹偶。
20 則知 　行高者其感深,迹異者其致遠。 21 委碧峰之窈窕,辭紅樓之婉娩。 22 下山有路,初期攜手同歸; 　窺戶無人,終歎往而不返。	20 則知 　形美者其愛深,感通者其身妊。 21 不啻夫妻之配合,宜凝子孫之庇蔭。 22 入門有濕,淫水出以汙褌; 　窺戶無人,吟聲高而不禁。
23 嗟乎 　貞志可嘉,高節惟亮。 24 同胚渾之凝結,異追琢而成狀。 25 孤煙不散,若襲香於爐峰之前; 　圓月斜臨,似對鏡於廬山之上。 26 形委化而已久,目凝睇而猶望。 27 悲夫思婦與行人,莫不睹之而惆悵。	23 是知 　媚感難免,誰有聖賢。 24 苟陰陽之相感,知造化之自然。 25 心屈閑臥,若忘歸於桃源之浦; 　精漏流盻,似覺夢於華胥之天。 26 意惆悵而無止,思耿介而不眠。 27 俾夫孀婦與角子,莫不聞之相憐。

下面從"詞語""賦句""段落"三個層次來探討兩者之間的關係。

(1)詞語

先來關注這兩篇律賦所用的發語。行簡依次使用了第 4 句"原夫"、第 7 句"徒觀夫"、第 12 句"矧乎"、第 17 句"於是"、第 20 句"則知"、第 23 句 "嗟乎"六個發語。其中,朝綱同樣在第 4、7、17、20 句使用了與行簡完全一 致的發語,第 12 句"矧夫"與行簡僅有一字之差。六個發語,近五個一致, 似可説明朝綱是有意模仿行簡的。

再來看疊詞的使用。行簡全篇使用疊詞六個,分別是第 5 句"搖搖" "眇眇"、第 10 句"落落""亭亭"、第 14 句"峨峨""漣漣"。而朝綱也在第 5、 10、14 句的相應位置上使用了疊詞。儘管朝綱所用疊詞與行簡不同,但位 置卻完全一致,即,凡行簡所用疊詞之處,朝綱必用疊詞,這絕不是一種 偶然。

甚至在某些用詞和表述上兩者也出現了一致。比如,第 11 句"一拳" "已迷"、第 19 句"同穴"、第 22 句"窺户無人"。同樣的位置出現同樣的用 詞和表述,朝綱難逃套用行簡之嫌。

(2)賦句

如果細數這兩篇律賦每個賦句的字數,會發現除第 14、15、21、27 句 外,每一句的字數都是對應一致的。這固然與律賦寫作中使用一些固定句 式不無關係,但全篇二十七個句子,多達二十三個出現完全一致,不得不使 人驚歎。更令人瞠目的是,把兩者的賦句一一對照去看,會發現它們幾近 學生一般相似。究其原因,可以概括爲如下兩點。

一是賦句的結構。我們試以第 1 句爲例,來分析兩者的語法結構,可 標示如下:

白行簡《望夫化爲石賦》第 1 句:至堅者石,最靈者人。

大江朝綱《男女婚姻賦》第 1 句:至剛者男,最柔者女。

語法結構:副詞＋形容詞＋代詞＋名詞,副詞＋形容詞＋代詞＋ 名詞。

兩者正是因爲語法構造上一致,纔使得句子極爲相似。尤其是句中具 備相同的代詞"者"——這一構成"者"字結構的關鍵字,加之副詞"至""最" 的一致,更是强化了兩者的相似。不僅僅是第 1 句,照此方法分析剩餘的 二十六句,幾乎全部如是。在同一位置使用相同的詞類,在表達語法意義時使用相同或近似的助辭虚字,甚至連某些表達實質意義的動詞名詞都使用一致,是造成兩者賦句酷似的根本原因。

　　二是賦句的句式。律賦的句式,據唐人撰《賦譜》可知有"狀、緊、長、隔、漫、發、送"①。我們在此不一一分析,只關注其中較有代表性的"隔句對"。行簡全篇使用隔句對九處,依次爲第 3、6、8、11、14、16、18、22、25 句。而朝綱也同樣在以上九處使用了隔句對②。即,凡行簡所用隔句對之處,朝綱必用隔句對。不止是隔句對,通觀全篇,兩人所作句式基本一一對應,這是兩者賦句酷似的又一原因。

　　(3)段落

　　這兩篇律賦都是八韻律賦,共有八個段落組成。不過同爲八韻律賦,構成各段的句子數量却不一定是一致的。比如行簡兄長白居易所作的《雞距筆賦》③,以"中山兔毫、作之尤妙"爲韻,八段的句數依次爲:兩句、兩句、七句、九句、四句、五句、六句、四句。而稍早於朝綱的日本著名文人菅原道真所作的《清風戒寒賦》④,以"霜降之後、戒爲寒備"爲韻,八段的句數依次爲:三句、四句、三句、三句、三句、四句、兩句、兩句。可是把行簡的《望夫化爲石賦》與朝綱的《男女婚姻賦》進行段落對比,則知兩者的段落構成完全一致,詳情如下:

　　　　　　第一段:第 1 句至第 3 句(三句)
　　　　　　第二段:第 4 句至第 6 句(三句)
　　　　　　第三段:第 7 句至第 8 句(兩句)
　　　　　　第四段:第 9 句至第 11 句(三句)

---

①詹杭倫《唐宋賦學研究》第三章"《賦譜》校注",中國社會科學出版社、華齡出版社,2004 年,頁 54。《賦譜》最早由國外學者發現並做校注,國内則有張伯偉和詹杭倫兩位先生的校注,詳見後文注釋,拙稿的《賦譜》引文均出自詹杭倫《唐宋賦學研究》。

②嚴格來説第 14 句行簡用的是"輕隔句"而朝綱用的是"雜隔句",但不影響兩者同用隔句對這一事實。

③本文據日本金澤文庫本《白氏文集》卷二一,大東急記念文庫《金沢文庫本白氏文集(四)》,勉誠社,1984 年影印本,頁 78—82。

④本文據日本川口文庫本《菅家文草》卷七,柳澤良一編《菅家文草》,勉誠出版,2008 年影印本,頁 196—197。

第五段：第 12 句至第 16 句（五句）

第六段：第 17 句至第 19 句（三句）

第七段：第 20 句至第 22 句（三句）

第八段：第 23 句至第 27 句（五句）

顯而易見，在整篇賦作的分段設計上，朝綱是比照著行簡而進行的，嚴格到每段的規模上既沒有增加一句，也沒有減少一句。

綜上，這兩篇律賦所呈現出的種種相似表明，大江朝綱模仿白行簡《望夫化爲石賦》而創作了《男女婚姻賦》，且這種模仿達到了近乎一字一句的程度。

（二）白行簡《望夫化爲石賦》成爲模仿對象的原因

大江朝綱一生創作了很多漢詩文，有詩、賦、表、願文等等①，其中很多作品都可窺出來自中國古代文人的影響，但我們並不能從這些作品中看出，朝綱具有除白行簡外拒絕學習其他中國文人的傾向。以其所詠漢詩爲例，就可以看出行簡兄長白居易對朝綱的重要影響②。那麼爲什麼朝綱在寫作《男女婚姻賦》這篇律賦時偏偏要模仿白行簡呢？

這首先與白行簡善於寫賦，且其賦作堪爲典範有關。《舊唐書》卷一六六列傳第一一六《白居易傳》附行簡傳云："有文集二十卷。行簡文筆有兄風，辭賦尤稱精密，文士皆師法之。"③又《新唐書》卷一一九列傳第四四《白居易傳》附行簡傳云："行簡，敏而有辭，後學所慕尚。"④這兩段文字說明，行簡尤善作賦，時人、後學效法行簡、推崇行簡。這裏的"師法"非常關鍵。兩《唐書》中針對唐代文人的評價鮮用"師法"，如評價韓愈之文曰："後學之士，取爲師法。"⑤，用"師法"之說來肯定行簡，可見其在當時的榜樣作用。那麼再具體一些講，行簡所擅長的辭賦中又以何賦體見長呢？前引《舊唐

---

① 其現存賦作僅有此《男女婚姻賦》。

② ［日］丹羽博之《大江朝綱〈屏風土代〉詩の白詩受容》，《白居易研究年報》第 8 號，勉誠出版，2007 年；［日］本間洋一《〈屏風土代〉を読む——大江朝綱の漢詩をめぐって——》，《同志社女子大學日本語日本文學》第 21 卷，2009 年 6 月。

③ ［五代］劉昫等《舊唐書》，中華書局，1975 年，頁 4358。

④ ［宋］宋祁等《新唐書》，中華書局，1975 年，頁 4305。

⑤ 《舊唐書》卷一六○，頁 4204。

書》云"有文集二十卷",其中當有數量可觀的賦作,惜其《文集》已佚,現存賦作僅有二十篇①,其中律賦十八篇。律賦占絶對比重是符合中唐文壇實情的。關於律賦的發展,清李調元在《賦話》卷一中就已指出:"唐初進士試于考功,尤重帖經試策,亦有易以箴、論、表、贊而不試詩賦之時,專攻律賦者尚少。大曆、貞元之際,風氣漸開,至大和八年,雜文專用詩賦,而專門名家之學,樊然競出矣。"②行簡的活躍時期,恰值貞元至大和之間③,其擅長的辭賦中自然以律賦見長。更爲重要的是,稍晚於行簡的趙璘在《因話録》中這樣寫道:"李相國程,王僕射起,白少傅居易兄弟,張舍人仲素,爲場中詞賦之最,言程式者,宗此五人。"④據此可知行簡與其他四人並爲當時科場詞賦之最,毫無疑問,科場詞賦指中唐頻頻所課之律賦,要説律賦的寫作規範,當以行簡等五人爲楷模。此外,行簡不僅寫作了很多律賦,還撰寫過賦格著作《賦要》一卷,見諸於《宋史》卷二〇九藝文志第一六二⑤,惜今已不存。這部《賦要》大概是指導時人、後學如何寫作律賦,乃至陳述科場試賦之要訣的。

　　簡述之,行簡善於作賦,尤工律賦,其作品在當時備受推崇,很多人以

---

① 據《文苑英華》(《景印文淵閣四庫全書》,臺灣商務印書館,1983 年)、《歷代賦彙》(《景印文淵閣四庫全書》,臺灣商務印書館,1983 年)、《全唐文》(中華書局,1983 年)及敦煌遺書 P.2539(法國國家圖書館 Gallica 數字圖書館)統計,其中有四篇關於作者的判定在諸本間存在異同。具體是:《垂衣治天下賦》和《群臣同德賦》,《英華》作失名、《賦彙》作闕名,《全唐文》作白行簡;《歐冶子鑄劍賦》,《英華》和《全唐文》作白行簡、《賦彙》作闕名;《以德爲車賦》(以"國家道通遠邇"爲韻),《英華》作白行簡、《賦彙》和《全唐文》作闕名。另可參見黄大宏《白行簡行年事迹及其詩文作年考》,載《文學遺産》,2003 年第 4 期。

② [清]李調元《賦話》卷一,叢書集成初編(二六二二),中華書局,1985 年,頁 3。

③ 有關白行簡的生平,可參見黄大宏《白行簡年譜》,載《文獻》,2002 年第 3 期;同《白行簡行年事迹及其詩文作年考》,載《文學遺産》,2003 年第 4 期;譚朝炎《也談唐傳奇作家白行簡的生平事迹》,載《文學遺産》,2005 年第 4 期。

④ [唐]趙璘《因話録》卷三,上海古籍出版社,1979 年,頁 82。[宋]王讜《唐語林》卷二(周勳初校證《唐語林校證》,中華書局,1987 年,頁 146—147)有同文,只是"程式"作"程試"。

⑤ [元]脱脱等《宋史》,中華書局,1977 年,頁 5409。

行簡爲律賦之典範。而這一中唐文壇的實情,伴隨著行簡的作品,通過當時的遣唐使、或是海商、日本的入唐僧,很可能東傳扶桑,爲平安朝文人所知。大江朝綱所作《男女婚姻賦》,賦體正爲律賦,參看唐人所"師法""慕尚""宗法"的白行簡,是十分自然的。

不過接踵而至的問題是,白行簡至少創作了十八篇律賦,爲何朝綱單單要模仿《望夫化爲石賦》呢?

行簡的十八篇律賦分別是,《文王葬枯骨賦》、《垂衣治天下賦》、《車同軌賦》、《振木鐸賦》、《望夫化爲石賦》、《歐冶子鑄劍賦》、《金躍求爲鏌鋣賦》、《濾水羅賦》、《舞中成八卦賦》、《石韞玉賦》、《沽美玉賦》、《澹臺滅明斬龍毀璧賦》、《新月誤驚魚賦》、《鬥爲帝車賦》、《以德爲車賦》兩篇、《狐死正丘首賦》、《五色露賦》。其中八韻律賦有十五篇之多。另計有功《唐詩紀事》卷四一云:"行簡以《濾水羅賦》得名。"①可知《濾水羅賦》或爲其成名作。然而《望夫化爲石賦》却罕有記載,我們很難瞭解該賦在當時唐人心中的位置。以今人觀點來看待《望夫化爲石賦》與其餘十七篇律賦,恐怕是無法分辨出高下的,不過有兩處文獻使得我們可以窺見一斑。

第一是前文提到的《賦譜》。《賦譜》是指導、品評律賦寫作的賦格著作,已有小西甚一、中澤希男、柏夷(Stephen Bokenkamp)、詹杭倫、張伯偉等諸多前輩學者做過深入細緻的研究②。該書大致成立於大和、開成年間(827—840),恰好可以反映行簡所處的中唐時期的認識。《賦譜》中明確提及行簡,引用和品評其賦多達七次③,而引人矚目的是這些引用和品評全部集中在《望夫化爲石賦》上,行簡所作的其餘十七篇律賦無一提及。我們

①[宋]計有功《唐詩紀事》,上海古籍出版社,1987年,頁627。

②[日]小西甚一《文鏡秘府論考‧研究篇下》第二章"句格考",大日本雄辯會講談社,1951年,頁140—151;[日]中澤希男《賦譜校箋》,載《群馬大學教育學部紀要》"人文‧社會科學編"第17號,1967年3月;[美]柏夷《〈賦譜〉略述》,載《中華文史論叢》第49輯,上海古籍出版社,1992年,頁149—164;詹杭倫《唐抄本〈賦譜〉初探》,載《四川師範大學學報》增刊第7期,1993年9月(收入《唐宋賦學研究》第二章);張伯偉《全唐五代詩格校考》附錄三,陝西人民教育出版社,1996年,頁531—547;詹杭倫《唐宋賦學研究》第三章等。

③關於統計的次數需要説明的是,《賦譜》引《望夫化爲石賦》開篇前五句來解釋"破題""小賦""事始",若分爲三處則次數爲七,若合爲一處則次數爲五。

很難將這種現象理解爲一種巧合，《賦譜》撰者在引用時人作品時不應是隨意之舉，而應是精心選擇當時具有代表性的賦作，唯如此，方可增加文章的說服力，引起應舉士子的認同感。因此，《望夫化爲石賦》爲行簡代表作無疑。儘管《賦譜》撰者於文中指出“白行簡《望夫化爲石》無切類石事”①的不足，但其大量引用該賦的賦句，尤其是在解釋“破題”“小賦”“事始”時連續引用開篇的前五句，還是表明了《望夫化爲石賦》有相當的知名度和影響力，《賦譜》的指摘可以理解爲白璧微瑕。不止是引用的層面，而且將《望夫化爲石賦》與《賦譜》所述的寫作律賦的種種範式進行一一對比後則會發現，此賦基本完全符合《賦譜》的要求，可謂是難得佳作。更爲關鍵的是，反映這些重要信息的《賦譜》恰恰是在日本發現的資料，今藏五島美術館。這件日鈔本《賦譜》與同書於一卷的《文筆要決》一起，於 1941 年被指定爲“重要文化財”，抄寫年代被推定爲平安末期。正如諸先學所指出的，《賦譜》早在日承和十四年、即唐大中元年（847）就有可能爲入唐求法僧圓仁帶回日本②。由此可以想見《望夫化爲石賦》等佳作很有可能與唐代賦格一起傳入平安朝，爲平安文人視爲圭臬。

　　第二是日本的《江談抄》。《江談抄》是藤原實兼（1085—1112）將大江匡房（1041—1111）的談話内容筆録下來的一部故事集，其中很多談話涉及到平安朝的文壇。該書卷五“白行簡作賦事”這一段記録如下：

　　　　予問云：“白行簡作賦中，以何可勝乎。”被答云：《望夫化爲石賦》第一也。抑白行簡被知乎？何流乎？”云云。答云：“不知。”被命云：“居易之弟也。賦，行簡勝。”云云。答云：“然者何世人以行簡集强不規模乎？”云云。被命云：“詩者，尚居易勝也。行簡不可敵。兄弟五人也，其中有敏仲”云云。③

　　在被問及白行簡的賦中何者可勝時，大江匡房明確回答是《望夫化爲石賦》，將之稱爲“第一”，而且宣稱行簡之賦勝過居易。大江匡房之言當非憑空杜撰，其人乃平安朝著名學者世家“大江氏族”之後，漢學家底深厚，自

① 詹杭倫《唐宋賦學研究》，頁 77—78。
② 前注柏夷《〈賦譜〉略述》等。
③ ［日］後藤昭雄校注《江談抄》（新日本古典文學大系 32），岩波書店，1997 年，頁 526—527。

幼才學出衆，十六歲"省試"合格成爲"文章得業生"①，十八歲對策及第，後任三代天皇之東宮學士②，一個經歷過正規漢籍教育、能成爲皇太子侍讀的人，在點評唐人詩文時多半是有所依據、不會隨便妄語的。這一點從這段談話的其他部分也可類推，關於白氏兄弟的描述與史實無違③，針對居易行簡二人詩歌的評價並無偏袒行簡之意。因此匡房對行簡之賦的評價應該是根據前代資料、至少是前人口傳，而做出的較公允的評價。所以，儘管匡房的談話相對於朝綱的時代而言是晚出資料，但我們有理由相信其在一定程度上反映了一個世紀前《望夫化爲石賦》在日本文壇中所處的地位，更進一步說，在朝綱的時代很可能就存在行簡之賦勝過居易、《望夫化爲石賦》乃其壓卷之作的看法。

綜上看來，大江朝綱在寫作《男女婚姻賦》這篇律賦時，模仿白行簡的代表作《望夫化爲石賦》自是情理中事。

二　再談白行簡《天地陰陽交歡大樂賦》與大江朝綱《男女婚姻賦》

上一節，我們厘清了白行簡《望夫化爲石賦》與大江朝綱《男女婚姻賦》兩者之間的關係，考證了大江朝綱的《男女婚姻賦》在體式上是取法於白行簡的《望夫化爲石賦》。這一節，我們再回到本文開頭所提到的《天地陰陽交歡大樂賦》與《男女婚姻賦》的問題上。

(一)歷來的觀點

首先來看第一個提及此問題的周作人，其在《讀游仙窟》中表述如下：

　　《游仙窟》的文章有稍涉猥褻的地方，其實這也只是描寫幽會的小說詞曲所共通的，不算什麼稀奇，到是那些"素謎葷猜"的詠物詩等很有點兒特別。我們記起白行簡的《交歡大樂賦》，覺得這類不大規矩的分子在當時文學上似乎頗有不小的勢力。在中國，普通刊行的文章大

①相當於國子監學生中學業優秀者。
②三代天皇之東宮爲：尊仁親王(後三條天皇)，貞仁親王(白河天皇)，善仁親王(堀河天皇)。
③此處"兄弟五人"當含從弟白敏中。

都經過色屬內荏的士流之檢定，所以這些痕迹在水平綫上的作物上很少存留，但我們如把《大樂賦》放在這一邊，又拿日本的《本朝文粹》內大江朝綱（894—957）的《男女婚姻賦》放在那一邊，便可以想見這種形勢。《本朝文粹》是十一世紀時日本的一部總集，是《文苑英華》似的一種正經書，朝綱還有一篇《爲左丞相致吳越王書》也收在這裏邊。《萬葉集》詩人肯引《游仙窟》的話，《文粹》裏會收容"窺户無人"云云的文章，這可以説是日本人與其文章之有情味的一點。我相信這並不是什麽詭辯的話。①

周作人先是由《游仙窟》聯想到了《大樂賦》，指出這種涉及"性"的寫作在唐代頗有勢力。接著在比較中日古代文學時，由《大樂賦》類比到《男女婚姻賦》，顯然是因爲兩者題材相通的緣故。但《男女婚姻賦》的創作是否受到了《大樂賦》的影響，周氏並無論述。後來在《再談徘文》中他又寫下了這樣的話：

> 敦煌鳴沙石室發現許多古寫本，有一卷白行簡的《天地陰陽交歡大樂賦》，（中略）這是一個孤證，但是還可以往別處去找個陪客來。日本在後朱雀帝（1537—41）時編有《本朝文粹》十四卷，其中收録大江朝綱所著《男女婚姻賦》一篇，大旨與白行簡作相似而更簡短，朝綱有《爲清慎公報吳越王書》，洋洋大文，署天曆元年，即五代後漢天福十二年（九四七）也。《本朝續文粹》今存十三卷，收有藤原季綱所著《陰車贊》一首，署淫水校尉高鴻撰，時爲嘉保元年（一〇九四），蓋與東坡同時，相傳即《續文粹》之編者云。《本朝文粹》系仿姚鉉的《唐文粹》而編輯，所收皆漢文，體制文字亦全仿中國，朝綱季綱之作當必有所本，（後略）。②

周氏此次明確提出《男女婚姻賦》與《大樂賦》相似，話裏話外透著朝綱恐是模仿行簡的意思。但其始終没有做出類似於"《萬葉集》詩人肯引《游仙窟》"這樣的明確表述，大概是因爲缺乏確鑿的證據。

與周氏相仿的，還有日本學者川口久雄，現摘録其話如下：

> 朝綱的《婚姻賦》與羅泰（博文）的《鐵槌傳》、高鴻（季綱）的《陰車

---

① 周作人《讀游仙窟》，《看雲集》，頁 210—211。
② 周作人《再談徘文》，《藥味集》，頁 218—219。

贊》,在《正續文粹》中都算是另類的作品,(中略)。《文粹》和《續文粹》之中夾雜著這樣的情色作品是值得注意的,但最近我們明白了這其實也是唐代社會文學潮流的反映。

白居易的弟弟中有位白行簡,寫了豔情傑作《李娃傳》,是很有名的傳奇作家,就是這位白行簡,寫了一篇叫做《天地陰陽交歡大樂賦》的東西。此文出現在伯希和蒐集的敦煌寫本中。(中略)我得到巴黎國家圖書館的許可後,纔將所拍膠卷的一部分刊載在此進行介紹。我想大家應該能明白,朝綱的《婚姻賦》還有《鐵槌傳》等就是這篇《大樂賦》遙遠的"回聲"。(中略)或許會有人想,日本的歷史和文學中怎麼會與一千年前埋在中國西北邊陲的敦煌資料有關係,但我却認爲未必就如大家所想的那樣毫無關係。①

儘管川口先生在此使用了"回聲"等比較文學化的表達,但我們仍然可以從中讀出他是支持《男女婚姻賦》受《大樂賦》影響的。川口先生專攻平安朝漢文學,在敦煌研究上也頗有建樹,由明治書院刊行的《敦煌よりの風》(敦煌來風)這一系列著作包含五個專題厚達六冊②,可謂其敦煌研究的集大成。我們推測他的判斷很可能部分來自於其敦煌研究的經驗。然而川口先生並沒有針對這個棘手的問題進行詳細的論考,僅憑經驗是難以服衆的。

另一位日本學者興膳宏在談到《本朝文粹》和我國的《文選》時,也曾提及這個問題:

要説非《文選》式的賦,在大江朝綱《男女婚姻賦》這一處理性問題的作品中達到了極致。其中是否存在出土於敦煌的白行簡《天地陰陽交歡大樂賦》(伯二五三九)那樣的色情文學的粉本,是個很有意思的問題。《文選》的賦雖然也是以"情"(男女的情欲,原文注)結束,但從

---

① 川口久雄《本朝文粹・本朝続文粋の世界》,據新訂增補《國史大系》月報 30 試譯。

② 川口久雄《敦煌よりの風》系列:1.《敦煌と日本文学》、2.《敦煌と日本の説話》、3.《敦煌の仏教物語(上)》、4.《敦煌の仏教物語(下)》、5.《敦煌の風雅と洞窟》、6.《敦煌に行き交う人々》,明治書院,1999—2001 年。

主題的直截了當上講，是無法和朝綱之作相比的。（後略）①

興膳先生雖然點出了《男女婚姻賦》與《大樂賦》這個問題，但沒有表示自己的意見和看法。

再次考察此問題的是我國學者張鴻勛，其論述要點如下：

　　朝綱此賦，是一篇以男女婚姻爲題材，以情感爲綫索，而又帶有相當猥褻描寫的駢體賦，讀來確乎有些面熟。但是是否如周氏所言就與《大樂賦》直接有關呢？筆者認爲，答案是否定的。（中略）但至今没有任何證據表明他的《大樂賦》曾東傳到日本，（中略）但像《大樂賦》在日本却是從未有過任何文獻記述或抄本流傳；而且此賦在中國本土都極爲罕傳，若非敦煌石窟偶然保藏下來一個抄本殘卷，又偶然於千年之後被發現於衆多遺書中，則將永遠不會爲後人所知，它又怎麽會直接影響到遠在日本的大江朝綱的創作呢？（中略）駢體文發端於先秦，（中略）至唐代仍是一種使用極其普遍的文體。深受這種文風浸潤影響的日本平安時期文學，也正是漢詩文創作成爲主潮的時期，像大江朝綱這樣熟練的運用駢體文寫出《男女婚姻賦》，就是很自然的事了。

　　（中略）《男女婚姻賦》有些内容與《大樂賦》確也較爲近似，（中略）但這些近似也並不能就視爲二者之間有直接關係，（中略）倒是東漢末著名作家蔡邕（132—192 年）的《協和婚賦》無論是文章標題、内容和寫法上，還是在"不大規矩的分子"上，都與《男女婚姻賦》有更多的近似。（中略）雖然我們並不能武斷朝綱之賦就是直接仿照蔡邕此賦，但種種迹象表明，漢魏以來的駢賦文風，的確曾經影響到平安時期日本漢文學的創作。（中略）除上舉《協和婚賦》外，平安時期日本貴族、文士、僧侣在熱衷學習、吸收漢魏隋唐大量優秀詩文的時候，唐代文學中也流行著一些内容"不大規矩"、甚至公然"稍涉猥褻"作品，"於士大夫口手之間，不甚爲怪"。（中略）唐代文學上這種風氣，不能不影響到漢風文化最爲燦爛的平安時代文學。（中略）所以川口氏説《男女婚姻賦》等"説到底還是中國文學傳統的一種反映"，無疑是深悉中日兩國文學交

① 興膳宏《〈文選〉と〈本朝文粹〉——特に賦について——》，據《新日本古典文學大系》月報 36 試譯。

流的至言。①

張鴻勛先生否定《男女婚姻賦》與《大樂賦》直接有關，主要依據兩點。

第一，缺乏《大樂賦》東傳日本的直接的文獻證據。誠如其言，《大樂賦》目前僅現於敦煌文獻，日本莫説是文本，連與《大樂賦》有關的隻言片語的記載都尚未見到。但以此否定《大樂賦》與《男女婚姻賦》直接有關恐怕爲時過早。一是存世文獻本身存在局限性，我們既要預設到某些關鍵文獻已經湮滅的可能性，又要考慮到未來新文獻問世的可能性；二是《大樂賦》本身存在特殊性，其在我國被"色屬内荏的士流"所摒棄自不必説，在日本也同樣存在類似的問題，比如柿村重松先生所校注的初版《本朝文粹》中就刪除了《男女婚姻賦》②，内容更甚於《男女婚姻賦》的《大樂賦》也一定遭遇過某些日本古人的抵制，因此《大樂賦》的流傳以及與其相關資料的留存相較其他文獻要更困難一些。

第二，僅靠内容上的部分相似是不足以定論的，若依標題、内容等論，蔡邕《協和婚賦》倒是有可能影響朝綱。此處指摘甚爲妥當，僅就内容或題材來講，我們無法判定《男女婚姻賦》一定是受《大樂賦》的影響，如張鴻勛先生所舉的反例，蔡邕《協和婚賦》是也有可能給予《男女婚姻賦》以影響的。這就提示我們僅從内容的角度進行思考恐怕沒有結果。有必要轉換考察的視角，來關注文體、用詞等層面和細節。

然而在文體這一問題上，張鴻勛先生忽略了一個細節，即朝綱所寫的《男女婚姻賦》是律賦，這種文體發生在唐代，與之前的"駢體文""駢體賦"還是應該作以區分的。另外，"説到底還是中國文學傳統的一種反映"此話確爲川口先生原話，不過是其在談"《鐵槌傳》、《陰車贊》那樣把生殖器和其作用擬人化寫作成俳諧體戲文"的方式時所表述的，而非是在談《男女婚姻賦》與《大樂賦》的關係③。但張鴻勛先生立足於文學傳統，著眼於文學風氣的眼界是值得學習的，只是在《男女婚姻賦》這一具體作品上還是有必要具體問題具體分析。

---

① 張鴻勛《〈天地陰陽交歡大樂賦〉與日本平安時代漢文學——以大江朝綱〈男女婚姻賦〉爲中心》，《張鴻勛跨文化視野下的敦煌俗文學》，頁5—13。

② ［日］柿村重松《本朝文粹註釋》，内外出版，1922年。

③ 詳見川口久雄《本朝文粹・本朝續文粹の世界》。

（二）白行簡的《天地陰陽交歡大樂賦》直接影響了大江朝綱的《男女婚姻賦》

下面我們就結合上一節所得出的結論，試圖通過分析朝綱的創作動機，來再次探討《男女婚姻賦》與《大樂賦》的關係。這裏擬從形式和内容兩個角度切入，然後綜合起來進行分析。

如果説《男女婚姻賦》的内容一承中國文學傳統，無法確定其受容的具體來源，則可以嘗試著去思考其形式上的一些表徵。首先是模仿對象的問題。如前所述，朝綱的《男女婚姻賦》在創作形式上，是完全仿照行簡的《望夫化爲石賦》。這裏要強調的是，朝綱在創作形式上所取法的人是白行簡，而非《協和婚賦》的蔡邕、《游仙窟》的張鷟等人，那麼回到創作内容上，從被影響的可能性上來説，同爲行簡所作的《大樂賦》自然要比蔡邕等人的作品高得多。其次是模仿程度的問題。一般而言，平安朝文人模仿中國古代文人常常會表現在煉字、選詞、摘句等一些局部細節上，就如朝綱所作的屏風詩《屏風土代》中，《尋春花》一詩的首聯“見説林花處處開，晨興並馬共尋來”，是化用白居易《贈楊秘書巨源》一詩頷聯的“瘦馬尋花處處行”一樣①。通篇的模仿則無異於向世人宣告自己的“無能”，在深諳漢學的朝綱身上實在是難以想像。然而擺在我們面前的事實是，朝綱的《男女婚姻賦》從形式上講近乎是對行簡《望夫化爲石賦》的“剽竊”。那麼朝綱真的是“無能”嗎？即便是他萬分仰慕行簡，會“愚蠢”到如此明目張膽地去套用《望夫化爲石賦》嗎？答案恰恰相反。我們知道，律賦本身就有嚴格的程式要求，朝綱在寫《男女婚姻賦》時先天就被束縛了手脚，而力求做到與行簡的《望夫化爲石賦》通篇一致，則更是“作繭自縛”，加之《男女婚姻賦》與《望夫化爲石賦》的主題毫不相通，卻又要做到形式上一致更是難上加難。《望夫化爲石賦》雖説是朝綱創作的文學營養，但照此模仿的話，不得不説其成爲了朝綱的一種“桎梏”。可以想見，朝綱其實是充分運用了他的漢學修養，纔完成了這項困難的工程。他這種看似“愚蠢”的行爲背後一定隱藏著某種創作動機，而這個動機絶非單純的模仿那麼簡單，若不然我們無法解釋這種匪夷所思的現象。

下面我們就切入内容的層面去思考其創作動機。如果説朝綱僅僅是

①［日］丹羽博之《大江朝綱〈屏風土代〉詩の白詩受容》，《白居易研究年報》第 8 號，頁89—90。

想在律賦這一形式上效法行簡的《望夫化爲石賦》，那麼他有很多題材可供選擇。律賦雖然在體式上與前代之賦有所差別，但在題材上並無明顯不同，《文選》所示的"京都""郊祀"等完全可爲律賦所援用。我們可以以《本朝文粹》作一參照，來看平安朝文壇上都有哪些題材的賦。《本朝文粹》卷一收賦十五篇，其中律賦十四篇，具體分類如下：

> 天象（四篇），水石（兩篇），樹木（兩篇），音樂（一篇），居處（一篇），衣被（兩篇），幽隱（兩篇），婚姻（一篇）。

顯而易見，"婚姻"不過是八類中的一類而已，朝綱完全可以從其他七類、乃至更多類別中選擇題材進行寫作，何必要以"婚姻"爲主題呢？而且所謂"婚姻"，也不過是《本朝文粹》的編者藤原明衡冠以的類別，實質上《男女婚姻賦》有近一半的內容是在文學化地寫"房事"，即"交歡"。尤其是《男女婚姻賦》中的部分措辭如此直白，在朝綱所處的九世紀後半葉和十世紀上半葉間可謂是異常得另類。就現存資料而言，我們尚不曾見到在朝綱之前的日本漢文學中，有甚於"入門有濕，淫水出以汙褌；窺户無人，吟聲高而不禁"之類的大膽描寫，朝綱很有可能是日本漢文學中第一個無所掩飾地去刻畫"性行爲"的文人。他爲何抛開其他題材而選擇"婚姻和性"呢？他又何來的勇氣去使用一些赤裸裸的措辭呢？合理的解釋就是朝綱讀到過《望夫化爲石賦》的作者白行簡所寫的另一篇作品——《大樂賦》，一篇同樣描寫過"婚姻和性"，尤其是著眼於"交歡"，無所顧忌地描寫性行爲細節的作品。

我們需要將形式和內容綜合起來考量，纔可以讀解出朝綱的創作動機。如果單純將內容理解成受到了《協和婚賦》、《游仙窟》等代表著中國文學傳統和唐代文學風氣的影響，則無法解釋其爲何採用"律賦"這一局限文人創作的文體，顯然"駢賦""傳奇"等文體會有更大的發揮空間；如果單純理解成文體問題，則又無法解釋其爲何要選擇"婚姻和性"、爲何要"史無前例"地直面"性"的描寫；任何單方面的理解都會割裂作品形式與內容的統一。唯有將《望夫化爲石賦》的文體與《大樂賦》的題材及描寫，這兩者結合起來，方可詮釋前述之種種怪像。

從"律賦"這一文體的視角去看，行簡是中唐寫作律賦的傑出代表，《望夫化爲石賦》又是其優秀的代表作，可以説行簡的《望夫化爲石賦》反映了中唐文學體式的最前沿。從"性"這一題材的視角去看，行簡又可謂是中唐

"寫實主義"的先驅之一,《大樂賦》白描了中唐社會"性生活"之百態,似可爲中華性文學之嚆矢。唐代社會開放包容,"房中術"盛行,然而不是每一個文學家都有勇氣用文學來表達"性"。《大樂賦》在性行爲的描寫上鋪陳直叙、汪洋恣肆,已遠非前代《游仙窟》所能比擬,可以説行簡的《大樂賦》反映了中唐文學風氣的最前沿。白行簡集這兩個最前沿於一身,對大江朝綱而言恰好是模仿的理想對象。

在朝綱讀到《大樂賦》的一瞬間,恐怕也爲行簡的直率大膽所震驚,從而感慨於中唐文壇中也有如此奔放坦蕩的文學風氣,繼之産生個人的創作衝動是合乎情理的。然而就日本的漢文學文壇而言,在未見本國前人有過以"性"爲題材、直接染指"性"描寫的背景下,如何將這一大膽的嘗試付諸實踐不僅僅需要勇氣,也同時需要一定的智慧和技巧。朝綱狡黠地選擇了《望夫化爲石賦》,這一名聲斐然的律賦傑作。他如此刻意地、可以説是"置換"般地將《望夫化爲石賦》改編爲《男女婚姻賦》,就是在向世人明示——大江朝綱寫作《男女婚姻賦》不是毫無由頭,而是模仿唐人白行簡的。這位白行簡不僅僅創作了衆人皆知的《望夫化爲石賦》,是人們公認的律賦名家;同時也寫下了《大樂賦》這樣令人震驚的"性文學"作品。他模仿得愈像,其"有所本"的意圖就愈容易爲人們所認識。如此一來,朝綱既減輕了他書寫"性"所伴隨的壓力,客觀上也在向文壇明宣其所模仿的白行簡實乃大海彼岸文學之最前端。在《男女婚姻賦》中,用徹底模仿《望夫化爲石賦》的方法,去表現人類生活中的正常一幕"婚姻和性"——這一來自《大樂賦》的提示,顯然是朝綱深思熟慮的結果。

一言以蔽之,朝綱當是受到了行簡《大樂賦》的直接影響,比照《望夫化爲石賦》而寫就了《男女婚姻賦》。

三　唐代律賦的域外傳播:平安文人認識上的偏差

我們確認了《男女婚姻賦》中白行簡之賦所給予的影響,並探討了大江朝綱的創作動機和創作手法。若從日本古典文學不斷汲取中國古典文學營養的大背景下去看,朝綱此文作爲唐代律賦傳播到日本進而影響日本文人文學創作的一個例證,似乎毫不爲奇;然而如果聚焦到文體上去看中日兩國文人對"律賦"的認識,《男女婚姻賦》是不容忽視的重要存在。

　　一個值得關注的問題是,朝綱將"婚姻和性"這一題材不折不扣地作成了律賦,而其影響之源的行簡並没有採用律賦的體式來寫作《大樂賦》①。其中或許存在行簡欲於《大樂賦》中全面刻畫兩性之事、極盡鋪陳之能事,而律賦因行文受限無法充分滿足其要求等原因,但還有一個層面的原因也不可不察,即唐人對律賦的認識。

　　以行簡本人爲例,其所作律賦十八篇中,無一篇以男女豔情和性事爲主題,更不見十八篇中有類似於《大樂賦》那般的描寫。這些律賦的主題大多典出"經史子集"中的經典,間有"舊聞""今事"或"詠物""寫景"之作,每一篇的行文用詞莫不十分"規矩"。這絶不是行簡一人的個例,通觀唐代律賦的選題與描寫,就現存資料而言,唐代律賦中恐怕是不存在與"性"有關的作品,這顯然與唐代的"取士"密不可分。

　　我們不能完全把律賦定義爲"科場文體",但唐代"以賦取士"從而導致律賦有了空前的發展却是不争的事實。前引清代李調元關於科舉與律賦的描述②是符合歷史事實的,近人時賢也多次論及此問題,不再一一贅述。科場如何課賦自然會成爲文人舉子們作賦的指針,因此瞭解了試賦的選題,也就瞭解了這根無形的指揮棒。王士祥先生曾就此做過系列考論,如進士科試賦,其題目表現出濃厚的宗經、重史和體道特徵;再如符瑞類試賦,折射出了當時的政治背景和現實需要③。毋庸置疑,凡有志於考取功名的文人舉子自然會圍繞經史而勤加練習,自然會關注時局而大做文章,即便登第之後,怕是也不敢貿然用"嚴肅"的律賦去表現各種題材。在這樣的取士氛圍中,取材於人文傳説、自然風光等的律賦已屬清新之作了,又會有幾人敢冒天下之大不韙,堂堂地去用律賦來書寫"性"呢?

　　再回到《大樂賦》的作者行簡的立場上去看,他身處中唐,正是律賦取

①伏俊璉等先生將此賦歸爲"俗賦"。可參伏俊璉《俗賦研究》,中華書局,2008年。
②"大曆、貞元之際,風氣漸開,至大和八年,雜文專用詩賦,而專門名家之學,樊然兢出矣。"[清]李調元《賦話》卷一,頁3。
③王士祥《唐代進士科試賦題目出處考述》,載《河南社會科學》,2009年第5期;同《論唐代省試賦的宗經特徵》,載《中州學刊》,2010年第1期;同《論唐代科場符瑞類試賦的現實觀照》,載《河南師範大學學報》,2015年第2期等。《唐代應試詩賦論稿》收録,商務印書館,2016年。

士的高峰時期,其時將律賦看爲"科場文體"的唐人絶不在少數,裏挾其中的行簡自是也難免時代的影響。他歷任"秘書省校書郎""東川節度使掌書記""左拾遺""主客員外郎""度支員外郎""主客郎中加朝散大夫""膳部郎中"等職①,可謂是唐代典型的文人官僚。我們自然可以想見他的"政治覺悟"——再過大膽恐怕也不敢公然使用當時的"科場文體"去描寫"性"。其十八篇律賦中唯一有可能牽涉男女之事的《望夫化爲石賦》也"理所當然"地謳歌了"貞婦"的故事,感慨道"貞志可嘉,高節惟亮"。就連非律賦的傳奇文《李娃傳》,也不忘在末尾加筆"嗟乎,倡蕩之姬,節行如是。雖古先烈女,不能踰也"之評語。

　　而與行簡等唐人形成鮮明對比的是,大江朝綱堂而皇之地把《男女婚姻賦》寫成了律賦,藤原明衡也堂而皇之地將這篇作品收入了《本朝文粹》中。朝綱與明衡顯然是没有"性"是律賦的禁區——這一"政治敏感性"的。一個敢寫,一個敢收,似可説明平安文人對律賦的認識相較於唐人是存在偏差的。那麼這種在律賦的書寫内容上所呈現出的中日之間的巨大反差,是否與日本平安朝的省試相關呢?

　　遺憾的是,雖然日本平安朝模仿唐代科舉也實施了通過詩賦選拔人才的政策②,但在實際操作上是否真的課過律賦,目前學界之中仍然存在爭議没有形成定論③。不過據現存資料而言,尚未發現可以確認爲科場所作的律賦,假使其真實存在,也確屬鳳毛麟角。可以肯定的是,平安朝的省試

①前注黄大宏《白行簡年譜》等。
②日本天長四年(827)的太政官符《應補文章生並得業生復舊例事》云:"今須文章生者,取良家子弟,寮試詩若賦補之,選生中稍進者,省更覆試,號爲俊士,取俊士翹楚者,爲秀才生者。"(大曾根章介等校注《本朝文粹》卷二,頁145)
③一方面大曾根章介先生明確提出日本不曾試賦,而另一方面田坂順子先生則推定試賦的存在,但田坂先生所依據的史料又遭到李宇玲先生的質疑,詳見以下論考。[日]大曾根章介《本朝文粹の文章——駢儷を中心にして——》,載《国語と国文学》34卷第10號,1957年10月(《日本漢文学論集》第一卷收録,汲古書院,1998年);[日]田坂順子《平安時代における賦の変遷——制作の場を中心に——》,《和漢比較文学研究の諸問題》收録,汲古書院,1998年,頁19—39;李宇玲《平安朝における唐代省試詩の受容——九世紀後半を中心に——》,載《国語と国文学》81卷第8號,2004年8月(《古代宮廷文学論——中日文化交流史の視点から——》收録,勉誠出版,2011年)。

中，試帖詩是常例，即便課過律賦，也是曇花一現，是絕對沒有制度化、常態化的。有關日本平安朝律賦與省試的問題將另撰文詳述，這裏要強調的是，唐代科舉制度在東漸日本的過程中，就以律賦取士而言，作爲一項制度至少是被弱化了的。因此無論是朝綱還是明衡，在他們的意識中，因把"律賦"和"性"聯繫到一起而影響政治前途的擔憂是不強烈甚至是不存在的。由此出現了朝綱大膽地以《男女婚姻賦》來實踐"律賦"與"性"的突破，明衡也毫無忌憚地將此賦收入《本朝文粹》。

　　時爲東亞各國所景仰的唐帝國，不僅孕育出了大量優秀的唐詩，也生發出了賦體中的新事物——律賦，儘管律賦在後代的評價中毀譽參半，但自它誕生以來，作爲中華漢文學的成員之一在域外得到了廣泛的傳播，爲日本、古代朝鮮等國家所積極學習、效仿。日人對唐律賦的學習與效仿達到了幾近雌雄莫辨的程度，從大江朝綱《男女婚姻賦》一文中即可窺見這種深刻的影響。然，朝綱們對律賦的認識不能説與白行簡等唐人完全一致，就律賦的題材和表現內容而言，朝綱們大概不清楚其下限到底在哪里。他們對唐律賦的"科場屬性"雖然不是完全無知，但身處扶桑的不同政治環境中，這種認識必定會模糊化、乃至異質化。白行簡再過大膽，似乎也沒有大膽到以律賦來寫"性"，而大江朝綱身爲海東的局外人，可謂一動筆成千古奇文，這實在是唐代律賦傳播的精彩一幕。

（作者單位：魯東大學外國語學院）

域外漢籍研究集刊　第十七輯
2018 年　頁 349—364

宋代禪籍《人天寶鑑》的域外流傳與整理 *

國　威

　　《人天寶鑑》是一部成書於南宋中後期的禪宗筆記體著作。是書廣採史傳、別集、行狀、碑刻以及口傳資料，輯録了一百餘條三教先德之善言嘉行，意在樹立前輩典型，以激發學人志氣，指示修學路徑。然而，此書體例較爲鬆散，亦拙於文采，故刊板以後雖間有著録和徵引，但流傳漸稀，至清代中後期遂於中土亡佚。本來，此書除了若干被引條目，已經淹没在歷史的長流中，但幸運的是，其於宋元之際傳入高麗和日本，不但鋟梓不絶，且經多次整理，最終形成了高麗、五山、寬文和《卍續藏》四個主要版本，不僅完整保存了原書内容，甚至可考宋槧之行款、刊語等信息。清末民初，此書回流中國，禪宗典籍中的一枚瑰寶至此失而復得。本文聚焦於《人天寶鑑》在域外的翻刻及整理情況，一者借以考察此書在韓、日兩國的流傳與接受，二者探討域外學者在保存、整理漢籍上的努力及成就。

一　《人天寶鑑》的基本信息

　　關於《人天寶鑑》的作者，是書卷首有其自序，題爲"紹定三年(1230)結制日，四明沙門曇秀序"①。諸本皆同，故並無異議。但對於曇秀的身份，

---

* 本文爲 2017 年教育部人文社科青年基金西部和邊疆地區項目"南山律宗資持派文
　獻整理與研究"(17XJC730001)的階段性成果。
① [日]河村孝照等編《卍新纂大日本續藏經》(卍新纂續藏經)，國書刊行會，昭和五十年
　(1975)至平成元年(1989)，第 87 册，頁 1b 欄。

却有不同説法。日本的《国訳禅宗叢書》《国訳禅学大成》以及篠原壽雄都認爲其人乃黄龍慧南（1002—1069）的法嗣廉泉曇秀①，而陳士强《佛典精解》則迴避了曇秀的具體身份，持一種"存而不論"的謹慎態度②。關於這一問題，筆者已撰專文進行探討，發現此書的作者並非廉泉曇秀，而是南宋中後期活躍於江浙地區一位名叫曇秀的禪僧，曾駐錫於蘇州上方寺，與日本求法僧俊芿曾有往來，其師爲無證修善，惜法系難以詳考③。此説雖然未能提供更加具體的信息，但基本能夠否定日本學者的觀點。

《人天寶鑑》現存一百二十二條，筆者另於《敕修百丈清規》卷二輯得"湖南雲蓋山智禪師"一則，但仍與曇秀序文中所稱"數百段"存在較大差距，可能在傳抄流布過程中有所脱佚。關於此書之卷帙，高麗版分爲上、下兩卷，上卷從"唐曇光法師"條至"道法師"條，下卷從"晦庵光禪師"條至"永明壽禪師"條；五山版、寬文版和《卍續藏》版則皆不分卷。書中所涉及的人物涵蓋了儒、釋、道三教和禪、教、律三宗，具體情況如下表所示（"人物"一欄的數字表示重出次數）：

	人物	統計
儒（俗）	梁武帝、侍郎楊億、張文定公、侍郎張九成、東坡先生（2）、相國裴休、劉遺民、王日休居士（2）、給事馮楫居士（2）、趙清獻公、正言陳了翁、楊次公、文潞公、黄太史、吳子才、宋孝宗、歐陽文忠公、韓退之、秦國夫人	19
道	孫思邈、道士吳契初、真人張平叔、真人吕洞賓	4

①［日］宮下軍平等編《国訳禅宗叢書》，国訳禅宗叢書刊行會，大正八年（1919），卷一，《國譯人天寶鑑・解題》，頁 1；［日］宮下軍平等編《国訳禅学大成》，国訳禅学大成編輯所，昭和四年（1929），卷十一，《國譯人天寶鑑・解題》，頁 1；［日］篠原壽雄《「人天宝鑑」の編纂をめぐって—三教交渉による宋代宗教史の一面》，《宗教学論集》第 7 號，1974 年 12 月，頁 184—190。
②陳士强《佛典精解》，上海古籍出版社，1992 年，頁 1398。
③國威、李娜《〈人天寶鑑〉文獻研究》，載《圖書館雜誌》，2017 年第 1 期，頁 115—120。

			人物	統計
釋	禪		五臺無相、天台韶國師、法昌遇禪師、圓通訥禪師、頠禪師、龍湖聞禪師、仗錫己禪師、芙蓉楷禪師、靈源清禪師(2)、和庵主、曹山章禪師、法雲秀禪師、靜上坐、大隋真禪師、廣慧連禪師、光孝安禪師、明教嵩禪師、潙山祐禪師、凈因臻禪師、汾陽昭禪師、仰山寂禪師、晦庵光禪師、晦堂心禪師、徑山主僧法印、玄沙備禪師、普首坐、大慧禪師(3)、冶父川禪師、德山密禪師、分庵主、佛燈珣禪師、秀州暹禪師、圓照本禪師、仰山圓禪師、石臅恭禪師、南岳讓和尚、雪堂行和尚、簡堂機禪師、隱山、寂室光禪師、長靈卓禪師、慈航朴禪師、黃龍心禪師、宏智覺禪師、北峰印禪師、資壽總禪師、郭道人、伊庵權禪師、東山淵禪師、別峰印禪師、丹霞淳禪師、成都昭覺祖首坐、二祖神光、永明壽禪師、湖南雲蓋山智禪師(補)	55
	教	天台	大善禪師、玄朗、智者顗禪師(3)、法智尊者(2)、希顏首座、梵法主、慈雲式法師、辯才凈法師、孤山圓法師、證悟智禪師、東山能行人、沙門波若、石壁寺紹、靖二法師、海月辯都師、天竺悟法師、高僧可久、愚法師、神照如法師、樞庵嚴法師、牧庵朋法師、無畏久法師、圓覺慈法師、道曇法師	24
		其他	奘三藏、道法師、高麗義天僧統	3
	律		兜率梧律師、大智律師(2)、南山宣律師、廬山遠法師	4
	不詳		曇光法師、昔有一尊宿	2
共計			111	

　　除了"隱山與靈空書"、"孝論"、"古德浴室偈"三條或難考其人，或未涉言行，無法統計，其他條目正傳中共載 111 人（重出者計爲一人）。其中，儒（俗）教 19 人，道教 4 人，佛教中的禪宗爲 55 人，教宗 27 人（天台宗 24 人，華嚴、法相等共 3 人），律宗 4 人，宗派不詳者 2 人。將這些數據與序文中"且昔之禪者未始不以教、律爲務，宗教、律者未始不以禪爲務，至於儒老家學者亦未始不相得而徹證之，非如今日專一門、擅一美，互相詆訾，如水火

不相入”①的記載相結合,説明《人天寶鑑》反對儒釋道和禪教律“專一門、擅一美”的分裂狀況,主張三教、三宗相得相融,互證互明。

　　關於此書的體例,曇秀在自序中也作了簡要説明:“不復銓束人品、條次先後,擬大慧《正法眼藏》之類。”②周裕鍇先生認爲此説不確,因爲《人天寶鑑》的文本形式更接近惠洪《林間録》③。實際上,周先生誤解了曇秀的意思,曇秀謂《人天寶鑑》所擬《正法眼藏》之處,乃“不復銓束人品、條次先後”的編纂方式,而不是形諸文字的文本形式。當然,《人天寶鑑》與《林間録》在文本形式上相似這一觀點是十分精闢的,因爲後者不但也採取了“每得一事,隨即録之”、“不以古今爲詮次”④的編纂方式,而且在内容與旨趣上亦聲氣相求。《人天寶鑑》没有以事迹的類别或人物的時間順序編次,如果從“隨而録之”的編纂方式來看,應當是根據作者閲讀文獻的順序來編排内容,但書中並没有體現出這一點,如“王日休居士”條、“石總恭禪師”條、“雪堂行和尚”條等,雖同出於《怡雲録》,却散在全書各處,並不集中。之所以出現此種情況,很可能是因爲曇秀凡有所得輒隨手抄録,但抄録的紙張並没有按時間順序保存,最後編纂時又没有進行組織與裁剪,導致各資料間的排列具有很强的隨機性,於是便形成了我們現在所見之面貌。

　　客觀來講,《人天寶鑑》雖然在佛教界産生了一定影響,但無論在内容還是體例上,都不能算是一部成熟的作品。就内容而言,此書所收過于駁雜,很多條目語涉神異(如“大善禪師”條),對其“激發志氣、垂鑑於世”的意圖没有實質性的支撑作用。就體例來説,“不復銓束人品、條次先後”、“隨而録之”的編纂方式也缺乏條理性,不但各條目之間的排列失於凌亂,而且若干人物還有重出的現象(如東坡先生、大慧禪師等)。自身的缺陷應是導致其流傳不廣的重要原因。

①[宋]曇秀《人天寶鑑》,《卍新纂續藏經》第 87 册,頁 1a 欄。
②[宋]曇秀《人天寶鑑》,《卍新纂續藏經》第 87 册,頁 1a 欄。
③周裕鍇《惠洪文字禪的理論與實踐及其對後世的影響》,載《北京大學學報》,2008 年第 4 期,頁 93。
④[宋]惠洪《林間録》,《卍新纂續藏經》第 87 册,頁 245a 欄。

二　《人天寶鑑》的域外刊刻與流傳

　　《人天寶鑑》成書之後,雖然影響和知名度無法與《林間録》《羅湖野録》等同類作品比肩,但亦非湮没無聞,歷代皆有著録與徵引,如元代覺岸所編《釋氏稽古略》卷二便曾引用此書:

　　　　汴京有曦法師者,定中游淨土,見大蓮華光明黄色,題名其上曰:宋比丘宗本之座。既而定起,往述其事。是時圓照請老,歸蘇州靈巖,曦問曰:“禪師何故位歸淨土?”圓照曰:“宗本修禪時,心在極樂世界,無二相也。”《人天寶鑑》①

　　此則記載應出自“圓照本禪師”條,但字句與原文出入較大,當經過了提煉和改寫。同時代的《廬山蓮宗寶鑑》、《敕修百丈清規》都曾引用此書内容,説明《人天寶鑑》在元代産生了一定影響。但元明之際的戰亂幾使本書失傳,幸賴天台沙門道昇等人刊刻流布,來復《人天寶鑑序》:

　　　　今觀《人天寶鑑》一書,其采録精詳,真俗廣備,三學之宗,互有取焉。傳之既久,天下蒙法喜之利者不加少矣。然自元季兵變以來,教黌禪苑,多爲焦土,慨此書之存,百無一二。天台沙門道昇,懼其歲遠湮没,乃施己資謄寫善本,鋟梓以廣其傳。②

　　因是之故,此書於明清時流傳稍廣,很多文獻皆有著録和徵引,如南石文琇在《增集續傳燈録序》中曾有提及③,另有《文淵閣書目》卷四:“《人天寶鑑》,一部一册。”④晁瑮《晁氏寶文堂書目》亦著録《人天寶鑑》,但未記載撰者及卷數⑤。再如顧清所撰正德《松江府志》卷三一引“海月辯都師”條,錢謙益《楞嚴經疏解蒙鈔》卷一〇引“真人張平叔”⑥條等。大概成於清初

---

①[元]覺岸《釋氏稽古略》卷二,《大正藏》第49册,頁876c欄。

②[明]來復《蒲庵集》卷四,《禪門逸書初編》第7册,頁65上。

③[明]文琇《增集續傳燈録》卷一,《卍新纂續藏經》第83册,頁257a欄。

④[明]楊士奇《文淵閣書目》卷四,《景印文淵閣四庫全書》第675册,頁207下。

⑤[明]晁瑮《晁氏寶文堂書目》,古典文學出版社,1957年,頁220。

⑥[明]顧清正德《松江府志》卷三一,第三十二葉右;《卍新纂續藏經》第13册,頁856c欄。

的《禪苑蒙求拾遺》引用《人天寶鑑》達九處之多,説明是時此書仍有流傳。
然而,《御定佩文韻府》卷四三在引用"圓照本禪師"條時,不是直接引自《人
天寶鑑》,而是轉引自《釋氏稽古略》①。官方編纂的書籍尚且如此,表明
《人天寶鑑》其時很可能已成爲稀見佛典。不過,清代私人藏書家尚存此書
之古版,如汪士鍾(1786—?)《藝芸書舍宋元本書目》著録宋板《人天寶鑑》
二卷②,惜其後不知所蹤。清代僧人默庵(1839—1902)曾撰《續人天寶鑑》
十卷③,當是受《人天寶鑑》的直接影響,説明其時此書仍存。

　　以上梳理了《人天寶鑑》在中國的流傳情況,可知此書從宋代至晚清一
直迤邐不絶,但從清代中期開始已成爲稀見典籍,且流播區域集中在南方的
浙江、江蘇、湖南一帶,北方僅官方書目或著名藏書家間有提及。至清代末
年,此書即使仍有古版存於某個角落,但早已斷絶流傳,乃至不爲人所知,成
爲事實上的佚書。我們今日能見到此書,皆賴高麗和日本的刊刻與整理。

　　朝鮮半島及日本很早以前便與中國在經濟、文化等方面建立了緊密的
聯系,至唐代則達到了一個高潮,新羅、日本等地的使節、僧侣、商人等紛至
沓來,除了從事外交、朝聖、貿易等活動,還大量搜購文籍歸國,從而開辟了
延續千年之久的"書籍之路"④,絶大多數漢文典籍都是由此東傳。《人天
寶鑑》亦不例外,此書現存最古老的版本即爲至元二十七年(1290)於高麗
所刊,卷尾有名僧一然(1206—1289)所作題跋:"至元十六年己卯(1279),
宋商馬都綱賫此《人天寶鑑集》一部,來請天台講元禪師自因。齋訖,用此
録爲賵施。觀識長老理淵取來傳布,行于海東。麟角退老一然書。"則此書
於宋元之交時便已由宋商馬都綱傳入高麗。關於馬都綱,據高麗史書所
載,忠烈王四年(公元 1278 年,當宋衛王祥興元年、元世祖至元十五年),
"宋商人馬曄獻方物,賜宴内庭"⑤,馬都綱與馬曄在活動時代及身份上皆

---

①[清]張玉書、陳廷敬《御定佩文韵府》卷四三,《景印文淵閣四庫全書》第 1019 册,頁
　215 上。
②[清]汪士鐘《藝芸書舍宋元本書目》,中華書局,1985 年,頁 16。
③[清]默庵《續人天寶鑑》,光緒二十四年(1898)刻本,現藏湖南圖書館。
④王勇《"絲綢之路"與"書籍之路"——試論東亞文化交流的獨特模式》,載《浙江大學學
　報》,2003 年第 5 期,頁 5—12。
⑤金渭顯《高麗史中中韓關係史料彙編》,食貨出版社,1983 年,頁 99。

十分吻合，故當爲同一人。馬曄能得到高麗國王的召見，可見其在海東具備一定的影響力，而《人天寶鑑》作爲他在齋會後贈與高麗僧人的贐物，必定吸引了衆多關注，這爲其傳布營造了良好的環境。但當時應該並未雕板，而是由觀識長老理淵傳抄流行，直到十多年以後，方由包山禪厶等人刊刻印刷，這在禪厶所作的題跋中有扼要介紹：

> 予前年春省國師，詣麟角，國師語我曰："《人天寶鑑録》，實學者之所寶也。我欲彫板流行，汝能寫之乎？"予時眼昏，辭以不能。至秋，國師示寂。予追念曰："國師欲鏤板，我不書之，此録之不行，我之罪也。眼雖昏黑，宜强書之。"於是筆之。至元二十七年庚寅（1290）七月八日，包山禪厶題。

一然擬刊印《人天寶鑑》，未果而終，後由禪厶摹寫雕板，此書方有刻本傳世。禪厶的生平不詳，但一然曾駐錫於包山寶幢庵，後又於包山東麓重葺涌泉寺①，疑禪厶或爲此二寺之僧人。

關於高麗版的版式，共一册，分上、下兩卷，上白魚尾，每半葉十行，行十九字，無界行（見圖1②）。下卷卷末有刊記："比丘曇秀，舍錢刊此，普勸受持，同到佛地。臨安府上圓覺印行。"此記爲高麗版所獨有，透露了《人天寶鑑》的刊印信息。上圓覺，即萬壽圓覺寺也，《佛祖統紀》卷四七："（紹興十三年）敕西湖北山建天申萬壽圓覺寺。"③《釋氏稽古略》卷四："（紹興十三年）宋敕於臨安府西山建天申萬壽圓覺寺成。四月十九日，令藩邸看經僧德信奉香火。至理宗寶慶二年五月十三日，始詔師贊住持，傳十方天台教觀。圓覺碑刻。"④這條刊記與師贊爲《人天寶鑑》所作跋文相發明："四明禪者秀公，篤志于此，履歷叢林，玄機綜覽，隨所聞見，集成此書，闢人天眼目，因以'寶監'名焉。走大圓覺，求之刊行，非獨發明先輩幽德潛光，將與同志力追此道。"⑤可知是書乃曇秀於臨安圓覺寺施己資所刻。另外，高麗版的扉頁及末頁分別有兩句題籤"但看棚頭弄傀儡，抽牽元是裏頭人"及

---

①［朝鮮］李能和《朝鮮佛教通史》卷三，《大藏經補編》第31册，頁643上欄。
②若無特别説明，本文圖片皆由各自收藏單位提供。
③［宋］志磐《佛祖統紀》卷四七，《大正藏》第49册，頁425c欄。
④［元］覺岸《釋氏稽古略》卷四，《大正藏》第49册，頁890c欄。
⑤［宋］曇秀《人天寶鑑》，《卍新纂續藏經》第87册，頁23c欄。

“三要印開朱點紅，未容擬議主賓分”，可能爲禪叢刊板時所加，雖然文字稍有不同，但很明顯是唐代禪僧臨濟義玄“三玄三要”的部分内容，《鎮州臨濟慧照禪師語録》：

> 上堂，僧問：“如何是第一句？”師云：“三要印開朱點側，未容擬議主賓分。”問：“如何是第二句？”師云：“妙解豈容無著問，漚和争負截流機。”問：“如何是第三句？”師云：“看取棚頭弄傀儡，抽牽都來裏有人。”師又云：“一句語須具三玄門，一玄門須具三要，有權有用。汝等諸人作麽生會？”下座。①

據楊曾文先生的解釋，“三要印開朱點側”兩句乃是指傳授禪法時應抓住要點，使人不容置疑地理解問題的主次、先後；“看取棚頭弄傀儡”兩句，則是教導受法者應當從現象入手看到事物的本質、本體方面，進而體悟支配自己言語行爲的本性、心靈之我，以確立自修自悟的信心②。之所以將這四句置於書之首尾，可能是爲了凸顯《人天寶鑑》指示人天眼目、激發後學志氣的功用。此版本現藏韓國國立中央圖書館。

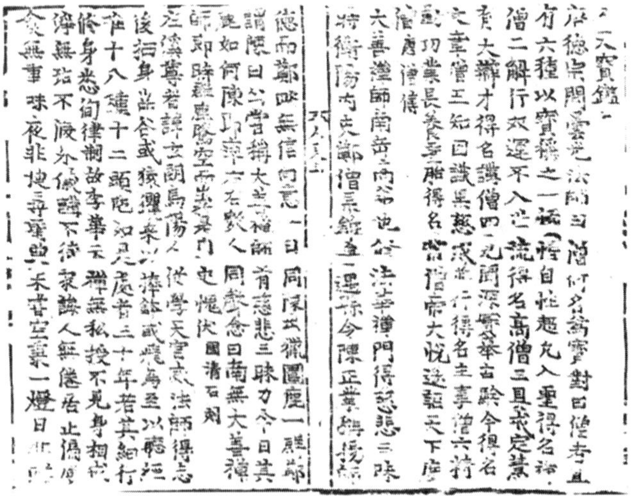

圖 1

①［唐］慧然集《鎮州臨濟慧照禪師語録》，《大正藏》第 47 册，頁 497a 欄。
②楊曾文《唐五代禪宗史》，中國社會科學出版社，1999 年，頁 373。

　　《人天寶鑑》雖然很早就傳入高麗，但除了至元二十七年刊本，僅在日據時代重印過一次①，其他文獻的著録和徵引絶少。而在日本，此書却經多次刊刻，且融入了不少本土特色。其中的代表爲五山版，即日本永正十三年（1516）守仙和尚和訓本。此版共四册，不分卷，黑口，單魚尾，每半葉十行，行二十字，有界行（見圖2）。書中部分漢字有日語假名注音，正文的誤字或模糊不清處皆補寫于頁眉、頁脚。書前有題記，但潦草難辨，唯首句應爲："永正十三丙子七月十七，于善慧室中寫。"書末題簽："東福寺山内瓢庵守仙大和尚書。"但此書明顯爲刻本，故守仙書寫的内容疑僅爲目録、和訓及校勘等。守仙應即彭叔守仙（1490—1555），日本臨濟宗僧，別號瓢庵，信濃（長野縣）人，爲自悦守擇弟子，歷住東福寺、南禪寺、崇壽寺等，曾於東福寺創建善慧院，以五山文學家而聞名，著作有《猶如昨夢集》《鉄酸餡》等。由於五山版漢籍多本於宋元舊槧，故此書可能最接近原貌。現藏京都大學圖書館。

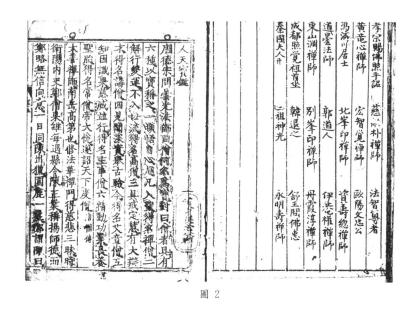

圖 2

①傅德華《日據時期朝鮮刊刻漢籍文獻目録》，上海人民出版社，2011年，頁6。

　　再次爲寬文十年（1670）江户豐島總兵衛刊本，一册，黑口，單魚尾，每半葉十行，行二十字，無界行（見圖3）。此版本日人題跋較少，僅正文後有"寬文十庚戌年霜月吉辰"的題記，故難考刊刻信息。近代《國訳禪宗叢書》（1919年）與《國訳禪學大成》（1929年）皆據此本排印，二者除了解題部分稍有差異外，底本、譯文及注釋完全相同。令人不解的是，此版原不分卷，但以之爲底本的《國訳禪宗叢書》《國訳禪學大成》却分爲上、下兩卷，上卷自"唐曇光法師"條至"晦庵光禪師"條，共五十七則，下卷自"沙門波若"條至"永明壽禪師"條，共六十五條。除了寬文版，此書排印時是否還參考了其他版本？恐已無可得知。現藏日本國立國會圖書館。

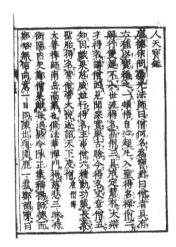 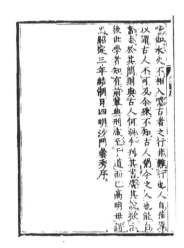

圖3

　　另外，《卍續藏》第二編乙第二十一套亦收録《人天寶鑑》，文字與高麗版、五山版、寬文版皆有出入。但《卍續藏》所收典籍多未注明底本，故不知所據，只能參考相關文獻作一些推測，中野達慧《大日本續藏經編纂印行緣起》謂：

　　　　前田博士唱導《續藏》編纂印行，親自歷訪名山巨刹，周搜博採，備録年久，嘗囑不佞以編纂刊行之事。予年齒尚壯，雖才力綿薄，忝把象教末流，荷法念深，因奮然勵志，以從事焉。從此以往，或于秘府，或于官庫，或于古刹名藍，搜救佚書，孜孜不倦。而世之視斯勝緣，深生隨喜,見寄秘籍者,亦陸續不絶。①

而此書《凡例》亦稱:"所收之書,多系古人謄寫。"②則《卍續藏》所收典籍多爲古抄本、刻本,《人天寶鑑》可能也是這種情況。

雖然《人天寶鑑》在日本的刊刻時間較晚,但傳入日本却並不晚。室町時期的僧人春屋妙葩(1311—1388)在《智覺普明國師語録》已經提到此書:"拈帖:《人天寶鑑》,叢林典刑。寰中依此敇重,塞外依此令行。"③可知當時已有傳本,但應是以抄本的形式流行。至於《人天寶鑑》如何傳至日本,由於絶少記載,故難以詳考,但不外乎兩條路綫,一是從中國傳入,二是從高麗傳入。考慮到五山、寬文版與高麗版不僅在文字上有出入,版式亦不相同,且高麗版的題跋、刊記皆未體現於日本諸本,故不論從何地傳入,都應是宋代曇秀所刊原版,而非高麗刊本。《人天寶鑑》在日本的流行較高麗更爲普遍,不僅多次刊板,一些文獻中亦有著録和徵引,除了上文提到的《智覺普明國師語録》,萬仞道坦(1698—1775)的《禪戒抄》及赴日明僧隱元隆琦(1592—1673)的《黄檗清規》都引用了此書④。據《國訳禪宗叢書》的介紹,《人天寶鑑》乃"禪門七部書"之一,是日本禪僧修行入門的必讀典籍,地位十分尊崇。

此書之回流中國,楊守敬首肇其端,《日本訪書志》卷一六介紹了日本所存書版:

> 《人天寶鑑》並前、後序文八十四葉。日本仿宋刻,無年月。宋釋曇秀撰。首有劉棐序,次自序,末有紹定庚寅釋師□、釋妙堪跋。其書裒載歷代高僧逸事遺言,每條之下注引書名,頗爲博洽,其大旨具於自序中。⑤

並抄録了劉棐及曇秀之序。楊氏對此書的重視,反而從側面説明其在

---

① [日]前田慧雲、中野達慧等編《續藏經目録》,藏經書院,明治三十八年(1905)至大正元年(1912),卷首葉二十二左。
② [日]前田慧雲、中野達慧等編《續藏經目録》,卷首葉三十三左。
③ [日]妙葩《智覺普明國師語録》卷二,《大正藏》第 80 册,頁 644a 欄。
④ [日]萬仞道坦《禪戒抄》,《大正藏》第 82 册,頁 649a 欄;[明]隱元隆琦:《黄檗清規》卷一、卷八,《大正藏》第 82 册,頁 769a 欄、頁 776c 欄。
⑤ [清]楊守敬撰,張雷校點《日本訪書志》,遼寧教育出版社,2003 年,頁 252。

中國已成絶響。據引文"八十四葉"及"無年月"的描述來看,楊氏所見並非五山版或寬文版,或許此本即《卍續藏》所用底本? 姑誌之待考。楊氏是否攜之歸國,不得而知,但當時未能流傳開來,則是不爭的事實。《人天寶鑑》再次全面進入中國學人的視野,應始於涵芬樓影印並發行《卍續藏》。自此之後,是書不僅成爲佛教研究取材之淵藪,本身也成爲一個重要的研究對象。

三　《人天寶鑑》的域外整理及研究

　　由於同屬漢字文化圈,東亞諸國在處理、傳播來自中國的書籍時,往往並非單純翻刻,而是有能力根據本國文化傳統、閲讀習慣進行一些創造性地整理改動,這就使域外漢籍的文獻功能超越了最基本的拾遺補闕,從而產生了價值增益。至於整理的具體方法,諸如題跋、注釋、校勘、抄纂、合會等,都是較爲常見的形式。域外人士在刊刻漢籍時,往往會補寫題跋,以介紹此書之傳來、内容、價值及刊板情況等,對於考察其流傳具有十分重要的參考意義。注釋則分爲兩種,一是同樣以漢文解釋原文意義,如日本文人所注杜詩、蘇詩等作品;二是以本國語言和符號添加訓點,這在日本漢籍中十分普遍(新羅時期的漢籍亦有此種情況①,但數量不多)。校勘則更爲常見,諸國翻刻漢籍時基本都要經過這一步驟,許多題跋中也詳細介紹了相關過程,如元照《芝苑遺編》卷末日僧訥翁跋:

　　　　貞和三年丁亥大蔟五日,前泉涌老比丘淳朴於竹園軒看讀校訂之次,卒點旁訓云。今寬文九年孟秋下旬,更校潤色之,以壽梓流世矣。欲繼法燈而永照迷闇,濟群生而遠沾妙道,忝浴祖恩,欽擬報答云。止止堂老乞士中訥翁。②

　　可知是書分别於貞和三年(1347)、寬文九年(1669)經淳朴和訥翁兩次校勘,最終纔形成了我們今天能夠看到的面貌。爲了集中利用文獻,域外人士通常習慣以抄纂的形式整理漢籍,即按照特定的主題從群書中抄撮相關條目。如道宣《行事鈔》、允堪《會正記》、元照《資持記》都是佛教律學名

①王曉平《日本經學史》,學苑出版社,2009年,頁392。
②[宋]元照《芝苑遺編》,《卍新纂續藏經》第59册,頁651b欄。

著，但卷帙浩大，不便於日常翻檢。日本招提寺律僧照遠便撮取鈔記之精
要，撰成數書，其中《資行鈔》跋文云：

> 于時貞和五年（1349）八月二十八日，於招提寺彌勒院記此卷畢。
> 凡此三大部抄出者，自曆應二年（1339）八月始之，至貞和五年八月，首
> 尾十一年畢此功。初《顯業抄》二十卷，次《警意抄》十七卷，後《資行
> 抄》二十八卷，都合六十五卷也。此偏非他，先爲挑兩祖之傳燈，飾三
> 部令章。炎天拂汗，嚴冬吹手，染紫筆記白紙，最如以螢助日月，以細
> 流副大海。願祖師加冥助，傳通更無壅塞。次爲助自身愚闇，兼備後
> 裔披覽。不恥先賢後進之嘲弄，任所及見聞，大概記之畢。早酬此鑽
> 仰之功力，眾生共證覺果而已。①

則照遠根據不同的主題和内容，分別抄出《顯業抄》《警意抄》《資行抄》
三書，其目的除了弘揚祖師學説和自身修行，也是爲了“兼備後裔披覽”。
合會是指將本來分部別行的原文、注釋、疏文、科文等合併於一處，以便於
對照閱讀。例如，元照的《資持記》和《行事鈔科》皆爲闡釋道宣《行事鈔》之
作，但之前三書異部別行，頗不便披覽。貞享三年（1686），慈光和瑞芳將
《資持記》内容拆散，分綴於《行事鈔》之下，並將《行事鈔科》繫於頁眉，題爲
《三籍合觀》，其自序謂：

> 然而鈔、記、科文異部，學者病於照對。今兹貞享丙寅歲，余與法
> 弟瑞芳覺公齊志戮力，合三爲一，都計四十二卷，校讎數本，正其訛謬，
> 傍加和訓，令人易讀，顏曰《三籍合觀》。即命剞劂氏布諸大方，庶幾新
> 學道侶憑斯洪範，離末法之虛誕，知梵學之由漸，從戒門而升定堂，入
> 慧室而坐覺座也。②

此種做法雖然較大程度上改變了原書面貌，但十分有利於書籍的閱讀
和流傳，自有其獨特的價值。當然，以上整理方式往往都不是單獨出現，而
是兩種、三種乃至多種同時應用，如附加的題跋中會介紹注釋、校勘的情
況，而抄纂、合會時亦常伴隨著版本梳理及文句考訂。無論採取何種形式，
其最終目的都是爲了整理出更加符合本國閱讀習慣的文本。

---

① ［日］照遠《資行鈔》，《大正藏》第 62 册，頁 860a 欄。
② ［日］慈光、瑞芳《三籍合觀》，《大日本續藏經》（卍續藏）第 69 册，新文豐出版公司影印
　本，1993 年，頁 137 下欄。

高麗和日本在翻刻《人天寶鑑》時，都對原書進行了不同程度的整理。根據前引包山禪厽的題跋，高麗版是由其本人執筆抄寫，從至元二十六年秋至二十七年七月，耗時近一年，因此，應是全書重新謄寫（包括序跋）。從版式風格上來看，高麗版以摻有隸意的魏碑體出之，與常見的宋元版有較大差異，其刊印質量在諸本中亦最劣。但此版一者保留了原書的刊記，二者補充了一然、禪厽兩篇跋文，使我們對此書的刊刻及流傳有了進一步的了解。五山版則基本保留了宋版原貌，甚至劉棐序文、師贊及妙堪跋文的字體亦一依原書。其不同者一是首尾皆補入守仙之題籤；二是補寫了目錄，爲此版所獨有；三是正文中以紅綫標出人名、地名等專有詞彙，以方便理解；四是添加訓點、注釋和句讀；五是進行了簡單校勘和注釋。以"王日休居士"條爲例：

　　　　○王日休居士，龍舒人，性行端靖，少補國學，俄歎曰："西方之歸爲究竟爾！"從是布衣蔬食，日課千拜，以嚴净報。或曰："公既志念純一，復何事苦行邪？"答曰："經不云乎，非少福德因緣得生彼國。若不專心苦到，安能決定往生？"①

"王日休居士"五字之上有一紅圈，表示此爲一條之始；"王日休居士"及"龍舒"皆以紅綫標出，表示此爲專有名詞；"經不云乎"一句，"經"字之右有小字注"阿弥陁"，説明後句出自《阿彌陀經》。另外，全篇皆有返點及假名音訓，以方便日本人閱讀。經過改造，此書不僅眉目更加清晰，而且訂正了漫漶或錯誤的文字，無論在形式還是内容上都比原版更佳。寬文版與五山版類似，只是没有校勘的痕跡，題跋也較爲簡單，而紙張及印刷質量則有了進一步提升，這可能是後世排印時將其作爲底本的主要原因。

　　以上爲高麗和日本對《人天寶鑑》進行的傳統意義上的整理，參與者多爲僧侣，目的也多是闡揚祖教的宗教訴求。二十世紀初，日本學者首先對此書展開了現代學術意義上的研究。宫下軍平等人在編纂《国訳禅宗叢書》時收録此書，不但完整地將其譯爲日文，還對書中的人物、疑難字句及禪宗用語等做了詳盡注釋。稍晚的《国訳禅学大成》亦收入此書，並且全盤抄録了《国訳禅宗叢書》的底本、譯文及注釋，雖無新創，但傳播之功不可掩滅。篠原壽雄則對作者曇秀的法系、性格及禪風進行了初步探討，並認爲

---

① ［宋］曇秀《人天寶鑑》，《卍新纂續藏經》第 87 册，頁 8a 欄。

宋代三教融合是此書重要的編纂背景。隨著域外版本的回流及日本學者的影響，中國學者也開始關注《人天寶鑑》，如《禪宗全書》《禪宗寶典續編》皆以《卍續藏》爲底本進行收録，而陳士强《佛典精解》扼要介紹了此書之作者、内容及特點，陸會瓊《宋代禪林筆記研究》則通過比較多種禪林筆記，考察了《人天寶鑑》在文本和風格上的特徵①。總之，此書於宋元之際傳入高麗及日本後，於彼處不斷翻刻、整理及研究，最終經過環流再次回到中國，成爲東亞佛教界和學術界的共同財富。

四　餘論

雖然《人天寶鑑》有幸流傳至今，但我們不得不思考一個問題：一部在中國成書且刊板的著作，爲何最終成爲了域外漢籍？張伯偉先生曾經指出並探討過這個問題，他認爲：

> 從漢文化圈整體著眼，同樣一部書，由於各國各地區文化環境的差異，也往往擁有不同的命運……説到底，同一部書在東亞三國的不同命運，這是由三個國家的文化傳統以及當時的文化政策所決定的。只有將這一問題置於漢文化圈整體之中，纔能够避免膚淺表面的印象，作出較爲深刻的把握。②

但文化傳統及文化政策只能算是外部因素，而書籍的性質、質量和特徵等内部因素，在這一過程中也發揮著重要作用。就《人天寶鑑》來講，雖然歷代序跋皆對其稱讚有加，但前文已經提到，它無論在内容還是體例上，都不能算是一部成熟的作品。尤其對於禪林筆記來説，之所以能够吸引讀者，其核心在於文采和意趣，而《人天寶鑑》則不具備這兩個特徵。如陸會瓊考察了《人天寶鑑》對《林間録》中"歐陽文忠公"條的改寫，發現前者僅存故事脈絡，行文質樸，後者則更加注重細節描繪，文筆清麗③。正是因爲這些不足，《人天寶鑑》在中國雖代有流傳，但却不温不火，終至於亡佚。然而，此書流傳至域外，本身的缺陷反而能得到一定程度的掩蓋。不可否認，

---

① 陸會瓊《宋代禪林筆記研究》，四川大學 2015 年博士學位論文。
② 張伯偉《作爲方法的漢文化圈》，載《中國文化》第 30 期，頁 110—111。
③ 陸會瓊《宋代禪林筆記研究》，頁 231—233。

高麗和日本的部分文人、僧侶具備較高的漢文水平,但大部分人還是需要通過訓點來閲讀漢籍,達意已屬不易,更何況欣賞、體味其中的文采和意趣? 在此種情況下,歷代序跋中的溢美之辭就成爲他們評價此書的首要依據,從而大大提升了此書的地位。至於外部因素,最直接的便是中國發生了幾次改朝換代的大規模戰争,這對行世不廣的佛教典籍造成了毁滅性的破壞。《人天寶鑑》分别於元明之際和明清之際流傳幾絶,正是這一影響的體現。而同時期的海東、日本雖亦有動亂,但規模及破壞程度均無法與中國相比,加之兩國文人、僧侶對漢籍一向視若珍寶,故許多稀見典籍亦得以保全。除了戰亂,社會環境、文化心理等對書籍命運的影響同樣至爲深遠。在中國,書籍“體用相分”的情況較爲普遍,即不論作者撰述的本意爲何,受傳統學術的制約,最終難免都成爲考證之資,《史記》如此,《文心雕龍》如此,禪林筆記亦如此,《四庫全書總目》對《林間録》的評價即爲“頗考證同異,訂贊寧《高僧傳》諸書之説,又往往自立議論,發明禪理,不盡叙録舊事也……所述釋門典故皆斐然可觀,亦殊勝粗鄙之語録,在佛氏書中猶爲有益文章者矣”①。可惜的是,《人天寶鑑》乃採摭群書而成,其條目多見於其他文獻,故輯佚考證的功能大大弱化,加以正文中通篇無作者一語,價值就更加有限,無怪乎文人學者對其内容漠然不顧。而高麗(朝鮮)、日本等國家的漢籍得來不易,書籍本身天然地具備物質及文化上的多重價值,故經多次翻刻、整理,最終流傳至今。

　　當然,因爲缺乏直接的文獻證據,以上所述並非“實然”原因,只是筆者根據時代環境、社會心理等所揣測的“應然”原因。如果要圓滿回答本節開篇所提出的問題,恐怕還需從更多的個案中去總結。

(作者單位:四川大學文學與新聞學院)

---

① [清]永瑢等《四庫全書總目》卷一四五,中華書局,1965 年,頁 1238。

域外漢籍研究集刊　第十七輯
2018 年　頁 365—399

《事物紀原》版本源流新考

——以静嘉堂文庫所藏南宋慶元刻本爲中心*

查雪巾

　　《事物紀原》是一部由北宋元豐（1078—1085）中開封人高承編纂、又經過南宋和明代人增補、删改和校訂的小型類書。此書旨在考證世間萬事萬物的起源與沿革，内容豐富，“大而天地山川，小而鳥獸草木，微而陰陽之妙，顯而禮樂制度，古今事物之變，靡不原其始，推其自，而詳其實也”①。因此在宋代衆多的類書中獨具特色，頗受歷代學人的重視，《四庫全書總目》稱其“類多排比詳贍，足資核證，在宋代類書中，固猶有體要矣”②。此書自宋代以來，版本衆多，紛紜複雜，又由於僅存的一部基本完整的南宋慶元三年（1197）刻本二十世紀初就流入日本静嘉堂文庫，近現代國内學人罕有得見者，因此該書現有研究成果和整理本中存在不少錯誤的認識和懸而未決的問題。筆者在日本留學期間，有幸得見這部静嘉堂藏本的縮微膠卷並將其與該書後出諸本一一對勘，收穫甚豐，深感有責任將這部海内孤本的具體情況和文獻價值公之於世，並徹底厘清《事物紀原》的整個版本源流系統。

＊ 本論文得到國家留學基金（CSC）資助。
① ［明］閻敬《事物紀原序》，載［宋］高承撰，［明］李果訂，金圓、許沛藻點校《事物紀原》，中華書局，1989 年，頁 1。
② ［清］永瑢等撰《四庫全書總目》卷一三五“類書類一”，中華書局，1965 年，頁 1146。

一　《事物紀原》版本源流考論

　　關於此書的版本源流，許沛藻《〈事物紀原〉源流淺探》①一文曾作過比較詳細的梳理，但尚有未盡之義，故筆者在此重作梳理，並補充自己的最新研究成果——南宋鄭樵《通志·藝文略》、明代楊士奇《文淵閣書目》的記載和該書校宋本的情況。

　　古代書目文獻中最早著録此書的是南宋陳騤《中興館閣書目》。該書目編成於孝宗淳熙五年（1178），早已亡佚，然而南宋陳振孫《直齋書録解題》和王應麟《玉海》有轉引。陳氏曰：“《中興書目》十卷，開封高承撰，元豐中人。凡二百七十事。”②王氏曰：“《元豐事物紀原》。《書目》：十卷。元豐中，高承以劉存、馮鑒《事始》删謬除複，增益名類，皆援摭經史以推原初始，凡二百七十事。”③由此可知，最初此書係北宋元豐中開封人高承在唐人劉存、前蜀馮鑒所編《事始》的基礎上删改、修訂和擴充而成，共二百七十事。《中興館閣書目》爲宋室南渡後重新訪書而編成的南宋初年朝廷實際藏書目録，所著録書籍爲編纂者親見，因此所著録此書高承原編本十卷的情況相當可信。

　　許沛藻等諸位前賢都未能關注、引用到南宋鄭樵《通志》卷六八“藝文略第六·小説”中一條看似不起眼的記載：“《事物紀原類集》十卷。高承撰。”④這條記載其實提供了重要的信息，《通志》成書於紹興三十一年（1161），時間比《中興館閣書目》早十七年，因此所著録的當爲高承原編十卷本。《事物紀原類集》這個書名頗有價值，與明代閻敬刻本和李果刻本的書名《事物紀原集類》相似，僅“集”、“類”二字互倒，這種互倒可能出自於編

---

①許沛藻《〈事物紀原〉源流淺探》，載張舜徽主編《中國歷史文獻研究（一）》，華東師範大學出版社，1986 年，頁 244—249。

②［宋］陳振孫著，徐小蠻、顧美華點校《直齋書録解題》，上海古籍出版社，1987 年，頁 309—310。

③［宋］王應麟撰，武秀成、趙庶洋校證《玉海藝文校證》，鳳凰出版社，2013 年，頁 1026—1027。

④［宋］鄭樵撰，王樹民點校《通志二十略》，中華書局，2000 年，頁 1658。

者鄭樵或後來傳抄、刻印者的失誤，可見《事物紀原集類》這個書名並非明人的創造，而是高承原編十卷本的別名或者原名。

趙希弁於南宋理宗淳祐十年（1250）編成的《郡齋讀書附志》著録此書亦爲十卷："右高承編。自天地生植與夫禮樂、刑政、經籍、器用，下至博奕嬉戲之微，蟲魚飛走之類，無不考其所自來。承，開封人。雙溪項彬序。"①由於趙氏《讀書附志》所著録書籍的來源爲其"家三世所藏"②，因此其所著録《事物紀原》的卷數、内容、編者及作序者等情況應當確然可信。

同樣編成於南宋理宗時的私人藏書目録——陳振孫《直齋書録解題》著録此書却與以往大有不同："《事物紀原》二十卷。不著名氏。《中興書目》十卷，開封高承撰，元豐中人。凡二百七十事。今此書多十卷且數百事，當是後人廣之耳。"③卷數由十卷變爲二十卷，作者由高承變爲不著名氏，條目比原來的僅二百七十事多出數百事，應當是南宋時人在高承原書基礎上擴充的結果。筆者所見静嘉堂藏南宋刻本《事物紀原》二十卷有長方形牌記稱此書刊刻於"慶元丁巳之歲"，即南宋寧宗慶元三年，早於《直齋書録解題》的成書時間，則陳氏所載當即該南宋慶元刻本。則《事物紀原》的十卷本和二十卷本在南宋理宗時尚同時存世。

元代所編書目中著録此書的僅馬端臨《文獻通考》和脱脱《宋史·藝文志》。馬氏僅抄録《直齋書録解題》而已④。《宋史·藝文志》著録"高承《事物紀原》十卷"⑤係依據《中興國史藝文志》，《中興國史藝文志》又根據前述《中興館閣書目》編成，故所著録《事物紀原》十卷並非親見。

明初此書流傳不廣，據明代最先刊刻此書的建安人陳華記載，當時文

①［宋］晁公武撰，孫猛校證《郡齋讀書志校證》，上海古籍出版社，1990 年，頁 1152。

②［宋］趙希弁《昭德先生讀書後志序》，載［宋］晁公武《昭德先生郡齋讀書志》，《四部叢刊三編》史部第 29 册，上海書店，1985 年重印本。

③［宋］陳振孫著，徐小蠻、顧美華點校《直齋書録解題》，頁 309—310。

④［元］馬端臨著，上海師範大學古籍研究所、華東師範大學古籍研究所點校《文獻通考》，中華書局，2011 年，頁 6002。

⑤［元］脱脱等撰《宋史》，中華書局，1985 年，頁 5212。

人學士皆"久知此書之名，未獲一見"①。但從依據明初南京大内文淵閣藏書編纂的《永樂大典》多引該書的情況和楊士奇等奉敕編成於正統六年(1441)的《文淵閣書目》"荒字號第一厨書目·子雜"著録"高君承《事物紀原》一部一册，闕"來看，該書南京文淵閣有收藏，並於永樂十九年(1421)被運往北京，正統初年入藏北京文淵閣東閣②。直至宣宗宣德年間(1426—1435)，明初胡儼藏本傳出之後，該書纔多次付梓並廣爲流傳。胡儼(1360—1443)，字若思，南昌人。博學多識，通覽天文、地理、律曆、醫卜等。洪武年間，以舉人授華亭教諭。明成祖朱棣稱帝後，以翰林檢討直文淵閣，遷侍講。永樂二年(1404)拜國子監祭酒，八年(1410)掌翰林院事，重修《明太祖實録》、《永樂大典》、《天下圖志》，皆充總裁官。洪熙元年(1425)以病致仕歸里，正統八年(1443)去世③。其所珍藏的《事物紀原》，應當與明文淵閣藏本以及《永樂大典》所引《事物紀原》關係緊密(胡儼傳本與明文淵閣藏本的關係下文第四節將作詳細探討)。宣德五年(1430)，陳華奉命出使南昌，謁見當時已致仕歸鄉的胡儼，幸得胡儼出示所珍藏之《事物紀原》，陳

---

① [明]陳華《事物紀原序》，載[明]高承撰、趙弼校訂《事物紀原》，日本東洋文化研究所藏明正統九年(1444)陳華刊本。

② 永樂元年(1403)，明成祖詔令解縉等博采古今諸書，編纂《永樂大典》(初名《文獻大成》)，至永樂五年(1407)書成。據顧力仁考證，煌煌巨制《永樂大典》所據以纂修之資料，即爲明初南京文淵閣藏書，而且《大典》的纂修工作就是在南京文淵閣内進行的。見顧力仁《永樂大典及其輯佚書研究》，文史哲出版社，1985年，頁7—13、頁19。此處所引《文淵閣書目》依據《讀畫齋叢書》本，"高君承《事物紀原》一部一册，闕"這個"闕"字説明至少在明末這部《事物紀原》的北京文淵閣藏本已不存於宫廷。據張升考證，《讀畫齋叢書》本上的"完全"、"殘缺"和"闕"字係《文淵閣書目》編成後，經過相當長一段時間，文淵閣藏書散佚較多，明代中期或後期的人用《文淵閣書目》對文淵閣當時剩餘藏書加以核查時所作的記録，絶非楊士奇編《文淵閣書目》時所寫。至於具體是何時人所作的記録，張升根據嘉靖間《晁氏寶文堂書目》卷中恰好著録有《文淵閣新查書目》，而且其時文淵閣舊藏散佚已多，推測這些記録可能就是這個嘉靖間新查本反映的情況。見[明]楊士奇等編《文淵閣書目》(《讀畫齋叢書》本)，載馮惠民、李萬健等選編《明代書目題跋叢刊》，書目文獻出版社，1994年，頁72；張升《明清宫廷藏書研究》，商務印書館，2006年，頁32—33。

③ 見[清]張廷玉等撰《明史》卷一四七《胡儼傳》，中華書局，1974年，頁4127—4129。

氏遂借歸“玩閱累夕，深有所感發，信乎爲進德之門庭、造道之機要”，但由於當時“公務鞅掌，弗暇手録”，於是“俾童子抄之”。十四年後，陳華在漢陽府推官任上，因童子所抄本“錯舛太甚，亥豕魚魯，莫克分析”，乃請前漢陽邑庠教諭南平人趙弼校讎删定，俾工繡梓，以廣其傳，是爲正統九年（1444）陳華刻本（以下簡稱“陳本”）。該本書名題《事物紀原》，不著撰人名氏，雖依據南宋慶元刻本分爲二十卷，共五十門，却僅九百九十條，比後來的閻敬刻本少了近八百條，可見趙弼的删削幅度之大。明代高儒《百川書志》著録此書爲：“《事物紀原删定》二十卷。皇明南平趙弼校定。”①清初黃虞稷《千頃堂書目》著録爲：“趙弼《事物紀原删定》二十卷。”②可見該本明清時又名《事物紀原删定》。版式爲半葉九行，行二十字，四周雙邊，黑口，雙黑魚尾。

　　正統十三年（1447），閻敬刻本問世。閻敬亦南昌人，少游郡庠，恰逢胡儼致政歸鄉，“敬以鄉子弟摳衣門牆，考德問業”，胡儼遂以所藏《事物紀原》授之。正統九年，閻敬攜此書抵京師，“既而卒業太學，得與交天下之士，因相校讎而考訂之”③。正統十三年，閻敬省親歸鄉，遂奉其父之命鋟梓以傳，是爲閻敬刻本（以下簡稱“閻本”）。該本書名題《事物紀原集類》，不著撰人名氏，十卷，五十五門，一千八百四十一條。版式爲半葉十二行，行二十四字，黑口，四周雙邊，雙黑魚尾。

　　至明成化八年（1472）又有李果刻本刊行。李果，成安人。正統九年，其應試京闈，於書舍購得陳本《事物紀原》。景泰元年（1450），其參加鄉舉，又從書坊購得閻本。遂以閻本爲底本，校以陳本，辨其似是似非之處，並加以按語，刻木以廣其傳，是爲李果刻本（以下簡稱李本）。該本書名亦題《事物紀原集類》，不著撰人名氏，十卷，五十五門，一千七百六十六條。雖以閻本爲底本，但因曾校以陳本，對趙弼所加按語多所汲取，或徑予轉引而作爲李果自己的按語，或竟將趙弼按語羼入正文，故李本與閻本亦多有不同。版式亦爲半葉十二行，行二十四字，黑口，四周雙邊，雙黑魚尾，同於閻本。

---

① ［明］高儒《百川書志》，上海古籍出版社，2005 年，頁 131。

② ［清］黃虞稷撰，瞿鳳起、潘景鄭整理《千頃堂書目（附索引）》，上海古籍出版社，2001 年，頁 323。

③ ［明］閻敬《事物紀原序》，載［宋］高承撰，［明］李果訂，金圓、許沛藻點校《事物紀原》，頁 1。

　　明弘治十八年（1505），魏氏仁實堂重刻閻本。萬曆年間胡文焕編刻
《格致叢書》、清乾隆年間編纂《四庫全書》均收入此書（以下簡稱"格致本"
和"四庫本"），皆以閻本爲底本。道光年間李錫齡編纂《惜陰軒叢書》亦收
入，據李果刻本翻刻①。另有日本明曆二年（1656）京都武村市兵衛刊鵜飼
信之訓點本，所據底本爲格致本②。

　　除了上述版本之外，清代還出現了多個《事物紀原》的校宋本。這是因
爲宋本《事物紀原》至清代已極爲罕見，學人如有幸得見，必用宋本對校所
藏明本；如無法親見宋本原書，只要有幸得見前人據宋本校勘過、録有宋本
異文的明本，亦必與自己所藏明本進行對校。

　　其中清代中期何煌校宋本是直接用南宋刻本與李本對校形成的版本，
是後來幾個間接校宋本所依據的本子。張金吾（1787—1829）《愛日精廬藏
書志》卷二六有著録：

　　　　事物紀原集類二十卷（校宋本　　致爽閣藏書）

　　　　宋高承撰　　明刊本十卷。校者據宋閩中刊本分二十卷，與《直齋
　　書録解題》合。卷十四（明刊本卷七）"州郡方域門"（明刊本門作部）
　　"驛"下校補敕書樓、鼓角樓、酒務、遞鋪四事，計二百餘字。每卷俱有
　　毛褒印記，或即褒手校歟？

　　　　閻敬序正統十二年

　　　　李果序成化八年③

　　此外傅增湘（1872—1949）《藏園群書題記》卷九"校本事物記原集類
跋"、《藏園群書經眼録》卷一〇和羅振常（1875—1942）《善本書所見録》卷
三亦有著録④。由於該本上鈐有"毛褒"、"華伯"、"弍元"、"茶邨"、"信古樓

---

①《惜陰軒叢書》有清道光二十年（1840）宏道書院刻本和光緒二十二年（1896）長沙重
　　刻本。

②該本被收入［日］長澤規矩也編《和刻本類書集成》第二輯，上海古籍出版社，1990 年，
　　頁 3—256。

③張金吾著、馮惠民整理《愛日精廬藏書志》，中華書局，2012 年，頁 350—351。

④傅增湘《藏園群書題記》，上海古籍出版社，1989 年，頁 478—479；傅增湘《藏園群書經
　　眼録》，中華書局，2009 年，頁 690—691；羅振常撰，汪柏江、方俞明整理《善本書所見
　　録》，上海古籍出版社，2014 年，頁 115。

收藏記"與"叔鄭後人"六方鈐印,所以從前有學者認爲係毛褒所校①。但是該本後來的收藏者周叔弢(1891—1984)的《自莊嚴堪善本書影》已修正了這一觀點,認爲是清代中期何煌(1668—1745)所校②。該本爲明萬曆年間常熟秦四麟致爽閣舊藏,後經毛褒、虞山歸氏、羅振常、傅增湘、周叔弢遞藏,現藏於中國國家圖書館。《北京圖書館古籍善本書目》有著録:"《事物紀原集類》十卷,宋高承輯。明成化八年李果刻本,何煌校。六册。十二行二十四字寬黑口四周雙邊。"③《中國古籍善本書目》亦有著録④。根據中華書局點校本《事物紀原》採用到了傅增湘校宋本(傅校本以何煌校宋本對校閣本),却僅據該本補出卷七"州郡方域部第三十五"之"敕書樓"、"鼓角樓"、"酒務"和"遞鋪"四條,未能補出"税務"條的情況,可以推斷何煌校宋本漏校了"税務"條,因此能否補出"税務"條成爲了判斷後來幾個校宋本是直接校宋本還是間接校宋本的標準,因爲如果直接與宋本對校,不太可能與何煌一樣漏校"税務"條,如果是未能親見宋本而間接取其他校宋本對校,那麼必然會脱漏該條。

　　除了何煌校宋本外,以李本爲底本的校宋本還有沈巖校宋本、姚覲元校宋本和佚名臨何堂校宋本。

　　黄丕烈《蕘圃藏書題識》卷六著録有沈巖校宋本:

　　　　事物紀原事類二十卷(明刻本)

　　　　此爲童蒙誦習之書。自廢學健忘,開卷沾溉良多,慎毋好言博涉略爲不足觀也。寶硯居士巖記。

　　　　己未七月,偶得舊鈔本,用黄筆再參校一過。時館洞涇草堂之竹

① 毛褒(1631—1677),清順治間常熟人。字華伯,號質庵,毛晉次子。見[清]佚名纂修《東湖汲古閣毛氏世譜》,南京圖書館藏民國抄本。
② 周一良主編,周景良、程有慶副主編《自莊嚴堪善本書影·子部》,國家圖書館出版社,2010 年,頁 799。何煌(1668—1745),清代藏書家、校勘學家。字心友,一字仲友,號小山,別號何仲子,何焯弟,江蘇長洲(今蘇州)人。見[清]葉昌熾《緣督廬日記》"丙戌正月初十日",江蘇古籍出版社,2002 年,頁 1116—1117。
③ 北京圖書館編《北京圖書館古籍善本書目·子部》,書目文獻出版社,1987 年,頁 1522。
④ 中國古籍善本書目編輯委員會編《中國古籍善本書目·子部》,上海古籍出版社,1994 年,頁 797—798。

窗。寶研記。

雍正癸丑新秋，丐小山先生手校宋本勘對一過，宋槧訛舛亦多，玉峰傳是樓藏書也。今在皋橋王氏樂天書屋。中元後一日校畢。寶研居士。

寶研所云宋槧在皋橋王氏樂天書屋，今不知在何處。其所云舊鈔，又未知爲何本。今秋得一明正統甲子南平趙弼本，取對兹本，黃筆悉合，當即舊鈔所自出也。然趙刊多所删訂，見諸李果之序，未必若宋槧之可信。頃又見一宋槧，較所校本多“重修”字樣，其大段不殊，而詞句多誤字。蓋書經重修自不能無誤，雖宋槧已如是矣。書此以見舊本難於購獲，苟非多見，不可執一而論也。嘉慶乙丑冬十一月，蕘翁黃丕烈識。①

雍正癸丑即雍正十一年（1733），寶硯居士即沈巖。其以李本爲底本，校之以何煌校宋本和陳本，所得異文甚夥。黃氏還記載了何煌所用宋本係徐乾學（1631—1694）傳是樓舊藏，檢之徐氏《傳是樓宋元版書目》確有著録：“《事物紀原》（二十卷）。八本。”②雍正時這部宋本藏於蘇州皋橋王氏樂天書屋，至黃丕烈嘉慶年間已不知去向。此外，黃氏還著録了另外一部宋本，較所校本多“重修”字樣，可見亦爲南宋慶元三年刻本。晚清丁丙（1832—1899）《善本書室藏書志》卷二〇亦著録該校宋本③。該本今藏於南京圖書館，《中國古籍善本書目》“子部·類書類”有著録④。

姚覲元校宋本和佚名臨何堂校宋本皆未見清代、民國書目著録。前者現藏於中國國家圖書館，後者現藏於上海圖書館。二本卷七“州郡方域部第三十五”與其他所有校宋本一樣，僅補出“敕書樓”等四條，未補出“税務”

---

① ［清］黃丕烈著，屠友祥校注《蕘圃藏書題識》，上海遠東出版社，1999 年，頁 406—407。著録此書卷數爲二十卷應是與宋本對校後的結果，並非底本有二十卷。

② ［清］徐乾學輯《傳是樓宋元版書目》（中山大學圖書館藏鈔本），載廣東省立中山圖書館、中山大學圖書館編《六編清代稿鈔本》（第 271 册），廣東人民出版社，2014 年，頁 124。

③ ［清］丁丙著、曹海花點校《善本書室藏書志（外一種）》，浙江古籍出版社，2016 年，頁 842。

④ 中國古籍善本書目編輯委員會編《中國古籍善本書目·子部》，頁 797—798。

條,因此不可能是直接校以南宋慶元三年刻本,而應該也是取其他校宋本進行校勘的,是否爲何煌校宋本尚待考察。

　　除了底本爲李本的校宋本以外,清道光年間,常熟邵恩多曾以閭本對校何煌校宋本。瞿鏞(1794—1846)《鐵琴銅劍樓藏書目錄》卷一七、瞿良士輯《鐵琴銅劍樓藏書題跋集錄》卷三皆有著錄①。該校本現藏於中國國家圖書館,但卷一、卷二已佚。此外,清佚名曾以格致本對校某個校宋本。傅增湘《藏園群書經眼錄》卷一〇、《藏園群書題記》卷九《校本事物記原集類跋》有著錄②,現藏於中國國家圖書館。

　　除了以上清人校宋本之外,傅增湘1935年曾據何煌校宋本校勘閭本。其《藏園群書校勘跋識錄》"子部類書類"有著錄:

　　　　事物紀原集類十卷

　　　　宋高承輯。明正統十二年閭敬刻本(卷七卷八配明成化八年李果刻本),半葉十二行行二十四字,版心上下黑口,四周雙欄。鈐"近陽居士"、"鵬南"、"校書亦已勤"、"沅叔手校"、"藏園"、"沅叔校勘"印。乙亥年(1935)據毛褒校宋本校勘,毛褒校宋本著錄於《藏園群書經眼錄》。《題記》有本書長跋,與此校勘相關,但不相同。金圓、許沛藻點校《事物紀原》(中華書局,1989年)吸收傅校成果,然未錄下述跋文。

　　　　護葉內附紙藏園手書長跋,文曰:蟫隱主人羅君子經自滬寄校本《事物紀原》至,其原本乃李果重刻,云是毛華伯據宋本校定。然前後無跋語,惟鈐有"毛褒"、"華伯"及"叔鄭後人"印章耳,因自文友書肆訪得明時閭敬刻本一部,以備迻錄。……李本視閭本微有增改,然閭本固與宋本多合,頗省校筆之勞。惟卷十"模棱"一條,閭李胡三本皆有之而宋本不載。卷十末"狨"、"畢方"、"鹿蜀"、"獙獙"、"絛蟲"、"犰狳"、"鸐"七條,宋本及閭胡二本均無之,而李本獨有,未知所據以增入者爲何本也。檢李果原序,謂正統甲子得此書於京闈,爲南平趙弼所刪定,後得閭氏校正本,乃正其訛誤,補其闕文,刻木以傳。是李氏所

①瞿鏞編纂、瞿果行標點、瞿鳳起覆校《鐵琴銅劍樓藏書目錄》,上海古籍出版社,2000年,頁433—434;瞿良士輯《鐵琴銅劍樓藏書題跋集錄》,上海古籍出版社,2005年,頁197。
②傅增湘《藏園群書經眼錄》,頁690—691;傅增湘《藏園群書題記》,頁478—479。

梓，視閣本已多不同，則各卷之條貫字句略有參差，固其宜矣。抑余又有不可解者，余舊藏胡文焕本一帙，亦經舊人以宋本校勘，然取以證新校之本，則華伯校字遺漏尚多，豈所見爲別一宋本耶？考《皕宋樓書志》藏有宋刊，異時倘得再渡扶桑，入靜嘉文庫，逐類而詳核之異同，得夫燦然具陳宋本之爲一爲二，庶幾開豁而無所疑滯，不其幸歟！歲在乙亥清明節後四日，藏園老人傅增湘識。

鈐"增湘"、"藏園"、"雙鑒樓"印。所用紙張，版心中印"雲合樓寫書"，下印"仿東武鮑氏嘉蔭簃寫書格式"字樣。

各卷藏園先生識語録如下：

卷一末葉跋曰：乙亥二月廿四日據毛華伯校宋本，迻録終卷。

……

鈐"傅"、"沅卡手校"印。

卷二末葉識曰：二月二十五日，詣鳳窩拜墓回，偕林夷俶前輩坐北梅亭，玩杏林晚景，向夕返寺，校畢此卷。藏園老人記。

鈐"沅卡手校"印。

卷三末葉識曰：二月二十五日校。

卷四末葉識曰：二月二十六日校。是日家中人來上冢，麟孫亦來。

卷五末葉識曰：二月二十七日燈下校畢。是日貽書回城，惟息庵相伴耳。藏園老人記。

鈐"沅叔"印。

卷六末葉識曰：二月二十七日，共息庵夜譚，偶爾弄筆，遂竟此卷。清泉逸叟記。

鈐"沅叔"印。

卷七末葉識曰：乙亥二月廿八日校。

鈐"沅叔"印。

卷八末葉識曰：二月廿八夜再校竟此卷。

鈐"沅叔"印。

卷九末葉識曰：二月二十九日，校於暘臺清水院，沅叔。

鈐"沅卡手校"印。

卷十末葉識曰：蟫隱羅君寄來《事物紀原》，爲毛華伯依宋本手校。攜入山中，每夕無事，偶移録一二卷，凡六日而畢。惟原書乃李果重校刻，此爲閻敬原刻，其中文字亦偶有差異耳。乙亥二月二十九日，傅增湘記於大覺寺清泉吟社。

　　　　鈐"傅""沅未"、"二十年中萬卷書"印。（書號231）①

此跋詳細記錄了傅氏的校勘過程，唯一遺憾的是傅氏誤將何煌校宋本當作毛褒所校。然檢之傅氏《藏園訂補邵亭知見傳本書目》卷一○，其所見羅振常寄來、鈐有毛褒小印的李本與其曾經臨校、後歸周叔弢的何煌校宋本是兩個不同的本子：

　　　　［補］事物紀原集類十卷（宋高承撰輯）。○明正統十二年戊辰南昌閻敬刊本，十二行二十四字，黑口，四周雙闌。前閻敬刊書序，言得書於胡儼，鋟梓以傳云云。上下五卷各有總目，每卷分若干部，部下標若干事。余藏。余據毛褒校宋本校，又據何煌本校。○明成化八年李果重刊正統十二年閻敬刊本，十二行二十四字，黑口，四周雙闌，有評點，與閻敬本小異。失名人據宋建安余氏本校，卷首有毛褒小印，或即其校本歟。蟬隱廬寄來求售，臨一本還之。○又一部，清何煌校。余曾臨校，後歸周叔弢。……②

　　依據《自莊嚴堪善本書影》所載鈐有"致爽閣"、"毛褒"、"華伯"、"周暹"的李本書影和題識，周叔弢已將校書者定爲清代何煌③。《北京圖書館古籍善本書目》有著錄："《事物紀原集類》十卷，宋高承輯。明正統十二年閻敬刻本［卷七至八配明成化八年李果刻本］，傅增湘校跋並臨何煌校。十册。十二行二十四字黑口四周雙邊。"④《中國古籍善本書目》亦僅著錄傅氏以何煌校宋本所校之閻本，未提及毛褒校本："《事物紀原集類》十卷。宋高承輯。明正統十二年閻敬刻本［卷七至八配明成化八年李果刻本］，傅增湘校跋，並錄清何煌校。"⑤《中國古籍總目》亦如此："《事物紀原集類》（《事物紀原》）十卷，宋高承輯。明正統十二年閻敬刻本，國圖（傅增湘校跋並錄

①傅增湘撰，王菡整理《藏園群書校勘跋識錄》，中華書局，2012年，頁282—284。

②莫友芝撰，傅增湘訂補，傅熹年整理《藏園訂補邵亭知見傳本書目》，中華書局，2009年，頁780—781。

③周一良主編，周景良、程有慶副主編《自莊嚴堪善本書影·子部》，頁799。

④北京圖書館編《北京圖書館古籍善本書目·子部》，頁1522。

⑤中國古籍善本書目編輯委員會編《中國古籍善本書目·子部》，頁797—798。

清何煌校）”，“明成化八年李果刻本，國圖（清何煌校）”①。故筆者暫且認
爲所謂毛褒校宋本其實就是何煌校宋本，傅氏不知何故誤認爲是兩種不同
的校宋本，當然要留待筆者日後赴中國國家圖書館比對傅氏校宋本與何煌
校宋本後纔能確證這一點。

　　綜上，清代共有《事物紀原》校宋本六種，其中只有何煌所校李本是直
接與宋本對校形成的本子，沈巖所校李本、姚覲元所校李本、佚名臨何堂所
校李本、邵恩多所校閩本、佚名所校格致本皆是間接校宋本，其中沈巖校宋
本和邵恩多校宋本係與何煌校宋本對校而成，姚覲元校宋本、佚名臨何堂
校宋本和佚名校宋本是否亦取何煌校宋本對校尚有待考察。民國時又有
傅增湘取何煌校宋本校勘閩本。在陸心源皕宋樓所藏宋元本被日本巖崎
財團收購之後，宋本《事物紀原》在國內已幾近失傳（今中國國家圖書館仍
藏有一部宋本《事物紀原》，但僅存四卷，每卷內亦殘損嚴重，詳下文），因此
這些校宋本就顯得彌足珍貴。後來中華書局點校《事物紀原》時就利用到
了傅增湘校宋本。

　　1989 年，中華書局出版了金圓、許沛藻點校本《事物紀原》，以《惜陰軒
叢書》本爲底本，以傅增湘校宋本、陳本和格致本對校；整理中，據傅校本迻
錄之宋本條目，補入卷七“敕書樓”等四條，則該點校本紀事共一千七百七
十條。該本是目前閱讀、研究《事物紀原》最爲便利的本子，然而尚存在諸
多問題，其中最突出的問題是誤將此書編者學識、記憶上的錯誤當作校勘
的對象、妄改古書，另外由於整理者未曾見到真正的南宋慶元三年刻本而
僅根據傅校本迻錄的何煌校宋本校語，故頗有遺漏宋本重要異文之處，下
文將詳述之。

二　静嘉堂藏宋本《事物紀原》基本信息 考述（附國圖藏殘宋本）

　　除了本文第一節提及的何煌校宋本所依據的徐乾學傳是樓、王氏樂天
書屋遞藏的那部宋本，整個清代明確記載收藏有南宋慶元三年刻本《事物

---

① 中國古籍總目編纂委員會編《中國古籍總目·子部》，上海古籍出版社，2010 年，頁
　2050。

紀原》的也只有晚清四大藏書家之一——陸心源皕宋樓了。陸氏《儀顧堂集》卷二〇有《宋本重修事物紀原跋》：

> 《重修事物紀原》二十卷，《書録解題》合。每葉二十二行，行二十一字。首行題曰"重修事物紀原集"。目録分上下。目録上之末有木記云"此書求到京本，將出處逐一比較，使無差謬。重修寫作大板雕開，並無一字誤落。時慶元丁巳之歲，建安余氏刊"。蓋寧宗時麻沙本也。以成化八年李果重刊閻敬本校之，大抵明本以二卷並爲一卷，而稍有參差。凡宋本作"門"，明本皆作"部"，字句之間，多所異同。惟明本第七卷"庫務局織部""騏驥院"條下，脱"周官有十二閑，蓋國馬之所也。漢末有未央厩，唐有飛龍院，國"二十四字。（宋本卷十三。）"州郡方域部""驛"條之後，又脱"敕書樓"、"鼓角樓"、"酒務"、"税務"、"遞鋪"五條，總二百八十字，而誤以"遞鋪"條末"左傳楚子乘駟"以下三十二字，連於"驛"條之末。然宋本亦有脱落。明本卷二"公式姓諱部""閣下"條，後有"足下"一條，引《異苑》凡七十二字，卷七"伎術醫卜部""三式"條後有"占歲"、"雜占"、"靈"、"棋"、"畫"、"射御"六條，凡三百十餘字，而宋本於此六條皆有録無書。又"射御"條末"土作乘馬"以下四十二字爲"三式"條注，而"三式"條注八十四字全缺。論宋本者，以麻沙本爲最下，良不誣也。想閻敬所據，亦善本耳。惟宋本卷二十至"謝豹"止，明本目録亦然，而書有"狡"、"畢方"、"鹿蜀"、"獇獇"、"蟠蟥"、"𤡔𤡔"、"獝鶹"七條，當是後人竄入耳。①

《皕宋樓藏書志》卷五九亦有著録：

> 重修事物紀原二十六卷目録二卷宋刊本　　五硯樓舊藏
> 宋高承撰

---

① [清]陸心源著、馮惠民整理《儀顧堂書目題跋彙編》，中華書局，2009 年，頁 536—537。"惟明本第七卷'庫務局織部''騏驥院'條下，脱'周官有十二閑，蓋國馬之所也。漢末有未央厩，唐有飛龍院，國'二十四字"一句不確，經筆者檢核，閻本此段文字未脱。"宋本卷十三'州郡方域部''驛'條之後，又脱'敕書樓'、'鼓角樓'、'酒務'、'税務'、'遞鋪'五條，總二百八十字，而誤以'遞鋪'條末'左傳楚子乘駟'以下三十二字，連於'驛'條之末"，其實據筆者考證，"左傳楚子乘駟"以下三十二字實爲"馬鋪"條内容，排列在"遞鋪"條之後、"急遞"條之前。詳細考證見下文第三節。

此書求到京本，將出處逐一比校，使無差謬，重修寫作大板雕開，並無一字誤落。時慶元丁巳之歲，建安余氏刊。

案，此南宋刊本，《儀顧堂集》有跋。①

《儀顧堂集》與《皕宋樓藏書志》所記載該本卷數有異。歷代書目皆未見著錄有《事物紀原》二十六卷本，就筆者親見，該本確爲二十卷，另有目錄二卷，故《皕宋樓藏書志》著錄該本卷數有誤。

1907 年夏，陸心源皕宋樓所藏宋元本盡數流入日本静嘉堂文庫，該本當然也不例外。《静嘉堂文庫宋元版圖錄》著錄該本②。

本文前引《藏園群書校勘跋識錄》所錄傅增湘跋文中，傅氏曾感歎以所藏佚名校宋本與何煌校宋本（傅氏誤認爲是毛褒所校）相比較，發現何煌校宋本校字遺漏頗多，懷疑何煌所見爲別一宋本。他發現《皕宋樓藏書志》著錄有此書宋刊本，於是萌發了再次東渡日本、訪問静嘉堂文庫，取宋本逐類比勘、校核異同，解開心中所有疑惑，詳細陳述宋本全部情況的願望。然而傅氏最終未能實現這一願望。

近四十年以來，嚴紹璗曾赴静嘉堂觀摩此書，其《日本藏漢籍珍本追蹤紀實——嚴紹璗海外訪書志》有著錄，可惜由於嚴氏未對此書作過專門研究，故記述簡略而錯訛頗多，比如認爲清乾隆年間編纂《四庫全書》時此書已無宋刊本，“至少自明代以來，在我國讀書界，宋刊本《事物紀原集》已經失佚，幾近千年已經無人知曉天地間竟然還有此書的宋版留存”；受《四庫全書總目》誤“閻敬”爲“簡敬”的影響，誤將作爲“簡敬刻本”略稱的“簡本”理解爲與“繁本”相對的“簡本”等等③。

筆者前年在日本留學時，曾有幸得見静嘉堂藏南宋慶元三年刻本之縮

<hr>

①［清］陸心源編、許静波點校《皕宋樓藏書志》，浙江古籍出版社，2016 年，頁 1040。

②［日］静嘉堂文庫編纂《静嘉堂文庫宋元版圖錄·圖版篇》，汲古書院，1992 年，頁 165—166；［日］静嘉堂文庫編纂《静嘉堂文庫宋元版圖錄·解題篇》，汲古書院，1992 年，頁 47。

③嚴紹璗《日本藏漢籍珍本追蹤紀實——嚴紹璗海外訪書志》，上海古籍出版社，2005 年，頁 310—312。

微膠卷①,如獲至寶,因此不揣譾陋,將該本與陳本、閣本、李本、格致本及四庫本對校一過,又校之以宋元其他古籍和《永樂大典》徵引《事物紀原》的文字,希望能夠詳細地將這部海內孤本介紹給國內學界,並探究該本的獨特價值,厘清該本與明文淵閣藏本、胡儼傳本以及後出諸本的關係,解決前人《事物紀原》研究中遺留的一些問題並糾正前人的一些錯誤認識。

筆者所見靜嘉堂文庫藏南宋寧宗慶元三年刻本《重修事物紀原集》,正文二十卷、目錄上下二卷,共八冊,封面書"宋板事物紀原　壹部計八冊",大抵宋本之二卷對應閣本之一卷,但這種對應關係很不嚴格,比如屬於閣本卷二最末一部的"輿駕羽衛部第十二"就位於宋本卷五首門,致使以下諸卷皆順移一門;閣本卷九包含從"農業陶漁部第四十五"到"戰陣攻守部第五十"這六部,宋本卷十七和卷十八却包含從"四十二、歲時風俗門"到"四十七、吉凶典制門"這六門;閣本卷十與宋本卷二十竟恰好對應。該本版式爲半葉十三行,行二十一字,白口,左右雙邊,雙黑魚尾。目錄上卷之末有四周雙邊的長方形牌記:"此書係求到京本,將出處逐一比校,使無差謬。重修寫作大板雕開,並無一字誤落。時慶元丁巳之歲,建安余氏刊。"關於建安余氏,清葉德輝《書林清話》卷二不僅有"宋建安余氏刻書"一節:"夫宋刻書之盛,首推閩中。而閩中尤以建安爲最,建安尤以余氏爲最","閩中余板,在南宋久已著名……又他書所載,明季余氏建版猶盛行,是其世業流傳甚久","余氏刻書爲當時推重,宜其流傳之書,爲收藏家所寶貴矣"②;而且據《皕宋樓藏書志》記載了南宋時建安余氏曾刊刻過這部慶元三年刻本《事物紀原》。該本牌記左側有跋文:"按:宋王明清《揮麈錄》:元魏獻文欲置學官於郡國,高允表請博士、助教、學生,大小郡各有差。郡國立學自此始,事載允傳。本朝高承纂《事物紀原》,自謂博極,而不取此,何耶? 此書刊於宋寧宗朝,□□□佳,又劃去序文,定非全帙。凡書經重刊者,皆□□□□□□□□□文以射利,宋元以來皆坐此弊,失作者意。"③該本遇"玄"、"絃"、"警"、

---

① [宋]高承撰《事物紀原》,[日]靜嘉堂文庫編《靜嘉堂文庫所藏宋元版》縮微膠卷第
　　261盒,雄松堂書店,2015年。

② [清]葉德輝《(插圖本)書林清話》,上海古籍出版社,2008年,頁31—35。

③ 據前揭上海圖書館藏佚名臨何堂校宋本書後的徐駿跋文,"□□□佳"當作"楮墨不
　　佳","皆□□□□□□□□□文以射利"當作"皆取時用所急,多減削原文以射利"。

“弘”、“朗”、“殷”、“胤”、“恒”、“禎”、“貞”、“徵”、“讓”、“桓”、“構”、“慎”和“敦”字皆避諱；凡遇與宋朝和宋朝皇帝有關的詞如“國朝”、“真宗”等前面皆空一格，比如卷二“四、嬪御命婦門”之“貴人”條“　國朝　真宗復置貴人也”一句的“國朝”和“真宗”前各空一字。

該本藏書印有“沈與文印”、“姑餘山人”、“思適齋藏”、“廣圻審定”、“五硯主人”、“平陽汪氏藏書印”、“文琛”、“汪士鐘印”、“民部尚書郎”、“伯卿甫”、“廷相”、“濟陽蔡氏”、“卓如（二種）”、“金匱蔡氏醉經軒考藏章”、“蔡廷楨印（二種）”、“繁露堂圖書印”、“宋本（三種）”、“臣陸樹聲”和“歸安陸樹聲叔桐父印”①。考“沈與文印”、“姑餘山人”和“繁露堂圖書印”爲明嘉靖年

---

① 該本目録上卷“重修事物紀原集目録上”上方鈐有“宋本”陽文橢圓大印，下方自下而上鈐有“汪士鐘印”陰文方印、“民部尚書郎”陽文方印、“文琛”陰文方印和“平陽汪氏藏書印”陽文長方印，並排左側自下而上鈐有“伯卿甫”陽文方印、“廷相”陰文方印和“濟陽蔡氏”陽文方印；目録下卷“重修事物紀原集目録下”下方自下而上鈐有“金匱蔡氏醉經軒考藏章”陽文長方印和“五硯主人”陽文方印；卷一卷首“重修事物紀原集卷第一”左側“凡三門共七十八事”上方鈐有“宋本”陽文橢圓小印，下方自下而上鈐有“思適齋藏”陽文方印和“廣圻審定”陽文方印；卷一卷末“重修事物紀原集卷第一”下方自下而上鈐有“卓如”陽文方印和“蔡廷楨印”陰文方印，最末空白頁鈐有“歸安陸樹聲叔桐父印”陰文方印；卷二卷首“重修事物紀原集卷第二”上方鈐有“宋本”陽文橢圓大印，下方自下而上鈐有“汪士鐘印”陰文方印、“民部尚書郎”陽文方印、“文琛”陰文方印和“平陽汪氏藏書印”陽文長方印，並排左側自下而上鈐有“伯卿甫”陽文方印、“廷相”陰文方印，並排右側邊欄外自下而上鈐有“姑餘山人”陰文方印和“沈與文印”陰文方印；卷四卷末“重修事物紀原集卷第四”下方自下而上鈐有“卓如”陽文方印和“蔡廷楨印”陰文方印，最末空白頁右側自下而上鈐有“姑餘山人”陰文方印和“沈與文印”陰文方印，左側鈐有“歸安陸樹聲叔桐父印”陰文方印，再左側鈐有“繁露堂圖書印”陽文長方大印；卷五卷首“重修事物紀原集卷第五”上方鈐有“宋本”陽文橢圓大印，下方自下而上鈐有“汪士鐘印”陰文方印、“民部尚書郎”陽文方印、“文琛”陰文方印和“平陽汪氏藏書印”陽文長方印，並排左側自下而上鈐有“伯卿甫”陽文方印和“廷相”陰文方印；卷六卷首“重修事物紀原集卷第六”左側“凡二門共八十三事”上方鈐有“宋本”陽文橢圓小印，下方自下而上鈐有“思適齋藏”陽文方印和“廣圻審定”陽文方印；卷十卷末“重修事物紀原集卷第十”下方自下而上鈐有“卓如”陽文方印和“蔡廷楨印”陰文方印，最末空白頁鈐有“歸安陸樹聲叔桐父印”陰文方印；卷十一卷首“重修事物紀原集卷第十一”上方鈐有“宋本”陽文橢圓大印，左側“凡三門共八十（轉下頁注）

間著名藏書家、刻書家沈與文的藏書印。沈與文，字辨之，自號姑餘山人，吳縣（今江蘇蘇州）人。"思適齋藏"和"廣圻審定"爲清代著名校勘學家、目錄學家、藏書家顧廣圻（1766—1835）的藏書印。顧廣圻，字千里，號澗蘋、無悶子，別號思適居士、一雲散人，元和（今屬江蘇蘇州）人。"五硯主人"爲清代著名藏書家袁廷檮的藏書印。袁廷檮（1764—1810），字壽階，又作綬階，號又愷，吳縣（今江蘇蘇州）人。"平陽汪氏藏書印"、"文琛"、"汪士鐘印"和"民部尚書郎"爲清代著名藏書家汪文琛、汪士鐘父子的藏書印。汪文琛，字厚齋，長洲（今江蘇蘇州）人，藏書樓名"藝芸書舍"；汪士鐘（1786—?），字春霆，號閬源。"伯卿甫"、"廷相"、"濟陽蔡氏"、"卓如"、"金匱蔡氏醉經軒考藏章"和"蔡廷楨印"爲清代著名藏書家蔡廷相、蔡廷楨兄弟的藏書印。蔡廷楨（1809—1872），字卓如，號佳木，祖籍江蘇金匱（今無錫），遷居浙江山陰（今紹興）；兄蔡廷相，字伯卿。"臣陸樹聲"和"歸安陸樹聲叔桐父印"是陸心源第三子陸樹聲（1882—1933，字叔桐）的藏書印。可見該本經沈與文、顧廣圻、袁廷檮、汪士鐘父子、蔡廷楨兄弟和陸心源父子遞藏，可謂傳承有序。

（接上頁注）八事"上方鈐有"宋本"陽文橢圓小印，下方自下而上鈐有"思適齋藏"陽文方印和"廣圻審定"陽文方印，右側邊欄外自下而上鈐有"汪士鐘印"陰文方印、"民部尚書郎"陽文方印、"文琛"陰文方印和"平陽汪氏藏書印"陽文長方印，左側"上將軍"條結尾處自下而上鈐有"伯卿甫"陽文方印和"廷相"陰文方印；卷十三卷末"重修事物紀原集卷第十三"下方鈐有"卓如"陽文方印和"蔡廷楨印"陰文方印，最末空白頁鈐有"歸安陸樹聲叔桐父印"陰文方印；卷十四卷首"重修事物紀原集卷第十四"下方自下而上鈐有"汪士鐘印"陰文方印、"民部尚書郎"陽文方印、"文琛"陰文方印和"平陽汪氏藏書印"陽文長方印，並排左側自下而上鈐有"伯卿甫"陽文方印和"廷相"陰文方印；卷十六卷末"重修事物紀原集卷第十三"下方鈐有"卓如"陽文方印和"蔡廷楨印"陰文方印，左側鈐有"歸安陸樹聲叔桐父印"陰文方印；卷十七卷首"重修事物紀原集卷第十七"上方鈐有"宋本"陽文橢圓大印，下方自下而上鈐有"汪士鐘印"陰文方印、"民部尚書郎"陽文方印、"文琛"陰文方印和"平陽汪氏藏書印"陽文長方印，並排左側自下而上鈐有"伯卿甫"陽文方印和"廷相"陰文方印；卷十八卷末"重修事物紀原集卷第十八"下方鈐有"卓如"陽文方印和"蔡廷楨印"陰文方印，最末空白頁鈐有"臣陸樹聲"陰文方印；卷十九卷首鈐印情況同於卷十七卷首；卷二十卷末"重修事物紀原集卷第二十"下方鈐有"卓如"陰文方印和"蔡廷楨印"陽文方印。

　　可惜該本存在少量缺葉：卷六"十五、衣裘帶服門"之"綬"條"結於礇，轉相綬。今"以下殘去兩葉半，至"屐"條"孔子屐者"處始有文字，"孔子"二字亦殘壞不清，卷末殘去單獨題有"重修事物紀原集卷第六"一行的末葉，而該行由後人抄補於前一葉"雨衣"條之後；卷七卷首至"十六、學校貢舉門"之"賢良"條之前一葉半又六行爲後人抄補，同門"明經"條之後殘去兩個半葉，至"貢士"條"德四年云"處始有文字，欄外批注曰："缺二頁。"①

　　中國國家圖書館亦藏有一部宋刻本《事物紀原》，僅存卷六至卷九這四卷，卷六僅存五葉（十下至十四）、卷九僅存六葉（一至六上），惟有卷七（十七葉）和卷八（十三葉）尚全，而且幾乎每葉皆殘損嚴重。《北京圖書館古籍善本書目》有著録："《重修事物紀原集》十卷，宋高承輯。宋刻本。一册。十三行二十一字白口左右雙邊。存四卷，六至九。"②《中國古籍善本書目》有著録："《重修事物紀原集》十卷，宋高承輯。宋刻本。存四卷，六至九。"③《中國古籍總目·子部》著録爲："《重修事物紀原集》十卷，宋刻本。國圖（存卷六至九）。"④可見該本被鑒定爲十卷本。這個結論給研究者帶來了很大的困惑，比如朱仙林、曹書傑《〈事物紀原〉初本成於宋代考》就質疑既然静嘉堂藏有宋本二十卷而國圖藏有宋本十卷，"則宋本似又不止一部存世？"⑤。其實經筆者比勘，國圖藏宋本殘卷與静嘉堂藏宋本完全相同，實爲同一版本，《北京圖書館古籍善本書目》、《中國古籍善本書目》和《中國古籍總目》著録國圖藏宋本爲十卷都是錯誤的，當爲二十卷。可惜國圖藏宋本殘卷上除了"國立北平圖書館收藏"和"國家古籍保護中心制"兩方印章外，没有其他鈐印，因此無法判斷是否爲徐乾學傳是樓和王氏樂天書屋的舊藏。令人欣喜的是，該本雖殘損極其嚴重，但上述静嘉堂藏宋本殘缺和抄補處（合計五葉又六行）却都保存了下來，雖然許多文字殘壞不清，但依然能够提供不少有價值的異文，恰可作爲静嘉堂藏宋本的補充。

---

①此段依據國圖藏殘宋本的卷數。

②北京圖書館編《北京圖書館古籍善本書目·子部》，1987 年，頁 1522。

③中國古籍善本書目編輯委員會編《中國古籍善本書目·子部》，頁 797—798。

④中國古籍總目編纂委員會編《中國古籍總目·子部》，頁 2050。

⑤朱仙林、曹書傑《〈事物紀原〉初本成於宋代考》，載中國歷史文獻研究會編《歷史文獻研究》（總第 31 輯），華東師範大學出版社，2012 年，頁 219—220。

比如《事物紀原》點校本卷三"學校貢舉部第十六"之"配坐"條①：

> 《通典》曰：魏齊王芳正始二年二月，講經徧，使太常釋奠，以太牢祀孔子於辟雍，以顏回配。此蓋其始也。《唐會要》曰：貞觀二年，以顏子配享孔子。宋朝神宗熙寧中，大興學校，又兼以孟子配也。（點校本頁160）

點校本"講經徧"校勘記曰："原作'講論通'，據《通典》卷五三及《通志》卷四三改。"檢核諸本，國圖藏宋本和陳本作"講《論語》"，靜嘉堂藏宋本此處爲後人抄補，作"講論通"，閣本、李本、格致本和四庫本亦作"講論通"。

按：唐杜佑《通典》卷五三"禮一三·釋奠"："魏齊王正始中，每講經徧，輒使太常釋奠於辟雍，以太牢祠孔子，以顏回配。"②與《事物紀原》所引《通志》文字頗有差異，尤其僅言"正始中"，未明確爲"正始二年"。宋鄭樵《通志》卷四三"禮略第二·釋奠"所載此句與《通典》文字全同③，即抄自《通典》。如《事物紀原》原文作"經徧"二字，似不易訛爲"論通"，點校本據《通志》和《通典》徑改，證據不足。檢南朝沈約《宋書》卷一七"志第七·禮四"："魏齊王正始二年三月，帝講《論語》通，五年五月，講《尚書》通，七年十二月，講《禮記》通，並使太常釋奠，以太牢祀孔子於辟雍，以顏淵配。"④唐房玄齡《晉書》卷一九"志第九·禮上"："魏齊王正始二年二月，帝講《論語》通，五年五月，講《尚書》通，七年十二月，講《禮記》通，並使太常釋奠，以太牢祠孔子於辟雍，以顏回配。"⑤宋王欽若《冊府元龜》卷四九"帝王部·崇儒術"："齊王正始二年二月，初通《論語》，使太常以太牢祭孔子於辟雍，以顏淵配。"⑥宋王應麟《玉海》卷一一一"學校"之"魏太學、辟雍、泮宮"條："正始二年二月，初通《論語》，使太常以太牢祭孔子於辟雍，以顏淵配。"同

---

① 由於《事物紀原》的宋本、陳本與其他版本分卷不同，爲了論述的方便，本文舉例說明時皆以中華書局點校本的卷數作爲依據，如遇需要特別說明某條位於宋本卷幾的情況，會採用"宋本卷幾"的字樣加以區別或出注釋說明。

② ［唐］杜佑撰，王文錦等點校《通典》，中華書局，1988年，頁1472。

③ ［宋］鄭樵撰，王樹民點校《通志二十略》，頁660。

④ ［梁］沈約《宋書》，中華書局，1974年，頁485。

⑤ ［唐］房玄齡等撰《晉書》，中華書局，1974年，頁599。

⑥ ［宋］王欽若等編《冊府元龜》，中華書局，1960年，頁552。

書卷一一三"學校"之"魏釋奠辟雍"條:"《宋志》:齊王正始二年,初通《論語》,使太常以太牢祭孔子於辟雍,以顔淵配。"①上引《宋書》以下四部書皆明確記載魏齊王"正始二年"講《論語》通之事,尤其以《晉書》與《事物紀原》的文字最爲接近,可見國圖藏宋本和陳本作"講《論語》"淵源有自。再結合閩本、李本、格致本和四庫本皆作"講論通"的情況來看,原文應作"講《論語》通",國圖藏宋本和陳本脱去"通"字,閩本、李本、格致本和四庫本脱去"語"字。此外,筆者疑《事物紀原》編者混淆此句出處,當爲《晉書》而非《通典》。

三　静嘉堂藏宋本《事物紀原》價值與缺陷探析

作爲現存唯一一部基本完整的宋本《事物紀原》,静嘉堂文庫藏南宋慶元三年刻本具有極其珍貴的價值,能夠提供大量有價值的異文,訂正和補充後出諸本的許多訛誤和缺漏。凡明本作"宋"、"宋朝"處,宋本皆作"今"、"國朝"或"皇朝",有力地推翻了張志和《〈事物紀原〉成書於明代考》②僅憑藉明本作"宋朝"就斷定該書作者爲明代人的觀點。該書中華書局點校本已據傅增湘校宋本迻録的宋本條目補入了卷七"敕書樓"等四條,並訂正了許多底本(《惜陰軒叢書》本)的錯訛,比如《事物紀原》卷一"嬪御命婦部第四"之"太君"條"其母邑號皆加太君封。稱太君,此其始也"二句之"稱太"二字下原脱"君"字,已據傅校本補入;卷二"樂舞聲歌部第十一"之"胡部"條"《筆談》曰:外國之聲,前世自別爲四夷樂。唐天寶十三載,始詔法曲與胡部合奏,自此全失古法"之"古法",原作"古注",已據傅校本、格致本及《夢溪筆談》校改等等。然而正如前揭《藏園群書校勘跋識録》所録傅增湘跋文所感歎的,傅氏所據何煌校宋本遺漏甚多,遠遠未能將宋本的異文完整保留下來,因此静嘉堂藏宋本不但具有極高的文物價值,而且其文獻價值也是巨大的,兹舉點校本未能校出的諸例説明之:

---

①[宋]王應麟輯《玉海》,廣陵書社,2003 年,頁 2056、頁 2087。
②張志和《〈事物紀原〉成書於明代考》,《東方論壇》2001 年第 4 期,頁 59、頁 65。

　　（一）可補點校本失收條目一條，析出與其他條目誤合之條目一條，並糾正條目排列順序

　　宋本卷十四“三十五、州郡方域門”之“關”條之後、“急遞”條之前有“敕書樓”、“鼓角樓”、“酒務”、“稅務”和“遞鋪”五條，後出諸本皆無。點校本已據傅增湘校宋本補入“敕書樓”、“鼓角樓”、“酒務”和“遞鋪”四條，但遺漏“稅務”一條：

　　　　漢武帝元光六年始稅商賈。齊武建元以來荻炭魚薪之類並稅之，淮北諸市備置官司。此稅務之初也。

　　此條本文第一節所列七個校宋本皆未補出。宋本“遞鋪”條云：

　　　　蓋自三代有也。《國語》曰：晉以傳召伯宗。又吳王曰：“徒遽來告我。”注云：徒步遽傳也。《孟子》曰：德之流行，速於置郵而傳命。皆周事也，其事自周始也。《左傳》有楚子乘馹。馹，驛馬也。則亦馬遞之制。漢文帝乃召太僕見馬，餘皆給傳置也。

　　該條末尾有“《左傳》有楚子乘馹……餘皆給傳置也”一段文字，此段文字陳本作爲單獨的“馬驛”條排列於“驛”條之後，閻本、李本、格致本及四庫本此段文字皆在“驛”條末尾。

　　按：宋本目録中“三十五、州郡方域門”下條目的排列順序爲“路”、“府”、“州”、“縣”、“郡”、“鎮”、“鄉”、“關”、“驛”、“敕書樓”、“鼓角樓”、“酒務”、“稅務”、“遞鋪”、“馬鋪”、“急遞”、“貧子院”（以下略），則“驛”條本在“關”條之下，正文中“遞鋪”條下本當有“馬鋪”一條内容，今未見。又“急遞”條云：

　　　　《筆談》曰：驛傳舊有步、馬、急遞三等，急遞最遽，日行四百里，惟軍興用之。熙寧中，又有金字牌急脚遞，如古羽檄也。以朱漆木牌金字，日行五百里，軍前機速處分，則自御前發下，三省、樞密莫得與也。

　　細味“遞鋪”條内容，屬於“步遞”一等。“《左傳》有楚子乘馹……餘皆給傳置也”一段文字的内容，屬於“馬遞”一等，與宋本目録“馬鋪”這一標題相合。故“遞鋪”、“馬鋪”、“急遞”三條内容恰爲驛傳的三個等級，宋本目録的排列順序合理，“驛”條夾在“馬鋪”和“急遞”條中間打亂了這種順序，由於“驛”條標題爲單獨一字，故宋本目録中排列在“關”條之下是合理的。《永樂大典》卷一四五七四“鋪”字頭“急遞鋪”條所引《事物紀原》的順序也可以作爲旁證：

《事物紀原》：蓋自三代有也。《國語》曰：晉以傳召伯宗。又吳王曰：“徒遽來告。”注云：徒步遽傳車也。《孟子》曰：德之流行，速於置郵而傳命。皆周事也，然則遞蓋起於周。宋朝急遞鋪，凡十里設一鋪。每鋪設鋪長一名，鋪兵要路十名，僻路或五名、或四名。（出職掌。）《左傳》有楚子乘馹。馹，驛馬也。則馬遞之制，已見於周矣。漢文帝乃詔太僕見馬，餘皆給傳置也。《筆談》曰：驛傳舊有步、馬、急遞三等，急遞最遽，日行四百里，唯軍興用之。熙寧中，又有金字牌急腳遞，如古羽檄也。以朱漆木牌金字，日行五百里，軍前機速處分，則速御前發下，三省、樞密莫得與也。①

除了中間“宋朝急遞鋪，凡十里設一鋪。每鋪設鋪長一名，鋪兵要路十名，僻路或五名、或四名。（出職掌）”一段文字外，《大典》引《事物紀原》的順序亦按照“遞鋪”條、“馬鋪”條和“急遞”條排列。因此“驛”條當移至“關”條之下，“酒務”下當補出“稅務”一條，“遞鋪”下當補出“馬鋪”一條。

（二）可補點校本已有條目之脱文

比如卷二“崇奉褒册部第十”之“聖祖號”條：

《御制靈遇記》曰：景德初，王中正遇司命真君傳藥金法，上之；四年十一月，降劉承規之直舍；五年，始奉上徽號曰九天司命天尊。《真宗實錄》曰：大中祥符五年十月十七日，上夢景德四年先降神人傳玉皇命云：“今汝祖趙（有名），此月二十四日降，如唐真元事。”至日，天尊降延息殿②。閏十月己巳，詔上九天司命保生天尊聖號曰聖祖上靈高道九天司命保生天尊大帝。又六年七月甲午，詔加上九天司命上卿保生天尊曰東嶽司命上卿佑聖真君。初，封禪畢，詔上司命天尊之號，至是以聖祖臨降名稱相類，故改上焉。天禧元年正月壬寅，帝詣景靈宮天興殿恭上也。然《實錄》之記聖祖加號，前後不同，故備述二年中事云。章衡《編年通載》曰：天禧元年辛丑朔，上玉皇、聖祖號寶册。（點校本頁79—80）

“帝詣景靈宮天興殿恭上也”一句，宋本“上”字下有“聖祖聖號寶册，即祥符五年閏月所上”等十五字，陳本有“聖祖聖號寶册”六字（無“也”字），閏

---

①［明］解縉等編《永樂大典》，中華書局，1986年，頁6435。
②“延息殿”宋本、閩本、格致本及四庫本作“延恩殿”，當據改。

本、李本、格致本、四庫本無①。

按：按照文意，景德五年，詔上九天司命天尊徽號。大中祥符五年十月二十四日，聖祖降延恩殿。閏十月，詔上九天司命保生天尊聖號曰聖祖上靈高道九天司命保生天尊大帝。因與聖祖降臨徽號相似，六年七月改九天司命上卿保生天尊曰東嶽司命上卿佑聖真君。天禧元年正月，真宗謁景靈宮天興殿恭上聖祖聖號寶册。叙述天禧元年正月壬寅事一句的前兩句皆在叙述九天司命上卿保生天尊改名爲東嶽司命上卿佑聖真君之事，若作"帝詣景靈宮天興殿恭上也"，則仿佛真宗謁景靈宮天興殿恭上的是東嶽司命上卿佑聖真君的徽號。宋佚名《宋大詔令集》卷一三六"典禮二一·天神下"有《上聖祖聖號仙衣册（天禧元年正月壬寅）》："本枝所系，仰祖德之有開；天極至高，儷帝宸而增煥。表兹崇尚，以答高明。謹奉玉册玉寶，恭上聖號，曰聖祖上靈高道九天司命保生天尊大帝。"②可知天禧元年正月壬寅所上確爲聖祖聖號寶册，陳本保留了部分文字，閣本等後出諸本皆涉下文"上"字脱去"聖祖聖號寶册，即祥符五年閏月所上"十五字，當據宋本補全。

再如卷七"靈宇廟貌部第三十七"之"嘉應侯"條：

熙寧間，百姓共立東嶽張太尉祠於國城之外東南隅。俗傳神姓張氏，淮陰人，死隸嶽神，主陰府要職。京東州郡，往往有祠，世謂張舍人者是也。至此號太尉。元豐中，光獻太皇太后祈有感，始封嘉應侯號。（點校本頁 378）

宋本"嘉應侯"後無"號"字，而有"後累封至王。乾道間，有功於國，加封忠靖威顯昭烈靈祐王"二十三字，閣本、李本、格致本及四庫本皆僅有"號"字。

按：《宋會要輯稿》禮二〇："《臨汀志》：靖王祠。在臨汀（蓬）［蓮］城縣南。嘉定間敕賜廟額。按：王淮陰人張有嚴之子。唐開元元年八月十八日生，十四年七月二十五日入滅爲神，護國救民，封成濟侯。宋太祖親征太原，川水泛溢，上憂之，冰忽合，師遂濟，空中見神來朝，加征應護聖使者。

---

① 點校本《事物紀原》"天興殿恭上也"校勘記曰："傅校本、格致本'上'下有'聖祖聖號寶册，即祥符五年閏月所上'等十五字"，然經筆者檢核，格致本無此十五字。點校本僅校出異文，未判斷是非。

② ［宋］佚名編、司義祖整理《宋大詔令集》，中華書局，1962年，頁480。

熙寧五年,升濟物侯。宰相王荆公令有司勘會靈顯事迹,再封忠懿文定武寧嘉應侯。南渡以來,神復響答於浙間,而此方尤顯著,累封東平忠靖王,邑人尊事之。殿基舊卑隘,淳熙九年重建";"沅州城西南嶽張太保祠。政和二年九月封靈祐侯。(以荆湖北路都鈐轄司言,猺賊圍城,州人祈禱,若有神助,故特賜封。)六年十月,封祐順靈顯公。宣和七年九月,賜廟額'(照)[昭]烈'。(以靖州言,乞立廟額,故從其請。)高宗建炎二年,封忠靖王。紹興十七年十月,封其妻曰協惠夫人。二十二年二月,加封忠靖威顯王。孝宗隆興元年七月,加封忠靖威顯靈祐王。乾道七年正月,加封忠靖威顯靈祐英濟王"①。宋汪應辰《文定集》卷九《昭烈廟記》:"賜額'昭烈',則自政和乙巳始也。……案,王自政和至乾道,累封八字,是爲忠靖、威顯、靈祐、英濟;王夫人累封四字,是爲協惠、懿澤夫人。"②可見宋本多出的二十三字確有依據,只是將乾道七年封號中的"英濟"誤爲廟額"昭烈",並與"靈祐"二字互換了順序,屬於編者知識或記憶上的失誤,仍然當據宋本補入此二十三字。

又如卷七"道釋科教部第三十八"之"道號"條"宋朝緣唐事,亦有賜號先生、處士者。真宗,陳搏賜號希夷先生,神宗時,張噩賜號沖靖處士是也"一段文字的"真宗"二字後宋本有"朝"字,閣本、李本、格致本及四庫本皆無,陳本句式不同,根據文意,當據宋本補。

又如卷八"歲時風俗部第四十二"之"禁火"條:

> 《鄴中記》曰:舊云寒食斷火,起於介子推,《左氏》、《史記》不見子推被焚之事,按《周禮·司烜》,仲春以木鐸修火禁於國中。注謂季春將出火。今寒食推節氣是中春末,清明是三月初。<u>然則亦周人出火之事也</u>。後漢周舉遷並州太原,舊俗以介子推焚骸,一月斷火。舉移書廟云:寒食一月,老小不堪,今則三日而已。自漢以來,訛謬已若此也。(點校本頁433)

"然則亦周人出火之事也"之"然則"下宋本有"禁火乃周之舊制爾。唐及皇朝故事清明後賜新火則"二十一字,陳本作"然禁火蓋周制也",閣本、

---

①劉琳、刁忠民、舒大剛、尹波等校點《宋會要輯稿》,上海古籍出版社,2014年,頁1057—1058、頁996。

②[宋]汪應辰《文定集》,學林出版社,2009年,頁97。

李本、格致本及四庫本無。

按：此句之前，編者首先推翻了寒食禁火始自介子推的觀點，接著引用《周禮·司烜》"仲春以木鐸修火禁於國"、"注謂季春將出火"的記載，再根據寒食這個節氣是在中春末、清明是在三月初，推斷出禁火是周代的舊制、唐宋時代清明節後賜新火亦即周人季春出火之事。補上宋本這二十一字則文意變得完整、通順，脱漏此二十一字則僅言及清明後出火起於周代，未言及寒食禁火亦起於周代，與本條標題以及上下文重點皆在討論禁火之事不符。故當據宋本補。

（三）能够訂正後出諸本的訛誤

如卷一"正朔曆數部第二"之"天祺"條：

《宋朝會要》曰：天禧元年正月詔，大中祥符元年四月一日，天書再降内廷功德閣，其建爲天祺節，一如天貺節例。乾興元年二月，禮儀院上言："四月一日天書降日，節名下一字與御名同，合行迴避。"詔以天祺節爲名。（點校本頁 11）

"其建爲天祺節"之"天祺"，宋本作"天禎"（"禎"字缺末筆），陳本、閣本、格致本及四庫本作"天祺"。

按：根據"四月一日天書降日，節名下一字與御名同"一句，天禧元年正月降詔所建之節當爲天禎節，若作天祺節，則與乾興元年二月所改之名全同，故當從宋本改。宋李燾《續資治通鑑長編》卷八九："[天禧元年春正月]壬戌，詔以四月一日爲天禎節，其制度悉如天貺云。（功德閣天書至是始布告天下，不知何也。）"[1]元脱脱《宋史》卷一一二《禮志》第六五："天禧初，詔以大中祥符元年四月一日天書再降内中功德閣爲天禎節，一如天貺節。尋以仁宗嫌名，改爲天祺節。"[2]可爲旁證。然清徐松《宋會要輯稿》（稿本）禮五七"天祺節"條："天禧元年正月二十三[日]，詔曰：'大中祥符元年四月一日，天書再降内中功德閣，其建爲天祺節，一如天貺之例。'乾興元年二月，禮儀院上言，四月一日，詔以天祺節爲名。（詳見'祺'字。）……乾興元年（仁宗即位未改元。）二月二十三日，禮儀院言：'四月一日天書降日，節名下

---

①[宋]李燾撰，上海師範大學古籍整理研究所、華東師範大學古籍整理研究所點校《續資治通鑑長編》，中華書局，2004 年，頁 2038。

②[元]脱脱等撰《宋史》，頁 2681。

一字與御名同。’詔改‘天祺’。”①可見稿本《宋會要輯稿》亦誤作“天祺”。
點校本《宋會要輯稿》已據《續資治通鑑長編》卷八九將正文改爲“天禎”，並
説明“仁宗即位乃改‘禎’爲‘祺’”②。宋本《事物紀原》引《宋朝會要》作“天
禎”應當保存了《宋朝會要》在宋代的原貌。

　　再如卷七“靈宇廟貌部第三十七”之“英顯王”條：

　　　　廟在梓州梓潼縣，本梓潼神也。《舊記》曰：神本張惡子仕晉戰死，
　　而廟存。唐明皇狩蜀，神迎於萬里橋，追命左丞相。僖宗播遷，亦有
　　助，封濟順王。咸平中，益卒爲亂，王師討之，忽有人呼曰：“梓潼神遣
　　我來。”九月二十日城陷，果克。四年，州以狀聞，故命追封英顯王。
（點校本頁375）

　　“廟在梓州梓潼縣”之“梓州”宋本作“劍州”，閩本、李本、格致本及四庫
本作“梓州”，陳本無此條，七個校宋本皆未校出。

　　按：《宋史·地理志》記載潼川府路有：“潼川府，緊，梓潼郡，劍南東川
節度。本梓州。……縣十：郪，（望。有三十四鹽井。）中江，（望。隋玄武
縣。大中祥符五年改。有鹽井。）涪城，（望。有四鎮、二十七鹽井。）射洪，
（緊。有鹽井。）鹽亭，（緊。熙寧五年，省永泰縣爲鎮入焉。有六鹽井。）通
泉，（上。有三鐵冶。）飛鳥，（中。有五鹽井。）銅山，（中。有銅冶。）東關，
（中下。有四鹽井。）永泰。（中下。本尉司，南渡後爲縣。）”而利州路有：
“隆慶府，本劍州，上，普安郡，軍事。……縣六：普安，（中。熙寧五年，省臨
津縣爲鎮入焉。）梓潼，（上。）陰平，（中。）武連，（中。）普成，（中下。）劍門。
（中下。熙寧五年，以劍門關劍門縣復隸州。有小劍、白綿、砒砍、糧谷、龍
聚、托溪六砦。）”③可見宋代梓潼縣確屬劍州，而不屬於梓州。明本《事物
紀原》作“梓州”，當是與梓州曾改名爲梓潼郡相混淆的結果，故當從宋本改
爲“劍州”。

　　至於雖然沒有版本依據，但點校本已據他書改正的文字，宋本往往可
以提供版本依據。比如卷一“治理政體部第六”之“休沐”條：

　　　　《史記》：李園事春申君，謁歸故失期。則假告已見於戰國。漢律，

<hr />

①［宋］徐松輯《宋會要輯稿》，中華書局，1957年，頁1606。
②劉琳、刁忠民、舒大剛、尹波等校點《宋會要輯稿》，頁2002。
③［元］脱脱等撰《宋史》，頁2216、頁2222—2223。

吏得五日一休沐，言休息以洗沐也。鄧通洗沐不出，張安世休沐未嘗
出門是也。《唐會要》：永徽三年二月十日，以天下無虞，百司務簡，每
至旬假許不視事，以寬百寮休沐。然則休沐始於漢，其以旬休，則始於
唐也。（點校本頁 43）

點校本“張安世休沐未嘗出門是也”校勘記云：“‘未’字原脱，據《漢書》
卷五九《張安世傳》補。”按：宋本與《永樂大典》卷一九六三六“休沐”條引
《事物紀原》皆有“未”字①，恰可補證。閻本、李本、格致本及四庫本脱“未”
字，陳本無此句。

再如卷二“禮祭郊祀部第九”之“配饗”條：

《尚書》：盤庚之告其臣曰：“兹予大享於先王，爾祖其從與享之。”
則功臣配享之禮，由商人始也。《周禮》：有功者，書於大常，祭於大烝，
司勳詔之也。《趙簡子記》：祀董安於廟，魏祀曹真於太祖廟，又祫祀功
臣二十一人也。（點校本頁 76—77）

點校本“祭於大烝”校勘記云：“‘烝’原作‘丞’，據《周禮》卷三〇《司勳》
改。”按：宋本、陳本及四庫本作“大烝”，可補證。閻本、李本與格致本作“大
丞”。

又如卷二“樂舞聲歌部第十一”之“女樂”條：

《列女傳》曰：夏桀既棄禮義，淫於婦人，求四方美女，積之後宫，作
爛漫之樂。晉獻公欲伐虞，遺以女樂二八。《左傳》：鄭賂晉侯以女樂。
《論語》：齊人歸魯女樂。自周末皆有，而桀爲之始。（點校本頁 92）

點校本“鄭賂晉侯以女樂”校勘記云：“‘賂’原作‘略’，據《左傳》卷三一
《襄公》十一年及《太平御覽》卷五六八《樂部》六改。”按：宋本正作“賂”，可
補證。閻本、李本、格致本、四庫本作“略”，陳本無此句。

雖然能够提供很多有價值的異文，然而頗爲遺憾的是，南宋慶元三年
刻本乃福建麻沙書坊所刊，校勘粗疏，刻印不佳，多有訛脱，誠如上引陸心
源所言：“論宋本者，以麻沙本爲最下，良不誣也。”兹分訛、脱、衍、倒和錯簡
五類分别舉例加以説明②：

---

①［明］解縉等編《永樂大典》，頁 7301。
②以下論述静嘉堂藏宋本缺陷部分皆依據宋本卷數。

（一）訛

因字音、字形相近致訛的情況頗多。如卷三“九、禮祭郊祀門”之“廟號”條“故漢世因之”之“世”誤作“氏”，卷十一“二十九、東西使班門”之“弓箭”條正文三處“弓箭”皆誤作“宫箭”；卷十六“四十、舟車帷幄門”之“拂廬”條“高宗永徽五年獻之”之“永徽”誤作“承徽”（唐高宗無“承徽”年號），卷十九“四十八、博弈嬉戲門”之“鬥草”條“《成都記》曰：李冰爲蜀郡守，有蛟暴，入水戮之，已爲牛形”之“蛟”誤作“蚊”等等。

（二）脱

目録中卷三“八、公式姓諱門”有“足下”條，然正文中標題與内容皆脱。目録中卷十“二十六、五監總率門”有“將作主簿”條，然正文中標題與内容皆脱去。正文中卷十三“三十四、庫務職局門”之“北排岸”條脱去内容，與之相鄰的“朝服庫”條脱去標題，卷十四“三十七、靈宇廟貌門（凡二十六事）”一行脱去，使人誤認爲後面的内容屬於前面的“三十六、真壇淨社門（凡三十二事）”，但前面條數恰滿三十二事，可見二門並非合併，而是第三十七門脱漏了門名大標題。卷十五“三十九、伎術醫卜門”之“三式”條正文至“射御”條“上作乘馬”之前的文字全部脱去。至於一條中個別文字脱去的現象更是普遍，如卷二“五、朝廷注措門”之“尊號”條“天地立，有天皇，號曰天靈”脱“皇”字，卷八“二十、師保輔相門”之“參政”條“高宗用郭待舉，謂崔知温曰：‘待舉歷任尚淺，未可與卿等同名稱。’”一句脱“謂崔知温曰待舉”七字，卷九“二十二、三省綱轄門”之“門下”條“《唐·百官志》云二年也”脱“志”字，同卷同門“吏部”條“《通典》則以爲吏部之始，疑出於此也”一句脱“始疑出於此也”六字等等。

（三）衍

如卷十“二十三、持憲儲闈門”之“端公”條“唐侍御史之職有四，謂推彈公廨事，臺内之事悉主之，號爲臺端，他人稱之曰端公”一句“廨事”下再衍“廨事”二字，卷十二“三十一、撫字長民門”之“知縣”條“《宋朝會要》曰：建隆四年六月詔，河朔右地，魏爲大名，分治劇邑，當用能吏，思慎厘於縣務”之“河朔右地”下衍一“地”字，卷十五“三十八、道釋科教門”之“僧褐”條“後周忌聞黑衣之讖”之“讖”前衍一“讖”字。

（四）倒

如卷二“五、朝廷注措門”之“尊號”條“莒兹平公”一句“兹”、“平”二字誤倒,卷九"二十二、三省綱轄門"之"二起居"條"唐貞觀二年,於門下省置起居郎"一句"於門下"三字與"省"字誤倒爲"省於門下",卷十八"四十六、酒醴飲食門"之"鹽豉"條《史記·貨殖傳》之"貨"、"殖"二字誤倒,卷十九"四十八、博弈嬉戲門"之"傀儡"條"唐李商隱"之"唐"、"李"二字誤倒等等。

(五)錯簡

卷十五"三十八、道釋科教門"之"道錄"與"都監"兩條標題順序不變,但正文次序錯誤地互換。卷十六"四十、舟車帷幄門"之"傘"條"皇宗三品"下誤接下文"四十一、什物器用門"之"唾壺"條"物戰國時已有其制也"至"胡扇"條"按:王嘉《拾遺》曰:周"這半葉內容,此半葉上邊欄外有批語曰"此第十頁誤刻第六頁";"四十一、什物器用門"之"匙"條"注云:匕,所以"一句下誤接"四十、舟車帷幄門"之"傘"條"已上,青朱裏"至"四十一、什物器用門"之"漆器"條"唐太宗曰:'舜作漆器,諫者十七人。'則器之布"這半葉;"四十一、什物器用門"之"唾壺"條"得玉唾壺。蓋此"下誤接同門"匙"條"載鼎食。則匕三王之制也"至"秤鬥尺"條"因其所受多寡"這半葉。這是卷十六第十一頁誤刻第十九頁、第十三頁誤刻第十一頁、第十九頁誤刻第十三頁造成的錯簡,前人批語所云"第十頁"、"第六頁"是指整葉而言。

四　明文淵閣藏本、胡儼傳本與宋本關係考辨

論述完南宋慶元刻本的形態、內容、價值和缺陷後,接下來筆者所要探討的問題是,明文淵閣藏本、胡儼傳本和南宋慶元刻本之間到底存在怎樣的關係。

本文第一節已經提及,《永樂大典》(下文簡稱《大典》)所引《事物紀原》依據的就是明文淵閣藏本,文字應當非常近似,因此筆者取《大典》引文與《事物紀原》今存各本一一比勘,以期釐清明文淵閣藏本與南宋刻本的關係。

經過逐條比勘,筆者發現《大典》所引與南宋刻本存在異於其他各本的共同特徵,茲舉二例:

比如《大典》卷二二一八〇"陌"字頭"錢陌"條下所引:

> 《事物紀原》:自古用錢,貫皆以千,百皆以足。梁武帝時,自破領以東,八十爲陌,名東錢;江郢以上,七十,名西錢;京師九十,名長錢。

大同元年，詔通用足，而人不從，錢陌亦少，末年遂以三十五爲陌。錢
以八十爲陌，蓋自梁始也。其事見《通典》。唐昭宗時，京師用錢八百
五十爲貫，河南府以八百爲貫。《筆談》曰：漢隱帝時，三司使王章每出
官錢，以七十七爲陌，謂之省陌。蓋自五代漢始也。迄今四方民間市
易所用尤爲八品，不可勝述也。①

　　此條出自《事物紀原》卷十"布帛雜事部五十三"之"錢陌"條，最末"迄
今四方民間市易所用尤爲八品，不可勝述也"一句僅南宋刻本有且文字幾
乎全同（僅"尤"作"猶"），陳本、閣本、李本、格致本及四庫本均無。

　　再如《大典》卷一一六〇二"藻"字頭"總叙"所引：

　　　《事物紀原》：《淮南子》曰：海閭生屈龍，屈龍生容華，容華生薲，薲
　　生萍藻，萍藻生浮草，浮草生不根茇者皆生於浮草。許慎注云：海閭，
　　浮草之先也。《酉陽雜俎》作海間生屈龍，屈龍生容華，容華生薲，薲生
　　藻，藻生浮草。②

　　此條出自《事物紀原》卷十"草木花果部第五十四"之"萍藻"條，"海閭
生屈龍"之"閭"僅宋本同，閣本、李本、格致本及四庫本皆作"間"，陳本無
此條。

　　可見《大典》所據底本——明文淵閣藏本應當與南宋刻本存在某種緊
密的關係，或即出自於南宋刻本，或與南宋刻本有一個共同的祖本。然而
《大典》所引與南宋刻本亦存在許多差異，兹亦舉二例：

　　比如《大典》卷二二五六"壺"字頭"唾壺"條所引：

　　　惟《事物紀原》云：《西京雜記》曰：廣川王發魏襄王冢，得玉唾壺。
　　則此物戰國時已有之。③

　　此條出自《事物紀原》卷八"什物器用部第四十一"之"唾壺"條。"發魏
襄王冢"之"冢"，宋本、閣本作"家"，李本、格致本及四庫本作"塚"；"則此物
戰國時已有之"之"則"，宋本、閣本、李本、格致本及四庫本作"蓋"，"此"字
以下宋本爲錯簡，閣本作小字"吐物戰國時已有其制也"，李本作小字"此物
戰國時已有其制也"，格致本作大字"此物戰國時已有其制也"，四庫本作大

---

① ［明］解縉等編《永樂大典》，頁7849。
② 同上，頁4897。
③ 同上，頁690。

字“吐物戰國時已有其制也”。

再如《大典》卷三五二七“門”字頭“臺門”條所引：

> 高承《事物紀原》：《御史臺記》曰：臺門北開，取肅殺就陰之義。
> 韋述唐《兩京記》曰：臺門北開，以糾劾之司主意於殺，故門北啟，以
> 象陰殺。或曰，俗傳開南門不利大夫。《譚賓錄》曰：或云隋初移都，
> 兵部尚書李圜通兼御史大夫，欲向省便，故開北門，唐因循不改，迄
> 今遂爲故事。《唐會要》載裴冕語云：此説若取冬殺之義，本置臺司以
> 糾正冤濫，是有好生之德，豈創冬殺之義以入人罪乎？馮鑒以冕説
> 爲當。①

此條出自《事物紀原》卷六“會府臺司部第三十三”之“臺門”條。“譚賓
錄”宋本作“桓譚賓錄”（“桓”缺末筆），閣本、李本、格致本及四庫本作“譚賓
錄”；“此説若取冬殺之義”之“此説”，宋本無，閣本、李本、格致本及四庫
本有。

由此可見，明文淵閣藏本不可能沿自南宋刻本，反之則有可能，如果是
這樣的話，那麼明文淵閣藏本應當是一個早於南宋慶元三年刻本的宋本，
筆者認爲應當是一個經過南宋人增補的版本，慶元三年刻本是在這個增補
本的基礎上分爲二十卷；或者明文淵閣藏本與南宋慶元刻本祖於一源，二
者的祖本亦當爲這個南宋增補本。

下面筆者嘗試探討胡儼傳本與明文淵閣藏本究竟是一種怎樣的關係。
由於二者皆已不存，所以只能依據由二者直接衍生出的文獻進行考察。前
揭許沛藻文曾經指出：“閣氏翻刻胡儼傳本時，據其自稱，僅作了校讎、考
訂，未曾作過删補。李果也認爲閣敬刻本‘乃頤庵所傳之舊本’，是全集，則
閣敬刻本即爲胡儼所傳之原本。”②那麼我們可以認爲閣本完整保存了胡
儼傳本的原貌。明文淵閣藏本的面貌則依然可以依據《大典》所引《事物紀
原》來考察。

經過比勘，筆者發現閣本與《大典》所引存在相當程度的一致性，舉例
如下：

比如《大典》卷八五六九“生”字頭“合生”條所引：

---

① 同上，頁 2033。
② 許沛藻《〈事物紀原〉源流淺探》，載張舜徽主編《中國歷史文獻研究（一）》，頁 246。

　　　　《事物紀原》:《唐書·武平一傳》:中宗宴兩儀殿,胡人襪子、何懿
　　倡合生,歌言淺穢。平一上書:"比來妖伎胡人,街童市子,或言妃主情
　　兒,或列王公名質,詠歌舞蹈,號曰合生,始自王公,稍及閭巷。"即是合
　　生之原,起自唐中宗時也。今人亦謂之唱題目。①

　　此條出自《事物紀原》卷九"博弈嬉戲部第四十八"之"合生"條。"街童
市子"宋本作"御童市子",閣本、格致本、四庫本作"街童市子",陳本、李本
作"於御座之前";"今人亦謂之唱題目"之"之",宋本無,閣本、李本、格致
本、四庫本有,陳本句式不同。

　　再如《大典》卷一一五九九"草"字頭"本草"條所引:

　　　　《事物紀原》:《帝王世紀》曰:炎帝嘗味草木,宣藥療疾,著《本草》
　　四卷。至梁陶弘景、唐李世勣等注叙爲二十卷。皇朝開寶中,重校定。
　　仁宗嘉祐中,命掌禹錫等集類諸家叙藥之説爲《補注本草》。《唐書·
　　于志寧傳》志寧云:班固惟記黄帝《内、外經》,不載《本草》,齊《七録》乃
　　稱之。世謂神農嘗藥,黄帝以前文字不傳,以識相付,至桐、雷乃載篇
　　册,然所載郡縣多漢時,疑張仲景、華佗竄記其語。梁陶弘景本序云此
　　書應與《素問》同類,其餘多與志寧之説同也。②

　　此條出自《事物紀原》卷七"伎術醫卜部第三十九"之"本草"條。"掌禹
錫"之"掌",宋本、李本作"劉",閣本、格致本、四庫本及宋代張杲《醫説》卷
二"本草"條引《事物紀原》作"掌"。

　　由此可見,胡儼傳本確實與明文淵閣藏本關係緊密,或者是明文淵閣
藏本的一個抄本,或者二者存在同源的關係。

　　然而閣本與《大典》引文也並不完全一致,其中多數是閣本錯誤。比如
《大典》卷三五二五"門"字頭"衡門"條所引:

　　　　《事物紀原》:宫殿行幸,有衡門十人,選武力絶倫者爲之。上御
　　殿,則執樋東西對立殿前,亦古虎賁之類也。虎賁,蓋周制,見周
　　官也。③

　　此條出自《事物紀原》卷一"朝廷注措部第五"之"衡門"條。"東西對

──────────

① 《海外新發現永樂大典十七卷》,上海辭書出版社,2003年,頁159。
② [明]解縉等編《永樂大典》,頁4885。
③ 同上,頁2011。

立殿前”之“東”，閣本作“孝”，宋本、陳本、格致本及四庫本作“東”。閣本顯誤。

再如《大典》卷一四七〇七“度”字頭“節度”條所引：

> 高承事《事物紀原》：後漢公孫瓚討烏桓，詔令受劉虞節度，唐室名使，蓋取此義。唐制，緣邊戎寇之地，則加以旌節，謂之節度使。自高宗永徽以後，都督帶使持節者，始謂之節度使，然猶未以官名。①

此條出自《事物紀原》卷六“節鉞帥漕部第三十”之“節度”條。“後漢公孫瓚”之“漢”，閣本作“虞”，宋本、李本、格致本、四庫本及宋吳曾《能改齋漫録》卷二“事始”之“節度”條引《事物紀原》作“漢”。公孫瓚爲東漢人，閣本顯誤。

但是亦有閣本優於《大典》引文者，但此種情況下閣本皆與宋本一致。比如前列《大典》卷二二一八〇“陌”字頭“錢陌”條下所引《事物紀原》“梁武帝時，自破領以東，八十爲陌，名東錢”一句，“破領”之“領”，宋本、陳本、閣本、李本、格致本及四庫本皆作“嶺”。《隋書·食貨志》：“自破嶺以東，八十爲百，名曰東錢。江、郢已上，七十爲百，名曰西錢。京師以九十爲百，名曰長錢”②，故作“嶺”爲是，《大典》引文誤。再如《大典》卷三五二五“門”字頭“人門”條所引：

> 《事物紀原》：沈括《筆談》曰：《周禮》天官掌舍，無宫，則供人門，今謂之殿門夫武官，極天下長人之選，上御前殿，則執鉞立於紫宸門下，行幸則爲禁圍，行於仗門之前。今俗謂爲鎮殿將軍者也，蓋始於古人門。③

此條出自《事物紀原》卷一“朝廷注措部第五”之“殿門”條。“夫武官”之“夫”，宋本、閣本、格致本、四庫本作“天”，陳本作“乃”，《惜陰軒叢書》本作“夫”。宋沈括《夢溪筆談》的宋本、弘治本和崇禎本卷一及《類苑》二七皆作“天武官”，“大武官”之名見於宋孟元老《東京夢華録》卷六④，故作“天”

---

① ［明］解縉等編《永樂大典》，頁 6644—6645。
② ［唐］魏徵、令狐德棻《隋書》卷二四“志一九”，中華書局，1973 年，頁 690。
③ ［明］解縉等編《永樂大典》，頁 2011。
④ ［宋］沈括撰、胡道静校注《新校正夢溪筆談》卷一“文武官”條校勘記，中華書局，1957年，頁 29—30。

爲是,《大典》引文及《惜陰軒叢書》本誤。

由於此種情況下宋本與閣本皆不誤,因此筆者認爲《大典》的這些錯訛應當是抄録明文淵閣藏本時出現的訛誤,而非明文淵閣藏本本身的問題。

由於在閣本與《大典》所引不一致的這種情況下,閣本的錯誤更多,因此筆者更傾向於胡儼傳本是明文淵閣藏本的一個抄本的這種可能性,但是胡儼傳本與明文淵閣藏本同源的這種可能性無法排除。

還有一個必須解決的問題:《文淵閣書目》所著録《事物紀原》和《永樂大典》引文都明確題有撰者高承,説明明文淵閣藏本必定題高承撰。然而出自於與明文淵閣藏本有緊密關係的胡儼傳本的陳本和閣本却不著撰人名氏,其中應當有一些原因,筆者推測可能與明初寧王朱權(1378—1448)編纂的《原始秘書》大量借鑒、抄録《事物紀原》有關。《原始秘書》成書於建文二年(1402),所采《事物紀原》的底本可能是明文淵閣藏本,更有可能是胡儼傳本(朱權與胡儼私交甚好)。陳本和閣本隱去撰人姓名,很可能與忌憚藩王的名勢有關①。

由此我們可以厘清《事物紀原》的整個版本源流系統:北宋元豐年間,開封人高承編成《事物紀原》原本十卷,又名《事物紀原集類》,僅二百七十條,雙溪項彬爲之序。南宋慶元之前的某人在高承原編本的基礎上大量增補,明文淵閣藏本或者就是這個增補本,或者即出自於這個本子。南宋慶元三年,建安余氏在這個南宋增補本的基礎上分爲二十卷,鋟梓以傳。明初此書深藏在南京大内文淵閣中,《永樂大典》所引《事物紀原》即根據這部明文淵閣藏本,修纂《大典》的總裁官——胡儼所傳之舊本很可能就是抄自明文淵閣藏本,或者與明文淵閣藏本同源。正統九年,抄録胡儼傳本並經過趙弼大幅度删削校訂的陳華刻本問世。正統十三年,基本忠實於胡儼傳本的閣敬刻本付梓。成化八年,以閣敬刻本爲底本,校以陳華刻本,並加以按語的李果刻本問世。弘治十八年魏氏仁實堂刻本、萬曆年間胡文焕《格致叢書》本和清乾隆年間《四庫全書》本皆出自於

---

① 王豔雯《〈原始秘書〉研究》第六章爲《〈原始秘書〉與〈事物紀原〉關係考》,可參看,但由於作者未能寓目宋本《事物紀原》,故結論多有值得商榷之處。見王豔雯《〈原始秘書〉研究》,上海師範大學 2015 年碩士學位論文,頁 95—104。

閻敬刻本。日本明曆二年京都武村市兵衛刊鵜飼信之訓點本出自於《格致叢書》本。清道光年間李錫齡《惜陰軒叢書》本出自於李果刻本。中華書局點校本以《惜陰軒叢書》本爲底本。最後我們畫出《事物紀原》的版本源流圖（爲了繪圖的方便，圖中暫選取明文淵閣藏本出自於南宋增補本、胡儼傳本是明文淵閣藏本的一個抄本的這種可能性，但明文淵閣藏本即爲南宋增補本、胡儼傳本與明文淵閣藏本同源的這種可能性無法排除；底本關係用實綫表示，校本關係用虛綫表示）：

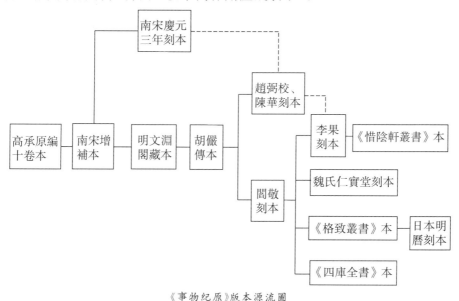

《事物紀原》版本源流圖

（作者單位：南京大學文學院）

域外漢籍研究集刊　第十七輯
2018 年　頁 401—411

《蒲室集》版本及其在日本的流傳

車才良

　　笑隱大訢(1284—1344)，族姓陳，江西南昌人，元代臨濟宗大慧派名僧，文宗時住持五山之上的大龍翔集慶寺，獲賜釋教宗主，掌領五山寺，名聲顯赫，有《蒲室集》十五卷、《書問》一卷、《疏》一卷、《笑隱和尚語録》(不分卷)存世。大訢詩文俱佳，虞集、黄溍、徐一夔和四庫館臣等均對其詩文評價甚高。大訢的《蒲室集》在元至正五年(1345)至元至正十八年(1358)間，由來華日僧歸國時攜入日本。五山版《蒲室集》刊行於延文四年(1359)，繼五山版刊行之後，日本先後出現多種重刊本、寫本以及將《書問》和《疏》單獨刊行的版本，甚至還有數十種《蒲室集》注釋書問世，可見《蒲室集》在日本影響之大。大訢的疏文被日本五山禪僧稱爲"蒲室疏法"，五山禪僧們將其視爲疏文寫作的教科書和範文，不斷地講解、注釋和模倣。占據五山文學半壁江山的禪林四六文基本都是在大訢疏文的影響下創作的。

　　對於大訢及其《蒲室集》，日本方面有飯塚大展對京都府立綜合資料館所藏《蒲菶》進行了翻刻，撰有少數幾篇論文①。其餘則大多在論述日本禪林四六文時旁及大訢及其《蒲室集》中的疏文，未見有專門研究②。國内也

---

① 飯塚大展撰有系列論文《〈蒲室疏抄〉研究序説——史料篇京都府立綜合資料館所藏〈蒲菶〉》(一)至(六)，共六篇文章，對《蒲菶》進行了翻刻。論文《「蒲室抄」について—「蒲根」「蒲菶」を中心として》(《禪學研究》，1994 年 3 月)論及蒲室疏的兩種注釋書。

② 玉村竹二《五山文學　大陸文化紹介者としての五山禪僧の活動》(至文堂，昭和 60 年)對"蒲室疏法"有所論述。西尾賢隆的論文《日中禪林における疏から表への展開》(日本歷史，1997 年 5 月)涉及到大訢的數篇疏。

僅有少數幾篇論文論及大訢的詩風、交游關係以及書畫美學思想等①。因此，作爲基礎研究，很有必要對《蒲室集》的版本及其在日本的傳承與接受等進行系統而深入的考察。本文根據現有資料對《蒲室集》的國內和日本版本以及館藏等進行梳理，對日本版本的文獻價值略作分析。

一　中國館藏《蒲室集》版本情況

　　國內最早的《蒲室集》版本爲元至元刻本，藏於國家圖書館和大連圖書館，包括《蒲室集》十五卷，附《書問》一卷、《疏》一卷、《笑隱和尚語録》（不分卷）。《蒲室集》十五卷由古辭，四言、五言、七言古詩，五言、七言律詩，五言、七言絶句，聯句，序，記，碑銘，塔銘，説，題跋，頌，箴，贊，銘和祭文構成。附録書問 50 篇，疏共計 113 篇，其中諸山疏等 73 篇、化佛殿疏等 40 篇。《笑隱和尚語録》（不分卷）由中天竺禪寺語録（門人中孚等編）、大龍翔集慶寺語録（門人崇裕等編）、笑隱和尚住湖州路烏回禪寺語録（門人廷俊等編）、杭州路禪宗大報國寺語録（門人慧曇等編）和大訢撰真贊、偈頌、銘、序、題跋以及虞集撰《元廣智全無太禪師太中大夫住大龍翔集慶寺釋教宗主兼領五山寺笑隱訢公行道記》（以下簡稱《行道記》）、黄溍撰《元太中大夫廣智全悟大禪師住大龍翔集慶寺釋教宗主兼領五山寺訢公塔銘》構成。

　　《蒲室集》的最早著録見於《明史·藝文志》補編，書中著録：“僧笑隱蒲室集一册，闕。”②清人錢大昕撰《補元史藝文志》卷四別集類載：“大訢，蒲室集十五卷”。③清人倪璨編撰《補遼金元藝文志》亦著録大訢和《蒲室集》，内容與《補元史藝文志》完全相同。《四庫全書總目》著録《蒲室集》，並附較長評論文字，引録如下：

　　　　《蒲室集》十五卷，浙江汪啓淑家藏本。元釋大訢撰。大訢字笑

①見韋德强《論釋大訢‘雄傑’詩風與雅集關係》（《語文建設》，2013 年 3 月）、《大訢詩歌交游考略》（《小説評論》，2012 年 5 月）；皮朝綱《笑隱大訢書畫美學思想簡論》（《寧波大學學報》，2013 年 1 月）；石觀海《疏文的接受美學：矩矱森然，攢花簇錦》（《長江學術》，2007 年 4 月）等少數論及笑隱大訢的論文。

②《明史·藝文志》，商務印書館，1959 年，頁 218。

③［清］錢大昕《補元史·藝文志》，中華書局，1985 年，頁 54。

隱,南昌陳氏子,居杭之鳳山,遷中天竺,又主建康集慶寺。是集詩六卷,文九卷。前有虞集序,謂其"如洞庭之野,衆樂並作,鏗宏軒昂,蛟龍起躍,物怪屏走,沉冥發興。至於名教節義,則感歷奮激,老於文學者不能過"。雖稱之少溢其量,然其五言古詩實足揖讓於士大夫間,餘體亦不含蔬筍之氣,在僧詩中猶屬雅音。又文宗入繼大統,改建康潛邸爲集慶寺,特起大訢居之,授大中大夫,故雖隸緇流,頗諳朝庭掌故。若所著《王可毅尚書歷任記》,證以《元史·文宗本紀》,皆相符合。惟《本紀》謂至治元年五月,中政使耀珠(原作咬住,今改正。)告託歡徹爾(原作脱歡察兒,今改正。)等交通親王,於是出文宗居海南。而是記則謂"至治二年讒慝構禍,文宗遷海南",與《本紀》相差一年。或傳寫誤"元"爲"二",故與史異耶? 集中多與趙孟頫、柯九思、薩都拉、高彦敬、虞集、馬臻、張翥、李孝光往來之作,而第九卷中《杭州路金剛顯教院記》,第十二卷《金陵天禧講寺佛光大師德公塔銘》並注曰"代趙魏公作",孟頫亦嘗假手於大訢,知非俗僧矣。①

文中對大訢的生平作了簡要介紹,對其詩文作出了評價,對《蒲室集》中詩文涉及的朝廷掌故進行了考證,並指出該集中多與文人往來之作,可看成是較早的大訢和《蒲室集》研究。近人所撰書目亦著録《蒲室集》,《中國館藏和刻本漢籍書目》載:"蒲室集十五卷、書問一卷、疏一卷、語録一卷。(元)釋大訢撰,釋廷俊編,日本承應二年(1653)風月莊左衛門刻本,大連圖書館。"②《中國古籍善本書目》著録比較全面,著録了幾種未見於其他文獻的清抄本:

> 《蒲室集》十五卷《書問》一卷《疏》一卷,元釋大訢撰,《笑隱和尚語録》不分卷,元釋廷俊等輯,元至元刻本;《蒲室集》十五卷,元釋大訢撰,清抄本;《蒲室集》十五卷,元釋大訢撰,清抄本;《蒲室集》十五卷,元釋大訢撰,清王氏十萬卷樓抄本,清丁丙跋;《蒲室集》十五卷,元釋大訢撰,清抄本,清丁丙跋;《蒲室集》八卷,元釋大訢撰,清初抄本。③

---

①[清]紀昀等《欽定四庫全書總目》(整理本),中華書局,1997年,頁2222。
②王寶平《中國館藏和刻本漢籍書目》,杭州大學出版社,1995年,頁487。
③中國古籍善本書目編輯委員會編《中國古籍善本書目》,上海古籍出版社,1998年,頁455—456。

　　通過國内各大圖書館的檢閲和調查發現，《蒲室集》版本有以下幾種存世：一是元至元（1335—1340）刻本，現藏於國家圖書館和大連圖書館。該刻本具體爲《蒲室集》十五卷，附《書問》一卷、《疏》一卷、《笑隱和尚語録》（不分卷），8 册，刻本，10 行 20 字，細黑口，四周雙邊。此本爲初刻初印，卷内遇元帝尊號如“文皇”、“文考”、“先皇”等字樣，皆提行，以示尊崇。書内鈐“涵芬樓”、“海鹽張元濟經收”等印。二是影印本。景印文淵閣四庫全書本影印《蒲室集》十五卷，《書問》和《疏》以及語録部分未影印。中華再造善本是根據元刻本的影印本，但也僅影印了《蒲室集》十五卷，其餘部分未影印。三是重印本。長洲顧氏秀野草堂於清康熙三十三年（1694）刊行《蒲室集》一卷，1 册，刻本，清光緒十四年（1888）重印。該書書名據版心題，叢編題名爲元詩選，現藏於國家圖書館。四是《蒲室集》八卷的版本，館藏不詳。五是清抄本，亦不知所藏。

二　《蒲室集》傳入日本的時間

　　《蒲室集》於何時、由何人傳入日本？ 從成書時間看，《蒲室集》卷前虞集序作於“至元四年歲在戊寅”，即後至元四年（1338），書之刊行大約應在此時或稍後不久。《笑隱和尚語録》中虞集所撰《行道記》中有語曰：“予與師相知四十年，見師身受龍翔之寄，至於今十有七載。”同文中載：“天歷初。元帥夢神龍騰空，覺而異之，作偈以識，既而天子以金陵潛邸，作大龍翔集慶寺，命江南行御史臺，督視其成。嘗有旨曰，江南大刹，皆前代所爲，甲乙之次，頗有定品，今日之作規制位望，宜無加焉。方大臣難於開法主者，師之器量，久在淵衷，命爲太中大夫，號曰廣智全悟大禪師，爲開山第一代。”可知大訢受請任龍翔集慶寺開山是在天歷元年（1328）。也即是説，從大訢“身受龍翔之寄”的天歷元年（1328）到虞集撰寫《行道記》的那一年經歷了十七年，由此可推知，語録中的《行道記》的撰寫年份爲 1345 年（至正五年），爲大訢去世後一年，大訢於至正四年（1344）去世。

　　據川瀬一馬《五山版的研究》，日本五山版《蒲室集》刊行於延文四年（1359）。此年爲大訢示寂十五年後。然而實際上，五山版《蒲室集》在延文三年（1358）已經完成。中巖圓月曾講解和注釋《蒲室集》，並撰有《插注參釋廣智禪師蒲室集》。在該書序文中，中巖寫道：“等持春屋禪師刻蒲室集版,既成,俾予解之,蓋以欲啓彼童蒙者歟,抑又以予忝爲法門之姪,故見命也。(中略)戊戌秋,日本國利根郡吉祥禪寺,姪中巖拜書。"①"戊戌"爲延文三年(1358),也就是説,在此年秋,《蒲室集》已經刻板完成。由於刻板需要耗費一段時間,再加上中巖在《插注參釋廣智禪師蒲室集序》完成之前已經講解《蒲室集》,盡管其講解的起始年月不得而知,但由以上兩點可以肯定《蒲室集》至少在延文三年(1358)以前就傳入日本。因此可以推斷,《蒲室集》傳入日本,大約在元至正五年(1345)至元至正十八年(1358)這段時間之内。石觀海認爲"日僧中巖圓月與笑隱大訢同出元僧晦機元熙之門,他自元泰定元年(1324)(筆者按,根據《中巖和尚自歷譜》應爲正中二年,泰定二年,1325 年)至至順三年(1332)在元期間極有可能與之交往,從其曾撰《蒲室集注釋》一書來看,説不定他歸日的行囊中就攜有《蒲室集》。"②這種説法從時間上來説不合理,因爲中巖歸國的至順三年(1332),《蒲室集》還未成書刊行,中巖基本上不可能將其帶回日本。中巖是日本第一個講解注釋《蒲室集》的五山禪僧,中巖之所以講解《蒲室集》,有幾方面因素。一方面,中巖在元時參學的東陽德輝與笑隱大訢是同門,故中巖在《插注參釋廣智禪師蒲室集》序文中自稱"姪中巖",可以説作爲大慧派的一種使命感是促使他做這件事的主觀上的内在因素。另一方面,中巖當時正寓居在春屋妙葩所在的天龍寺,與其關係親密,春屋之託,不忍推却。

　　根據《日本禪宗年表》,元至正五年(1345)至元至正十八年(1358)這段時間内,日僧歸國和元僧赴日的主要有:日本貞和元年(1345)日僧無涯智洪、友山上偲、此山妙在歸國;貞和三年(1347)日僧古源邵元歸國;貞和五年(1349)龍山德見歸國、元僧林净圓赴日;觀應元年(1350)無文元選、義南、碧巖歸國,觀應二年(1351)性海靈見、愚中同及歸國,東陵永璵赴日;延文二年(1357)年無我省吾歸國③。查閱資料時發現,由於《日本禪宗年表》涉及時間長、僧人數量多、事項雜,因此偶爾會有將年份搞錯的情況。關於書中所載龍山得見歸國時間,其他資料有不同記載。《日中文化交流史》認

①孫容成《中巖圓月的思想和文學》,外語教學與研究出版社,2012 年,頁 134—135。
②石觀海、孫暘《疏文的接受美學:矩矱深然,攢花簇錦》,《長江學術》,2007 年第 4 期,頁 64。
③[日]森慶造《日本禪宗年表》,龍吟社,昭和八年,頁 103—109。

爲龍山歸國在正平五年（1350），據其注，“《龍山和尚行狀》中，説龍山德見回國在正平四年，但《圓太歷》中，則説在正平五年三月。”①該書所列日元間商船往來一覽表載：“正平五年（至正十年，1350），三月，入元僧龍山德見、無夢一清等十八人乘元朝商船回國（《圓太歷》）。入元僧無文元選、義南、碧巖璨等同船回國（《無文元選禪師行實》、《無文禪師行狀》）。”②

　　多種資料記載龍山和無文在元時與大訴見面，龍山還與大訴交往甚密，受其優待。《本朝高僧傳》載：“謝事寄客大龍翔集慶寺，笑隱訴公下榻待遇，寧俗頻乞，再歸兜率。及返本朝，歲六十六，當貞和五年也。”③《真源大照禪師龍山和尚行狀》載：“晚有東歸之固，謝兜率事漸至江東，客寄於集慶龍翔寺，笑隱以固庚相喜，以遠來相接，乃下榻對談。既而兜率專使進師令還，再鎮舊治。無幾歸心猶動，飄然而起，買舟昆山以至博多。實日本貞和五年歲次己丑，時師六十六歲也。”④一度打消歸國念頭的龍山，難以抑制思鄉之情，不久辭去兜率寺住持，來到江東，寄寓金陵大龍翔集慶寺。當時，大訴任該寺住持，他因爲與龍山生年相同，故對其有親近感並厚遇之。資料顯示，無文元選在元時與大訴有過交往。《本朝高僧傳》載無文元選傳：“見笑隱訴和尚於龍翔寺，隱年八十餘，頂上涌舍利無數，示以生死事大。至正十年將東歸，與義南菩薩、碧巖璨首座，發船著博多，本朝觀應元年也。”⑤《深奧山方廣開基無文選禪師行業》載：“又見笑隱大禪師，頂上涌設利無數，年八十有霜。”⑥《日本禪宗年表》康永二年（元至正三年，1343）條記載“無文入元，參龍翔寺笑隱。”⑦根據現有資料推斷，不論龍山與無文是否同時同船回國，《蒲室集》經由他們在回國時攜入日本的可能性較大。

---

①［日］木宮泰彦著，胡錫年譯《日中文化交流史》，商務印書館，1980 年，頁 461。

②［日］木宮泰彦著，胡錫年譯《日中文化交流史》，頁 392。

③佛書刊行会編纂《本朝高僧伝》，大日本仏教全書第 102 册，佛書刊行会，大正二年，頁 399。

④［日］塙保己一《続群書類従》第九輯下，続群書類完成会，昭和二年，頁 553。

⑤佛書刊行会編纂《本朝高僧伝》，大日本仏教全書第 102 册，佛書刊行会，大正二年，頁 490。

⑥［日］塙保己一《続群書類従》第九輯下，続群書類完成会，昭和二年，頁 660。

⑦［日］森慶造《日本禅宗年表》，龍吟社，昭和八年，頁 102。

　　另外，從日本的刊行情形來看，《敕修百丈清規》極有可能與《蒲室集》一起被攜帶傳入日本。日本延文元年（1356）刊行的《敕修百丈清規》（永尊刊）爲覆元刊，卷末有古鏡明千的刊語。東陽德輝於元文宗天曆二年（1329）出任江西百丈山大智壽聖禪寺住持，後奉命重修《百丈清規》，德輝自元至順元年（1330）五月至同年十月完成修撰，大訢後受命校正。"用大臣奏，命公與百丈住山東陽輝公同校正《叢林清規》。書成，四方咸取法焉。"①該書附有翰林學士歐陽玄所作《敕修百丈清規叙》和德輝所寫的後記，時間分別是至元二年（1336）和至元四年（1338）。也就是説，《敕修百丈清規》有可能在成書後不久就經由日僧在歸國時攜入日本，然後刊行。這與《蒲室集》流傳至日本並在日本刊行的情形相當一致，而且從時間上看也極爲接近。因此，龍山或無文將《敕修百丈清規》與《蒲室集》一起帶回日本的可能性也很大。

三　日本館藏《蒲室集》版本

　　《蒲室集》傳入日本後，在五山禪林得到非常廣泛的傳播，出現了多種版本和抄本，館藏較多且比較復雜。五山禪林還涌現出多種《蒲室集》注釋書，即所謂的"抄物"。通過對日本各大圖書館和藏書機構的調查和檢閱，可將日本的《蒲室集》版本大致分爲以下幾種，詳見下表：

日本館藏《蒲室集》版本一覽表

版本形態	刊行時間	詳細信息	館藏
五山版	延文四年（1359）	二十卷附一卷，10 册，四周雙邊，有界，十行二十字。匡郭内，縱五寸八分五釐，橫五寸九分。	三井家舊藏

---

① 黃溍撰《龍翔集慶寺笑隱禪師塔銘》，李修生主編《全元文》第 30 册，鳳凰出版社，2004年，頁 265。

版本形態	刊行時間	詳細信息	館藏
刊本和重刊本	承應二年 （1653）	《蒲室集》九卷，卷第七至卷第十五，附《蒲室書問》一卷，京小川源兵衛刊本，4 册，闕卷第一至卷第六，明和三年再校。	京都大學人文學部
	承應二年	《蒲室集》十五卷，日本訓點刊本，合 1 册。	關西大學泊園文庫
	江户初期	《蒲室集》十五卷、附《書問》一卷、附《疏》一卷、附《笑隱和尚語録》一卷。五山版的重刊本，承應二年京都風月莊左衛門印，4 册。	東京大學綜合圖書館西山文庫（西山五郎氏）、國立國會圖書館（以下略稱國會）。
	承應二年	《蒲室集》十五卷附一卷、《語録》一卷、《疏》一卷、《書問》一卷，公文書館林（大學頭）家本，5 册。	内閣文庫
	承應二年	《蒲室集》十五卷附一卷、《語録》一卷、《疏》一卷、《書問》一卷，10 册本。	内閣文庫
疏或書問單獨刊行的版本	延文四年	《蒲室集疏》一卷。	國會、大東急紀念文庫、小汀文庫、靈雲院、東洋文庫。
	明和三年	《蒲室書問》一卷，京都興文閣小川源兵衛刊本，1 册。	神户市立中央圖書館、新潟大學佐野文庫、國會、東北大學圖書館。
寫本	江户初期	林羅山本《蒲室疏》，1 册。	内閣文庫
	寬保二年	《蒲室集一卷》，爲摘録鈔本，1 册，46 頁，書末有"寬保二壬戌年夏四月谷旦松洞院客席書寫壽刹利下末頁祥瑞宰"一行，23.3×16.7 糎。	實踐女子大學山岸文庫
	明和八年	《蒲室集一卷》，1 册。	國會
		十萬卷樓舊藏本《蒲室集十五卷》，2 册。	静嘉堂文庫

版本形態	刊行時間	詳細信息	館藏
影印本及 其他版本		欽定四庫全書珍本《蒲室集十五卷》，用故宮 博物院藏文淵閣本影印。	
		《蒲室集》，元版；《蒲室集》，元詩選壬集本。	前田育德會尊經閣

　　五山版《蒲室集》刊行於延文四年（1359），川瀬一馬著《五山版的研究》對其進行了較爲詳細的著録，抄録如下：

　　　卷末疏末有如下木記：保壽尼寺檀越菩薩戒尼大友惣寺施財命工刊行此版伏願人人肅清慧目个開悟靈心恩有報資怨親融接延文己亥春雲居比丘妙範題。完本僅有三井家舊藏一本。他本是僅有疏的部分的傳本，一般認爲是作爲疏文的作文參考而單獨刊行的。（疏的匡郭内，縱六寸二分五釐，橫三寸九分。版心“疏（丁數）”，疏的目録第一至六的版心有原刻工名“張”的附刻。（又，卷七、九、十、十一、十二、十四各卷亦可見“張。方、朱、陳、施”等原刻工名的附刻。）有國立國會圖書館、大東急紀念文庫、小汀文庫、靈雲院、東洋文庫藏等諸本。①

　　三井本舊藏的完整版本現在無法得見，筆者對日本國立國會圖書館藏僅有《疏》的版本和國家圖書館所藏元刻本進行對比，發現兩者體例、內容完全一致，可以斷定五山版是覆元刊本。值得注意的是，日本自室町後期始，先後出現了多種《蒲室集》抄物，有漢文抄和和文抄，其中又以《蒲室疏》抄數量最多，這些抄物基本是五山版的抄寫本，對蒲室疏文進行了詳細注釋，引經據典，內容極其豐富，有的抄物還詳細分析了大訢疏文的基本創作規則和作法。

四　日本館藏《蒲室集》的文獻價值

　　其一是資料價值。上文已提及，《蒲室集》在國內的流傳以詩文爲主，附録中的《書問》和《疏》不易見，僅有藏於國家圖書館和大連圖書館的元刻

---

①［日］川瀬一馬《五山版の研究》，共立社，昭和 45 年，頁 442。

本可見，而且關注不夠，未見有注釋，對研究大訢的書信和疏文極其不便。相反，日本館藏中很多以《書問》和《疏》單獨刊行的版本，有的有日文訓點或簡短批注，而且有一部分已經公開，在國立國會圖書館等網站能下載電子版，在資料利用方面爲大訢研究帶來便利。

其二是校勘價值。元刻本經過風蝕，蟲蛀等原因，有的字缺損，有的模糊無法辨認，而保存下來的五山版則清晰可見，可補元刻本之不足。盡管成書於清乾隆時期的四庫本彌補了部分問題，但四庫本只收録《蒲室集》十五卷詩文部分，未收録《書問》和《疏》。因此，五山版《書問》和《疏》就顯得彌足珍貴，能彌補現存元刻本的殘缺部分，具有重要的校勘價值。通過對國家圖書館藏元刻本的調查發現，書問部分在頁面的左上或右上邊緣部分多處出現缺損現象。試舉幾處缺損字數較多之處，如《與受業師祖書》："常思六七歲時就學故山，而山中開創之勞實自和□，立成規以遺後人，□稍有樹立，敢忘所自以飄蕩□□不克侍奉朝夕□兢深負罪愆…"五山版（重刊本）《與受業師祖書》："常思六七歲時就學故山，而山中開創之勞實自和尚，立成規以遺後人，今稍有樹立，敢忘所自，以飄蕩方外，不克侍奉朝夕，兢兢深負罪愆……"。再如《與淵默堂書》："……自媿□□□□□蒙"接著另起一行"□□□□寺何以□徒補報宗教有負師友多矣"。五山版（重刊本）："自媿道業荒疏誤蒙"，同樣另起一行"國恩脩員官寺何以匡徒補報宗教有負師友多矣"。還有《與福田僧書》缺損也較多："又聞禹河老禪以久□□德□□□裏第不及披識不敢具狀上瀆倘蒙□□□□□□□法侶同賜……"五山版（重刊本）："又聞禹河老禪以久參宿德歸化故里第不及披識不敢具狀上瀆倘蒙婉轉勸請併諸法侶同賜……"。類似這種情況還有不少。元刻本《蒲室集》的《疏》中也存在不少字因墨色原因黑成一團，模糊不清，無法辨認的情況，但是五山版《疏》卻很清晰，此處不再一一列舉。總之，五山版（包括重刊本）《書問》和《疏》是笑隱大訢研究不可或缺的寶貴資料。

其三是學術價值。日本的手抄本《蒲室集》抄物在注釋中引用了大量中國佛教内外典籍，記載了許多當時僧人、寺廟的相關資料，内容極其豐富，在中國禪宗史上具有重要的資料價值。抄物將大訢的疏文視爲範文，從某種意義上來説這些《蒲室疏抄》就是日本禪林疏文創作的教科書或參考書，對整個室町後期的禪林四六文創作影響很大。《蒲室集》抄物和其他抄物一起在禪林形成了講解和注釋古典的風氣，影響了後期五山文學的走向。因此,《蒲室集》抄物資料具有重要的學術研究價值。

五　結語

通過梳理可以看出,現藏於國家圖書館和大連圖書館的元至元刻本是《蒲室集》最早的版本,也是最全的版本。後景印文淵閣四庫全書本、中華再造善本據此影印了詩文部分《蒲室集》十五卷,清代又有了重印本和抄本。根據現有資料推斷,《蒲室集》很可能是在元至正五年(1345)至元至正十八年(1358)間,由日僧龍山德見或無文元選在歸國時攜入日本。關於這一點,由於筆者未獲見確鑿史料,目前還只是推論,留待進一步考證。《蒲室集》傳入日本後,延文四年(1359)據元刻本刊行了五山版,其基本形態和元刻本高度一致,是元刻本的覆刻本,但原版的五山版完整版本僅有三井家舊藏一本,現在已很難得見,目前國立國會圖書館等藏有五山版《蒲室集》疏一卷,其他館藏完整版本均爲後來的重刊本。《蒲室集》在日本五山禪林非常流行,不斷被重刊,江戶時期還出現多種寫本。還有一個值得注意的現象,那就是《蒲室集》在日本出現了《書問》和《疏》單獨刊行的版本,這一點與國内正好相反,國内不管是四庫本還是中華再造善本均只影印《蒲室集》十五卷,即詩文部分,《書問》和《疏》除元刻本外很難看到。這説明在後世流傳過程中,中日的側重點有所不同,中國注重詩文,忽略疏和書問。日本方面,在《蒲室集》傳入後,當時的禪僧將大訢的《疏》稱爲"蒲室疏法",奉爲圭臬,不斷對其講解和注釋,涌現出大量《蒲室疏》抄物。日本館藏《蒲室集》版本具有重要的資料價值、校勘價值和學術價值。

（作者單位：中國人民大學外國語學院）

域外漢籍研究集刊　第十七輯
2018 年　頁 413—432

中國才子佳人小説在越南的
傳播與接受

嚴　豔

中國才子佳人小説有狹義與廣義之分,前者主要依據魯迅先生的分類"以文雅風流綴其間,功名遇合爲之主,始或乖違,終多如意"①,指明末清初湧現的一大批小説,形式多用主人公的名字命名作品,一般在十六回至二十回之間,均十萬字左右,採用一見鍾情、姻緣阻隔、金榜題名大團圓三段式公式化結構,代表作品爲《玉嬌梨》(又名《雙美奇緣》)、《平山冷燕》、《金雲翹傳》等②。廣義上的才子佳人小説指按題材分類,自中國古典小説文體獨立以來所有才子佳人愛情題材均可納入。本文採用狹義上的才子佳人概念,這類小説在中國迅速繁盛並因其文本題材嚴重同質化而受到批判,但其傳播到域外却受到一些外國文人追捧。魯迅在《中國小説的歷史的變遷》中曾指出,才子佳人小説"文章也没有一部好,而在國外却很有名",在《中國小説史略》又揭到其"在國外特有名,遠過於其在中國"。法國

---

① 魯迅《中國小説史略》卷二十,上海古籍出版社,2006 年,頁 120。

② 本文才子佳人小説篇目參考唐江濤碩士論文《才子佳人小説題名研究》中綜合孫楷第《中國通俗小説書目》(共 76 篇)、大塚秀高《增補中國小説書目》(共 60 篇)、林辰《明末清初小説述録》、江蘇省社科院明清小説研究中心編《中國通俗小説總目提要》、石昌渝主編《中國古代小説總目·白話卷》、張俊《清代小説史》(共 40 篇)、苗壯《才子佳人小説簡史》(共 50 篇)、蘇建新《中國才子佳人小説演變史》(共 70 篇)、李忠明《十七世紀中國通俗小説編年史》(共 26 篇)、張兵主編《五百種明清小説博覽》(共 66 篇)等書目後的 80 篇。

漢學教授雷慕沙（Abel Rémusat）於 1826 年譯完了《玉嬌梨》、《好逑傳》等中國才子佳人小説並在巴黎正式出版,德國偉大的文學家歌德在 1827 年讀到《好逑傳》（譯本名《兩姊妹》）便認爲其很值得注意①。中國才子佳人小説不僅在西方語境裏得到關注,在東亞文化圈中對日、韓、越三國更是影響深遠。日本學者磯部祐子就討論過《二度梅》、《好逑傳》在日、韓、越三國的傳播及才子佳人小説對日本小説家瀧澤馬琴創作的影響;臺灣學者陳益源在討論中國明清小説在越南的傳播與影響一文及其后所梳理越南書目所記録的中國小説館藏情況中都涉及到才子佳人小説②。然而目前學界並未對明清時期才子佳人小説在越南的傳播與影響有系統專門討論,本文擬在前人基礎上對其傳播方式與影響進行探討,並進一步探尋這一題材在越南引起廣泛反響的原由。

一　中國才子佳人小説在越南傳播的形式

　　才子佳人小説最早何時在越南流傳,已囿於資料無從考證,其中一部分才子佳人小説以“才子書”形式流傳③。目前所見中國才子佳人小説在越

---

① ［德］《歌德談話録》,1827 年 1 月 31 日,外文出版社,1978 年,頁 112 。
② ［日］磯部祐子《中國才子佳人小説の影響—馬琴の場合.高岡短期大學紀要》第 18 卷,平成 15 年 3 月（2003.3）,頁 223—233;磯部祐子《關於中國才子佳人小説在東亞傳播的特徵——以〈二度梅〉〈好逑傳〉爲主要考察對象》,載《上海師範大學學報》,2005 年第 1 期;陳益源《中國明清小説在越南的流傳與影響》,載《上海師範大學學報》,2009 年第 1 期;陳益源《越南阮朝圖書館書目所載之中國小説、戲曲》,載《燕趙學術》,2014 年春之卷。
③ 清代金聖歎首倡“才子書”,他以《三國演義》爲第一才子書,其後依次爲《好逑傳》、《玉嬌梨》、《平山冷燕》、《水滸傳》、《西廂記》。其後毛綸批出《琵琶記》,命名爲《第七才子書琵琶記》;嶺南才子鍾戴蒼效法毛綸,評點批注出《花箋記》,命名爲第八才子書。此後,《捉鬼傳》、《駐春園》被依序命爲才子書。但其後的才子書亦有不同提法,如《白圭志》也被稱爲第八才子書或第十才子書。目前見越南書籍目録中才子書記載僅有第一至第八,未見有第九及第十之稱。本文依中國書籍在越南的流傳情況取《花箋傳》爲第八才子書。

南主要以漢文原本（包括對原本的翻刻與抄録）、喃文喃譯與改編及越南國
語翻譯三種主要形式傳播。

（一）以漢文原本形式傳播

筆者據目前所編修越南留存的漢喃文獻資料及實地考察，並没有找到
傳播至越南的中國才子佳人小説原本。但據以往所編修的書籍目録看，此
前有不少流通的中國才子佳人小説漢文原本：越南編撰於成泰三年（1902）
的越南阮朝官方書目《聚奎書院總目》子部“小説類”119 部白話小説，收録
有 17 種；編撰於維新二年（1908）《内閣書目》“子部”書籍 164 種，收録有 16
種；阮性五等於維新六年（1912）編纂《新書院守册》“子庫”162 種小説，收録
有 8 種；抄録於啟定九年至十年（1924—1925）的《古學院書籍守册》“小説”
書目書籍 124 種，收録有 5 種；《新書守册》“子部”著録有 1 種，詳見下表：

表一　越南阮朝圖書館書目所載中國才子佳人小説

目録名稱	書籍名稱	庫存描述	館藏分類
《聚奎書院總目》	《第三才子書》（《玉嬌梨》）	貳部	子部
	《第四才子書》（《平山演音》）	三部	
	《第八才子書》（《花箋記》）	壹部	
	《好述傳》（《第二才子鐵中玉傳》）	三部	
	《宛如約》	壹部	
	《白圭全傳》（《白圭志》）	貳部	
	《駐春園小史》	壹部	
	《錦香亭》	壹部	
	《五鳳吟》	壹部	
	《鳳凰池》	壹部	
	《鐵花仙史》	壹部	
	《二度梅》	壹部	

續表

目録名稱	書籍名稱	庫存描述	館藏分類
《聚奎書院總目》	《快心三編》	壹部	子部
	《合錦回文》	貳部	
	《五美緣》	壹部	
	《嶺南逸史》	壹部	
	《雪月梅傳》	壹部	
《内閣書目》	《第三才子書》(《玉嬌梨》)	壹部肆本	子部
	《第四才子書》(《平山演音》)	壹部肆本	
	《第八才子書》(《花箋記》)	壹部貳本	
	《好逑傳》	壹部肆本	
	《宛如約》	壹部貳本	
	《駐春園小史》	壹部肆本	
	《錦香亭》	壹部伍本	
	《白圭全傳》(《白圭志》)	壹部肆本	
	《五鳳吟》	壹部肆本	
	《鐵英(花)仙史》	壹部柒本	
	《二度梅》	壹部陸本	
	《快心三編》	壹部陸本	
	《合錦回文(傳)》	壹部拾貳本	
	《五美緣》	壹部拾貳本	
	《嶺南逸史》	壹部拾本	
	《雪中(月)梅傳》	壹部拾本	

續表

目録名稱	書籍名稱	庫存描述	館藏分類
《新書院守册》	《第三才子書》(《玉嬌梨》)	二部各四本,共八本(欠卷蟲穿)	一束二拾三櫃(子部)
	《第八才子書》(《花箋記》)	一部二本(欠卷蟲穿)	
	《白圭全傳》(《白圭志》)	二部各四本,共八本(均蟲穿)	
	《好逑傳》	一部二本	
	《鐵花仙史》	一部陸本(微蟲欠補)	
	《合錦回紋(文)》	二部,一部陸本,一部拾貳本(均蟲穿)	
	《五美緣》	一部陸本,一部拾貳本(蟲穿)	
	《雪月梅傳》	一部柒本(欠卷間有蟲穿)	一束二拾四櫃(子部)
《古學院書籍守册》	《好逑傳》	/	小説目
	《白圭全傳》	/	
	《鐵花仙史》	/	
	《五美緣》	/	
	《雪月梅傳》	/	
《新書守册》	《繡像平山冷燕》	三卷	子部

表格資料來源:據越南漢喃院相關書目及參考陳益源先生對越南阮朝圖書館書目中國小説統計①

由以上統計可見,直到二十世紀初年越南還留存不同版本中國才子佳

---

①陳益源《越南阮朝圖書館書目所載之中國小説、戲曲》,載《燕趙學術》,2014 年春之卷,頁 48—60。

人小説原本近二十種,爲何現今未見留存呢? 通過《聚奎書院總目》、《新書院守册》及陳貞詥編撰于維新八年(1914)的《内閣守册》關於圖書館庫存書籍情況的記載可見一斑:隨著編修書目時間推移,其所收中國才子佳人小説越來越少,而在其稍早期所記録的書目後面多備注有"蟲穿"或"微蟲"。由此可知越南由於地處南方,炎熱潮濕多雨的天氣令其容易霉變生蟲,原本很難保存。從其書籍目録統計來看,一些編者在編寫時也並不十分嚴格,常將編撰者與評議者混雜,甚至人名出錯,如阮性五等的《新書院守册》中《白圭全傳》後注作者爲清代紀曉嵐。《新書院守册》在其他小説編纂上也存在這一問題,如《第一才子書》、《第六才子書》及《漢宋奇書》書目後均標明作者爲聖歎,且將"金"字當作朝代而將聖歎當作人名。但從中却可以推測流傳到越南的版本,如《白圭志》在《古本小説集成》中收的版本封面題"何晴川評白圭志"、"繡像第八才子書"、"嘉慶乙丑(1805)新鐫"、"繡文堂梓",而《古本小説叢刊》第 21 集中據法國國家圖書館影印《白圭志》中封面題"紀曉嵐評第十才子"、"繡像白圭全傳"、"嘉慶丁卯(1807)新鐫"、"永安堂梓",由越南各書目中記載的《白圭全傳》題名及所注紀曉嵐評,可推測流傳至越南的版本可能是永安堂的版本。

　　此外,中國才子佳人小説原本還以翻刻與抄録形式流傳。現存于越南的中國青心才人《金雲翹傳》重印本兩種及抄本六種,兩種重印本均題名爲《金雲翹録》,版次規格相同,62 頁,高 24 釐米,寬 16 釐米,其中一印本爲越南同慶三年(1888)昭文堂本重印,題有貫華堂范貴適所撰"佳人不是到錢塘"詩,正文二十回,每回開頭用四句詩略述内容。抄本中三本題名《金雲翹傳》,青心才人撰,均含目録一篇,有貫華堂金聖歎評論①,其中兩本中題名爲《金雲翹録並演喃音詩》,與《金雲翹録》除少數有出入,基本相同,不僅抄録《金雲翹傳》全文且附載有關於《翹傳》的喃文詩與喝、吶章節,如《擬金重再訪翠翹不遇》、《金漢翹舊景》、《挽翹詩十首》等;題名爲《金雲翹傳注》的含序、凡例及目録各一篇,每一句皆有注釋、每一段皆有典故釋義,最爲詳盡。另有越南國家歷史博物館藏題《金雲翹》印本一種,亦爲 18 世紀末至 19 世紀初時所刊印。

---

① [清]青心才人《金雲翹傳》,同慶三年(1888)昭文堂重印本,越南河内漢喃院藏抄本,藏書號 A.953。

CÁC TÁC PHẨM VĂN HỌC
LITERARY BOOKS

Giấy, triều Nguyễn, thế kỷ 19 - đầu 20
Paper, Nguyễn dynasty, 19th - early 20th century

19—20世紀青心才人《金雲翹傳》(越南國家歷史博物館藏)

(二)以喃譯與改編形式傳播

　　中國才子佳人小説傳入越南後即受到越南文人的關注,有多部作品都被改編爲喃音形式。李迪夫在《平山冷燕演音》中稱"才子佳人之遇,奇矣哉! 北南殊途,合而同之;貴賤異等,聽而一之。歷無數怪怪奇奇之狀,成一段真真正正之良緣。小説家記此者多矣,南音家演此者亦不少矣。"①越南改編後的才了佳人小説以抄本、印本形式傳播,喃傳印本通常採用上下兩欄,上六句下八句,十列或十二列體例。具體改編篇目如下表:

————————————

① [越]范美甫《〈平山冷燕演音〉跋》,越南河内漢喃院藏抄本,藏書號 AB.135。

表二　中國才子佳人小説在越南的喃文改編

中國才子佳人小説名稱	越南喃文改編	
	題名	版本情況
《金雲翹傳》	阮攸撰《金雲翹新傳》（又名《金雲翹廣集傳》、《斷腸新聲》）	題名《金雲翹新傳》有柳文堂 1871 印本、盛美堂 1879 年印本、粤東文源堂印本、福文堂啟定九年（1924）印本；題名《斷腸新聲》有印本兩種皆印于成泰壬寅年（1902）；題名《金雲翹廣集傳》有印本三種：皆由柳文堂印於啟定九年（1924），有 184 頁、190 頁、208 頁之別。另有抄本一種
	《金雲翹合集》	174 頁印本
	《金翹演歌》	盛美堂成泰丙午年（1906）印本
	《歌籌體格》收錄《金雲翹傳歌》	抄本一種
	三回嘲劇《金雲翹摺》	寧定堂乙亥年（1875）刻印第一、二回，第三回印於癸未年（1883）
	《金雲翹注》	抄本一種
	陳曙撰六幕《金雲翹》嘲劇《醒世新聲》	抄本三種
	《金雲翹（口廚）》	六折二回廣盛堂維新甲寅（1914 年）印本
	《翠翹演傳》	未詳
《好逑傳》	武芝亭編撰《好逑新傳演音》	100 頁及 246 頁抄本各一種
	《好逑淑女小説》	抄本一種
《平山冷燕》	范美甫撰《平山冷燕演音》	抄本一種
《定情人》	阮有豪撰《雙星不夜》	未詳

《玉嬌梨》	李文馥撰《玉嬌梨新傳》	盛文堂同慶戊子年(1888)印本。
	《玉嬌梨演音曲》	未詳
《花箋記》	阮輝似(嗣)撰《花箋傳》	未詳
	杜夏川審閲《花箋潤正》	嗣德乙亥年(1875)印本
	《箋花録》	76頁印本
	《花箋演傳》	未詳
《二度梅》	鄧春榜編譯《二度梅傳》(又名《改譯二度梅傳》)	抄本一種
	《二度梅演歌》(又名《二度梅潤正》、《梅良玉》)	題惟明氏撰堤岸乙亥年(1875)年印本、富文堂嗣德丙子年(1876)印本、同文堂1884年印本、廣盛堂1920年印本;題名《二度梅潤正》(又稱《忠孝節義録》成泰丁未(1907年)觀文堂藏板
	雙冬吟雪堂撰《二度梅精選》	抄本一種
	《潤正忠孝節義二度梅傳》	觀文堂成泰丁未(1907年)印本
	《二度梅(口廚)》	廣盛堂維新癸醜(1913年)印本
《金石緣》	裴有義撰嘥劇《金石奇緣》	108頁印本及94頁抄本

表格資料來源:據《越南漢喃文獻目録提要》、《南書目録》整理補充

　　將此表與本文表一比對可見,現存越南文人所喃譯改編的中國才子佳人小説中,除《金石緣》之外都有改譯本,且刊印時間主要集中於十九世紀中葉至二十世紀初年。從中可知,這一時期中國才子佳人廣受歡迎:一方面喃譯改編的體裁多樣,有喃傳小説、嘥劇、嘲劇及民歌。阮公著撰《大南國音歌曲》中收録喃譯《好逑淑女小説》。越南以愛情爲主題的民歌集《花情新傳》、《風情新傳》均收有成泰丙午年(1906)所刊《金翹演歌》。裴有義據静恬主人《金石緣》小説改編爲三回嘥劇《金石奇緣》,法國人 P. Midan 爲

其作序。另一方面有許多作者參與編撰及點校,有衆多書坊參與其中印刷,尤其以《金雲翹傳》和《二度梅》爲代表。盛文堂在出版《玉嬌梨新傳》序中有言:"余搜索經數十餘年而後敢出,經呈統使府管理大臣。何人翻本再刻或閱後改刻即呈炶例,收本加罰。先此聲明。"①特別强調了版權歸屬,可見此時《玉嬌梨新傳》流傳廣泛,有衆多書坊參與印刷出版。

(三)以越南國語翻譯形式傳播

北京大學顔保教授曾就 20 世紀上半葉前後(1906—1968 年間)譯成拉丁化越南文的中國小說單行本,制有一份《中譯越通俗小說書目對照一覽表》②收越南譯本小說 316 種,其中包括 12 種才子佳人小說:阮杜牧《平山冷燕》(1927)、嚴春林《雙美良緣》(1926)、阮文賁《二度梅》(1929)和《鐵花仙史》、阮安姜《梅良玉演義》(1909)、范文强《梅良玉演義》(1927)、鄧陳進《花箋傳》(1916)、從儂武敬《合浦珠》(1929)、阮友進《嶺南逸史》(1925)、裴壇《嶺南逸史》(1968)、丁文斗《夢中緣》(1907)、景之《夢中緣》(1926)。法國推行拉丁化越南文需要,鼓勵和支持翻譯中國古典小說,其初衷是爲了培養越南民衆對字母文字的感情,但在客觀上却引發了中國小說在越南的翻譯熱③。由此可見,越南拉丁化國音推行後越南文人仍翻譯了衆多中國才子佳人小說。形成了十九世紀至二十世紀,中國才子佳人小說在越南傳播的繁榮景象。與上個世紀喃文翻譯改編作品相比,越南語翻譯作品除了繼承性還有一定的時代性,像《好逑傳》這種强調固守禮法的作品已漸漸消失。但必須説明的是由於資料湮滅、地域語言等多方面限制,以上統計僅僅是其中的一部分,如劉志强分析《花箋傳》的越南改寫本時指出,1945 年拉丁化文字爲國家正式文字之後,拉丁化文字版本的《花箋傳》刊行益多,喃字和拉丁化版本一共有 16 種,最早的喃字傳本爲 1829 年版本,最遲爲1997 年版本④。

---

①[越]李文馥《〈玉嬌梨新傳〉序》,越南河内漢喃院藏抄本,藏書號 VNb.76,頁 4(b)。

②[法]克勞婷、蘇爾夢編著,顔保等譯《中國傳統小説在亞洲》,國際文化出版公司,1989年,頁 208—236。

③夏露《略論 20 世紀上半葉中國古典小説在越南的翻譯熱》,載《東南亞縱横》,2007 年第 5 期,頁 52。

④劉志强《〈花箋記〉的越南改寫本——〈花箋傳〉述論》,載《東南亞縱横》,2011 年第 6 期。

二 中國才子佳人小説對越南文學的影響

才子佳人小説傳播到域外之後,不同的民族特性對才子佳人小説的接受方式也有所差異,如《二度梅》傳播到日本後,瀧澤馬琴對於其中强烈的"男人節操"的思想較爲關注,並導入自己作品,而朝鮮注重于才子佳人小説中嚴謹的禮教思想①。相較于日韓,中國才子佳人小説在越南的影響更爲深遠。由上文越南文人對中國才子佳人喃文改編與國語音譯中可見其對越南文學産生了直接性的影響。同時,越南文人的獨創的小説中也帶著中國才子佳人小説的印記。

(一)直接影響:喃譯改編對才子佳人小説的繼承與超越

越南文人對中國才子佳人小説的接受,在多種文學樣式中都有體現,他們不僅在小説戲曲中大量喃譯改寫,還在詩詞歌賦里對小説人物進行歌詠。阮實亭的《翠翹所遇景況詩》詠翠翹坎坷經歷及與金重團圓相逢的三十首詩,陳碧珊與朱孟貞所撰《青心才人詩集》,依青心才人在《金雲翹傳》中的二十回次序依序排列詠翠翹身世,壬午進士何權撰《會題翹詩》四十五首。但對中國才子佳人小説的直接喃文譯介或改編創作是其最主要的形式。越南文人在改編時並非是機械性的轉譯而是融入本民族特色,以自己的文采與審美進行二次創作,部分優秀作品不僅與原文有著一定的繼承,還在藝術上有進一步的超越。

其一,體裁上的改編。越南文人借鑒才子佳人小説中大量融詩詞入小説的特點,並依據本民族的語言特徵,採用六八體喃文體裁。這種六八體喃文不僅與越南的口語貼切,讓普通的老百姓都比較容易接受,也更富有韻律美適合吟唱,因而具有更大的生命力和傳播力。他們依據六八體特點,對原先文本進行删減,並利用語言的音韻特徵將其運用爲小説創造意境的手段。如阮攸在改編《金雲翹傳》第十三回中"別心苦何忍分離"中翠翹與束生離別一節,便精簡原文情節,用借景抒情、情景交融的方式表達兩人不依不舍的心境:"他跨上雕鞍遠去,楓林秋色淒零。馬足揚塵,夕照一

---

① [日]磯部祐子《關於中國才子佳人小説在東亞傳播的特徵——以〈二度梅〉〈好逑傳〉爲主要考察對象》,載《上海師範大學學報》,2005 年第 1 期,頁 45—50。

絲鞭影。歸來後,她挨盡五更寂寞,馬上人,也覺山川萬程。一輪月色,半照孤眠,半送長征。"①

　　其二,思想上注入更爲豐富的社會内涵和文化意藴。與中國才子佳人小説作家生平際遇中身處"士不遇"境況相比,越南從事才子佳人改編的作家有更豐富的人生經歷,如阮攸、李文馥等人不僅歷任要職且擔任使臣出使,遍歷山川。因而這些文人超越了中國文人狹隘的個人觀念。他們所改編的作品除了注重文人化審美下的韻律美與藝術表現力之外,也更注重於小説内在的社會價值與思想深度。如中國才子佳人小説中的女性往往處在禮教的束縛之下,而越南的喃傳小説中的女性如翠翹身上更多閃爍著人性美。

　　其三,注重悲劇性審美。中國才子佳人小説常以大團圓式結局,内容中偏重于對才子佳人感情上的描寫,而越南文人更欣賞于才子佳人小説中震撼人心的悲劇美。在傳入越南的才子佳人小説中現存譯介與改寫本以《金雲翹傳》與《二度梅》最多。這兩部作品在人物經歷坎坷、身世悲慘上有共通之處。《金雲翹傳》主人公王翠翹因父親含冤入獄被迫賣身救父,下嫁的馬監生却是馬夫,翠翹淪爲妓女。青樓客束旗心爲其贖身,但其妻又生性妒忌,她派人擄走翠翹後百般折磨。翠翹出逃後幾經周折又再次被賣入青樓。翠翹雖遇英雄人物徐海,却又遭朝廷圍剿被殺,翠翹投江自盡。《二度梅》中奸相盧杞陷害梅良玉全家,又使梅良玉之未婚妻陳杏元和番贖罪。杏元忍痛與梅良玉重臺叙别,至落雁坡投澗自盡。雖然改編本没有脱離才子佳人大團圓的結局,但更注重描寫主人公所歷經的人世滄桑。

(二)間接影響:對才子佳人小説模式的借鑒

　　中國才子佳人傳到越南後,對越南文壇産生一系列的間接影響。一方面經越南文人改編後的才子佳人小説又經歷一次讀者再接受過程。如阮攸改編後的《金雲翹傳》在越南影響極大,出現將其又從喃文再次轉譯爲漢文的作品《王金傳國音王金傳演字》、《金雲翹漢字演音歌》及漢文小説《金雲翹録》等②,並出現其續作何淡軒撰的《桃花夢記》(又名《桃花夢》、《蘭娘

①[越]阮攸著,黄軼球譯《金雲翹傳》,人民文學出版社,1959年,頁68—69。黄軼球采用意譯法,並没有采用原文六八體格式。
②現存有昭文堂同慶三年(1887)印本;另有戊戌(1898)阮庭仲、保大戊辰(1928)、成泰十二年(1900)抄本。

小傳》、《桃花夢記續斷腸新聲》）。另一方面，中國才子佳人小説模式也對越南才子佳人類小説的具體創作有所影響。具體表現如下：

其一，情節結構的借鑒。中國才子佳人受後人詬病之處在於其情節上的雷同單一，多以"一見鍾情私定終身、姻緣阻隔、金榜題名大團圓"三段式公式化結構。越南文人在描寫才子佳人類小説時，也借鑒這些情節結構設置。如《芳花新傳》中御史之女芳花與尚書之子張景安相愛，却遭奸臣曹忠慰因求婚芳花不成而矯詔害死景安之父，張家避難遠行。七年後，芳花喬裝進京考取進士，當廷上奏冤屈和自己真實身份，皇帝遂判曹忠慰誅三族，景安與芳花同登進士並結爲夫婦。《宋珍新傳》記述寒士宋珍與富家女菊花相知相愛。宋珍中狀元後却遭公主求婚，宋珍拒絕公主。輾轉十餘年，宋珍、菊花有情人才終成眷屬。《珠疏金鏡録》中才子佳人也唱和題詩、感情相契，才子赴試登第後與佳人喜結連理。

其二，創作方式的借鑒。越南才子佳人小説中在創作手法上多方借鑒于中國才子佳人小説，尤其以詩詞塑造人物形象。他們不僅在喃文作品中採取詩體來塑造人物，在漢文小説中也借鑒中國才子與佳人中以詩歌穿插展現主人公才情。如《越南奇逢事録》中開篇即以詩詞寫吳嬌娘身份，其後嬌娘與楊介在扶董天王祠前相遇，二人兩情相悦又賦詩對答，分手時又以詩爲贈。其後兩人詩詞傳情以寄相思。這一萬多字的中篇小説中五言絶句1首，七言絶句10首，七言律詩17首，五言排律1首，賦1首，詞5首，表文1篇。在《玉身幻化》篇中書生王氏游學途中邂逅古螺人女子，兩人也以多篇詩詞表情達意，收録七絶7首，七律8首，歌行1首，疏文1篇。

其三，悲劇美的借鑒。越南小説中才子佳人雖然情投意合，但也好事多磨常常遇挫，且場景常設在中國境内，如《雲中月鏡新傳》中云宋代之時，雲中雁與楊水月訂婚後赴京赴試，賊人乘此强佔水月，致水月自殺。在越南文人獨創的才子佳人小説中尤其以阮庭焽《陸雲仙》（又稱《雲仙古迹新傳》、《雲仙傳》）影響最大。阮庭焽（1822—1888）在借鑒中國才子佳人小説的基礎之上，以自身經歷爲原型寫成了《陸雲仙》。他出生於嘉定城清寒的讀書人之家，其父因離職避難被革職，一家人過著顛沛流離的生活。其父就把他送到順化友人家中讀書。阮庭焽中了秀才後到順化會試之時，又因母親亡故棄考，歸途中又因悲傷加炎熱得重病而雙目失明，再加上有婚約的富户背約，使他深感世態炎凉。《陸雲仙》描述的是發生在中國的故事。

陸雲仙是一個文武雙全的清寒書生,上京趕考途中救了女子喬月娥,兩人
一見鍾情,但只得分手。陸雲仙因母去世而棄考並雙目失明,被朋友鄭歆
推入江中,幸得漁翁救起。云仙投未婚妻武彩鸞家,武氏父女又背約把他
棄置山洞,幸得樵夫搭救,權居寺廟。喬月娥聞噩耗決心守節,她拒絶了太
師爲子求婚,被太師上奏皇上把她進貢烏弋。她在途中投江自盡,被觀世
音漂送到裴儉花園,裴儉好色想娶她,她被迫逃入森林,住在老嫗家。這時
陸雲仙已得到仙藥複明,中了狀元並平定烏弋之亂,在歸途中巧遇喬月娥,
嚴懲了一切奸惡者,有情人終成眷屬。其中不僅有才子佳人一見鍾情,遇
難被迫分開到才子中狀元與佳人團圓的一般模式,由其細緻情節如"和
番"、"投江被神仙所救"也可見其深受《二度梅》影響,主人公所經歷的炎涼
世態也隨處可見《金雲翹傳》與《二度梅》的影子。

三　中國才子佳人小說在越南興盛的原因

　　相較於中國小說中的名著《紅樓夢》、《儒林外史》等一流作品域外傳播
寥寥,爲何中國古代小說中二三流的作品在域外廣爲流傳並産生巨大影響
呢？魯迅在《中國小説的歷史的變遷》指出才子佳人小説在國外却很有名
主要緣於象《玉嬌梨》、《平山冷燕》有法文譯,《好逑傳》有法德文譯,另外在
一夫一妻制的國度裏衆多佳人愛上一個才子且都結了婚讓人覺得新奇而
且有趣。然而這一說法顯然無法解釋處於中國文化圈影響下越南文人對
才子佳人的接受。當代一些中國學者指出是由於傳播的隨意性、偶然性以
及中國古代小説名著文化思想内涵深刻、説唱傳播方式、實用化目的等原
因造成①,但通過越南現存書目中可統計流入越南的小説種類繁多,其中
不乏衆多名篇巨著,這顯然也不能解釋才子佳人小説受到廣泛歡迎的原
因;越南研究者陳光輝所撰《越南喃傳與中國小説關係之研究》認爲越南喃
傳的作者多爲士大夫,他們强烈的儒家思想,對於常被冠以"誨淫"、"誨盗"
罪名《水滸傳》、《金瓶梅》、《紅樓夢》這些明清小説名著不免敬而遠之,而才

①劉勇强《中國小説域外傳播的幾個問題》,載《上海師範大學學報》,2007 年第 9 期,頁
　32—34。

子佳人小説取材中的士大夫意識和儒家倫理精神符合越南士大夫的士人思想①，這指明了其中部分原因。中國才子佳人小説之所以得到越南文人喜愛並非偶然，而是與當時特定的社會背景、文人心態以及當時文人生活情趣等相關：一方面其主要在於迎合了越南文人的心理，才子佳人小説的審美情趣和生活方式集中表現越南文人的理想願望；另一方面也在於其符合越南士人社會接受心理，才子佳人小説中對女性才學肯定的觀念及社會動亂中尋求大團圓的社會心理。此外也有越南獨特的社會原因，如越南文人對小説觀念的理解、女性在社會上有較高的地位。

（一）中國才子佳人小説符合越南文人儒家思想影響下的心理及人倫道德觀

中國儒家思想在李朝時期就早早傳入越南，儒家思想影響著越南文人對文學的態度，顏保先生云："儒家思想對越南作家的深刻影響，使他們無法對歷史小説，甚至對頗受廣大市民群衆欣賞的志怪小説產生興趣。至今没有發現幾本這類小説的改編本。"②而中國才子佳人小説在越南的廣泛傳播正是符合儒家觀念影響下的越南文人思想及審美心理。

其一，中國才子佳人小説"科舉題名"切合越南儒家科舉下的文人經歷與理想。越南能讀懂漢字的文人多受過良好的教育，而在参與傳播中國才子佳人的文人中還不乏科舉出身。才子佳人小説集中表現文人的理想願望，這種願望就是始終困擾中國古代文人的兩大問題：科舉仕途與愛情婚姻。才子佳人小説是文人理想人生的願景："學成文武藝，貨與帝王家"；"洞房花燭夜，金榜題名時"。越南採用中國的科舉取士制度，才子佳人小説情節中参加科考，與越南文人身份契合、經歷相似。從越南才子佳人小説作者身上都可以看出其参加科舉考試的影子，如阮庭炤中秀才後未参加會試，阮攸、李文馥俱是科舉出身，《花箋傳》作者阮輝似也中過會試等等。

其二，中國才子佳人小説"樂而不淫"的戀情符合儒家思想影響下越南文人對女性的傳統要求"發之於情守之于禮"心理。越南文人對於豔情淫

①〔越〕陳光輝《越南喃傳與中國小説關係之研究》，臺灣大學文學研究所博士學位論文，1973年。

②〔法〕克勞婷、蘇爾夢編著，顏保等譯《中國傳統小説在亞洲》，國際文化出版公司，1989年，頁196。

穢描寫是深惡痛絕的態度：

> 《杏花天》、《桃花影》……二書所叙皆是花朝月夕，密約私情，淫謔之風，至於禮義棄捐，廉恥喪盡，與《國色天香録》同一其歸。作者之意，蓋謂佳人才子意洽情投，其得意處在此，其最樂趣在此，不極筆描寫，不足以盡其妙故耳。殊不知天地間所謂佳人才子，其得意樂趣，豈專爲一事哉？若果專爲此一事，即無論村夫野婦，雖至於鳥獸蟲魚，莫不有之，何必佳人才子而後知也。況乎村夫野婦、鳥獸蟲魚，尚有知恥而深自隱藏。若二書所陳，則狐蕩龜淫，群聚無愧，豈有佳人才子而曾村夫野婦、鳥獸蟲魚之不若耶？看之令人唾罵，每欲擲焚其書。①

越南雖有受到中國豔情小説《國色天香》影響有《華園奇遇集》，但其中多刻畫才子佳人之間詩詞傳情，而減弱其中情色描寫。阮攸在改編《金雲翹傳》時對那些帶有刺激感官的"性色情"描寫一律採取或省略或淡化的手法。如對楚卿引誘翠翹出逃，後又將其騙奸的情節，省去不提；對秀婆向翠翹傳授妓女"接客"的淫穢不堪的具體内容，統統略去，只用"七字"、"八藝"一筆帶過。在越南喃譯改編的漢文小説《金雲翹録》中也對原著特意寫金重碰到二翠後，神迷魂蕩發誓要娶二翠的好色嘴臉隱去，不説金重有意跟蹤翠翹，而説他們巧遇相逢，一見鍾情。

其三，中國"才子佳人"及其大團圓模式符合越南普通文人的社會心理。中國才子佳人小説中都是"有情人終成眷屬"，和諧美滿大團圓，"邪不壓正"幾乎是千篇一律。而"邪不壓正"也是普通民衆的廣泛心理訴求，因而越南文人對中國才子佳人小説欣賞有加："余披玩有年，再三沉味，不覺手之舞之足之蹈之。每惜其拙於國音，不能演成一本，以白四才子之一片才情，以傳作者之一段騒思，以與人共之，以見古人于眼界。"②

（二）越南文人對中國通俗小説接受的態度有利於中國才子佳人小説傳播

中國文化對周邊國家影響至深，尤其日、朝（韓）、越三國。爲何中國小説尤其才子佳人小説傳播接受過程中在日、朝（韓）、越有偏差呢？其中很大原因在於各國民族特性以及地域文化的差異。朝鮮自稱"箕子後人"，對

---

① 阮登選，孫遜，鄭克孟，陳益源編《桃花夢記——續斷腸新聲卷之二》，《越南漢文小説集成》，上海古籍出版社，2011年，頁218。
② ［越］範美甫《〈平山冷燕演音〉跋》，越南河内漢喃院藏抄本，藏書號AB.135。

儒學正統較爲看重，因而當中國才子佳人小説傳播至朝鮮後被視爲淫詞濫調。日本在江户時代儒學也大放異彩，中國才子佳人小説傳播至日本也受到輕視，影響力較小。儒學雖然對越南文人影響深遠，但越南普通民衆對於儒學理念並不是有太多理解。明末遺臣朱舜水當時就因此對越南當政者提出疑義：

> 聞之丘文莊公云：“安南、朝鮮，知禮之國”，是以遁逃至此。太公、伯夷嘗居東海、北海以待天下，非創也。今貴國不能嘉惠無窮，斯亦已矣！奈何貴賤諸君來此，或有問相者；問所非宜，終不知爲褻客。夫相士、星士，何足比數！四民九流之中，最爲下品，較之德義之儒，不但天地懸絶，亦且如白黑水火，全全相反。遠人業已至此，貴國輕之褻之，將如足下何？但義所不當出耳！使他人聞之，謂貴國爲絶不知讀書之旨也。況能尊賢敬士乎？即如天文地理，其精者不過技術之士，亦非聖賢大學之道，治國平天下之經；而貴國讀《三國演義》、《封神榜》等記，信爲實然，勤勤問此，譬猶舍金玉而寶瓦礫，艾嘉禾而養莨稗也，亦甚失取捨之義矣。①

越南人無論貴賤者，所關注者在於看相占星、小説，對於中國歷史演義小説的態度是“信爲實然，勤勤相問”，以至於理學大師朱舜水最終離越南而去，東渡日本。在日本朱舜水立即受到尊重，並開創了日本的“水户儒學”。由於對待儒學的偏差，越中兩國在小説觀念上存在很大不同：其一，從越南官方對中國小説態度來看，歷朝政府只禁本國喃字小説而對中國漢文小説持接受態度。在黎朝科舉考試中，《穆天子傳》作爲必考内容之一。越南官方史書《大越史記全書》直接將神話小説《嶺南摭怪録》中收録的一些神話傳説收入書中作正史的開端。其二，從兩國所存書籍總目上看，中國書目很少收通俗小説，越南書目却大量記載。中國完成於清乾隆年間的官修《四庫全書總目》中收小説三類“其一叙述雜事，其一記録異聞，其一綴輯瑣語”②，僅僅選録文言小説收録其中。不僅官修書目如此，據潘建國考民間編修書目中，如清初錢曾《也是園書目》、祁理孫《奕慶藏書樓書目》中

---

① ［明］朱舜水《朱舜水集》卷二，《安南供役紀事》，中華書局，1981年，頁27。
② ［清］永瑢、紀昀主編《小説家類叙》，《四庫全書總目提要》卷一百四十，商務印書館，1931年，頁1182。

亦只有微量的通俗小説,直到晚清之前,幾乎没有一部公私書目對通俗小説有過明確像樣的記載①。與之相對的是越南阮朝官方修《聚奎書院總目册》中的文言小説却相對較少,在異聞類中收入了大量明清流行的通俗白話小説。建立於嗣德時代(1848—1883 年)的聚奎書院却大量收藏、著録了通俗文學作品。其三,從越南文人態度來看,既使科舉出身文人對中國小説也持支持觀念。中國才子佳人小説原本主要通過使臣及民間購買的方式流傳至越南。黎貴惇在其《北使通録》卷四中抄録了清乾隆二十六年(1761)越南赴清貢使團返經桂林時被中國官府没收的一批沿途採購來的中國書籍名單,其中小説有:大陪臣《智囊二部》、《千古奇聞》;二陪臣《封神演義》;三陪臣《封神演義》、《説鈴》;行人陶《山海經》、《貪歡報》;太醫院《玉匣記》;書班《列仙傳》等。由於通俗小説在越南有廣闊的市場,由此才促使通俗性很强的中國才子佳人小説的進一步傳播。

(三)越南女性地位及對女性觀念有利於中國才子佳人小説傳播

中國才子佳人小説中對女性民主觀念與越南傳統女性尊重女性觀念相契合。明末清初出現才子佳人小説的原因之一便在於當時中國女性觀念的解放。中國儒家傳統下對女性是採取束縛的觀念,在男女婚姻上必須有"父母之命,媒妁之言",而中國文人們經歷了明代"天崩地解"的思想洗禮,在反宋明理學的思潮中,强調情欲合理性成爲一種趨勢。明末清初之際,文人們又不滿於明代一味强調縱欲的理念,在肯定男女之間熱烈的感情的基礎之上,要求一種"發乎於情,止乎於禮"的作法。進入晚明以後,女性受教育程度大幅度提高,社會風氣發生了很大改變,社會上對女性的傳統看法也由色、德發展到對才、情的肯定。尤其是江南才女呈現出了一種新的風貌,她們以才華與機智構建了富有靈性的女性文化,重構了一個愛情、友情的新天地。中國才子佳人小説對佳人有重新的評價認識,鴛湖煙水散人在《女才子書》中讚歎道:"文士之膽,不如女子更險;文士之心,不如女子更巧。"②而女性在越南有較高的地位,越南民間信仰中女性神祇衆多,"四不朽"之一便有女性身影"柳杏公主"。在柳杏公主玉譜中關於柳杏公主事迹的記述,其中柳杏公主不僅幾次重回人間與凡男相戀,且在西湖

---

①潘建國《古代通俗小説目録學論略》,載《文學遺産》,2006 年第 6 期,頁 71—84。
②[清]鴛湖煙水散人《女才子書》,春風文藝出版社,1983 年,頁 157。

邊化爲女子與當朝知名詩人馮克寬等飲酒賦詩,衆詩人對其才情欽佩不已。在潘玉娘神譜中,潘玉娘也是能詩作賦典型的才女形象。這些神祇可以自由主動地選擇自己的理想伴侶。林辰先生認爲“在中國小説史上,有著大量的女神、仙女思凡,主動嫁到人間的故事。它們的以婦女的大膽、主動而成就姻緣的積極精神,是才子佳人小説的先河。”①而中國才子佳人小説中,女性遭遇坎坷的命運也與越南女性遭遇有一定的相似性。阮攸也正是在《金雲翹傳》中通過改編翠翹這一典型人物一生的遭遇,加入越南本民族特色反映當時越南廣大婦女和被壓迫人民的悲慘命運。

(四)社會時事促使中國才子佳人小説在越傳播

越南才子佳人小説盛行於十九世紀至二十世紀,當時正值越南多事之秋。在越南文人喃文改編中國才子佳人小説之時,當時文人經歷了黎阮易代,其間政權更迭。越南最成功的作品《金雲翹傳》作者阮攸生於黎朝末、西山朝初,當時的越南正處於西山農民起義時期。在西山農民起義軍建立新政權後,阮攸還舉勤王之師,在勤王失敗後,他隱居鄉間,經歷了國破家亡、貧病交加的窘迫生活。阮攸生於黎朝官吏世家,他一方面感到黎朝封建王朝的腐敗無能,但又因爲自身利益而不能完全接受西山新朝。時代巨大變遷,内心憂慮徬徨,阮攸都在其作品終充分地反映出來。這與中國才子佳人小説産生的時代非常相似。明清易代之際,在儒家正統觀念下是蠻夷取代了漢族正統地位。文人一方面受傳統“華夷之辨”儒家思想影響,又受滿清在政治上的“華夷之防”,對於儒家建功立業的思想唯留有失望。於是這些失意文人在才子佳人小説中構建了他們的人生理想,在現實中無法實現的功成名就用另一種方式實現。才子佳人小説是文人尋求心理上的寄託的一種方式“在清政府的高壓和懷柔相結合的政策下,小説家們回避較爲敏感的題材,借才子佳人小説以寄情述懷”②。由此在才子佳人小説裏,中越兩國文人有著相似的心理體驗。在十九世紀中後期中國才子佳人小説改寫量大增,這也與越南的社會時事背景有著密切的聯繫。越南阮朝政權在法國的支持下於十九世紀初期建立,十九世紀中期法國加強殖民進程。越南文人面對法國殖民的現狀。法國對越南侵略使中越之間的宗藩

①林辰《明末清初小説述録》,春風文藝出版社,1988年版,頁64—65。
②同上。

關係面臨著嚴重威脅。一方面，法國殖民者推行翻譯中國才子佳人小説。20 世紀初，法國殖民者在越南大力推行文字改革，企圖從文化上割斷越南與中國的血脈聯繫，可他們却不得不用翻譯中國古典小説的辦法來吸引民衆對拉丁字母文字的接受，由此在越南引發了中國古典小説翻譯熱。法國在越南推行新國語文字，其目的是要讓越南民衆接受拼音文字之後，逐步開始進行法語教育，最終實現在越南全境通行法文，從而徹底切斷越南與中國的血脈聯繫。日本學者認爲，才子佳人小説在越南的翻譯“主要是爲了國語學習而被使用”。另一方面，越南有識之士努力宣傳喃字作品，他們視“喃字”爲他們真正的國語。中國才子佳人小説的通俗性，改編後的六八體喃傳在民衆之間有著廣泛基礎，於是越南士人也大量印刷抄印中國才子佳人小説喃文改編本，如第八才子《花箋記演音》後序稱“生是邦也，國語之言可廢乎？不可也！讀國語也，《花箋》、《金雲翹》之書可廢乎？不可也！”

四　結語

中國才子佳人小説在越南有廣泛傳播，既有以原著的方式在越南文人之間流傳，也有越南文人對其進行喃譯與翻譯的二次傳播。才子佳人小説在越南的傳播有一定的社會原因，而中越文化同源的文化基礎也令越南文人與中國文人有著相似的心理訴求。同時，中國才子佳人小説對越南文壇影響至深。無論從分析中越文學關係，亦或從傳播學探討中國小説在域外的傳播方面，中國才子佳人小説在越南的傳播都是值得關注的題材。

（作者單位：中山大學歷史學院）

域外漢籍研究集刊　第十七輯
2018 年　頁 433—454

蘇州清商江芸閣與日人長崎唱和研究 *

李傑玲

　　最近,日本新舊美術品拍賣會上正拍賣一幅有賴山陽和江芸閣①簽名的《墨竹圖》(商品號:16035),拍賣價爲 230000 萬日元。《墨竹圖》據推測作成于文化十一年(1814),如下圖所示②:

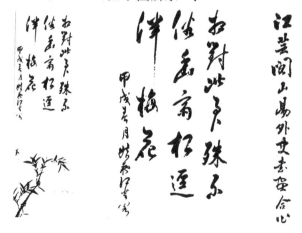

* 此論文爲教育部人文社會科學青年基金項目《日本圖書館漢詩文鈔本文獻整理與研究》(批准號:17YJC870008)階段成果,南京大學訪學期間成果。

① 筆者曾在拙著《十八～十九世紀中日沿海地區詩文典籍交流》(山東人民出版社,2016年)中談到江芸閣的唱和,當時把江芸閣的名字寫成了"江藝閣",因爲日語中的"芸"字相當於漢語漢字"藝",故有此誤。現根據讀音"うん"改其名爲"江芸閣",有的學者寫作"江雲閣"。特此説明。

② 日本新舊美術品拍賣官網:http://www.shogana.jp/

　　畫中所題的詩句是："相對此君殊不俗,幽齋松徑伴梅花。"由此可見江芸閣在日本詩畫界的影響和地位。

　　但是這樣一位來自清朝蘇州的文人,在國内却是寂寂無聞。正如蔡毅撰文指出的那樣:"江芸閣'於中國名不見經傳','其在故土實屬默默無聞。'"①最近十來年才有一些文章談到江芸閣與日本文人的詩歌交流。事實上,江芸閣在江户、明治時代的日本詩壇頗負盛名,且留下不少唱和之作,還有詩文評點、題畫詩和簽名等。其中最引人注目,且已被提及的,就是他和日本著名漢詩人賴山陽、梁川星岩、田能村竹田等人的詩歌唱和。

　　今據德田武在《近世日中文人交流史之研究》②一書彙編的資料,將江芸閣和日本文人的交往整理成表格(請見文後所附表格),方便讀者對照正文的論述,進一步理清江芸閣在長崎的文學活動。

　　賴山陽(1780—1832)和梁川星岩(1789—1858)都是日本江户時代有名的詩人,而田能村竹田是江户後期的文人畫家,善詩、文、書畫,性愛風雅,師從谷文晁學畫,研究明、清畫作,而後獨辟畫風,自成一格。他們之間的交往,也被記載在日本文獻裏。

　　完成于文政八年(1825)的廣島縣地方史料《藝藩通志》、《尾道志稿》中,有賴杏坪的長篇古詩,其後出現了江芸閣的名字。可見其在日本的文名之大。江芸閣這個名字,也進入了日本《美術人名辭典》,辭典是這樣解釋"江芸閣"的:

　　　　清朝文人。號大楣,諱辛夷。江蘇蘇州人。嘉慶二十年(1815)年以後,數度航至長崎,與賴山陽、梁川星岩、田能村竹田等交游。③

　　關於江芸閣,在《長崎畫史彙傳》中,古賀十二郎④説江芸閣名辛夷,字芸閣,號大楣,從文化年間到天保初,以唐船主的身份來舶長崎,江稼圃之弟⑤。

---

①蔡毅撰《賴山陽〈日本樂府〉西傳考》,《中日文史交流論集》,上海:上海辭書出版社,2005年,頁254。筆者在此感謝蔡毅教授一再賜教,他的研究成果對本文的寫作有極大的幫助。

②[日]德田武著《近世日中文人交流史之研究》,東京:研文出版,2004年,頁262—325。

③收錄自平安時代至現代與美術有關的近一萬人的生平簡介,weblio思文閣資料庫:https://www.shibunkaku.co.jp/biography/

④[日]古賀十二郎(1879—1954),畢業于東京外國語大學,長崎鄉土史研究家。

⑤[日]古賀十二郎著《長崎畫史彙傳》,長崎:大正堂書店,昭和五十八年(1983),頁533。

大庭修指出，考慮到芸閣之稱在日本通用，"芸閣"應該是號，又由於其兄名爲大來，芸閣的名應該是大楣，字辛夷①。蔡毅也認爲"江芸閣，名大楣，字辛夷，號芸閣，蘇州人"。② 而據江芸閣自作的傳記，可知"江芸閣，字大楣，號印亭，又號玉壺生，十二瑶臺使者……唐山江南蘇州府長州縣之閶門外居住，年甫四旬，五度來崎陽……稼圃之弟。"③蔡毅曾在論文中説，"田能村竹田爲江户後期填詞第一人。其詞集《秋生館集》、《清麗集》，曾請來長崎的清客朱柳橋、江芸閣批正。""江芸閣于《清麗集》後作批，並題一絶云：'瀟灑填成幼婦詞，清才綺麗甚於詩。個中妙語從天悟，恒古聰明不自知。'"因此，他認爲，江芸閣是"十九世紀初在日本漢詩壇最爲活躍的中國文人"。④ 江芸閣本來是隨其兄江稼圃乘坐商船到長崎做生意的商人，却隨著與日本文人的唱和聲名鵲起，吸引了眾多日本大詩人來到長崎與之唱和對談，並請他點評自己的詩詞，除了蔡毅在文中所説的"長崎清客並非僅爲商賈之徒，其中一些人具有相當的文化素養"這一原因之外，還與長崎港口對清開放，與江户、明治時代崇尚清詩的風氣有關。

一　長崎港口與日清交流

江户時代末期到明治大正年代約百年間，清詩流行。雖然江户時代幕府實行鎖國政策，對出入境進行了極其嚴格的控制和約束，但是長崎港口對清朝和荷蘭開放，每年都有一些船隻載著書籍、商品和商人、文人來到長崎，這使得當時的日本文人不僅可以從清商那裏購買漢籍，也可以和清朝文人直接切磋詩文。據神田喜一郎的研究，明治詩人野口寧齋專門搜集清

①［日］大庭修著《漂著船物語》，東京：岩波書店，2001年，頁166。

②蔡毅撰《長崎清客與江户漢詩——新發現的江芸閣、沈萍香書簡初探》，《日本漢詩論稿》，北京：中華書局，2007年，頁235。另，關於江芸閣的書簡及其與日本文人的交往，還見於蔡毅教授發表在《南山大學亞細亞·太平洋研究中心報》第四號上的報告，頁32—40。

③［日］德田武著《近世日中文人交流史之研究》，東京：研文出版，2004年，頁285。

④蔡毅撰《日本填詞西傳考》，《國際中國文學研究叢刊》，上海：上海古籍出版社，2013年，頁252、253、254。

朝的詩集，自稱"清詩萬卷樓"，爲當時的人們所羨慕。明治三十六年
（1903），他在自己主辦的雜誌《百花欄》中連載了清詩萬卷樓的藏書目録。
磯野秋渚分别在大正九年（1920）和大正十四年（1925）分兩次在大阪自己
的家中展出收藏的清詩集，並爲來參觀的人發放《碧雲仙館藏清詩》的目
録。第一次展出了四百五十家清詩，第二次展出了二百八十二家①。

　　據説當時的知識份子，無論是誰，大概都做過漢詩，各報紙上也開設漢
詩專欄。還有，漢詩人的舉手投足等都是當時報紙常見的素材。因此還導
致清商舶書售價上升的現象。當時的漢詩人把同時代的清朝詩人的詩看
作自己學習漢詩的範本，因此極爲推崇。正如趙翼在《論詩絶句》中説的：
"李杜詩篇萬口傳，至今已覺不新鮮。"（《甌北詩鈔》絶句）相對于李杜的時
代，與江户、明治較近的清朝的詩歌顯得更爲新鮮和容易理解，容易引起共
鳴，因此清詩盛行。

　　在此之前，得天時地利之便的長崎已經興起了學習清詩、争相和清人
進行詩歌唱和的風氣。在這個歷史場景中，江芸閣是一位不可忽視的商
人，當然，他同時也是一位詩人。

　　國内外對於江芸閣的研究，僅有爲數不多的幾篇論文，其中最引人注
目的是蔡毅的論文，如《長崎清客與江户漢詩——新發現的江芸閣、沈萍香
書簡初探》提出了許多新發現的資料：今藏於長崎縣立圖書館的江芸閣致
水野媚川的書簡及若干自作詩文手稿，共三十二通②。文中説："十九世紀
初來往於長崎的清客中，最有'文名'的，恐怕就要算江芸閣了。"③

　　蔡毅還撰文介紹了江芸閣在長崎豐富多彩的文化活動。他經過調查
發現江芸閣的有關生平資料均見於日本，中國方面的記載，只有翁廣平《吾
妻鏡補》卷二十四所録："江芸閣詠崎奧名妓色藝兼全者，作《竹枝詞》十余
章，譯司陳焕章手録以示余"云云。其一云："疑是唐宮江采蘋，淡妝素服最

---

① ［日］神田喜一郎著《神田喜一郎全集》第八卷，京都：同朋舍，昭和六十二年（1987），頁
　　163—167。
② 筆者按：雖曾爲此寫郵件咨詢過蔡毅教授，但由於這些書信已不在蔡教授身邊，所以
　　拙文成文時未能讀到這些信件，待日後赴日調查資料時再另撰文章論述。
③ 蔡毅撰《長崎清客與江户漢詩——新發現的江芸閣、沈萍香書簡初探》，《日本漢詩論
　　稿》，頁 234—235。

宜人。憑誰慣寫風前影,除却梅花總未真。"①

　　國內關於江芸閣的其他研究,則著眼于趣談逸事,如《海上夕陽:江芸閣與江馬細香②》説:"蘇州商人江芸閣十分欣賞一位名叫江馬細香的倭女,從一首竹枝詞的口氣看,江詩人還把這個擅長詩畫的異國美女介紹到了中國。詩云:'名聲昔日達姑蘇,詩畫雙雄匹敵無。滿腹經綸憂國事,果然日本女丈夫。'"③但文中所論,多有不確,關於江芸閣和江馬細香的唱和,下文還將談及。

　　有的文章則從清代音樂傳入日本這一角度論述江芸閣與日本長崎的關係,如:"清樂的傳播大致經由以下兩條路徑:一條是大約在 1818—1830 年間,一些在琴棋書畫方面都很擅長的中國優秀文人,如沈萍香、金琴江、江芸閣、朱柳橋和李少白等,從中國航行到日本長崎後,與長崎的文人進行了廣泛接觸"④,傳播清樂。

　　有的從畫作的角度來談論江芸閣及其兄江稼圃在長崎的交流活動。如《清代到長崎的中國畫家們》把江稼圃和江芸閣視爲來到長崎的畫家,指出"江稼圃,傳來南方畫風,門人有鐵翁、木下逸雲等。江芸閣:船主,詩畫俱佳,與大槻磐溪、江馬細香、賴山陽等唱酬甚歡"。⑤

　　江芸閣與上述諸多日本漢詩人的交流是以長崎爲舞臺展開的。當時的長崎,作爲鎖國期間唯一開放的通商港口,有著繁榮的經濟貿易和文化交流。從當時流傳下來的詩文就可以看到長崎在十八～十九世紀中日文化交流、貿易來往上有非常重要的作用。

　　三宅觀瀾⑥在《送處士某游長崎》一詩中説長崎有"支那語、支那料理和支那天山南部的美玉。"君行長崎,真是"海徼繁華萬里程,天將殊觀寵君

①蔡毅撰《長崎清客與江户漢詩——新發現的江芸閣、沈萍香書簡初探》,《日本漢詩論稿》,頁 237。
②[日]江馬細香(1787—1861),江户時代女詩人,畫家。
③簡雄《士風乍起》,上海:文匯出版社,2012 年,頁 141。
④徐元勇《明清俗曲流變研究》,南京:東南大學出版社,2011 年,頁 162。
⑤陳振濂著《維新:近代日本藝術觀念的變遷 近代中日藝術史實比較研究》,杭州:浙江古籍出版社,2006 年,頁 245。
⑥[日]三宅觀瀾(1674—1718),江户時代中期的儒者。

行。”在長崎就可以看到福建商人在樓頭賞月，也可以買到並佩戴來自天山南部的美玉，從此“莫復鏗鏘鳴不平”。服部南郭①則在《送友人游宦長崎》中説，長崎舶來“支那的翡翠”。這首詩説在長崎就能買到遠在支那的珍品，不必遠涉重洋：“九州節制新開府，千古祠存舊鎮西。自有越裳來翡翠，何勞遼海走鯨鯢。”②

出現在長崎的唐人唐物③刺激了日本人的漢詩創作，在他們的詩歌裏，唐人唐物已經成爲一個時常吟詠的母題，如中井竹山④的《題華僧大鵬墨竹圖》：“鵬公水墨禪餘適，小紙揮毫寫巨竿。渭上當年千畝緑，隱然幅外壁間看。”⑤但是，也有日本人抱著强烈的華夷之辨，對拖著長辮子的“胡人”抱著難以釋懷的偏見和輕視，如長久保赤水⑥的《清客館》：“聞説單于稱帝王，年年鼠辮至崎陽。當時文物何須問，可歎衣冠非漢唐。”⑦也有人以稍微寬容的態度對待前來貿易的清商：“昔日同文國，今時辮髮人。爲思洙泗道，看畫亦相親。”（菅茶山⑧詩）詩序曰：“同尊洙泗之道（孔子之道），日清親善。”⑨日人雖然抱著華夷之辨，對身爲“胡人”，拖著長辮的清人抱有偏見，但是由於同尊孔子之道，所以也覺得頗爲親善。

在長崎，中日人士之間的漢詩唱和甚是熱鬧，日人推崇清人的詩歌：“唐船之來，除長崎外，不許收泊。帆檣柁櫓之制，觀者甚罕。享和元年（1801）辛酉，一舶漂來紀，官護送之長崎。以三月下旬，泊我鞆浦，遠近爭觀。鞆宰田村君命工製圖，令唐人題詩其上，記異也。”⑩有不少日本人爲了能和清朝來的唐人談詩論道，不惜長途跋涉，期待能在來崎的商人中遇

---

① ［日］服部南郭（1683—1759），江户時代中期的儒者、畫家、漢詩人。

② ［日］中山久四郎編《長崎文學·唐人詩史》，1968 年，東洋文庫藏，頁 364。

③ 筆者按：此處指清朝的人和物。由於唐朝文化對日本的影響很大，所以日本江户時期的文獻仍然用“唐”來代指中國。

④ ［日］中井竹山（1730—1804），江户時代中期儒學者。

⑤ ［日］中山久四郎編《長崎文學·唐人詩史》，1968 年，東洋文庫藏，頁 366。

⑥ ［日］長久保赤水（1717—1801），江户時代中期地理學者、漢學家。

⑦ ［日］中山久四郎《長崎文學·唐人詩史》，頁 366。

⑧ ［日］菅茶山（1748—1827），江户時代後期儒學者，漢詩人。

⑨ ［日］中山久四郎編《長崎文學·唐人詩史》，頁 366。

⑩ ［日］中山久四郎《長崎文學·唐人詩史》，頁 366。

到能詩善文之人。鎖國政策使日人信息較爲閉塞,這反而激發了他們對外界的好奇心和對清詩的憧憬,如菅茶山的詩《題清客圖》就生動地表明這一點:"辮髮垂垂毳服輕,中州變態使人驚。賴有新城王貽上,文章獨不讓前明。"①王貽上是指清初著名詩人王漁洋。這反映了他們迫切希望與清人交流文學的心情。

　　近代日本漢詩中的長崎,展現的都是長崎的唐土風情,從建築、食品、貨物到衣著等,都顯示其唐土人文色彩。清人還爲長崎的山嶽命名,如三宅橘園所説的"峨眉山在東,文筆峰在南。並清人所名",並説"長崎的風景讓人聯想到支那"②。爲此他作詩曰:"山貌如眉纖且幽,最宜秋月照灣流。吳舟自比之三峽,也有蜀川浣錦不。"③

　　另外,日本人對清商舶來的漢籍很感興趣,對於清朝的事情也懷著極大的好奇心,並有人曾想與清人書信往來談詩論道,甚至爲此而在長崎長期逗留不去者。如三宅橘園④的《長崎僑舍雜詩》其六:"留寓中,探舶來書涉新奇者,莫不畢窺。大概多稗官媵説。自非麗心春情,則止冤魂幽鬼,無一關道義德化焉。偶論經義者,有袁才子、王鳴盛等撰選。一二考證,非無彼善於此者,然皆齷齪章句之間耳。如其義旨,一墮洛閩之圈套,在霧中撥霧。要五十步百步之間耳。於是欲遺先師所著名疇、易原、詩書繹解等於清朝。專謀其事,爲之益留淹。又欲貽書清朝翰林學士以喻大旨。然通書牘於異域者,法之所禁,是以不能果。"⑤他接著批評清人的詩文書畫曰:"清人文章多好駢儷,詩則卑近淺陋,自有朔漠蕭殺之風。書畫並失古法。然世俗貴遠而賤近,學詩習書者,或務效清人,可笑之甚矣。今冬在館,艄公無長文事者,余是以不肯適館執謁,無足與語者故也。"⑥他們希望找到談詩論道的清商,因此對清商的文學素養有較高的期待,二宅橘園甚至因爲在唐館中沒有找到值得交談的清商,雖身在長崎,却沒有到唐館去。

────────

①[日]中山久四郎編《長崎文學·唐人詩史》,頁366。
②[日]中山久四郎編《長崎文學·唐人詩史》,頁372。
③[日]中山久四郎編《長崎文學·唐人詩史》,頁372。
④[日]三宅橘園(1767—1819),江户時代後期儒者。
⑤[日]中山久四郎編《長崎文學·唐人詩史》,頁371。
⑥[日]中山久四郎編《長崎文學·唐人詩史》,頁371。

　　江芸閣曾多次到長崎經商,他在長崎,除了主要的貿易事務之外,就是飲酒吟詩,與日本詩人往還,他在長崎還有長期交往的兩三名藝妓,有的藝妓爲他産下男嬰。

　　據現存於長崎縣立圖書館的《割符留帳》的記載,江芸閣于文政二年(1819)二月二十四日的卯一號船、文政五年(1822)六月十八日的午二號船、同年十二月十五日的午六號船、文政七年(1824)正月八日的未七號船、同年七月五日的申三號船、文政八年(1825)六月六日的酉三號船、文政九年(1826)四月十九日的戌一號船、文政十年(1827)閏六月三日的亥二號船、同年十二月八日的亥十號船、文政十二年(1829)二月八日的子八號船、文政十三年(1830)六月十三日的寅一號船,同年十二月十九日的寅九號船、天保二年(1831)十二月十四日的卯二號船來長崎,共有十三條江芸閣來崎的記録。從1819年到1831年,大概每隔半年就來崎一次,在長崎唐館最長一次住了一年十個月。

　　由於文政二年(1819)之前江芸閣來崎的文獻資料並未留存,所以難以確定,但大庭修在静岡縣淺間神社所藏的《大象圖》中發現了江芸閣于文化十二年(1815)來崎的證明,《大象圖》上有江芸閣的簽名①。足以證明江芸閣來崎的頻繁。下面來看看留存至今的江芸閣的詩文墨迹。

二　留存至今的江芸閣詩文墨迹

　　在日本方面,至今仍然保存著江芸閣的一些書法詩文真迹,如好古齋中日書法官方網頁就曾展出其書于文化十二年(1815)的對聯:"雲近蟾光生異彩,江涵秋影上青天。乙亥冬日書"(29.5㎝×62㎝)。

　　江芸閣之兄江稼圃爲江户時代來舶四大家之一(另三家爲伊孚九、費漢源、張秋穀),善畫,對江户畫風頗有影響。大田南畝在《瓊浦雜綴》中的文化二年(1805)二月二日條裏,記載了相關事宜,指出江泰交即江大來,字泰交,號稼圃。武元登登庵②的《行庵詩草》第三册"青集"卷首收録了江稼圃的七絶一首。武元登登庵在長崎逗留期間,與多位清人進行過詩歌唱

---

①[日]大庭修《漂著船物語》,頁165—171。
②[日]武元登登庵(1767—1818),江户後期漢詩人。

和。除了江稼圃,還有朱緑池、姚静齋等。武元登登庵與江稼圃熟悉,有詩爲證,武元登登庵曾作詩《贈江稼圃》:“海外漫游尋勝區,風流名噪日東隅。煩求書畫君休怪,巧者從來爲拙奴。”此外,武元還與其他清客有詩文唱和,如《劉其章攜蘇州酒一壺而來共飲,醉後賦呈》:“煙水模糊倚暮窗,微風吹雨入吟缸。因君一醉蘇州酒,恍怪斯身在異郷。”其熱衷於漢詩創作,積極與清商唱和交談,由其詩可見一斑①。

　　下圖是齋藤秋圃②畫于文化五年(1808)的江稼圃的畫像,畫中有江芸閣的題詩:

　　畫像畫于文化五年(1808),而江芸閣的贊則寫于文政十三年(1830):“游戲塵寰八十年,胸襟豁達吐雲煙。只己自知大自在,我心只當小游仙。文政庚寅冬日,弟大楣敬題。”另一幅爲《平安福壽圖》(編號:A2ハ0005),傳爲荒木如元③所作,該畫推測完成于江户後期,畫上有江芸閣作于1816年的贊,此外還有ヘンドリック・ドゥーフ(Hendrik Doeff)所作的荷蘭語贊。

(長崎歷史文化博物館藏,左:江稼圃像;右:平安福壽圖)

①[日]中山久四郎編《長崎文學・唐人詩史》,頁372—373。
②[日]齋藤秋圃(1768—1859),江户後期畫家。
③[日]荒木如元(1765—1824),長崎人,通稱善十郎,後改稱善四郎,號如元,江户末期長崎派畫家,與若杉五十八並稱長崎二大洋畫家。

　　現在見得更多的,是江芸閣的詩歌作品。從中可見他與日本詩人唱和的情況,日本漢詩人非常推崇江芸閣,如市河寬齋①《同江芸閣劉夢澤,和張秋琴七夕韻》:"羈亭遇七夕,讀作見雙星。月仄初呼枕,風清未掩屏。感時詩忽至,數漏詠何停。同是鄉園思,穿針女滿庭。"②在這首詩的序文中,市河寬齋説來到長崎的清朝文士中有如王漁洋詩才的大家,可見他是把江芸閣、劉夢澤和張秋琴視爲有著王漁洋詩才的文士。江芸閣曾品花題詩,與日人唱和,梁川星岩不僅讀了江芸閣的品花詩,還寫了一首詩記下這件事,《讀江芸閣品花新詠戲題》曰:"滿畝桑麻取次成,東君多事更多情。道傍故蒔閒花草,乞與蘭陵冶客評。"原注曰:"芸閣係古蘭陵郡人。"③在與日本詩人的交流中,江芸閣往往讓人聯想起江南的美景和詩歌,如大槻磐溪④《呈江芸閣》:"吟身底事滯東邊,知與江山有宿緣。洗硯閑臨魏晉貼,焚香細讀杜韓篇。半窗殘夢西湖月,萬里歸心南浦煙。方拙愧君還説項,新交況復辱忘年。"原注曰:"因來崎文士江芸閣而懷想西湖。"⑤江芸閣與他的唱和摘録如下:

　　　　江芸閣《奉步原韻》:"春風春雨歌臺邊,驀地欣逢文字緣。醉墨亂塗醒宿酒,涇雲入户妒瑶篇。山房有美藏深幕,桃李無言籠暮煙。臨別匆匆倍惆悵,燈前永夜感華年。"

　　　　大槻磐溪《酬見和》:"相逢清客玉江邊,結得一場文墨緣。俚曲何圖荷周顧,木瓜翻喜報新篇。他時幽夢山窗雨,兩日清談茶鼎煙。別後憶君深院裏,落花啼鳥畫如年。"

　　　　大槻磐溪《用前韻送江芸閣還姑蘇》:"載將離恨向西邊,文酒何時再結緣。萬里雲濤歸舊國,一船風月入新篇。鶴迎君複堂前樹,鐘破姑蘇城外煙。重門不銷相思夢,遮莫詩魂晤少年。"⑥

①[日]市河寬齋(1749—1820),江户時代儒學者、漢詩人。
②[日]中山久四郎編《長崎文學・唐人詩史》,頁 368。
③[日]中山久四郎編《長崎文學・唐人詩史》,頁 381。
④[日]大槻磐溪(1801—1878),江户後期、明治初期的儒學者,仙台藩儒,修習西洋學,精通西洋炮术,主張開國説。
⑤[日]中山久四郎編《長崎文學・唐人詩史》,頁 389。
⑥[日]中山久四郎編《長崎文學・唐人詩史》,頁 390。

大槻磐溪還和清客朱柳橋有唱和的詩篇，限於篇幅，不一一轉録。

江芸閣和水野媚川①也有多首唱和之作，今摘引如下：

江芸閣《奉憶》："人雖異域性偏親，手足情深憶海濱。寄託于技青眼看，莫教隨意落紅塵。"

水野媚川《和前韻》："從宿花深相共親，劉郎猶憶舊溪濱。爲傳仙子本冰骨，不向人間污點塵。"

江芸閣《寄懷》："瓊浦名花依緑水，姑蘇人暫倚樓臺。重洋不隔相思夢，萬里町前夜夜來。"

水野媚川《次韻》："人世春風吹老後，依舊花開耶馬台。仙棹重福知幾日，雲鬢晚掠待君來。"

江芸閣《奉憶》："天生靈慧若爲儔，文苑應推第一流。書畫詩詞賦入妙，掀翻瓊浦也難求。"

水野媚川《私前韻》："詠月吟花幾許儔，吳門無客不風流。最憐春水緑波句，除却江郎也孰求。"

江芸閣《戲簡袖笑妓》："丸山街畔牡丹披，一根花開爲底遲。應是東皇深護惜，妒花風雨欲來時。"

江芸閣《戲簡袖扇妓》："菊花天訂雲花天，辜負卿卿纖力綿。明歲分瓜涼露下，牽牛織女又相連。"

水野媚川《次韻》："倚欄細數女牛天，不惜寒窗早織棉。寄語王郎兩迎取，桃根桃葉本相連。"

水野媚川《戲簡百鶴元旦作》："吳山瓊浦兩相望，元旦同看天一方。唐船歡呼田屋静，今朝可否憶蕭郎。"②

關於水野媚川生平的資料很少，太田春耕③曾記曰："水野勝號媚川，瓊浦譯司，與出能村竹田結詩盟。竹田某月示諸作曰：此是媚川所嘗與清人江芸閣贈答者，請君以此爲鄉國之歸遺。"④水野媚川爲長崎翻譯，與田能村竹田也時有詩歌往還，田能村竹田曾把江芸閣與他的唱和詩贈給水野

①生平不詳。

②［日］中山久四郎編《長崎文學・唐人詩史》，頁 398—399。

③生平不詳。

④［日］中山久四郎編《長崎文學・唐人詩史》，頁 400。

媚川,作爲"鄉國之歸遺",長崎的翻譯多爲華裔,水野媚川也很可能是移居長崎的華人後代。

來到長崎的日本詩人紛紛稱讚江芸閣的詩才,釋雪象①作《贈江芸閣》曰:"吾國詩人今不乏,才革果有似君無。"②意思是説日本國内現在有很多詩人了,但有没有像江芸閣那樣富於詩才的人呢?這種評價對一個詩人而言是極高的。

留存至今的江芸閣詩文中,值得注意的是他寫給藝妓的詩,以及藝妓在他與日本詩人唱和中的作用。江芸閣寫給藝妓的詩,很讓日本詩人欣賞。館柳灣③曾作詩曰:"江芸閣詠崎奥名妓色藝兼全者,作竹枝十余章。譯監陳焕章手録以示余,吟誦之間,覺麗情豔態,宛然溢於紙表,而芸閣流風遺韻亦可想見也。戲作二絶句,因陳焕章寄之,博其一粲。序:長崎花月樓上的日支親善。詩:曾讀楓江本事詩,今傳瓊浦竹枝詞。文通情致尤堪想,花月樓頭賦別詩(芸閣往有別花月樓女校書袖笑詩)。錦箋重疊寫春容,品柳評梅意轉濃。一朵名花袖中笑,薰肌香氣惱吴儂。"④該詩有著濃郁的脂粉香氣。

武元登登庵也曾寫詩叙述長崎藝妓與清客的來往與感情:"西風卷浪入江鄉,帆轉神崎正曉光。已辨舟牌金得勝,幾家娼婦待吴郎。"他在詩中還代藝妓發言,贈詩清客,且説明清客多有與藝妓産子的事情,如《戲代妓贈清客》之一:"學得吴音猶未成,繡床稍解合歡情。含羞試問楓江女,那樣新妝媚態生。"又有詩説到藝妓懷著清客後代,却不得不接受清客離開的事實:"睡起看花獨自悲,離情欲語淚雙垂。歸舟載去無窮恨,不待仙桃結子時。"武元在詩的後續中説:"後一首贈孫景雲也。景雲狎一妓,有身。未及分娩而去。景雲之來於村山氏也,余書此詩以示景雲,景雲一覽,委而擲地。"⑤

────────────

①字公鮮,號東林,越中人。前後二至崎奥。與清客陸品三、楊西亭、沈萍香輩,交歡唱酬,天保十二年,即 1841 年辛丑卒,年五十六
②[日]中山久四郎編《長崎文學·唐人詩史》,頁 405。
③[日]館柳灣(1762—1844),江户時代後期漢詩人、書法家。
④[日]中山久四郎編《長崎文學·唐人詩史》,頁 370。
⑤[日]中山久四郎編《長崎文學·唐人詩史》,頁 374。

除了武元寫藝妓與清客的交往之外，賴山陽也曾作詩詠歎，如《長崎謠》："盈盈積水隔音塵，穿眼來帆阿那邊。自慰吳儂勝織女，一年兩度迓郎船。"①賴山陽曾代藝妓袖笑作詩給江芸閣，《戲代校書袖笑憶江辛夷》曰："舉袖嫣然掩袖啼，玉釵敲斷酒醒時。相思何與封姨事，阻却郎船故遲遲。"②辛夷是江芸閣的字，"封姨"亦作"封夷"，古時神話傳說中的風神，亦稱"封家姨"、"十八姨"、"封十八姨"。詩文中常作爲風的代稱。這裏是以女子祈求風神推遲船行的時間，好與心上人多聚一聚，生動地傳達了女子的心意。

賴山陽還曾牽綫搭橋，爲自己的女學生江馬細香和江芸閣創造了唱和的機會。江芸閣詩云："能書能畫總文章，有女清貞號細香。京洛風華游藝學，此生不喜作鴛鴦。己卯又清和月，寄贈細香女學士，出稿于崎陽客舍。姑蘇江芸閣。"③

細香詩云："江芸閣先生遠辱賜詩，莫以爲謝，漫寫瘦篁數枝，且攀高韻。寒閨萬里見文章，寶鴨先焚一炷香。幾日柔荑耽把玩，金針不復繡鴛鴦。"

江馬細香《再疊前韻奉答江芸閣先生》："天涯兩度領瓊章，五彩吟箋墨有香。欲就幽窗誦來句，春池水暖浴鴛鴦。"

江馬細香說由於賴山陽的引薦和幫助，自己與江芸閣有詩歌唱和，見其詩《奉挽陽先生》："列媛詩選今在箱，研朱題贈短文章。癡才弟子非金逸，授業先生是小倉。付尾多年悲失驥，臨流竟日似無航。尤思海外媒酬唱，三度紅箋賦彩鴦。"原注曰："余曾與清客江芸閣，因先生有相唱和。"由於賴山陽的牽引，江馬細香才與江芸閣結下一段文字奇緣，從中也可看出江馬細香對賴山陽的深切感情。

據調查，長崎丸山花街形成之前，藝妓們散居在新紙屋町、新高麓町、大井手町、今石灰町、古町、博多町、丸山。丸山是後來丸山町的前身。娼妓移住丸山町後，外出、在外留宿等都很自由。她們出入唐館，或到清商的

---

① ［日］中山久四郎編《長崎文學·唐人詩史》，頁 378。
② ［日］中山久四郎編《長崎文學·唐人詩史》，頁 379。
③ 江馬細香與江芸閣的唱和作品，可參考江馬細香的詩集《湘夢遺稿》（入穀仙介監修，門玲子譯注，東京：汲古書院，1994 年）上冊頁 82—85，下冊頁 569—574。

船上留宿。據統計，丸山町娼妓屋三十家，妓女三百三十五人，内含高級藝妓六十九人；寄合町娼妓屋四十四家，妓女四百三十一人，内含高級藝妓五十八人。她們把去唐館或唐船留宿稱爲"唐人行"，根據長崎海外貿易管理和審查的機構——奉行所的規定，本來超過一晚上的留宿是不允許的，娼妓們第二天一早必須回到丸山町。但這只是一紙空文而已，實際上妓女們出大門外繞一圈，又回到唐館或唐船内，常常連續留宿兩三晚。

正德五年(1715)改令，妓女們停留唐館或唐船的時間長短，由清商來決定，因此，藝妓們一直住在唐館或唐船裏，直到清商返航回清。他們在一起，宛若夫妻，甚至生兒育女。比如文政十一年(1828)十二月，唐船主周藹亭和藝妓初紫誕下一個男嬰，後來男嬰在長崎長大，周藹亭提供撫養費。江芸閣則和寄合町引田屋的袖扇(袖笑則是另一人，袖扇是袖笑的幹妹妹)于天保元年(1830)産下一名男嬰，叫八太郎，於天保二年(1831)夭折，江芸閣爲此兒撰寫的墓誌銘至今仍留存。南京船主黄哲鄉則和丸山町岩田屋的八雲産下一個名叫"金八"的孩子。長崎藝妓花絹和蘇州人沈萍香産下一子名"友吉"，友吉在花絹母家長大等等①。

在中國古代文學史上，人們對妓女的技藝格外重視，這是妓女名稱由來之一。"妓"右邊的"支"含有技能之意，這些女子爲了招攬客人，吸引人的注意，必須學會一些彈唱歌舞的技能。作詩也是妓女們與客人進行個人交流的手段。雖然暫時没有確鑿的資料證明長崎的藝妓寫給清客漢詩，但她們能歌善舞，却是事實。而且，她們也從側面促進了漢詩的創作，比如江芸閣爲袖笑的畫像題詩一首："風流出上都，媚態有誰多。春風吹羅袂，秋水駐橫波。不過情河過愛河，何時得並此嬌娥。"②在我國古代詩歌史上，有關妓女的文學描寫有著悠久的歷史。早在古代韻文裏就有，如《楚辭》。在文學的世界裏把妓女當作美好的物件加以描寫的，從五世紀以後南朝的宫廷文壇開始，具有偏重唯美的傾向。至唐代，詩歌創作空前繁榮，給妓女的饋贈詩也相應增多，直接給某個妓女寫的詩歌也多了起來，也有作品直接抒發與妓女間的情愛。其實，不僅是戀愛文學，即使是一般的文學作品也與妓女有極大的關係。無論是大官的府邸，還是花街柳巷，與許多士大夫

① [日]本山桂川著《長崎花街篇》，東京：春陽堂，昭和二年(1927)，頁64—69。
② [日]大庭修著《漂著船物語》，頁165。

接觸的妓女得以耳聞士大夫的詩作以及故事等作品，她們起到了向他人宣傳詩文和故事的仲介作用，也就是說，妓女有時是文人作品的傳播者，有時又是作品的鑒賞者、評論者。有學者認爲，“許多士大夫出入的煙花柳巷成爲文化傳播的場所，同時也發揮著創作基地的機能”。①

此外，在江芸閣與日本文人在長崎的文學交流中，鮮少引人注意的是江芸閣點評《聲應集》，並留下墨迹一事。

《聲應集》是江户後期的漢詩合集，有作于文政六年（1823）的跋，正文第一頁有“雙魚堂珍藏”橢圓形陽刻朱印。作者爲勝田半齋（1780—1831）、野澤醉石（1781—1842）、中村爲一和江芸閣。勝田半齋，本姓荒井，名獻，字士信、子信、成信，通稱彌十郎。江户後期儒者，工詩，曾于文政十一年（1828）擔任書物奉行②一職，著作還有《半齋摘稿》等。勝田由於負責檢查長崎舶來的書籍，得以和江芸閣等人交流唱和，並召集野澤醉石、中村爲一一起發行了《聲應集》。該集的封面題簽下就出現了“江芸閣”的名字，如下圖所示③：

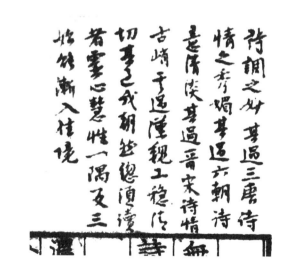

①［日］齋藤茂著，申荷麗譯《妓女與文人》，商務印書館，2016 年，頁 1—6、105—121。

②書物奉行，江户幕府官職之一種，設置於寬政十年（1633），主要職務是管理紅葉山文庫，收集圖書，對圖書進行分類、整理、保存和調查。

③這裏所引用圖片，均出自日本早稻田大學圖書館，特此鳴謝。

詩集中是半齋、醉石、爲一三人的唱和之作，並有江芸閣硃批點評。醉石的跋背後，有江芸閣寫的一段文字："甲申暮春，得此集於副譯監劉秋圃先生，並示云，望撥冗一窺，或有可商之要。尚希移易全集，以直道處世，不敢吝嗇人情。且此集中純粹者極多，壽世必矣。間有一二替易之，要亦是余一片熱心，不敢坐視爲後世話柄也。況余亦在侍文之流，痛癢相關，尤不可使吾儕不生運於後世。是以稍加評易。當否如何，尚望三先生自裁之。"①可見江芸閣評點此集大致的來龍去脈。江氏自視于詩人之列，而他在日本文人中也確實具有不小的名聲，對當時的中日漢詩創作具有一定的促進作用，他與日人的文學交流是甚爲活躍的。其在詩集中的點評筆迹，如上圖所示。這些，都是珍貴的文獻材料，見證著十八～十九世紀中日詩歌交流的歷史。

三　餘論

從心理學的角度去解讀詩歌的話，有一些文學作品（詩歌以及散文）完全是從作者想要達到某種特殊效果的意圖中創作出來的。他讓自己的材料服從於明確的目標，對它們做特殊的加工處理。他給它增添一點東西，減少一點東西；强調一種效果，緩和另一種效果；在這兒塗上一筆色彩，在那兒塗上另一筆色彩；自始至終小心地考察其整體效果，並且重視風格和造型規律。藝術創作的一種模式爲心理式，另一種爲幻覺式。心理式加工的素材來自人的意識領域，例如人生的教訓、情感的震撼、激情的體驗，以及人類普遍命運的危機，這一切便構成了人的意識生活，尤其是他的情感生活。詩人在心理上同化了這一素材，把它從普通地位提高到詩意體驗的水準並使它獲得表現，使讀者充分意識到詩歌語言之下的東西，並迫使讀者更清晰、更深刻地洞察人的内心。幻覺式則更多地來自於潛意識，或所謂靈感，來自于人類心靈深處的某種陌生的東西，詩人在創作的時候也没有清楚地意識到到底是什麽在促使他寫作，作品一旦完成就具有極大的朦

---

① ［日］半齋、醉石、爲一撰《聲應集》，文政六年（1823）跋，江户刊本，跋後文。

朧性①。而江芸閣和日本文人的唱和詩無疑屬於心理式的文學創作,他是在明確的意識和情感活動下進行創作的,他唱和、響應著別人的情感,或者就像寒暄客套一樣回答著他人的讚美或詢問等。爲此,江芸閣所寫的詩,更多地像是信,具有較爲明顯的交流、溝通、對話的功能,而非重在藝術審美或朦朧的藝術體驗。

正因爲江芸閣的詩在種種明確的交際場合中産生,並且運用漢語詩歌的平仄、格律等特點進行藝術化的改造從而産生爲詩,起到的却是書信的交際作用。讀江芸閣的詩,可以清楚地感受到詩中表達的情感、意思,可以知道當時的大概情景,其詩歌的實際交流目的是很明顯的,比較準確、真實地重現了當時發生在長崎的中日文學交流的一些情況,因而具有史料價值。

江芸閣在與日本文人的應酬交友的活動中,多次被邀請評點詩文,其中大部分是奉承客套之語,但也有直接指陳缺點、言辭中肯的意見,如他在評點鈴木椿亭的詩集時説“平仄欠調,尚須修飾推敲”等。他在評點時,往往傾吐真情,可見其真心,這是他們長期交往的基礎和原因所在。另外,江芸閣把自己寫的小傳及許多詩歌都通過書信或贈送的方式傳給日本文人,江芸閣想必有以文傳名的想法,而其詩文確實通過日本文人的傳播得到推廣,雖然作品散見於各處,却得以保留至今。

附表　　江芸閣與日本詩人在長崎的交流活動年表

年	月、日	人物與活動	江芸閣的年齡
文化十一年(1814)	7月1日	市河寬齋與江芸閣(以下簡稱“江”)、張秋琴在長崎唐館見面,江賦詩一首曰:“一番春雨數畦開,崎水唐山處處栽。總是太平興國景,踏青人自帶香來。”	35歲
同上	7月7日	江游長崎青樓,做七律詩贈藝妓花琴	同上

①［瑞士］卡爾・古斯塔夫・榮格著,馮川、蘇克譯《心理學與文學》,北京聯合出版公司,2013年,頁75、91。

續表

年	月、日	人物與活動	江芸閣的年齡
同上	7 月 18 日	江給寬齋寫回信,並附上自己的唱和詩及舊作二十五首	
	7 月 21 日	江、張秋琴等秋葉山,聯句作詩	
	7 月 22 日	市河寬齋贈江花堂所制名筆	
	7 月 23 日	江作兩首七絶贈寬齋,謝其所贈筆	
	7 月 27 日	寬齋給在江户的家人寫信時提到在長崎的活動,其中説江"于買賣一向無心,只樂於詩書。"	
	8 月 4 日	寬齋給江書信,擔心江的牙痛,並示《傲具詩》一卷,江回信並賦詩一首	
	8 月 15 日	寬齋、牧野成傑設中秋宴,寬齋作七絶詩,後日,江與張秋琴和詩	
	9 月上旬	寬齋寫信給江,請其爲掛在米庵書齋的匾額"百筆齋"題字,並送江墨汁和《全唐詩逸》一部,江作七絶二首以報	
	9 月 22 日前後	江準備回國,寬齋到唐館告別,江題詩於扇,並贈寬齋。後江回國,回國後,江托長崎翻譯轉寄書信和禮物給丸山花月樓藝妓袖笑,另請有名的畫工爲其畫像,並剪下袖笑一兩片指甲,和袖笑其他的常用物一起,寄到江的蘇州家裏以慰相思	
文化十四年(1817)	8 月	江應邀評點鈴木椿亭的《椿亭詩鈔》	38 歲
文政元年(1818)	2 月下旬	江離開長崎回國前爲袖笑賦詩一首,3 月 1 日,起航回國	39 歲

年	月、日	人物與活動	江芸閣的年齡
	8月下旬	賴山陽在長崎久候江九十日,江因風未至,賴山陽離開長崎時,水野媚川設宴餞別,並邀袖笑共飲,席間山陽賦詩幾首,請袖笑轉交江	
文政二年(1819)	2月24日傍晚	江與沈綺泉乘卯一號船入長崎	40歲
	4月	江寫詩給江馬細香,通過賴山陽轉給細香。又,江把自己的自傳送給游龍梅泉	
	秋	川北温山(時年26歲),松平忠馮巡視長崎港,與準備回國的江見面並唱和	
文政三年(1820)	3月14日	賴山陽教江馬細香如何給江寫回信與唱和詩	41歲
文政四年(1821)	正月	賴山陽作《寄懷江辛夷》三首	42歲
	秋	館柳灣(時年60歲)在《柳灣漁唱》收錄兩首《讀江芸閣竹枝詞》的絶句	
文政五年(1822)	6月18日	江作爲午二號船的財副入長崎	43歲
	12月15日	江作爲亇六號船船主,與沈綺泉一起入長崎港口	
文政七年(1824)	正月8日	江與沈綺泉乘坐未七號船入長崎	45歲
	2月	江與朱柳橋一起爲野村篁園的集唐詩詩集《採花集》作序	
	7月5日	江與副船主金琴江乘申三號船入長崎	
	7月	梁川星岩(時年21歲)游長崎,經水野媚川介紹,與江芸閣唱和	
	8月	江應邀評點梁川星岩的《西征詩》	
文政八年(1825)	6月6日	江作爲西三號船副船主入長崎	46歲

年	月、日	人物與活動	江芸閣的年齡
文政九年（1826）	4 月 19 日傍晚	江作爲戌一號船的財副入長崎	47 歲
	5 月 1 日	江剛到長崎不久即身體不適	
	6 月 23 日	江爲野田笛浦的《海紅園小稿》寫跋	
	7 月 3 日	江與野田笛浦在唐館見面並筆談	
	9 月	回國前的江送給田能村竹田一把題了詩的扇子	
文政十年（1827）	春	滯留長崎的小畑詩山（時年 34 歲）返回江户之前，通過田能村竹田得到江芸閣、水野媚川的贈答詩	48 歲
	3 月	勝田半齋作七律《江芸閣》	
	6 月 3 日傍晚	江乘坐亥二號寧波船，與船主金琴江一起入長崎	
	8 月	醫者本間玄調（號棗軒，24 歲）通過翻譯的介紹在唐館與江、朱柳橋、金琴江見面	
	秋	江爲田能村竹田的《風雨溪居圖》《秋嶺夕陽圖》題詩	
	9 月	江爲取得入港通行證前往長崎奉行所	
	10 月	江評點田能村竹田的詞集《清麗集》《竹田布衣詞》	
文政十一年（1828）	4 月 12 日	賴山陽告訴江馬細香江芸閣的書信到了，通知細香寫唱和詩	49 歲
	5 月	賴山陽就江的來詩作《疊韻答江大楣三首》	
	夏秋之交	江馬細香給江回復疊韻詩	

年	月、日	人物與活動	江芸閣的年齡
文政十二年(1829)	2月8日	江芸閣與沈秋屏一起乘坐子八號寧波船經薩摩山川,到達長崎	50歲
	3月13日、14日	大槻磐溪(時年45歲)隨長崎奉行入唐館,與江、陸吟香、朱柳橋見面並筆談	
	9月	江回國	
天保元年(1830)	5月10日	江馬細香作于文政十一年的疊韻詩與水野媚川的書信一起送到了江在蘇州的家中,江次韻作詩四首給細香	51歲
	6月13日	江乘坐寅一號寧波船入長崎	
	10月17日	賴山陽轉給江馬細香江芸閣的疊韻詩	
	12月19日	江作爲寅九號船的在留船主入長崎	
	12月21日	賴山陽勸江馬細香刊行詩集,並收錄其與江的唱和	
天保二年(1831)	4月16日	江在長崎奉行所領取了南京辛卯船的通行證	52歲
	12月14日	江作爲卯二號船的在留船主入長崎	
天保三年(1832)	春	水野媚川請江評點賴山陽的《日本樂府》,並托其帶到唐土,送給晚香主人,以廣傳播	53歲
	4月11日	江在長崎奉行所領取南京辛卯年的通行證	
天保四年(1833)	3月	江與滯留京都的雲華上人通信唱和	54歲
	6月3日	江從水野媚川處得知賴山陽逝世的消息,作文哀悼	

續表

年	月、日	人物與活動	江芸閣的年齡
	6 月 10 日	水野媚川寫信催江評點《日本樂府》，江謙虛地表示了自己的猶豫	
	9 月下旬	雪象和尚到長崎與江見面。作七律《贈江芸閣》	

（作者單位：廣東第二師範學院）

综

述

域外漢籍研究集刊　第十七輯
2018 年　頁 457—500

百年來琉球官話課本研究綜述與展望 *

范常喜

一　引言

(一)琉球與中國

　　琉球是位於中國東南面一個群島的名稱,由太平洋上大小五十多個島嶼組成,位於日本之南,中國臺灣東北。14 世紀中葉,琉球是由山南(又稱南山)、中山、山北三個獨立王國組成,中山國在 1429 年統一琉球全島,成立了一個獨立的琉球國。直到 1879 年,日本兼併琉球王國,設爲沖繩縣,琉球國滅亡。

　　琉球和中國之間很早就有交流往來,明洪武五年(1372),明太祖朱元璋派楊載把明朝建立一事昭告琉球諸國,中山、山南、山北相繼前往明王朝朝貢,從此,琉球成爲明王朝的藩屬國。清順治十一年(1654)琉球國繼續派遣使者到北京請封,於是琉球國國王被封爲尚質王。明清時期中國與琉球這種册封和朝貢關係,一直持續到清同治五年(1866)琉球國最後的國王尚泰(第 19 代國王)爲止,共長達 500 年之久。

　　在這 500 年間,中國和琉球除了政治交往,還進行了商品貿易和文化技術交流活動。通過和中國的交往,琉球不但得到了經濟上的利益,也受到了漢文化的深刻影響。明洪武年間"閩人三十六姓"從福建遷入琉球,定

---

* 本文屬教育部哲學社會科學研究後期資助項目"琉球官話課本整理與研究"
　(16JHQ042)階段性成果。

居於久米村(現沖繩縣那霸市久米町一帶,靠近那霸港口)。他們向琉球人民傳播先進技術和儒家、道家思想,對琉球國的發展做出了很大貢獻。

(二)琉球的漢語學習

明洪武二十五年(1392),琉球國爲了學習中國的禮節、文化、先進技術,實行了"官生"制度。"官生"就是當時的公費留學生。第一次派赴南京國子監的官生都是王室及大官的子弟。到了清代,官生的名額逐漸增多,被選爲官生的大多數是久米村的子弟。據史料記載,明清兩朝期間,共派遣過 24 次官生,人數大約有 100 人。

爲了弘揚和普及中國文化,到了 17 世紀末期,康熙十一年(1672)在久米村建立了孔子廟,康熙十五年(1676)在孔子廟中設置了"講解師"(講談師匠)和"訓詁師"(讀書師匠)。他們的主要任務是給久米村的子弟們講授四書五經的解釋方法。

康熙五十七年(1718)在孔子廟的領地内創設了明倫堂。明倫堂可以說是久米村子弟的一所公共教育機關,除了在此實施漢語教育之外,還傳授經學、詩文等。它奠定了琉球漢文和漢語官話的教育基礎。當時的久米村,初級教育在上天妃宫進行,入學的對象是 7 歲以上的孩子,他們主要學習漢語、小學等。明倫堂創辦後,在明倫堂推行更高水準的教育,除了教授漢語外,還學習經學、詩文,以及表奏文、咨文等外交文書,從而奠定了琉球官話、琉球漢學的教育基礎。學生當中有秀才(13、14 歲)和通事等,明倫堂以培養"通事"爲教育的主要目標。在此擔任老師的大多數是從中國留學歸來的官生和勤學人。

在久米村設立了明倫堂之後,作爲琉球王府所在的首里府士族們也對漢文的興趣逐漸增加。嘉慶三年(1798),首里府創設了"國學"學校,主要傳授"經書"方面的學問。此後,因爲首里府的人們學習熱情越來越高,他們的學問很快超越了久米村的水平。

除了"官生"以外,還有一些到福州留學的"勤學人",屬於自費留學生。他們在福州學習天文、地理、醫學、音樂、繪畫、織布、農業等,都是和日常生產、生活有關的實用性極高的知識。回國後,"官生"和"勤學人"多數擔任官員、學者等工作,其中擔任通事的比較多。

"官生"和"勤學人"在出國之前,都需要先學習一些官話,因此有了編寫官話課本的需要。從琉球和中國密切往來的情況看,當時編寫的課本應該不少,但是到了現代,這些課本大多已經散失,目前只能見到殘存的一些手抄本。保存至今的有《官話問答便語》《學官話》《白姓官話》《條款官話》《廣應官話》《琉球官話集》《人中畫》等。

　　大部分琉球官話課本缺少成書時間與作者姓名,僅有個別課本署有作者信息。從課本的內容和琉球與中國的關係史推測,現存課本除了個別是明代晚期的抄本外,其他大部分課本應編寫於"官生"和"勤學人"活躍的時期,即清代中葉 1750 年前後①。

(三)琉球官話課本的種類與現藏

　　琉球官話課本編成時代早,形式多樣,編寫理念比較先進,足可視爲優秀的國際漢語教材。如果據此進行分類,琉球官話課本可分爲會話課本、分類詞句手冊、閱讀輔助課本、公文寫作課本四個大類。

　　會話課本多以情景功能爲綱進行編寫,採用問答式對話體語言,生動有趣,有着很強的針對性和實用性。這類課本又包括日常會話課本與專用會話課本兩個小類。現存日常會話課本共 3 種,分別是:《中國語會話文例集》《官話問答便語》《學官話》。專用會話課本共 2 種,分別是:《白姓官話》《條款官話》。

　　分類詞句手冊或以"～字話"的形式編寫,或以分類詞彙集編輯,並間以實用對話的形式,同樣也極富現代性與實用性。現存此類課本共有 7 種,分別是:《廣應官話》《琉球官話集》《琉球二字官話集》《官話三字口》《官話(楚南家文書)》《官話(新本家文書)》《拾口》。

　　閱讀輔助課本改編自我國清代的擬話本小説,故事性強,極富趣味性。現存此類課本僅《人中畫》1 種,不過篇幅較大,共包括 5 個故事,分別是:《風流配》《狹路逢》《自作孽》《終有報》《寒徹骨》。

　　公文寫作課本實際上屬於應用公文範文集,由當時使用的呈文、稟文等應用文整合而成,可模仿性和實用性極強。現存此類課本共 2 種,分別是《呈稟文集》《漢文集》。

　　現存琉球官話課本均收藏於日本,以天理大學圖書館收藏最多,並且

①以上兩小節內容參見瀨户口律子《琉球官話課本の研究》,榕樹書林,2011 年,頁 7—23;羅小東、瀨户口律子《明清時期琉球國的漢語教育》,載《世界漢語教學》,2007 年第 1 期,頁 136—142。

較早得到研究者的利用,因此在學界影響較大。後來其他收藏單位也陸續
發現了一些,如法政大學沖繩文化研究所、沖繩縣石垣市八重山博物館、東
京大學綜合圖書館、京都大學文學部、沖繩縣立博物館、關西大學圖書館
等。雖然以上這些單位的收藏無論是種類還是數量都無法與天理大學圖
書館所藏相比,但這些後來發現的抄本均各有其特色,研究價值完全可以
與天理本等量齊觀。

(四)本文主旨

琉球官話課本是非常實用的國際漢語教材文獻,同時也是珍貴的明清
官話口語語料,有着多方面的研究價值。自 1917 年至今,百年來國內外學
者從不同角度對課本進行了多方位的研究,已經取得了豐碩的成果,同時
也存在着一定的不足。

本文旨在全面搜集近百年來中外學者發表的琉球官話課本研究文獻,
並對其進行分類綜述與評介,總結經驗,反思不足,展望未來,以期能爲將
來的琉球官話課本研究提供些許借鑒。

需要指出的是,本文考察的文獻範圍在 1917—2016 年之間,包括已經
通過答辯的博碩士論文,部分學術會議論文因未正式刊出,故未予涉及。
研究文獻總目錄附於文末。正文中述及的所有文獻,其詳細出處皆請參見
文末附錄,正文中未再一一注明。爲了便於檢索與校核,文中涉及的日本
學者名、日文文獻名中的漢字均據發表時的日文原形照錄,個別用繁體字
發表者一仍其舊,個別用簡體字發表者則統一轉成繁體。

二　國外研究綜述[①]

國外對琉球官話課本的研究主要集中在日本,如果從研究的深入程度
來看,日本的研究又可以分爲兩個時期,分別是 1917—1990 年,1991 年至
今。成果主要集中在文獻學、官話語言、琉球語、官話教育四個方面。下面
根據上述分期和分類對相關成果略做述析。

---

① 需要説明的是,此處的"國外"和"國内"基本上僅據研究者的國籍區分,而不涉及研究
　成果的文種以及發表刊物的國別,中外聯名發表的成果按第一作者的國籍歸類。

（一）1917—1990 年

1.文獻學方面

1990 年以前,日本對琉球官話課本的研究主要集中在課本的介紹方面。最早關注琉球官話課本的學者是武藤長平,他曾於 1916 年赴沖繩訪書,旋即寫成《琉球訪書志》(1917)、《薩摩及び南島の支那語學獎勵》(1918)二文。文中根據作者的實地考察,對首里府、久米村、宮古島、八重山島、石垣島等地所藏琉球官話課本做了介紹,同時作者根據當地唐通事後人所述,對官話課本的使用順序作了説明。後來這兩篇文章均收入作者所著《西南文運史論》(1926)一書,並附上了一些課本的照片。後來沖繩經歷二戰,所存古書多被毀壞,武藤長平文中所記琉球官話課本的名稱和種類成爲後來研究的基礎,其史料價值頗高。除此之外,島倉竜治、真境名安興(1923)合著的《沖縄一千年史》第六章"教育"部分,對琉球的官話教育和所用教材等也有所述及。

武藤長平於 1938 年逝世之後,其藏書多散佚。倉石武四郎得到其舊藏《白姓官話》一部,伊地知善継據之寫成《琉球寫本官話問答》(1942),對其基本內容、語言特點、用途等做了概括性的介紹。據其中所述內容來看,該文所説的《官話問答》即《白姓官話》。文中認爲課本的語言基本上可稱之爲"北京官話"。

天理圖書館(1940)《天理図書館稀書目録》、(1961)《天理図書館稀書目録・和漢書之部第 3》,對館藏的琉球官話課本做了基本文獻信息的描述和介紹。

魚返善雄(1943)《南島語學資料管見》,介紹了自己所藏的《水晶香墜》《官話琉球漂流記》《琉球館遺文》三部琉球官話課本。根據其文中所述,《水晶香墜》與後來發現的新本家文書本《官話》相類,也應當是《琉球官話集》一類的詞句手册。《官話琉球漂流記》即《白姓官話》。《琉球館遺文》並不知所指爲何,從其定名推測可能即《學官話》,因爲該課本首句爲"尊駕到敝館貴幹? 答:我到貴館要見你們老爺。"魚返善雄(1957)在《人中画と琉球人》一文中着重介紹了琉球官話課本的副讀本《人中畫》。作者在文中明確指出,琉球本《人中畫》是根據原話本小説改寫而成,改寫之後使得語言更符合當時的官話表達,這一改寫之本是研究現代漢語的珍貴語料。作者還利用東京大學圖書館所藏武藤長平舊藏本《人中畫》與母本作了舉例性對比，進一步指出了琉球本的語料價值。此外，作者還對琉球本《人中畫》的改寫年代與作者進行了推測，認爲改寫的時間可能是乾隆年間，改寫者應當是熟悉官話的中國人。

宮良當壯（1948）發表《『琉球官話集』について》一文，對天理大學藏《琉球官話集》基本文獻信息及琉球語研究價值做了介紹，並且認爲此書作者是封面墨書所記"鄭干英"，書内所鈐"敦厚堂"當爲鄭氏之號。"鄭干英"應當是琉球學者的漢名。作者還推測，此書當成於江户時代中前期。現在看來，"鄭干英"應是此抄本的使用者或收藏者，並非作者。"敦厚堂"印又見於京都大學所藏《人中畫》和《白姓》，研究者已指出，應是真榮里家鄭氏九世良弼（乾隆五十四年生）家族的堂號①。

平和彦（1970）在《近世奄美諸島漂着の中国人と朝鮮人の護送》一文中提及了《白姓官話》，並指出該課本所述事迹即見於《歷代寶案》所記乾隆十五年二月二十一日喜界島漂着唐船事件，從而奠定了《白姓官話》的史料地位，同時作者在文中還認爲，琉球官話課本與長崎、薩摩等地的唐話課本相比也毫不遜色。

村上嘉英（1971）發表《近世琉球における中国語学習の様態》，本文是這一時期日本琉球官話課本研究中最爲重要的一篇論文。全文分成"朝貢與官話"、"官話學習體制"、"官話教材與辭書"、"近代琉球官話學習的特色"四個部分，全面介紹了琉球的官話學習情況。在"官話教材與辭書"部分，作者首先將琉球官話課本分成了會話問答式、分類語彙集形式、"～字話"形式、副讀本四個大類。然後對天理大學圖書館收藏的琉球官話課本進行了介紹，包括《尊駕》《官話問答便語》《白姓》《廣應官話》《琉球官話集》五種。作者在介紹這些課本時還對以往研究者所提及的相關課本異稱作了考證説明。此外，作者在文末還根據《琉球官話集》《廣應官話》中的相關記述推測，當時琉球人學習的官話應當主要是北京官話。還有一點值得注意，即作者利用《琉球官話集》中的一些注釋指出，當時琉球人學習官話時

---

① 木津祐子《『白姓』の成立と傳承─官話課本に刻まれた若き久米村通事たち》，東方学会編《東方学》第 115 輯，東方学会，2008 年 1 月，頁 137。

充分利用了當時傳入琉球的中國韻書和字典,如《五方元音》《康熙字典》《玉篇》等。這説明作者已充分認識到琉球官話課本中使用者所做注記的重要性。該文可以説奠定了琉球官話課本研究的基礎,此後學者大都據該文所介紹的天理大學圖書館所藏琉球官話課本進行研究,而且研究内容也大都受到此文的影響。

2.官話語言方面

太田辰夫(1950)《清代の北京語》、(1951)《清代北京語語法研究の資料について》二文中,已經意識到琉球官話課本的語料價值,並在文中將其視爲北京話語料加以利用。

佐藤晴彦(1978)《琉球官話課本研究序説——写本〈人中画〉のことば—1—》、(1979)《琉球写本官話課本のことば》、(1980)《琉球官話課本研究序説——写本〈人中画〉のことば—2—》三文,充分利用《官話問答便語》《學官話》《白姓官話》《廣應官話》四種琉球官話課本,對其反映的官話語言特點進行了詳盡的考察分析,最後得出的結論是:琉球官話課本所反映的語言事實最符合下江官話的特點,而非北京官話。作者還在文中指出,總體上看,琉球官話課本語料的時代可定爲1750年前後,而琉球本《人中畫》的改寫可能在乾隆初年,其依據的刊本當是嘯花軒本《人中畫》系統。此外,作者在文中還提到在研究過程中,除了主要利用天理大學圖書館所藏之外,還利用了京都大學文學部所藏《人中畫》和《白姓》,以及長澤規矩也所藏《白姓官話》和《尊駕》。

矢放昭文(1982)《「琉球官話集」の反切について》則是對《琉球官話集》中的反切注音用字做了分析,並且證實了此書所用反切出自北方官話韻書《五方元音》的事實。

瀨户口律子(1988)《琉球寫本官話課本——〈白姓官話〉について》對《白姓官話》的作者、課本故事脈絡、詞彙和語法特點進行了考察,並指出此課本中的官話帶有南方官話的特點。瀨户口律子(1990)《關於琉球官話課本的研究》一文中又再次對琉球官話尤其是《白姓官話》的官話性質作了探討,得出的結論是:《白姓官話》是以南京官話爲基礎的語言,從課本中的一部分詞彙、語法和聲調可以看出,同時也受到閩語的影響。

3.琉球語方面

宮良當壯早在1946年既已完成對《琉球官話集》拍照複製,同時對其所録官話及琉球語譯文作了逐條解説,並對其反映的當時琉球方言特點作了分析和總結。但當時日本正處於二戰後的動蕩時期,書稿未能及時出版。後來直到 1981 年,書稿才由喜舍場一隆重新整理,作爲《宮良當壯全集 10 琉球官話集》正式出版。此書包括了宮良當壯原書稿,書前是天理本《琉球官話集》的抄本黑白影印件,書末還附有喜舍場一隆所作的《解題》。在此書出版的同時,出版社還刊出了《宮良當壯全集月報》,在《月報》第 7 號中載有平和彦所作《近世琉球の官話》。文中根據另外發現的其他三種與《琉球官話集》相類的抄本,對宮良當壯的研究結論提出了不同意見。平和彦認爲,此書成書可能較晚,因爲收有"乒乓"(卓球)這類新詞,所以此書可能在明治 30 年(1897)前後有可能修改增補過。

崎山理(1962)發表《『琉球官話集』を紹介す》,對該課本中保留的琉球語資料所體現的語音特點進行總結,共歸納爲十個方面,同時作者還在文中指出,此書不會早到江户中前期,應當定在江户末期至明治初年。顯然,崎山理的意見更爲允當。此後,《琉球官話集》中保留的琉球語語料逐漸得到日本學者的重視,相關研究成果陸續推出,如中松竹雄(1979)《琉球官話集にあらわれたる近世琉球語》、多和田真一郎(1986)《琉球官話集の語彙》二文均是對《琉球官話集》中保留的琉球語料的整理研究成果。

(二)1991—2016 年

1.文獻學方面

池宫正治(1990)《『琉球官話集』補注追勘》,利用其他三種相類課本《官話三字口》《琉球二字官話集》《官話》,並結合琉球方言和漢語用例,針對宮良當壯對《琉球官話集》中琉球語注文的解説又做了詳細的補注。本文還利用書中所收新詞語的溯源,認爲該課本的成書年代當爲 1840—1850 年之間。隨後池宫正治又連續發表了四篇相關成果,分別是:(1990)《『琉球官話集』補注追考》、(1991)《『琉球官話集』補注追記》、(1991)《『琉球官話集』補注追論》、(1991)《『琉球官話集』補注追考》。以上四文中,《『琉球官話集』補注追論》利用相關史料對此書封面所題"敦厚堂"和"鄭干英"做了新的考證。作者認爲"敦厚堂"應當是久米村通事鄭良弼(1789—1851)的堂號,而其重孫名鄭文華字"于英",因此所謂的"鄭干英"可能是"鄭于英"之誤讀①。鄭文華生於咸豐九年(1859)，因此該抄本年代可能當在1864 年。

　　児玉啓子(1995)《古琉球における中国語教育序論—「白姓官話」について—》，對琉球各層次的官話教育及所用課本情況做了介紹，同時對《白姓官話》出現的歷史原因、作者以及現存抄本情況做了簡要論述，並對《白姓官話》的幾種抄本及其不同點進行了説明。

　　小川英子(1996)《琉球官話の由来とその特質》對已發現的琉球官話課本作了分類介紹，同時對這些課本的特點作了簡單總結。文中介紹的琉球官話課本包括了新發現的幾種抄本，如八重山博物館藏新本家文書本《白姓》與武島利子家文書本《白姓問答》，以及沖繩縣立博物館藏《白姓》等。此外作者還在那霸調查到《白姓官話》中所述漂風難人朱三官的墓地，並附有照片和移録的墓碑文字，進一步印證了《白姓官話》中的史料。

　　糸數兼治(1996)《〈呈稟文集〉小議》，介紹了沖繩縣立博物館藏本官話公文寫作範文集《呈稟文集》的情況。據介紹，此抄本封面標題下方有"在唐公用"四字和署名"梁必達"，共收文書 74 份。作者不僅詳列了各份文書的標題，同時還對成書過程以及作者梁必達做了考證。文中指出：梁必達於道光六年(1826)曾以存留通事(翻譯)身份隨進貢與謝恩的紫巾官馬開基(幸地親方)和正議大夫梁文翼(崎山親雲上)渡海到福州，翌年道光七年回國。《呈稟文集》可能就是當時梁必達帶往福州供處理公務時參考所用。

　　喜舍場一隆(1997)《『条款官話』について》，對新發現的官話課本尚家文書本《條款官話》作了介紹，同時轉録了全文並作了日譯和補充説明。石崎博志(2002)《琉球官話訳『人中画』と白話『人中画』風流配》，將琉球寫本《人中畫》之《風流配》與嘯花軒本作了對比羅列，使得琉球本的具體改寫情況一目了然。

　　木津祐子(2001)《慶田城家文書「漢文集」について》，對八重山博物館

―――――――――

①2016 年 5 月，我們赴天理大學圖書館考察該館所藏琉球官話課本時，核實確認了《琉球官話集》封面自題人名確當爲"鄭于英"，池宮正治的這一推測完全可信，以往宮良當壯所認定的"鄭干英"實爲誤讀所致。參見拙稿《赴天理圖書館考察琉球官話課本新識二則》，"漢語教材史國際學術研討會——世界漢語教育史研究學會第八屆年會"論文，2016 年 11 月 4—7 日(中國·廣州)。

藏慶田城家文書本《漢文集》做了介紹，同時結合相關史料對《漢文集》的成書以及八重山島的官話傳承做了考證。得能壽美（2001）《竹原家文書「漢文」の内容と異本》，對八重山博物館藏竹原家文書本《漢文》的内容及其異本——琉球大學附屬圖書館藏宮良殿内文庫本《漢文集》，做了介紹和相關考證。

木津祐子（2004）《赤木文庫藏『官話問答便語』校》，將法政大學沖繩文化研究所藏赤木文庫本《官話問答便語》與天理本做了對校。文中首先利用課本中所記銀兩換算、清政府對“迎闖神”活動的禁止、課本開頭所記人名“金範”三項内容，對該課本的成書年代作了考證，認爲課本應成於1710年之後，1800年之前。接着是對赤木文庫本《官話問答便語》基本情況的介紹，最後是兩個本子的逐條對校。

木津祐子（2004）《「官話」の漂着——乾隆年間八重山における「官話」の伝播》，根據相關史料記述，對乾隆年間八重山島人從中國漂風難人姚恒順學習官話的情形做了介紹，同時也對當地的公文寫作課本《漢文集》的成書過程做了推測與還原。

瀬户口律子、李煒（2004）《琉球官話課本編寫年代考證》，採用歷史學的考證方法並結合歷時語法，對四種琉球官話課本的編寫年代進行了考證。結論是：《官話問答便語》應作於1703年或1705年，《白姓官話》作於1750年，《學官話》作於1797年，《廣應官話》作於1797年到1820之間。

兼本敏（2006）《琉球における「中国語官話集」の比較》，對現存五種《琉球官話集》類課本作了綜合對比研究，指出這些抄本的相異之處在於各本都有一些學習者補充進去的學習筆記内容，這説明這類課本可能是自用的官話學習參考書。天理本《琉球官話集》收詞語最多，更像是詞典式用書。此外，此文還認爲，此抄本末尾所引《總訳亜細亜言語》可能是後來所補，不能用於判定抄本的具體年代。

木津祐子（2007）《清代琉球の官話課本にみる言語と文献》，從語言接觸和文獻接觸的角度分析了琉球官話課本中語料的複雜性，由於語言接觸，課本中保留了許多閩語的成分，由於文獻接觸，課本中有《聖諭廣訓》和《六諭衍義》的影子。

木津祐子（2008）《『白姓』の成立と傳承—官話課本に刻まれた若き久米村通事たち》，根據久米村家譜材料對課本中所涉及的諸姓通事的身份

和關係做了詳細考證,並據此對《白姓官話》的編寫過程作了非常細緻的推考,認爲此課本草稿當成於鄭姓通事爲中心的諸通事之手,後由鄭鳳翼帶到福州,並請當地儒士林啟陞作了校改並賜序。

木津祐子(2011)《琉球本『人中畫』の成立:併せてそれが留める原刊本の姿について》,此文首先對現存琉球寫本《人中畫》作了介紹,接着將琉球寫本與嘯花軒本、尚志堂本等刊本《人中畫》作了舉例性對比,指出琉球寫本《人中畫》當是根據已佚的刊本改寫而成,這個刊本與現存嘯花軒本相近。此文同時還結合京都大學文學部藏本與《白姓》同帙的情況,以及其與《白姓》中一些相同的語言特點,推測琉球寫本《人中畫》的改寫也應當由鄭姓通事集團的人完成。

以上木津祐子所撰三文均被收入其於 2012 年完成的博士學位論文《琉球・長崎の通事書研究:「官話」の渡海》當中。

赤嶺守(2011)《〈條款官話〉初探》,在喜舍場一隆(1997)的基礎上,又對《條款官話》進行了介紹和移錄。作者根據該書内容、書後的記載(同治五年丙寅六月)以及當時琉球的社會背景綜合判斷,其成書時期應在趙新、于光甲等册封使赴琉(1866 年)以前。作者還認爲,此書是在琉球王國有意向清朝册封使隱瞞日琉關係(1609 年琉球已置於日本薩摩藩統治之下)的大背景下產生的。作者在文中還指出,與其説《條款官話》是一本學官話的課本,倒不如説是一部授權用問答形式編集而成的指南書,意在對通事作出隱蔽的應對指示,其爲指南書的濃厚色彩比起《白姓官話》而言,完全是有過之而無不及。

内田慶市(2013)《琉球官話の新資料:関西大学長澤文庫藏『中国語会話文例集』》,着重介紹了新發現的關西大學長澤文庫所藏明代琉球官話課本《中國語會話文例集》,文中不僅考證了該抄本的時代爲明末到清初,同時也對其中的官話語言特徵做了介紹。

木津祐子(2013)《『廣應官話』と乾隆年間の琉球通事》通過對現存兩種《廣應官話》的對比分析,討論了清代琉球通事的學門,以及其中的語言現象所反映的官話當地化色彩問題。作者認爲,《廣應官話》應該也是在久米村鄭、蔡二家一脈學統中成書的。

木津祐子(2014)《琉球稿本『官音簡要揀選六條』について 》,對法政大學沖繩文化研究所藏楚南家文書中的《官音簡要揀選六條》作了考證,認爲該抄本是琉球人魏掌政模仿清代福建地區的正音書而做的官話課本,其内容相對粗糙簡略,是魏氏尚未完成的自編自用之稿本。

　　瀬戸口律子(2015)《〈廣應官話〉的編者以及若干相關問題》,對《廣應官話》的内容、編者,以及其詞彙、語法特點做了介紹。作者在文中指出,此書一部分是當時琉球官話課本中已經使用的詞句,而且是把最有用的詞語整理出來編成一部詞彙集課本。整體來看,《廣應官話》的確應當既是學習官話的課本,又是學習者必攜的一本詞典。

　　除上述研究成果外,琉球官話課本的影印、翻刻、日譯、索引、文獻目録等也陸續産生。瀬戸口律子(1994)《白姓官話全訳》、(2003)《学官話全訳》、(2005)《官話問答便語全訳》,分別將天理大學圖書館所藏三部官話課本做了影印和日譯。高橋俊三、兼本敏(2001)《『拾口』の翻字および注釈》、(2004)《新本家文書『官話』の翻字および注釈》二文,分別對新本家文書本《拾口》和《官話》做了翻刻、整理與注釋。赤嶺守(2008)《「條款官話」第170號について》對《條款官話》做了介紹、翻刻、日譯、注釋。高津孝、陳捷(2013)《琉球王國漢文文獻集成》第32—35册,影印了現存琉球官話課本中的12種。木津祐子(2013)《琉球写本『人中畫』四卷付『白姓』:京都大学文学研究科藏》,影印翻刻了京都大學文學研究科所藏的《人中畫》與《白姓官話》。内田慶市(2015)《関西大学長澤文庫蔵琉球官話課本集》,影印、翻刻了關西大學長澤文庫所藏的琉球官話課本四種,分別是:《中國語會話文例集》、《百姓話》(即《白姓官話》)、《學官話》、《人中畫》之《狹路逢》。法政大學沖繩文化研究所(2015)《楚南家文書「呈稟文集」》,將法政大學沖繩文化研究所藏官話公文寫作例文集《呈稟文集》進行了整理和翻刻。

　　瀬戸口律子、佐藤晴彦(1997)《琉球官話課本〈白姓官話〉〈學官話〉〈官話問答便語〉語彙索引》,對天理大學所藏三部官話課本所收官話詞語做了索引,同時附有相應課本的縮小影印件。大島吉郎(1999)《『琉球官話集』語彙索引・附翻刻四種》,對天理本《琉球官話集》《官話三字口》和法政大學赤木文庫本《琉球二字官話集》及新本家文書本《官話》四種課本中所收官話詞句做了索引並附有翻刻。高津孝、榮野川敦(1994)《琉球列島宗教関係資料漢籍調査目録》、(2005)《増補琉球関係漢籍目録》,對日本現藏與琉球有關的漢籍資料做了全面考察和記録,其中也基本上囊括了現今所能見到的絶大多數琉球官話課本。石崎博志(2001)《漢語資料による琉球語

研究と琉球資料による官話研究について》,對漢語書寫的琉球語資料與琉球保存的官話研究資料作了提要性介紹。石崎博志(2001)《「外国語による琉球語研究資料」および「琉球における官話」文献目録》,是研究琉球語和琉球保存的官話資料的研究文獻目録。

2.官話語言方面

日本學界對琉球官話課本中所記錄官話的探討,主要集中於瀨户口律子和木津祐子兩位學者。瀨户口律子主要着力於課本官話的特點方面,如(1991)《關於琉球官話課本的研究(2)〈尊駕——學官話〉》、(1991)《從聲調上推測〈琉球白姓官話〉的方言性質》、(1994)《琉球官話課本〈広応官話〉の言語》、(1994)《琉球官話課本の言語——課本の中の福州語》、(2002)《談琉球官話課本的詞彙》,(2008)《琉球〈官話問答便語〉及其語言的考察》、(2010)《關於〈條款官話〉的語言》等等,均是對課本所記官話特點的考察與研究。這些成果從不同角度論證了琉球官話課本所記錄的官話是受南方官話尤其是福州話影響下的官話。瀨户口律子的相關論文甚衆,後來基本上都經過修改收録於《琉球官話課本研究》(1994)、《琉球官話課本の研究》(2011)二書當中。

木津祐子則將琉球官話課本置於整個東亞官話圈範圍内考察,在課本官話的性質特點與内部差異、官話傳播、官話的當地化等諸多方面均頗有建樹。木津祐子(2002)《ベッテルハイムと中国語:琉球における官話使用の一端を探る》,文中介紹了琉球人用改寫本《人中畫》教授在琉球傳教的英國籍猶太人傳教士伯德令(Bernard Jean Bettelheim,1811—1870)之事,從而説明當時的漢語官話是東亞最爲重要的媒介語。

木津祐子(2004)《琉球編纂の官話課本に見る「未曾」「不曾」「没有」——その課本間差異が意味すること》,通過三種琉球官話課本中否定副詞的用法分析,推斷清代琉球通事學習官話的系統最少有兩個。其一是以《白姓》爲代表的官話,不用"不曾"或"未曾"表示否定,另外還有一些帶下江官話或吳語色彩的語法特點;其二是《學官話》、《官話問答便語》系統,所使用的否定副詞主要是"不曾"或"未曾","没有"尚未充分獲得否定副詞的功能,其内容多描述福州風俗習慣,有不少福州方言詞語。琉球官話課本之所以有如此不同的系統,是爲了適應實際應用而不斷修訂其文本的結果。

　　木津祐子(2008)《「官話」文體と「教訓」の言語—琉球官話課本と『聖諭』をめぐって—》,對琉球官話課中的"官話"與"白話"作了區分,並且根據《人中畫》琉球改寫本和《六諭衍義》認爲,琉球官話課本中的"官話"在很大程度上受到了《聖諭廣訓》《六諭衍義》類"教訓"體官話的影響。

　　木津祐子(2008)《乾隆二年八重山難民浙江省漂着事件における官話訊問について—『呈稟文集』及び「八重山家譜」を中心に》,對《呈稟文集》和八重山家譜中所記乾隆年間的漂着難民官話問訊記録作了介紹,指出這些官話問訊記録口語性很强,應當視爲當時的官話記録,此外,本文還對官話在八重山島的傳播作了梳理。

　　木津祐子(2012)《「官話」の現地化:長崎通事書の二重他動詞「把」と琉球通事書の處置文》,對琉球官話課本中的處置式表達句式做了分析,並認爲這些處置式表達方式是受到了南方話的影響所致。

　　以上木津祐子所撰五文均被收入其於 2012 年完成的博士學位論文《琉球・長崎の通事書研究:「官話」の渡海》當中。

　　除了上述兩位學者之外,還有幾位學者的成果也屬於官話研究的範疇。渡邊ゆきこ(2000)《『琉球官話集』の反切:北方官話としての一側面》,利用此書中的音注材料,與《五方元音》作了對比,得出的結論是此書用的是北方官話音。金城ひろみ(2008)《〈琉球官話集〉音注字之同音分析》,主要探討了《琉球官話集》中的聲母清濁相混及零聲母化演變問題。金城ひろみ(2013)《琉球官話課本における語彙の分類方法—『琉球官話集』「五字官話」を例に》,考察分析了《琉球官話集》的詞彙分類方法和理念。金城ひるみ(2015)《琉球官話課本的詞彙分類——以〈琉球官話集〉爲例》,以《琉球官話集》爲着眼點,對其大量的詞彙做了具體的分類分析,探討了這些詞彙所涉及的主要内容及其側重點,從而體會到《琉球官話集》編撰者用意,以及他們爲琉球人在中琉交往中面臨各式問題所提供的各種應對措施。

3.官話學習、琉球語方面

　　瀨户口律子(2002)《明清時期日本琉球的漢語教學》,對琉球人通過何種途徑學習漢語、漢文化,以及學習的内容及方式與課本等作了介紹。瀨户口律子(2008)《18 世紀琉球的漢語教學——以"琉球官話課本"爲中心》,以琉球官話課本中的《官話問答便語》和《學官話》爲主要材料,通過課本所描述的當時留學生的學習生活場景,介紹了久米村官話學習的一些情況。進而就久米村的官話教育與長崎唐通事所受教育的不同之處做了考察。瀨户口律子(2015)《琉球國的漢文教育》,介紹了琉球國社會和久米村明倫堂的一些情況,在此基礎上介紹了琉球國久米村和首里府的漢文教育。作者在文中指出,《六諭衍義》在明倫堂很可能被當作了漢文以及漢語課本使用。

　　兼本敏(2004)《教本としての『琉球官話集』について—動詞を中心に—》,以動詞的編排爲例,探討了《琉球官話集》作爲官話課本的特點,通過分析後指出,《琉球官話集》前半部分可能是當作辭書使用的。整個課本收詞衆多,如果要用作教本,不排除教師利用這些詞語進行再加工的可能。兼本敏(2008)《「琉球官話の資料集成」における"了"に関する考察》,以漢語學習難點"了"爲例着重分析了《琉球官話集》作爲官話教科書的性質和特點。

　　這一時期利用課本進行琉球語研究的成果較爲少見,高橋俊三(2002)《「拾口」における動詞の形態》、(2003)《『官話』(新本文書)における動詞の形態》二文,分别考察分析了《拾口》和新本家文書本《官話》中所錄琉球語注文語料所體現的琉球語動詞形態特點。

　　(三)國外研究小結

　　通過以上對日本相關研究成果的梳理可以看出,1917—1990年間,文獻學方面的研究主要集中在課本的收集和介紹方面,如武藤長平(1917)、魚返善雄(1943)、村上嘉英(1971)等。這些成果基本上均爲琉球官話課本文獻信息、内容、成書等的介紹和考證。官話語言研究方面,這一時期的學者已開始注意到課本的口語語料價值,佐藤晴彥(1978、1979、1980)三篇文章即是這一方面的代表。這一時期琉球語研究方面也產生了十分有價值的成果,如宮良當壯(1946/1981)、崎山理(1962)、中松竹雄(1979)等。這些成果均利用《琉球官話集》中保留的琉球語注釋,對當時的琉球語特徵做了歸納分析。

　　與前一時期相比,1991年至今,日本對琉球官話課本的研究已逐漸走向深入。文獻學方面,喜舍場一隆(1997)、内田慶市(2013)、木津祐子(2014)等對新發現的三種琉球官話課本作了介紹。此外,學者們還對課本的成書時代、作者信息、深層結構等問題做了更爲深入的研究,如池宮正治

（1990），木津祐子（2004、2008、2011），瀨户口律子、李煒（2004）等，都是這一方面的代表性著作。這一時期在官話語言研究方面，主要以瀨户口律子和木津祐子兩位學者爲代表。瀨户口律子（1994、2002、2008、2010）的研究主要集中在課本官話的特點方面。木津祐子（2004、2008、2012）則將琉球官話課本置於整個東亞官話圈範圍内考察，在課本官話的性質特點與内部差異、官話傳播、官話的當地化等諸方面均多有建樹。值得注意的是，這一時期日本學者已經注意到從官話教育的角度對琉球官話課本進行專門的研究。瀨户口律子（2002、2008、2015）以官話課本爲依託專門對琉球的漢語教學作了介紹。兼本敏（2004、2008）從漢語學習的角度着重分析了《琉球官話集》作爲官話教科書的性質和特點。

總體看來，日本學者在琉球官話課本研究方面不僅重視文獻本身的挖掘，而且同時對課本所記官話語料的複雜性、多樣性、現地化等問題都做了全方位的研究，無論是深度還是廣度都代表着當今琉球官話課本研究的最高水平。

三　國内研究綜述

國内對琉球官話課本的研究相對較晚，正式開始也是上世紀 80 年代以後的事情。相關的研究成果主要集中在官話語言、官話教育、文獻學、歷史學四個方面。

（一）官話語言方面

國内從語言學角度對琉球官話課本進行研究的成果相對集中，李煒及其所指導的碩士生王勇、李曉雪、梁静、謝明、陳文哲，以及博士生李丹丹、王琳等，在該領域的表現最爲突出。該研究團隊主要側重於從語法學角度，對課本語料進行南方官話系統下的歷時與共時比較研究。具體來説：

王勇（2005）《從〈人中畫〉明清兩個寫本看"把"對"將"的句型取代》，對嘯花軒刻本《人中畫》和琉球官話課本《人中畫》中出現的"把/將"字句進行窮盡性考察的基礎上，運用語法、語義相結合的方法，並從社會語言學的角度對兩版本《人中畫》"把/將"字句的功能特點進行了分析，並通過對兩種版本"把/將"字句使用情況的歷時比較，着重考察了明清時期"把/將"字句的歷時更替狀況。本文研究發現琉球本"把"字句不僅發展出了新的形式和用法,而且在事實上取代了"將"字句,成爲漢語處置式的主要形式。

李曉雪(2005)《琉球官話課本〈人中畫〉與嘯花軒寫刻本〈人中畫〉否定標記的歷時比較》,通過對《人中畫》琉球課本與清初擬話本總集《人中畫》嘯花軒寫刻本否定標記的封閉性考察,對比兩個版本的否定標記在語法功能層面的異同,基本理清了《人中畫》琉球課本對嘯花軒寫刻本否定標記的改寫替換規律,從而對近代漢語到現代漢語否定標記的演變軌迹作了較爲深入的描寫研究。另外,本文結合現代閩語、粵語等南方方言對琉本中出現的特殊語法現象進行研究,嘗試確定了琉球寫本的地域特徵。

李煒、瀨戶口律子(2007)《琉球官話課本中表使役、被動義的"給"》指出,琉球官話的主要特色之一就是用"給"來表達使役義和被動義,但《官話問答便語》中的"給"只出現了給予義和使役義兩類用例,沒有出現被動義的用例;而晚於《官話問答便語》半個世紀和近一個世紀的《白姓官話》和《學官話》中的"給"則出現了被動義的用例。據此認爲:清代北京官話用使役動詞兼表被動義,漢語南方方言和琉球官話用給予動詞兼表使役義和被動義,這是他們的差異;而在先有使役義、後有被動義這一點上,三者是一致的。

梁静(2007)《從兩種版本〈人中畫〉看關聯副詞從近代漢語到現代漢語的演變》,對嘯花軒刊本《人中畫》和琉球官話改寫本《人中畫》中的關聯副詞進行窮盡性考察的基礎上,對兩種版本《人中畫》關聯副詞的功能特點進行了分析,並通過對兩版本關聯副詞使用情況的歷時對比研究,着重考察了關聯副詞從近代漢語到現代漢語的歷時更替狀況。證明了約作於18世紀中葉的琉球寫本《人中畫》具有顯著的現代漢語特徵,爲現代漢語始於18世紀説提供了一項重要證據。

李丹丹、李煒(2008)《琉球官話課本的"官話"性質》指出,琉球官話課本的"官話"性質目前有"北方官話"、"南京官話"、"南方(地區)官話"、"福州官話"四説。將琉球官話課本與同時期北方官話作品"清本老乞大"進行比較,發現兩者在語法上存在一系列的差異;與吳、閩、粵、客的方言材料進行比較,發現兩者在語法上存在一系列的對應。琉球官話課本的"官話"是吳、閩、粵、客四大南方方言在"官話"層面上的投射,即南方官話。

李丹丹(2008)《〈人中畫〉琉球寫本的"自家":兼論漢語南北雙方反身代詞發展軌迹》指出,日本天理圖書館藏《人中畫》琉球寫本編寫於18世紀中葉,其反身代詞主要形式爲"自家"。從共時的角度看,這與同時代的《紅樓夢》庚辰本的情況有較大的不同,與其他琉球官話課本及多種南方方言的情況較爲一致;從歷時的角度看,近代漢語反身代詞在南北雙方的發展進度和演變模式並不一致,這與北方第一人稱複數排除式和包括式對立的出現關係密切。

李丹丹(2008)《清琉球官話課本〈人中畫〉語法研究——兼論"南方官話"及其相關問題》,運用歷時語法與共時語法相結合、語言類型學等方法,對日本天理大學藏琉球官話課本五種中的《人中畫》與代表其母本系統的嘯花軒本《人中畫》進行歷時語法比較,證明早期現代漢語的上限應爲 18世紀中葉,並提出 24 條 18 世紀中葉的語法特徵作爲文學作品斷代的標準;對琉本與同時代的北方官話作品、南方方言作品、其他琉球官話課本等進行共時語法比較,證明琉本的語法特徵與北方官話、下江官話等之間存在一系列的語法差異,而與南方吴、閩、粤、客四大方言之間存在整體的語法對應,從理論層面來講,琉本《人中畫》的語言可稱爲"南方官話"。並在這些歷時與共時的研究成果之上,探討了明清時期"官話"一詞的内涵與外延。

王琳(2010)《清中葉琉球官話的反復問句研究》指出,琉球官話的反復問句有多種形式,每種形式的使用情況各有特點,除了使用頻率有所差别外,還有一種具有南方方言特色的反復問格式"有＋VP＋没有"。從"官話"層面的角度,琉球官話中選取各種不同形式的傾向性表明其"官話"層面的取向;但"有＋VP＋没有"這種反復問格式的存在,説明琉球官話與閩、粤、客等各大方言相一致,具有南方方言特色。

王琳(2011)《琉球官話課本中的"得"、"替"、"給"及相關問題研究》,對琉球官話課本中的"得"、"替"、"給"及相關問題做了研究,從而再次印證了琉球官話課本具有"南方官話"性質。文中還指出,"得"、"替"、"給"三大範疇在南北方言及少數民族語言中存在類型差異。琉球官話課本和南方方言與"得"、"替"、"給"相關的能性範疇、與事範疇、給予—使役—被動範疇的表現與南方少數民族語言類型上的一致,而與北方方言及阿勒泰語表現類型上的分野,爲學術界注重從語序類型學角度觀察漢語事實的眼光提供了一種語義類型的新視角。

李丹丹(2011)《從兩種版本〈人中畫〉的雙音節化看近代漢語的下限》,

從兩種版本《人中畫》中大量、全方位的雙音節詞替換以及替換後雙音節詞的整體構詞狀況可以看出，作於 17 世紀中葉的嘯花軒本還具有較爲顯著的近代漢語特徵，而作於 18 世紀中葉的琉球寫本已具備顯著的現代漢語特徵了。因此本文認爲，從詞的雙音節化程度看來，現代漢語的上限應該在 18 世紀中葉，而近代漢語的下限則在 17 世紀中葉與 18 世紀中葉之間。

李煒、王琳（2011）《琉球寫本〈人中畫〉的與事介詞及其相關問題——兼論南北與事介詞的類型差異》指出，琉球寫本《人中畫》的與事介詞"替"可表達與事範疇的受益、相與和指涉三種關係，這與當時的北京官話不同，而與今天的吳、閩、粵、客等典型的南方方言與事介詞的功能分佈相平行。典型南方方言保留了古代漢語使用一個介詞通表與事範疇三種關係的用法，北京話、西北方言和普通話却不存在這種現象，而用不同的介詞來表達，這是一個值得注意的具有方言類型學意義的問題。

謝明（2011）《琉球官話課本量詞研究》，對琉球官話三種對話體課本《官話問答便語》《白姓官話》《學官話》以及副讀本《人中畫》琉球寫本中的量詞進行了窮盡描寫及系統分類，並分析了琉球官話課本量詞的語法特徵。在靜態描寫的基礎上，將琉球官話課本量詞系統與歷代小説、現代漢語的量詞系統進行動態比較，發現量詞系統由近代漢語向現代漢語轉變的部分規律，並進一步證明琉球官話課本的南方官話性質。

陳文哲（2011）《從介詞的角度考察琉球寫本〈人中畫〉的現代語法性質——與嘯花軒本〈人中畫〉和〈紅樓夢〉的對比》，以時空介詞和工具介詞爲參照項，對兩個版本中具有相同功能的不同介詞進行了歷時對比，比較清晰地反映了現代語法與近代語法在介詞上的歷時演變規律。最後得出的結論是：琉球寫本《人中畫》的語法特徵區別於之前嘯本《人中畫》的近代語法，與今天的現代語法接近。

王琳、李煒（2013）《琉球官話課本的使役標記"叫"、"給"及其相關問題》指出，琉球官話系列課本表達使役的"叫"和"給"分工有別，互補分佈。在統計考察歷史語料的基礎上，聯繫現代南北方言使役義的表達方式，發現琉球官話課本中的使用情況與清中葉以降的南方文獻一致，而與北方文獻存在差別；這種類型上的差別也存在于現代南北方言中，即南方方言與給予動詞同形的詞表示容任類使役，不表令致類使役；北方方言則令致類、容任類使役使用同一語法標記。在此基礎上，提出使役範疇二分爲令致類和容任類使役的必要性，同時這也是一個值得注意的具有方言類型學意義的問題。

　　王琳（2013）《清中葉琉球官話課本使役與被動範疇的考察》指出，清中葉琉球官話系列課本中使役與被動的表達存在一定的關係：表使役範疇的下位範疇容任類使役的"給"兼表被動，而表使役範疇的另一下位範疇致令類使役的"叫"則不表被動。同時，在具有南方方言特徵的語料和現代南方方言中，給予動詞兼表容任類使役及被動，但却不表致令類使役。琉球官話課本與具有南方方言特徵的語料和現代南方方言在使役與被動關係的問題上存在着一致性，而與北方方言特徵的語料和現代北方方言使用同一個標記表示使役、被動存在差異。在此基礎上，討論並解釋了現代漢語使役範疇下位範疇容任類使役與被動範疇的密切關係。

　　王琳（2014）《琉球官話課本的能性範疇——兼論南北能性範疇的表達差異》指出，表達能性範疇的助動詞和能性述補結構在琉球官話系列課本中的語義分佈不同。在統計考察歷史語料的基礎上，聯繫現代南北方言能性範疇的表達方式，本文發現琉球官話課本中能性範疇的使用情況與同時期北方文獻存在差別；這種類型上的差別也存在于現代南北方言中，即南方方言能性述補結構可以表示能性範疇的所有下位義；北方方言則使用助動詞表示能性範疇的所有下位義。另外在肯定式、否定式的比率、賓語的位置等方面，南北方言也存在差異。這是一個值得注意的具有方言類型學意義的問題。

　　李煒等（2015）《清代琉球官話課本語法研究》，以現代漢語多功能詞"給"爲研究主綫，考察琉球官話課本給予、與事、使役、被動等幾個重要語義語法範疇，以期管中窺豹，展現琉球官話課本的語法特點。本書在對琉球官話課本語言事實細緻描寫的基礎上，參照當今方言田野調查所得的語言事實，採用歷史比較法和類型學兩種方法，對琉球官話課本中涉及的語法點進行了多維度的比較研究。值得重視的是，此書末還附有天理大學藏《官話問答便語》《白姓官話》《學官話》《人中畫》四種抄本文字的移録。此書也是李煒及其研究團隊成員李丹丹、王琳等前述研究論文的整理結集。

　　除了上述李煒及其團隊所取得的成果之外，郭芹納、李葆嘉、陳澤平、張全真、孟子敏等學者也發表了一些研究成果，涉及課本語料的詞彙、語音、文字多個方面，具體來説：

郭芹納(2000)《對〈日本琉球的中國語課本『廣應官話』〉一文的一點商権》,對瀨户口律子的《日本琉球的中國語課本〈廣應官話〉》一文提出了一些商権意見,論文認爲瀨户口律子將一些本應視爲北方官話的詞語歸入了"受閩語影響的詞彙"之列,如"垢坶"、"早起"、"禮數"、"真真"、"精肉"、"生理"等,這些均欠妥當。

李葆嘉(2000)《清代琉球官話課本南京音系説》,認爲瀨户口律子(1994)《琉球官話課本研究》"材料真而結論偽"。作者根據瀨户口書中所提供的材料,斷定琉球官話課本中所記官話當爲清代南京話爲代表的江淮官話。陳澤平(2004)《試論琉球官話課本的音系特點》指出,琉球官話課本中所體現的官話音系是在福州方言的框架中納入北方官話而形成的"福州的官話"。

張全真(2009)《〈白姓官話〉所記録的南京方言及山東方言現象發微》,在前輩學者研究的基礎上,補正了《白姓官話》中所記録的南京話特點,並例舉了其中反映的山東方言特别是膠遼官話的一些發音和詞語。從而得出結論:直到十八世紀中葉,南京話依然被琉球的漢語學習者視爲主要學習對象,從而可見當時南京話的地位。當時的官話並没有完全統一的標準,不同的教材編寫者夾雜有本地的方言色彩。

張全真(2010)《〈白姓官話〉的語言》認爲,《白姓官話》由於其特殊的成書背景,取材於真實的歷史事件,記録的流水帳式的真人真事的對話以及人物身份基本可靠。所使用的官話就是那條漂流船與琉球通事交流時所採用的一種官話,學習者在學習過程中遵循南京語音,該書詞彙除帶有前輩學者提到的下江官話、吳方言、福建話的色彩外,還有一些受山東方言影響的痕迹。

張全真(2010)《〈官話問答便語〉〈學官話〉〈廣應官話〉〈白姓官話〉四種琉球漢語課本中的注音字考》,將四種官話課本中反映出與今天漢語普通話中讀音差異的注音字分類整理,發現了當時一些聲韻調方面的特點,如前後鼻音不分、尖團音絶不相混、送氣不送氣不别、平翹舌不分等。

孟子敏(2010)《琉球漢語教科書〈官話問答便語〉的文字分析考察》,對《官話問答便語》中的文字使用情況做了窮盡性統計,並在此基礎上分析考察了這本教科書中的高頻字、中頻字和低頻字的出現狀態。這一研究對當下的中國語教學具有一定的啟示,同時也有助於我們了解當時的語言使用情況。

（二）官話教育方面

徐恭生（1987）《琉球國在華留學生》，對明清時期琉球來華國子監“官生”和在福州當地自費學習的“勤學人”學習情況和對琉球社會的貢獻做了考察。

董明（1996）《明清兩代漢語在琉球的傳播》、（2001）《明清時期琉球人的漢語漢文化學習》二文指出：明初琉球始與中國建交，當時漢語和部分漢語書面語在該國已然有所傳播。此後琉球對漢語漢文化的需求愈加迫切，曾先後至少 16 次派人到中國留學，並在國內興辦教育，推廣漢語漢字，以改變文化的落後面貌。入清之後，琉球一如既往地重視漢語漢字的學習，除繼續大力興辦各類學校外，也像明代一樣不斷向中國派遣留學生。琉球留學生除官生以外還有勤學人。這些留學生成了維繫中琉友好關係和在琉球繼續傳播漢語漢字與中國文化的中堅力量。

王慶雲（2003）《古代朝鮮、琉球漢語教學及教材研究引論——以〈老乞大〉、〈朴通事〉、〈白姓官話〉爲例》認爲，古代朝鮮、日本琉球都是漢文化圈國家，其漢語教學和教材建設既具有漢文化圈中的共同性，又各具特點，其中古代朝鮮的漢語教材《老乞大》和《朴通事》、古代琉球的漢語教材《白姓官話》，最爲著名且特色突出，對我們今天作爲外語的漢語教學和教材建設，仍具有重要的借鑒意義。尤其是面對韓國、日本如此大量的漢語教學需求量，加強這方面歷史的借鑒研究更爲必要。

吳麗君（2003）《〈琉球官話課本研究〉評述》、（2003）《一部研究琉球人漢語教育的專著——瀨戶口律子的〈琉球官話課本研究〉》二文認爲，瀨戶口律子所著《琉球官話課本研究》一書爲我們進行對外漢語教學史的研究，特別是對日漢語教學史的研究提供了重要的資料。瀨戶口教授這種由史料入手的研究，對於我國學者研究近代官話史、中國方言史，以及近代共同語與方言間的相互融合、相互影響，無疑都具有重要的史料價值。

林少駿（2003）《清代琉球來華留學生之研究》，以清代琉球來華留學生爲研究中心，考察了清代琉球留學生從選拔，到入北京國子監讀書，以及最後回國報效的整個過程。着重分析了薩摩藩在留學生派遣中的影響、官生的選拔考試、琉球留學生的中國教師，以及琉球留學生回國對琉球社會發展所做的貢獻等方面問題。

　　羅小東、瀨户口律子(2007)《明清時期琉球國的漢語教育》一文,對明清時期琉球國的漢語教育情況作了介紹,包括琉球國人通過何種途徑學習漢語、漢文化,以及學習的内容、課本及方式等。

　　李丹丹(2012)《清代翻譯、改編的漢語口語課本類型》,介紹了清代包括中國人在内各國譯者翻譯改編的5種漢語口語課本類型及其代表作品,並討論了其在漢語第二語言教學史和中國翻譯史上的地位。文中認爲,《學官話》是以《官話問答便語》爲底本改寫的,《學官話》的篇幅較前者短,語言也更淺白。《人中畫》則改寫自以清擬話本小説嘯花軒本《人中畫》爲代表的母本系統,在改寫爲琉球人學漢語的課本時按照當時的實際語言進行了修改。

　　王琳(2014)《琉球官話系列課本的價值、特徵及其歷史影響》,在着重分析了琉球官話課本作爲對外漢語教材基本特徵的基礎上,探討其在漢語第二語言教材發展史上的意義及影響。文中認爲琉球官話課本的教科書價值體現在:琉球官話課本的編撰,爲了滿足琉球人學習官話的需要,從教學的角度上考慮,貫徹了“會話中心主義”的原則,並開始形成日本漢語課本編撰的傳統。日本明治時期北京官話“會話”課本的大量出現,可以認爲是琉球官話課本編寫傳統的延續。

　　潘錚錚(2015)《乾隆時期中國教習對琉球學生教育之探微》,利用一手文獻檔案,以乾隆年間中國教習(國子監教習、福建教習、福建師傅)爲切入對象,分别探討了官學與私學兩種教育模式下,不同教習對琉球學生的教育及其影響。

(三)文獻學、歷史學方面

　　徐藝圃(1994)《乾隆年間白氏飄琉獲救叙事述論》,從朝貢制度、進貢航程、貢物、漂風海難救助、貿易制度、文化交流、民俗風情等諸方面揭示了八重山博物館藏《白姓問答》官話課本的歷史價值。文中認爲,《白姓問答》所反映的内容十分豐富和生動,中國難民白世蕓、瞿張順以親身經歷、感受,記載下了琉球國王地方官民對一介中國平民百姓如此體貼入微的關懷,歌頌了中琉兩國人民的深厚友誼。作爲民間手寫本的形式保存至今,成爲我們今天研究中琉歷史關係時與官文書相互印證的寶貴史料。

　　林萬菁(1994)《讀〈琉球官話課本研究〉》,葉青(1995)《〈琉球官話課本研究〉評介》,對瀨户口律子(1994)《琉球官話課本研究》做了介評。

徐藝圃(1996)《新發現的研究中琉關係的重要史料——梅孫著〈漢文〉》、(1996)《來華琉球難民的"急救篇"——〈漢文集〉内容評述》,分别對八重山博物館藏官話公文寫作例文集《漢文》(即竹原家文書本)和《漢文集》(即慶田城家文書本)做了介紹,肯定了這些公文範本在歷史研究上的價值。

李煒、李丹丹(2007)《從版本、語言特點考察〈人中畫〉琉球寫本的來源和改寫年代》一文,采用版本學考證與歷時語法分析相結合的方法,對《人中畫》琉球寫本的來源和改寫年代進行了研究,認爲《人中畫》琉球寫本來源於《人中畫》嘯花軒本;《人中畫》琉球寫本的語言特點與《白姓官話》非常相似,與《人中畫》嘯花軒本差異較大,其改寫年代應與《白姓官話》的編寫年代(1750年)相近。

王振忠(2009)《清代琉球人眼中福州城市的社會生活——以現存的琉球官話課本爲中心》認爲,從迄今尚存的琉球官話課本來看,清代琉球人以琉球館爲中心,生動描繪了福州城市的社會生活,其中涉及諸多側面,可以從獨特的角度瞭解清代中小城市民衆的日常生活。總體來看,以往的學者多從語言學的角度切入研究,歷史學者基本上没有注意及此。其實,琉球官話課本不僅是方言研究的珍貴資料,而且對於清代城市生活史的研究,亦具有相當重要的史料價值。從社會文化史的角度對琉球官話課本歷史内涵的發掘,亦能更好地理解清代的琉球官話。

張全真、比嘉清松(2010)《〈白姓官話〉所載史實考》,將《白姓官話》課本記載的故事與《歷代寶案》《清代中琉關係檔案續編》記載做了列表對比,同時對其中的進貢史料作了羅列。

范常喜(2016)《法政大學沖繩文化研究所赤木文庫藏琉球官話課本〈廣應官話〉述略》,對琉球官話課本《廣應官話》兩抄本做了比較研究。通過比較發現,赤木本《廣應官話》與天理本同屬琉球寫本,但有部分内容彼此所無。兩抄本共有内容的部分,其用字、用詞、語序、注釋等方面也均存在不少差異。赤木本不僅可以糾正天理本的一些訛誤,而且還可以借此窺見《廣應官話》在使用過程中的種種增減刪改情形,爲研究者更好地利用琉球官話課本提供更多的參考視角。

范常喜(2016)《赤木文庫藏琉球官話課本〈廣應官話〉中三則清代閩琉交流史料考述》,詳細考辨了赤木本《廣應官話》中保留的三則清代閩琉交流史料,一則是見於《歷代寶案》的閩縣林合興商船杠棋清册,屬於雍正十年(1732)中琉海難救助史料。另一則是雍正時期閩中進士劉敬與和琉球人的友好交往記録。最後一則是閩地流行的《新刻官話匯解釋義音注》等官話正音書的引文,屬於乾隆時期閩琉文化交流的史料。這些史料一方面説明了琉球官話課本語料來源的複雜性,另一方面也體現出其在閩琉交流史研究中的特殊價值。

(四)國内研究小結

綜合以上梳理可知,國内對琉球官話課本的研究集中在官話語言方面,語音、詞彙、語法、文字諸方面均有所涉及,但以語法類成果爲多。如李煒、瀬户口律子(2007),李丹丹、李煒(2008),李丹丹(2008),李煒、王琳(2011),李煒等(2015),等等。上述成果在對琉球官話課本語言事實細緻描寫的基礎上,將琉球官話課本置於縱向的歷時座標及横向地域座標進行考察,注意與同時期的官話、方言材料對比,同時參照當今方言田野調查所得的語言事實,採用歷史比較法和類型學兩種方法,進行了多維度的比較研究。

國内對琉球官話課本的研究還體現在官話教育方面,如王慶雲(2003),王琳(2014)。這些成果大都是在當前國際漢語教育大背景下產生的。此外,還有一些成果着力於琉球的官話教育體制和官生、勤學人的赴華學習等教育史方面。如徐恭生(1987),董明(1996、2001),林少駿(2003),羅小東、瀬户口律子(2007)等。相對來説,國内從文獻學、歷史學角度對課本的研究比較少見,目前僅見李煒、李丹丹(2007),徐藝圃(1994、1996),王振忠(2009),范常喜(2016)數篇論文。

與日本學者的研究相比,國内學者一般不易目驗課本原件,所以研究主要集中在官話語言方面,研究視野相對狹窄。對課本諸種異本的認識不够深入,也尚未能對課本的編撰過程、深層文獻結構、課本語料的承襲與改换等複雜文本問題進行探討。此外,課本中的大量使用者注記材料尚未引起國内學者的重視。而且由於缺乏琉球語知識背景,國内學者對遍佈其中的琉球語注釋大都視而不見。這些局限都在一定程度上影響了國内研究的進一步深入。

四　琉球官話課本研究展望

綜上所述,從 1917 年至今,百年來在中日學者的共同努力下,琉球官話課本的研究已取得了豐碩的成果,同時也湧現出許多優秀的研究專家,如佐藤晴彦、瀨户口律子、木津祐子、李煒等。但是整體看來,以往對某一收藏機構的某些課本影印較多,全面的搜集整理校注少;對課本的一般性介紹多,深入的文獻學研究少;官話語言方面的成果多,國際漢語教育史、歷史學等方面的研究少。因此,我們認爲,將來對琉球官話課本的研究可以在以下五個方面繼續深入。

(一)搜集與影印方面

由於各家統計的標準不一,同時也不斷有新的課本被發現。關於現存琉球官話課本的種類、名稱和數量等,各家統計結果多有出入,至今仍無一個準確數字。對於各抄本的收藏信息及具體内容的介紹,各家也存在不少抵牾之處。因此,摸清現存課本的種類、數量和現藏情況,編成目録索引,並對各抄本撰寫詳細的文獻提要,仍將是目前需要完成的首要任務。

在上一步工作的基礎上,聯繫日本各地收藏機構,通過拍照複製將現存全部課本影印出版。雖然以往部分琉球官話課本已經影印,如關西大學長澤文庫所藏《中國語會話文例集》等四種,京都大學文學部所藏敦厚堂本《人中畫》與《白姓》,天理大學圖書館所藏《官話問答便語》《學官話》《白姓官話》《琉球官話集》等。但是仍有大量十分重要的課本抄件未能得到影印,如:天理大學所藏《人中畫》五種,新發現的森槐堂本《白姓官話集》與《學官話》;東京大學所藏《人中畫》四種;沖繩縣立博物館和法政大學沖繩文化研究所藏《呈稟文集》;八重山博物館藏竹原家文書本《漢文》、慶田城家文書本《漢文集》;琉球大學附屬圖書館藏宮良殿内文庫本《漢文集》;等等。

現存課本雖然多爲同一種課本的别抄本,主體内容基本一致,但是因當時課本抄寫者或者使用者的不同,不僅導致課本正文部分存在不少差異,而且還保留了大量使用者各自的筆記和注釋,所以現存任何一個課本的抄件都有其獨特性,均應得到影印出版。此外,由於許多課本中保留的使用者注記多有朱、墨兩種顏色,同時所注文字也都比較細小模糊,因此建議將來影印出版時用彩色,並將小字以及模糊之處作放大處理後附於當頁之中。

(二)整理與校注方面

現存絕大多數琉球官話課本都有多個抄本,如《白姓官話》有 8 個抄本,《學官話》有 3 個抄本。各抄本間不僅都存在不同程度的異文、錯訛等問題,而且每個抄本的天頭、行間等位置還保留着不同使用者所作的各種中日文注記與標識符號。因此,如果不對每種課本作一番全面細緻的校理工作,仍然不方便各領域的研究者使用。以往雖然已有學者對部分課本做過解説、翻刻、索引等工作,如宮良當壯對天理本《琉球官話集》的整理;瀨戶口律子對天理本《官話問答便語》《學官話》《白姓官話》的翻譯和解説;木津祐子對法政大學赤木文庫本《官話問答便語》的校勘;等等。但以上所做整理相對簡單,除了木津祐子的成果外基本上不包含應有的校勘與注釋工作。此外,以往的整理也大都未能包括抄本的天頭、行間保留下來的大量使用者注記文字與符號。

因此,搜集齊全現存各種課本的異本,擇其善者爲底本,在全面比勘的基礎上,整理出版每種課本的校注本仍是將來研究的重要基礎工作。將來在整理過程中,不僅應當充分注意不同抄本間的異文信息,而且還要對課本中的錯訛、難點字詞、各類專名、背景史料等進行校注説明。此外,將來的整理工作還要將課本行間、頁眉等處保留下來的各類使用者注記與符號納入其中,爭取能爲研究者提供最爲完整的文獻信息。

(三)深層次文獻學研究方面

以往從文獻學角度對課本所做研究主要集中在基本文獻信息的介紹方面,事實上課本自身的文獻問題仍然很多。譬如,課本在使用過程中留下的大量使用者校改與注釋材料,以往研究者較少關注。這些校注材料是當時琉球人在使用該教材時的真實記錄,我們不僅可以據之瞭解當時琉球人在使用過程中對課本的修改,深入了解課本文獻生成的複雜性,而且通過對字詞的注釋內容還可以反觀當時琉球人學習漢語的重點與難點等等。因此,將來應該加大對課本中保留下來的校改與注釋材料的研究。

又如,琉球官話課本《人中畫》所據母本爲近於嘯花軒刻本的刊本系統,雖然絕大多數文字經過了改寫,但琉本《人中畫》未作改寫的回目名稱、詩詞等内容可以直接用作嘯花軒本的校勘;經過改寫的叙述性語句和人物對話,也可以經過比對找出其改寫規律後用於校勘;琉球寫本保留的一些使用者注記也可以用作對嘯本的校勘。因此琉本《人中畫》對現存嘯花軒本《人中畫》仍有多方面的校勘價值。通過琉本的比勘,可以令嘯花軒本《人中畫》中的部分錯訛得到糾正,部分缺文得到補足。此外,通過對嘯花軒本一些缺文的分析和兩種本子異文的對勘,可進一步證明現存嘯花軒本《人中畫》並非最爲完整的本子。

此外,各種課本異本之間的比較,深層文獻結構的細緻分析,課本中的識語、雜頁等内容的重新整理和發掘,均應成爲今後從文獻學角度進行研究的重點。

(四)國際漢語教育史研究方面

琉球官話課本本即琉球人學習漢語官話的教材,因此理應從國際漢語教育史角度進行深入研究。從國際漢語教材的編寫角度來看,琉球官話課本已經是體系完備的系列教材,詞彙手册、會話課本、閱讀課本、寫作教程四類課本構成了一個完整的教材體系。就單種課本來説,《廣應官話》已具備了國際漢語教材"生詞→句型→課文"的結構雛形。《漢文集》《呈稟文集》均屬應用文寫作課本。《白姓官話》是專門用於救助飄風遭難到琉球的中國人而編寫的應急救難漢語教材,《條款官話》是專門的外交漢語教材。二者均當歸入專用漢語教材,是教材細化和成熟的表現。

課本内容也具有較强的科學性、實用性、真實性和趣味性。語言點設置循序漸進、話題長短有序、文化知識多少適中,整體上表現出編者比較先進的編寫理念和較高的編寫水準,足可爲當下的教材編寫提供參考。與明清時期朝鮮半島的官話教科書以及日本長崎的唐話課本等同時期國際漢語老教材相比,琉球官話課本也呈現出許多本土化的地域性特色,具有很高的教材史研究價值。

課本編寫者所采擇的語料來源多樣,十分豐富多彩。會話課本主要是集合了官話教師所寫的話條子、日常對話記録、曲子詞等。詞彙手册中不少内容采自中國的字詞典及官話正音書。閱讀課本改編自中國的話本小説《人中畫》。寫作教材例文基本上全部采自當時的呈文、稟文、批文、告示等。專用漢語教材《白姓官話》是處理飄風難人和外交對話的實録。課本語料來源的多樣性直接增强了課本的科學性、實用性、趣味性,這與當下的國際漢語教材編寫對語料的要求高度一致。

通過考察課本行間、天頭等位置保留的大量使用者注記可知,這些內容主要是當時使用者對課本中的疑難字詞所做的注音、釋義、説明等。通過初步整理分析發現,當時琉球人學習官話的難點主要集中在讀破字、異讀字、俗語詞、專有名詞、古詩詞、能願動詞、人稱代詞的具體指所、趨向補語等。這也與當下日本人及其他外國留學生的漢語學習難點十分相似。

除此之外,明清時期琉球的官話教育史料相對缺乏,官方的記載也多失於籠統,當時官話教學的具體細節並不清楚。琉球官話課本中則保留了許多鮮活的官話教學史料,可以在一定程度上彌補官方失記的缺憾。這些教學史料包括嚴厲的官話教師、種類多樣的官話教材與參考書、福州琉球館內勤學人的官話教學情況、琉球國內久米村天妃宮的學堂教學情形、琉球國內的官話考試等內容。

可見,從國際漢語教育史、官話教學史等角度對琉球官話課本進行研究,也將是今後應當尤其注意的領域。

(五)相關史料考證方面

琉球官話課本中許多內容取材於真實的歷史事件,其中所涉及的人物、故事等多有可考。譬如,《白姓官話》所述事迹即見於《歷代寶案》所記乾隆十五年的唐船漂着事件。平和彦、徐藝圃、木津祐子等學者都已據此作了多方面的考證與研究,揭示了《白姓官話》的史料價值。王振忠也認爲,琉球官話課本以琉球館爲中心,生動描繪了福州城市的社會生活,其中涉及諸多側面,對於清代城市生活史的研究亦具有相當重要意義。

課本中還有許多其他多種史料尚待進一步考證研究。如近年新發現的明代長澤本《中國語會話文例集》末尾採擇收錄了 11 首"曲座"唱詞,有些唱詞不僅與保留下來的琉球御座樂相合,而且更與明代我國的相關曲詞相一致。另有一些唱詞雖然尚無法查考到其確切來源,但從其形式及內容來看亦當爲我國元明時期的曲詞佚文。這 11 首"曲座"唱詞爲研究中國戲曲在琉球的傳播提供了新的史料。

此外,課本中包涵的科舉、民俗、貢船、地震、移民、中琉交流等方面的史料仍然尚多,都非常值得進一步深入考索。將來應當爭取更多不同學科背景的學者參與到課本的研究中來,切實加强其中所存諸種史料的考證與探研,以進一步充實和豐富課本的研究内涵。

附記:本文在查閲資料過程中,得蒙内田慶市教授、瀬户口律子教授、木津祐子教授、丁鋒教授、奥村佳代子教授、石崎博志教授、韓一瑾博士、楊玉玲博士、汪然博士、識名愛美小姐等諸位友人的熱心惠助,特此謹致謝忱。

附録一:國外研究文獻目録①

1.武藤長平(1917/1926)《琉球訪書志(上中下)》,日本歷史地理学会編:《歷史地理》第 29 卷,1917 年第 1、2、3 号,東京:吉川弘文館,1917 年 1—3 月,頁 60—64,頁 75—77,頁 59—64。此三文後收入武藤長平《西南文運史論》,頁 185—203,東京:岡書院,1926 年 6 月。

2.武藤長平(1918/1926)《薩藩及び南島の支那語學奬勵》,京都文学会編:《芸文》總第 9 卷第 9 号,第 86—91 頁,京都:肇文社,1918 年 9 月。後收入武藤長平《西南文運史論》,頁 60—62,東京:岡書院,1926 年 6 月。

3.島倉竜治、真境名安興(1923)《沖繩一千年史》,頁 395—417,東京:日本大学,1923 年。

4.天理図書館(1940)《天理図書館稀書目録》頁 133—134,丹波市町:天理図書館,1940 年 10 月。

5.伊地智善継(1942)《琉球写本官話問答》,大阪外語支那研究会編:《支那及支那語》第 4 卷第 12 号,頁 7—9,大阪:宝文館,1942 年 11 月。

6.魚返善雄(1943)《南島語學資料管見》,国語文化学会編:《コトバ》第

---

①本目録所輯爲 1917 至 2016 年日本學者發表的關於琉球官話課本研究的各類論著,包括日本學者發表於日本、中國、韓國等國家的成果。日中學者合作的著作,如果第一作者是日本人,亦歸於此。文獻排序悉以發表時間,爲了電腦檢索之便,文獻名、作者名、出版社名等均用日文漢字,未統一轉成繁體。個別用繁體字發表者一仍其舊,個別用簡體字發表者則統一轉成繁體。對於國内學者来説,日本文獻的發表刊物不易找尋,故均詳列主辦單位名稱、出版地點和時間等信息。

5卷第8号,東京:国語文化学会,1943年8月,頁2—13。後改名爲《琉球と支那語—南島語學資料管見—》,收入魚返善雄《日本語と支那語》頁328—352,東京:慶應出版社,1944年。

7.宮良當壯(1948)《『琉球官話集』について》,国語学会編《国語学会会報》第8号,1948年1月。後收入宮良當壯著,喜舍場一隆編《宮良當壯全集10:琉球官話集》頁637—639,東京:第一書房,1981年6月。

8.太田辰夫(1950)《清代の北京語について》,中国語学研究会編《中国語学》第34号,頁1—5,1950年3月。後收入太田辰夫《中国語文論集語学篇・元雑劇篇》頁90—96,東京:汲古書院,1995年5月。

9.太田辰夫(1951)《清代北京語語法研究の資料について》,神戸市外国語大学外国学研究所編《神戸外大論叢》第2巻1号,頁13—30,神戸:神戸市外国語大学研究会,1951年4月。

10.魚返善雄(1957)《人中画と琉球人》,魚返善雄《人間味の文学》頁63—70,東京:明德出版社,1957年4月。

11.天理図書館(1961)《天理図書館稀書目録・和漢書之部第3》頁270—271、496,天理:天理大學出版部,1961年10月。

12.崎山理(1962)《「琉球官話集」を紹介す》,沖縄文化協会編《沖縄文化》第7号,頁23—29,東京:沖縄文化協会,1962年8月。

13.平和彦(1970)《近世奄美諸島漂着の中国人と朝鮮人の護送》,南島史学会編《南島—その歴史と文化—》第3巻,頁101—122,東京:第一書房,1980年10月。

14.村上嘉英(1971)《近世琉球における中国語学習の様態》,東方学会編《東方学》第41巻,頁91—100,東京:東方学会,1971年3月。

15.佐藤晴彦(1978)《琉球官話課本研究序説——写本〈人中画〉のことば(1)》,《人文研究:大阪市立大学大学院文学研究科紀要》第30巻第2号,頁67—81,大阪:大阪市立大学文学部,1978年。

16.中松竹雄(1979)《琉球官話集にあらわれたる近世琉球語》,中田祝夫博士功績記念国語学論集刊行会編《国語学論集:中田祝夫博士功績記念》,東京:勉誠社,1979年2月。後收入氏著《沖縄の方言》頁131—156,東京:桜楓社,1983年10月。

17.佐藤晴彦(1979)《琉球写本官話課本のことば》,中国語学会編《中

国語学》第 226 号,頁 88—98,東京:中国語学会,1979 年 11 月。

18.佐藤晴彦(1980)《琉球官話課本研究序説——写本〈人中画〉のことば(2)》,大阪市立大学文学部編《人文研究:大阪市立大学大学院文学研究科紀要》第 32 巻第 4 号,頁 267—288,大阪:大阪市立大学文学部,1980 年。

19.宮良當壯著,喜舎場一隆編(1981)《宮良當壯全集 10:琉球官話集》,東京:第一書房,1981 年 6 月。

20.平和彦(1981)《近世琉球の官話》,《宮良當壯全集月報》第 7 号,頁 1—4,東京:第一書房,1981 年 6 月。見於宮良當壯著,喜舎場一隆編(1981)《宮良當壯全集 10 :琉球官話集》配本,東京:第一書房,1981 年 6 月。

21.矢放昭文(1982)《『琉球官話集』の反切について》,鹿児島経済大学地域経済研究所編《地域研究》第 12 巻第 1 号,頁 25—30,鹿児島:鹿児島経済大学地域経済研究所,1982 年 6 月。

22.多和田真一郎(1986)《琉球官話集の語彙》,法政大学沖縄文化研究所編《琉球の方言 10》,頁 101—122,東京:法政大学沖縄文化研究所,1986 年 3 月。

23.瀬戸口律子(1988)《琉球写本官話課本——〈白姓官話〉について》,大東文化大学語学教育研究所編《語学教育研究論叢》第 5 号,頁 146—161,東京:大東文化大学語学教育研究所,1988 年 3 月。

24.瀬戸口律子(1990)《關於琉球官話課本的研究》,北京外国語学院・大東文化大学交流協定十周年記念論文集編集委員会編《北京外国語学院・大東文化大学交流協定十周年記念論文集》,頁 222—237,東京:大東文化大学,1990 年 3 月。

25.池宮正治(1990)《『琉球官話集』補注追勘》,琉球大学法文学部編《琉球大学法文学部紀要 国文学論集》第 33 号,頁 35—89,西原町:琉球大学法文学部,1990 年 3 月。

26.池宮正治(1990)《『琉球官話集』補注追考》,小野重朗先生傘寿記念論文集刊行委員会編《南西日本の歴史と民俗:小野重朗先生傘寿記念論文集》,頁 217—234,東京:第一書房,1990 年 9 月。

27.瀬戸口律子(1991)《關於琉球官話課本的研究(2)〈尊駕——學官

話〉》,《語言研究》1991 年增刊,頁 228—231。

28.瀨戶口律子(1991)《從聲調上推測〈琉球白姓官話〉的方言性質》,大東文化大学語学教育研究所編《語学教育研究論叢》第 8 号,頁 158—163,東京:大東文化大学語学教育研究所,1991 年 3 月。

29.池宮正治(1991)《『琉球官話集』補注追記》,琉球大学法文学部編《琉球大学法文学部紀要 国文学論集》第 34 号,頁 23—63,西原町:琉球大学法文学部,1991 年 3 月。

30.池宮正治(1991)《『琉球官話集』補注追論》,法政大学沖縄文化研究所編《沖縄文化研究》第 17 号,頁 259—303,東京:法政大学沖縄文化研究所,1991 年 3 月。

31.池宮正治(1991)《『琉球官話集』補注追考》,仲松弥秀先生傘寿記念論文集刊行委員会編《神・村・人:琉球弧論叢 仲松弥秀先生傘寿記念論文集》,頁 495—518,東京:第一書房,1991 年 3 月。

32.瀨戶口律子(1992)《「白姓官話」寫本二種に於ける比較》,大東文化大学語学教育研究所編:《語学教育研究論叢》第 9 号,頁 116—129,東京:大東文化大学語学教育研究所,1992 年 3 月。

33.瀨戶口律子(1992)《琉球官話課本の研究(二)—〈尊駕—学官話〉について—》,南島史学会編:《南島史学》第 39 号,頁 44—53,東京:南島史学会,1992 年 6 月。

34.瀨戶口律子(1993)《琉球官話和福州話》,紀念林景伊師逝世十週年學術討論籌備委員會編:《林尹教授逝世十週年學術論文集》,頁 471—478,臺北:文史哲出版社有限公司,1993 年 6 月。

35.瀨戶口律子(1994)《琉球官話課本研究》,香港:香港中文大學中國文化研究所、吳多泰中國語文研究中心,1994 年 1 月。

36.瀨戶口律子(1994)《白姓官話全訳》,東京:明治書院,1994 年 3 月。

37.高津孝、榮野川敦(1994)《琉球列島宗教関係資料漢籍調査目録》,宜野湾:榕樹社,1994 年 5 月。

38.瀨戶口律子(1994)《琉球官話課本の言語——課本の中の福州語》,南島史学会編:《南島史學》第 44 号,頁 24—37,東京:南島史学会,1994 年 11 月。

39.瀨戶口律子(1994)《琉球官話課本〈広応官話〉の言語》,大東文化大

学東洋研究所編:《東洋研究》第 114 号,頁 37—54,東京:大東文化大学東
洋研究所,1994 年 12 月。

　　40.児玉啓子(1995)《古琉球における中国語教育序論―「白姓官話」に
ついて―》,神田外語大学編:《神田外語大学紀要》第 7 号,頁 139—180,千
葉:神田外語大学,1995 年 3 月。

　　41.糸數兼治(1996)《〈呈稟文集〉小議》,第五屆中琉歷史關係學術會議
籌備委員會編:《第五屆中琉歷史關係學術會議論文集》,頁 29—57,福州:
福建教育出版社,1996 年 7 月。

　　42.小川英子(1996)《琉球官話の由来とその特質》,東北学院大学文経
学会編:《東北学院大学論集.人間・言語・情報》第 114 号,頁 143—156,
仙台:東北学院大学学術研究会,1996 年 9 月。

　　43.瀬戸口律子(1996)《日本琉球的中國語課本〈廣應官話〉》,《中國語
文》1996 年第 4 期,頁 283—287。

　　44.瀬戸口律子、佐藤晴彦(1997)《琉球官話課本〈白姓官話〉〈学官
話〉〈官話問答便語〉語彙索引》,東京:大東文化大学東洋研究所,1997 年
3 月。

　　45.喜舍場一隆(1997)《『条款官話』について》,國學院大學編:《國學院
雜誌》第 98 卷第 8 号,頁 34—56,東京:國學院大學総合企画部,1997 年
8 月。

　　46.大島吉郎(1999)《『琉球官話集』語彙索引・附翻刻四種》,東京:近
代漢語研究会,1999 年 5 月。

　　47.渡邊ゆきこ(2000)《『琉球官話集』の反切:北方官話としての一側
面》,沖縄大学人文学部紀要編集委員会編:《沖縄大学人文学部紀要》第 1
号,頁 11—17,那覇:沖縄大学人文学部,2000 年 3 月。

　　48.瀬戸口律子(2000)《〈白姓官話〉兩種抄本的比較》,紀念陳伯元教授
榮譽退休學術研討會論文集編輯委員會編:《紀念陳伯元教授榮譽退休學
術研討會論文集》,頁 303—307,臺北:洪葉文化事業有限公司,2000 年
7 月。

　　49.木津祐子(2001)《慶田城家文書「漢文集」について》,石垣市立八重
山博物館編:《石垣市立八重山博物館紀要》第 18 号,頁 66—80,石垣:石垣
市立八重山博物館,2001 年 3 月。

50.得能壽美(2001)《竹原家文書「漢文」の内容と異本》,石垣:石垣市立八重山博物館編:《石垣市立八重山博物館紀要》第 18 号,頁 55—65,石垣:石垣市立八重山博物館,2001 年 3 月。

51.高橋俊三、兼本敏(2001)《『拾口』の翻字および注釈》,沖縄国際大学総合学術学会編:《沖縄国際大学総合学術研究紀要》第 5 巻第 1 号,頁 117—180,宜野湾:沖縄国際大学総合学術学会,2001 年 10 月。

52.石崎博志(2001)《漢語資料による琉球語研究と琉球資料による官話研究について》,琉球大学法文学部編:《日本東洋文化論集:琉球大学法文学部紀要》第 7 号,頁 55—98,西原町:琉球大学法文学部,2001 年 3 月。此文後經修改增補收入遠藤光曉、竹越孝主編:《清代民國漢語文獻目録》,頁 283—292,首爾:學古房,2011 年 7 月。

53.石崎博志(2001)《「外国語による琉球語研究資料」および「琉球における官話」文献目録》,琉球大学法文学部編:《日本東洋文化論集:琉球大学法文学部紀要》第 7 号,頁 99—134,西原町:琉球大学法文学部,2001 年 3 月。此文後經修改增補收入遠藤光曉、竹越孝主編:《清代民國漢語文獻目録》,頁 283—292,首爾:學古房,2011 年 7 月。

54.高橋俊三(2002)《「拾口」における動詞の形態》,沖縄国際大学文学部編:《沖縄国際大学日本語日本文学研究》第 6 巻第 1 号,頁 13—29,宜野湾:沖縄国際大学日本語日本文學會,2002 年 2 月。

55.瀬戸口律子(2002)《明清時期日本琉球的漢語教學》,大東文化大学大学院外国語学研究科編:《外国語学研究》第 3 号,頁 63—70,東京:大東文化大学大学院外国語学研究科,2002 年 3 月。

56.石崎博志(2002)《琉球官話訳『人中画』と白話『人中画』風流配》,上里賢一等:《琉球・中国交流史研究》,頁 90—154,平成 11—13 年度科学研究費補助金(基盤研究(B)(2))研究成果報告書,2002 年 3 月。

57.木津祐子(2002)《ベッテルハイムと中国語:琉球における官話使用の一端を探る》,同志社女子大学総合文化研究所編:《総合文化研究所紀要》第 19 巻,頁 23—32,京都:同志社女子大学総合文化研究所,2002 年 3 月。

58.瀬戸口律子(2002)《談琉球官話課本的詞彙》,須藤敏昭、陳乃芳主編:《北京外國語大學與大東文化大學交流協定締結二十周年記念論文集》,頁 47—53,北京:外語教學與研究出版社,2002 年 12 月。

59.高橋俊三(2003)《『官話』(新本文書)における動詞の形態》,沖縄国際大学総合文化学部編:《沖縄国際大学日本語日本文学研究》第 7 巻第 2 号,頁 67—84,宜野湾:沖縄国際大学総合文化学部,2003 年 3 月。

60.瀬戸口律子(2003)《学官話全訳:琉球官話課本研究》,宜野湾:榕樹書林,2003 年 6 月。

61.瀬戸口律子、李煒(2004)《琉球官話課本編寫年代考證》,《中國語文》2004 年第 1 期,頁 77—84。

62.高橋俊三、兼本敏(2004)《新本家文書『官話』の翻字および注釈》,沖縄国際大学南島文化研究所編:《地域研究シリーズ:石垣島調査報告書 2NO.32》,頁 41—121,宜野湾:沖縄国際大学南島文化研究所,2004 年 3 月。

63.木津祐子(2004)《赤木文庫蔵『官話問答便語』校》,法政大学沖縄文化研究所編:《沖縄文化研究:中村哲先生追悼記念特集号》第 31 号,頁 543—657,東京:法政大学沖縄文化研究所,2004 年 8 月。

64.木津祐子(2004)《「官話」の漂着—乾隆年間八重山における「官話」の伝播—》,藤善真澄編:《東と西の文化交流:関西大学東西学術研究所創立 50 周年記念国際シンポジウム'01 報告書》,頁 241—259,吹田:関西大学東西学術研究所,2004 年 3 月。

65.兼本敏(2004)《教本としての『琉球官話集』について—動詞を中心に—》,沖縄国際大学総合学術学会編:《沖縄国際大学総合学術研究紀要》第 7 巻第 1 号,頁 25—43,宜野湾:沖縄国際大学総合学術学会,2004 年 3 月。

66.木津祐子(2004)《琉球編纂の官話課本に見る「未曾」「不曾」「没有」—その課本間差異が意味すること—》,日本中国語学会編:《中国語学》第 251 号,頁 34—55,東京:日本中国語学会,2004 年 11 月。

67.瀬戸口律子(2005)《官話問答便語全訳:琉球官話課本研究》,宜野湾:榕樹書林,2005 年 9 月。

68.榮野川敦、高津孝(2005)《増補琉球関係漢籍目録:近世琉球における漢籍の収集・流通・出版についての総合的研究:研究成果報告書別冊》,鹿児島:斯文堂,2005 年 3 月。

69.瀬戸口律子(2006)《琉球官話課本〈学官話〉兩種抄本的比較》,大東文化大学大学院外国語学研究科編:《外国語学研究》第 7 号,頁 15—21,東京:大東文化大学大学院外国語学研究科,2006 年 3 月。

70.兼本敏(2006)《琉球における「中国語官話集」の比較》,沖縄国際大学南島文化研究所編:《南島文化》第 28 号,頁 1—11,宜野湾:沖縄国際大学南島文化研究所,2006 年 3 月。

71.木津祐子(2007)《清代琉球の官話課本にみる言語と文献》,内田慶市、沈国威編:《19 世紀中国語の諸相:周縁資料(歐美・日本・琉球・朝鮮)からのアプローチ》,頁 151—174,東京:雄松堂出版,2007 年 3 月。

72.木津祐子(2008)《『白姓』の成立と傳承—官話課本に刻まれた若き久米村通事たち—》,東方学会編:《東方学》第 115 巻,頁 123—140,東京:東方学会,2008 年 1 月。

73.赤嶺守(2008)《「條款官話」第 170 号について》,豊見山和行等:《琉球国王家・尚家文書の総合的研究》,科学研究費補助金(基盤研究(B))研究成果報告書,頁 450—465,那覇:琉球大学教育学部,2008 年 3 月。

74.木津祐子(2008)《「官話」文體と「教訓」の言語—琉球官話課本と『聖諭』をめぐって—》,吉田富夫教授退休記念中国学論集委員会編:《吉田富夫教授退休記念中国学論集》頁 449—462,東京:汲古書院,2008 年 3 月。

75.木津祐子(2008)《乾隆二年八重山難民浙江省漂着事件における官話訊問について—『呈稟文集』及び「八重山家譜」を中心に—》,関西大学アジア文化交流研究センター編:『アジア文化交流研究』第 3 号,頁 33—50,吹田:関西大学アジア文化交流センター,2008 年 3 月。

76.瀬戸口律子(2008)《琉球二字官話集と琉球官話》,大東文化大学外国語学部創設三十五周年記念論文集刊行委員会編:《大東文化大学外国語学部創設三十五周年記念論文集》頁 95—111,東京:大東文化大学外国語学部,2008 年 3 月。

77.兼本敏(2008)《「琉球官話の資料集成」における"了"に関する考察》,沖縄国際大学日本語日本文学会編:《沖縄国際大学日本語日本文学研究》第 12 巻第 2 号,頁 1—11,宜野湾:沖縄国際大学日本語日本文学会,2008 年 3 月。

78.木津祐子(2008)《琉球的官話課本"官話"文體與"教訓"語言》,《域外漢籍研究集刊》第 4 輯,頁 17—33,北京:中華書局,2008 年 5 月。

79.瀨戶口律子(2008)《琉球〈官話問答便語〉及其語言的考察》,中國語言學會《中國語言學報》編委會編:《中國語言學報》第 13 輯,頁 241—247,北京:商務印書館,2008 年 6 月。

80.金城ひろみ(2008)《〈琉球官話集〉音注字之同音分析:以聲母清濁相混及零聲母化演變爲主》,琉球中国関係国際学術会議編:《第 11 回琉中歷史関係国際学術会議論文集》頁 263—294,西原町:琉球中国関係国際学術会議,2008 年 8 月。

81.瀨戶口律子(2008)《18 世紀琉球的漢語教學——以"琉球官話課本"爲中心》,琉球中国関係国際学術会議編:《第 11 回琉中歷史関係国際学術会議論文集》第 73—89 頁,西原町:琉球中国関係国際学術会議,2008 年 8 月。

82.瀨戶口律子(2009)《琉球官話課本中的"替"字》,"國立"臺灣師范大學國文學系主編:《紀念瑞安林尹教授百歲誕辰學術研討論文集》頁 995—1002,臺北:文史哲出版社,2009 年 12 月。

83.瀨戶口律子(2010)《關於〈條款官話〉的語言》,曲金良、修斌主編:《第十二屆中琉歷史關係國際學術會議論文集》頁 112—117,北京:北京圖書出版社,2010 年 12 月。

84.瀨戶口律子(2011)《琉球官話課本の研究》,宜野湾:榕樹書林,2011 年 1 月。

85.瀨戶口律子(2011)《關於琉球官話的語言——以〈官話問答便語〉和〈學官話〉的語言比較爲中心》,遠藤光曉、朴在淵、竹越美奈子編:《清代民國漢語研究》頁 343—352,首爾:學古房,2011 年 2 月。

86.木津祐子(2011)《琉球本『人中畫』の成立—併せてそれが留める原刊本の姿について—》,京都大學文學部中國語學中國文學研究室編:《中國文學報》第 81 号,頁 36—57,京都:中国文学会,2011 年 10 月。

87.赤嶺守(2011)《〈條款官話〉初探》,馮明珠主編:《盛清社會與揚州研究》,頁 117—130,臺北:遠流出版事業有限公司,2011 年 11 月。

88.瀨戶口律子(2011)《「琉球官話」の世界—300 年前の会話テキストが描く民衆の喜怒哀楽—》,宜野湾:榕樹書林,2011 年 12 月。

89.木津祐子(2012)《琉球·長崎の通事書研究—「官話」の渡海—》,京都:京都大學博士學位論文,2012 年 1 月。

90.木津祐子(2012)《「官話」の現地化—長崎通事書の二重他動詞「把」と琉球通事書の処置文—》,京都大學大學院文學研究科、京都大學文學部編:《京都大學文學部研究紀要》第 51 号,頁 129—147,京都:京都大學大學院文學研究科,2012 年 3 月。

91.金城ひろみ(2013)《琉球官話課本における語彙の分類方法—『琉球官話集』「五字官話」を例に—》,琉球大学法文学部編:《日本東洋文化論集:琉球大学法文学部紀要》第 19 号,頁 149—161,西原町:琉球大学法文学部,2013 年 3 月。

92.木津祐子(2013)《『廣應官話』と乾隆年間の琉球通事》,太田斎·古屋昭弘両教授還暦記念中国語学論集刊行会編:《太田斎·古屋昭弘両教授還暦記念中国語学論集》,頁 175—186,東京:好文出版,2013 年 3 月。

93.木津祐子(2013)《琉球写本『人中畫』四卷付『白姓』:京都大学文学研究科蔵》,京都:臨川書店,2013 年 4 月。

94.高津孝、陳捷(2013)《琉球王國漢文文獻集成》第 32—35 冊,上海:復旦大學出版社,2013 年 7 月。

95.内田慶市(2013)《琉球官話の新資料:関西大学長澤文庫蔵『中国語会話文例集』》,《中国語研究》編集委員会編:《中国語研究》第 55 号,頁 1—22,東京:白帝社,2013 年 10 月。

96.瀬戸口律子(2014)《琉球官話課本〈白姓官話〉與〈百姓話〉的比較》,大東文化大学大学院外国語学研究科編:《外国語学研究》第 15 号,頁 11—15,東京:大東文化大学大学院外国語学研究科,2014 年 3 月。

97.木津祐子(2014)《琉球稿本『官音簡要揀選六條』について 》,東方學研究論集刊行會編:《東方学研究論集: 高田時雄教授退職記念:日英文分册》,頁 105—118,京都:臨川書店,2014 年 6 月。

98.法政大学沖縄文化研究所(2015)《楚南家文書「呈稟文集」》,東京:法政大学沖縄文化研究所,2015 年 2 月。

99.内田慶市(2015)《関西大学長澤文庫蔵琉球官話課本集》,吹田:関西大学東西学術研究所,2015 年 3 月。

100.瀬戸口律子(2015)《〈廣應官話〉的編者以及若干相關問題》,大東文化大学語学教育研究所編：《語学教育研究論叢》第 32 号，頁 79—87，東京：大東文化大学語学教育研究所，2015 年 3 月。

101.瀨戶口律子（2015）《琉球國的漢文教育》，《民俗典籍文字研究》2015 年第 1 期，頁 171—177。

102.金城ひるみ（2015）《琉球官話課本的詞彙分類——以〈琉球官話集〉爲例》，遠藤光曉、石崎博志主編：《現代漢語的歷史研究》，頁 146—151，杭州：浙江大學出版社，2015 年 3 月。

附録二：國内研究文獻目録①

1.徐恭生（1987）《琉球國在華留學生》，《福建師範大學學報（哲學社會科學版）》1987 年第 4 期，頁 102—107。

2.徐藝圃（1994）《乾隆年間白氏飄琉獲救叙事述論》，《歷史檔案》1994 年第 1 期，頁 109—115。

3.林萬菁（1994）《讀〈琉球官話課本研究〉》，香港中國語文學會編：《語文建設通訊》第 45 期，頁 8，香港：香港中國語文學會，1994 年 9 月。此文後收入林萬菁（1996）《語言文字論集》，頁 135—137，新加坡：新加坡國立大學中文系漢學研究中心，1996 年 6 月。

4.葉青（1995）《〈琉球官話課本研究〉評介》，香港中文大學中國文化研究所吳多泰中國語文研究中心主辦：《中國語文通訊》第 35 期，頁 51—53，香港：吳多泰中國語文研究中心，1995 年 9 月。

5.董明（1996）《明清兩代漢語在琉球的傳播》，《世界漢語教學》1996 年第 4 期，頁 109—110。

6.徐藝圃（1996）《新發現的研究中琉關係的重要史料——梅孫著〈漢文〉》，《歷史檔案》1996 年第 4 期，頁 102—107。此文又載沖繩縣文化振興

---

① 本目録所輯爲中國學者發表的關於琉球官話課本研究的各類論著，中日學者合作的成果，如果第一作者是中國人，亦歸於此。文獻排序悉以發表時間，爲了便於電腦檢索，日文的刊物名、作者名、出版社名等均用日文漢字，未統一轉成繁體。個別用簡體字發表於日本刊物的論文則統一轉成繁體。以了便於國内學者查索，發表於日本的文獻，均詳列發表刊物的主辦單位名稱、出版地點和時間等信息。

会公文書館管理部史料編集室編:《第三回琉球・中国交渉史に関するシンポジウム論文集》,頁 255—265,那覇:沖縄県教育委員会,1996 年 9 月。

7.徐藝圃(1996)《來華琉球難民的「急救篇」——〈漢文集〉内容評述》,第五届中琉歷史關係學術會議籌備委員會編:《第五届中琉歷史關係學術會議論文集》,頁 117—129,福州:福建教育出版社,1996 年 7 月。

8.郭芹納(2000)《對〈日本琉球的中國語課本『廣應官話』〉一文的一點商榷》,《漢語史研究集刊》第 3 輯,頁 242—246,成都:四川大學出版社,2000 年 10 月。

9.李葆嘉(2000)《清代琉球官話課本南京音系説》,中國音韻學研究會、徐州師範大學語言研究所編:《中國音韻學研究會第十一届學術討論會漢語音韻學第六届國際學術研討會論文集》,頁 261—263,香港:香港文化教育出版社有限公司,2000 年 8 月。

10.董明(2001)《明清時期琉球人的漢語漢文化學習》,《北京師範大學學報(人文社會科學版)》2001 年第 1 期,頁 109—116。

11.王慶雲(2003)《古代朝鮮、琉球漢語教學及教材研究引論——以〈老乞大〉、〈朴通事〉、〈白姓官話〉爲例》,《雲南師範大學學報》2003 年第 5 期,頁 48—50。

12.吳麗君(2003)《〈琉球官話課本研究〉評述》,《世界漢語教學》2003 年第 3 期,頁 109—112。

13.吳麗君(2003)《一部研究琉球人漢語教育的專著——瀨戸口律子的〈琉球官話課本研究〉》,《國際漢學》2003 年第 2 期,頁 267—272。

14.林少駿(2003)《清代琉球來華留學生之研究》,福州:福建師範大學碩士學位論文,2003 年 6 月。

15.陳澤平(2004)《試論琉球官話課本的音系特點》,《方言》2004 年第 1 期,頁 47—53。

16.李煒、瀨戸口律子(2007)《琉球官話課本中表使役、被動義的"給"》,《中國語文》2007 年第 2 期,頁 144—148。

17.王勇(2005)《從〈人中畫〉明清兩個寫本看"把"對"將"的句型取代》,廣州:中山大學碩士學位論文,2005 年 5 月。

18.李曉雪(2005)《琉球官話課本〈人中畫〉與嘯花軒寫刻本〈人中畫〉否定標記的歷時比較》,廣州:中山大學碩士學位論文,2005 年 5 月。

19.羅小束、瀨戶口律子(2007)《明清時期琉球國的漢語教育》,《世界漢語教學》2007 年第 1 期,頁 136—142。

20.梁靜(2007)《從兩種版本〈人中畫〉看關聯副詞從近代漢語到現代漢語的演變》,廣州:中山大學碩士學位論文,2007 年 5 月。

21.李煒、李丹丹(2007)《從版本、語言特點考察〈人中畫〉琉球寫本的來源和改寫年代》,《中山大學學報(社會科學版)》2007 年第 6 期,頁 71—75。

22.李丹丹、李煒(2008)《琉球官話課本的"官話"性質》,《吉林大學社會科學學報》2008 年第 1 期,頁 138—143。

23.李丹丹(2008)《清琉球官話課本〈人中畫〉語法研究——兼論"南方官話"及其相關問題》,廣州:中山大學博士學位論文,2008 年 6 月。此文後經修改增補以《清琉球官話課本〈人中畫〉語法研究》之名,於 2013 年 6 月由北京大學出版社出版。

24.李丹丹(2008)《〈人中畫〉琉球寫本的"自家"——兼論漢語南北雙方反身代詞發展軌迹》,日本中国語学会編:《中国語学》第 255 號,頁 78—94,箕面:日本中国語学会,2008 年 10 月。

25.張全真(2009)《〈白姓官話〉所記錄的南京方言及山東方言現象發微》,《長江學術》2009 年第 2 期,頁 92—100。

26.王振忠(2009)《清代琉球人眼中福州城市的社會生活——以現存的琉球官話課本爲中心》,《中華文史論叢》2009 年第 4 期,頁 41—111。

27.張全真、比嘉清松(2010)《〈白姓官話〉所載史實考》,松山大学総合研究所編:《松山大学総合研究所所報》第 62 號,頁 158—166,松山:松山大学総合研究所,2010 年 2 月。

28.張全真(2010)《〈白姓官話〉的語言》,松山大学総合研究所編:《松山大学総合研究所所報》第 62 號,頁 136—144,松山:松山大学総合研究所,2010 年 2 月。

29.張全真(2010)《〈官話問答便語〉〈学官話〉〈廣應官話〉〈白姓官話〉四種琉球漢語課本中的注音字考》,松山大学総合研究所編:《松山大学総合研究所所報》第 62 號,頁 136—144,松山:松山大学総合研究所,2010 年 2 月。

30.孟子敏(2010)《琉球漢語教科書〈官話問答便語〉的文字分析考察》,松山大学総合研究所編:《松山大学総合研究所所報》第 62 號,頁 116—

135,松山:松山大学総合研究所,2010 年 2 月。

31.王琳(2010)《清中葉琉球官話的反復問句研究》,《漢語學報》2010年第 3 期,頁 68—76。

32.王琳(2011)《琉球官話課本中的"得"、"替"、"給"及相關問題研究》,廣州:中山大學博士學位論文,2011 年 6 月。

33.李煒、王琳(2011)《琉球寫本〈人中畫〉的與事介詞及其相關問題——兼論南北與事介詞的類型差異》,《中國語文》2011 年第 5 期,頁419—425。

34.李丹丹(2011)《從兩種版本〈人中畫〉的雙音節化看近代漢語的下限》,《貴州師範大學學報(社會科學版)》2011 年第 3 期,頁 11—14。

35.謝明(2011)《琉球官話課本量詞研究》,廣州:中山大學碩士學位論文,2011 年 5 月。

36.陳文哲(2011)《從介詞的角度考察琉球寫本〈人中畫〉的現代語法性質——與嘯花軒本〈人中畫〉和〈紅樓夢〉的對比》,廣州:中山大學碩士學位論文,2011 年 5 月。

37.李丹丹(2012)《清代翻譯、改編的漢語口語課本類型》,《華文教學與研究》2012 年第 1 期,頁 25—31。

38.王琳、李煒(2013)《琉球官話課本的使役標記"叫"、"給"及其相關問題》,《中國語文》2013 年第 2 期,頁 155—162。

39.王琳(2013)《清中葉琉球官話課本使役與被動範疇的考察》,《漢語學報》2013 年第 3 期,頁 34—42。

40.王琳(2014)《琉球官話課本的能性範疇——兼論南北能性範疇的表達差異》,《漢語學報》2014 年第 4 期,頁 41—51。

41.王琳(2014)《琉球官話系列課本的價值、特徵及其歷史影響》,《海外華文教育》2014 年第 3 期,頁 283—288。

42.潘錚錚(2015)《乾隆時期中國教習對琉球學生教育之探微》,北京:北京外國語大學碩士學位論文,2015 年 5 月。

43.李煒等(2015)《清代琉球官話課本語法研究》,北京:北京大學出版社,2015 年 6 月。

44.范常喜(2016)《法政大學沖繩文化研究所赤木文庫藏琉球官話課本〈廣應官話〉述略》,《域外漢籍研究集刊》第 13 輯,頁 53—70,北京:中華書局,2016 年 5 月。

45.范常喜(2016)《赤木文庫藏琉球官話課本〈廣應官話〉中三則清代閩琉交流史料考述》,《海交史研究》2016 年第 2 期,頁 81—92。

（作者單位:中山大學中文系）

稿　約

一、本集刊爲半年刊,上半年出版時間爲5月中旬,截稿日期爲上年9月底。下半年出版時間爲11月中旬,截稿日期爲當年3月底。

二、本集刊實行匿名評審制度。

三、本集刊以學術研究爲主,凡域外漢籍中有關語言、文學、歷史、宗教、思想研究之學術論文及書評,均所歡迎。有關域外漢籍研究之信息與動態,亦酌量刊登。

四、本集刊以刊登中文原稿爲主,並適當刊登譯文。

五、本集刊采擇論文唯質量是取,不拘長短,且同一輯可刊發同一作者的多篇論文。

六、來稿請使用規範繁體字,橫排書寫。

七、來稿請遵從本刊的規範格式:

(一)來稿由標題名、作者名、正文、作者工作單位組成。

(二)章節層次清楚,序號一致,其規格舉例如下:

第一檔:一、二、三

第二檔:(一)、(二)、(三)

第三檔:1、2、3

第四檔:(1)、(2)、(3)

(三)注釋碼用阿拉伯數字①②③④⑤表示,采取當頁脚注。再次徵引,用"同上,頁××",或"同注①,頁××"。注釋碼在文中的位置(字或標點的右上角):××××①,××××①。××説,"××××"①,××説:"××××。"①

(四)關于引用文獻:引用古籍,一般標明著者、版本、卷數、頁碼;引用專書,應標明著者、書名、章卷、出版者、出版年月、頁碼;引用期刊論文,應標明刊名、年份、卷次、頁碼;引用西文論著,依西文慣例。兹舉例如下:

①[清]王琦注《李太白全集》卷二《古風五十九首》,中華書局,××年,頁××。

①周勛初《論黄侃〈文心雕龍札記〉的學術淵源》,載《文學遺産》,1987 年第 1 期,頁××。

①Hans. H. Frankel,*The Floering Plum and the Palace Lady*,New Haven and London,Yale University Press,1976. p. ××.(請注意外文書名斜體的運用)

(五)第一次提及帝王年號,須加公元紀年,如:開元三年(715);第一次提及的外國人名,若用漢譯,須附原名;年號、古籍的卷數及頁碼用中文數字,如開元三年、《舊唐書》卷三五等;其他公曆、雜誌的卷、期、號、頁等均用阿拉伯數字。

(六)插圖:文中如需插圖,請提供清晰的照片,或繪製精確的圖、表等,並在稿中相應位置留出空白(或用文字注明)。圖、表編號以全文爲序。

八、來稿請注明真實姓名、工作單位、職稱、詳細通訊地址和郵政編碼(若有變更請及時通知)、電子信箱、電話或傳真號碼,以便聯絡。

九、作者賜稿之時,即被視爲自動確認未曾一稿兩投或多投。來稿一經刊出,即付樣書和抽印本。

十、來稿請電郵至 ndywhj@nju. edu. cn。